Guatemala

D1387443

Lucas Vidgen

Daniel C Schechter

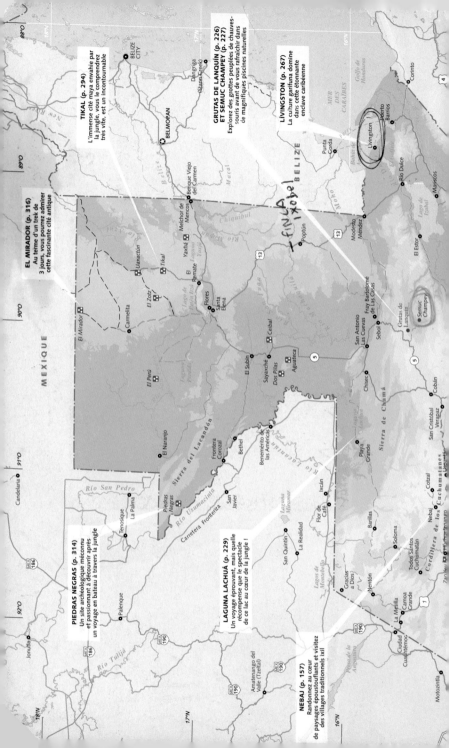

TIKAL (p. 294)
L'immense cité maya envahie par la jungle, vous le comprendrez très vite, est un incontournable

GRUTAS DE LANQUÍN (p. 226) ET SEMUC CHAMPEY (p. 227)
Explorez des grottes peuplées de chauves-souris avant de vous rafraîchir dans de magnifiques piscines naturelles

LIVINGSTON (p. 267)
La culture garifuna domine dans cette étonnante enclave caribéenne

EL MIRADOR (p. 316)
Au terme d'un trek de 3 jours, vous pourrez admirer cette fascinante cité antique

PIEDRAS NEGRAS (p. 314)
Un site archéologique méconnu et passionnant à découvrir après un voyage en bateau à travers la jungle

LAGUNA LACHUÁ (p. 229)
Un voyage éprouvant, mais quelle récompense que le spectacle de ce lac au cœur de la jungle !

NEBAJ (p. 157)
Randonnez au cœur de paysages époustouflants et visitez des villages traditionnels ixil

MEXIQUE

BELIZE

FINCA IXOBEL

MER DES CARAÏBES

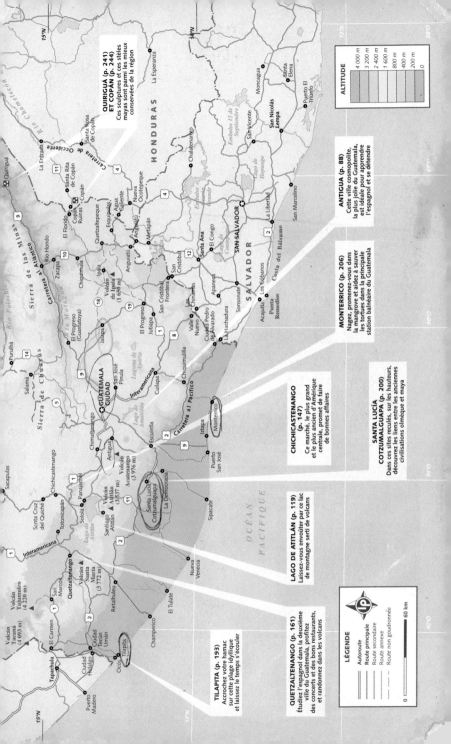

ALTITUDE

4 000 m
3 200 m
2 400 m
1 600 m
800 m
400 m
200 m
0

**QUIRIGUÁ (p. 241)
ET COPÁN (p. 244)**
Ces sculptures et ces stèles
mayas sont parmi les mieux
conservées de la région

ANTIGUA (p. 88)
Cette ville cosmopolite,
la plus jolie du Guatemala,
est idéale pour apprendre
l'espagnol et se détendre

MONTERRICO (p. 206)
Nagez, promenez-vous dans
la mangrove et aidez à sauver
les tortues dans la principale
station balnéaire du Guatemala

**SANTA LUCIA
COTZUMALGUAPA (p. 200)**
Dans ces sites reculés, sur les hauteurs,
découvrez les liens entre les anciennes
civilisations olmèque et maya

**CHICHICASTENANGO
(p. 147)**
Ce marché, le plus grand
et le plus ancien d'Amérique
centrale, promet de faire
de bonnes affaires

LAGO DE ATITLÁN (p. 119)
Laissez-vous envoûter par ce lac
de montagne serti de volcans

TILAPITA (p. 193)
Accrochez votre hamac
sur cette plage idyllique
et laissez le temps s'écouler

QUETZALTENANGO (p. 161)
Étudiez l'espagnol dans la deuxième
ville du Guatemala, profitez
des concerts et des bons restaurants,
et randonnez dans les volcans

LÉGENDE
Autoroute
Route principale
Route secondaire
Route annexe
Route non goudronnée

0   60 km

OCÉAN PACIFIQUE

HONDURAS

SALVADOR

SAN SALVADOR

GUATEMALA CIUDAD

Sur la route

LUCAS VIDGEN AUTEUR-COORDINATEUR

J'ai une affection particulière pour les environs du Río Dulce (p. 258) et de Lívingston (p. 267). Je vis en montagne, et la campagne verdoyante, le climat doux et la brise marine sont un changement agréable. J'apprécie surtout de descendre le fleuve en bateau – la zone fourmille d'oiseaux, et la section où la rivière devient plus étroite et traverse un canyon aux parois à pic, couvert de jungle, est l'un des sites inoubliables du pays. Il y a de superbes haltes à faire le long du fleuve et une foule de personnages hauts en couleur à rencontrer. Si je n'habitais pas si loin, je viendrais plus souvent, c'est sûr…

Daniel C. Schechter Ici, j'admire l'intérieur de l'église de San Antonio Palopó (p. 132). Dehors, une procession funéraire vient de s'achever et les villageois – les femmes en *huipiles* (tuniques) et les hommes en jupes en laine au genou – prient encore pour le défunt. Je ne suis pas croyant, mais j'ai spontanément ressenti l'esprit qui règne dans ce village reculé et profondément traditionnel de la rive orientale du Lago de Atitlán.

Pour une biographie des auteurs, voir p. 359

À ne pas manquer

Emportez suffisamment de piles et de mémoire pour votre appareil photo. Vous êtes sur le point de visiter un pays qui a été fait pour être photographié, et que vous aurez du mal à décrire avec de simples mots. Comme vous le constaterez au fil des pages qui suivent, les montagnes escarpées du Guatemala, ses marchés colorés, ses jungles épaisses et ses cours d'eau assoupis ne sont qu'une mise en bouche au festival visuel qui vous attend. ¡Buen provecho!

1 ANTIGUA

Gigantesques pics volcaniques et versants couverts de caféiers composent le cadre superbe de nombreux monastères, vestiges éparpillés de l'occupation espagnole, aujourd'hui repeuplés par une foule d'étudiants en langues étrangères, par des *latinos* lanceurs de modes et des commerçants indigènes qui passent leur temps à Antigua (p. 88).

RICHARD I'ANSON

JOUR DE MARCHÉ

Arrivez tôt à Chichicastenango (p. 147), l'un des marchés les plus fascinants d'Amérique centrale. N'hésitez pas à négocier fermement (c'est ce qu'on attend de vous), surtout pour le souvenir de Chichi – les masques utilisés dans les cérémonies mayas traditionnelles.

3

2

TIKAL

En approchant de la Gran Plaza de Tikal (p. 299), tôt le matin, avant l'arrivée des touristes, devant les deux pyramides à degrés qui dominent la canopée de la jungle environnante, vous aurez l'impression d'avoir trébuché sur un secret enfoui depuis longtemps. Le joyau rayonnant de cette ancienne capitale maya témoigne des sommets culturels et artistiques que cette civilisation de la jungle, occupée depuis quelque 16 siècles, a pu atteindre.

AARON MC

4

VOLCANS : SOMMETS NATURELS

"Nous adorons les volcans ici – nous essayons d'en gravir le plus possible, un peu par jeu. Notre pays est tellement plat que nous avons jubilé à la simple vue d'un volcan ; mais pouvoir l'escalader, l'observer en éruption et voir la lave couler… Je suis content d'avoir mon appareil photo, sinon mes amis auraient du mal à croire que nous avons vu tout cela."

Daantje, voyageur, Pays-Bas

FLEUVE TRANQUILLE

Reliant le plus grand lac du pays à la mer des Caraïbes, la région du Río Dulce, au climat doux et accueillant, est le genre d'endroit où l'on vient pour la journée et où l'on reste une semaine. On y fait une croisière de quelques heures (p. 269) avec visite des réserves ornithologiques et des sources chaudes, ou on s'y détend en séjournant à Río Dulce (p. 258), repaire de plaisanciers, dans de petits hébergements isolés le long du fleuve (p. 258) ou en bord de mer au sein de la communauté garífuna de Lívingston (p. 267).

6

ALFRE

THOR VAZ DE LEON

5

LE TISSU DE LA SOCIÉTÉ

Les textiles mayas traditionnels (p. 48) ne constituent pas seulement de jolis souvenirs – ils servent quotidiennement dans tout le pays, et font des vêtements, des rues, des marchés et des bus une incroyable explosion de couleurs.

RICHARD I'ANSON

7

ARTISANAT

La petite ville montagnarde de Totonicapán (p. 177) passerait inaperçue sans les dizaines de ferblantiers, potiers, tisserands et menuisiers traditionnels qui y habitent et dont on peut visiter librement les ateliers pour les observer à l'œuvre.

IDÉE CAPITALE

Qu'on l'adore ou qu'on la déteste, il est presque impossible d'éviter Guatemala Ciudad (p. 64), la capitale du Guatemala. Possédant les plus grands musées, les meilleurs restaurants et la vie nocturne la plus animée du pays, c'est une destination passionnante que beaucoup de voyageurs finissent par apprécier bien plus qu'ils ne l'auraient imaginé.

8

DIEGO LEZAMA

LES PIEDS DANS L'EAU

Le Guatemala compte peu de piscines naturelles d'eau douce invitant à la plongée, mais l'oasis de Semuc Champey (p. 228), enveloppée par la jungle, est une exception. L'eau turquoise y coule en cascade dans une série de bassins calcaires, créant un cadre idyllique qui, pour beaucoup, constitue le plus beau site du pays.

ALFREDO MAIQUEZ

9

10

ERIC WHEATER

GRAVÉ DANS LE MARBRE

Les Mayas étaient d'excellents sculpteurs de pierre. Certaines de leurs plus belles gravures sont conservées dans les musées de Guatemala Ciudad (p. 64) et Santa Lucía Cotzumalguapa (p. 200). Vous pourrez en observer d'autres à leur emplacement d'origine, sur les sites archéologiques de Quiriguá (p. 243) et de Copán (p. 248).

Sommaire

COUPS DE CŒUR ♥
Afin de faciliter le repérage de nos adresses et sites préférés, nous les signalons par un picto.

Destination Guatemala

Le Guatemala réserve d'inoubliables expériences : odeur des tortillas fraîchement grillées, marchés de rue quotidiens qui sollicitent tous les sens, bonheur de nager dans une cascade après avoir transpiré pendant une randonnée dans la jungle, et des rencontres en chemin qui deviendront des amitiés pour la vie.

Découvrir l'héritage maya florissant est peut-être l'expérience la plus troublante. Cette culture étonnante a laissé derrière elle certaines ruines parmi les plus impressionnantes de la région, dont un grand nombre accueille encore aujourd'hui des rituels sacrés. Les temples imposants de Tikal se visitent facilement depuis la charmante ville insulaire de Flores, et lorsqu'on s'enfonce dans les jungles du Petén, le trajet pour atteindre des sites reculés, comme El Mirador, est aussi passionnant que la destination elle-même. Des sites moins connus comme Quiriguá ou Abaj Takalik, que certains apprécieront davantage pour leur atmosphère particulière (vous y serez certainement le seul visiteur), peuvent être rejoints facilement.

L'héritage maya est encore très présent dans le Guatemala d'aujourd'hui, qui offre un panorama complexe d'effervescence urbaine et de paysages superbes dans l'arrière-pays. Évitée par de nombreux voyageurs, la capitale est le lieu le plus animé du pays et abrite certains de ses meilleurs musées, restaurants et centres culturels. À deux pas, la splendeur coloniale d'Antigua vous émerveillera à chaque coin de rue. Et si vous recherchez une destination intermédiaire, dirigez-vous vers les montagnes – de nombreux voyageurs considèrent que Quetzaltenango, la deuxième ville du Guatemala, est le compromis parfait entre l'authenticité et le confort touristique.

Sans oublier la magnifique campagne guatémaltèque – volcans et lacs séparés par des forêts sauvages, la jungle, les champs de maïs et de petites fermes – où l'on tombe sous le charme de la vie simple des villages. Entre la montagne et la côte, vous traverserez 32 microclimats. À l'ouest, un volcan domine presque toujours l'horizon, appelant à la randonnée. Au nord, les jungles humides du Petén enveloppent de grandes ruines mayas et abritent quantité d'animaux exotiques. Le centre du pays et ses collines verdoyantes, recouvertes d'une couche de nuages, où vit le quetzal, oiseau farouche, possèdent des réseaux de grottes que l'on peut explorer au moyen d'une chambre à air, ou dans le cadre d'expéditions de deux jours. À l'est, les eaux du Río Dulce et du Lago de Izabal offrent un havre de paix pour les plaisanciers en cas d'ouragans comme pour les animaux des vastes réserves des zones humides. Et l'on ne saurait évoquer le paysage guatémaltèque sans mentionner le joyau de la couronne, le Lago de Atitlán, entouré de volcans, qui fascine les voyageurs depuis des siècles.

Les Guatémaltèques sont pour beaucoup chaleureux et accueillants, et vous ne resterez pas longtemps un étranger. Cela dit, il y a deux façons d'approfondir les liens que vous pourrez tisser. Les centaines d'écoles de langues bon marché et réputées du pays pourront vous apporter les outils nécessaires pour vous débrouiller et faire des rencontres, mais aussi vous permettre de mieux appréhender la culture, l'histoire et les coutumes du pays. Vous pourrez ensuite aller plus loin en participant à titre bénévole aux innombrables projets qui ont cours dans tout le pays, une manière d'aborder les réalités quotidiennes et peut-être aussi de faire avancer les choses.

Une véritable aventure vous attend, et si naguère un voyage au Guatemala était marqué par les épreuves et l'incertitude, votre plus grand défi consistera sans doute aujourd'hui à trouver le temps de tout voir et de tout faire.

QUELQUES CHIFFRES

Population : 15 millions

Superficie : 108 894 km²

Nombre de sièges au Congrès guatémaltèque : 158

Président : Álvaro Colom (Unidad Nacional de la Esperanza)

PNB (par habitant) : 5 200 $US (2009)

Inflation : 2,3 % (2007)

Chômage : 3,2 % (2005)

Principales exportations : café, sucre, pétrole, vêtements, bananes, fruits et légumes, cardamome

Rapport téléphones portables/fixes : 10/1

Nombre de fois où le Guatemala s'est qualifié pour la Coupe du monde de football : 0

Mise en route

Voyager au Guatemala ne nécessite pas une planification minutieuse. D'innombrables bus sillonnent le pays et, le plus souvent, il suffit d'attendre le prochain départ et de monter à bord. L'hébergement ne pose pas plus de problème : à moins de vouloir loger dans un hôtel particulier, la réservation est inutile. La principale exception à cette règle est la Semana Santa (Pâques) et les fêtes de Noël et du Nouvel An, lorsque tout le pays semble être en vacances ; il faut alors réserver chambres et transports bien à l'avance.

Le Guatemala convient à tous les budgets. Si l'on peut y voyager avec quelques dollars par jour, le pays compte aussi de nombreux hôtels et restaurants de catégorie moyenne offrant confort et qualité à des prix raisonnables.

QUAND PARTIR

Pour plus d'informations sur le climat, les fêtes et les festivals, consultez le *Carnet pratique* (p. 319).

Le Guatemala se visite toute l'année, mais la pluie peut modifier vos plans. Le climat guatémaltèque se répartit en deux saisons. L'*invierno* (hiver, ou saison des pluies) de mi-mai à mi-octobre, et jusqu'à novembre et décembre dans le nord et l'est du pays, peut rendre les routes non revêtues difficiles à pratiquer. Dans les basses terres tropicales du Petén, la boue vous ralentira à coup sûr à cette période de l'année. L'humidité – toujours présente sur le littoral et au Petén – augmente encore à la saison des pluies. Il ne pleut pas toute la journée mais attendez-vous au moins à des averses (des trombes d'eau dans le nord), surtout l'après-midi. Le *verano* (été, ou saison sèche), de novembre à avril, offre des températures plus confortables au Petén et sur les côtes, avec des nuits fraîches dans les Hautes Terres (et des températures négatives régulièrement autour de Noël). Dans l'est du pays, il peut pleuvoir en toute saison.

La haute saison touristique s'étend de Noël à Pâques, période à laquelle les Guatémaltèques prennent souvent leurs vacances. Une deuxième haute saison s'étale de juin à août, lorsque des foules d'étudiants nord-américains arrivent au Guatemala pour apprendre l'espagnol et visiter le pays.

Voir p. 328 pour une liste des principales fêtes et manifestations dans tout le pays.

COÛT DE LA VIE

Les prix pratiqués au Guatemala sont parmi les plus bas d'Amérique centrale. Les *hospedajes* (pensions) facturent habituellement de 60 à 80 Q par personne et par nuit. Les marchés vendent des fruits et des en-cas pour quelques centimes, les restaurants bon marché (ou *comedores*) offrent des menus comportant 1 ou 2 plats pour 20 à 30 Q, et les trajets en bus coûtent environ 10 Q l'heure. Il est tout à fait possible de vivre avec 200 Q par jour sans trop se priver. Si vous souhaitez plus de confort – une jolie chambre avec salle de bains et eau chaude, et 2 ou 3 repas dans un cadre agréable – comptez 300 Q par

---

LES TARIFS DANS CE GUIDE

Nous précisons ici les droits d'entrée des sites (musées, parcs, etc.) lorsqu'ils existent – si aucun prix n'est précisé, cela suppose que l'entrée est libre. Les tarifs des hôtels correspondent à des chambres avec salle de bains privative, sauf mention contraire – à l'exception des dortoirs, où les sanitaires communs sont la norme.

N'OUBLIEZ PAS...

■ de vérifier la situation en matière de visa (p. 328).

■ de consulter les conseils donnés aux voyageurs par votre gouvernement (p. 326).

■ d'apporter des vêtements chauds pour les nuits fraîches dans les Hautes Terres – au moins un pull et un pantalon chaud.

■ de photocopier vos papiers importants (passeport, billet d'avion…). Pour encore plus de sécurité, scannez-les et envoyez-les sur votre adresse e-mail.

■ de vous munir de chaussures de randonnée confortables.

■ d'avoir des sachets zippés – parfaits pour transporter vos affaires de façon étanche.

■ de vous équiper de bouchons d'oreilles si vous avez le sommeil léger et comptez dormir en dortoir.

■ de prévoir une lampe torche pour explorer les grottes, les ruines ou votre chambre en cas de coupure d'électricité.

■ d'apporter une moustiquaire si vous projetez une randonnée dans la jungle ou de passer la nuit dans des chambres bon marché non protégées.

■ d'avoir quelques bases d'espagnol ou le projet d'en acquérir.

■ d'apporter un produit antimoustiques approprié si vous voyagez pendant la saison des pluies, et éventuellement, un traitement préventif contre le paludisme.

jour et par personne. En ajoutant le transport, les droits d'entrée, quelques achats et les boissons, prévoyez un budget de 450 Q par jour.

Les voyageurs solitaires ne sont guère avantagés, car le prix d'une chambre simple est pratiquement le même que celui d'une double. En vous regroupant à plusieurs, vous pourrez bénéficier de triples et de quadruples aux tarifs avantageux que proposent de nombreux établissements. Dans les restaurants, les menus de 2 ou 3 plats (*menú del día*) sont moins chers qu'un repas à la carte. Pour les déplacements, les bus publics sont bien meilleur marché que les bus touristiques, mais ces derniers sont plus confortables.

Si les articles courants sont abordables, les produits importés (surtout électroniques) coûtent cher au Guatemala.

TOURISME RESPONSABLE

Au Guatemala, le tourisme responsable équivaut souvent à faire preuve de bon sens. En dépensant de l'argent dans de petites entreprises locales, en séjournant quelque part un certain temps, en travaillant comme bénévole et en étant en contact avec les Guatémaltèques, vous pourrez avoir un impact positif.

Jeter ses déchets n'importe où, ne pas respecter les coutumes locales et soutenir des industries non durables ou nocives (principalement drogues, souvenirs et bibelots fabriqués à partir d'espèces menacées) sont évidemment des comportements à bannir.

Dans les basses terres, essayez d'utiliser la climatisation avec parcimonie – cela coûte cher et met à mal les ressources locales en énergie. Déplacez-vous plutôt plus lentement que d'habitude, évitez la chaleur en milieu de journée ou (en tout dernier ressort) flânez dans le salon d'un grand hôtel pour un peu de répit.

De petites actions peuvent avoir ici des conséquences importantes. Sachez que les entrepreneurs et les chefs des communautés observent attentivement vos habitudes et préférences. Si possible, faites l'effort de visiter un parc

QUELQUES PRIX

Trajet de 3 heures en bus 2ᵉ classe : 30 Q

Une semaine de cours d'espagnol, hébergement compris : 980-1 600 Q

Entrée à Tikal : 150 Q

Taxi de l'aéroport de Guatemala Ciudad au centre-ville : 80 Q

À Lago de Atitlán, chambre double confortable avec sdb au bord du lac : 200-400 Q

TOP 10

GUATEMALA

Honduras

Guatemala Ciudad

LES MAYAS

Les Mayas, d'antan et d'aujourd'hui, ont inspiré d'innombrables ouvrages. Voici nos dix préférés :

1 *Textiles mayas, la trame d'un peuple* (Unesco, 2000), dirigé par Danielle Dupiech-Cavaleri

2 *Les Trajectoires du pouvoir dans une communauté maya k'iche du Guatemala* (L'Harmattan, 2001), de Laurent Tallet

3 *Une histoire de la religion des Mayas* (Albin Michel, 2002), de Claude-François Baudez

4 *Le Calendrier sacré des Mayas* (Dangles, 2002), de Bertrand Lepont

5 *Les Mayas* (Les Belles Lettres, 2004), de Claude-François Baudez

6 *Les voyages d'Alix, Les Mayas* (vol. 1 et 2, Casterman, 2005), de Jean Torton et Jacques Martin

7 *Les Mayas : grandeur et chute d'une civilisation* (Taillandier, 2007), d'Arthur Andrew Demarest

8 *Mayas : les dieux sacrés de la forêt tropicale* (Ullmann, 2007), dirigé par Nikolai Grube

9 *Les Cités perdues des Mayas* (Découvertes Gallimard, 2008), de Claude-François Baudez et Sydney Picasso

10 *Les Mayas* (Chêne, 2010), d'Éric Taladoire

CONTEMPLATIONS CÉLESTES

Les étoiles, la lune et le soleil revêtaient une importance capitale pour les Mayas, aussi souhaiterez-vous peut-être aussi contempler le firmament. Voici quelques suggestions :

1 Le lever du soleil depuis le sommet du volcan Tajumulco (p. 166)

2 Le coucher du soleil à Monterrico (p. 206), allongé dans un hamac

3 Les fêtes de la pleine lune à San Pedro La Laguna (p. 136)

4 L'observation des étoiles depuis El Mirador, au cœur de la jungle du Petén (p. 316)

5 Le coucher du soleil sur le Lago de Petén Itzá, à Flores (p. 278)

6 L'ascension du volcan Santa María (p. 166) une nuit de pleine lune

7 L'alignement de vos chakras à la lueur des étoiles dans une pyramide de San Marcos La Laguna (p. 143)

8 Un bain de lune à Quetzaltenango (p. 161)

9 L'apparition du soleil dans le Templo IV à Tikal (p. 294)

10 Le soleil qui disparaît derrière les volcans sur des notes de jazz (p. 129), à Panajachel

FÊTES ET FESTIVALS

Les Guatémaltèques savent organiser les fêtes comme personne. Voici les dix incontournables :

1 Cristo de Esquipulas (15 jan). Les pèlerins affluent vers la petite ville d'Esquipulas (p. 237)

2 Quetzaltenango Music Festival (fin mars ; voir p. 168). Pour les amateurs de concerts

3 Desfile de Bufos (défilé des bouffons ; le vendredi précédant le Vendredi saint). Les étudiants de l'université de Guatemala Ciudad descendent dans la rue

4 La *Semana Santa* (Pâques ; date variable) est fêtée dans tout le pays, surtout à Antigua (p. 102) et à Guatemala Ciudad

5 Cubulco (25 juil). Pour entretenir la tradition du Palo Volador (bâton volant ; voir p. 216)

6 San José Petén (31 oct ; p. 290) accueille une fête unique lors de laquelle des crânes humains sont promenés dans les rues

7 Día de Todos los Santos (Toussaint, 1er nov) est fêté avec panache à Santiago Sacatepéquez et Sumpango (p. 116)

8 Todos Santos Cuchumatán (1er nov), dans les Hautes Terres (p. 185), organise des courses de chevaux dans la grand-rue

9 Fête nationale Garífuna (26 nov) à Lívingston (p. 267)

10 Quema del Diablo (7 déc). Les habitants font d'immenses feux de joie national ou une réserve (voir p. 59), goûtez au tourisme communautaire (dont les bénéfices vont directement à la communauté, et non à des intermédiaires ou à des opérateurs – voir notre index écotouristique, p. 371, pour quelques idées), ou travaillez bénévolement (voir p. 323). Gardez à l'esprit que les opérateurs touristiques savent très bien que le Guatemala attire des personnes altruistes, qui désirent soutenir des entreprises à vocation sociale. À vous de juger, mais lorsqu'un prestataire affirme soutenir la communauté locale, quelques recherches préalables sont toujours utiles.

LIVRES À EMPORTER

Écrit en 1930, *Légendes du Guatemala* (Folio Gallimard), du Prix Nobel Miguel Angel Asturias, vous entraînera dans un monde de magie et de songes où volcans, Homme-Pavot et autres maîtres mages composent une fresque envoûtante. Du même auteur, citons : *Monsieur le Président* (Flammarion), publié en 1946, et *Week-End au Guatemala* (Albin Michel), paru en 1956.

Moi, Rigoberta Menchú : une vie et une voix, la révolution au Guatemala (Folio Gallimard), d'Élisabeth Burgos, raconte la vie de Rigoberta Menchú, prix Nobel de la paix en 1992, dans les Hautes Terres et sa prise de conscience politique. C'est elle qui a attiré l'attention du monde entier sur les souffrances du peuple maya au Guatemala.

Jours ordinaires à la finca. Une grande plantation de café au Guatemala (IRD, 1996), de Charles-Édouard de Suremain, est une étude consacrée à une grande plantation de café, dans une perspective ethnologique, avec de fréquentes incursions dans les domaines de l'histoire et de la sociologie.

Dans *Les Enfants de la rue au Guatemala : princesses et rêveurs* (L'Harmattan, 1997), Gérard Lutte a recueilli les témoignages de 59 filles et garçons des rues qui racontent leur vie au Guatemala.

L'époux divin (Points, 2007) de Francisco Goldman retrace la vie d'une jeune fille qui s'est laissée mourir par amour. Ce récit se déroule avec, en toile de fond, un pan de l'histoire du Guatemala.

Enfin, indispensable pour mieux communiquer sur place, le *Guide de conversation français/espagnol latino-américain* publié par Lonely Planet. Pour réserver une chambre, lire un menu ou simplement faire connaissance, ce manuel vous permet d'acquérir rapidement quelques rudiments d'espagnol. Il comprend également un dictionnaire bilingue.

SITES INTERNET
En français
Abc latina (www.abc-latina.com/guatemala). Un portail multiculturel pratique, en français, mis à jour régulièrement.
Ambassade du Guatemala en France (www.ambassadeduguatemala.com). Ce site renseigne utilement les voyageurs et donne une approche globale du pays.
Lonely Planet (www.lonelyplanet.fr). De nombreux liens utiles vers d'autres sites et un forum très fréquenté, où les voyageurs peuvent échanger des informations sur le Guatemala et sur d'autres destinations.
Maya Explor (www.mayaexplor.com). Ce site propose de nombreuses informations pratiques et culturelles, ainsi qu'un superbe diaporama sur le pays.

En espagnol et en anglais
Guatemala (www.visitguatemala.com). Site officiel de l'Inguat, l'Institut national du tourisme. En espagnol et en anglais.
Guatemala Times (www.guatemala-times.com). La meilleure source d'information en anglais axée sur le Guatemala.

Itinéraires

LES GRANDS CLASSIQUES

HAUTES TERRES   10 jours / de Guatemala Ciudad à Todos Santos Cuchumatán

Cet itinéraire très fréquenté permet de découvrir des paysages spectaculaires et des traditions mayas fortement implantées.

De **Guatemala Ciudad**, rejoignez d'abord **Antigua** (p. 88), ville à l'exceptionnelle architecture coloniale ; profitez de son animation avant d'escalader les volcans alentour. De là, gagnez **Panajachel** (p. 121), au bord du **Lago de Atitlán** (p. 119), frangé de volcans. Prenez un bateau pour visiter quelques paisibles villages mayas, tels que **Santiago Atitlán** (p. 133), **San Pedro La Laguna** (p. 136), **San Marcos La Laguna** (p. 143) ou **Santa Cruz La Laguna** (p. 145). Dirigez-vous ensuite vers le nord jusqu'à **Chichicastenango** (p. 147), renommée pour ses marchés. Continuez jusqu'à **Nebaj** (p. 157) pour découvrir de superbes itinéraires de randonnée, une forte culture maya et de splendides paysages.

De Chichicastenango, empruntez l'Interamericana vers l'ouest, le long des crêtes montagneuses qui mènent à **Quetzaltenango** (p. 161). De là, de courts trajets en bus conduisent à des villages et à des marchés pittoresques ainsi qu'à des merveilles naturelles. De Quetzaltenango, vous pouvez partir en direction du sud ou vers le nord et le Mexique en passant par **Todos Santos Cuchumatán** (p. 185), un fascinant village de montagne maya.

Cet itinéraire de 320 km peut durer quelques mois si vous séjournez à Antigua, à Panajachel, à San Pedro La Laguna ou à Quetzaltenango pour apprendre l'espagnol. Vous pouvez doubler la distance en faisant un détour par Nebaj et Todos Santos Cuchumatán.

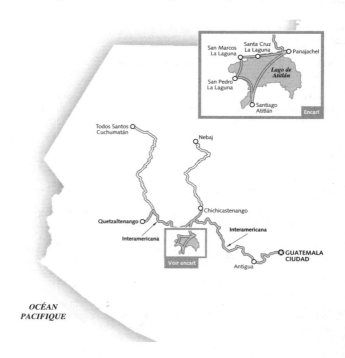

LA GRANDE BOUCLE

3 semaines / de Copán à Cobán

Ce circuit conduit aux plus belles ruines mayas du pays. Il vous fera en outre traverser des jungles denses et passer par de spectaculaires merveilles naturelles.

De Guatemala Ciudad, partez vers le nord-est et faites un détour au Honduras, au sud, pour visiter le superbe site maya de **Copán** (p. 248). Revenez au Guatemala et continuez vers le nord-est jusqu'à **Quiriguá** (p. 243), un autre beau site maya, et l'étonnante enclave garífuna de **Livingston** (p. 267), sur la côte des Caraïbes. Prenez un bateau pour remonter le **Río Dulce** (p. 269), bordé de jungle, jusqu'à la **ville de Río Dulce** (p. 258), puis poursuivez vers le nord par la route 13 et passez la nuit à la **Finca Ixobel** (p. 277), tout près de **Poptún** (p. 276), avant de rejoindre **Flores** (p. 278), une charmante bourgade sur une île du Lago de Petén Itzá. De Flores, ralliez **Tikal** (p. 294), le plus majestueux des sites mayas. Passez la nuit sur place ou dans le village voisin d'**El Remate** (p. 290). Aux alentours, visitez d'autres sites mayas impressionnants tels que **Yaxhá** (p. 305) et **Uaxactún** (p. 303).

De Flores, partez vers le sud-ouest jusqu'à **Sayaxché** (p. 309), une ville détendue en bord de rivière, au centre d'un autre groupe de sites mayas : **Ceibal** (p. 310), **Aguateca** (p. 312) et **Dos Pilas** (p. 312). La route au sud de Sayaxché est désormais entièrement goudronnée jusqu'à **Chisec** (p. 228) et **Cobán** (p. 218), points de départ vers plusieurs merveilles naturelles préservées, comme la **Laguna Lachuá** (p. 229), entourée de jungle, les **Grutas de Lanquín** (p. 226), les étangs turquoise et les cascades de **Semuc Champey** (p. 228).

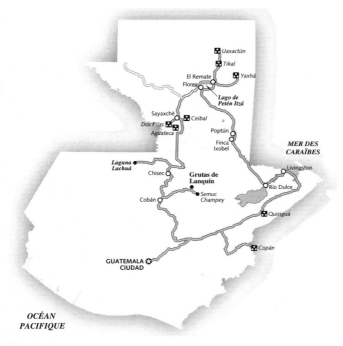

Ce circuit de 1 900 km fait découvrir les plus belles destinations du centre, de l'est et du nord du pays. En pressant l'allure, vous pouvez le parcourir en 2 semaines, mais 4 semaines vous permettront de l'apprécier pleinement.

FARNIENTE BALNÉAIRE 1 semaine / de Tilapita à Las Lisas

Il faut un peu de temps pour s'habituer au sable noir volcanique qui donne un aspect sale aux plages du Guatemala. Certaines sont d'ailleurs négligées, mais de nombreuses bourgades tranquilles se révèlent propices à la baignade, au surf, au canotage dans la mangrove et au farniente. En l'absence de route côtière, vous devrez faire des allers-retours à partir de la grand-route.

En partant de la frontière mexicaine, commencez par **Tilapita** (p. 193), à ne pas confondre avec Tilapa et bien plus jolie. Lors de notre passage, la localité ne comptait qu'un seul hôtel.

Regagnez la nationale et partez vers l'est jusqu'à Mazatenango, où un autre bus vous conduira à **Tulate** (p. 199), la plus belle plage pour la baignade et le bodysurf. De Tulate, inutile de retourner jusqu'à la grand-route : prenez un bus jusqu'à La Máquina, puis une correspondance pour **Chiquistepeque** (p. 200), une belle plage préservée où certains voyageurs choisissent de travailler bénévolement auprès de la population locale avec l'ONG franco-guatémaltèque Proyecto Hamaca y Pescado.

Revenez ensuite sur la nationale pour descendre vers l'est jusqu'à Siquinala, où vous changerez de bus pour rejoindre **Sipacate** (p. 204), le paradis des surfeurs.

Monterrico (p. 206), très fréquentée le week-end par les Guatémaltèques et les étudiants d'Antigua, peut constituer votre dernière étape. À moins de pousser jusqu'à **Las Lisas** (p. 210), un coin de paradis sur une île, près de la frontière salvadorienne.

Seuls 220 km de littoral séparent les frontières du Mexique et du Salvador. Plutôt que de les découvrir à la hâte en une semaine, adoptez le rythme paisible des tortues de mer.

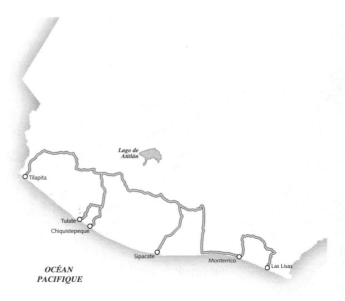

HORS DES SENTIERS BATTUS

DANS L'IXCÁN   2 jours / de Huehuetenango à la Laguna Lachuá

Maintenant que la route de Huehuetenango à Cobán est sujette aux glissements de terrain, les amateurs d'aventure et de bus bringuebalants partent vers le nord pour traverser le pays sans revenir vers la capitale.

L'itinéraire entre Huehue et la Laguna Lachuá réunit les mêmes ingrédients : routes défoncées, paysages époustouflants, villages fascinants et touristes très rares.

Les bus sont moins fréquents qu'ailleurs. Prévoyez du temps pour entreprendre ce parcours et préparez-vous à cahoter de temps à autre à l'arrière d'un pick-up.

Au départ de **Huehuetenango** (p. 180), une bonne route grimpe à travers les beaux paysages des Cuchumatanes jusqu'à **Soloma** (p. 187). L'asphalte s'arrête ici et la route serpente dans les montagnes jusqu'à **Santa Eulalia** (p. 188), une jolie bourgade qui mérite une halte de 2 ou 3 heures.

Puis la route monte à nouveau, à travers pâturages et forêts de pins, pour rejoindre **San Mateo Ixtatán** (p. 188), une étape toute indiquée pour la nuit, car les transports s'arrêtent en fin d'après-midi. Quelques sites intéressants méritent la visite.

Le jour suivant, une lente descente mène à **Barillas** (p. 189), où vous devriez pouvoir emprunter un bus ou du moins un pick-up pour parcourir les routes aussi mauvaises que superbes menant à **Playa Grande** (p. 229) et à la **Laguna Lachuá** (p. 229).

Il est fortement question de construire une route nationale entre Huehue et Playa Grande. Dépêchez-vous d'effectuer ce trajet de 150 km tant qu'il conserve un parfum d'aventure !

VOYAGES THÉMATIQUES

LES MAYAS D'HIER ET D'AUJOURD'HUI

À **Guatemala Ciudad** (p. 64), ne manquez pas les musées consacrés à l'archéologie et aux textiles mayas. C'est aussi un bon point de départ pour visiter les ruines mayas de **Quiriguá** (p. 243) et de **Copán** (p. 248), juste de l'autre côté de la frontière avec le Honduras.

À l'ouest de Guatemala Ciudad se trouvent les ruines d'**Iximché** (p. 120), et le **Lago de Atitlán** (p. 119), entouré de villages traditionnels comme **Santiago Atitlán** (p. 133). N'oubliez pas le grand marché maya de **Chichicastenango** (p. 147), qui est également le théâtre de pratiques religieuses uniques. Au nord, l'ancienne capitale quiché **K'umarcaaj** (p. 154) demeure un centre de rites mayas. **Quetzaltenango** (p. 161) est le point de départ vers des villages traditionnels et la **Laguna Chicabal** (p. 179), un lac sacré. Plus au nord, explorez **Zaculeu** (p. 180), l'ancienne capitale mam, sur la route de **Todos Santos Cuchumatán** (p. 185), un village de montagne aux traditions vivaces et aux costumes extraordinaires.

Suivez ensuite les routes de montagne de la chaîne des Cuchutamanes jusqu'à **Nebaj** (p. 157), un centre maya ixil, et **San Cristóbal Verapaz** (p. 225). **Sayaxché** (p. 309), au nord du pays, constitue une bonne base pour explorer les divers sites mayas voisins. Continuez jusqu'à **Tikal** (p. 294), la mère de toutes les cités mayas, et dans la jungle du Petén, les sites archéologiques plus reculés ne manquent pas.

MERVEILLES NATURELLES

Exercez vos muscles en escaladant quelques-uns des volcans qui ceignent Antigua (p. 98). Non loin, le **Lago de Atitlán** (p. 119) est sans doute l'un des plus beaux lacs du monde. D'autres volcans se dressent autour de Quetzaltenango, comme le **Santa María** (p. 166) et le **Tajumulco** (p. 166), le point culminant d'Amérique centrale. Au nord, découvrez la beauté des Cuchumatanes près de **Todos Santos Cuchumatán** (p. 185) et de **Nebaj** (p. 157). La

ville de **Cobán** (p. 218), un peu plus loin, permet d'accéder aux superbes étangs et cascades de **Semuc Champey** (p. 228), ainsi que d'explorer des grottes et d'observer les animaux. Si vous avez le temps, ne manquez pas la **Laguna Lachuá** (p. 229), que ceinture la jungle. Enfoncez-vous dans les jungles épaisses du Petén, au nord, jusqu'à la fabuleuse cité maya antique de **Tikal** (p. 294) et aux ruines qui environnent **El Perú** (p. 314) – deux endroits merveilleux pour apercevoir la faune tropicale. Dans l'ouest du pays, faites une pause pour découvrir les grottes de **Finca Ixobel** (p. 277), descendez en bateau le superbe **Río Dulce** (p. 269), qui traverse la jungle, ou faites un détour par le **Refugio Bocas del Polochic** (p. 262), où vivent plus de 300 espèces d'oiseaux.

Histoire

LA PRÉHISTOIRE (JUSQU'EN 2000 AV. J.-C.)

Il est communément admis que, mis à part une poignée de Vikings dans le Nord et un possible contact transocéanique avec l'Asie du Sud-Est, les habitants préhispaniques des Amériques arrivèrent de Sibérie. Ils vinrent en plusieurs flux migratoires, probablement entre 60000 et 8000 av. J.-C., au cours de la dernière ère glaciaire, traversant le territoire aujourd'hui submergé sous le détroit de Béring, puis se déplacèrent graduellement vers le sud.

Cette première population vécut de la chasse aux mammouths, de la pêche et de la cueillette. À l'ère glaciaire succéda une période chaude et aride qui provoqua la disparition des pâturages naturels des mammouths, ainsi que la raréfaction des noix et des baies sauvages. Contraintes d'imaginer d'autres moyens de survie, ces peuplades archaïques partirent à la recherche de climats plus cléments et inventèrent l'agriculture, donnant la priorité au maïs. Les habitants du Guatemala et du Mexique actuels réussirent l'hybridation de cette plante endémique et la cultivèrent, de même que les haricots, les tomates, les piments et les courges. Ils tissèrent des paniers pour transporter les récoltes et domestiquèrent des dindons et des chiens. Ils fabriquèrent des outils de pierre, des poteries rudimentaires et modelèrent de simples figurines d'argile, symboles de fertilité.

LA PÉRIODE PRÉCLASSIQUE (DE 2000 AV. J.-C. À 250)

L'augmentation des ressources alimentaires entraîna l'accroissement de la population, l'amélioration de son niveau de vie et le développement de nouvelles techniques agricoles et artistiques. Apparurent alors des poteries décoratives et une espèce de maïs plus robuste. Au début de cette période, la population du Guatemala utilisait déjà une forme primitive de la langue maya. Ces premiers Mayas construisirent des *na*, les huttes au toit de chaume que l'on voit encore aujourd'hui dans la majeure partie du pays. Là où les cours d'eau représentaient une menace, les familles construisaient leur *na* sur une butte de terre. Quand un membre de la famille décédait, il était inhumé dans la pièce principale et accédait au rang d'ancêtre vénéré.

Vers le milieu de l'époque préclassique (de 800 à 300 av. J.-C.), la vallée de Copán abritait de riches villages, tandis que d'autres apparaissaient dans ce qui deviendrait la majestueuse cité de Tikal, dans la jungle du Petén. Grâce au développement des routes marchandes, les peuples de la côte échangeaient le sel et les coquillages contre les outils en obsidienne fabriqués par les peuples des Hautes Terres.

Les Mayas, de Claude-François Baudez (Les Belles Lettres, coll. Guide des Civilisations, 2004), s'emploie à décrire les multiples facettes de cette civilisation fascinante. Du même auteur : *Une histoire de la religion des Mayas* (Albin Michel, 2002).

Les prêtres mayas utilisaient diverses drogues lors des rituels de divination, du maïs fermenté et du tabac sauvage aux champignons hallucinogènes.

Grandeur et décadence de la civilisation maya, de Eric Thompson (Payot, 1993), décrit comment les plus grandes cités mayas, Tikal en tête, dressèrent leurs temples et leurs palais… jusqu'à ce que l'Histoire décide de leur sort.

CHRONOLOGIE

11 000 av. J.-C.	3114 av. J.-C.	2000-250 av. J.-C.
Une forte migration par le détroit de Béring, de Sibérie en Alaska, conduira aux premières implantations humaines au Guatemala. Des outils et autres objets trouvés dans les Hautes Terres datent de 9000 av. J.-C.	D'après l'histoire de la création maya, le monde a été créé le 13 août 3114 av. J.-C., qui correspond à la première date du compte long du calendrier maya.	Pendant cette période, appelée préclassique, le commerce du sel, du jade et du cacao se développe fortement entre les villages mayas guatémaltèques. Les premières grandes cités, Nakbé et El Mirador, sont fondées.

LE MYTHE DE LA CRÉATION

La date de la création apparaissant sur les inscriptions dans l'ensemble du monde maya est 13.0.0.0.0, 4 Ahaw, 8 Kumk'u, ce qui correspond au 13 août de l'an 3114 av. J.-C.

Ce jour-là, les dieux de la création posèrent trois pierres dans les eaux noires recouvrant le premier monde, qui constituèrent un foyer cosmique au centre de l'univers. Les dieux déclenchèrent alors la foudre, et ce feu divin donna vie au monde.

Ce récit de la création est évoqué dans les premiers chapitres du *Popol Vuh*, un ouvrage dont les éléments ont été réunis peu après la conquête espagnole par des nobles mayas.

Voici le récit du temps où tout était en suspens. Tout était calme et silencieux, immobile et muet. L'étendue du ciel était vide.

Voici le premier récit, le premier discours. Il n'y avait pas encore d'hommes, ni d'animaux, d'oiseaux, de poissons, de crabes, pas d'arbres ni de pierres, pas de grottes ni de ravins, pas d'herbes ni de forêts. […]

Il n'y avait que le Créateur, le Formateur, le Roi et le Serpent à plumes, qui sont Père et Mère de toutes choses. […] Il y avait aussi le Cœur du Ciel [un dieu de la foudre], qui est, dit-on, le nom de Dieu. […]

Ils appelèrent ensuite les montagnes, et les montagnes surgirent immédiatement de l'eau. C'est par la seule force de leur esprit et de leurs pouvoirs miraculeux que se formèrent les montagnes.

L'homme

Les dieux s'y reprirent à trois fois avant de réussir à créer l'homme. Ils commencèrent par fabriquer des biches et d'autres animaux, mais ceux-ci n'étant pas capable de parler, et donc d'honorer les dieux comme il se doit, ils furent condamnés à être mangés.

Les dieux façonnèrent alors un homme avec de la boue. Celui-ci parlait, mais ses paroles étaient dépourvues d'intelligence. Il ne tarda pas à redevenir boue.

Les dieux fabriquèrent alors des êtres humains à partir de bois, mais qui s'avérèrent eux aussi imparfaits et furent donc détruits. Selon le *Popol Vuh*, les survivants parmi ces hommes de bois sont les singes qui vivent dans la forêt.

Les dieux atteignirent enfin leur but lorsqu'ils découvrirent le maïs. Du maïs blanc et du maïs jaune, ils firent la chair du premier homme et de la première femme.

L'amélioration des techniques agricoles, avec l'utilisation d'engrais et de champs surélevés, s'accompagna de l'émergence d'une classe noble et de la construction de temples ; ces derniers se composaient de plates-formes en terre surélevées, surmontées d'un abri couvert de chaume. À sa mort, le potentat local était enseveli sous cet abri, renforçant ainsi le caractère sacré du site. Des exemples de ces temples ont été découverts à Uaxactún, Tikal et El Mirador, un autre site du Petén qui se développa durant la période préclassique (de 300 av. J.-C. à 250). Kaminaljuyú, à Guatemala Ciudad, atteignit son apogée entre 400 av. J.-C. et 100, comptant alors des milliers d'habitants et une multitude de temples érigés sur des buttes de terre.

1100 av. J.-C.	250 av. J.-C.-100	230
Les premiers colons proto-mayas s'installent dans la vallée de Copán. Un siècle plus tard, les villages de la côte Pacifique guatémaltèque montrent les premiers signes d'une société hiérarchisée.	Les premières cités mayas d'El Mirador et Kaminaljuyú rayonnent grâce à leurs avantages tactiques et commerciaux. Les techniques agricoles se perfectionnent tandis que le commerce de l'obsidienne et du jade est en plein essor.	El Mirador commence à décliner. Yax Moch Xoc, roi de Tikal, instaure la dynastie qui verra s'épanouir la cité dominante du monde maya du Sud.

Dans le Petén, où abondait le calcaire, les Mayas commencèrent à bâtir des temples en pierre. Comme chaque nouveau souverain exigeait un temple plus important que celui de son prédécesseur, les plates-formes s'empilèrent les unes sur les autres, donnant naissance à d'immenses pyramides en gradins, coiffées d'un abri en forme de *na*. Le tombeau royal se retrouvait alors profondément enfoui sous la pile des plates-formes. Haute de 18 étages, la pyramide El Tigre, à El Mirador, serait la plus grande jamais construite par les Mayas. À l'image des petites gens qui bâtissaient leur maison dans une enceinte face à un espace commun dégagé, des pyramides de plus en plus nombreuses furent édifiées autour de vastes places. Ce fut le début de la florissante civilisation classique maya.

> Les archéologues estiment que seuls 10% de Tikal, le plus grand et le plus connu des sites mayas du pays, ont été mis au jour.

LA PÉRIODE CLASSIQUE (250-900)

Au cours de la période classique, les Mayas instaurèrent la civilisation préhispanique la plus brillante d'Amérique dans une région s'étendant de Copán (Honduras) à la péninsule du Yucatán (Mexique), en passant par le Guatemala et le Belize. Parmi les grands centres cérémoniels et culturels, on peut citer Copán ; Quiriguá ; Kaminaljuyú ; Tikal, Uaxactún, Río Azul, El Perú, Yaxhá, Dos Pilas et Piedras Negras, tous dans le Petén ; Caracol, au Belize ; Yaxchilán et Palenque, au Chiapas (Mexique) ; Calakmul, Uxmal et Chichén Itzá, dans la péninsule du Yucatán. Aujourd'hui, tous ces sites se visitent. Vers le début de l'ère classique, les astronomes mayas commencèrent à utiliser le minutieux calendrier au compte long (p. 27).

> Concis et d'un format pratique, *Les Cités perdues des Mayas*, de Claude-François Baudez et Sydney Picasso (Gallimard, coll. Découvertes, 2008), montre comment, depuis quelques décennies, le voile s'est levé sur les habitants des cités perdues.

Le rôle prépondérant de Tikal débuta vers 250, alors qu'El Mirador avait été mystérieusement abandonné près d'un siècle auparavant. Selon certains historiens, une terrible sécheresse aurait provoqué le déclin de cette grande cité.

À cette époque, la société maya était organisée en un ensemble de cités-États. Chacune d'entre elles possédait sa propre aristocratie, dirigée par un prêtre-roi. Celui-ci, pour apaiser les divinités, versait son sang en se perçant la langue, le pénis ou les oreilles à l'aide d'un instrument tranchant.

DIVERTISSEMENT MAYA

Le divertissement favori des Mayas était le *juego de pelota* (jeu de balle), et l'on en voit des terrains dans de nombreux sites archéologiques. On pense que les joueurs devaient lancer une balle en caoutchouc dur en s'aidant de n'importe quelle partie du corps, à l'exception des mains, de la tête et des pieds. Peut-être utilisaient-ils aussi une batte en bois. Dans certaines régions, une équipe gagnait si l'un de ses joueurs faisait passer la balle à travers un cercle en pierre à peine plus large que la balle.

Le jeu de balle était pris très au sérieux et servait souvent à résoudre des litiges entre communautés rivales. À l'occasion, il semble que le capitaine de l'équipe perdante était exécuté.

250-900	562	682
Pendant la période classique, les Mayas commencent à utiliser des gravures élaborées sur les stèles, les temples et ailleurs. L'architecture atteint son apogée dans tout le monde maya.	Teotihuacán, le principal allié de Tikal, voit sa puissance diminuer. Calakmul forme des alliances régionales avec les villages voisins et Caracol, dans l'actuel Belize, finissant par vaincre Tikal, mais sans la détruire.	Le roi Double Rayon de Lune, ou Seigneur Chocolat, accède au trône de Tikal et commence à reconstruire les grandes places et les temples détruits par Caracol et Calakmul.

LA NUMÉRATION MAYA

Le principal emploi de la numération maya, comme vous pourrez le constater au cours de votre voyage, était l'inscription des dates. Le système était d'une élégante simplicité : les chiffres de 1 à 4 étaient représentés par des points et le 5 par un trait horizontal. Un trait surmonté d'un point signifiait 6, de deux points 7, et ainsi de suite. On utilisait 2 traits pour 10, 3 traits pour 15. Le nombre le plus courant, 19, était représenté par 3 traits superposés, surmontés de 4 points.

Pour les chiffres supérieurs, les Mayas empilaient les uns sur les autres les chiffres de 0 à 19. Ainsi, la position inférieure était réservée aux valeurs de 1 à 19, celle du dessus aux valeurs de 20 à 380, et la troisième correspondait aux valeurs de 400 à 19 x 400. Au total, ces 3 positions permettaient de compter jusqu'à 7 999. En superposant d'autres positions, on pouvait ainsi compter à l'infini. Le zéro était représenté par l'image stylisée d'un coquillage ou d'un autre objet.

Au quotidien, les Mayas écrivaient probablement sur le sol, inscrivant les points du bout du doigt et les traits avec le tranchant de la main.

Pour plus de détails sur ces rites et sur les croyances mayas, reportez-vous p. 42. En tant que chef religieux de sa communauté, le roi devait également mener ses soldats à l'assaut des cités rivales et capturer des ennemis pour les sacrifices humains.

Une cité maya typique constituait le centre religieux, politique et marchand des hameaux agricoles environnants. Les cérémonies avaient lieu sur les places, entourées de hautes pyramides et de bâtiments moins élevés, composés d'une enfilade de petites pièces. Stèles et autels étaient gravés de dates, d'histoires et de complexes représentations d'hommes et de dieux.

Dans la première partie de la période classique, il semble que la plupart des cités-États étaient regroupées en deux vagues alliances militaires, centrées à Calakmul, dans l'État de Campeche au Mexique, et à Tikal. À l'instar de Kaminaljuyú et de Copán, Tikal entretenait d'étroites relations avec la puissante cité de Teotihuacán, près de l'actuelle Mexico. Lors du déclin de Teotihuacán, Calakmul s'allia à Caracol pour vaincre Tikal, sa rivale affaiblie, en 562. Toutefois, Tikal retrouva son rôle prépondérant sous le règne de Double Rayon de Lune (682-734), un souverain fin stratège également appelé Ah Cacau (Seigneur Chocolat), qui conquit Calakmul en 695.

À la fin du VIIIᵉ siècle, le commerce entre les États mayas déclina et les conflits prirent de l'ampleur. Au début du Xᵉ siècle, les cités de Tikal, Yaxchilán, Copán, Quiriguá et Piedras Negras étaient redevenues de petites bourgades, voire des villages, et la majeure partie du Petén était abandonnée. Nombre d'hypothèses furent échafaudées pour expliquer l'effondrement de la société maya classique, dont un trop grand accroissement de la population, la sécheresse et la détérioration de l'environnement.

Pour convertir une date en utilisant le calendrier maya, connectez-vous au Maya Date Calculator (www.mayan-calendar.com/calc.html).

695	900	Vers le XIIIᵉ siècle
L'alliance entre Caracol et Calakmul est affaiblie lorsque Tikal capture deux rois successifs de Calakmul en deux ans. Tikal regagne rapidement sa position de superpuissance régionale.	La chute de la civilisation maya classique commence, marquant les origines de la période postclassique. Débute alors un exode depuis Tikal qui va durer un siècle, après quoi la cité ne sera plus jamais habitée.	Des migrants toltèques militairement organisés, venus du sud-est du Mexique, instaurent des royaumes au Guatemala. Les Mayas des Hautes Terres s'organisent en royaumes rivaux, établissant les groupements linguistiques et culturels qui subsistent encore aujourd'hui.

LA PÉRIODE POSTCLASSIQUE (900-1524)

Après avoir quitté le Petén, certains Mayas partirent sans doute vers les Hautes Terres du Guatemala, au sud-ouest. Aux XIIIe et XIVe siècles, ils furent rejoints par des Toltèques (un peuple guerrier très influent du centre du Mexique), venus du Tabasco ou du Yucatán mexicains. Des groupes de ces nouveaux venus construisirent une série d'États rivaux dans les Hautes Terres guatémaltèques : les plus importants étaient les Quiché (capitale : K'umarcaaj, près de l'actuelle Santa Cruz del Quiché), les Cakchiquel (capitale : Iximché, près de Tecpán), les Mam (capitale : Zaculeu, près de Huehuetenango), les Tz'utuhil (capitale : Chuitinamit, près de Santiago Atitlán) et les Poqomam (capitale : Mixco Viejo, au nord de Guatemala Ciudad). Un autre peuple venu du Yucatán, les Itzá, s'installa sur une île du Lago Petén Itzá, l'actuelle Flores, dans le Petén.

LA CONQUÊTE ESPAGNOLE

En 1521, les Espagnols, menés par Hernán Cortés, vainquirent l'Empire aztèque installé à Tenochtitlán (l'actuelle Mexico). Quelques années plus tard, la quête de richesses poussa les conquistadores à s'intéresser au Guatemala. Pedro de Alvarado, l'un des plus cruels lieutenants de Cortés, pénétra dans le pays en 1524 avec près de 600 soldats espagnols et mexicains. Les armes à feu et les chevaux des envahisseurs ne laissèrent aucune chance aux populations autochtones. Alvarado écrasa une petite force quiché sur la côte du Pacifique et, peu après, la grande armée quiché près de Xelajú (l'actuelle Quetzaltenango). Selon la légende, Alvarado aurait tué le chef quiché Tecún Umán dans un combat au corps à corps avant de mettre à sac la capitale quiché, K'umarcaaj. Les Quiché n'avaient pas réussi à convaincre leurs ennemis de toujours, les Cakchiquel, de se joindre à eux pour repousser les conquistadores. Les Cakchiquel firent au contraire alliance avec les Espagnols contre les Quiché et les Tz'utuhil, ce qui permit aux conquérants d'établir leur première base guatémaltèque à côté d'Iximché, la capitale cakchiquel.

L'entente entre les Espagnols et les Cakchiquel se dégrada bientôt et Alvarado réduisit Iximché en cendres. Ainsi, tout le Guatemala sut qu'Alvarado cherchait à obtenir fortune et gloire en massacrant et en

---

LES CANONS DE LA BEAUTÉ MAYA

Les anciens Mayas admiraient les fronts plats et le strabisme. Pour obtenir ces avantages indéniables, on ficelait une planche sur la tête des enfants et on suspendait des perles de cire devant leurs yeux. Hommes et femmes scarifiaient leur corps pour provoquer les cicatrices convoitées et les femmes limaient leurs dents en pointe, un autre canon de beauté.

1523	1527	1541
L'Espagnol Pedro de Alvarado commence la conquête du Guatemala. Il conquiert rapidement la majorité du pays, bien que des parties des Hautes Terres résistent pendant des années et que le Petén ne se rende que 170 ans plus tard.	Alvarado établit sa capitale à Santiago de los Caballeros (l'actuelle Ciudad Vieja, près d'Antigua). Lorsqu'il meurt au Mexique 14 ans plus tard, sa veuve décrète que toute la ville doit être peinte en noir.	Un tremblement de terre détruit les parois du Volcán Agua et Santiago de los Caballeros est englouti sous un torrent d'eau et de boue. Une nouvelle capitale (l'actuelle Antigua) est fondée.

asservissant la population maya. Seule exception, les Rabinal de l'actuelle Baja Verapaz réussirent à préserver leur identité préhispanique et restent à ce jour l'une des ethnies les plus traditionnelles du pays.

En 1527, Alvarado déplaça sa base de Tecpán à Santiago de los Caballeros (aujourd'hui Ciudad Vieja). Peu après la mort d'Alvarado en 1541, Ciudad Vieja fut détruite par une inondation. Conservant le même nom, la capitale espagnole fut transférée vers un site voisin, appelé à présent Antigua.

LE CALENDRIER MAYA

Les observations et les calculs des astronomes mayas étaient d'une prodigieuse précision. Ils pouvaient prévoir les éclipses, et leur cycle vénusien ne présentait qu'une erreur de 2 heures sur des périodes d'un demi-millénaire.

Le temps constituait la base de la religion maya, selon laquelle le monde était inscrit dans une succession d'univers devant chacun être détruit par un cataclysme et remplacé par un autre. Ce caractère cyclique permettait de prédire l'avenir en observant le passé. La plupart des cités mayas étaient bâties en fonction des mouvements célestes et comprenaient souvent un observatoire.

La meilleure analogie pour expliquer le calendrier maya est peut-être le mécanisme d'une montre, où des petits rouages s'enclenchent dans de plus grands, permettant le décompte du temps.

Tzolkin, cholq'ij ou tonalamatl

Les deux petites roues du calendrier maya représentaient deux cycles de 13 et 20 jours. Chacun des 13 jours était numéroté de 1 à 13 ; les 20 jours du second cycle portaient des noms tels que Imix, Ik, Akbal ou Xan. Au fur et à mesure que les deux rouages s'emboîtaient, les jours recevaient un nom particulier. Ainsi, le jour 1 du cycle de 13 jours devenait le 1 Imix lorsqu'il rencontrait le jour Imix du cycle de 20 jours. Ensuite venaient le 2 Ik, le 3 Akbal, etc. Au bout de 13 jours, le premier cycle recommençait à 1 alors que l'autre cycle comptait encore 7 jours. Le quatorzième jour devenait alors le 1 Ix, suivi du 2 Men, du 3 Cib, etc. Une fois le cycle de 20 jours terminé, il recommençait à 8 Imix, 9 Ik, 10 Akbal, 11 Xan, etc. Les combinaisons se poursuivaient sur une durée totale de 260 jours, prenant fin le 13 Ahau, avant de recommencer au 1 Imix.

Ces deux petits rouages créaient ainsi une grande roue de 260 jours, appelée *tzolkin*, *cholq'ij* ou *tonalamatl*.

Les touristes intéressés par la culture maya peuvent se rendre dans l'une des villes qui continuent à respecter le calendrier *tzolkin* (comme Momostenango ou Todos Santos Cuchumatán) à l'occasion du Wajshakib Batz, le début de l'année *tzolkin*, dont le prochain tombe le 11 juillet 2011. Les étrangers ne sont pas toujours invités aux cérémonies, qui ont un caractère sacré, mais il reste intéressant de visiter ces villes traditionnelles à cette occasion.

L'année vague (haab)

Un autre ensemble de rouages du calendrier maya comprenait 18 mois de 20 jours et constituait la base de l'année solaire, ou *haab* (aussi écrit *ab'*). Chaque mois portait un nom (Pop, Uo, Zip, Zotz, Tzec,

---

1542	**1609-1821**	**1697**
Grâce en particulier aux efforts de Fray Bartolomé de Las Casas, l'Espagne adopte les Lois nouvelles, interdisant le travail forcé dans ses colonies. L'influence catholique devient plus institutionnalisée et les structures sociales traditionnelles mayas sont transformées.	La capitainerie générale du Guatemala (ou royaume du Guatemala) comprend ce qui est aujourd'hui le Costa Rica, le Nicaragua, le Honduras, le Salvador, le Guatemala et l'État mexicain du Chiapas, avec pour capitale Antigua, puis Guatemala Ciudad.	La conquête espagnole du Guatemala s'achève avec la défaite de l'île de Tayasal (aujourd'hui Flores), où vivaient les Itza, le dernier peuple résistant à l'assaillant.

LA PÉRIODE COLONIALE (1524-1821)

Comme dans les autres pays d'Amérique latine, les Espagnols réduisirent les peuples indiens en esclavage, les obligeant à cultiver leurs propres terres au profit des envahisseurs. Le refus de travailler était puni de mort. Les colons se croyaient omnipotents et se comportaient d'une manière indigne.

C'est alors qu'intervint le frère dominicain Bartolomé de Las Casas. Présent dans les Caraïbes et en Amérique latine depuis 1502, il fut le témoin direct du génocide presque total des populations autochtones de

etc.) et chaque jour était numéroté de 0 (premier jour, ou "siège" du mois) à 19. On obtenait alors : 0 Pop ("siège" du mois Pop), 1 Pop, 2 Pop… jusqu'au 19 Pop, puis 0 Uo, 1 Uo et ainsi de suite.

Ces 18 mois de 20 jours correspondaient à un cycle de 360 jours appelé *tun*, à la fin duquel les Mayas ajoutaient une période néfaste de 5 jours, nommée *uayeb*, afin d'obtenir un calendrier solaire de 365 jours. Aujourd'hui, les anthropologues appellent ce calendrier l'année vague, car l'année solaire dure précisément 365,24 jours (dans le calendrier grégorien, ce quart de jour est compensé tous les 4 ans par l'année bissextile).

Le calendrier cyclique

Les grandes roues du *tzolkin* et du *haab* s'emboîtaient également, de sorte que chaque jour portait en fait deux noms et deux chiffres : 1 Imix 5 Pop, 2 Ik 6 Pop, 3 Akbal 7 Pop, etc., soit 18 980 combinaisons jours/ noms. Celles-ci se répétaient après 52 années solaires, une période appelée le calendrier cyclique. Ce système de datation était utilisé par les Mayas, les Olmèques, les Aztèques et les Zapotèques de l'ancien Mexique. Il est encore en usage dans certains villages traditionnels. Un Maya est désigné parmi les anciens afin de suivre ce système compliqué et de prévenir la communauté des dates importantes.

Le compte long

Pour un peuple aussi soucieux d'évaluer le temps, le calendrier cyclique comportait un défaut important : il ne durait que 52 ans. Il recommençait ensuite à zéro et rien ne permettait de distinguer le jour 1 Imix 5 Pop d'un cycle de 52 ans de celui d'un autre cycle.

Les Mayas inventèrent donc le compte long au début de la période classique (vers 250). Le compte long repose sur le *tun*, l'année de 18 mois de 20 jours, et ne tient pas compte de l'*uayeb*, les 5 jours supplémentaires du calendrier solaire. Dans ce système, le jour s'appelle un *kin* (soleil). Le mois de 20 *kin* est un *uinal* et 18 *uinal* composent un *tun*. Vingt *tun* représentent un *katun* (7 200 jours, presque 20 années solaires du calendrier grégorien), et 20 *katun* constituent un *baktun* (144 000 jours, soit près de 394 ans). Dans la pratique, les unités supérieures au *baktun* ne servaient qu'à impressionner. Ainsi, on l'utilisait lorsqu'un roi particulièrement présomptueux souhaitait connaître le moment précis où son règne s'intégrait dans l'immensité temporelle. Il faut noter que 13 *baktun* (1 872 000 jours, soit 5 125 années solaires du calendrier grégorien) représentent un grand cycle ; le premier a commencé le 11 août 3114 av. J.-C. (le 13 août, selon certains) et se terminera le 23 (ou 25) décembre 2012. Retenons cette date, car la fin d'un grand cycle est une période lourde de signification, généralement redoutée.

1773	15 sept 1821	1823-1840
Antigua, désormais un joyau de la couronne coloniale, avec une université, une presse à imprimer, des écoles, des hôpitaux et des dizaines d'églises, est détruite par un séisme. Une nouvelle capitale est fondée sur le site de l'actuelle Guatemala Ciudad.	Le Guatemala (et le reste de la capitainerie générale) déclare son indépendance, rejoignant l'éphémère Empire mexicain. L'État mexicain du Chiapas est le seul membre à ne pas faire sécession peu après.	Le Guatemala, le Salvador, le Honduras, le Nicaragua et le Costa Rica forment les Provinces-Unies d'Amérique centrale. Des réformes libérales sont adoptées, auxquelles s'opposent fortement les conservateurs et l'Église catholique.

Cuba et d'Hispaniola. Il décrivit dans un plaidoyer influent, la *Très Brève Relation de la destruction des Indes*, le traitement fatal infligé à la population. Horrifié par ce qu'il avait vu, Las Casas supplia Charles Quint, alors roi d'Espagne, d'arrêter les violences. Il parvint à persuader le souverain que les peuples natifs ne devaient plus être considérés comme des objets mais plutôt comme des vassaux (ce qui permettait de les soumettre à l'impôt). Charles Quint édicta alors les Lois nouvelles de 1542, qui abolissaient en théorie le système du travail obligatoire. Dans la pratique, ce dernier subsista, mais l'absurde massacre des Mayas cessa. Las Casas et d'autres religieux commencèrent à convertir les Mayas au christianisme – un christianisme empreint de nombreux éléments d'animisme et d'un cérémonial issu du système religieux indien.

En marge : *En rentrant des Amériques, Christophe Colomb présenta aux Européens toute une série d'aliments dont ils ignoraient l'existence, comme les tomates, les patates douces, les courges, les pommes de terre, les avocats, le maïs et le cacao.*

Pour une large part, le "succès" de cette conversion s'explique par le pacifisme avec lequel l'Église l'entreprit, le respect relatif qu'elle manifesta envers les croyances traditionnelles et l'instruction qu'elle dispensa dans les langues locales. L'Église catholique devint rapidement très puissante au Guatemala, comme le prouvent les 38 églises (dont une cathédrale) édifiées à Antigua, la capitale coloniale de toute l'Amérique centrale, du Chiapas au Costa Rica. Mais Antigua fut détruite par un tremblement de terre en 1773 et la capitale fut transférée à 25 km à l'est sur son site actuel, Guatemala Ciudad.

L'INDÉPENDANCE

Quand les Guatémaltèques commencèrent à aspirer à l'indépendance, la société était déjà stratifiée de manière rigide. Au sommet de la hiérarchie coloniale se trouvaient les Espagnols de souche, venaient ensuite les *criollos*, descendants des conquistadores nés au Guatemala, puis les *ladinos* ou *mestizos*, métis espagnols-mayas, et, tout en bas, les esclaves mayas et noirs. Seuls les Espagnols de souche détenaient le pouvoir. Les *criollos* traitaient avec arrogance les *ladinos*, qui eux-mêmes exploitaient la population indienne, d'ailleurs encore aujourd'hui au bas de l'échelle socio-économique.

En marge : *Les Trajectoires du pouvoir dans une communauté Maya K'iché du Guatemala, de Laurent Tallet (L'Harmattan, 2001), est un examen approfondi des rapports sociaux dans les communes du pays, plus particulièrement celles à majorité indienne.*

Furieux de se voir refuser toute progression sociale, les *criollos* profitèrent de la faiblesse des Espagnols à la suite d'une invasion napoléonienne en 1808, et sortirent vainqueurs d'une révolte en 1821. L'Indépendance ne changea guère la vie des communautés autochtones qui demeurèrent sous le contrôle de l'Église et des propriétaires terriens. Malgré des institutions et des constitutions au parfum démocratique, la politique guatémaltèque continue de se faire au profit des commerçants, des militaires, des propriétaires terriens et des bureaucrates.

Peu après sa propre indépendance, le Mexique annexa brièvement le Guatemala, qui se libéra en 1823 et présida la formation des Provinces-Unies d'Amérique centrale (le 1er juillet 1823), avec le Salvador, le Nicaragua,

2 fév 1838	1840	Années 1870
Une grande partie du sud-ouest du Guatemala déclare son indépendance, devenant ainsi le 6e membre des Provinces-Unies. Le nouvel État, baptisé Los Altos, installe sa capitale à Quetzaltenango. Il fera brièvement sécession en 1844, 1848 et 1849.	Rafael Carrera prend le pouvoir, soutenu par de nombreux Indiens. Il déclare l'indépendance complète du Guatemala et réincorpore Los Altos au pays, puis entreprend de démanteler de nombreuses réformes libérales des Provinces-Unies.	Des gouvernements libéraux modernisent le Guatemala. Les terres indiennes sont transformées en plantations de café. Les nouveaux arrivants en provenance d'Europe bénéficient d'un traitement de faveur, formant une nouvelle élite et excluant encore plus les Mayas.

le Honduras et le Costa Rica. Cette union survécut seulement jusqu'en 1840. Cette époque apporta la prospérité aux *criollos*, mais aggrava le sort des Mayas. Le départ des Espagnols s'était traduit par la disparition des quelques mesures de protection que la Couronne leur consentait. Leurs revendications sur leurs terres ancestrales restaient totalement ignorées et celles-ci furent occupées par d'immenses plantations de tabac, de canne à sucre et de sisal (fibre extraite de l'agave, utilisée en corderie). Bien que légalement libres, les Mayas demeuraient asservis par les grands propriétaires selon un système de dette inique.

LES LIBÉRAUX ET CARRERA

Les classes dirigeantes se divisèrent en deux camps : d'un côté l'élite conservatrice, soutenue par l'Église et les grands propriétaires terriens ; de l'autre les libéraux, qui furent les premiers à prôner l'indépendance et contestaient les droits acquis des conservateurs.

> Le nom du Guatemala vient de *Quauhtlemallan*, qui signifie "lieu aux nombreux arbres" en nahuatl.

Durant la courte existence des Provinces-Unies d'Amérique centrale, le président libéral du Honduras, Francisco Morazán (1830-1839), engagea des réformes afin de mettre fin au pouvoir démesuré de l'Église, à la division de la société en une classe supérieure *criolla* et une classe d'autochtones défavorisés et à l'impuissance de la région sur les marchés mondiaux. Ce programme fut adopté par le chef d'État guatémaltèque Mariano Gálvez (1831-1838).

Toutefois, l'impopularité de la politique économique, les impôts élevés et une épidémie de choléra provoquèrent un soulèvement indien, dont le chef, un éleveur conservateur *ladino*, Rafael Carrera, fut porté au pouvoir. Il s'y maintint de 1844 à 1865, réduisant presque à néant les réformes de Morazán et de Gálvez. Il céda à la Grande-Bretagne le contrôle du Belize en échange de la construction d'une route entre Guatemala Ciudad et Belize City. La route ne fut jamais construite et les demandes de compensation guatémaltèques restèrent lettre morte. Ce litige revient aujourd'hui encore régulièrement à l'ordre du jour.

LES RÉFORMES LIBÉRALES DE BARRIOS

Les libéraux revinrent au pouvoir dans les années 1870 avec Miguel García Granados, puis avec Justo Rufino Barrios. Bien qu'élu démocratiquement, ce jeune et riche propriétaire d'une plantation de café gouverna en dictateur de 1873 à 1885. Barrios engagea le pays sur la voie de la modernisation, avec la construction de routes, de voies ferrées et d'écoles, et la mise en place d'un système bancaire moderne. Tout fut entrepris pour développer la culture du café. Les paysans des régions propices à cette culture furent chassés de leurs terres pour laisser la place à de nouvelles *fincas* (plantations) de café et ceux vivant à plus haute altitude furent obligés d'y travailler. Sous les gouvernements suivants, quelques familles de propriétaires terriens et de

1901	**1920-1931**	**Années 1940**
Le président Manuel Estrada Cabrera incite la société United Fruit, une entreprise américaine au comportement hégémonique, à s'établir au Guatemala. United Fruit joue rapidement un rôle dominant dans la politique nationale.	Le Guatemala connaît une période d'instabilité qui s'achève avec l'élection à la présidence du général Jorge Ubico. En 1944, Ubico est pourtant contraint à la démission et à l'exil.	Cédant à la pression des États-Unis (qui achètent à l'époque 90% des exportations guatémaltèques), le président Jorge Ubico expulse les propriétaires fonciers allemands du pays. Leurs terres sont redistribuées à des alliés politiques et militaires.

commerçants prirent les rênes de l'économie, des entreprises étrangères obtinrent de généreuses concessions et les opposants furent censurés, emprisonnés ou exilés.

ESTRADA CABRERA ET MINERVE

Manuel Estrada Cabrera gouverna de 1898 à 1920, favorisant les progrès techniques au prix d'une oppression de toute la population, à l'exception de l'oligarchie. Cabrera se voyait comme un homme providentiel venu apporter lumière et culture à un pays arriéré. Il aimait d'ailleurs à se décrire comme le "professeur et protecteur de la jeunesse guatémaltèque"

Il parraina des *fiestas de Minerva* (fêtes de Minerve), s'inspirant de la déesse romaine de la Sagesse et de l'Intelligence, et fit construire des temples en son honneur, dont certains subsistent (comme à Quetzaltenango). Le Guatemala se voulait un "Athènes tropical". Pourtant, parallèlement, Cabrera vida les caisses de l'État, négligea les écoles et multiplia les dépenses militaires.

C'est à cette époque que naquit la *Huelga de Dolores* (grève des douleurs). Les étudiants de l'université San Carlos de Guatemala Ciudad descendirent dans la rue pendant le carême – vêtus de cagoules afin d'éviter les représailles – pour protester contre l'injustice et la corruption. D'autres villes universitaires du pays se joignirent au mouvement, avec pour point culminant un défilé dans les rues principales le vendredi précédant le Vendredi saint. Cette tradition se perpétue encore aujourd'hui.

Pour les dates, les thèmes et des discussions au sujet des *Huelgas* passées et à venir, consultez le site Internet officiel de la Huelga de Dolores (www. huelgadedolores.com, en espagnol).

JORGE UBICO

Après la chute d'Estrada Cabrera en 1920, le Guatemala entra dans une ère d'instabilité qui s'acheva en 1931 avec l'élection à la présidence du général Jorge Ubico. Il privilégia l'honnêteté au sein du gouvernement et modernisa le système sanitaire et social du pays. L'asservissement pour dettes fut aboli, mais aussitôt remplacé par un travail forcé pour la construction des routes. En 1944, Ubico fut contraint à la démission et à l'exil.

ARÉVALO ET ARBENZ

Alors que le Guatemala semblait condamné à une succession de dictateurs impitoyables, les élections de 1945 portèrent un philosophe – Juan José Arévalo – au pouvoir. Président de 1945 à 1951, il institua le système national de sécurité sociale, créa un service gouvernemental chargé des affaires indigènes, modernisa les infrastructures de santé publique et libéralisa la législation du travail. Il résista aux 25 coups d'État que tentèrent les forces militaires conservatrices.

Le colonel Jacobo Arbenz lui succéda en 1951 et poursuivit la politique de son prédécesseur. Il mit en œuvre une réforme agraire destinée à morceler les grandes propriétés et à augmenter la productivité des petites exploitations familiales. Il expropria en outre la United Fruit des vastes

1945-1951	1951	1954
Juan José Arévalo, élu avec 85% des voix, arrive au pouvoir. Il inaugure une période de gouvernement progressiste et éclairé. Il institue notamment un système national de sécurité sociale et modernise les infrastructures de santé publique.	Jacobo Arbenz succède à Juan José Arévalo et poursuit les avancées de son prédécesseur.	Réalisant la première véritable tentative de réforme agraire du pays, Arbenz récupère les terres guatémaltèques de la société américaine United Fruit. Il est rapidement démis de ses fonctions par un coup d'État orchestré par les États-Unis.

domaines inexploités, concédés par les gouvernements d'Estrada Cabrera et d'Ubico. L'entreprise perçut une compensation correspondant à la valeur déclarée aux services fonciers (bien en dessous de la réalité), et Arbenz annonça que les terres seraient redistribuées aux paysans et consacrées aux cultures vivrières. Cette expropriation alarma Washington qui soutenait la United Fruit. En 1954, les États-Unis organisèrent, dans le cadre de l'une des premières opérations secrètes de la CIA connues du public, l'invasion du Guatemala à partir du Honduras, menée par deux officiers guatémaltèques en exil. Arbenz démissionna et sa réforme agraire ne vit jamais le jour.

Lui succédèrent plusieurs présidents militaires, élus grâce au soutien des officiers, des hommes d'affaires, des partis politiques complaisants et de l'Église catholique. Ils bénéficièrent aussi d'un soutien secret (mais bien documenté) accru du gouvernement des États-Unis, sous la forme de financements et de formations contre-insurrectionnelles. La violence caractérisa désormais la vie politique et les meurtres d'opposants devinrent monnaie courante. Le régime abrogea les mesures de la réforme agraire, refusa le droit de vote aux illettrés (soit 75% de la population), la police secrète reprit du service et la répression militaire fit partie du quotidien.

En 1960 apparurent les premiers groupes de guérilla.

LES DÉBUTS DE LA GUERRE CIVILE

Durant cette période, l'essor rapide de l'industrie guatémaltèque, qui profitait aux classes aisées, provoqua une forte pression sociale, l'organisation de syndicats et un exode rural massif, surtout vers la capitale, entraînant un développement urbain anarchique et l'apparition de bidonvilles. Le cycle des protestations et de la répression violente engendra une politisation globale de la société. Chacun prenait parti, les paysans défavorisés s'opposant à l'élite citadine. En 1979, Amnesty International estimait que 50 000 à 60 000 Guatémaltèques étaient morts, victimes de violences politiques, au cours des seules années 1970.

En 1976, un violent tremblement de terre fit quelque 22 000 victimes et près d'un million de sans-abri. La plus grande partie de l'aide internationale fut détournée.

LES ANNÉES 1980

Au début des années 1980, 4 groupes de guérilla disparates se regroupèrent pour former l'URNG (Unité révolutionnaire nationale guatémaltèque) et l'élimination par l'armée des opposants atteignit son paroxysme dans les campagnes, notamment sous la présidence du général Efraín Ríos Montt, un évangéliste parvenu au pouvoir à la suite d'un coup d'État en mars 1982. Un nombre effarant d'individus, essentiellement indiens, furent massacrés au nom de la lutte anti-insurrectionnelle, de la stabilisation et de l'anticommunisme. Les Guatémaltèques évoquent cette politique de la terre brûlée sous le nom de *la escoba*, "le balai", pour décrire ce

Années 1950-1960	1967	1976
Des dictateurs militaires dirigent le pays, annulant les réformes libérales des gouvernements précédents. Des mesures de répression et des exécutions commandées par l'État contre les forces d'opposition mènent à la formation d'une guérilla de gauche. La guerre civile commence.	L'écrivain et diplomate guatémaltèque Miguel Ángel Asturias, considéré comme un pionnier de la littérature latino-américaine moderne, reçoit le prix Nobel de littérature.	Un séisme fait 22 000 victimes. Les efforts de reconstruction contribuent à renforcer les groupes d'opposition de gauche, qui subissent de violentes représailles militaires. Le gouvernement Carter suspend son aide militaire au Guatemala.

règne de la terreur qui a "balayé" le pays. Ignorant l'identité des rebelles, le gouvernement savait dans quelles régions ils opéraient. Il terrorisa la population, essentiellement pauvre, rurale et indienne, pour la dissuader de soutenir la guérilla. Plus de 400 villages furent ainsi rasés et la majorité de leurs habitants abattus, souvent après avoir été torturés.

Plus tard, on estima que 15 000 civils périrent lors des opérations antiguérilla menées sous la présidence de Ríos Montt, sans parler des quelque 100 000 réfugiés (pour la plupart mayas) qui s'enfuirent au Mexique. Le gouvernement contraignit les villageois à former des Patrullas de Autodefensa Civil (PAC ; patrouilles de défense civile) pour exécuter les basses œuvres de l'armée : ainsi, les PAC commirent certaines des pires exactions perpétrées sous le mandat de Ríos Montt.

Au fur et à mesure que la guerre civile se poursuivait et que des atrocités avaient lieu de part et d'autre, un nombre croissant de paysans se trouva pris entre deux feux.

En août 1983, Ríos Montt fut destitué par le général Oscar Humberto Mejía Victores mais les atrocités continuèrent. Sous cette nouvelle présidence, plus de 100 assassinats politiques et une quarantaine d'enlèvements étaient déplorés chaque mois. Les survivants de *la escoba* furent déportés dans de lointains "villages modèles", appelés *polos de desarrollo* (pôles de développement), cernés de camps militaires. Ce bain de sang finit par conduire les Américains à supprimer leur aide militaire, ce qui provoqua en 1986 l'élection d'un président civil, Marco Vinicio Cerezo Arévalo, du Parti démocrate chrétien.

Avant de restituer le pouvoir aux civils, les militaires mirent en place une infrastructure qui leur permettait de conserver le contrôle des zones rurales. En élisant Cerezo Arévalo, les Guatémaltèques espéraient voir le gouvernement tempérer les excès de l'élite dirigeante et de l'armée, et établir les fondements d'une véritable démocratie. Cependant, les conflits armés se poursuivirent dans les régions reculées et, quand le mandat du président s'acheva, en 1990, aucun progrès tangible n'avait émergé.

LE DÉBUT DES ANNÉES 1990

Le président Jorge Serrano (1990-1993), issu du conservateur Movimiento de Acción Solidaria (Mouvement d'action solidaire), entama le dialogue avec l'URNG pour tenter de mettre fin à des décennies de guerre civile. Quand les négociations échouèrent, le médiateur de l'Église catholique condamna l'intransigeance des deux parties.

Malgré le retour à un régime démocratique, les massacres et autres violations des droits de l'homme se poursuivirent. En 1990, l'anthropologue Myrna Mack, qui avait publié un rapport sur les violences commises par l'armée sur les paysans mayas, fut assassinée à coups de couteau.

Le soutien de l'armée devint de plus en plus indispensable à Serrano. En 1993, il tenta d'instaurer un pouvoir absolu, mais, après quelques jours

Le site Internet de la Foundation for Advancement of Mesoamerica Studies (Fondation pour l'avancement des études mésoaméricaines ; www.famsi.org, en anglais et en espagnol) est extrêmement détaillé et contient des informations allant des recherches actuelles et passées, aux études sur l'écriture, en passant par les ressources pédagogiques et les cartes linguistiques.

Années 1970	**Fév 1982**	**1982-1983**
Face aux massacres perpétrés par les militaires et à l'utilisation d'escadrons de la mort, l'Église catholique commence à faire campagne pour les droits de l'homme. Les prêtres deviennent des cibles de représailles militaires et sont fréquemment enlevés, torturés et assassinés.	Quatre puissantes organisations de guérilla se regroupent pour former l'URNG (Unité révolutionnaire nationale guatémaltèque). Près d'un demi-million de personnes – surtout des paysans des Hautes Terres et du Petén – apportent un soutien actif à la guérilla.	La terreur d'État contre les communautés indiennes rurales atteint son apogée sous la dictature du général Efraín Ríos Montt. Les paysans, principalement des Hautes Terres, entament un exode vers le Mexique pour échapper aux violences des deux parties adverses.

RIGOBERTA MENCHÚ TUM

Qui aurait imaginé qu'une paysanne indienne guatémaltèque recevrait le prix Nobel de la paix ?

Rigoberta Menchú est née en 1959 près d'Uspantán, dans les Hautes Terres du Quiché, et a mené la vie traditionnelle d'une jeune fille maya jusqu'à la fin des années 1970. La guerre civile l'a ensuite conduite à rejoindre la guérilla. Ses parents et son frère ont été tués lors des massacres perpétrés par l'armée guatémaltèque au nom de la "pacification" des campagnes et de la répression du communisme.

Rigoberta Menchú s'exila au Mexique. Son histoire, *Moi, Rigoberta Menchú* (Folio Gallimard, 1999), écrite par Élisabeth Burgos à partir d'une série d'interviews, fut publiée et traduite dans le monde entier, attirant l'attention de l'opinion internationale sur la tragédie de la population autochtone guatémaltèque. En 1992, Rigoberta Menchú reçut le prix Nobel de la paix, qui lui octroya, ainsi qu'à sa cause, une stature et un support internationaux. La **Fondation Rigoberta Menchú Tum** (www.frmt.org), qu'elle créa à l'aide des fonds reçus lors de la remise du prix (1,2 million de $US), lutte pour la résolution des conflits, la pluralité, la défense des droits de l'homme, des Indiens et des femmes, au Guatemala et dans le monde.

Si les Guatémaltèques, en particulier les Mayas, furent fiers que le comité Nobel ait reconnu l'une des leurs, dans les cercles du pouvoir, la célébrité de Rigoberta Menchú, perçue comme une fauteuse de troubles, ne fut guère appréciée.

Le livre de l'anthropologue David Stoll *Rigoberta Menchú and the Story of All Poor Guatemalans* (1999) conteste la véracité de nombreux aspects de l'ouvrage de Rigoberta Menchú, dont des faits importants. Quand le *New York Times* a affirmé qu'elle avait obtenu sa distinction sur la base de mensonges, ses détracteurs s'en sont donné à cœur joie.

Rigoberta Menchú ne s'est pas laissé déstabiliser par la polémique et n'a pas répondu aux allégations de Stoll. L'Institut Nobel a précisé qu'il avait octroyé son prix en reconnaissance du travail effectué par Rigoberta Menchú en faveur des Indiens et non en raison du contenu de son livre. Finalement, la controverse n'a fait que renforcer les soutiens à la militante indienne et à la cause qu'elle défend, et jeter le doute sur les motivations de David Stoll.

En 1999, devant un tribunal espagnol, la Fondation Rigoberta Menchú Tum a formellement accusé les anciens dictateurs Efraín Ríos Montt (1982-1983) et Oscar Humberto Mejía Victores (1983-1986) de génocide, et a demandé leur extradition. Cette demande a été rejetée par la Cour constitutionnelle du Guatemala en 2007.

En 1994, Rigoberta Menchú a regagné le Guatemala. Depuis, elle a poursuivi son travail avec la fondation, tout en militant pour un meilleur accès aux médicaments génériques à bas coût et en consacrant une part de son temps à sa mission d'ambassadrice de bonne volonté de l'Unesco. En 2007, elle a décidé de se présenter à l'élection présidentielle. Cependant, le refus du Sommet mondial des peuples autochtones de la soutenir cette année-là a montré le caractère problématique et souvent fractionné de l'action politique des peuples premiers. Le parti de Rigoberta Menchú n'a obtenu qu'un peu plus de 3% des suffrages lors de l'élection présidentielle.

de tension, il fut contraint à l'exil. Le Congrès choisit Ramiro de León Carpio, critique virulent des exactions de l'armée, pour mener à terme le mandat de Serrano.

1990	**1992**	**1996**
L'armée massacre 13 Tz'utuhil mayas (dont 3 enfants) à Santiago Atitlán. Indignée, la population de Santiago se révolte et, pour la première fois, l'armée doit se retirer d'un village sous la pression des habitants.	Rigoberta Menchú, militante des droits des Indiens et pacifiste, est lauréate du prix Nobel de la paix. Elle est alors en exil au Mexique et retournera au Guatemala 2 ans plus tard.	Après près de 10 ans de négociations, la signature des accords de paix met fin à 36 années d'une guerre civile qui aura coûté la vie à quelque 200 000 Guatémaltèques.

LES ACCORDS DE PAIX

Le successeur du président de León, Álvaro Arzú, candidat du PAN (Parti de l'avancement national), un parti du centre droit, entra en fonction en 1996. Il continua les négociations avec l'URNG, qui débouchèrent sur un "accord de paix ferme et durable", signé le 29 décembre 1996. Selon les estimations, les 36 années de guerre civile ont fait 200 000 morts, un million de sans-abri et des milliers de disparus. Les accords de paix prévoyaient le recensement des violations des droits de l'homme perpétrées par l'armée durant la guerre et le retour des personnes déplacées. Ils affirmaient également les droits des peuples indiens et des femmes, le droit à la santé, à l'éducation et aux autres services sociaux fondamentaux, ainsi que la suppression du service militaire obligatoire.

Le Guatemala a fini par reconnaître l'indépendance du Belize en 1992, mais le tracé de la frontière fait encore débat. Un accord a été signé en 2008 pour porter la question devant la Cour internationale de justice.

DEPUIS LES ACCORDS DE PAIX

Depuis 1996, les espoirs de voir le Guatemala devenir une société juste et démocratique se sont évanouis au fil des ans. Tandis que les organisations internationales, du Parlement européen à la Commission interaméricaine des droits de l'homme, critiquent régulièrement la situation des droits de l'homme au Guatemala, les militants guatémaltèques pour les droits de l'homme sont menacés ou disparaissent simplement à une fréquence effrayante. Les problèmes majeurs – pauvreté, analphabétisme, manque d'éducation et absence d'infrastructures médicales (bien plus courants dans les zones rurales, où se concentre la population maya) – sont encore loin d'être résolus.

Les élections présidentielles de 1999 furent remportées par Alfonso Portillo, du parti conservateur Frente Republicano Guatemalteco (FRG). Portillo était considéré comme le représentant du chef du FRG, l'ancien président Efraín Ríos Montt. Le procureur national anticorruption, Karen Fischer, dut fuir le pays en 2003 à la suite de menaces reçues lorsqu'elle enquêtait sur les comptes bancaires panaméens censés avoir été ouverts pour le président Portillo. Ce dernier quitta lui-même le pays à la fin de son mandat, accusé d'avoir détourné 500 millions de \$US de finances publiques vers des comptes personnels et familiaux.

La Vérité sous la terre : le génocide silencieux de Miquel Dewever-Plana (Parenthèses, 2006) est un recueil de témoignages sur les atrocités commises au Guatemala par l'armée dans les années 1990.

En 2003, le quotidien *El Periódico* a publié un article affirmant qu'une "structure de pouvoir parallèle" impliquant Efraín Ríos Montt a dirigé le pays depuis la destitution du général, 20 ans auparavant. Quelques jours plus tard, le rédacteur en chef du journal et sa famille ont été attaqués chez eux par 12 hommes armés. Dans la foulée, la Cour constitutionnelle a autorisé Ríos Montt à se présenter aux élections présidentielles de 2003, en dépit du fait que la Constitution interdit l'exercice du pouvoir à quiconque a fomenté un coup d'État, comme Ríos Montt en 1982. Finalement, les Guatémaltèques infligèrent une cuisante défaite à l'ancien dictateur en élisant Oscar Berger, un conservateur modéré de la Gran Alianza Nacional. Berger parvint à se tenir

1998	**2000-2004**	**2002**
On s'interroge sur la véritable nature de la paix. L'évêque Gerardi, auteur d'un document rendant l'armée responsable du nombre affligeant de victimes de la guerre civile, est retrouvé battu à mort à son domicile.	Présidence d'Alfonso Portillo du parti FRG, dirigé par Efraín Ríos Montt. Portillo commence par poursuivre enfin les responsables de la mort de l'évêque Gerardi, mais se retrouve rapidement empêtré dans des accusations de corruption.	Les États-Unis considèrent que le pays n'est plus un allié dans la lutte contre le trafic de drogue. Amnesty International révèle que des criminels, des policiers et des militaires s'associent à des membres locaux de multinationales pour bafouer les droits de l'homme.

relativement à l'écart des scandales politiques – certains critiques affirment que, ne faisant strictement *rien*, il ne risquait pas de mal agir…

L'ouragan Stan a frappé le pays en octobre 2005, provoquant d'énormes dégâts et pertes humaines. Les infrastructures du pays, qui n'avaient jamais été remarquables, ont été littéralement anéanties quand des routes et les villages ont été enfouis sous les glissements de terrain, et quand les ponts et les lignes électriques et téléphoniques se sont effondrés.

L'Accord de libre-échange d'Amérique centrale (ALEAC ; TLC ou Tratado de Libre Comercio, en espagnol) a été ratifié par le Guatemala en 2006. Ses partisans affirment que l'accord donne au pays la liberté d'accroître sa participation sur les marchés étrangers, tandis que ses opposants estiment qu'il va nuire aux pauvres des zones rurales, déjà marginalisés.

LE GUATEMALA AUJOURD'HUI

Les dernières élections, organisées fin 2007, ont été remportées par le social-démocrate Álvaro Colom, de l'Unidad Nacional de la Esperanza. Colom a suivi l'exemple de Berger d'une gouvernance stable et minimaliste. Les infrastructures du pays se sont énormément améliorées au cours des dernières années, mais les accusations d'accords occultes et de favoritisme politique ont poursuivi Colom tout au long de son mandat. Le programme "Mi Familia Progresa", qui utilise des mesures incitatives financières pour encourager les familles à envoyer leurs enfants à l'école et aux dispensaires, en est le parfait exemple. Le manque de transparence du programme a été mis en lumière en 2010 lorsque le ministre de l'Éducation a préféré être remercié par la Cour suprême plutôt que de fournir une liste des bénéficiaires du financement. On soupçonne Colom d'utiliser le programme pour rembourser des faveurs politiques, et que certaines personnes perçoivent de multiples versements.

Colom s'est aussi attiré des critiques en autorisant la construction d'une centrale à gaz dans la zone protégée de la Punta de Manabique, dans le sud-est du pays. D'après ses détracteurs, la construction a démarré sans l'étude obligatoire de l'impact sur l'environnement. En outre, l'entreprise responsable du chantier a fortement contribué à la campagne de Colom et lui a prêté un avion à diverses reprises.

Mais le plus grand scandale du mandat de Colom est le cas Rosenberg, qui date de 2009. En mai de cette même année, l'avocat Rodrigo Rosenberg, de Guatemala Ciudad, a été tué par balle alors qu'il faisait du vélo. Deux jours plus tard, une vidéo fut diffusée dans laquelle Rosenberg lui-même affirmait que, s'il était retrouvé mort, ce serait à cause des preuves dont il disposait et qui incriminaient le président Colom et son gouvernement dans un scandale de corruption.

Les chaînes d'information câblées n'auraient pu rêver d'une telle aubaine, et la vidéo fut rapidement diffusée dans le monde entier. Les partis de

Pour vous tenir au courant des dernières élections au Guatemala, consultez le site : www.eleccionesguatemala.com (en espagnol).

2005	2006	Décembre 2006
L'ouragan Stan frappe le sud-ouest du Guatemala. Les glissements de terrain et les inondations font des centaines de morts et des milliers de sans-abri. Le président Oscar Berger fait appel à une importante aide internationale.	Le Guatemala ratifie l'ALEAC, un accord de libre-échange entre les États-Unis et l'Amérique centrale. Les manifestations de masse et les interminables débats des médias ont peu d'impact sur le document final.	Le film *Apocalypto*, de Mel Gibson, conte pour la première fois l'histoire des Mayas au public hollywoodien. Historiens, archéologues et chefs mayas condamnent le film pour ses imprécisions historiques et sa description des Mayas comme des sauvages assoiffés de sang.

l'opposition réagirent rapidement eux aussi en organisant de gigantesques manifestations pour réclamer la démission ou la destitution de Colom. Cette affaire passa d'étrange à bizarre lorsqu'on apprit que l'assassinat de Rosenberg avait été organisé par ses propres amis et cousins. L'histoire devint encore plus surprenante quand les enquêteurs affirmèrent que Rosenberg lui-même, déprimé et déboussolé après le décès de sa mère et d'autres êtres chers, avait commandité son propre meurtre. Alors que de nombreuses personnes cherchant à tirer un avantage politique de cet assassinat mettent en doute les conclusions de l'enquête, l'affaire est loin d'avoir quitté le devant de la scène.

La principale préoccupation des Guatémaltèques est la sécurité. Seuls 5% des meurtres commis dans le pays font l'objet de poursuites, et les quotidiens comptent régulièrement plus de 10 homicides, rien que dans la capitale. D'après la *Prensa Libre*, le nombre d'enlèvements a été multiplié par 5 en 10 ans, tandis que le nombre annuel de meurtres est passé de 2 904 à 6 498. La police, qui manque d'effectifs et de moyens – certaines courses-poursuites en voiture se terminent lorsque les policiers n'ont plus d'essence –, a du mal à combattre cette hausse. Le fait d'avoir eu 14 directeurs différents sur la même période, dont un s'est vu accusé d'avoir dérobé 300 000 $US saisis lors d'un raid contre les trafiquants de cocaïne, n'a sûrement pas contribué à améliorer la situation.

La violence des gangs continue à hanter Guatemala Ciudad, où les chauffeurs de bus ne pouvant payer leurs persécuteurs sont très souvent pris pour cible. Il se passe rarement un jour sans que les médias ne mentionnent le meurtre d'un chauffeur.

La violence à l'égard des femmes est depuis longtemps une source d'inquiétude au Guatemala. Bien que le Congrès ait adopté en 2008 de nouvelles sanctions pour les meurtres de femmes, les critiques les considèrent inefficaces dans un pays où tant de meurtres ne sont jamais résolus et où, selon la Myrna Mack Foundation, des autopsies ne sont réalisées que sur 12% des victimes féminines.

Malgré cette tendance croissante au non-respect des lois, les militants des droits de l'homme ont récemment remporté une victoire en traînant en justice des criminels de la guerre civile – l'ancien colonel Marco Antonio Sánchez Samayoa a été condamné à 53 ans de prison pour sa participation au meurtre de 8 agriculteurs en 1981.

Au moment de la rédaction de ce guide, il semblerait que l'ancien président Alfonso Portillo doive lui aussi faire face à la justice. Après avoir échappé aux poursuites pendant des années, il a finalement été accusé par la justice américaine de blanchiment d'argent dans des banques du pays. La justice du Guatemala a autorisé son extradition en mars 2010 vers les États-Unis.

Pour connaître la situation actuelle des droits de l'homme au Guatemala, consultez le site français de la Fédération internationale des droits de l'homme (FIDH ; www.fidh.org) ou le site américain de la Commission des droits de l'homme au Guatemala (www.ghrc-usa.org) ou encore celui d'Amnesty International (www.amnesty.org).

2007

Importantes manifestations contre la visite de George W. Bush, venu pour discuter de l'ALEAC, de la lutte contre la drogue et de l'immigration. Les prêtres mayas réalisent des rituels de purification après son départ.

2009

La "vidéo Rosenberg" – dans laquelle l'avocat de Guatemala Ciudad accuse depuis la tombe le président Portillo d'avoir commandité son assassinat – est diffusée dans le monde entier. Des milliers de manifestants hostiles ou favorables au gouvernement investissent les rues de la capitale.

mars 2010

La justice guatémaltèque a autorisé l'extradition vers les États-Unis de l'ancien président Alfonso Portillo, accusé de détournement de fonds publics pendant son mandat (2000-2004).

Culture et société

LES GUATÉMALTÈQUES

À votre arrivée, vous serez surpris par la gentillesse et la politesse des habitants, qui prennent le temps de s'arrêter, de bavarder et de répondre à vos questions. La plupart des Guatémaltèques aiment faire connaissance sans précipitation et préfèrent trouver un terrain d'entente plutôt que d'engager des discussions orageuses. Des observateurs expliquent ce comportement comme une réaction à des siècles de répression et de violence exercées par la classe dominante. Quelle qu'en soit la raison, cette attitude rend les relations très agréables.

Difficile de discerner ce que cache cette courtoisie apparente. Le stress, l'angoisse et la précipitation des pays "développés" semblent absents, malgré d'évidents problèmes d'argent et d'emploi. Ce peuple, opprimé depuis longtemps, n'espère ni la prospérité ni un gouvernement équitable, mais s'ingénie à profiter des choses accessibles : l'amitié, la famille, un bon repas, une sortie en bonne compagnie.

Athées et agnostiques sont rares parmi cette population très croyante. La question sur votre religion peut intervenir rapidement dans la conversation. Le catholicisme traditionnel cède peu à peu la place au protestantisme évangélique, surtout chez les *ladinos*, alors que les Mayas continuent majoritairement de pratiquer un syncrétisme de catholicisme et d'animisme. La foi entretient l'espoir d'une vie meilleure et aide à supporter le présent. Le succès des évangélistes s'explique en partie par leur lutte contre l'alcoolisme, le jeu et les brutalités domestiques.

La violence – domestique, criminelle, militaire ou policière –, dont on entend inévitablement parler, contraste étrangement avec les comportements policés qui sont la norme et constitue l'une des raisons d'être prudent lors de toute nouvelle rencontre.

On a affirmé que la société guatémaltèque se réduisait à une classe dominante et à une classe exploitée. Il existe effectivement une riche élite *ladina*, prête à tout pour conserver son pouvoir et ses privilèges. Les Mayas, qui représentent plus de la moitié de la population, sont généralement pauvres, peu éduqués et maintenus à un niveau subalterne. Ils puisent leur force dans leurs liens familiaux et communautaires, et dans la tradition. Ceux qui parviennent, par le biais de l'éducation ou des affaires, à briser le cycle de la pauvreté, ne se détournent jamais de leur communauté. Entre ces deux extrêmes, un groupe important de *ladinos* constitue la classe ouvrière et la classe moyenne ; habituellement catholiques et attachés à la famille, ils sont influencés par leur éducation, la télévision, les États-Unis

Bien que nombre de maisons rurales possèdent l'eau courante, la *pila* (lavoir) du village reste un lieu de rencontre et de bavardage.

Le Guatemala affiche le pourcentage le plus élevé au monde d'hélicoptères privés, une donnée à mettre en relation avec l'état déplorable des routes et le dynamisme des finances des trafiquants de drogue.

LES GUATÉMALTÈQUES DE L'ÉTRANGER

Plus d'un Guatémaltèque sur 10 – soit plus de 1,6 million de personnes – vit aux États-Unis, et 60% d'entre eux seraient sans papiers. Depuis les années 1980, de nombreux Guatémaltèques ont émigré vers le nord, leur nombre augmentant chaque année depuis le début des années 1990, avec une légère baisse en 2001. On estime qu'en 2010 les immigrés légaux et clandestins aux États-Unis dépasseront le seuil de 200 000 par an, bien que la crise économique mondiale ait ralenti ce phénomène, voire encouragé certains Guatémaltèques à rentrer chez eux.

Les transferts de fonds de la part des Guatémaltèques installés aux États-Unis représentent 4,1 milliards de $US par an, soit plus ou moins l'équivalent des deux tiers du total des revenus du pays liés aux exportations. Plus de 50% des Guatémaltèques installés aux États-Unis vivent à Los Angeles, New York ou Miami.

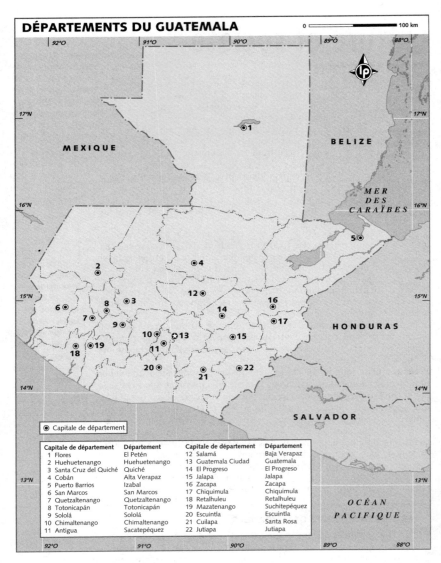

DÉPARTEMENTS DU GUATEMALA

Capitale de département	Département	Capitale de département	Département
1 Flores	El Petén	12 Salamá	Baja Verapaz
2 Huehuetenango	Huehuetenango	13 Guatemala Ciudad	Guatemala
3 Santa Cruz del Quiché	Quiché	14 El Progreso	El Progreso
4 Cobán	Alta Verapaz	15 Jalapa	Jalapa
5 Puerto Barrios	Izabal	16 Zacapa	Zacapa
6 San Marcos	San Marcos	17 Chiquimula	Chiquimula
7 Quetzaltenango	Quetzaltenango	18 Retalhuleu	Retalhuleu
8 Totonicapán	Totonicapán	19 Mazatenango	Suchitepéquez
9 Sololá	Sololá	20 Escuintla	Escuintla
10 Chimaltenango	Chimaltenango	21 Cuilapa	Santa Rosa
11 Antigua	Sacatepéquez	22 Jutiapa	Jutiapa

(où travaillent nombre de Guatémaltèques) et, parfois, des idéaux d'égalité et de tolérance. Les artistes et les étudiants issus de ce groupe côtoient la frange éduquée de la population maya et représentent le principal espoir de progrès vers une société équitable.

US ET COUTUMES

La majorité des Mayas vivent dans des maisons de brique ou de béton d'une seule pièce, ou dans des *bajareques* (cabanes de pierre et de pisé

QUI EST TON PÈRE ?

Vous avez sans doute remarqué que les Guatémaltèques portent souvent des noms à rallonge. Quatre est la norme et cinq n'a rien d'extraordinaire. Cette tradition est aussi un moyen de contrôle social – la succession de noms permet d'identifier les parents et leur origine sociale.

D'apparence anodine, ce procédé revêt une grande importance au Guatemala, où l'on fait très attention au statut social. Des médecins et des avocats se sont vus refuser l'adhésion à des clubs parce que leur nom révélait une ascendance indienne.

Le système fonctionne de la manière suivante : à la naissance, on attribue deux prénoms à l'enfant, suivis du nom de famille du père et de la mère, tous deux provenant de l'ascendant paternel.

Quand une femme se marie, elle abandonne généralement le nom de famille de sa mère et adopte celui de la famille de son mari, précédé de la particule "de".

Au quotidien, les Guatémaltèques se contentent souvent de leur premier prénom, suivi du nom de famille de leur père.

avec des poutres en bois) traditionnels, coiffés de tôle, de tuiles ou de chaume. Ces constructions comportent un sol en terre battue, un foyer (sans cheminée) et l'ameublement se limite à quelques lits et récipients. Plusieurs petites maisons se regroupent généralement dans une enceinte et abritent les membres d'une même famille.

Les rares Mayas aisés et la plupart des familles *ladinas* possèdent des maisons plus spacieuses dans les villes ou les bourgades, comprenant habituellement une ou deux chambres et une cuisine qui sert de salon. L'ameublement et la décoration restent sommaires. Bien évidemment, certaines familles sont mieux logées que d'autres. Dans les banlieues aisées de Guatemala Ciudad, des familles de classe moyenne vivent dans de vastes demeures d'un ou deux niveaux, agrémentées d'un jardin ; les plus élégantes sont protégées par un mur. Les membres de l'élite disposent en outre d'une résidence secondaire à la campagne – une *finca* (plantation) de café sur la côte Pacifique avec une ferme confortable, une villa au bord de l'océan ou sur la côte des Caraïbes.

Malgré les influences modernes – éducation, TV câblée, contacts avec les touristes étrangers, musique internationale, travail aux États-Unis –, les liens familiaux restent forts dans toutes les couches de la société. Les familles étendues se retrouvent autour d'un repas pendant le week-end et pour les vacances. Le conservatisme préside toujours la répartition des rôles selon les sexes : si beaucoup de femmes travaillent pour augmenter le revenu familial, peu d'entre elles exercent des postes à responsabilité.

Au cours de votre voyage, vous rencontrerez une grande diversité d'habitants, bien plus que la plupart des Guatémaltèques qui, absorbés par leurs tâches quotidiennes, n'ont guère l'occasion d'explorer leur pays. Nombre d'entre eux, en particulier les jeunes, ont soif d'apprendre, de connaître d'autres cultures, s'intéressent à la musique et aux arts. Ils se montrent sensibles à la question des droits de l'homme, à la place de la femme dans la société, au sort des populations autochtones et des démunis.

El Norte, un film de Gregory Nava (1983), raconte la tragédie de la guerre civile au Guatemala et la nature illusoire du "rêve américain" poursuivi par de nombreux Guatémaltèques.

ÉCONOMIE

Malgré l'abondance des ressources naturelles et la jeunesse de la population, la quasi-totalité des indicateurs témoignent d'une situation économique désastreuse. Selon les chiffres du *CIA World Factbook*, 7,5 millions de Guatémaltèques (plus de la moitié de la population) vivent dans la pauvreté. Le salaire minimum officiel, dont tous ne bénéficient pas, s'élève à 56 Q par jour. Un instituteur expérimenté peut gagner environ 1 800 Q par mois. La misère est encore plus criante dans les zones rurales mayas, en particulier dans les Hautes Terres. Les richesses, l'industrie et le commerce se concentrent essentiellement à Guatemala Ciudad, la seule grande ville du pays, tentaculaire et polluée. Et environ 25% de la population habite la capitale et ses environs.

Les quelques industries présentes appartiennent pour la plupart à des étrangers ou sont de taille si modeste qu'elles ne fournissent que peu d'emplois. La relative insécurité qui règne dans le pays constitue un obstacle majeur pour les investissements étrangers : le moindre magasin doit engager un vigile (vous verrez sur les trottoirs ces hommes lourdement armés), ce qui augmente le coût des activités commerciales.

POPULATION

La grande majorité des 15 millions de Guatémaltèques vivent sur la bande de hauts plateaux qui s'étend de Guatemala Ciudad à Quetzaltenango, les deux plus grandes villes du pays. Cette région est parsemée de bourgades et de gros villages. Quelque 49% des Guatémaltèques vivent en ville, et 40% des habitants ont moins de 15 ans.

Pour un dictionnaire espagnol-maya en ligne, allez sur http://aulex.org/es-myn/.

Les Mayas, disséminés dans tout le pays, se concentrent particulièrement dans les Hautes Terres, où l'on rencontre les quatre principaux groupes : les K'iche' (Quiché), les Mam, les Q'eqchi' (Kekchí) et les Kaqchiquel (Cakchiquel).

Quelque 41% des Guatémaltèques sont indiens, mais il est difficile d'avoir un chiffre précis car si de nombreuses personnes ont du sang indien, certaines préfèrent de pas se décrire comme tel. Les Indiens sont majoritairement mayas, avec aussi une très petite population de Chinka' (Xinca) dans le sud-est du pays. Les *ladinos*, descendants de Mayas et de colons européens (surtout espagnols), constituent l'autre groupe important de la population guatémaltèque. Enfin, quelques milliers de Garífuna, descendants d'insulaires des Caraïbes et d'esclaves africains naufragés, sont installés dans la région de Lívingston.

Izabal, à l'est, et le Petén, au nord, sont les moins peuplés des 22 départements guatémaltèques, avec respectivement 42 et 16 habitants au km². La densité moyenne nationale est de 137 habitants au km².

Les Mayas communiquent toujours en langue maya, dont il existe 23 dialectes (souvent incompréhensibles d'un locuteur à l'autre). La langue constitue le premier signe d'appartenance à un groupe maya. Bien que de nombreux Mayas parlent espagnol, il s'agit toujours d'une seconde langue pour eux, et beaucoup ne le pratiquent pas.

SYSTÈME ÉDUCATIF

L'éducation, gratuite, est en principe obligatoire de 7 à 14 ans. L'enseignement primaire dure 6 ans mais, selon les chiffres des Nations unies, les enfants quittent l'école en moyenne à 11 ans. L'enseignement secondaire commence à 13 ans et comprend 2 cycles de 3 ans, le *básico* et le *magisterio*. Il n'est pas entièrement gratuit, d'où de nombreux abandons. Certains continuent leur *magisterio* à l'âge adulte ; l'achever permet de devenir enseignant. On estime que seuls 34% des enfants de 13 à 18 ans vont à l'école secondaire. Le pays possède 5 universités. L'Universidad de San Carlos, fondée en 1676 à Antigua (puis déplacée à Guatemala Ciudad), fut la première d'Amérique centrale.

Le taux d'alphabétisation se situe autour de 73%, mais il est plus bas chez les femmes (68%) et en milieu rural. Les enfants mayas qui migrent avec leurs parents pour des emplois saisonniers ont peu de chances de bénéficier d'une scolarité. Un enseignement limité est dispensé en langues mayas, principalement dans les 4 principaux dialectes : quiché, mam, cakchiquel et q'eqchi' –, mais il se poursuit rarement au-delà des deux premières années du primaire. L'espagnol reste indispensable pour progresser.

LANGUES INDIENNES

0 ⊏━━━━━━ 100 km

BELIZE

MEXIQUE

Itzá

Mopan

MER DES CARAÏBES

Q'eqchi'

Garifuna

Q'anjob'al

Chuj

Popti' Akateko

Ixil

Tektiteko

Awakateko

Poqomchi'

Q'eqchi'

Sipakapense

Sakapulteko

Uspanteko

Mam

Achi'

Ch'orti'

HONDURAS

Quiché

Cakchiquel

Tz'utujil

Poqomam

Chinka'

OCÉAN PACIFIQUE

SALVADOR

SPORT

Le football déchaîne immanquablement la passion et l'enthousiasme. Bien que les équipes nationales se fassent régulièrement battre lors des compétitions internationales, la Liga Mayor est soutenue par un grand nombre de supporters. Les clubs s'affrontent lors de deux saisons : le *Torneo de Apertura* (tournoi d'ouverture), de juillet à novembre, et le *Torneo de Clausura* (tournoi de clôture), de janvier à mai. Municipal et Comunicaciones, les deux grands clubs, viennent de Guatemala Ciudad. Le "Clásico Gringo" voit s'affronter les clubs de Quetzaltenango et d'Antigua, les deux grandes villes touristiques. La presse nationale annonce toujours les matchs à venir. Le prix des billets s'échelonne de 20 à 100 Q et plus.

Le cyclisme, le marathon et l'haltérophilie sont d'autres sports jouissant d'une certaine popularité.

Excellente destination pour la pêche sportive, le pays accueille chaque année une compétition internationale, le Presidential Challenge Sport Fishing Championship, au large de Puerto Quetzal. Si ce sport ne passionne

Le Municipal, surnommé Los Rojos (les Rouges), préfère recruter de jeunes talents guatémaltèques, alors que le Comunicaciones (Las Cremas ; les Crèmes) engage souvent des joueurs étrangers.

Les dernières nouvelles du football guatémaltèque sont sur www.guatefutbol.com (en espagnol).

guère le Guatémaltèque moyen, il commence à intéresser les habitants des quartiers huppés de Guatemala Ciudad.

MÉDIAS

Pour lire (en espagnol) les meilleurs et les plus audacieux articles de journalisme d'investigation sur le Guatemala, procurez-vous un exemplaire de *Revista* …*Y Qué ?*, disponible dans certaines stations-service et pharmacies, ainsi que sur Internet : www.revistayque.com.

En théorie, les médias guatémaltèques jouissent d'une certaine liberté d'expression et ne sont soumis ni au contrôle du gouvernement, ni à une censure intempestive. La réalité est cependant plus difficile à définir. Début 2009, la Fédération internationale des journalistes a rapporté les meurtres de trois journalistes guatémaltèques en trois mois. Le Guatemala faisant figure de très mauvais élève en ce qui concerne les poursuites de meurtriers, de nombreux journalistes d'investigation sont très prudents au sujet de ce qu'ils affirment et des personnes que cela pourrait froisser.

Pour contrebalancer ce scénario plutôt sombre d'autocensure, notons qu'une législation sur la liberté de l'information a été adoptée par le Congrès en 2008 (après dix ans de débats), quoique sous une forme très édulcorée.

RELIGION
Chrétienne

Le Pentecôtisme au Guatemala, de Sylvie Pédron-Colombani (CNRS, 1998), évoque la mutation religieuse de toute première importance que vit l'Amérique latine, en particulier le Guatemala, marqué par un spectaculaire développement du pentecôtisme.

Le catholicisme reste la principale religion, malgré la forte poussée des sectes évangéliques protestantes depuis les années 1980. À 58% pentecôtistes, elles auraient déjà attiré 30 à 40% des Guatémaltèques, un chiffre qui continue d'augmenter grâce à un important prosélytisme.

La guerre civile a également joué un rôle dans le déclin du catholicisme. Les dictateurs de cette époque, notamment l'évangéliste Ríos Montt, ont persécuté ou tué des prêtres catholiques qui dénonçaient les atteintes aux droits de l'homme.

De nouveaux temples évangélistes (voir ci-contre) poussent comme des champignons, en particulier dans les villages mayas. Le catholicisme lutte contre cette influence croissante en prônant la justice économique et raciale et en canonisant de nouveaux saints à l'occasion de visites papales ; ainsi, Hermano Pedro de San José de Bethancourt, le chrétien le plus vénéré du pays, fondateur de l'hôpital d'Antigua au XVIIᵉ siècle, a été canonisé en 2002 lors de la venue de Jean-Paul II.

Les transformations du christianisme en Amérique latine : des origines à nos jours (Karthala, 2009), de Guillermo Uribe, décrit l'évolution du christianisme dans les sociétés latino-américaines depuis la période coloniale.

Dans les régions mayas, le catholicisme a dû s'adapter aux pratiques religieuses ancestrales et les missionnaires qui l'importèrent au XVIᵉ siècle acceptèrent dans une large mesure la coexistence de rites chamanistes et animistes. Ce syncrétisme, qui se perpétue aujourd'hui, fut facilité par l'identification de certaines divinités mayas à des saints catholiques. Ainsi, le dieu appelé Maximón à Santiago Atitlán, San Simón à Zunil et Rilaj Maam à San Andrés Itzapa, près d'Antigua, semble être une combinaison de dieux mayas, du conquistador espagnol Pedro de Alvarado et de Judas Iscariote (voir l'encadré p. 150).

Maya
ANCIENNES CROYANCES MAYAS

Pour les Mayas, le monde, les cieux et le mystérieux univers souterrain nommé Xibalbá formaient une vaste structure unique, soumise aux lois de l'astrologie, au calendrier cyclique et au culte des ancêtres (pour plus de détails sur l'astrologie et le calendrier, voir l'encadré p. 26). Le haut fromager (*ceiba*) sacré symbolisait l'arbre-monde, qui unissait les cieux (les branches et le feuillage), la Terre (le tronc) et les 9 niveaux du Xibalbá (les racines). Les cieux, la Terre et l'univers souterrain représentaient les différents aspects du créateur suprême, Itzamná ou Hunab Ku (ou Maison du Lézard). L'arbre-monde, plus ou moins cruciforme, était associé à la

LA FIÈVRE DU VENDREDI SOIR

Vendredi soir dans une petite ville du Guatemala : la musique résonne, on chante et on tape dans ses mains. Ne rêvez pas d'un concert impromptu, il s'agit plutôt d'un office dans une église évangélique.

Les évangélistes progressent à un rythme effréné en Amérique latine et une étude récente estime à 8 000 par jour le nombre de convertis !

L'Église catholique s'inquiète de cette avancée, d'autant qu'il est difficile de comprendre les raisons de sa perte d'influence dans un fief jusque-là incontesté.

Certains pensent que l'utilisation de la radio et de la télévision procure aux évangélistes une plus large audience ; d'autres imputent leur succès au rejet du cérémonial et des rites au profit des contacts humains. D'autres encore mettent en avant le fait qu'ils vont dans les quartiers les plus difficiles et acceptent tout le monde, y compris "les ivrognes et les prostituées", pour reprendre les mots d'un prêtre.

Peut-être sont-ils simplement plus amusants : ils entrent en transe, font des prophéties, guérissent et chantent autre chose que les vieux cantiques, des airs pop entraînants avec des paroles religieuses.

Les femmes guatémaltèques jouent peut-être un rôle important. Une religion qui réprouve l'alcool, le tabac, le jeu et la violence domestique œuvre pour la paix des ménages !

couleur verte. Au XVIe siècle, lorsque les moines franciscains demandèrent aux Mayas de vénérer la croix, ce symbole se confondit aisément avec la *ceiba*.

Chaque point cardinal possédait une couleur et une signification religieuse particulière. L'est, où le soleil renaissait chaque jour, était le plus important et de couleur rouge. L'ouest, où le soleil disparaissait, était noir. Le nord, d'où provenaient les pluies indispensables, était blanc. Le sud, le plus ensoleillé, était jaune. Tous les éléments du monde maya étaient reliés aux points cardinaux, au centre desquels se dressait l'arbre-monde.

Le Calendrier sacré des Mayas, de Bertrand Lepont (Dangles, 2002), est une captivante lecture du temps dans la "cosmovision" maya.

Tout comme le grand dragon cosmique versait son sang pour apporter la pluie sur la terre, les hommes devaient répandre le leur pour se lier au Xibalbá. Les rituels de saignée constituaient les cérémonies religieuses les plus importantes et le sang des rois était l'offrande la plus précieuse. Les souverains versaient souvent leur sang les premiers pour stimuler la réponse des dieux. Ainsi, lorsque les missionnaires chrétiens enseignèrent que Jésus avait versé son sang pour les hommes, les Mayas intégrèrent facilement ce symbole.

Les cérémonies mayas se déroulaient dans des lieux sacrés naturels ou construits par l'homme. Les montagnes, les grottes, les lacs, les *cenotes* (puits naturels), les rivières et les champs étaient et sont toujours sacrés. Les pyramides et les temples représentaient des montagnes stylisées. Une grotte figurait la bouche de la créature incarnant Xibalbá et la franchir signifiait pénétrer dans ce monde secret. Pour cette raison, d'énormes masques entourent les portes de certains temples mayas : en passant la porte, vous pénétrez dans la bouche de Xibalbá.

Pour une description savante de l'ancienne religion maya, plongez-vous dans *Le Popol Vuh* (Jean Maisonneuve, 1980), un ouvrage passionnant de Georges Raynaud. Plusieurs autres versions du *Popol Vuh* ont par la suite été publiées.

Le culte des ancêtres tenait une place très importante chez les anciens Mayas. Lorsqu'un roi était enterré sous une pyramide ou un homme du peuple sous le sol ou dans la cour de son *na* (hutte maya à toit de chaume), le lieu devenait sacré.

RITES MAYAS CONTEMPORAINS

Dans de nombreux sites mayas antiques, dont Tikal, Kaminaljuyú et K'umarcaaj, des autels sont toujours utilisés pour des cérémonies. Les rites sacrés de fertilité et de soins qui marquent les diverses nouvelles années

FUNÉRAILLES MAYAS

Dans la nuit qui précède les funérailles, le chaman se rend dans la maison du défunt. Il lave les cierges dans de l'eau sacrée, prenant bien garde de n'en oublier aucun – l'un des proches pourrait alors perdre la vue ou l'ouïe. Il a compté les jours et décidé que le lendemain était propice à l'enterrement.

Il adresse une longue série de requêtes aux esprits des ancêtres, les priant d'accorder la santé aux membres de la famille et de les garder de toute catastrophe. Des objets personnels sont placés dans le cercueil, afin que l'esprit du défunt ne revienne pas les chercher.

Ouvrant le cortège funèbre, des membres de la communauté portent le cercueil jusqu'au cimetière. Ils s'arrêtent quatre fois en quittant la maison : sur le seuil, dans la cour, en arrivant dans la rue et au premier carrefour. À chaque arrêt, les proches déposent des pièces sur le cercueil – l'argent sert à acheter des cierges, mais il s'agit symboliquement de permettre à l'âme du défunt de payer son passage du purgatoire au paradis.

Alors que le cercueil est porté en terre, les assistants embrassent une poignée de terre avant de la lancer dans la tombe. Une fois le cercueil inhumé, les femmes l'aspergent d'eau afin de tasser la terre et de protéger la dépouille des loups-garous et autres mauvais esprits.

Le 2 novembre, jour des Morts, la famille se rend au cimetière pour rendre hommage à ses défunts. Les célébrations commencent parfois le 1er novembre et durent 3 jours. On nettoie et on décore la tombe, puis on dépose de la nourriture – maïs grillé, patates douces, chayotes et autres fruits frais. Les cloches sonnent à midi, convoquant les esprits au festin.

mayas sont pratiqués avec ferveur. Ils sont dirigés ou supervisés par un prêtre maya, le *tzahorín*, et s'accompagnent habituellement de bougies allumées et de *copal* (encens naturel tiré de l'écorce d'arbres tropicaux) que l'on fait brûler ; offrandes et prières s'adressent aux dieux pour obtenir une bonne récolte, la santé, une année prospère, etc. Des poulets sont parfois sacrifiés. Chaque endroit possède son propre panthéon, ou du moins donne des noms différents à des dieux similaires.

Les visiteurs peuvent assister à des cérémonies mayas traditionnelles dans le sanctuaire Pascual Abaj à Chichicastenango (p. 150), aux autels qui bordent la Laguna Chicabal, près de Quetzaltenango (p. 179), ou à El Baúl, près de Santa Lucía Cotzumalguapa (p. 201). Toutefois, de nombreux rites restent interdits aux étrangers.

ÊTRE UNE FEMME AU GUATEMALA

L'un des objectifs des accords de paix de 1996 était l'amélioration des droits des femmes. En 2003, selon la Commission interaméricaine des droits de l'homme, des lois discriminatoires à l'encontre des femmes étaient encore en vigueur. Les femmes avaient obtenu le droit de vote et celui de se présenter aux élections en 1946, mais, en 2003, seuls 8% des députés du Congrès étaient des femmes. Les chefs des mouvements féministes critiquent la culture *machista* du pays, qui cantonne les femmes à la maison et aux tâches ménagères. La situation est encore plus difficile pour les femmes indiennes en milieu rural, qui vivent de surcroît dans le plus grand dénuement.

L'organisation internationale Human Rights Watch rapportait en 2002 que les femmes travaillant chez des particuliers subissaient de constantes discriminations. Les employées de maison, issues pour la plupart de communautés mayas, ne bénéficient pas de certains droits fondamentaux, comme un salaire minimum, 8 heures de travail quotidien et une semaine de 48 heures. Nombre d'entre elles commencent à travailler dès l'adolescence et le code du travail guatémaltèque ne leur accorde aucune protection avant l'âge de 18 ans.

Si les hommes dominent la culture *machista* du Guatemala, les femmes vivent plus longtemps : 72 ans en moyenne contre 68 ans pour les hommes.

PAS D'IMPAIR !

Bien que les Guatémaltèques soient assez tolérants envers les étrangers, si vous essayez au moins de vous adapter aux coutumes locales, cela facilitera beaucoup votre voyage.

- Même lorsqu'on se contente d'entrer dans un magasin ou de s'asseoir dans un bus, on dit souvent bonjour : *buenos días* ou *buenas tardes* avec le sourire, et le tour est joué.

- Quand vous entrez dans une pièce – y compris des lieux publics comme un restaurant ou une salle d'attente – dites bonjour à la cantonade. Encore une fois un simple *buenos días* ou *buenas tardes* suffit.

- En quittant un restaurant, il est de bon ton de souhaiter aux autres clients *buen provecho* (bon appétit).

- En général, les Mayas n'apprécient *vraiment* pas qu'on les photographie. Demandez toujours la permission avant de le faire.

- Beaucoup de femmes mayas préfèrent éviter tout contact avec des hommes étrangers pour préserver leur réputation. Un voyageur qui a besoin d'un renseignement s'adressera de préférence à un homme.

- Les Mayas sont généralement réservés et certaines communautés se remettent à peine du cauchemar de la guerre civile. On partagera peut-être ces histoires avec vous, mais ne posez pas de questions – attendez que vos hôtes en prennent l'initiative.

- Sachez que le terme *indio* (Indien) pour qualifier un Maya a une connotation raciste. Ils se désignent eux-mêmes comme *indígenas (indigènes)*.

- Habillez-vous correctement. Même les Guatémaltèques les plus pauvres sont très soucieux de leur apparence, et vous devez en faire autant.

- Si vous devez traiter avec l'administration (police, gardes-frontières, bureau de l'immigration), essayez d'avoir l'air aussi conservateur et respectable que possible.

- Les mœurs se sont un peu assouplies en matière d'habillement. Si les habitants du littoral se découvrent plus facilement que ceux des Hautes Terres, aucun d'entre eux n'apprécie les tenues légères.

- Soyez correctement vêtu lorsque vous entrez dans une église.

- Les shorts ne se portent, pour les hommes et pour les femmes, qu'à la plage et dans les villes côtières.

La violence croissante contre les femmes prend des proportions inquiétantes et s'accompagne d'une augmentation régulière des homicides. Après une période d'indifférence sous le prétexte que les victimes étaient des prostituées ou des membres de bandes criminelles, les meurtres, les viols et les enlèvements de femmes commencent à préoccuper les autorités. Toutefois, malgré la pression de la communauté internationale, les crimes envers les femmes font rarement l'objet d'une enquête et restent souvent impunis.

Pour des informations sur les organisations de femmes au Guatemala (et bien plus) visitez le site d'EntreMundos (www.entremundos.org, en anglais).

ARTS
Littérature

Miguel Ángel Asturias (1899-1974), prix Nobel de littérature en 1967, est un sujet de fierté nationale. Ses œuvres *Hombres de maíz* (*Hommes de maïs*, Albin Michel, 1970), écrit en 1949, épopée à la fois magique et réaliste sur le thème des Mayas et de la conquête espagnole, et *El señor Presidente* (*Monsieur le Président*, Albin Michel, 1952), écrit en 1946, critique à peine voilée des dictateurs d'Amérique latine, l'ont rendu célèbre. Dans *Week-End au Guatemala* (Albin Michel, 1959), écrit en 1956, il dénonce la révolution fasciste, appuyée par les Américains, qui renverse un régime

---

ÉCRITURE MAYA

Pendant la période classique, les basses terres mayas étaient divisées en deux grands groupes linguistiques. Les habitants de la péninsule du Yucatán et du Belize parlaient le yucatèque, et ceux des Hautes Terres orientales et de la vallée du Motagua au Guatemala parlaient une langue apparentée au chol. On parlait probablement ces deux langues dans le Petén. D'après les chercheurs, la langue écrite du monde maya était une forme de la langue chol.

Bien avant la conquête espagnole, les Mayas avaient créé un système d'écriture hiéroglyphique sophistiqué, en partie phonétique (glyphes représentant des sons) et en partie logographique (glyphes représentant des mots).

---

démocratique. Asturias est également l'auteur de poèmes, réunis dans un recueil intitulé *Poèmes indiens* (Poésie/Gallimard), et a exercé diverses fonctions diplomatiques.

La Casa de enfrente (2003), film primé de Tonatiúh Martínez, qui traite de thèmes réalistes comme la corruption et la prostitution, appartient à la nouvelle vague de productions guatémaltèques.

Parmi les autres auteurs connus, citons un maître de la nouvelle, Augusto Monterroso (1921-2003), et ses *Oveja Negra y demas fabulas* (*Fables à l'usage des brebis galeuses*, André Dimanche, 1995), écrites en 1969. Monterroso est célèbre pour ses micro-récits, dont *Dinosaure*, la fiction la plus courte publiée en langue espagnole. Luis Cardoza y Aragón (1901-1992) est principalement connu pour ses poésies et pour sa participation au mouvement révolutionnaire qui conduisit à la destitution du dictateur Jorge Ubico en 1944.

Poésie guatémaltèque du XXᵉ siècle (Patino, 1999) est un recueil intéressant qui permet de s'initier à l'écriture poétique au Guatemala au cours du siècle dernier.

La Otra Cara (1992), de Gaspar Pedro González, est considéré comme le premier roman publié par un auteur maya.

Les Juegos Florales Hispanoamericanos, l'un des plus grands concours littéraires d'Amérique centrale, se tiennent en septembre à Quetzaltenango au moment des célébrations de la fête de l'Indépendance.

Musique

L'instrument national est le marimba, même si certains spécialistes pensent que cet instrument de la famille du xylophone existait déjà depuis longtemps en Afrique, avant d'être introduit au Guatemala par les premiers esclaves.

Le marimba est devenu à la mode dans les années 1940, quand de grands musiciens de jazz comme Glenn Miller ont commencé à l'utiliser dans leurs compositions.

Vous aurez l'occasion de l'entendre dans tout le pays, dans les restaurants ou sur les places au crépuscule. Les premiers marimbas se composaient de calebasses de taille croissante, mais ceux que l'on voit aujourd'hui sont faits habituellement de résonateurs en bois. Lors d'événements traditionnels, on utilise parfois d'anciens marimbas. En général, trois musiciens jouent des mélodies folkloriques sur cet instrument aux sonorités festives.

Les fêtes guatémaltèques s'accompagnent de musique traditionnelle, jouée avec des flûtes de bambou, des tambours carrés et des *chirimías*, instruments en roseau d'origine maure, apparentés aux hautbois.

Les Guatémaltèques apprécient la musique pop des autres pays d'Amérique latine. Le *reggaetón* fait un tabac, les grands noms du moment étant Pitbull, Wisin & Yandel et Calle 13.

Le meilleur site Internet pour découvrir les groupes de rock guatémaltèques qui montent est www. rockrepublik.net (en espagnol).

Le seul label discographique faisant sérieusement la promotion de nouveaux artistes guatémaltèques (principalement dans la veine musique urbaine/hip-hop) est **UnOrthodox Productions** (www.uoproductions.com), basé à Guatemala Ciudad.

Le rock guatémaltèque a connu son âge d'or dans les années 1980 et au début des années 1990. Des groupes comme Razones de Cambio, Bohemia Suburbana et Viernes Verde conservent des fans inconditionnels. Installé au Mexique depuis les années 1990, Ricardo Arjona est le plus connu des musiciens guatémaltèques.

Architecture

Hormis quelques banques et immeubles de bureaux clinquants dans l'Avenida La Reforma à Guatemala Ciudad, l'architecture moderne se résume à une débauche de béton sans grâce. D'humbles habitats ruraux utilisent toujours la technique des *bajareques*, des pierres maintenues par des poutres de bambou ou de bois et couvertes de stuc ou de pisé. Sur les toits, la tôle, plus économique, tend à remplacer les tuiles ou le chaume.

ARCHITECTURE MAYA

L'ancienne architecture maya est un mélange d'exploits inouïs et de carences importantes. Les bâtiments sont à la fois stupéfiants et superbes, avec leurs façades ornées de motifs complexes, les délicats treillis de pierre sur le toit des temples et les sculptures sinueuses. Ces magnifiques structures, telles celles découvertes dans les cités sophistiquées de Tikal, d'El Mirador et de Copán, ont été bâties sans le concours d'animaux de bât et sans chariot puisque les Mayas ignoraient la roue. Ne connaissant pas la technique de la voûte, ils bâtissaient des arches en encorbellement, composées de deux murs penchant l'un vers l'autre, se rejoignant presque et surmontés d'une pierre de faîte. Ce procédé aboutissait à une arche triangulaire, peu robuste et étroite. En revanche, les fondations et les bases de l'édifice devaient être très solides. Les spécialistes supposent que, une fois achevés, les bâtiments étaient recouverts de stuc et peints en rouge avec un mélange d'hématite et d'eau.

Bien que les fouilles et l'étude des sites archéologiques mayas durent depuis plus d'un siècle, le mystère demeure autour des raisons et des techniques de cette architecture. Ainsi, les *chultunes*, des chambres souterraines creusées dans la roche et remplies d'offrandes, continuent d'intriguer les archéologues. Si l'on sait que les Mayas construisaient habituellement un temple sur un autre pour ensevelir les souverains successifs, on ignore comment ils érigeaient ces symboles du pouvoir. Comment les roches calcaires qui composent les grandes cités mayas ont-elles été transportées et mises en place ? On a sans doute dû faire appel à une quantité astronomique de main-d'œuvre. Imaginez le travail que représente l'extraction, la taille et le transport des 2 millions de mètres cubes de roche nécessaires à la construction du complexe Danta à El Mirador !

ARCHITECTURE COLONIALE

Durant la période coloniale (du début du XVIe siècle au début du XIXe siècle), églises, couvents, demeures et palais furent construits dans les styles espagnols de l'époque, principalement Renaissance, baroque et néoclassique. Cependant, si l'architecture était d'inspiration européenne, la main-d'œuvre était exclusivement indienne. C'est ainsi que des motifs mayas – comme les fleurs de lys et les légumes qui ornent La Merced à Antigua – se retrouvent sur de nombreux bâtiments coloniaux, testament

Looking for Palladin (2008), film américain écrit et réalisé par Andrzej Krakowski, a été tourné à Antigua et comporte de superbes plans de rue et de foule. Plusieurs acteurs guatémaltèques y figurent aux côtés de Ben Gazzara et David Moscow.

Villages peints des Mayas, de Jeffrey Becom et Sally Jean Aberg (Abbeville Press, 2000), aujourd'hui indisponible, mais consultable en bibliothèque, jette un regard plein de sensibilité sur les détails architecturaux et les couleurs des villages mayas.

Sur www.tikalpark.com/map.htm, on peut voir une représentation en 3D du site archéologique de Tikal.

LES CITÉS MAYAS AU CENTRE DE LA CRÉATION

Les Mayas construisaient leurs cités pour refléter la géographie sacrée, avec une attirance particulière pour les lacs entourés de trois volcans.

Ne disposant pas de montagnes à proximité, les Mayas des basses terres les construisaient eux-mêmes sous la forme d'ensembles de places et de temples. Dans les inscriptions hiéroglyphiques, les places centrales des cités mayas étaient appelées *nab'* (mer) ou *lakam ja'* (grande étendue d'eau). Elles étaient dominées par de gigantesques temples-pyramides, souvent par groupe de trois, qui représentaient les premières montagnes à émerger des "eaux" de la place.

LE TOURISME CONTRE LA TRADITION ?

Le tourisme a bien évidemment des répercussions. Ainsi, le Lago Atitlán souffre de sa popularité : le système d'égouts est insuffisant pour un nombre sans cesse croissant de visiteurs et d'hôtels, et de plus en plus d'eaux usées se déversent dans le lac. Les touristes tuent en quelque sorte ce qu'ils aiment.

Nous avons tous des exemples des pires excès du tourisme : des temples érodés par les visiteurs qui les escaladent, des forêts abattues pour construire des écolodges, des gamins quittant leur village et leur vie traditionnelle pour devenir rabatteur d'hôtel ou dealer.

Toutefois, ce que l'étranger ressent comme la disparition d'une culture peut correspondre à un progrès pour les habitants. De quel droit pouvons-nous décréter qu'ils doivent continuer à vivre dans des huttes de pisé sans électricité alors que nous rentrons chez nous pour retrouver nos télévisions à écran plasma et le dîner chauffé au micro-ondes ?

De multiples facteurs – culte de la consommation, attrait des grandes villes, télévision et Hollywood, pour n'en citer que quelques-uns – expliquent l'érosion des modes de vie traditionnels. Si le tourisme peut avoir des répercussions désastreuses, correctement géré, il peut contribuer au maintien des cultures.

Il en est ainsi du tissage sur métier traditionnel. La plupart des touristes qui viennent au Guatemala achètent des tissus locaux. Cette demande – et les revenus qu'elle génère – incite des jeunes à apprendre le tissage. Le tourisme favorise dans ce domaine la pérennité des emplois et la conservation d'un savoir-faire.

Pour une base de données complète, avec un moteur de recherche, de photographies de céramiques précolombiennes, explorez, en anglais, le site www.mayavase.com.

des innombrables ouvriers contraints de réaliser les rêves architecturaux des colons. Les hauts murs solides des églises visaient à protéger l'élite des révoltes des classes inférieures.

Les séismes ont détruit nombre des beaux bâtiments coloniaux. Toutefois, l'architecture d'Antigua reste particulièrement marquante, car de nouveaux styles et techniques ont été adoptés après chaque tremblement de terre. Pour plus de stabilité, on a érigé des colonnes moins hautes et plus épaisses. Certains édifices, comme le Palacio de los Capitanes et le Palacio del Ayuntamiento, sur la place centrale, ont été renforcés par une double arcade. Cette abondance de bâtiments coloniaux en divers états de conservation, de la ruine à la restauration parfaite, a valu à Antigua l'inscription au patrimoine mondial par l'Unesco en 1979.

Après le tremblement de terre de 1773, qui provoqua le déplacement de la capitale à Guatemala Ciudad, l'architecture néoclassique de l'époque privilégia la solidité. Les décorations furent réservées à l'intérieur des bâtiments, avec des autels travaillés dans les églises et un ameublement raffiné dans les maisons. Les architectes étaient préoccupés par la résistance des constructions et, à Guatemala Ciudad, nombre de bâtiments coloniaux (dont la cathédrale) ont résisté aux séismes postérieurs. En revanche, les modestes habitations de la capitale ont été totalement détruites lors du tremblement de terre dévastateur de 1976.

Tissage

Les Guatémaltèques réalisent de nombreux objets artisanaux, destinés à l'usage quotidien, aux touristes et aux collectionneurs. Vannerie, céramique, sculpture sur bois en sont quelques exemples, mais le tissage, la broderie et les autres travaux d'aiguille réalisés par les femmes mayas constituent de véritables œuvres d'art. Le magnifique *traje* (costume traditionnel), fabriqué et porté par ces femmes, représente l'une des plus fabuleuses expressions de la culture maya.

Le *huipil*, une longue tunique sans manches, requiert le plus de recherche et de soin. Il peut être entièrement recouvert d'une série d'animaux, de plantes ou de personnages stylisés et demande des mois de travail. Les tenues varient selon les villages (les colons espagnols avaient attribué un motif à chaque village pour distinguer les habitants) et des variantes indiquent le statut social et la créativité personnelle.

Aujourd'hui, seuls les hommes de Sololá et de Todos Santos Cuchumatán portent toujours le *traje* coloré. Pour plus de détails sur les tenues traditionnelles, reportez-vous p. 142. Les matériaux et les techniques changent, mais le métier à tisser préhispanique est toujours utilisé. Les longs fils de chaîne sont tendus entre deux barres horizontales, l'une fixée à un pilier ou à un arbre, l'autre à une courroie passée dans le dos. Les fils de trame sont ensuite tissés au travers. Dans les Hautes Terres, on voit des femmes tisser ainsi devant leurs maisons. Aujourd'hui, certains *huipiles* et *fajas* sont confectionnés à la machine, plus rapide et plus pratique.

Dans de nombreux villages, on file encore à la main. Les plus aisés emploient des fils de soie pour broder les *huipiles* nuptiaux et d'autres costumes de cérémonie. Les teintures végétales, comme l'indigo naturel et le rouge de la cochenille, sont toujours utilisées dans plusieurs régions. Toutefois, les Mayas apprécient les couleurs vives des teintures modernes.

Ces tenues traditionnelles colorées sont surtout portées dans les Hautes Terres, où les Mayas sont les plus nombreux. La diversité des techniques, des matériaux, des styles et des motifs est impressionnante ; les plus beaux costumes sont sans doute ceux de Sololá et de Santiago Atitlán, près du Lago de Atitlán, de Nebaj, dans le Triangle ixil, de Zunil, près de Quetzaltenango, de Todos Santos et de San Mateo Ixtatán, dans la chaîne des Cuchumatanes.

Vous pourrez apprendre l'art du tissage sur des métiers traditionnels à Quetzaltenango, à San Pedro La Laguna et dans d'autres villes (voir p. 325). Pour découvrir de splendides collections de tissages, visitez le Museo Ixchel à Guatemala Ciudad (p. 73) ou la boutique Nim Po't à Antigua (p. 112). Si vous souhaitez acheter directement auprès des tisserands, reportez-vous p. 154.

Cet ouvrage vous aidera à identifier la provenance des différents tissages : *Textiles mayas : la trame d'un peuple*, de Dupiech-Cavaleri (Unesco, 1999).

On peut voir de belles photos de *huipiles* et d'autres textiles mayas sur le site Internet de Nim Po't (www.nimpot. com).

La cuisine guatémaltèque

La cuisine locale, roborative et rarement exceptionnelle, constitue l'ordinaire dans les villes et les villages hors des itinéraires touristiques. Les lieux fréquentés par les voyageurs, comme Antigua, Guatemala Ciudad, Quetzaltenango et les alentours du Lago de Atitlán, proposent tous de la cuisine internationale. Quel que soit votre choix, privilégiez les petits restaurants où le patron prépare lui-même les repas. La cuisine guatémaltèque intègre les ingrédients traditionnels des Mayas – maïs, haricots, courges, pommes de terre, avocats, piments et dinde – et les coutumes importées par les Espagnols – pain, viande en abondance, riz et légumes européens.

SPÉCIALITÉS LOCALES

Si vous avez l'intention d'entreprendre un régime, attendez votre retour. Dans ce paradis des glucides, ne soyez pas surpris de voir arriver une assiette remplie de riz, de pommes de terre et de maïs, avec une pile de tortillas.

Aliment de base, la tortilla est une fine crêpe ronde de maïs, cuite sur une plaque appelée *comal*. Petites et bombées, les tortillas accompagnent tous les repas. Lorsqu'elles figurent sur la carte sous l'appellation "tortillas" (au poulet, à la viande, aux œufs, etc.), elles ressemblent alors à une pizza. Les tortillas faites à la main sont délicieuses. Les tortillas industrielles sont vendues dans les *tortillerías*. Servies à volonté dans les restaurants, elles sont conservées dans un linge chaud et humide qui les rend un peu caoutchouteuses.

Second pilier de l'alimentation, les *frijoles*, haricots noirs, se mangent bouillis, sautés ou frits, en soupe, sur des tortillas ou avec des œufs. On les sert sur une assiette dans leur jus sombre ou sous la forme d'une épaisse pâte noirâtre. Ils sont parfois exquis et toujours nourrissants. La courge est le troisième aliment maya de base.

Le pain (*pan*, vendu dans les *panaderías*) remplace les tortillas, dans les restaurants touristiques, et pour les Guatémaltèques qui ne mangent pas *a la indígena*.

Ces produits de base accompagnent les repas. Sur la table, une sauce, en bouteille ou maison, permet de relever un plat un peu fade.

Sur le littoral, les produits de la mer constituent l'ordinaire. Poissons et crevettes sont généralement frits, *con ajo* (avec de l'ail) sur demande, et accompagnés de salade, de frites et de tortillas. Le *caldo de mariscos*, un

LE PEUPLE DU MAÏS

Les Mayas se désignent eux-mêmes comme le "peuple véritable" et considèrent que ceux qui ne mangent pas de maïs ont littéralement une chair différente. La tradition veut que, dans les Hautes Terres, les mères placent un épi de maïs dans la main des nouveau-nés, et ne consomment que des mets à base de maïs pendant l'allaitement pour que leur enfant développe une "vraie chair".

Aucun Maya ayant reçu une éducation traditionnelle ne pourrait manger un repas sans maïs. Les femmes ne laissent pas les grains de maïs tomber par terre ou dans le feu. Si cela se produit accidentellement, elles les ramassent alors délicatement et leur présentent leurs excuses.

ragoût comprenant généralement du poisson, des crevettes et des moules, est souvent délicieux.

Soyez prudent avec les salades et les fruits, qui ne sont pas toujours préparés dans les meilleures conditions d'hygiène. La salade fait partie des habitudes alimentaires et il est difficile de ne pas en manger. Si le restaurant est impeccable, il y a des chances pour que la salade ne présente pas de danger.

Petit-déjeuner

Généralement servi entre 6h et 10h, le *desayuno chapín*, ou petit-déjeuner guatémaltèque, comprend au moins des œufs, des haricots, des bananes plantains frites, des tortillas et du café. Tout *comedor* le sert, agrémenté parfois de riz, de fromage ou de *mosh*, une bouillie de flocons d'avoine. Les œufs brouillés sont souvent cuisinés avec des tomates et des oignons.

Dans les endroits touristiques, vous pourrez commander un petit-déjeuner continental léger ou américain, avec œufs, bacon, *panqueques* (crêpes), céréales, jus de fruits et café.

La plupart des Guatémaltèques préfèrent leurs céréales avec du lait chaud. Précisez *leche fría* si vous souhaitez du lait froid.

Déjeuner

Repas le plus consistant de la journée, le déjeuner est servi entre 12h et 14h. Les restaurants proposent d'ordinaire un menu à prix fixe de un à quatre plats, appelé *almuerzo* ou *menú del día*, d'un excellent rapport qualité/prix. L'*almuerzo* peut se composer d'une soupe et d'un plat de viande avec du riz ou des pommes de terre, un peu de salade ou des légumes, ou simplement d'un *plato típico* – poulet ou viande, riz, haricots, fromage, salade et tortillas. Un menu un peu plus cher comprendra une soupe ou un *ceviche* (poisson ou fruits de mer marinés dans le citron), un steak ou un poisson, une salade, un dessert et un café. On peut aussi choisir des plats à la carte, une formule plus coûteuse.

Pour ceux qui lisent l'anglais, *Food Culture in Central America* est bien plus qu'un simple livre de cuisine. Écrit par l'anthropologue Michael R. McDonald, il aborde presque tous les aspects de la nourriture en Amérique centrale.

Dîner

La *cena*, plus légère que le déjeuner, se prend entre 19h et 21h. Même dans les villes, peu d'établissements servent après 22h. Dans les campagnes, décidez-vous avant 20h pour éviter les mauvaises surprises. Dans les gargotes villageoises, le menu du dîner peut être le même que celui du petit-déjeuner : œufs, haricots et bananes plantains. Les restaurants touristiques proposent un grand choix de plats, du steak au poivre au curry végétarien.

DÉCOUVREZ DE NOUVELLES SAVEURS

C'est sur la côte des Caraïbes que vous dégusterez les plats les plus parfumés. Le *tapado*, un ragoût épicé de fruits de mer, de bananes plantains et de légumes cuits en cocotte dans le lait de coco est un régal !

Moins fin, mais nourrissant, le *mosh*, une bouillie servie au petit-déjeuner, ressemble au porridge de flocons d'avoine.

Plus savoureux, le *pepián*, une fricassée de volaille en sauce relevée de tomates et de graines de sésame, se prépare dans tout le pays. Le *jocón* est un ragoût de poulet ou de porc avec des légumes verts et des herbes.

À Cobán et dans le département d'Alta Verapaz, goûtez le *kac-cik* (*kak-ik* ou *sack'ik*), une soupe épaisse à la dinde, aux poivrons, aux tomates, à l'ail et au piment.

Dans le Triangle ixil près de Nebaj, la spécialité locale est le *boxbol*, une pâte de maïs et de viande émincée, enveloppée dans des feuilles de *güisquil* (courge) et bouillie. On la sert avec de la sauce.

À ÉVITER

Les Guatémaltèques apprécient le gibier, notamment dans le Petén, et les restaurants n'hésitent pas à proposer *armadillo* (tatou), *venado* (venaison), *paca* ou *tepescuintle* (agouti), *tortuga* ou *caguama* (tortue), ou encore *iguana* (lézard). N'en commandez pas, car il peut s'agir d'espèces en voie de disparition.

Sur la côte, la *sopa de tortuga* (soupe de tortue) fait partie des plats favoris. Là encore, on vous dira que c'est délicieux, mais ne contribuez pas à l'extinction des tortues.

BOISSONS
Café, thé et chocolat

Alors que le Guatemala produit l'un des meilleurs cafés du monde, en obtenir une tasse n'est possible que dans les restaurants et cafés touristiques haut de gamme, car la majeure partie de la production est destinée à l'exportation. Les Guatémaltèques ont l'habitude de boire un café léger ou instantané très sucré. Le sucre est parfois ajouté avant que l'on vous serve, aussi précisez à la commande si vous souhaitez un café *sin azúcar* (sans sucre). Le thé noir (*té negro*), généralement en sachet, n'a pas grand intérêt. La camomille (*té de manzanilla*), servie dans tous les restaurants et cafés, est un bon remède contre les douleurs gastriques et intestinales.

Durant la période classique de la civilisation maya, le chocolat chaud était le stimulant que buvaient les souverains et les nobles pendant les cérémonies. À cette époque, le cacao, non sucré, était très amer. Si le sucre lui a fait perdre son authenticité, il l'a aussi rendu plus agréable ; vous le commanderez *simple* (à l'eau) ou *con leche* (au lait).

Jus et licuados

Les fleurs d'hibiscus (*jamaica*) entrent dans la composition de deux boissons rafraîchissantes : l'*agua de jamaica* et le *té de rosa de jamaica*.

Les jus de fruits et de légumes (*jugos*), les smoothies (*licuados*) et les sirops allongés d'eau (*aguas de frutas*) sont très prisés. La plupart des cafés et des restaurants en proposent et presque tous les marchés et les gares routières abritent un stand équipé d'une collection de mixers. Le *licuado* est un mélange de fruits ou de jus avec de l'eau et du sucre. Dans le *licuado con leche*, le lait remplace l'eau.

La *limonada*, très désaltérante, se compose de jus de citron vert, d'eau et de sucre. La *limonada con soda* se fait avec de l'eau gazeuse. La *naranjada* est son équivalent avec du jus d'orange.

Sur la côte, vous remarquerez des piles de noix de coco vertes au bord des routes. Le vendeur coupe simplement le sommet à la machette et plante une paille dans la noix. Le jus est délicieux et très désaltérant.

Eau et boissons sucrées

On trouve facilement de l'eau purifiée (*agua pura*) dans les hôtels, les magasins et les restaurants (p. 344). Salvavidas est la marque de référence. Pour obtenir de l'eau gazeuse parfaitement saine, demandez un *soda*.

Les boissons sans alcool sont appelées *aguas* (eaux). Si vous voulez de l'eau nature, commandez de l'*agua pura*.

Boissons alcoolisées

Les premières brasseries guatémaltèques furent établies par des immigrants allemands à la fin du XIXᵉ siècle. Les deux bières les plus répandues sont la Gallo (prononcez *ga-yo* ; coq) et la Cabro. La première est une blonde légère, en vente partout ; la Cabro, plus sombre, est aussi plus parfumée. La Moza, une bière brune, est plus difficile à trouver. De nombreux étrangers (et quelques Guatémaltèques) préfèrent la Brahva, la version locale de la

Brahma brésilienne. On la trouve de plus en plus facilement, de même que les bières importées comme la Heineken et la Quilmes. Dans le nord du pays, les bières mexicaines, notamment la Tecate, sont en vente partout et parfois moins chères que les bières locales.

Le rhum (*ron*), l'un des alcools préférés des Guatémaltèques, est généralement bon marché mais médiocre. Toutefois, certains se révèlent excellents, comme le Zacapa Centenario, un rhum vieux fabriqué à Zacapa, qui se déguste lentement comme un bon cognac, ou le Ron Botrán Añejo, un autre rhum brun. Des rhums plus ordinaires, comme le Venado, entrent dans la composition de nombreux cocktails, tel le *Cuba libre* (rhum et Coca).

L'*aguardiente*, une eau-de-vie de canne à sucre, se boit couramment dans les *cantinas* et dans la rue. Recherchez les enseignes affichant *Quetzalteca Especial*, une *aguardiente* de qualité.

Le *ponche*, un cocktail de jus d'ananas ou de lait de coco et de rhum servi chaud, monte vite à la tête !

> Première exploitation viticole guatémaltèque, le Château DeFay a commencé sa mise en bouteilles en 2007. Le domaine propose des visites et des dégustations ; consultez le site Internet www. chateaudefayvineyards. com pour en savoir plus.

ÉTABLISSEMENTS

Un *comedor* est un petit restaurant sans prétention qui sert une cuisine locale, simple et bon marché. S'il est propre et fréquenté, vous y dégusterez sans doute un repas préparé dans de bonnes conditions d'hygiène et avantageux. Rarement dotés d'une carte, les *comedores* offrent un choix limité ; le menu du petit-déjeuner, du déjeuner ou du dîner coûte de 20 à 40 Q. Les moins chers, installés sur les marchés, cuisinent sur place.

Les *restaurantes*, un peu plus raffinés, font des efforts de décoration, disposent d'une carte, et le personnel porte parfois un uniforme. Comptez de 30 à 60 Q pour un menu et un peu plus à la carte. À Guatemala Ciudad, Antigua, Quetzaltenango et autour du Lago de Atitlán, les restaurants spécialisés, plus ou moins élégants, restent raisonnables au niveau des prix. Même dans les établissements les plus luxueux de la capitale, l'addition dépasse rarement 200 Q.

> Laissez toujours un pourboire d'environ 10%. Les personnes qui cuisinent et vous servent reçoivent souvent un salaire misérablement bas.

Les *comedores* et les *restaurantes* ouvrent habituellement de 7h à 21h. Ils ferment plus tôt dans les petites villes et les villages. Dans les grandes villes, certains n'ouvrent pas avant 11h ou 12h et ferment entre 15h et 18h. Quand il existe, le jour de fermeture est généralement le dimanche, sauf à Antigua, où les restaurants ferment plutôt le lundi ou le mardi.

S'Y RETROUVER LA NUIT

Les Guatémaltèques adorent sortir et, où que vous alliez dans le pays, vous trouverez forcément une adresse où déguster une bière. Reste à savoir où. Le plus souvent, vous pouvez aller partout sans vraiment prendre de risque, mais sachez que les établissements nocturnes portent ici des noms pouvant prêter à confusion.

Les **cantinas**, par exemple, sont généralement les endroits où l'on boit le plus – c'est là qu'il faut aller pour boire (beaucoup) et écouter de la *ranchera* (musique des cow-boys mexicains). L'ambiance est très masculine, et bien que les femmes soient les bienvenues, elles ne se sentiront pas forcément à l'aise.

La définition des **bars** varie d'un endroit à l'autre. Dans les grandes villes, un bar correspond à l'image que l'on en a partout : musique, boissons diverses et clientèle variée. Cependant, dans les petites localités, un bar ressemble généralement à une *cantina*, à ceci près qu'il sert aussi de maison close.

Les **boîtes de nuit** (souvent appelées *"Nigthclubs"*, déformation de l'anglais *nightclub*), n'ont rien à voir avec ce que l'on connaît : ce sont des boîtes de strip-tease, où travaillent des prostituées.

Les **discotecas** ressemblent plus à nos boîtes de nuit. Elles disposent de grandes pistes de danse, imposent un code vestimentaire et font parfois payer un droit d'entrée.

POLLO CAMPERO

Où que vous alliez et quoi que vous fassiez au Guatemala, il y a une chose que vous êtes pratiquement sûr de voir : un restaurant Pollo Campero. Campero (comme on l'appelle communément) est une immense *success story* guatémaltèque : d'un simple restaurant de poulet frit en 1971 est née quelques années plus tard une chaîne latino-américaine. Celle-ci compte aujourd'hui plus de 300 restaurants dans le monde entier, avec 80 millions de clients répartis dans 13 pays, dont certains assez surprenants, comme la Chine, l'Indonésie, l'Inde, Andorre et Bahreïn.

Malgré cette expansion, les habitants d'Amérique centrale qui voyagent vers les États-Unis préfèrent s'approvisionner à la source. Si vous prenez l'un de ces vols, vous verrez quelques passagers avec un gros paquet de Campero dans leur bagage à main. À tel point que plusieurs compagnies aériennes ont demandé aux restaurants de la chaîne installés dans les aéroports de la région de fournir à leurs clients des emballages imperméables aux odeurs pour que les cabines ne s'en imprègnent pas.

L'équivalent de Campero est bien évidemment KFC, basé aux États-Unis, mais le poulet de Campero est plus épicé et un peu moins gras. Dans les restaurants guatémaltèques de la chaîne, on est servi à table avec de vrais couverts et assiettes. Pourtant, KFC compte bien conquérir le Guatemala. Après un échec dans les années 1970, la chaîne américaine a récemment ouvert un restaurant dans la Zona 9 de Guatemala Ciudad. Les files d'attente rappelaient l'ouverture en 2002 du premier Campero aux États-Unis (sans pour autant les égaler), à Los Angeles : pendant sa première semaine le restaurant de 90 couverts a servi 300 000 personnes.

Que la guerre du poulet juteux, tendre et croustillant commence !

Pour des événements culinaires, quelques recettes et autres renseignements gastronomiques, rendez-vous sur www.chefsdeguatemala.com (en espagnol).

Les cafés et les *cafeterías* servent aussi des en-cas et offrent parfois autant de choix qu'un restaurant. Les *pastelerías* (pâtisseries) disposent souvent d'une salle où l'on peut s'installer pour déguster un gâteau et une boisson.

Parmi les nombreux fast-foods, Pollo Campero est une chaîne locale spécialisée dans le poulet rôti, présente dans tout le pays (voir l'encadré p. 54).

Les bars sont généralement ouverts de 10h ou 11h à 22h ou 23h et ferment parfois le dimanche. Officiellement, il est interdit de servir de l'alcool après 1h du matin, une réglementation moins respectée dans les petites localités, où la présence de la police est moindre.

En-cas

La plus grande collection de recettes guatémaltèques sur Internet réjouira ceux qui possèdent quelques rudiments d'espagnol – voir www.quetzalnet.com/recetas.

Dans les bus longue distance, des vendeuses montent à bord en criant "*¡Hay comida!*" (J'ai de la nourriture !) Il s'agit en général de tortillas aux haricots, accompagnées d'un morceau de poulet ou d'un œuf dur. Bananes plantains frites, glaces, cacahuètes, *chocobananos* (bananes nappées de chocolat), *hocotes* (fruits tropicaux assaisonnés de sel, de citron vert et de noix de muscade) et *chuchitos* (pâte de maïs fourrée de viande ou de haricots, cuite à la vapeur dans des feuilles de maïs) font partie des en-cas proposés. Les *elotes*, des épis de maïs grillés, se dégustent avec du sel et du citron vert.

Les stands de rue, installés un peu partout, vendent des en-cas bon marché (généralement moins de 10 Q). Que ce soit dans les bus ou dans la rue, préférez un vendeur et un étal à l'apparence soignée.

VÉGÉTARIENS

La viande est un luxe pour nombre de Guatémaltèques, aussi trouve-t-on facilement des plats qui n'en comportent pas. Le plat maya de base – tortillas, haricots et légumes – est très nourrissant. Si vous commandez un menu ou un *plato típico* sans viande (*sin carne*) dans un *comedor*, on vous servira de la soupe, du riz, des haricots, du fromage, de la salade et des tortillas.

Quelques restaurants proposent cette formule sous le nom de *plato vegetariano*. Si vous consommez des œufs, des produits laitiers ou du poisson, le petit-déjeuner ne vous posera aucun problème et vous aurez plus de choix pour les autres repas. Dans la plupart des endroits touristiques, de nombreux restaurants, surtout ethniques, offrent des plats sans viande. Quelques adresses végétariennes sont installées dans les grandes villes et les lieux fréquentés par les touristes, et la carte des restaurants chinois affiche toujours des plats sans viande. Les marchés abondent en fruits, frais ou secs, et en légumes.

LES MOTS À LA BOUCHE
Se faire comprendre du personnel des restaurants aide à bien manger. Pour les règles de prononciation, reportez-vous p. 350.

Au Guatemala, le marché n'est pas uniquement un endroit où l'on achète des fruits et des légumes. C'est aussi un lieu de rencontre et, dans la plupart des petites localités, le centre de l'activité sociale.

Décrypter la carte

a la parrilla	grillé, parfois au charbon de bois
a la plancha	grillé sur une plaque
aguacate	avocat
ajo	ail
almuerzo	déjeuner
antojitos	en-cas (littéralement "petits caprices")
arroz	riz
atole	bouillie chaude et sucrée de maïs et de lait, aromatisée à la cannelle
aves	volaille
azúcar	sucre
banano	banane
bebida	boisson
bistec ou *bistec de res*	bifteck
café (negro/con leche)	café (noir/au lait)
calabaza	courge, potiron ou citrouille
caldo	bouillon, souvent de viande
camarones	crevettes
camarones gigantes	crevettes géantes
carne	viande
carne asada	grillade de bœuf
cebolla	oignon
cerveza	bière
ceviche	poisson ou fruits de mer crus, marinés dans du jus de citron vert avec oignons, piments, ail, tomates et coriandre
coco	noix de coco
chicharrón	couenne de porc grillée
chile relleno	poivron farci de fromage, de viande, de riz ou d'autres ingrédients, trempé dans du blanc d'œuf, frit, puis cuit au four dans une sauce
chuchito	petit *tamal*
chuletas (de puerco)	côtes (de porc)
churrasco	pavé de viande grillée
cuchara	cuillère
cuchillo	couteau
ensalada	salade
filete de pescado	filet de poisson
flan	crème caramel
fresas	fraises
frijoles	haricots noirs
frutas	fruits
güisquil	variété de courge

hamburguesa	hamburger
helado	glace
huevos fritos/revueltos	œufs au plat/brouillés
jamón	jambon
jícama	tubercule comestible, à mi-chemin entre la pomme de terre et la pomme
jocón	ragoût de poulet ou de porc avec des légumes verts et des herbes
leche	lait
lechuga	laitue
legumbres	tubercules et racines comestibles
licuado	smoothie de fruits sucré, au lait ou à l'eau
limón	citron
limonada	boisson à base de jus de citron
mantequilla	beurre
margarina	margarine
mariscos	fruits de mer
mesa	table
melocotón	pêche
miel	miel
mosh	flocons d'avoine/porridge
naranja	orange
naranjada	comme une *limonada*, mais à base d'orange
pacaya	sorte de courge
papa	pomme de terre
papaya	papaye
pastel	gâteau
pato	canard
pavo	dinde
pepián	poulet et légumes avec une sauce piquante au sésame et aux graines de potiron
pescado (al mojo de ajo)	poisson (frit au beurre et à l'ail)
piña	ananas
pimienta	poivre (noir)
plátano	banane plantain ; se consomme cuite (généralement frite)
plato	assiette
plato típico	menu
pollo (asado/frito)	poulet (rôti/frit)
postre	dessert
propina	pourboire
puerco	porc
puyaso	steak dans un morceau choisi
queso	fromage
sal	sel
salchicha	saucisse
sopa	soupe
tamal	pâte de maïs, farcie de viande, de haricots, de piments ou nature, enveloppée dans une feuille de banane ou de maïs et cuite à la vapeur
tapado	fruits de mer, lait de coco et bananes plantains en cocotte
tarta	gâteau
taza	tasse
tenedor	fourchette
tocino	poitrine de porc ou lard
tomate	tomate
vaso	verre
verduras	légumes verts
zanahoria	carotte

Environnement

GÉOLOGIE

Le Guatemala couvre une superficie de 109 000 km², soit environ un cinquième de la France. Il se trouve en grande partie sur la plaque tectonique nord-américaine, qui jouxte la plaque des Cocos le long de la côte du Pacifique et rejoint la plaque des Caraïbes, à l'extrême sud du pays ; leurs mouvements provoquent séismes et éruptions volcaniques. Les tremblements de terre les plus graves ont eu lieu en 1773, 1917 et 1976. Une impressionnante chaîne de 30 volcans, dont certains en activité, s'étend parallèlement à la côte du Pacifique, de la frontière mexicaine à celle du Salvador. Au nord de cette chaîne volcanique s'élève celle des Cuchumatanes.

Au nord de Guatemala Ciudad, les hauts plateaux d'Alta Verapaz descendent graduellement jusqu'aux basses terres du Petén, qui occupe la partie septentrionale du pays. Le climat du Petén varie, selon la saison, de chaud et humide à chaud et sec. Les plus grandes étendues de forêt tropicale d'Amérique centrale chevauchent les frontières du Petén jusqu'au Mexique et au Belize, mais la situation pourrait changer si les efforts de préservation ne portent pas leurs fruits.

Au nord-est de Guatemala Ciudad, la vallée du Río Motagua, à sec par endroits, descend vers la courte côte guatémaltèque des Caraïbes, où règne une chaleur étouffante. Bananes et canne à sucre sont les principales cultures de la vallée.

Entre la chaîne volcanique et l'océan Pacifique, le versant pacifique est parsemé de prospères plantations de café, d'hévéas, de coton, de fruits et de canne à sucre, de fermes d'élevage et de plages de sable noir volcanique, écrasées de chaleur.

La géologie unique du Guatemala comprend un immense réseau de grottes. L'écoulement de l'eau sur les roches calcaires pendant des millénaires a créé des couches aquifères et des conduits qui se sont transformés en grottes, rivières souterraines et dolines lorsque l'eau s'est infiltrée sous terre. Ce type de relief, dénommé karst, caractérise la région de Verapaz et fait le bonheur des spéléologues.

FAUNE ET FLORE

La beauté naturelle du Guatemala, des volcans aux lacs en passant par la jungle et les marais, constitue l'un de ses principaux atouts. Avec 19 écosystèmes différents, le pays offre une variété infinie de faune et de flore et de multiples occasions d'en admirer les superbes représentants.

Animaux

Le Guatemala abrite 250 espèces de mammifères, 600 d'oiseaux, 200 de reptiles et amphibiens, et une multitude de papillons et d'insectes.

L'emblème national, le chatoyant quetzal (qui a donné son nom à la monnaie guatémaltèque) est un petit oiseau de 15 cm de longueur d'une beauté exceptionnelle. Le mâle arbore une gorge rouge vif, un plumage bleu-vert brillant sur le reste du corps et une queue qui fait plusieurs fois la taille de son corps. Le plumage de la femelle est plus terne. Le quetzal vit principalement dans les forêts de nuages d'Alta Verapaz. Pour plus d'informations sur cet oiseau, reportez-vous p. 217.

Toucans, aras et perroquets comptent parmi les oiseaux exotiques qui nichent dans les jungles des basses terres. À Tikal, vous verrez certainement

Le Tajumulco (4 220 m), à l'ouest de Quetzaltenango, est le point culminant de l'Amérique centrale, dont le plus haut sommet non volcanique est La Torre (3 837 m), au nord de Huehuetenango.

Le Guatemala se situe à la confluence de 3 plaques tectoniques, d'où ses 30 volcans et de fréquents séismes.

Pour ceux qui lisent l'anglais, *Belize & Northern Guatemala: The Ecotravellers' Wildlife Guide* de Les D. Beletsky est un guide complet de la faune et de la flore dans cette région. L'ouvrage comprend des centaines d'illustrations et de photos, ainsi que d'agréables touches d'humour.

le dindon ocellé, ou dindon du Petén, un grand oiseau multicolore aux allures de paon ; vous aurez de bonnes chances d'apercevoir d'autres oiseaux – quelque 300 espèces endémiques et migratoires y ont été recensées, parmi lesquelles 9 colibris et 4 trogonidés –, ainsi que des singes hurleurs, des atèles (singes-araignées), des *pisotes* (coatis) et d'autres mammifères. Des oiseaux aquatiques, dont le jabiru, le plus gros oiseau volant de l'hémisphère occidental, vivent aux alentours de la Laguna Petexbatún et des lacs proches des ruines de Yaxhá, dans le Petén, ou le long du Río Dulce, entre le Lago de Izabal et Lívingston.

Les forêts du Guatemala recèlent nombre de mammifères et de reptiles. Celles du Petén cachent des jaguars, des ocelots, des pumas, deux espèces de pécaris, des opossums, des tapirs, des kinkajous, des *tepescuintles* (agoutis ; rongeurs de 60 à 70 cm de longueur), des chevreuils à queue blanche, des daguets rouges et des *armadillos* (tatous). Le pays compte au moins 5 espèces de tortues de mer (la caouanne, la tortue à écailles et la Ridley verte sur la côte des Caraïbes, la tortue à cuir et la Ridley olive sur le Pacifique) et au moins 2 espèces de crocodiles (l'une observée au Petén, l'autre dans le Río Dulce). Les lamantins (p. 263) sont présents dans le Río Dulce, mais très difficiles à apercevoir.

ESPÈCES MENACÉES

La faune sauvage du Guatemala doit faire face à deux menaces majeures. La première est la perte de son habitat, de plus en plus de terres étant transformées en cultures. La seconde est la chasse, principalement exploitée pour la viande, qui se développe également pour les peaux et autres trophées, et menace les cerfs, les tortues et certains reptiles. Parmi les espèces menacées, citons le jaguar, le singe hurleur, le lamantin, plusieurs espèces de souris et chauves-souris, et le campagnol du Guatemala.

Plus de 25 espèces d'oiseaux originaires de la région sont menacées, comme le grèbe de l'Atitlán (présent seulement au Guatemala) et l'oiseau national, le resplendissant quetzal. Parmi les reptiles, presque tous ceux listés ci-dessus sont en voie de disparition, tel le crocodile de Morelet.

Plantes

Plus de 8 000 espèces de plantes poussent dans les divers écosystèmes du pays, mangroves et marais des côtes, forêts tropicales du Petén, pinèdes, herbages et forêts de nuages des montagnes. Ces dernières, parsemées d'épiphytes, de broméliacées et clématites, abondent dans le département d'Alta Verapaz. Parmi les arbres qui poussent dans le Petén figurent plusieurs palmiers, des sapotilliers, des hévéas sauvages, des acajous et des *ceibas* (fromagers ; l'arbre national en raison de son symbolisme pour les Mayas).

Fleur nationale, la *monja blanca* (une orchidée blanche), trop cueillie, se trouve rarement à l'état sauvage ; néanmoins, le pays compte 550 autres espèces d'orchidées, dont un tiers est endémique. Si vous vous intéressez aux orchidées, ne manquez pas de visiter la pépinière de Vivero Verapaz

Pour admirer de rares aras rouges en liberté, empruntez la Ruta Guacamaya (la route des aras) jusqu'aux ruines d'El Perú, dans le Petén (p. 314).

MAUVAISES RENCONTRES !

Le fer de lance (appelé localement *barba amarilla*, barbe jaune), une vipère très venimeuse, se reconnaît aux motifs en forme de diamant qui ornent son dos et à sa tête en forme de flèche. Le *cascabel*, serpent à sonnette des tropiques, est le plus dangereux de cette espèce. S'il est peu probable que vous rencontriez l'un de ces habitants des jungles et des savanes, sachez que leur morsure peut être mortelle.

NE LAISSEZ PAS VOTRE MÈRE LIRE CE QUI SUIT

Nous ne voulons pas vous inquiéter, mais il faut bien admettre que le Guatemala, pays de l'éternel printemps, des sourires et des arbres, semble être aussi le pays des catastrophes naturelles. Ne cédez pas à la panique : il n'y a que 3 sortes de cataclysmes à redouter.

- **Tremblements de terre** – Situé à la jonction de 3 plaques tectoniques, le Guatemala a été à maintes reprises secoué par des séismes. Fondée après la destruction d'Antigua par un tremblement de terre, l'actuelle capitale en a subi en 1917, 1918 et 1976, ce dernier ayant fait 23 000 victimes.

- **Ouragans** – Personne n'aime les ouragans : trop de vent, de bruit, de boue et d'eau. Avec sa double exposition maritime, le Guatemala peut théoriquement être attaqué sur deux fronts, mais statistiquement, le danger arrive plutôt du côté Pacifique. L'ouragan Stan, le pire qu'ait connu le pays, a touché près de 500 000 personnes et fait 1 500 morts. La saison des ouragans s'étend de juin à novembre.

- **Volcans** – Superbes à regarder, amusants à escalader et terrifiants quand ils entrent en éruption. Le Guatemala compte 4 volcans actifs, le Pacaya, le Volcán de Fuego, le Santiaguito et le Tacaná. À ce jour, la pire éruption a été celle du Santa María en 1902, qui a fait 6 000 morts. Le Pacaya, entre Guatemala Ciudad et Escuintla, qui montrait depuis fin 2006 une activité incessante, avec des émissions croissantes de lave et de cendres, est entré en éruption en mai 2010.

(p. 220), à Cobán, et prévoyez d'être là pour son festival de l'orchidée, tous les ans en décembre.

Les plantes cultivées contribuent tout autant à la beauté du paysage. Antigua est renommée pour la floraison mauve des jacarandas au début de l'année. Les *milpas* (champs de maïs) constituent la base de l'agriculture vivrière ; toutefois, semées sur des brûlis, elles contribuent au déboisement.

PARCS ET ZONES PROTÉGÉES

Le Guatemala compte plus de 90 zones protégées : *reservas de biosfera* (réserves de la biosphère), *parques nacionales* (parcs nationaux), *biotopos protegidos* (réserves biologiques), *refugios de vida silvestre* (refuges de la faune) et *reservas naturales privadas* (réserves naturelles privées). Bien que certaines zones se situent à l'intérieur de réserves plus vastes, elles représentent 28 % du territoire. Le Parque Nacional Tikal est la seule région de ce type au Guatemala à être inscrite au patrimoine mondial de l'Unesco, un statut que lui vaut à part égale le site archéologique qu'il abrite.

Nombre de ces zones protégées sont isolées et difficiles d'accès en indépendant. Le tableau p. 62 indique les plus accessibles et/ou les plus intéressantes pour les visiteurs (les volcans, presque tous protégés, n'y figurent pas, de même que les sites archéologiques).

ÉCOLOGIE

La protection de l'environnement ne constitue pas un souci majeur, comme en témoignent les déchets jetés négligemment dans tout le pays et l'épaisse fumée noire qui sort des pots d'échappement des bus et des camions. Malgré l'impressionnante liste des parcs et des réserves, il reste difficile de les protéger efficacement, du fait de l'indifférence gouvernementale et de la demande des plus démunis qui ont besoin de terre.

La vogue touristique du pays provoque quelques problèmes, dont les plus importants sont le traitement des eaux usées et des déchets autour du Lago de Atitlán (voir p. 137 pour plus de détails), et un développement mal contrôlé dans les jungles du Petén. Ces questions semblent toutefois mineures par rapport à d'autres menaces écologiques.

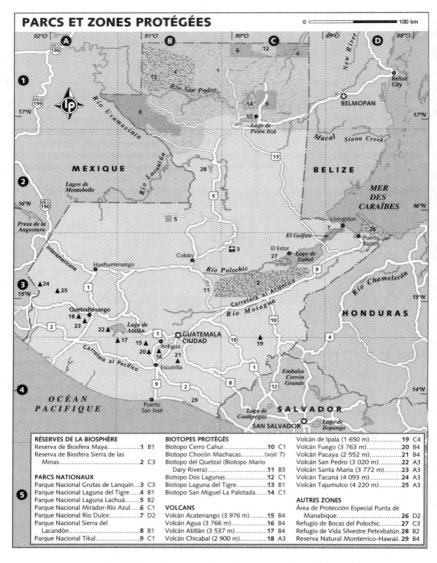

PARCS ET ZONES PROTÉGÉES

0 _____ 100 km

RÉSERVES DE LA BIOSPHÈRE			BIOTOPES PROTÉGÉS				
Reserva de Biosfera Maya	1	B1	Biotopo Cerro Cahuí	10	C1	Volcán de Ipala (1 650 m)	19 C4
Reserva de Biosfera Sierra de las			Biotopo Chocón Machacas	(voir 7)		Volcán Fuego (3 763 m)	20 B4
Minas	2	C3	Biotopo del Quetzal (Biotopo Mario			Volcán Pacaya (2 552 m)	21 B4
			Dary Rivera)	11	B3	Volcán San Pedro (3 020 m)	22 A3
PARCS NATIONAUX			Biotopo Dos Lagunas	12	C1	Volcán Santa María (3 772 m)	23 A3
Parque Nacional Grutas de Lanquín	3	C3	Biotopo Laguna del Tigre	13	B1	Volcán Tacaná (4 093 m)	24 A3
Parque Nacional Laguna del Tigre	4	B1	Biotopo San Miguel La Palotada	14	C1	Volcán Tajumulco (4 220 m)	25 A3
Parque Nacional Laguna Lachuá	5	B2					
Parque Nacional Mirador-Río Azul	6	C1	**VOLCANS**			**AUTRES ZONES**	
Parque Nacional Río Dulce	7	D2	Volcán Acatenango (3 976 m)	15	B4	Área de Protección Especial Punta de	
Parque Nacional Sierra del			Volcán Agua (3 766 m)	16	B4	Manabique	26 D2
Lacandón	8	B1	Volcán Atitlán (3 537 m)	17	B4	Refugio de Bocas del Polochic	27 C3
Parque Nacional Tikal	9	C1	Volcán Chicabal (2 900 m)	18	A3	Refugio de Vida Silvestre Petexbatún	28 B2
						Reserva Natural Monterrico-Hawaii	29 B4

La déforestation est très préoccupante dans de nombreuses régions, en particulier au Petén où la jungle disparaît rapidement, à cause de l'exploitation du bois, mais aussi de l'installation de fermes d'élevage, de pipelines, d'aérodromes clandestins, de lotissements et de nouveaux champs de maïs sur brûlis.

En 2009, la sécheresse associée au phénomène climatique El Niño qui a frappé la majeure partie de l'Amérique centrale, est venue souligner la précarité que connaissent les paysans pratiquant l'agriculture vivrière au

Guatemala. La grande majorité des petites exploitations ne recourent pas à l'irrigation – on plante les cultures selon les saisons, afin que les jeunes plants soient arrosés par les fortes pluies fréquentes de la saison humide. L'absence de pluies a entraîné de grandes pertes de récoltes et la menace d'une crise alimentaire imminente, les familles ayant dû consommer leurs réserves sans garantie de pouvoir se réapprovisionner.

Le site de l'écotourisme au Guatemala (www. planeta.com/guatemala. html, en anglais) propose d'excellents articles, de bonnes références et de nombreux liens.

L'exploration pétrolière agite tout le pays. Les Guatémaltèques se démènent pour commencer à forer dans le Petén, en vue de tirer parti de l'importante réserve souterraine que les Mexicains exploitent de leur côté depuis des années.

Des projets d'infrastructures à grande échelle – souvent dans des zones écologiquement sensibles – sont annoncés avec une régularité effarante. Le plus controversé est celui de la Transversale Nord, une portion de voie rapide renforçant des routes déjà existantes qui devrait à terme s'étendre de Gracias a Dios, à la frontière mexicaine, à Modesto Méndez, où un nouveau poste-frontière avec le Belize est prévu, en passant par Playa Grande. Ce projet suscite une grande inquiétude, car la route traversera d'importants sites archéologiques, écologiques et culturels. Les associations écologistes locales craignent que cet axe ne soit surtout destiné à faciliter l'exploration pétrolière dans l'Ixcán. Le plan prévoit la construction du barrage hydroélectrique de Xalalá. Celui-ci entraînera le déplacement des populations locales, altérera la qualité de l'eau en aval et modifiera l'équilibre écologique de la région en détruisant des habitats.

Au moment de la rédaction de ce guide, ce projet avait été suspendu à la suite de problèmes relatifs aux appels d'offres et de l'action engagée par des associations écologistes contestant la nouvelle route qui doit passer par le Parque Nacional Laguna Lachuá.

Des compagnies minières transnationales s'installent dans le pays, notamment à San Marcos, dans les hauts plateaux occidentaux, et dans la Sierra de las Minas, au sud-est. Sans la consultation préalable des habitants prévue par la loi, le gouvernement a autorisé ces compagnies à exploiter des mines à ciel ouvert pour rechercher de l'or et de l'argent. Les fuites

---

SAUVER LA FORÊT TROPICALE HUMIDE

La Reserva de Biosfera Maya, dans le nord du Guatemala, et la Reserva Calakmul voisine, dans le sud du Mexique, forment un territoire de 16 000 km² de forêt tropicale humide, le plus vaste du continent américain après l'Amazonie.

La forêt ne cesse de reculer, sous l'effet de la migration humaine, de l'exploitation illégale du bois, de l'exploration pétrolière et de l'extension des terres cultivées.

La faune pâtit de la disparition des habitats, de la chasse et du commerce illégal d'animaux. Des espèces autrefois abondantes, telles que l'ara rouge, le tapir de Baird, le jaguar, le tamanoir et la harpie féroce, sont devenues rares, et certaines semblent disparues.

Certaines organisations établies de longue date dans le Petén acceptent des bénévoles pour aider aux efforts de préservation :

Arcas (www.arcasguatemala.com). Ce centre de soins pour animaux a passé un accord avec le gouvernement guatémaltèque et reçoit toutes les bêtes confisquées aux trafiquants qui sévissent dans la Reserva de Biosfera Maya.

Rainforest Alliance (www.rainforest-alliance.org). Une organisation qui promeut l'utilisation durable de la forêt et de ses plantes.

The Equilibrium Fund (www.theequilibriumfund.org). Une association de professionnels guatémaltèques, nicaraguayens et américains aidant des femmes indiennes et défavorisées à produire de la nourriture, à s'assurer un revenu et élever leur famille sans détruire l'environnement. L'association s'intéresse particulièrement à la noix-pain (*Brosimum alicastrum*), un arbre aux fruits nourrissants et faciles à récolter, autrefois abondant et menacé de disparition en raison de l'exploitation forestière et de l'extension des surfaces cultivées.

PARCS NATIONAUX ET ZONES PROTÉGÉES

Zone protégée	Caractéristiques	Activités	Période	Page
Área de Protección Especial Punta de Manabique	vaste réserve marécageuse sur la côte des Caraïbes ; plages, mangroves, lagunes, oiseaux, crocodiles, et parfois lamantins	excursions en bateau, observation des animaux, pêche, plage	toute l'année toute l'année	p. 266 p. 266
Biotopo Cerro Cahuí	réserve forestière près du Lago de Petén Itzá ; faune du Petén, dont des singes	randonnées	toute l'année	p. 291
Biotopo del Quetzal (Biotopo Mario Dary Rivera)	réserve de forêts de nuages, facile d'accès ; singes hurleurs, oiseaux	randonnées, observation des oiseaux, voire d'un quetzal	toute l'année	p. 216
Biotopo San Miguel La Palotada	dans la Reserva de Biosfera Maya, jouxte le Parque Nacional Tikal ; épaisse forêt du Petén qui abrite des millions de chauves-souris	promenades dans la jungle, visite du site archéologique d'El Zotz et des grottes peuplées de chauves-souris	toute l'année ; plus sec de nov à mai	p. 315
Parque Nacional Grutas de Lanquín	vaste réseau de grottes à 61 km de Cobán	observation des chauves-souris ; non loin, étangs et cascades de Semuc Champey	toute l'année	p. 226
Parque Nacional Laguna del Tigre	vaste parc reculé dans la Reserva de Biosfera Maya ; marais d'eau douce ; faune et flore du Petén	observation de la faune dont des aras rouges, des singes et des crocodiles ; visite du site d'El Perú ; bénévolat à la station biologique de Las Guacamayas	toute l'année ; plus sec de nov à mai	p. 314
Parque Nacional Laguna Lachuá	lac rond turquoise, profond de 220 m et entouré de jungle ; nombreux poissons, quelques jaguars et tapirs	camping, natation	toute l'année	p. 229
Parque Nacional Mirador-Río Azul	parc national dans la Reserva de Biosfera Maya ; faune et flore du Petén	randonnées dans la jungle jusqu'au site archéologique d'El Mirador	toute l'année ; plus sec de nov à mai	p. 316
Parque Nacional Río Dulce	superbe Río Dulce, bordé de jungle entre le Lago de Izabal et les Caraïbes ; refuge de lamantins	promenades en bateau	toute l'année	p. 269
Parque Nacional Tikal	faune de la jungle très diversifiée autour du plus beau site maya du pays	observation de la faune et de la flore, visite de la cité maya	toute l'année ; plus sec de nov à mai	p. 294
Refugio de Bocas del Polochic	delta du Río Polochic à l'extrémité ouest du Lago de Izabal ; deuxième plus grand marais d'eau douce du pays	observation des oiseaux (plus de 300 espèces) et des singes hurleurs	toute l'année	p. 262
Refugio de Vida Silvestre Petexbatún	lac proche de Sayaxché ; oiseaux aquatiques	promenades en bateau, pêche, visite de plusieurs sites archéologiques	toute l'année	p. 312
Reserva Natural Monterrico-Hawaii	plages du Pacifique et marais ; oiseaux et tortues	promenades en bateau, observation des oiseaux et des tortues	de juin à nov (ponte des tortues)	p. 306
Reserva de Biosfera Maya	21 000 km², dans le nord du Petén ; comprend 4 parcs nationaux	randonnées dans la jungle, observation de la faune et de la flore	toute l'année ; plus sec de nov à mai	p. 315
Reserva de Biosfera Sierra de las Minas	grande biodiversité dans cette forêt de nuages ; habitat privilégié du quetzal	Randonnées, observation de la faune et de la flore	toute l'année	p. 262

de produits chimiques, la dé[...]
locales et la pollution de l'eau [...]
forces de police ont été déployées pour chasser les villageois et réprimer les manifestations pacifiques d'associations locales. Les écologistes ont salué en 2010 la décision de la Cour suprême canadienne d'obliger les sociétés minières implantées au Guatemala à réaliser des études approfondies sur l'impact environnemental de leurs activités.

La majeure partie de la population vit sur le versant pacifique, où les terres sont essentiellement consacrées à l'agriculture et à l'industrie. Les quelques arpents de forêt qui subsistent sur la côte et dans les montagnes fournissent aux habitants le bois de chauffage et de cuisine, et ne vont pas tarder à disparaître.

Plusieurs organisations locales luttent pour la préservation de l'environnement et de la biodiversité. Celles mentionnées ci-dessous vous renseigneront sur les sites naturels et protégés.

Alianza Verde (www.alianzaverde.org, en espagnol ; Parque Central, Flores, Petén). Un front regroupant des organisations, des entreprises et des particuliers impliqués dans la préservation et le tourisme au Petén ; il fournit des informations par le biais du magazine *Destination Petén* et du Cincap (Centro de Información Sobre la Naturaleza, Cultura y Artesanía de Petén), à Flores.

Arcas (Asociación de Rescate y Conservación de Vida Silvestre ; ☎ 7830-1374 ; www. arcasguatemala.com ; Km 30, Calle Hillary, Lote 6, Casa Villa Conchita, San Lucas Sacatepéquez, Guatemala). ONG travaillant avec des bénévoles pour la protection des tortues de mer et la réhabilitation de la faune du Petén (voir aussi p. 207 et p. 289).

Asociación Ak' Tenamit (www.aktenamit.org). Guatemala Ciudad (hors carte p. 68 ; ☎ 2254 1560 ; 11a Av A 9-39, Zona 2) ; Río Dulce (☎ 7908 3392). ONG maya œuvrant à réduire la pauvreté, à protéger l'environnement et à développer l'écotourisme dans les forêts tropicales de l'est du pays.

Cecon (Centro de Estudios Conservacionistas de la Universidad de San Carlos ; carte p. 68 ; ☎ 2331 0904 ; www.usac.edu.gt/cecon ; Av La Reforma 0-63, Zona 10, Guatemala Ciudad). Gère 6 réserves biologiques (*biotopos*) publiques et une réserve sauvage (*reserva natural*).

Conap (Consejo Nacional de Áreas Protegidas ; carte p. 68 ; ☎ 2238 0000 ; http://conap.online.fr ; Edificio IPM, 5a Av 6-06, Zona 1, Guatemala Ciudad). Organisme gouvernemental chargé des zones protégées.

Fundación Defensores de la Naturaleza (hors carte p. 68 ; ☎ 2310 2900 ; www.defensores. org.gt ; 2a Av 14-08, Zona 14, Guatemala Ciudad). ONG qui possède et administre plusieurs zones protégées.

Green Deal Certifie et promeut des établissements touristiques respectueux de l'environnement, pour la plupart dans le Petén.

Planeta (www.planeta.com/guatemala.html). Se consacre à l'écotourisme au Guatemala.

ProPetén (☎ 7867 5296 ; www.propeten.org ; Calle Central, Flores, Petén). ONG qui travaille à la protection et à la gestion des ressources naturelles dans le Parque Nacional Laguna del Tigre.

Proyecto Ecoquetzal (☎ 7952 1047 ; www.ecoquetzal.org ; 2a Calle 14-36, Zona 1, Cobán, Alta Verapaz). Travaille à la protection de la forêt et au développement de l'écotourisme.

Trópico Verde (carte p. 68 ; ☎ 2339 4225 ; Edificio Casteñeda, Oficina 41, Vía 6 4-25 Zona 4, Guatemala Ciudad). Surveille la mise en œuvre des initiatives dans les réserves, les mangroves et les zones humides du pays.

Pour une bonne introduction aux nombreuses initiatives touristiques locales, cliquez sur le lien "Guatemala" sur le site Internet www.redturs. org (en espagnol et en anglais).

Guatemala Ciudad

La capitale du Guatemala, la plus grande agglomération d'Amérique centrale, s'étend sur une chaîne de monts érodés, entaillés de profondes ravines.

Selon votre interlocuteur, Guate, comme on la surnomme, est une grande ville sale, dangereuse et sans intérêt, ou bien sale, dangereuse et fascinante. Quoi qu'il en soit, il y règne une énergie unique.

Des bus délabrés sillonnent les rues en lâchant leur fumée noire au nez de gros 4x4, des gratte-ciel projettent leur ombre sur les bidonvilles, et les migrants venus des campagnes et d'ailleurs tentent de survivre sous le regard indifférent de la classe dominante.

Guatemala Ciudad est cependant la capitale culturelle du pays. C'est là que vivent et travaillent la plupart des écrivains, penseurs et artistes, et ses musées recèlent les plus belles collections. Si les habitants rêvent de s'échapper à Antigua ou à Monterrico pour le week-end, ils passent la majeure partie de leur temps dans la ville, comme en témoigne la sophistication croissante des bars et des restaurants.

Guate fait des efforts pour se forger une réputation de ville accueillante. Elle organise des événements destinés aux familles le week-end, construit des places et des parcs, modernise les transports en commun et offre tous les services. Nombre de voyageurs évitent cependant la capitale et préfèrent séjourner à Antigua. Vous devrez sans doute y passer quand même quelques jours, car la ville est le carrefour de tous les transports.

À NE PAS MANQUER

- La visite des plus beaux **musées** du pays (p. 67) et du **zoo** (p. 73)
- L'effervescence des bars de la **Zona Viva** (p. 80), dans la Zona 10
- L'animation de la **Zona 1** (p. 67)
- La découverte de la géographie du Guatemala sur la **Mapa en Relieve** (p. 71)
- Un bain de culture à **Cuatro Grados Norte** (p. 72), dans la Zona 4

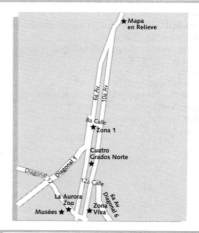

- Population : 1,1 million d'habitants
- Altitude : 1 500 m

HISTOIRE

Kaminaljuyú, l'une des premières grandes cités de la région maya, rayonnait il y a deux millénaires dans ce qui est aujourd'hui l'ouest de Guatemala Ciudad. À l'arrivée des conquistadores espagnols au XVIᵉ siècle, il n'en restait que quelques monticules herbeux. Le site tomba dans l'oubli jusqu'au séisme du 29 juillet 1773 qui détruisit presque entièrement Antigua, la capitale coloniale de l'époque. Les autorités espagnoles décidèrent alors de s'installer dans la vallée de La Ermita, espérant ainsi échapper à un nouveau cataclysme. Le 27 septembre 1775, le roi Charles III d'Espagne signa une charte royale ordonnant la construction de La Nueva Guatemala de la Asunción, la future Guatemala Ciudad.

Toutefois, les pouvoirs coloniaux n'avaient pas installé leur capitale assez loin et les tremblements de terre de 1917, 1918 et 1976 ne l'épargnèrent pas. Le dernier fit près de 23 000 morts, 75 000 blessés et un million de sans-abri.

ORIENTATION

Le centre officiel et cérémoniel de Guatemala Ciudad est le Parque Central, au cœur de la Zona 1, où se regroupent la plupart des bons hôtels économiques et de catégorie moyenne, de nombreuses gares routières et de multiples commerces. De la Zona 1, suivez la 6a ou la 7a Avenida vers le sud pour arriver à la Zona 4. À cheval sur les deux zones, le Centro Cívico (centre civique) comprend plusieurs bâtiments officiels modernes, dont le principal office du tourisme. Secteur mouvementé et encombré, la Zona 4 abrite le quartier commerçant le plus animé et le Terminal de Autobuses, la plus grande gare routière de 2ᵉ classe.

Au sud-est de la Zona 4, la large Avenida La Reforma sépare les Zonas 9 et 10 des quartiers huppés, résidentiels et de bureaux. Hôtels haut de gamme, restaurants et night-clubs élégants, centres commerciaux luxueux sont installés dans la Zona Viva (zone animée), à l'intérieur de la Zona 10.

L'aéroport de la capitale, l'Aeropuerto La Aurora, se situe dans la Zona 13, au sud de la Zona 9 et à 6 km du centre de la Zona 1. Plusieurs musées et le parc zoologique La Aurora se trouvent également dans la Zona 13.

Cartes

La *Mapa Turístico Guatemala* d'Intelimapas, la *Mapa Vial Turístico* d'Inguat et *Guatemala* d'International Travel Maps (p. 323) contiennent de bonnes cartes de Guatemala Ciudad. **Sophos** (voir p. 66) propose un excellent choix de cartes. L'**Instituto Geográfico Nacional** (IGN ; ☎ 2248-8100 ; www.ign.gob.gt ; Av Las Américas 5-76, Zona 13 ; ☾ 9h-17h lun-ven) vend des cartes topographiques de toutes les régions au 1/50 000 et au 1/250 000 (60 Q).

RENSEIGNEMENTS
Accès Internet

La Zona 1 est parsemée de cybercafés bon marché. Ailleurs, les tarifs sont plus élevés. **Café Internet Navigator** (14a Calle, Zona 1 ; 6 Q/h ; ☾ 8h-20h). À l'est de la 6a Av. **Carambolo Café Internet** (14a Calle, Zona 1 ; 6 Q/h ; ☾ 8h30-20h30). À l'est de la 7a Av. **Internet** (Local 5, 6a Av 9-27, Zona 1 ; 6 Q/h ; ☾ 8h-19h)

COMMENT SE REPÉRER

Comme presque toutes les villes guatémaltèques, Guatemala Ciudad est construite en damier. Les *avenidas* courent du nord au sud et les *calles* d'est en ouest. Chacune est numérotée en ordre croissant d'ouest en est et du nord au sud. Les adresses indiquent avec précision l'emplacement d'un bâtiment. Ainsi, 9a Av 15-24 signifie l'immeuble n°24 dans la 9a Av, dans le pâté de maisons situé après la 15a Calle ; 4a Calle 7-3 correspond à l'immeuble n°3 dans la 4a Calle, dans le pâté de maisons après la 7a Av. Les numéros impairs se trouvent du côté gauche et les numéros pairs, du côté droit en allant dans le sens croissant.

De plus, la plupart des villes sont divisées en *zonas* (21 à Guatemala Ciudad). Faites-vous toujours préciser la *zona* car, dans certaines localités, des *avenidas* et des *calles* portent le même numéro dans des *zonas* différentes. D'autres petits détails complètent le système : une rue courte peut comporter le suffixe A, comme la 14a Calle A, qui se trouve entre la 14a Calle et la 15a Calle. Dans quelques petites villes et villages, les gens n'utilisent pas les noms des rues, même s'ils sont inscrits sur des plaques.

Web Station (2a Av 14-63, Zona 10 ; 5 Q/h ; ☺ 10h-24h lun-sam, 12h-24h dim). L'un des moins chers de la Zona Viva.

Agences de voyages

Servisa (☎ 2361-4417 ; agservisa@gmail.com ; Av La Reforma 8-33, Zona 10). Agence efficace.

Viajes Tivoli (☎ 2285-1050 ; www.viajestivoli.com ; Edificio Herrera, 12a Calle 4-55, Zona 1). L'immeuble abrite plusieurs agences de voyages. Comparez les offres.

Argent

Respectez les précautions d'usage aux DAB.

ABM (☎ 2361-5602 ; Plazuela España, Zona 9). Change les euros contre des quetzals.

American Express (☎ 2331-7422 ; Centro Comercial Montufar, 12a Calle 0-93, Zona 9 ; ☺ 8h-17h lun-ven, 8h-12h sam). Dans l'agence de Clark Tours.

Banco Agromercantil (7a Av 9-11, Zona 1 ; ☺ 9h-19h lun-ven, 9h-13h sam). Change les dollars US en espèces (pas de chèques de voyage).

Banco de la República (Aeropurto Internacional La Aurora ; ☺ 6h-20h lun-ven, 6h-18h sam et dim). Services de change et DAB MasterCard. À l'étage des départs de l'aéroport.

Banco Uno (☎ 2366-1861 ; Edificio Unicentro, 18a Calle 5-56, Zona 10). Change les euros en espèces contre des quetzals.

Credomatic (Edificio Testa ; angle 5a Av et 11a Calle, Zona 1 ; ☺ 8h-19h lun-ven, 9h-13h sam). Délivre des espèces sur les cartes Visa ou MasterCard ; apportez votre passeport.

DAB MasterCard (Hotel Stofella, 2a Av 12-28, Zona 10)

DAB Visa Zona 1 (angle 5a Av et 6a Calle), face au Parque Centenario ; Zona 10 (2a Av), au sud de 13a Calle ; Zona 10 (Edificio Unicentro, 18a Calle 5-56) ; Zona 9 (Guatemala Barceló Guatemala, 7a Av 15-45).

Edificio Testa (angle 5a Av et 11a Calle, Zona 1). DAB Visa, MasterCard et American Express.

Lloyds TSB (Edificio Europlaza, 5a Av 5-55, Zona 14). Change les chèques de voyage en euros.

Laverie

Lavandería El Siglo (12a Calle 3-42, Zona 1 ; ☺ 8h-18h lun-sam). Facture 40 Q par machine lavée, séchée et pliée.

Librairies

Sophos (☎ 2419-7070 ; Plaza Fontabella, 4a Av 12-59, Zona 10). Un endroit tranquille pour lire dans la Zona Viva. Bon choix de livres en anglais sur le Guatemala et les Mayas, guides Lonely Planet et cartes.

Vista Hermosa Book Shop (☎ 2369-1003 ; 2a Calle 18-50, Zona 15). Bon choix de livres en anglais, mais loin du centre.

Offices du tourime

Disetur (police touristique ; ☎ 2251-4897 ; angle 17 Calle et 11 Av, Zona 1). Il est conseillé aux voyageurs de contacter leur centre d'appel, Asistur (☎ 1500 appel gratuit, en anglais).

Inguat Centro Cívico (☎ 2421-2854, 2421-2800 ; info@inguat.gob.gt ; 7a Av 1-17, Zona 4 ; ☺ 8h-16h lun-ven), installé dans le hall du siège de l'Inguat (Institut guatémaltèque du tourisme), dans le Centro Cívico, il dispose de peu de documentation, mais le personnel est très serviable ; Aeropuerto La Aurora (☎ 2260-6320 ; ☺ 6h-21h), dans le hall des arrivées ; Mercado de Artesanías (☎ 2475-5915 ; 6a Calle 10-95, Zona 13).

Poste

DHL (☎ 2379-1111 ; www.dhl.com ; 12a Calle 5-12, Zona 10). Coursier international.

Poste principale (Palacio de Correos ; 7a Av 11-67, Zona 1 ; ☺ 8h30-17h lun-ven, 8h30-13h sam). Dans un énorme bâtiment jaune au Palacio de Correos. L'aéroport abrite un petit bureau de poste.

UPS (☎ 2421-6000 ; www.ups.com ; 12a Calle 5-53, Zona 10). Coursier international.

Services médicaux

Guatemala Ciudad compte de nombreux hôpitaux et cliniques privés. Les établissements publics offrent des consultations gratuites, mais il peut y avoir beaucoup de monde ; pour réduire l'attente, présentez-vous avant 7h.

Clínica Cruz Roja (clinique de la Croix-Rouge ; ☎ 2381-6565 ; 3a Calle 8-40, Zona 1 ; ☺ 8h-17h30 lun-ven, 8h-12h sam). Consultations payantes mais bon marché dans cette clinique publique.

Farmacia del Ejecutivo (☎ 2423-7111 ; 7a Av 15-13, Zona 1). Pharmacie publique. Ouverte 24h/24, accepte les cartes Visa et MasterCard.

Hospital Centro Médico (☎ 2361-1649, 2361-1650 ; 6a Av 3-47, Zona 10). Nous recommandons cet hôpital privé dont certains médecins parlent anglais.

Hospital General San Juan de Dios (☎ 2256-1486 ; 1a Av 10-50, Zona 1). L'un des meilleurs hôpitaux publics de la ville.

Hospital Herrera Llerandi (☎ 2384-5959, urgences 2334-5955 ; 6a Av 8-71, Zona 10). Autre bon hôpital privé où des médecins parlent anglais.

Téléphone

On trouve partout des cabines téléphoniques publiques à carte Telgua.

Agence Telefónica (2a Av, Zona 10). Entre les 13a et 14a Calles. Dispose également de nombreuses cabines téléphoniques et vend les cartes correspondantes.

DÉSAGRÉMENTS ET DANGERS

La criminalité, y compris les agressions à main armée, a augmenté ces dernières années. Prenez les précautions d'usage dans toutes les grandes villes : restez sur vos gardes, laissez vos objets de valeur à l'hôtel et ne mettez pas votre portefeuille dans la poche arrière de votre pantalon. Si vous pouvez vous promener tranquillement en début de soirée dans les rues éclairées et fréquentées du centre-ville, ne vous y hasardez pas seul tard dans la nuit. Étudiez votre itinéraire à l'avance afin de ne pas avoir l'air perdu ou de consulter une carte ostensiblement. La proportion des vols augmente au milieu et à la fin du mois, au moment de la paie.

Aux alentours de la 18a Calle dans la Zona 1, les nombreuses gares routières attirent une population de déshérités et de maraudeurs. La moitié des vols de la Zona 1 ont lieu dans ce quartier, haut lieu de la prostitution, notamment à l'intersection des Avenidas 4a, 6a et 9a. Si vous arrivez dans la 18a Calle la nuit, prenez un taxi.

Les quartiers les plus fréquentés de la ville (Zonas 9, 10 et 14 notamment) sont les plus sûrs, bien que les agressions de touristes et la criminalité de rue en général soit en hausse également dans ces quartiers. Le soir, des policiers patrouillent dans la Zona Viva, à l'intérieur de la Zona 10. Mais il vaut mieux circuler à deux et ne jamais tenter de résister face à un voleur.

Si les bas tarifs des bus rouges municipaux sont attrayants, les histoires de vols, de pickpockets et même de fusillades y sont légion et nous recommandons de les éviter. Les nouveaux bus verts TransMetro, comptant un policier à bord à tout moment, constituent une exception. Voir l'encadré p. 86 pour plus de renseignements sur ce service.

Lire aussi l'encadré p. 339 qui propose des conseils aux femmes voyageant seules à bord des bus interurbains.

À VOIR

Les principaux sites se regroupent dans la Zona 1 (le centre historique) et les Zonas 10 et 13 (les musées se concentrent dans ces dernières). Si vous êtes en ville un dimanche, le circuit en solo **SubiBaja** (gratuit ; ☉ 9h-14h) de TransMetro est intéressant. Modernes et climatisés, les bus TransMetro suivent toutes les 20 minutes un circuit de 10 arrêts, incluant le Parque Central, le Centro Cívico, le Zoo (et les musées), la Zona Viva, les Pasos y Pedales, Cuatro Grados Norte et la Mapa en Relieve. Les bus comptent tous un guide bénévole commentant la visite et un policier des transports. C'est un très bon moyen de voir un grand nombre de sites sans se soucier des transports.

Zona 1

Les monuments majeurs entourent le **Parque Central** (officiellement Plaza de la Constitución). Les standards de l'architecture coloniale voulaient que chaque ville du Nouveau Monde possède une vaste *plaza* consacrée aux parades militaires et aux cérémonies. Au nord se dressait généralement le *palacio de gobierno* (siège du gouvernement colonial), à l'est une église (ou une cathédrale) et, sur les autres côtés, des bâtiments officiels ou les imposantes demeures de notables locaux. Le Parque Central constitue un parfait exemple de ce plan.

Toujours animés pendant la journée, le Parque Central et le Parque Centenario, voisins, accueillent parfois réunions politiques et concerts, tandis que cireurs de chaussures et marchands de glaces guettent le chaland.

Au nord du Parque Central, l'imposant **Palacio Nacional de la Cultura** (☎ 2253-0748 ; angle 6a Av et 6a Calle ; 30 Q ; ☉ 9h-11h45 et 14h-16h45 lun-sam), troisième palais construit sur ce site, fut édifié par des bagnards entre 1936 et 1943 sous la dictature du général Jorge Ubico. Si nombre d'entre eux y laissèrent la vie, c'est l'une des plus belles réalisations architecturales du pays, alliant plusieurs styles, de la Renaissance espagnole au néoclassique. Aujourd'hui, la plupart des administrations ont déménagé et le palais, utilisé pour quelques cérémonies, se visite comme un musée.

La visite (possible en anglais) est obligatoirement guidée. Vous découvrirez un labyrinthe de cuivres étincelants, de boiseries patinées, de sculptures en pierre et de voûtes peintes. Au-dessus de l'escalier principal, une fresque d'Alberto Gálvez Suárez retrace avec optimisme l'histoire du Guatemala. Un lustre de 2 tonnes d'or, de bronze et de cristal de Bohême, orne la salle de réception. Dans la salle des banquets, des vitraux dépeignent, avec une délicieuse ironie, les vertus d'un bon gouvernement. Le guide vous conduira ensuite au balcon présidentiel. Dans la cour ouest, le

GUATEMALA CIUDAD

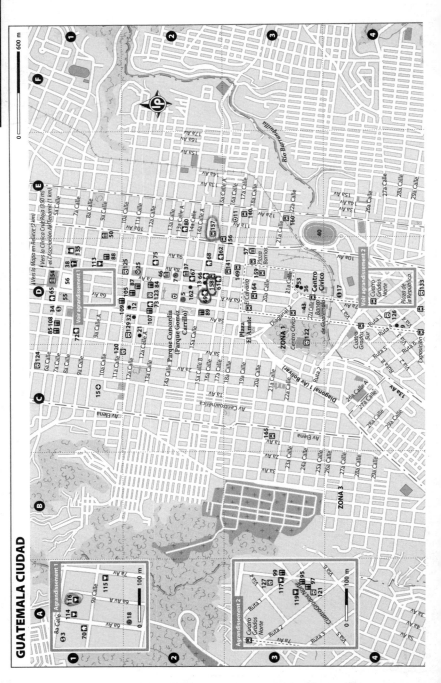

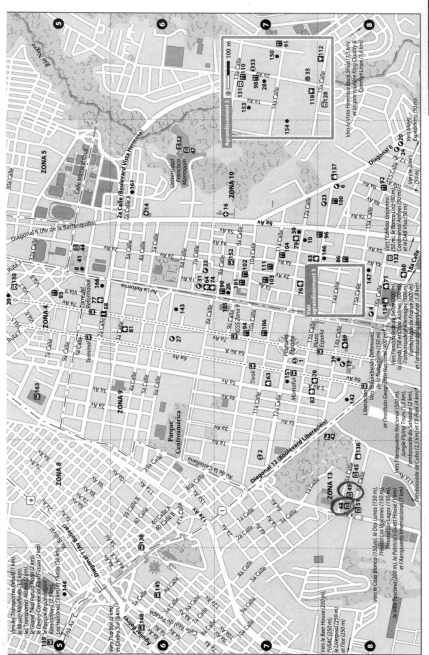

Patio de la Paz, un monument représentant deux mains, se tient à l'endroit où les accords de paix ont été signés en 1996 ; tous les jours à 11h, un garde militaire change la rose déposée entre les mains et lance celle de la veille à une spectatrice.

Au 1er étage du Palacio de Correos, le **Centro Cultural Metropolitano** (7a Av 11-67 ; ☺ 9h-17h lun-ven), un surprenant centre culturel d'avant-garde, accueille des expositions artistiques, des événements littéraires, des ateliers d'artisanat et des projections nocturnes de films.

La **Casa MIMA** (8a Av 14-12 ; ☺ 9h-12h30 et 14h-18h lun-ven, 9h-17h sam), une demeure de la fin des années 1800, abrite un musée superbement agencé et un centre culturel. Collectionneurs aux goûts éclectiques, les propriétaires ont rassemblé des pièces allant du néorococo français à l'artisanat indien, en passant par des objets chinois et Art déco. Aménagé comme une maison habitée, le musée est rempli de curiosités et de meubles de multiples époques.

Certainement l'un des plus curieux musées que l'on puisse voir, le **Museo de Músicos Invisibles** (13a Calle 7-30 ; 20 Q ; ☺ 9h-18h lun-sam) rassemble une collection incroyable d'instruments mécaniques, des premiers Victorola (phonographes) aux orgues de Barbarie en passant par des orchestres complets actionnés à l'air comprimé. La plupart des pièces (datant de 1840 à 1950) fonctionnent toujours. Le guide les mettra en route gratuitement pour vous, sauf les instruments les plus sophistiqués, pour lesquels il faut payer 10 Q par morceau.

Le **Museo de Ferrocarril** (musée du Rail ; www.museodelferrocarrilguatemala.com ; 9a Av 18-03 ; ☺ 9h-12h30 et 12h-16h) compte parmi les musées les plus étonnants de la ville. Il retrace le passé épique des chemins de fer guatemaltèques et présente des pièces insolites, comme des schémas manuscrits de déraillements et une cuisine aménagée avec des ustensiles utilisés dans les wagons-restaurants.

On peut monter dans les voitures de passagers, mais pas sur les locomotives.

Située en face du Parque Central, la **Catedral Metropolitana** (7a Av ; 🕐 6h-12h et 14h-19h) fut érigée entre 1782 et 1815 (les tours furent achevées en 1867) et a survécu aux séismes et aux incendies. Toutefois, le tremblement de terre de 1917 l'a fortement endommagée et celui de 1976, plus encore. Massive et peu ornée, elle manque de charme mais possède une certaine majesté et ses autels méritent le coup d'œil.

➤Le **Mercado Central**, derrière la cathédrale, était l'un des principaux marchés d'alimentation jusqu'à sa destruction lors du séisme de 1976. Reconstruit quelques années plus tard, il se spécialise aujourd'hui dans l'artisanat destiné aux touristes. Le marché d'alimentation se déplie à l'étage inférieur.

➤Le **Museo Nacional de Historia** (☎ 2253-6149 ; 9a Calle 9-70 ; 50 Q ; 🕐 9h-17h30 lun-ven) renferme de nombreuses reliques historiques, notamment des photos et des portraits. Remarquez les coiffures impeccables des généraux et des hommes politiques du XIXᵉ siècle.

Zona 2

Au nord de la Zona 1, la Zona 2 est essentiellement un quartier résidentiel de classe moyenne, mais faites un tour au Parque Minerva pour voir la **Mapa en Relieve** (carte en relief ; www.mapaenrelieve.org ; Av Simeón Cañas Final ; 25 Q ; 🕐 9h-17h), gigantesque carte en plein air du Guatemala au 1/10 000. Pour rendre plus impressionnants les volcans et les montagnes, l'échelle verticale est au 1/2 000. Réalisée en 1905 sous la direction de Francisco Vela, la Mapa a été totalement restaurée et repeinte en 1999, avec le Belize faisant toujours partie du pays ! Des tours d'observation offrent une vue panoramique sur la carte. Pour accéder cet endroit étrange et amusant, prenez le bus n°V-21 en direction du nord dans la 7a Av, au nord ou au sud du Parque Central.

GUAT À MALICE

À bien des égards, Guatemala Ciudad est un endroit très rectiligne : les rues suivent pour la plupart un quadrillage régulier, l'architecture est fonctionnelle et sans originalité, et les habitants se déplacent d'un endroit à l'autre avec une détermination tranquille.

Toutefois la ville recèle quelques coins qui sortent de l'ordinaire. Faites donc un détour par les adresses suivantes :

Torre del Reformador (angle 7a Av et 2a Calle, Zona 9). On est loin de la capitale française, ce qui rend d'autant plus surprenante la présence d'une réplique de la tour Eiffel enjambant une intersection du centre-ville. Baptisée à l'origine "Torre Conmemorativa del 19 de Julio", la tour fut achevée en 1935 pour célébrer le centenaire de la naissance de l'ancien président et réformateur Justo Rufino Barrios.

Museo de Músicos Invisibles (voir p. 70). Musée entièrement dédié aux instruments mécaniques, extrêmement populaires parmi l'élite de Guatemala Ciudad avant l'avènement du MP3.

Mapa en Relieve (voir p. 71). Produite en des temps plus heureux et chargés d'espoir, cette maquette en 3D du relief et des rivières du pays a récemment fêté ses 100 ans.

Zona 4

Fierté de la Zona 4 (entre les Zonas 1 et 5), le **Centro Cívico**, un ensemble d'édifices gouvernementaux et institutionnels, a été édifié dans les années 1950 et 1960. L'un d'eux, siège de l'**Inguat** (Institut guatémaltèque du tourisme ; voir p. 66), abrite le principal office du tourisme de la ville. Le **Palacio de Justicia** (palais de justice ; angle 7a Av et 21a Calle, Zona 1), le **Banco de Guatemala** (7a Av, Zona 1) et la **Municipalidad de Guatemala** (hôtel de ville ; 22a Calle, Zona 1) l'avoisinent. Sur les murs de la banque, des reliefs de Dagoberto Vásquez décrivent l'histoire du pays ; l'hôtel de ville renferme une immense mosaïque de Carlos Mérida, achevée en 1959.

L'**Estadio Nacional Mateo Flores** (10a Av, Zona 5), le stade national, se situe derrière l'Inguat.

Idéale pour une balade, la zone piétonnière de **Cuatro Grados Norte** (Vía 5 entre les Rutas 1 et 3, Zona 4), constituée d'un tronçon interdit à la circulation sur 2 pâtés de maisons, est remplie de restaurants, bars et centres culturels.

Zona 7

Le **Parque Arqueológico Kaminaljuyú** (angle 11a Calle et 24a Av, Zona 7 ; 50 Q ; 🕙8h-16h30), à l'ouest de la 23a Av et à 4 km à l'ouest du centre-ville, abrite les vestiges de l'une des premières grandes cités mayas de la région. À son apogée, de 400 av. J.-C. à 100 environ, l'ancienne Kaminaljuyú comptait des milliers d'habitants une multitude de temples, érigés sur des buttes de terre. Elle dominait probablement la majeure partie des Hautes Terres guatémaltèques. Les immenses sculptures découvertes sur le site annoncent celles de la période classique. Kaminaljuyú fut la première cité maya à posséder une élite de lettrés. Elle tomba en ruine, puis fut de nouveau occupée vers 400 par des envahisseurs venus de Teotihuacán, au centre du Mexique. Ils la rebâtirent dans le style *talud-tablero* de Teotihuacán, avec des bâtiments échelonnés de sections alternativement verticales (*tablero*) et pentues (*talud*). Malheureusement, Kaminaljuyú a été, en grande partie, submergée par l'expansion urbaine ; le parc archéologique ne représente qu'une infime portion de l'ancienne cité et les vestiges se résument souvent à des monticules herbeux. À gauche de l'entrée, dans La Acrópolis, des fouilles ont mis au jour un terrain de jeu de balle et des édifices de style *talud-tablero*, datés de 450 à 550.

À 200 m environ au sud de l'entrée, de l'autre côté de la route, on peut voir deux statues funéraires de la fin de la période préclassique. Très endommagées, ce sont les seules sculptures qui restent du site. Les plus belles ont été transférées au nouveau Museo Nacional de Arqueología y Etnología (p. 73).

Prenez le bus n°35 dans la 4a Av, Zona 1 et vérifiez s'il va jusqu'aux *ruinas de Kaminaljuyú* – ce n'est pas toujours le cas. Un taxi à partir de la Zona 1 revient à 50 Q.

Zona 10

Deux des plus beaux musées du pays sont installés dans de grands bâtiments modernes de l'Universidad Francisco Marroquín, à 1 km à l'est de l'Avenida La Reforma.

Le **Museo Ixchel** (☎ 2331-3739 ; www.museoixchel. org ; 6a Calle Final ; 20 Q ; ⊙ 8h-18h lun-ven, 9h-13h sam) porte le nom de la déesse maya de la Lune, des Femmes, de la Fécondité et des Textiles. Des photos, des costumes et des objets d'artisanat révèlent l'immense richesse des arts traditionnels des Hautes Terres. Accessible aux handicapés, ce musée propose des visites guidées en anglais ou en espagnol. Il comprend une section réservée aux enfants, un café, une boutique et une bibliothèque.

Derrière, le **Museo Popol Vuh** (☎ 2361-2301 ; www.popolvuh.ufm.edu ; 6a Calle Final ; adulte/enfant 20/6 Q ; ⊙ 9h-17h lun-ven, 9h-13h sam) possède une collection bien présentée de figurines préhispaniques, de brûloirs à encens, d'urnes funéraires, de masques en bois sculpté et de textiles traditionnels. D'autres salles contiennent des peintures, des objets en bois doré et en argent datant de l'époque coloniale. Parmi les plus belles pièces, vous pourrez admirer une copie fidèle du codex de Dresde, l'un des trois précieux "livres peints" mayas, ainsi qu'une chatoyante présentation des animaux dans l'art maya.

Dans l'Universidad de San Carlos, un vaste et luxuriant **Jardín Botánico** (jardin botanique ; Calle Mariscal Cruz 1-56 ; 10 Q ; ⊙ 8h-15h30 lun-ven, 8h-12h sam) jouxte la lisière nord de la Zona 10. Le billet d'entrée donne accès au **Museo de Historia Natural** (musée d'Histoire naturelle ; ⊙ 8h-15h30 lun-ven, 8h-12h sam), sur place.

Le dimanche, les **Pasos y Pedales** (⊙ 10h-15h dim) est une belle initiative municipale lors de laquelle l'Avenida de las Americas (Zona 10) et son prolongement, Avenida la Reforma en Zona 13, sont fermées à la circulation sur 3 km et envahies par des jongleurs, clowns, rolleurs, maîtres avec leurs chiens, étals de nourriture, cours de taï-chi, skate parcs et jeux pour les enfants. Idéal pour une promenade (on peut louer des vélos ou des rollers en ligne dans la rue), cela permet en outre de découvrir un aspect décontracté et sociable de la ville, bien rare par ailleurs.

Zona 11
Malencontreusement coincé entre deux galeries marchandes à quelques kilomètres de la ville, le **Museo Miraflores** (☎ 2470 3415 ; www. museomiraflores.org ; 7a Calle 21-55, Zona 11 ; 40 Q ; ⊙ 9h-19h mar-dim) est un excellent musée moderne. Le rez-de-chaussée présente des objets

découverts à Kaminaljuyú (voir ci-contre) et de superbes cartes des routes commerciales montrent l'importance du site.

À l'étage, des collections de textiles et de vêtements indiens provenant de tout le pays sont réparties par région, avec des explications en espagnol et en anglais. Après la visite, on peut se promener et se reposer dans le parc verdoyant à l'arrière. Dans le centre, prenez n'importe quel bus qui dessert le Centro Comercial Tikal Futura et descendez à cet arrêt. Le musée se trouve à 250 m, dans la rue qui sépare ce centre commercial de celui de Miraflores.

Zona 13
Aux confins sud de la ville, les sites d'intérêt se regroupent le long de la 5a Calle, dans le quartier de Finca Aurora, au nord-ouest de l'aéroport. Profitez du détour pour visiter le **Mercado de Artesanías** (marché d'artisanat ; ☎ 2472 0208 ; angle 5a Calle et 11a Av ; ⊙ 9h30-18h).

Le **zoo La Aurora** (☎ 2472-0894 ; www.aurorazoo.org. gt ; 5a Calle ; adulte/enfant 20/10 Q ; ⊙ 9h-17h mar-dim), plutôt bien tenu, occupe un beau parc qui justifie à lui seul le prix du billet.

Pratiquement en face, le **Museo de los Niños** (musée des Enfants ; ☎ 2475-5076 ; www.museodelosninos. com.gt ; 5a Calle 10-00 ; 35 Q ; ⊙ 8h-12h et 13h-17h mar-jeu, 8h-12h et 14h-18h ven, 10h-13h30 et 14h30-18h sam-dim), où l'on peut interagir avec les objets exposés – de la carte-puzzle géante du Guatemala à un simulateur de tremblement de terre en passant par un espace dédié à des jeux de balle originaux –, ravira à coup sûr les enfants.

Le **Museo Nacional de Arqueología y Etnología** (musée national d'Archéologie et d'Ethnologie ; ☎ 2475-4399 ; www.munae.gob.gt ; Sala 5, Finca La Aurora ; 60 Q ; ⊙ 9h-16h mar-ven, 9h-12h et 13h30-16h sam-dim) renferme la plus grande collection d'anciens objets mayas, mais les explications sont trop succinctes. Parmi les nombreuses sculptures de pierre monumentales figurent des stèles de la période classique provenant de Tikal, d'Uaxactún et de Piedras Negras, un magnifique trône de Piedras Negras et des représentations d'animaux de la période préclassique de Kaminaljuyú. Ne manquez pas les rares linteaux en bois des temples de Tikal et d'El Zotz, et la salle des superbes colliers et masques de jade. La maquette à grande échelle de Tikal mérite le coup d'œil. La section d'ethnologie présente des expositions sur les langues, les costumes, les danses, les masques et l'habitat des peuples indiens du Guatemala.

EXCURSIONS D'UNE JOURNÉE

Après avoir épuisé les charmes de Guatemala Ciudad, vous pourrez faire de nombreuses et plaisantes excursions d'une journée dans les alentours.

- Charmante ville coloniale, **Antigua** (p. 88) est à une courte distance en bus. Une excursion simple d'une journée au départ de la capitale.

- Très pollué et boudé pendant des années, le **Lago de Amatitlán** (p. 211) fait son retour grâce à l'action des communautés. Tout proche, le **Parque Nacional Naciones Unidos** (carte p. 192 ; Km 21,5, Carretera Antigua a Amatitlán ; 50 Q ; ☺ 8h-16h), réserve de 373 ha, propose une vue imprenable sur le lac et le volcan, de bon sentiers de randonnée, des parcours sur la canopée, des vélos de location et des reproductions des monuments et bâtiments célèbres du Guatemala. Deux endroits bienvenus pour changer de l'air de Guate.

- Grimper au sommet du **Volcán Pacaya** (p. 98), visible de la capitale, permet d'observer les jets de lave parmi les émanations de soufre.

- Sur les flancs du Pacaya, une réserve privée, le **Parque Natural Canopy Calderas** (☎ 5538 5531 ; 150 Q ; ☺ 7h-19h), protège un lac et une étendue de forêt tropicale. On peut s'y promener à cheval, pratiquer la tyrolienne, le rappel ou simplement profiter du cadre reposant.

- **Mixco Viejo** (p. 216), l'ancienne capitale des Mayas poqomam, se situe dans un spectaculaire cadre montagneux.

- En partant tôt, il est possible de rejoindre les ruines de l'ancienne capitale des Cakchiquel à **Iximché** (p. 120), à quelques heures de bus.

- Au nord de la ville, la mignonne petite cité de **San Juan Sacatepéquez** (carte p. 74), spécialisée dans la culture des fleurs, constitue une destination intéressante, de préférence le vendredi, lorsque le marché bat son plein.

À côté, le **Museo Nacional de Arte Moderno** (musée national d'Art moderne ; ☎ 2472-0467 ; Sala 6, Finca La Aurora ; 50 Q ; ☺ 9h-16h mar-ven, 9h-12h et 13h30-16h sam-dim) contient une collection d'art guatémaltèque du XXᵉ siècle, dont des œuvres d'artistes connus comme Carlos Mérida, Carlos Valente et Humberto Gavarito. Derrière le musée d'Archéologie, le **Museo Nacional de Historia Natural Jorge Ibarra** (☎ 2472-0468 ; 6a Calle 7-30 ; 50 Q ; ☺ 9h-16h mar-ven, 9h-12h et 14h-16h sam-dim) est réputé pour sa grande collection d'animaux disséqués.

À une dizaine de minutes en voiture au sud de l'aéroport, **X-Park** (☎ 2380-2080 ; www.xpark.net ; Av Hincapié Km 11,5 ; 15 Q ; ☺ 11h-19h mar-ven, 10h-21h sam, 10h-19h dim) est un parc d'"aventures sportives". Bloc et mur d'escalade, "reverse bungee" (catapulte), rodéo mécanique, parcours de cordes, tyroliennes et une aire de jeu fantastique pour les enfants, chaque attraction (appelée "défi") coûte entre 15 et 45 Q. La cafétéria propose quelques en-cas. Comptez 30 Q environ pour venir en taxi depuis la Zona 10.

AVEC DES ENFANTS

La capitale possède suffisamment d'attractions pour occuper les enfants. Le Museo de los Niños (p. 73) et le zoo La Aurora (p. 73), qui se font face dans la Zona 13, arrivent en tête de liste. Non loin, le Museo Nacional de Historia Natural Jorge Ibarra (ci-contre) constitue une véritable leçon d'anatomie animalière. Les petits devraient trouver leur bonheur parmi les restaurants des centres commerciaux **Centro Comercial Los Próceres** (www.proceres.com ; 16a Calle, Zona 10) ou **Oakland Mall** (www.oaklandmall.com.gt ; Diagonal 6 13-01, Zona 10), où les grands apprécieront la climatisation et pourront faire leurs courses. À l'Oakland Mall, le restaurant **Nais** (plats 40-120 Q ; ☺ petit-déj, déj et dîner) remporte un franc succès auprès des enfants grâce à son gigantesque aquarium plein de poissons tropicaux – un plongeur vient régulièrement le nettoyer et en nourrir les habitants.

Le dimanche, petits et grands profiteront de l'ambiance détendue et des nombreux divertissements proposés aux Pasos y Pedales (voir p. 73).

À tout âge, les enfants apprécient la **Mapa en Relieve** (p. 71) et les équipements du parc adjacent.

CIRCUITS ORGANISÉS

Clark Tours (☎ 2412-4700 ; www.clarktours.com.gt ;
7a Av 14-76, Zona 9 ; visite du matin 237 Q/pers, visite privée
de la journée à partir de 1 140 Q/pers). Tour-opérateur établi
de longue date, il propose des visites de la ville, le matin
ou toute la journée. Celle du matin (lun-mer, sam-dim)
comprend le Palacio Nacional de la Cultura, la cathédrale et
le Centro Cívico. Celle d'une journée inclut en plus les musées
Ixchel et Popol Vuh. Clark Tours possède des succursales
dans la **Zona 10** (☎ 2363-3920 ; angle 14a Av et Av La
Reforma), au Westin Camino Real, et dans la **Zona 9**
(☎ 2362-9716), à l'intérieur du Barceló Guatemala.

Maya Expeditions (☎ 2363-4955 ; www.
mayaexpeditions.com ; 15a Calle A 14-07, Zona 10).
Prestataire réputé pour le tourisme d'aventure. Propose du
rafting et des treks, mais aussi des circuits archéologiques,
des expéditions d'observation de la faune et de multiples
excursions, pour la plupart dans l'Alta Verapaz et le Petén.

OÙ SE LOGER

Les hôtels bon marché et la plupart de ceux
de catégorie moyenne se regroupent dans la
Zona 1. Près de l'aéroport, quelques pensions
sont pratiques pour une arrivée tardive ou
un départ à l'aube. Les hôtels de catégorie
supérieure se concentrent principalement
dans la Zona 10.

Zona 1
PETITS BUDGETS

Nombre des hôtels de cette catégorie sont
installés dans le quartier qui s'étend entre les
6a et 9a Avenidas et les 4a et 17a Calles, à 10
ou 15 minutes de marche du Parque Central
en direction du sud. Pensez au bruit de la rue
en choisissant votre chambre.

Hotel Fenix (☎ 2251-6625 ; 15a Calle 6-56 ; s/d
70/100 Q). Un classique de cette catégorie, l'hôtel
a déménagé non loin de son ancien emplacement dans un bâtiment plus sympathique.
Toujours une très bonne adresse.

Hotel Ajau (☎ 2232-0488 ; hotelajau@hotmail.com ;
8a Av 15-62 ; s/d 150/190 Q, sans sdb 70/110 Q ; P 🖳).
Pratique pour ceux qui vont à Cobán ou qui
en viennent, l'Ajau jouxte la gare routière de
Monja Blanca. C'est aussi une bonne adresse,
avec ses beaux sols carrelés et ses chambres
propres et fraîches.

Hotel Capri (☎ 2232-8191 ; 9a Av 15-63 ; s/d 120/170 Q,
sans sdb 80/120 Q ; P). Correctement situé, cet
hôtel moderne de 4 étages propose des
chambres calmes, en retrait de la rue. Elles
restent claires et ensoleillées grâce à de grandes
fenêtres donnant sur les patios et à des puits
de lumière.

Chalet Suizo (☎ 2251-3786 ; chaletsuizo@gmail.com ;
7a Av 14-34 ; s/d 150/200 Q, sans sdb 100/150 Q ; P). L'une
des meilleures adresses de cette catégorie,
avec des chambres vastes et simples dans un
bâtiment moderne. Préférez celles du fond
pour éviter le bruit de la rue.

Hotel Spring (☎ 2230-2858 ; www.hotelspring.com ;
8a Av 12-65 ; à partir de 180/260 Q, sans sdb 110/140 Q ;
P 🖳). Joliment aménagé autour de patios
ensoleillés et paisibles, le Spring a beaucoup
plus de cachet que d'autres établissements de la
Zona 1. Ses 43 chambres sont différentes, mais
la plupart sont spacieuses, propres et hautes
de plafond. Mieux vaut en visiter plusieurs.
Toutes sont équipées d'une TV câblée, et
certaines des plus chères sont accessibles en
fauteuil roulant. Une *cafetería* sert des repas
de 6h30 à 13h30. Réservation conseillée.

CATÉGORIE MOYENNE

Hotel Clariss (☎ 2232-1113 ; 8a Av 15-14 ; s/d 170/220 Q,
sans sdb 130/175 Q ; P 🖳). Cet hôtel accueillant,
proche de la gare routière de Cobán, occupe
un bâtiment moderne et compte des chambres
de tailles diverses. Celles en façade sont plus
claires et plus aérées, mais plus bruyantes.

Hotel Colonial (☎ 2232-6722 ; www.hotelcolonial.net ;
7a Av 14-19 ; s/d 170/250 Q, sans sdb 130/190 Q ; P 🖳). De
vastes parties communes agrémentent cette
grande demeure ancienne transformée en
hôtel et décorée dans un style colonial massif
et sombre. Très bien tenu, l'établissement
dispose de 42 chambres de belle taille, propres
et bien équipées, presque toutes avec sdb
et TV.

Hotel Centenario (☎ 2338-0381 ; centenario@itelgua.
com ; 6a Calle 5-33 ; s/d 165/225 Q). Bien qu'un peu
défraîchi, le Centenario, donnant sur le parc,
se révèle d'un assez bon rapport qualité/prix
avec ses chambres rudimentaires, dotées d'une
TV et d'une douche (eau chaude).

Hotel Excel (☎ 2253-0140 ; hotelexcel@hotmail.
com ; 9a Av 15-12 ; s/d 170/210 Q ; P 🖳). Un hôtel
moderne de style motel, sans cachet, aux
chambres impeccables et aux douches chaudes
performantes.

Hotel Quality Service (☎ 2251-8005 ; www.quali-
tyguate.com ; 8a Calle 3-18 ; s/d 170/230 Q ; P 🖳 📶). Une
plaisante ambiance surannée contrebalance
l'équipement plutôt moderne des chambres.
Petit-déjeuner compris. La meilleure adresse
près du parc.

❂ Posada Belen (☎ 2232-9226 ; www.posadabelen.
com ; 13a Calle A 10-20 ; s/d 360/400 Q ; 🖳 📶). Cet hôtel
de charme des plus stylés loue 10 chambres

seulement, disposées autour de deux patios luxuriants et équipées de meubles traditionnels (*típicos*). Bon restaurant sur place.

CATÉGORIE SUPÉRIEURE

Hotel Royal Palace (☎ 2416-4400 ; www.hotelroyalpalace. com ; 6a Av 12-66 ; s/d 330/520 Q ; (P) 🍴 🖳 👤). Îlot de raffinement et de confort au milieu du tohu-bohu de la 6a Av, ce grand bâtiment reconstruit dans un style moderne est décoré de boiseries et de beaux carrelages. Il offre de grandes chambres, d'une propreté irréprochable et accessibles aux fauteuils roulants. Celles en façade disposent d'un balcon donnant sur la rue – un spectacle fascinant et bruyant. Restaurant, bar, salle de gymnastique, sauna, et transferts gratuits depuis/vers l'aéroport.

Hotel Pan American (☎ 2232-6807 ; www. hotelpanamerican.com.gt ; 9a Calle 5-63 ; s/d 360/420 Q ; (P) 🖳). Hôtel de luxe de la capitale avant la Seconde Guerre mondiale, il compte parmi les rares établissements de la ville à posséder un attrait historique. Des plantes agrémentent le salon Art déco et un restaurant est installé sur place. Les chambres, spacieuses et simples, possèdent souvent trois lits ou plus et une grande baignoire équipe les belles sdb modernes. Évitez les chambres donnant sur la rue bruyante.

Zona 9
PETITS BUDGETS

Hotel Carrillon (☎ 2332-4267 ; hcarrillon@guate.net.gt ; 5a Av 11-25 ; s/d 190/230 Q ; (P)). Dans un secteur sans grand intérêt de la Zona 9 mais à distance raisonnable de l'animation de la Zona 10, cet hôtel correct loue de petites chambres lambrissées. Certaines sont mal aérées, demandez à en voir plusieurs.

CATÉGORIE MOYENNE

Tivoli Travel Lodge (☎ 5510-0032 ; 5a Av A 13-42 ; s/d 290/375 Q). En face du Mi Casa, le Tivoli propose des chambres plus simples et meilleur marché.

Hotel Villa Española (☎ 2339-0190 ; www.hotelvillaespanola.com ; 2a Calle 7-51 ; s/d 370/410 Q ; (P) 🍴 🛜). L'un des rares établissements du quartier de style colonial. L'hôtel donne sur une rue animée, mais les chambres sont en retrait et donc peu bruyantes. Bon restaurant sur place.

Mi Casa (☎ 2332-1364 ; www.hotelmicasa.com ; 5a Av A 13-51 ; s/d 375/460 Q ; (P) 🖳). Dans une maison familiale située dans une rue calme,

ces grandes chambres ensoleillées comportent une sdb, du lino au sol, des tableaux acryliques, un ventilateur et des lampes de chevet. Le petit-déjeuner, compris dans le prix, est servi dans un patio verdoyant à l'arrière. Téléphonez pour que l'on vienne vous chercher à l'aéroport.

Residencia del Sol (☎ 2360-4823 ; www.residenciadelsol.com ; 3a Calle 6-42 ; s/d 380/420 Q ; (P) 🍴 🖳). Les jolies chambres spacieuses compensent l'emplacement peu central. Pas de Wi-Fi, mais Internet est disponible par câble dans les chambres. Pour 80 Q supplémentaires, vous aurez du parquet et un balcon.

CATÉGORIE SUPÉRIEURE

Barceló Guatemala (☎ 2378-4031 ; www.barceloguatemalacity.com ; 7a Av 15-45 ; s/d à partir de 700/770 Q ; (P) 🍴 🖳 🛜 📺). Cet immense établissement standard de la chaîne espagnole Barceló offre un intérêt limité.

Zona 10
PETITS BUDGETS

Xamanek Inn (☎ 2360-8345 ; www.mayaworld.net ; 13a Calle 3-57 ; dort/d 120/280 Q ; 🖳 🛜). Bienvenue dans le quartier de la Zona Viva, souvent trop cher. Cette petite auberge de jeunesse confortable comporte des dortoirs aérés et spacieux (hommes et femmes séparés) et quelques très bonnes chambres doubles. Petit-déjeuner léger et accès Internet inclus. Une cuisine est à disposition, ainsi qu'un système d'échange de livres et un adorable jardin à l'arrière. Les environs comptent quelques discothèques, bruyantes le soir – en particulier le week-end.

CATÉGORIE MOYENNE

Eco Hotel los Próceres (☎ 2337-3250 ; www.posadadelosproceres.com ; 18a Calle 3-03 ; s/d 320/400 Q ; (P) 🍴). Bien qu'un peu exiguës, ces chambres très propres, décorées avec goût et dotées d'une sdb moderne (avec baignoire !), offrent un très bon rapport qualité/prix. On vient vous chercher à l'aéroport gratuitement.

Hotel Posada de los Próceres (☎ 2385-4302 ; www.posadadelosproceres.com ; 16a Calle 2-40 ; s/d 320/400 Q ; (P) 🍴 🖳 🛜). À la lisière de la Zona Viva, cet hôtel propose 20 grandes chambres un peu défraîchies, mais joliment décorées, avec belle sdb carrelée, téléphone, TV câblée, mobilier en bois et miniréfrigérateur. On vient vous prendre gratuitement à l'aéroport.

CATÉGORIE SUPÉRIEURE

Hotel Casa Grande (☎ 2332-0914 ; www.casagrande-gua. com ; Av La Reforma 7-67 ; s/d 540/625 Q ; P X 🖳). À quelques pas de l'ambassade des États-Unis, cet hôtel raffiné accueille surtout une clientèle d'affaires. Plusieurs patios et une cheminée dans le salon renforcent la sensation de confort.

Hotel San Carlos (☎ 2332-6055 ; www.hsancarlos. com ; Av La Reforma 7-89 ; s/d 660/750 Q, app à partir de 1 250 Q ; P 🖳 �? 🐕). Malgré la surabondance de meubles baroques, cet hôtel calme, bien en retrait de la rue passante, reste une excellente adresse, avec ses chambres et ses appartements spacieux, bien équipés et confortables. Petit-déjeuner et accueil à l'aéroport compris.

Hotel Stofella (☎ 2410-8600 ; www.stofella.com ; 2a Av 12-28 ; s/d 750/800 Q ; P X 🖳). Installé dans la Zona Viva, ce plaisant établissement de taille moyenne fait partie de la chaîne Best Western. Il loue des chambres de qualité, avec clim, coffre-fort, téléphone, à des prix raisonnables. Petit-déjeuner compris.

🔾 Otelito (☎ 2339-1811 ; www.otelito.com ; 12a Calle 4-51 ; s/d 900/1 000 Q ; P X 🖳 �?). Bambous, éclairages tamisés et acier poli soulignent l'ambiance zen de cet hôtel. Les vastes chambres minimalistes sont équipées d'une sdb moderne avec grande douche vitrée. Un café-restaurant est installé dans le jardin en façade. Réservation indispensable.

Zona 11

Grand Tikal Futura Hotel (☎ 2410 0800 ; www.grandtikal-futura.com.gt ; Calzada Roosevelt 22-43 ; ch à partir de 880 Q ; P X 🖳 �? 🐕). L'imposante architecture de verre s'inspire des concepts grandioses de l'ancienne cité de Tikal. Les 205 chambres et suites somptueuses bénéficient d'une vue magnifique et disposent d'un coffre. Les étages inférieurs du complexe abritent un immense centre commercial, 10 cinémas et un bowling. Le Grand Tikal se situe à l'ouest de la ville, sur la route d'Antigua, à 3 km de la Zona 1, de la Zona 10 ou de l'aéroport.

Zona 13

Dans un quartier résidentiel de la Zona 13, 4 pensions correctes sont très pratiques pour passer la nuit près de l'aéroport. Leurs tarifs incluent le petit-déjeuner et le transfert depuis/vers l'aéroport (appelez lors de votre arrivée). Le quartier ne compte pas de restaurants, mais les propriétaires vous indiqueront des fast-foods qui livrent à domicile.

PETITS BUDGETS

Patricia's Guest House (☎ 2261-4251 ; www.patricias-hotel.com ; 19 Calle 10-65 ; s/d 130/260 Q, sans sdb 115/230 Q ; P 🖳 �?). Particulièrement détendue et confortable, cette maison familiale comporte un charmant patio à l'arrière. Les hôtes proposent un transport privé pour le centre-ville et des navettes vers les gares routières.

Hostal Los Volcanes (☎ 2261-3040 ; www.hostallos-volcanes.com ; 16a Calle 8-00 ; dort 125 Q, s/d 240/330 S, sans sdb 160/240 Q ; P 🖳). Un établissement douillet, avec d'impeccables sdb communes et quelques chambres correctes avec sdb. Les meubles et les tissages typiques ajoutent au charme de l'endroit.

CATÉGORIE MOYENNE

Hostal Los Lagos (☎ 2261-2809 ; www.loslagoshostal. com ; 8a Av 15-85 ; dort 160 Q, s/d 250/500 Q ; P 🖳). Voici l'adresse qui s'apparente le plus à une auberge jeunesse dans les environs de l'aéroport, avec ses grands dortoirs aérés, mais aussi quelques chambres correctes d'un bon rapport qualité/prix. L'endroit est très confortable, avec de vastes espaces communs, intérieurs et extérieurs.

Casa Blanca (☎ 2261-3116 ; www.hotelcasablancainn. com ; 15a Calle C 7-35 ; s/d 300/400 Q ; P 🖳 �?). Cet hôtel de style moderne, quoiqu'un peu nu, propose des chambres spacieuses aux lits immenses. Le bar-restaurant du rez-de-chaussée est un plus.

CATÉGORIE SUPÉRIEURE

Villa Toscana (☎ 2261-2854 ; www.hostalvillatoscana.com ; 16a Calle 8-20 ; s/d 350/460 Q ; P 🖳 �?). Figurant parmi la nouvelle génération des hôtels d'aéroports, cet établissement dispose de grandes chambres confortables, d'une ambiance calme, d'un restaurant et d'une charmante arrière-cour.

OÙ SE RESTAURER

Les restaurants bon marché abondent dans la Zona 1, alors que les établissements raffinés se trouvent plutôt dans la Zona 10.

Zona 1
PETITS BUDGETS

Des dizaines de restaurants et de fast-foods jalonnent la 6a Av et ses alentours, entre les 8a et 15a Calles. Les fast-foods, présents dans tout le centre-ville, ouvrent habituellement de 7h à 22h. Pollo Campero, une chaîne guatémaltèque (voir p. 54), propose poulet, frites, soda et pain pour 45 Q environ.

Restaurante Rey Sol (11a Calle 5-51 ; plats 20-30 Q ; 8h-17h lun-sam ; V). Un restaurant très fréquenté à midi pour ses bons plats frais et inventifs, uniquement végétariens.

Café-Restaurante Hamburgo (15a Calle 5-34 ; menu 30-50 Q ; 7h-21h30). Adresse prisée face au Parque Concordia (côté sud), où l'on déguste une bonne cuisine guatémaltèque, en observant les chefs et le ballet des serveuses en tablier orange. Groupe de marimba le week-end.

Restaurante Long Wah (6a Calle 3-70 ; plats 40-60 Q ; 11h-22h). Avec son service sympathique et son joli décor rouge, le Long Wah constitue un bon choix parmi les restaurants chinois regroupés à l'ouest du Parque Centenario.

Bar-Restaurante Europa (Local 201, Edificio Testa, angle 5a Av et 11a Calle ; plats 40-60 Q ; 8h-20h30 lun-sam).

Confortable et détendu, ce bar-restaurant de 11 tables séduit autant les habitants que les étrangers. Outre un copieux petit-déjeuner (œufs, galettes de pommes de terre, bacon et toasts), la carte comporte des plats alléchants, comme le délicieux poulet cordon-bleu. Une TV câblée est installée dans le bar, ouvert jusqu'à minuit.

Picadily (angle 6 Av et 11a Calle ; plats 40-80 Q ; déj et dîner). Au cœur de l'animation de la 6a Av, ce restaurant propre et animé sert des pizzas et des pâtes correctes, ainsi que de bonnes grillades. Les grandes baies vitrées permettent de profiter du spectacle de la rue.

La mode des cafés commençant à toucher la Zona 1, on trouve çà et là de sympathiques petits établissements, où l'on peut commander un bon café, des sandwichs et des en-cas.

GUATE GOURMET

La notion de "dîner gastronomique" est toute relative au Guatemala. La plupart des restaurants chics se contentent d'améliorer des plats de base par une plus belle présentation et des ingrédients plus frais. Toutefois, la capitale compte une petite élite gastronomique dont les chefs expérimentent et s'essayent à la cuisine fusion. Les restaurants ci-dessous proposent une cuisine internationale, à des prix plus ou moins guatémaltèques.

Pecorino (☎ 2360-3035 ; 11a Calle 3-36, Zona 10 ; plats 60-120 Q ; déj et dîner lun-sam, déj dim). Considéré comme le meilleur restaurant italien de Guate, servant un large choix d'antipasti, pizzas, pâtes, viande et fruits de mer dans un magnifique patio. La carte des vins est tout aussi impressionnante, avec des bouteilles du monde entier à partir de 160 Q environ.

Camille (☎ 2368-0048 ; 9a Av 15-27, Zona 10 ; plats 100-150 Q ; dîner lun-ven). La salle à manger est à l'image du menu, simple et élégante. Les entrées sont plus originales que les plats, essentiellement axés sur les fruits de mer. Essayez les encornets panés aux amandes et au beurre ou les plats de bœuf, simples et bien préparés. Gardez de la place pour le dessert et, si vous êtes convaincu, renseignez-vous sur les cours de cuisine, très cotés.

Casa Yurrita (☎ 2360-1615 ; Ruta 6 8-52, Zona 4 ; plats 120-200 Q ; déj et dîner mar-sam). Installé dans une splendide maison au style baroque et aux magnifiques parquets, c'est le restaurant le plus chic de la ville. Les plats, peu nombreux, sont essentiellement d'inspiration française (escargots, pâté au champagne, etc.). Les seuls ingrédients "régionaux" sont le *jamaica* (hibiscus) et le rhum Zapaca (tous deux utilisés dans la sauce des plats de canard). La carte des vins est étonnamment réduite et l'ambiance guindée.

Tamarindos (☎ 2360-2815 ; www.tamarindos.com.gt ; 11a Calle 2-19 ; plats 110-180 Q ; déj et dîner lun-sam). Élégant et délicieux restaurant asiatique et italien, à la mode guatémaltèque. Large choix de salades et quelques savoureux plats d'inspiration japonaise et thaïe. Les "fettucine al Carciofi" contiennent des ingrédients rares (pour le pays) comme les artichauts et le *prosciutto* (jambon), et les crevettes au riz gluant et sauce au calamondin offrent un subtil mélange de saveurs. Service rapide et aimable dans un cadre raffiné.

Jake's (☎ 2368-0351 ; www.grupoculinario.com/jakes ; 17 Calle 10-40, Zona 10 ; plats 120-270 Q ; déj et dîner lun-sam, déj dim). Avec son armada de serveurs affairés en veste blanche, voilà le restaurant le plus guindé de cette liste. Le menu s'articule principalement autour du bœuf importé des États-Unis, la spécialité de la maison (250 à 350 Q), et du "hamburger à 500 $" (seulement 160 Q), mais comporte également un choix correct de pâtes, poulet, crevettes et poisson. Les saveurs marient des influences mexicaine, asiatique, italienne et "internationale". La carte des vins, très sélecte, comporte un merlot blanc de l'unique vigneron guatémaltèque, le Château De Fay (60 Q le verre).

Café Leon (8a Av 9-15 ; ☺ 8h-18h lun-sam). Très apprécié pour son charme et les belles photos anciennes de la ville accrochées aux murs. Autre établissement de l'enseigne au 12a Calle 6-23.

Bar Céntrico (7a Av 12-32 ; ☺ 8h-19h lun-sam). Petit café-bar branché avec sofas moelleux à l'extérieur.

Café de Imeri (6a Calle 3-34 ; plats 27-40 Q ; ☺ 8h-19h mar-sam). Bons petits-déjeuners, soupes et pâtes. Carte des sandwichs interminable et jolie courette à l'arrière.

CATÉGORIES MOYENNE ET SUPÉRIEURE

Hotel Pan American (☎ 2232-6807 ; 9a Calle 5-63 ; petit-déj 40-80 Q, plats 60-120 Q ; ☺ petit-déj, déj et dîner). Le restaurant de ce vénérable hôtel (voir p. 76) ne manque pas d'ambiance avec ses serveurs stylés en costume maya traditionnel. La cuisine, guatémaltèque, italienne et américaine, est un peu chère, mais de qualité.

Restaurante Altuna (☎ 2232-0669 ; 5a Av 12-31 ; plats 80-150 Q ; ☺ déj et dîner mar-sam, déj dim). Spacieuse et chic, cette adresse à l'atmosphère de club privé possède plusieurs salles donnant sur un patio. Spécialisée dans la cuisine espagnole et les produits de la mer. Service à la fois professionnel et chaleureux.

Zona 4

Cuatro Grados Norte, dans la Vía 5 entre les Rutas 1 et 3, est une zone piétonne s'étendant sur deux pâtés de maisons et regroupant des restaurants et des cafés avec terrasse à la clientèle détendue. Inauguré en 2002, cet endroit unique à Guatemala Ciudad est idéalement situé près de l'office du tourisme principal de l'Inguat. Malheureusement, la montée en flèche des loyers a eu raison de plusieurs établissements, mais le quartier reste animé le soir, surtout le week-end.

La Esquina Cubana (angle Vía 5 et Ruta 1, Cuatro Grados Norte ; plats 30-60 Q ; ☺ déj et dîner mar-dim). Pour goûter une authentique cuisine cubaine, arrosée de quelque délicieux mojitos, rendez-vous à cette petite adresse décontractée, derrière le parking.

Del Paseo (Vía 5 1-81, Cuatro Grados Norte ; plats 50-100 Q ; ☺ déj et dîner mar-dim). Ce grand bistrot bohème de style méditerranéen est l'un des plus fréquentés du quartier. Sur fond de jazz, vous pourrez savourer du poulet rôti avec des fruits tropicaux et de la noix de coco râpée, ou un feuilleté aux épinards et à la ricotta. Comptez 30 Q pour un verre de vin. Des groupes se produisent parfois, notamment le jeudi à partir de 21h.

Kabala (Vía 5, Cuatro Grados Norte ; plats 60-120 Q ; ☺ déj et dîner mar-dim). La meilleure cuisine japonaise – dont on ne voit pas très bien ce qu'elle a de "fusion"– des environs est servie dans ce restaurant. Bar à cocktails en soirée.

Zona 9

Celeste Imperio (angle 7a Av et 10a Calle ; plats 50-100 Q ; ☺ déj et dîner). Si les restaurants chinois sont légion en ville, celui-ci fait l'unanimité des habitants. Tous les grands classiques, plus quelques spécialités originales, comme le pigeon au four (80 Q).

Puerto Barrios (☎ 2334-1302 ; 7a Av 10-65 ; plats 80-160 Q ; ☺ déj et dîner). Spécialisé dans les plats de poisson et de crevettes, le Puerto Barrios sacrifie au décor nautique : tableaux de boucaniers, fenêtres en forme de hublots, grosse boussole à l'entrée. Pour le trouver, repérez le grand bateau de pirates !

Zona 10
PETITS BUDGETS

En face du centre commercial Los Próceres, quelques *comedores* sans nom servent une cuisine simple, roborative et bon marché.

Cafetería Patsy (Av La Reforma 8-01 ; menu déj 25 Q ; ☺ 7h30-20h). Appréciée des employés du quartier, cette cafétéria lumineuse et accueillante propose des sandwichs et des menus déjeuner d'un bon rapport qualité/prix.

San Martín & Company (13a Calle 1-62 ; repas légers 30-50 Q ; ☺ 6h-20h lun-sam). Propre et frais, avec des ventilateurs au plafond et une petite terrasse, ce café-boulangerie de la Zona Viva se révèle agréable à toute heure. Au petit-déjeuner, régalez-vous d'un croissant à l'omelette et, dans la journée, laissez-vous tenter par les sandwichs, les soupes ou les salades. L'entrée se situe dans la 2a Av.

Los Alpes (10a Calle 1-09 ; petit-déj 40-60 Q ; ☺ petit-déj et déj). Installé dans un jardin protégé de la rue par un mur de verdure, ce restaurant-boulangerie à l'ambiance détendue mérite le détour pour ses sandwichs et pâtisseries.

Pour manger sur le pouce dans la Zona 10, ces adresses sans prétention sont appréciées des employés de bureau.

Panes del Sol (1a Av 10-50 ; plats 20-40 Q ; ☺ déj et dîner). Cuisine guatémaltèque. À côté d'un *kiosko* (petite boutique).

Cafetería Solé (14a Calle entre Av 3a et Av 4a ; menu déj 30 Q ; ☺ déj). Menu intéressant.

Café Gourmet (angle 4a Av et 14a Calle ; menu déj 22 Q ; ☺ déj). "Gourmet" est un peu exagéré, mais les plats sont bons et économiques.

CATÉGORIE MOYENNE

La Lancha (13a Calle 7-98 ; plats 50-80 Q ; ⊙ déj et dîner). Une cuisine franco-guatémaltèque qui fait mouche, avec quelque bons plats français (notamment les escargots persillés, 45 Q), des vins importés et des concerts le vendredi.

❍ Kakao (2a Av 13-44 ; plats 60-150 Q ; ⊙ déj et dîner mar-dim). Sous une *palapa* au toit en feuilles de palmier, sur fond de marimba, voici la meilleure adresse de *comida típica* (cuisine régionale) de la Zona 10. Atmosphère et cuisine exceptionnelles.

El Gran Pavo (angle 6a Av et 13a Calle ; plats 70-120 Q ; ⊙ déj et dîner). Un restaurant mexicain un peu cher, mais les plats sont excellents et soignés. Le vendredi soir, les mariachis et la tequila offerte pour une achetée enflamment l'ambiance.

CATÉGORIE SUPÉRIEURE

Marea Viva (10a Calle 1-89 ; plats 80-180 Q, buffet 120 Q ; ⊙ déj et dîner). Spécialisé dans les produits de la mer d'importation, ce restaurant pratique des prix corrects si l'on considère son emplacement. À midi, le buffet (lundi à mercredi) est imbattable, tout comme l'assiette terre-mer pour 100 Q.

OÙ PRENDRE UN VERRE

Zona 1

Il vaut mieux éviter de tituber de bar en bar dans les rues sombres de la Zona 1. Heureusement, d'agréables bistrots sont installés assez près les uns des autres au sud du Parque Central.

Las Cien Puertas (Pasaje Aycinena 8-44, 9a Calle 6-45). Cet endroit involontairement branché est un lieu de rencontre d'artistes locaux en tout genre (et de quelques voyageurs), qui viennent discuter politique, gratter une guitare ou embellir les graffitis. On y sert de délicieux en-cas, comme les tacos et les *quesadillas*. Installé sous une arcade coloniale qui compterait 100 portes (d'où son nom), il ferme parfois lorsque des musiciens s'y produisent. Les bars ouvrent comme des champignons dans ce quartier commercial et les rues alentour. C'est l'un des rares endroits de la Zona 1 qui permette de faire la tournée des bars.

La Arcada (7a Av 9-10). Un sympathique petit bar de quartier. Les clients choisissent la musique, du rock guatémaltèque à la *trance*.

El Portal (Portal del Comercio, 6a Av ; ⊙ 10h-22h lun-sam). Dans cet ancien bistrot plein de charme, sirotez une bière pression (15 Q la chope), accompagnée de tapas gratuites, au long bar en bois ou sur une table rustique. Che Guevara a fréquenté l'établissement, qui attire une clientèle surtout masculine. De la 6a Av, à quelques pas au sud du Parque Central, entrez sous l'arcade du Portal del Comercio.

El Gran Hotel (www.elgranhotel.com.gt ; 9a Calle 7-64). Le hall rénové de cet hôtel classique (où l'on ne peut pas dormir) est l'un des plus beaux bars du centre-ville. Soirées poésie, musique et films en semaine : consultez le site Internet.

Zona 4

Après avoir rivalisé avec la Zona 10, le quartier des sorties de Guate, Cuatro Grados Norte, semble avoir perdu la partie. Les deux bars suivants sont plaisants, mais vous pouvez aussi boire un verre dans n'importe quel restaurant du secteur.

Suae (Vía 5, Cuatro Grados Norte). En vogue sans verser dans l'exclusivité, ce bar se double d'une boutique de mode branchée et accueille des expositions temporaires. L'ambiance, détendue dans la journée, s'anime en soirée, quand un DJ est aux manettes.

Manacho's (9a Av 0-81, Cuatro Grados Norte). Si vous souhaitez changer de l'ambiance policée de Cuatro Grados Norte, ce petit bar sympathique et négligé à souhait est pour vous.

Zona 10

De nombreux bars se regroupent autour de l'intersection de la 2a Av et de la 15a Calle, dans la **Zona Viva** : repérez le plus animé.

Mi Guajira (2a Av 14-42). Une atmosphère sympathique et plutôt décontractée règne dans ce petit bar-discothèque. La musique change selon la soirée – salsa, *reggaetón*, *trance*, etc.

Bajo Fondo (15a Calle 2-55). Beaucoup d'atmosphère pour ce petit bar qui passe de la bonne musique et parfois des concerts improvisés.

Zona 12

Pour une soirée particulièrement animée, rejoignez les bars fréquentés par les étudiants de l'USAC, l'université publique du pays, le long de la 31a Calle, près de la 11a Av et de l'entrée principale de l'université. Ils proposent des bières et des plats bon marché et de la musique à plein volume. Comme tous les bars estudiantins de la planète, ils ne désemplissent pas, mais l'ambiance est plus débridée le soir et le week-end. Du centre-ville, la course en taxi revient à 50 Q (s'il n'est pas trop tard).

Beer House (31a Calle 13-08). Le plus raffiné des trois. Il dispose d'une carte, de sièges vaguement confortables et sert de la bière à la pression. Une piste de danse est installée au fond.

Liverpool (31a Calle 11-53). Les boissons à petits prix et de nombreuses tables de billard font son succès.

Ice (31a Calle 13-39). Il s'anime plus tard en soirée, quand les étudiants se pressent sur la piste pour danser au rythme de la salsa, du mérengué ou du *reggaetón*.

OÙ SORTIR
Cinéma

Plusieurs cinémas multiplex programment les succès hollywoodiens, généralement en version originale, sous-titrée en espagnol. Les films pour enfants sont habituellement doublés. Les plus pratiques sont le **Cine Capitol Royal** (Centro Comercial Capitol ; ☎ 2251-8733 ; 6a Av 12-51, Zona 1) et le **Cinépolis Oakland Mall** (Oakland Mall ; ☎ 2269-6990 ; www.cinepolis.com.gt ; Diagonal 6 13-01, Zona 10). Comptez de 18 à 34 Q pour un billet. Retrouvez le programme des séances dans la *Prensa Libre*.

Scène gay

La capitale ne compte que quelques bars gays et aucun pour les lesbiennes.

Genetic (Ruta 3 3-08, Zona 4 ; 🕐 21h-1h ven-sam). L'ancien Pandora's Box accueille les gays depuis les années 1970, mais aussi une clientèle diverse, plutôt jeune. L'un des meilleurs endroits pour la *trance* et la *dance*, il possède deux pistes de danse et une terrasse sur le toit. L'ambiance est détendue. Boissons à volonté le vendredi.

Black & White Lounge (www.blackandwhitebar.com ; 11a Calle 2-54, Zona 1 ; 🕐 19h-1h mer-sam). Dans une ancienne demeure privée proche du centre-ville, cette discothèque-bar gay a pignon sur rue. Des strip-teaseurs s'y produisent souvent.

Club SO36 (www.clubso36.com ; 5a Calle 1-24, Zona 1 ; 🕐 16h-22h). Une combinaison bar/club de strip-tease/cinéma gay.

Théâtre

À Cuatro Grados Norte, deux excellents centres culturels accueillent régulièrement des représentations théâtrales et d'autres événements artistiques. Venez directement

ou consultez leurs programmes sur leurs sites Internet.

Le magazine en langue anglaise *Revue* (www.revuemag.com) annonce les événements culturels, mais s'intéresse surtout à Antigua. Si vous ne le trouvez pas à votre hôtel, la réception vous indiquera où vous le procurer. Des revues gratuites en espagnol, plus ou moins éphémères, fournissent des renseignements identiques. Lors de nos recherches, *El Azar* (www.elazarcultural. blogspot.com) était la plus complète. Elle est disponible dans les centres culturels ci-dessous.

Centre culturel de l'IGA (☎ 2422-5555 ; www.iga. edu ; Ruta 1, 4-05, Zona 4). L'Instituto Guatemalteco Americano accueille des expositions artistiques et des représentations théâtrales.

Centro Cultural de España (☎ 2385-9066 ; www. centroculturalespana.com.gt ; Vía 5 1-23, Zona 4). Le centre culturel espagnol propose un excellent choix de spectacles, dont des concerts, des nuits du cinéma et des expositions artistiques. L'entrée est souvent gratuite.

Centro Cultural Miguel Ángel Asturias (☎ 2332-4041 ; www.teatronacional.com.gt ; 24a Calle 3-81, Zona 1). Autre centre de manifestations culturelles.

Musique live

La Bodeguita del Centro (☎ 230-2976 ; 12a Calle 3-55, Zona 1). Ce vaste lieu bohème témoigne de la vigueur de la scène artistique à Guatemala Ciudad. Des posters du Che, de Bob Marley, John Lennon, Victor Jara, Van Gogh et Pablo Neruda couvrent les murs. Des musiciens s'y produisent presque tous les soirs du mardi au samedi, en général à partir de 21h, et l'on peut aussi y écouter des poèmes, voir des films et participer à des forums. L'entrée, habituellement gratuite du mardi au jeudi, coûte entre 25 et 60 Q les vendredis et samedis soir. La Bodeguita sert des plats et des boissons. Procurez-vous son programme mensuel.

Rattle & Hum (angle 4a Av et 16a Calle, Zona 10). Une atmosphère chaleureuse règne dans cet établissement tenu par des Australiens, l'un des derniers de la Zona 10 où l'on peut encore entendre de la musique live.

TrovaJazz (www.trovajazz.com ; Vía 6 n°3-55, Zona 4). Pour les amateurs de jazz, de blues et de folk.

Box Lounge (15a Calle 2-53, Zona 10). DJ en live du mardi au samedi. L'une des meilleures adresses pour découvrir la scène électro guatémaltèque qui monte.

Clubs et discothèques

La Estación Norte (Ruta 4, 6-32, Zona 4). Au coin de Cuatro Grados Norte, cette grande discothèque est décorée sur le thème du train, avec les bars dans des wagons et des quais comme pistes de danse. Habillez-vous bien, sans atteindre les sommets de l'élégance.

El Círculo (7a Av 10-33, Zona 1 ; ☾ mar-sam 19h-1h). Valeur sûre parmi les discothèques du centre-ville. La clientèle plutôt jeune vient pour la musique latino, à base de salsa, mérengué et *reggaetón*. Concerts occasionnels.

Dans la Zona 10, plusieurs clubs fréquentés par des jeunes d'une vingtaine d'années bordent la 13a Calle et les rues adjacentes, comme la 1a Av. Dans ce quartier chic, les portiers peuvent refuser l'entrée sous les habituels prétextes : "désolé, c'est complet", ou "réservé aux membres". Comme ailleurs, augmentez vos chances en soignant votre tenue, présentez-vous avant 23h et essayez de venir avec un groupe comptant plus de femmes que d'hommes. Des prospectus annoncent les soirées spéciales. Voici deux adresses où commencer la soirée :

Kahlua (15a Calle et 1a Av, Zona 10). La jeunesse dorée s'y déhanche sur l'*electronica*.

Mr Jerry (13a Calle 1-26, Zona 10). Salsa et mérengué.

ACHATS

Mercado Central (9a Av entre 6a et 8a Calles ; ☾ 9h-18h lun-sam, 9h-12h dim). Réservé à l'alimentation et aux produits de base jusqu'au séisme de 1976, le Mercado Central, derrière la cathédrale, est consacré à l'artisanat depuis sa reconstruction. Il propose un bon choix de textiles, de sculptures sur bois, ferronnerie, poterie, articles en cuir et vannerie à des prix raisonnables.

Mercado de Artesanías (marché d'artisanat ; ☎ 2472-0208 ; angle 5a Calle et 11a Av, Zona 13 ; 9h30-18h). Moins fréquenté et somnolent, ce marché officiel, proche des musées et du zoo, vend des articles similaires.

Pour des boutiques de mode, de produits électroniques ou autres, rendez-vous dans les grands centres commerciaux comme le **Centro Comercial Los Próceres** (www.proceres.com ; 16a Calle, Zona 10) ou l'**Oakland Mall** (www.oaklandmall.com.gt ; Diagonal 6 13-01, Zona 10).

Vous trouverez des marchandises plus couramment achetées par les habitants le long de la 6a Av, entre les 8a et 16a Calles, dans la Zona 1. Dans les années 1970, avant l'avènement des grands centres, l'expression

"*sexteando*" signifiait faire du lèche-vitrine dans la 6a Av (La Sexta). Moins animée qu'auparavant, l'avenue reste le meilleur endroit pour trouver chaussures, sous-vêtements, salopettes et autres articles bon marché. Les autorités ont tenté à plusieurs reprise de déplacer ces vendeurs à la sauvette, la tentative la plus déterminée s'étant déroulée pendant la rédaction de ce guide, avec la construction de la **Plaza El Amate** (angle 18a Calle et 4a Av, Zona 1). Celle-ci une fois achevée, tous les vendeurs devraient y être transférés.

DEPUIS/VERS GUATEMALA CIUDAD
Avion

L'**Aeropuerto La Aurora** (☎ 2334 7680), le principal aéroport du pays, accueille tous les vols internationaux depuis/vers Guatemala Ciudad. Les travaux de rénovation de l'aéroport traînent en longueur depuis des années, et étaient toujours inachevés au moment de nos recherches. Un grand progrès toutefois : le DAB en état de marche et le bureau de change dans le hall des arrivées. De nombreux voyageurs ont signalé les taux désavantageux du bureau de change situé dans l'aéroport, et conseillent plutôt la banque Banrural au 3e niveau du parking.

Lors de nos recherches, les seuls vols intérieurs programmés reliaient la capitale et Flores. Grupo Taca effectue 2 allers-retours quotidiens (un le matin, un l'après-midi), plus un vol 4 matins par semaine qui continue de Flores à Cancún (Mexique), et revient via Flores dans l'après-midi. TAG propose un vol quotidien, qui quitte Guatemala Ciudad pour Flores à 6h30 et en repart à 16h30.

Le billet jusqu'à Flores coûte environ 1 330/ 2 245 Q l'aller simple/aller-retour avec Grupo Taca, et 1 150/1 980 Q avec TAG, mais certaines agences de voyages, notamment à Antigua, proposent de substantielles réductions.

COMPAGNIES AÉRIENNES

Les compagnies internationales suivantes ont des agences à Guatemala Ciudad :

American Airlines (www.aa.com) aéroport (☎ 2260-6550 ; Aeropuerto Internacional La Aurora) ; ville (☎ 2422-0000 ; Barceló Guatemala, 7a Av 15-45, Zona 9)

Continental Airlines (www.continental.com) aéroport (☎ 2260-6733 ; Aeropuerto Internacional La Aurora) ; ville (☎ 2385-9610 ; Edificio Unicentro, 18a Calle 5-56, Zona 10)

Copa Airlines (www.copaair.com) aéroport (☎ 2385-1826 ; Aeropuerto Internacional La Aurora) ; ville (☎ 2353-6555 ; Edificio Europlaza, 5a Av 5-55, Zona 14)

Cubana (www.cubana.cu) aéroport (☎ 2361-0857 ; Aeropuerto Internacional La Aurora) ; ville (☎ 2367-2288/89/90 ; local 29, Edificio Atlantis, 13a Calle 3-40, Zona 10)

Delta Air Lines (www.delta.com) aéroport (☎ 2360-7956 ; Aeropuerto Internacional La Aurora) ; ville (☎ 2263-0600 ; Edificio Centro Ejecutivo, 15a Calle 3-20, Zona 10)

Grupo Taca (☎ 2470-8222 ; www.taca.com ; Hotel Intercontinental, 14a Calle 2-51, Zona 10)

Iberia (www.iberia.com) aéroport (☎ 2260-6291 ; Aeropuerto Internacional La Aurora) ; ville (☎ 2332-0911 ; Oficina 507, Edificio Galerías Reforma, Av La Reforma 8-00, Zona 9)

Mexicana (www.mexicana.com) aéroport (☎ 2260-6335 ; Aeropuerto Internacional La Aurora) ; ville (☎ 2333-6001 ; Local 104, Edificio Edyma Plaza, 13a Calle 8-44, Zona 10)

TAG (☎ 2380-9401 ; www.tag.com.gt ; Aeropuerto Internacional La Aurora)

United Airlines (www.united.com) aéroport (☎ 2332-2764 ; Aeropuerto Internacional La Aurora) ; ville (☎ 2336-9923 ; Oficina 201, Edificio El Reformador, Av La Reforma 1-50, Zona 9)

Bus

De Guatemala Ciudad, des bus desservent tout le pays, le Mexique, le Belize, le Honduras, le Salvador et au-delà. La plupart des compagnies possèdent leur propre terminus, souvent dans la Zona 1. La municipalité tente de chasser les compagnies de bus longue distance du centre-ville, aussi vaut-il mieux vérifier leurs adresses auprès de l'Inguat ou de votre hôtel.

SERVICES DE BUS INTERNATIONAUX

Les compagnies suivantes proposent des services de bus 1re classe vers des destinations internationales :

Pour aller au Honduras, contactez **Hedman Alas** (☎ 2362-5072/6 ; www.hedmanalas.com ; 2a Av 8-73, Zona 10).

Copán, Honduras (291 Q, 5 heures). Départs quotidiens à 5h et 9h.

La Ceiba, Honduras (433 Q, 12 heures). Départs quotidiens à 5h et 9h.

San Pedro Sula, Honduras (374 Q, 8 heures). Départs quotidiens à 5h et 9h.

Tegucigalpa, Honduras (433 Q, 12 heures). Départs quotidiens à 5h et 9h.

Un certain nombre de destinations d'Amérique centrale sont desservies par **King Quality & Comfort Lines** (☎ 2369-7070 ; www.king-qualityca.com ; 18a Av 1-96, Zona 15).

Managua, Nicaragua (460 à 740 Q, 14 heures). Départs quotidiens à 4h et 7h30. Correspondance au Salvador.

San José, Costa Rica (625 à 1 200 Q, 30 heures). Départ quotidien à 15h30. Étape d'une nuit au Salvador.

San Pedro Sula, Honduras (616 à 933 Q, 30 heures). Départs quotidiens à 7h et 15h30. Étape d'une nuit au Salvador.

San Salvador, Salvador (210 Q, 5 heures). Départs quotidiens à 8h, 14h et 15h30.

Tegucigalpa, Honduras (516 à 824 Q, 36 heures). Départs quotidiens à 7h et 15h30. Étape d'une nuit au Salvador.

Tica Bus (☎ 2473-0633 ; www.ticabus.com ; Calzada Aguilar Batres 22-55, Zona 12) met en circulation des bus vers plusieurs destinations, du Mexique au Panama.

Managua, Nicaragua (430 Q, 28-35 heures). Départs quotidiens à 5h30 et 13h. Étape d'une nuit à San Salvador.

Panama City, Panama (790 Q, 76 heures). Départ quotidien à 13h. Étapes d'une nuit à San Salvador et Managua.

San José, Costa Rica (566 Q, 53-60 heures). Départs quotidiens à 5h30 et 13h. Étapes d'une nuit à San Salvador et Managua.

San Salvador, Salvador (125 Q, 5 heures). Départ quotidien à 13h.

Tapachula, Mexique (125 Q, 5 heures). Départ quotidien à 12h.

Tegucigalpa, Honduras (250 Q, 35 heures). Départ quotidien à 5h30. Étape d'une nuit à San Salvador.

Línea Dorada (☎ 2415-8900 ; www.lineadorada.com.gt ; angle 10a Av et 16a Calle, Zona 1) propose une liaison pour Belize City, au Belize (350 Q, 15 heures), souvent directe, parfois avec quelques heures de battement à Flores. Vous pouvez aussi prendre un bus pour Flores/Santa Elena, puis changer. La compagnie dessert le Mexique, notamment Chetumal (415 Q, 23 heures, 21h tlj), et Tapachula (150 Q, 7 heures, 6h tlj).

Pullmantur (☎ 2367-4746 ; www.pullmantur.com ; Holiday Inn, 1a Av 13-22, Zona 10) dessert San Salvador, au Salvador (290 Q, 4 heures 30), avec des départs à 6h45 et 14h45 du lundi au jeudi et le samedi, à 6h45 et 13h45 le vendredi et à 8h30 et 13h30 le dimanche. Vers Tegucigalpa, au Honduras (516 Q, 10 heures 30), des bus partent à 6h45 les mardis, jeudis et vendredis, et à 8h30 le dimanche. Correspondance à San Salvador.

Rutas Orientales (☎ 2253-7282 ; 21a Calle 11-60, Zona 1) va jusqu'à San Pedro Sula, au Honduras (200 Q, 9 heures). Départs quotidiens à 6h et 14h30.

Transportes Galgos Inter (☎ 2232-3661 ; www.transgalgosinter.com.gt ; 7a Av 19-44, Zona 1) peut réserver des correspondances jusqu'aux États-Unis en passant par Tapachula, au Mexique (205 Q, 5 à 7 heures), avec des départs tlj à 7h30, 13h30 et 15h30.

LIAISONS NATIONALES EN BUS PULLMAN

Les compagnies de bus suivantes proposent des bus Pullman vers des destinations guatémaltèques (voir ci-dessous). Reportez-vous p. 339 pour les conseils aux femmes voyageant seules dans des bus interurbains.

ADN (☎ 2251-0050 ; www.adnautobusesdelnorte.com ; 8a Av 16-41, Zona 1). Flores.

Monja Blanca (☎ 2238-1409 ; www.tmb.com.gt ; 8a Av 15-16, Zona 1). Pour Cobán et les destinations intermédiaires.

Fortaleza del Sur (☎ 2230-3390 ; Calzada Raúl Aguilar Batres 4-15, Zona 12). Côte Pacifique.

Fuente del Norte (☎ 2238-3894 ; www.autobusesfuentedelnorte.com ; 17a Calle 8-46, Zona 1). Tout le pays.

Hedman Alas (☎ 2362-5072/6 ; www.hedmanalas.com ; 2a Av 8-73, Zona 10). Antigua.

Litegua (☎ 2220-8840 ; www.litegua.com ; 15a Calle 10-40, Zona 1). Est du pays et Antigua.

BUS PULLMAN NATIONAUX AU DÉPART DE GUATEMALA CIUDAD

Destination	Tarif (Q)	Durée (heures)	Départ	Fréquence	Compagnie
Antigua	40	1	14h et 18h	2	Litegua
	50	1	19h	1	Hedman Alas
Biotopo del Quetzal	43	3½	4h-17h	2/heure	Monja Blanca
Chiquimula	35	3	4h30-18h	1/heure	Rutas Orientales
Cobán	50	4½	4h-17h	2/heure	Monja Blanca
El Carmen	65	7	0h15-18h30	2/heure	Fortaleza del Sur
Esquipulas	50	4½	4h30-17h30	2/heure	Rutas Orientales
Flores/Santa Elena	110	10	Sans interruption	1/heure	Fuente del Norte
	150-190	8	10h-21h	3	Línea Dorada
	120	10	6h et 21h	2	Rapidos del Sur
	150	8	21h et 22h	2	ADN
Huehuetenango	65	5	12h et 16h	2	Los Halcones
	90	5	6h30 et 22h30	2	Línea Dorada
La Mesilla	130	7	6h30 et 22h30	2	Línea Dorada
Melchor de Mencos	125-170	11	21h et 22h	2	Fuente del Norte
Panajachel	40	3	5h15	1	Transportes Rebuli
Poptún	115	8	11h30, 22h30 et 23h	3	Línea Dorada
Puerto Barrios	60-90	5	3h45-19h	2/heure	Litegua
Quetzaltenango	65	4	8h30-14h30	4	Transportes Galgos
	60	4	6h15-17h30	4	Alamo
	70	4	4h et 14h30	2	Línea Dorada
	55	4	6h30-17h	1/heure	Transportes Marquensita
Retalhuleu	70	3	9h30-17h30	5	Fuente del Norte
Río Dulce	60	4	6h-16h30	2/heure	Litegua
Sayaxché	135	11	17h30 et 19h	2	Fuente del Norte
Tecún Umán	55 Q	6	6h-18h	1/heure	Fortaleza del Sur

Los Halcones (☎ 2432-5364 ; Calzada Roosevelt 37-47, Zona 11). Huehuetenango.
Rapidos del Sur (☎ 2232-7025 ; 20a Calle 8-55, Zona 1). Côte Pacifique et El Petén.
Rutas Orientales (☎ 2253-7282 ; www.rutasorientales. com ; 21a Calle 11-60, Zona 1). Est du pays.
Transportes Álamo (☎ 2471-8646 ; 12a Av A 0-65, Zona 7). Quetzaltenango.
Transportes Galgos (☎ 2253-4868 ; 7a Av 19-44, Zona 1). Quetzaltenango.
Transportes Marquensita (☎ 2451-0763 ; 1a Av 21-31, Zona 1). Quetzaltenango.
Transportes Rebuli (☎ 2230-2748 ; www.toursrebusa. com ; 23a Av 1-39, Zona 7). Panajachel.

LIAISONS EN BUS DE 2ᵉ CLASSE
Les liaisons citées se font en bus 2ᵉ classe. Voir l'encadré ci-dessous pour les horaires de départ. La plupart des lignes vers la côte Pacifique partent de Centra Sur, grande gare routière en banlieue sud de la ville, reliée au centre par des navettes TransMetro (voir l'encadré p. 86). Les bus pour les Hautes Terres occidentales partent

de plusieurs *paradas* (arrêts) de bord de rue dans 41a Calle entre 6a Av et 7a Av, dans la Zona 8.

Voiture
La plupart des compagnies de location de voitures ont des antennes à l'aéroport La Aurora (zone des arrivées) et dans la Zona 9 ou 10. Parmi elles, citons :
Ahorrent (www.ahorrent.com) Aeropuerto Internacional La Aurora (☎ 2385-8656) ; Zona 9 (☎ 2383-2800 ; Bd Liberación 4-83)
Guatemala Rent a Car (www.guatemalarentacar.com) Aeropuerto Internacional La Aurora (☎ 2329-9012) ; Zona 9 (☎ 2329-9020 ; Oficina 15, 12a Calle 5-54). Les tarifs les moins élevés de la ville.
Hertz (www.hertz.com.gt) Aeropuerto Internacional La Aurora (☎ 2470-3800) ; Barceló Guatemala (☎ 2470-3860) ; Holiday Inn (☎ 2470-3870 ; 1a Av 13-22, Zona 10) ; Westin Camino Real (☎ 2470-3810 ; Av La Reforma 0-20, Zona 10)
Tabarini (www.tabarini.com) Aeropuerto Internacional La Aurora (☎ 2331-4755) ; Zona 10 (☎ 2331-2643 ; 2a Calle A 7-30)

BUS DE 2ᵉ CLASSE DEPUIS GUATEMALA CIUDAD

Destination	Tarif (Q)	Durée (heures)	Départ	Fréquence	Lieu de départ
Amatitlán	3	½	7h-20h45	1 ttes les 5 min	Centra Sur
Antigua	5	1	7h-20h	1 ttes les 5 min	Calz Roosevelt entre 4a Av et 5a Av, Zona 7
Chichicastenango	12	3	5h-18h	1/heure	Parada, Zona 8
Ciudad Pedro de Alvarado	25	2½	5h-16h	2/heure	Centra Sur
Escuintla	15	1	6h-16h30	2/heure	Centra Sur
Huehuetenango	50	5	7h-17h	2/heure	Parada, Zona 8
La Democracia	20	2	6h-16h30	2/heure	Centra Sur
La Mesilla	75	8	12h	1	Parada, Zona 8
Monterrico	30	3	10h20-14h20	1/heure	Centra Sur
Panajachel	30	3	7h-17h	2/heure	Parada, Zona 8
Puerto San José	20	1	4h30-16h45	1 ttes les 15 min	Centra Sur
Salamá	30	3	5h-17h	1/heure	17a Calle 11-32, Zona 1
San Pedro La Laguna	35	4	14h, 15h et 16h	3	Parada, Zona 8
Santa Cruz del Quiché	35	3½	5h-17h	1/heure	Parada, Zona 8
Santiago Atitlán	25	4	4h-17h	2/heure	Parada, Zona 8
Tecpán	7	2	5h30-19h	1 ttes les 15 min	Parada, Zona 8

GUATEMALA CIUDAD

TRANSMETRO

Début 2007, face aux problèmes grandissants d'embouteillages et d'insécurité dans les bus municipaux, Guatemala Ciudad a inauguré son système TransMetro. Les bus TransMetro sont différents des vieux bus classiques rouges : ils sont prépayés (le chauffeur ne transporte plus d'argent, limitant ainsi les risques de vol), circulent dans une voie séparée (plus d'embouteillages), ne font halte qu'aux arrêts prévus et sont neufs, confortables et d'un vert vif.

Le premier itinéraire ouvert relie le Centro Cívico dans la Zona 4 à Centra Sur, une nouvelle gare routière d'où partent désormais la plupart des bus pour la côte Pacifique. Au moment de la rédaction de ce guide, la ligne Central Corridor, reliant la Zona 1 aux Zonas 9 et 10, était sur le point d'ouvrir. Cette ligne et ses arrêts figurent sur la carte de Guatemala Ciudad (p. 68).

L'insécurité est telle dans les bus rouges normaux de Guate qu'il est déconseillé aux voyageurs de les emprunter. En revanche, les bus TransMetro sont sûrs, rapides et confortables. Un trajet coûte 1 Q, payable à l'arrêt de bus avant de monter. Pour faire un essai gratuitement, prenez un bus SubiBaja (p. 67), le dimanche.

Tally Renta Autos (www.tallyrentaautos.com) Aeropuerto Internacional La Aurora (☎ 2334-5925, 2277-9072) ; Zona 1 (☎ 2251-4113, 2232-3327 ; 7a Av 14-60)
Thrifty (☎ 2379-8747 ; www.thrifty.com ; Aeropuerto Internacional La Aurora)

Minibus

Des minibus effectuent des liaisons de porte à porte entre l'aéroport et toute adresse à Antigua (habituellement 80 Q/pers, 1 heure). Repérez les panneaux à la sortie de l'aéroport ou les personnes portant une pancarte "Antigua Shuttle". La première navette part vers 7h et la dernière vers 20h ou 21h. Des agences de voyages d'Antigua (voir p. 89), proposent un service de minibus entre Guatemala Ciudad et des destinations touristiques, telles Panajachel et Chichicastenango (via Antigua ; 180 Q pour l'une ou l'autre).

COMMENT CIRCULER
Depuis/vers l'aéroport

L'aeropuerto La Aurora se situe dans la Zona 13, au sud de la ville, à 10 ou 15 minutes en taxi ou à 30 minutes en bus depuis la Zona 1. Lisez l'encadré ci-dessus pour en savoir plus sur les bus municipaux et comment se rendre à l'aéroport par ce moyen de transport.

Des taxis stationnent devant le hall des arrivées. Les tarifs "officiels" sont de 60 Q pour la Zona 9 ou 10, 85 Q pour la Zona 1, 250 Q pour Antigua, mais vous devrez peut-être débourser un peu plus. Précisez bien la destination et le prix avant de monter. Si vous hélez un taxi dans la rue pour aller à l'aéroport, le tarif sera moins élevé – 50 Q environ à partir de la Zona 1. Pour Antigua, le minibus est plus économique si vous voyagez seul ou à deux.

Bus et minibus

En raison d'une recrudescence des agressions (souvent violentes) dans les bus rouges de Guatemala Ciudad, il est de notoriété publique que les touristes ne doivent les emprunter qu'en cas de force majeure. Le système TransMetro et ses bus verts et articulés constitue une exception (voir l'encadré ci-dessus). Cela pourrait changer avec la mise en service prévue en 2010 du nouveau système de bus prépayés et équipés de caméras de sécurité Transurban, mais d'après certaines critiques, ce système ne changerait rien à la situation. Que vous les empruntiez ou non, si vous passez un peu de temps à Guatemala Ciudad et surtout dans la Zona 1, vous ne pourrez pas ignorer tous ces bus rouges rugissants et fumants. Les avions qui survolent le centre-ville à basse altitude participent, en plus, à ce concert urbain cacophonique.

Les plus téméraires se risqueront peut-être sur les lignes suivantes, les plus utiles. Les bus s'arrêtent dès qu'un passager est en vue, mais c'est aux angles des rues et aux feux que vous avez le plus de chances d'être vu. Pour cela, levez simplement le bras. En journée, comptez 1,10 Q par trajet. Payez au chauffeur ou à l'assistant en montant. Ne prenez pas le bus la nuit.

De la Zona 1 à la Zona 10 (bus n°82 ou 101). Passe par 10a Av, Zona 1, puis 6a Av et Ruta 6, dans la Zona 4, et Av La Reforma.

De la Zona 10 à la Zona 1 (bus n°82 ou 101). Suit Av La Reforma puis 7a Av dans la Zona 4, et 9a Av, Zona 1.

De l'aéroport à la Zona 1 (bus n°82). Traverse les Zonas 9 et 4.

De la Zona 1 à l'aéroport (bus n°82). Passe par 10a Av dans la Zona 1 puis remonte 6a Av dans les Zonas 4 et 9.

Taxi

De nombreux taxis maraudent dans le centre-ville. Les tarifs sont négociables : fixez toujours la destination et le prix avant de monter. De la Zona 1 à la Zona 10, comptez de 40 à 60 Q. Vous pouvez aussi appeler **Taxi Amarillo Express** (☎ 2232-1515), qui dispose de taxis équipés d'un compteur, souvent moins chers que les autres. Les vrais *Capitaleños* (habitants de la capitale) affirment cependant que les compteurs sont trafiqués et qu'il vaut mieux négocier !

Antigua

Bien plus qu'une attraction touristique, Antigua est un des joyaux du Guatemala. D'une rare beauté et d'une importance historique majeure, ce haut lieu de la culture, inscrit au patrimoine mondial par l'Unesco, est une destination incontournable.

Ancienne capitale du pays – le siège du gouvernement fut déplacé à Guatemala Ciudad durant la période coloniale à la suite de tremblements de terre –, Antigua offre une étonnante collection de vestiges coloniaux disposés dans un magnifique écrin. Ses rues aux façades pastel coiffées de toits de tuiles sont gardées par trois volcans : l'Agua (3 766 m), le Fuego (3 763 m) et l'Acatenango (3 976 m). Dotée d'un climat idéal, il fait bon s'y promener à pied en journée (il peut faire froid le soir). De nombreux édifices religieux ou civils y ont été restaurés, tandis que d'autres ont le charme des ruines éparpillées dans des enceintes aux allures de parc, où jaillissent les bougainvilliers.

Les nombreuses écoles d'espagnol installées à Antigua attirent des visiteurs du monde entier, mais l'atmosphère n'en est pas devenue pour autant internationale. Antigua reste une ville guatémaltèque dans l'âme, où les églises, places et marchés s'animent en permanence.

Le vrai miracle d'Antigua est peut-être sa capacité de résilience. Malgré l'acharnement des forces destructrices – tremblements de terre, éruptions volcaniques, inondations, suivis d'un abandon quasi total et de siècles d'incurie – elle a su renaître de ses cendres avec panache.

À NE PAS MANQUER

- L'ascension jusqu'au cratère du **Volcán Pacaya** (p. 98), en activité
- Une révision de votre espagnol dans une excellente école de langue, comme le **Proyecto Lingüístico Francisco Marroquín** (p. 101)
- Un souper fin au **Caffé Mediterráneo** (p. 110), un des très nombreux restaurants internationaux présents au Guatemala
- Une immersion dans l'histoire parmi les musées, monastères, hôtels particuliers, églises et couvents d'Antigua, et le spectaculaire ensemble de l'**Iglesia y Convento de Santo Domingo** (p. 97)
- Les textiles traditionnels en vente au **Nim Po't** (p. 112), où l'artisanat maya donne sa pleine mesure

- Population : 58 150 habitants
- Altitude : 1 530 m

HISTOIRE

Antigua ne fut pas la première capitale choisie par les Espagnols. Pour surveiller les Cakchiquel avec lesquels ils avaient conclu une alliance fragile, ils s'établirent d'abord à Iximché, fondée en 1524. La situation se dégrada en 1527 lorsque les Cakchiquel se rebellèrent et la capitale fut transférée dans l'actuelle Ciudad Vieja (p. 114), sur les flancs du volcan Agua. Puis la ville fut pratiquement ensevelie sous une coulée de boue en 1541 et tous les habitants durent partir. Ainsi, "la muy Noble y muy Leal Ciudad de Santiago de los Caballeros de Goathemala", la capitale coloniale du Guatemala, apparut sur la carte le 10 mars 1543. Ce nom interminable était une marque de respect envers saint Jacques, auquel les Espagnols attribuaient leurs premières victoires militaires.

Antigua devint le centre du pouvoir en Amérique centrale et, durant les XVIIe et XVIIIe siècles, on dépensa sans compter pour la construire, malgré les grondements menaçants qui montaient du sous-sol. La main-d'œuvre indigène fut chargée d'édifier écoles, hôpitaux, églises et monastères dont la magnificence n'avait d'égale que celle des demeures du haut clergé et des gouvernants.

Au faîte de sa gloire, Antigua ne comptait pas moins de 38 églises, ainsi qu'une université, des imprimeries, un journal, et une vie politique et culturelle foisonnante. Mais la terre grondait toujours et la cité finit par être ravagée par un séisme, le 29 juillet 1773. Un an plus tard, la capitale était à nouveau transférée, à Guatemala Ciudad cette fois. Antigua fut évacuée et dépouillée de ses matériaux de construction. Toutefois, malgré l'ordre officiel donné aux habitants de la quitter et de la démanteler, elle ne fut jamais complètement désertée. Au début du XIXe siècle, avec l'essor du café, elle se développa à nouveau sous le nom de La Antigua Guatemala (l'Ancienne Guatemala). Malgré le désintérêt des autorités, la restauration des édifices endommagés lui conserva son cachet colonial. Au XXe siècle, la modernisation porta de nouveaux coups à la cité, mais, sous la pression de citoyens d'Antigua, le président Ubico finit par déclarer la ville monument national, et de grands travaux de restauration furent lancés. Cependant, alors qu'Antigua allait retrouver sa splendeur passée, le tremblement de terre de février 1976, qui fit des milliers de morts, vint anéantir presque tous les efforts de restauration déjà accomplis.

L'inscription de la ville au patrimoine mondial par l'Unesco en 1979 donna un nouvel élan au chantier de restauration. C'est dans ce nouveau contexte que les écoles d'espagnol se mirent à fleurir un peu partout, attirant une foule d'étudiants étrangers et conduisant à une véritable renaissance culturelle.

ORIENTATION

Peu d'endroits se situent à plus de 15 minutes de marche du vaste Parque Central, le cœur d'Antigua. À la suite des *Calles* et des *Avenidas* numérotées, un point cardinal indique si l'adresse se trouve au *Norte* (nord), au *Sur* (sud), au *Poniente* (ouest) ou à l'*Oriente* (est) du Parque Central. La signalisation et cependant plus qu'éparse.

Les trois volcans constituent d'excellents points de repère. Le volcan Agua (eau), au sud de la ville, est visible de presque partout. Les volcans Acatenango et Fuego (feu) s'élèvent au sud-ouest.

Autre point de repère utile d'Antigua, l'Arco de Santa Catalina enjambe la 5a Avenida Norte, à deux rues au nord du Parque Central en direction de l'église de La Merced.

Des arrêts de bus se situent dans les rues qui entourent le grand marché en plein air, à 400 m environ à l'ouest du Parque Central.

RENSEIGNEMENTS
Accès Internet

En plus des nombreux cybercafés aux tarifs raisonnables, l'accès Wi-Fi est disponible dans des restaurants, cafés et un peu partout – même dans le Parque Central.

Aló Internet (5a Calle Poniente 28 ; 5 Q/heure). Réception à l'intérieur.

Antigua Net (6a Calle Poniente 8 ; 6 Q/heure)

Conher (☎ 5521-2823 ; 4a Calle Poniente 5 ; 10 Q/heure). Agence télécom multiservices : impression, scanner, gravure de CD-ROM.

El Cofre (6a Calle Poniente 26)

Enlaces (☎ 7832-5555 ; 6a Av Norte 1 ; 7 Q/heure)

Funky Monkey (5a Av Sur 6, Pasaje El Corregidor ; 8 Q/heure ; ✆ 8h-24h30). À l'intérieur du Monoloco ; c'est le cybercafé qui ferme le plus tard de la ville.

Roy.com (1a Av Sur 21 ; 8 Q/heure)

Roy.com (2a Av Norte 6B ; 8 Q/heure)

Agences de voyages

De nombreuses agences proposent des vols internationaux, des navettes en minibus, des

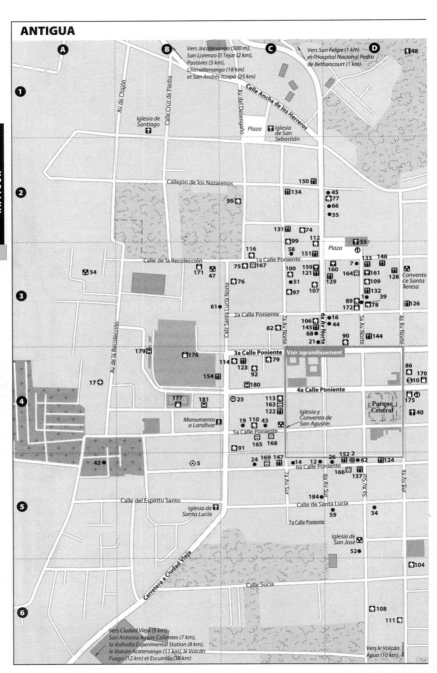

ANTIGUA

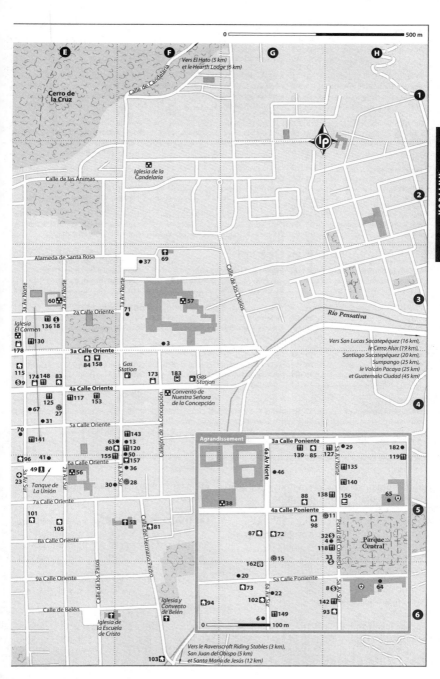

ANTIGUA

circuits organisés dans les environs d'Antigua ou ailleurs dans le pays. Attention : l'agence Ruta Maya du Parque Central se prétend gérée par Lonely Planet alors qu'il n'en est rien. C'est même l'agence à propos de laquelle nous avons reçu le plus de plaintes.
Adrenalina Tours (☎ 7832-1108 ; www.adrenalinatours.com ; 5a Av Norte 31). Spécialiste des Hautes Terres occidentales, cette agence organise circuits, navettes, vols intérieurs ou internationaux, etc.
Adventure Travel Center (☎ /fax 7832-0162 ; viareal@hotmail.com ; 5a Av Norte 25B)
Antigua Tours (☎ /fax 7832-5821 ; www.antiguatours.net ; 3a Calle Oriente 22). Réputée pour ses visites de la ville (voir p. 102), cette agence a une succursale dans le Café El Portal, sur le côté ouest du Parque Central.

Atitrans (☎ 7832-3371 ; www.atitrans.com ; 6a Av Sur 8)
Aviatur (☎ 7832-5989 ; aviaturfer@yahoo.com.mx ; 5a Av Norte 34)
LAX Travel (☎ 7832-1621 ; laxantigua@intelnett.com ; 3a Calle Poniente 12). Spécialiste des vols internationaux.
Onvisa Travel Agency (☎ 5909-0160 ; onvisatravel@hotmail.com ; 6a Calle Poniente 40). Navettes pour Copán et autres destinations.
National Travel (☎ 7832-8383 ; antigua@nationalgua.com ; 6a Av Sur 1A). Vols aller simple, tarifs étudiants et enseignants.
Rainbow Travel Center (☎ /fax 7832-4202 ; www.rainbowtravelcenter.com ; 7a Av Sur 8). Spécialiste des tarifs aériens pour étudiants et enseignants.
Sinfronteras (☎ 7720-4400 ; www.sinfront.com ; 5a Av Norte 15A). Organisation de circuits culturels ou

ANTIGUA

d'aventure, principalement pour les groupes d'Européens. Vols internationaux à prix discount, délivrance de cartes étudiant et jeune.

Turansa (☎ 7832-2928 ; www.turansa.com ; 5a Calle Oriente 10A)

Argent

Banco Industrial (5a Av Sur 4 ; 🕙 9h-19h lun-ven, 9h-13h sam). DAB fiable et change de dollars US (espèces ou chèques de voyage. Autre DAB à l'intérieur du Café Barista, de l'autre côté de la place.

Citibank (angle 4a Calle Oriente et 4a Av Norte ; 🕙 9h-16h30 lun-ven, 9h30-13h sam). Avance d'espèces sur carte Visa (mais pas sur MasterCard). La succursale située un pâté de maisons plus à l'est change les dollars US et les euros.

DAB Visa et MasterCard (5a Av Norte). Face au Parque Central.

Western Union (5a Av Norte). Dans le Parque Central. Change des dollars et euros (espèces). DAB Visa/MasterCard à gauche de l'entrée.

Laveries

On trouve facilement des laveries automatiques. Le prix est généralement de 6 Q la livre de linge lavé, séché et plié.

Laundry Gilda (5a Calle Poniente 12 ; 🕙 8h-18h lun-ven, 8h-15h sam)

Quick Laundry (6a Calle Poniente 14 ; 🕙 9h-18h lun-sam, 9h-14h sam)

Spring Laundry (1a Av Sur 20A ; 🕙 7h30-17h lun-ven, 10h-16h sam)

Librairies

Dyslexia Books (1a Av Sur 11). Essentiellement des livres d'occasion, principalement en anglais.

El Cofre (6a Calle Poniente 26). Livres d'occasion, notamment certains guides touristiques régionaux.

Hamlin y White (☎ 7832-7075 ; 4a Calle Oriente 12A). Livres en anglais et en espagnol, quelques rayons de guides Lonely Planet.

Librería La Casa del Conde (Portal del Comercio 4). Bon rayon d'ouvrages historiques ou politiques sur l'Amérique centrale, ainsi que des guides nature en anglais, de la littérature en espagnol et des guides Lonely Planet.

Rainbow Reading Room (7a Av Sur 8). Des milliers de livres d'occasion en anglais et en espagnol, à vendre, à louer ou à échanger, ainsi qu'un précieux panneau d'affichage.

Médias

Vous trouverez un peu partout le journal *Revue Magazine* (www.revuemag.com) basé à Antigua. Au milieu des 90% de publicité, il contient aussi de bonnes informations sur l'actualité culturelle.

La Cuadra (www.lacuadraonline.com), édité par le Café No Sé (voir p. 108), présente l'actualité du point de vue gringo et bohème et traite la politique avec impertinence. On le trouve au café.

Office du tourisme

Inguat (☎ 7832-3782 ; 2a Calle Oriente 11 ; info-antigua@inguat.gob.gt ; ◷ 8h-17h lun-ven, 9h-17h sam-dim). Dans cet office du tourisme installé dans une demeure coloniale près du couvent des Capuchinas, vous trouverez des plans gratuits de la ville, des renseignements sur les bus et un personnel anglophone.

Poste

DHL (☎ 7832-3718 ; 6a Calle Poniente 16). Coursier international.

Poste (angle 4a Calle Poniente et Calz Santa Lucía). En face du marché.

Services médicaux

Casa de Salud Santa Lucía (☎ 7832-3122 ; Calz Santa Lucía Sur 7). Réunion de plusieurs cliniques privées dont certaines spécialisées en gynécologie, pédiatrie, etc. Service d'urgences de 7h à 19h.

Farmacia Ivori Select (☎ 7832-1559 ; 6a Av Norte 19). Pharmacie ouverte 24h/24.

Hospital Nacional Pedro de Bethancourt (☎ 7831-1319). Hôpital public avec service d'urgences, situé à San Felipe, à 2 km au nord du centre.

Hospital Privado Hermano Pedro (☎ 7832-1197 ; Av de la Recolección 4). Établissement privé avec service d'urgences 24h/24. Assurances étrangères acceptées.

Obras Sociales de Hermano Pedro (Hospital San Pedro ; ☎ 7832-0883 ; 6a Calle Oriente 20). Avant tout asile pour infirmes, personnes âgées et victimes de mauvais traitements, cet établissement public propose aussi des consultations bon marché du lundi au vendredi, de 6h à 8h.

Téléphone et fax

La plupart des cybercafés proposent des tarifs intéressants sur les appels internationaux, mais les appels sur Skype sont souvent moins chers encore. Si vous restez longtemps, envisagez l'achat d'un téléphone portable local.

Conher (☎ 5521-2823 ; 4a Calle Poniente 5). Appels 0,75 Q/minute pour les États-Unis et l'Europe.

Funky Monkey (5a Av Sur 6, Pasaje El Corregidor). À l'intérieur du Monoloco.

La Bodegona (5a Calle Poniente 32 ; ◷ 7h-20h). Gigantesque supermarché, idéal pour trouver un téléphone portable.

Urgences

Asistur (☎ 5978-3586 ; asisturantiguaguatemala@gmail.com ; 6a Calle Poniente Final ; ◷ 24h/24). Le siège de cette agence d'assistance aux touristes se trouve dans l'ouest de la ville, à 3 pâtés de maisons au sud du marché. Si vous êtes victime d'un délit ou d'un crime, ses employés peuvent vous accompagner au poste de police, vous aider dans les formalités et servir d'interprètes. Sollicités à l'avance, ils peuvent aussi fournir une escorte aux voyageurs devant emprunter en voiture des routes à risques.

DÉSAGRÉMENTS ET DANGERS

Antigua est généralement une ville sûre, mais restez vigilant car des agressions se produisent parfois. C'est particulièrement vrai après la fermeture des bars, à 1h, quand les agresseurs potentiels guettent les touristes en état d'ébriété. Après 22h, préférez le taxi pour rentrer à l'hôtel, surtout si vous êtes une femme. Des pickpockets opèrent au marché, avec un zèle tout particulier les jours de paye, au milieu et en fin de mois. Les vols redoublent en décembre (mois des primes).

Des vols ont été signalés sur certains sentiers particulièrement reculés, mais le renforcement des patrouilles de police a fortement réduit le nombre d'incidents. Si vous projetez de partir seul admirer les volcans, renseignez-vous auprès d'Asistur (voir ci-dessus) pour connaître la situation actuelle.

À VOIR

Parque Central

Entourée de superbes édifices coloniaux, cette place immense et verdoyante est le rendez-vous des *Antigüeños* et des visiteurs. Qu'on reste assis ou qu'on s'y balade, c'est l'endroit idéal pour observer les vendeurs ambulants, cireurs de chaussures, collégiens et touristes. Les plantureuses sirènes ornant la fontaine sont des copies des originaux de 1738, vandalisés au début du XXe siècle.

PALACIO DE LOS CAPITANES GENERALES

Construit en 1558, le palais des Capitaines généraux fut le siège gouvernemental de l'Amérique centrale, du Chiapas au Costa Rica, jusqu'en 1773. L'imposante façade à double arcade qui s'avance sur le côté sud du parc fut ajoutée ultérieurement. Lors de la rédaction de ce guide, d'importants travaux de rénovation étaient en cours pour rendre à l'intérieur sa splendeur originelle.

CATEDRAL DE SANTIAGO

La cathédrale de Santiago située sur le côté est de la place fut érigée en 1542, détruite par le tremblement de terre de 1773 et partiellement reconstruite au XIXe siècle. L'actuelle église paroissiale de San José, installée dans la première salle de la cathédrale telle qu'elle était au XVIIe siècle, renferme une partie des œuvres baroques qui ornaient l'édifice, la plupart des autres ayant fini dans des églises de Guatemala Ciudad. La façade monumentale, récemment repeinte en "blanc Antigua", est décorée de répliques des statues de saints d'origine – sans mains, faute de pouvoir les reconstituer fidèlement. Derrière l'église, les **ruines** (3 Q ; ⌚ 9h-17h) à ciel ouvert du corps de la cathédrale (accès par la 5a Calle Oriente) offrent un décor fantomatique où d'énormes fragments de colonnes gisent sous des arcades de briques élancées, tandis que la végétation pousse dans les fissures des murs. Ce décor de décombres rend d'autant plus impressionnantes les reproductions de sculptures et de moulures placées entre les arcades. Derrière le maître-autel, un escalier descend dans une ancienne crypte servant aujourd'hui de chapelle, ornée d'un christ noirci par la fumée.

PALACIO DEL AYUNTAMIENTO

Le Palacio del Ayuntamiento (hôtel de ville) est un robuste édifice à double arcade édifié principalement au XVIIIe siècle, sur le côté nord de la place. En plus de l'administration municipale, il abrite le **Museo de Santiago** (☎ 7832-2868 ; 30 Q ; ⌚ 9h-16h lun-ven, 9h-12h et 14h-16h sam-dim), installé dans l'ancienne prison de la ville – une des cellules est restée intacte, avec ses instruments de torture. Les

ANTIGUA EN...

2 jours

Commencez par un petit-déjeuner dans le cadre colonial du **Café Condesa** (p. 108), puis rendez-vous dans une des agences de voyages recommandées (voir p. 89) afin d'organiser une excursion vers un volcan pour le lendemain. Consacrez la journée à découvrir l'architecture coloniale d'Antigua – la **Catedral de Santiago** (p. 95), **Santo Domingo** (p. 97), **Las Capuchinas** (p. 96), **La Merced** (p. 96) – et déjeunez sur le pouce au cours de votre circuit. Le soir, offrez-vous un copieux dîner traditionnel à **La Cuevita de Los Urquizú** (p. 108), puis allez prendre un verre au **Café No Sé** (p. 111). Le lendemain, levez-vous de bonne heure pour aller admirer un **volcan** (p. 98). Au retour, allez dîner au **Mesón Panza Verde** (p. 110), ou au **Bistrot Cinq** (p. 110) si vous voulez manger français, puis allez prendre un verre à **El Muro** (p. 110) ou au **Reilly's** (p. 110). Si vous en avez encore la force, allez danser à **La Casbah** (p. 111).

4 jours

Suivez le programme précédent puis, le troisième jour, visitez le **Centro Cultural La Azotea** (p. 113) à Jocotenango. De retour à Antigua, offrez-vous un dîner-spectacle à **La Peña de Sol Latino** (p. 111), puis un verre à **La Sala** (p. 111). Le quatrième jour, refaites un peu d'exercice avec une **randonnée guidée** (p. 98), une **randonnée à vélo** (p. 99) ou **à cheval** (p. 99). Admirez le coucher du soleil depuis le **Café Sky** (p. 111) avant d'aller dîner et vous détendre à **La Esquina** (p. 108). Pour terminer, prenez un dernier verre dans votre bar préféré…

sirènes qui ornaient autrefois la fontaine du Parque Central sont exposées ici (décapitées), ainsi qu'un bric-à-brac de portraits, armes, monnaies et bibelots coloniaux. Beaucoup plus intéressant, le **Museo del Libro Antiguo** (musée du Livre ancien ; ☎ 7832-5511 ; 30 Q ; ☻ 9h-16h mar-ven, 9h-12h et 14h-16h sam-dim), juste à côté, contient les premiers ouvrages imprimés au Guatemala et une copie de la plus ancienne presse guatémaltèque, mise en service en 1660. L'un des premiers livres composés sur cette presse occupe une place d'honneur : il s'agit d'une édition princeps de la seconde partie du *Don Quixote de la Mancha* (*Don Quichotte*).

UNIVERSIDAD DE SAN CARLOS

L'Universidad de San Carlos, aujourd'hui installée à Guatemala Ciudad, fut fondée à Antigua en 1676. L'ancien bâtiment principal, situé moins d'une rue à l'est de la place, abrite un cloître magnifique orné d'une superbe frise sculptée. Il héberge depuis 80 ans le **Museo de Arte Colonial** (musée d'Art colonial ; ☎ 7832-0429 ; 5a Calle Oriente 5 ; 50 Q ; ☻ 9h-16h mar-ven, 9h-12h et 14h-16h sam-dim) et a subi une rénovation complète en 2009. Le musée expose des œuvres d'artistes mexicains majeurs de l'époque coloniale, en particulier *La Vie de saint François d'Assise* de Cristóbal del Villalpando, ainsi que la fine fleur de la statuaire sacrée guatémaltèque.

Églises et monastères

Autrefois glorieuses avec leurs ornements baroques dorés à la feuille, les églises d'Antigua ont subi les outrages de la nature et des hommes. Au fil des reconstructions entreprises après les séismes, elles ont acquis des murs plus épais, des tours et des clochers moins élevés, et ont perdu leurs somptueux décors intérieurs. Le transfert de la capitale à Guatemala Ciudad a privé Antigua de la population nécessaire au maintien de la traditionnelle richesse des églises, qui n'en demeurent pas moins imposantes. Outre celles mentionnées ci-dessous, vous en verrez beaucoup d'autres, plus ou moins délabrées, disséminées dans la ville.

IGLESIA Y CONVENTO DE NUESTRA SEÑORA DE LA MERCED

À l'extrémité nord de la 5a Av se dresse La Merced, église jaune rehaussée de décorations de plâtre. Inauguré à la fin du XVIIIᵉ siècle, cet édifice trapu aux murs épais, conçu pour résister aux tremblements de terre, nous est parvenu en excellent état. Les **ruines du monastère** (5 Q ; ☻ 8h15-17h45) renferment une fontaine de 27 m de diamètre réputée la plus grande d'Amérique latine. Elle est en forme de nénuphar (symbole traditionnel de pouvoir pour les nobles mayas), un motif qui apparaît également sur le porche de l'église. Montez à l'étage pour la vue sur la fontaine et la ville. Une procession aux chandelles, accompagnée de sonneries de cloches et de pétards, commence et se termine ici le soir du dernier jeudi du mois.

IGLESIA DE SAN FRANCISCO

S'il ne reste pas grand-chose de l'**Iglesia de San Francisco** (angle 8a Calle Oriente et Calle de los Pasos) du XVIᵉ siècle, les reconstructions et les restaurations entreprises au fil des siècles ont produit un bel édifice. Cette église est imprégnée de l'esprit de Santo Hermano Pedro de San José de Bethancourt, moine franciscain qui fonda un hospice pour les pauvres à Antigua, s'attirant ainsi une gratitude à l'épreuve des générations (voir l'encadré ci-contre). Les malades viennent toujours prier avec ferveur sur sa tombe, déplacée vers un pavillon spécial au nord de l'église depuis sa canonisation en 2002 (accès par un jardin au nord de l'église). Le **Museo del Hermano Pedro** et les ruines du **monastère** (ticket combiné adulte/enfant 5/2 Q ; ☻ 8h-16h30 mar-dim) adjacent se trouvent au sud de l'église. Le musée contient des reliques de l'église et des effets personnels du saint étonnamment bien conservés, dont des sous-vêtements à l'aspect particulièrement inconfortable ! Le *pasillo de los milagros* est un couloir rempli de témoignages, de photos, d'ex-voto et de béquilles offerts par des personnes qui auraient été guéries par le moine.

LAS CAPUCHINAS

Inauguré en 1736 par des religieuses madrilènes, le couvent de **Las Capuchinas** (Iglesia y Convento de Nuestra Señora del Pilar de Zaragoza ; angle 2a Av Norte et 2a Calle Oriente ; tarif plein/étudiant 30/15 Q ; ☻ 9h-17h), gravement endommagé par le séisme de 1773, fut ensuite abandonné. Après plusieurs décennies d'une soigneuse restauration, on peut désormais se faire une idée de la vie menée par ces nonnes, qui s'occupaient d'un orphelinat ainsi que d'un hôpital pour femmes. Admirez le beau cloître aux robustes colonnes et aux galeries

HERMANO PEDRO

L'esprit d'Hermano Pedro, le saint chrétien le plus vénéré d'Antigua, plane toujours sur la ville plus de 3 siècles après sa mort. Dans l'Iglesia de San Francisco (voir ci-contre), l'ancien emplacement de sa tombe déborde d'ex-voto, amulettes et autres présents offerts par les fidèles en remerciement de ses miraculeux pouvoirs de guérison. Le seul hôpital public d'Antigua (p. 94), au sud-est du Parque Central, porte son nom et a pour mission de soigner les nécessiteux – à l'intérieur de l'église adjacente, une fresque montre d'ailleurs Hermano Pedro inspirant la médecine contemporaine au Guatemala.

Né en 1627 à Tenerife, Pedro de Bethancourt fut d'abord berger. À 24 ans, il raccrocha sa crosse pour aller au Guatemala aider les pauvres. Le voyage le mit sur la paille, puis il échoua dans ses études au séminaire franciscain d'Antigua. Nullement découragé, il entreprit de recueillir les Mayas qui agonisaient dans les rues et de les guérir durant les épidémies du XVIIe siècle. Il avait trouvé sa vocation et, quelques années plus tard, il fonda un hôpital pour les indigents, puis des refuges pour les sans-abri et des écoles pour les étudiants pauvres. Son œuvre déboucha sur la création de l'ordre de Bethléem. Les religieux de cet ordre recueillirent la cape d'Hermano Pedro à sa mort en 1667. Depuis cette date, sa tombe est vénérée par les croyants. Canonisé par le pape Jean-Paul II en 2002, c'est le seul saint guatémaltèque officiellement reconnu par le Vatican.

voûtées, son lavoir remarquablement restauré et son jardin bien entretenu. L'aspect le plus original du couvent se trouve à l'arrière, en l'espèce d'un bâtiment aux allures de tour abritant 18 cellules construites autour d'un patio circulaire. Le siège de la commission de préservation de la ville se trouve ici.

IGLESIA Y CONVENTO DE LA RECOLECCIÓN

Un parfum de sérénité entoure le monastère massif de **La Recolección** (Av de la Recolección ; 30 Q ; 9h-17h), situé nettement à l'ouest du centre dans un quartier animé. Il fut construit au début du XVIIIe siècle par les récollets (branche française des franciscains) bien que les autorités locales s'y soient opposées, avant de lui attribuer finalement une parcelle dans le faubourg de San Jerónimo. Le tremblement de terre de 1773 détruisit le bâtiment, dont des pans énormes gisent autour de l'église en ruine – dont l'arche d'entrée est intacte. Ce monastère au destin éphémère ne fut pas reconstruit et servit d'habitation, de champ de foire et d'atelier de restauration d'art. Soyez prudent si vous montez à l'étage pour admirer la vue.

COLEGIO DE SAN JERÓNIMO

Érigé en 1757, le **Colegio de San Jerónimo** (Real Aduana ; angle Calz Santa Lucía et Calle de la Recolección ; 30 Q ; 9h-17h) servait d'école aux moines de l'ordre de la Merced. Toutefois, faute d'autorisation royale, l'édifice fut confisqué par Charles III d'Espagne et octroyé à la Real

Aduana (douane royale) en 1765. Dans ce lieu paisible, en majeure partie à l'air libre, un joli cloître entoure une fontaine octogonale – un cadre évocateur pour des spectacles de danse et d'autres événements culturels. À l'étage, on peut prendre une belle photo du volcan Agua à travers les arches de pierre.

IGLESIA Y CONVENTO DE SANTA CLARA

Fondé par des sœurs de Puebla (Mexique) en 1734, **Santa Clara** (2a Av Sur 27 ; 30 Q ; 9h-17h) fut détruit 40 ans plus tard, lors d'un tremblement de terre, et abandonné. Certains éléments sont heureusement demeurés intacts, comme la façade en pierre de l'église, les niches voûtées le long de la nef, qui servaient de confessionnaux, et la chambre souterraine où l'on gardait les provisions. Le cloître, partie la plus intéressante, est construit autour d'une fontaine entourée d'un jardin, mais l'arcade supérieure ne subsiste que sur un seul côté.

IGLESIA Y CONVENTO DE SANTO DOMINGO

Fondé par les dominicains en 1542, **Santo Domingo** (7820-1220 ; 3a Calle Oriente 28 ; zone archéologique 40 Q ; 9h-18h lun-sam, 11h-18h dim) devint le monastère le plus grand et le plus riche d'Antigua. Endommagés lors des tremblements de terre du XVIIIe siècle, les bâtiments furent ensuite pillés pour leurs matériaux de construction au XXe siècle. Le site fut acheté à titre privé en 1970 par un archéologue américain qui y pratiqua d'abondantes fouilles, avant que le terrain ne devienne la propriété du Casa Santo Domingo Hotel (p. 107). La zone archéologique, restaurée de manière originale, fait partie d'un itinéraire culturel où les visiteurs peuvent déambuler à leur guise. Elle comprend les ruines de l'église du monastère, le cloître adjacent et la réplique de sa fontaine d'origine, des ateliers de chandellerie et de poterie et deux cryptes souterraines découvertes lors des fouilles de l'église. L'une d'elles, la crypte du Calvaire contient une fresque bien préservée de 1683 représentant la Crucifixion. Toujours dans cette zone archéologique, on peut visiter 5 musées regroupés sous l'appellation **Paseo de Los Museos** (40 Q ; ☺ 9h-18h lun-sam, 11h-18h dim) grâce à un ticket combiné. L'itinéraire des musées commence à l'hôtel ou à l'annexe de l'Universidad de San Carlos dans 1a Av. En commençant à l'hôtel, les musées sont les suivants :

Museo Colonial. Tableaux, argenterie et sculptures sur bois sur des thèmes religieux, du XVIᵉ au XVIIIᵉ siècle.

Museo Arqueológico. Objets en céramique et en pierre de la période maya classique.

Museo de Arte Precolombino y Vidrio Moderno. Œuvres en verre d'artistes modernes accompagnées des objets précolombiens en céramique qui les ont inspirés.

Museo de Artes y Artesanías Populares de Sacatepéquez. Artisanat traditionnel de la région d'Antigua.

Museo de la Farmacia. Boutique d'apothicaire du XIXᵉ siècle de Guatemala Ciudad restaurée.

ANTIGUO COLEGIO DE LA COMPAÑÍA DE JESÚS

Parmi tous les bâtiments totalement ou partiellement en ruine d'Antigua, un édifice a été entièrement restauré. Fondé en 1626, ce collège-monastère jésuite joua un rôle essentiel dans la ville jusqu'à ce que l'ordre soit expulsé par la Couronne espagnole en 1767. Six ans plus tard, il était détruit par le grand tremblement de terre. Sauvé par le gouvernement espagnol au cours de la dernière décennie, ce gigantesque ensemble éducatif et monastique renaît sous la forme d'un centre culturel, le **Centro de Formación de la Cooperación Española** (☎ 7832-1276 ; www.aecid-cf.org.gt ; 6a Av Norte ; entrée libre). Les anciens bureaux, salles de classe et réfectoires abritent maintenant des salles de lecture et d'exposition et une excellente bibliothèque. Les 3 cloîtres, parés de belles colonnes et de balcons en bois, offrent un cadre exceptionnel aux expositions

photographiques, films, conférences, présentations d'ouvrages et ateliers d'arts plastiques. Un seul élément est resté en l'état : l'église des jésuites, dont la façade monumentale se dresse à gauche de l'entrée principale du complexe.

Cementerio General

Le **cimetière municipal** (☺ 7h-12h et 14h-18h), au sud-ouest du marché et de la gare routière, est un rassemblement de tombes et de mausolées décorés de couronnes, fleurs exotiques et autres signes d'affliction. Asistur (p. 94) peut vous fournir un accompagnateur pour visiter ce site un peu isolé.

À FAIRE

Les agences suivantes sont bien établies et gérées par des professionnels. Elles proposent toute une gamme d'activités. Le mieux est de passer sur place pour connaître leur offre.
Old Town Outfitters (☎ 5399-0440 ; www.adventureguatemala.com ; 5a Av Sur 12C). Ces professionnels travaillent avec des guides locaux.
Guatemala Ventures (☎ /fax 7832-3383 ; www.guatemalaventures.com ; 1a Av Sur 15)

▷ Ascension de volcans

Les 3 volcans qui surplombent Antigua sont des défis tentants mais l'approche du **Fuego** dépendra de son activité récente. Pour bien des raisons, les deux pics de l'**Acatenango**, qui domine le Fuego, sont les sommets les plus excitants. Pour voir de près un volcan en activité, nombreux sont ceux qui escaladent le **Pacaya** (2 552 m), à 25 km au sud-est d'Antigua (1 heure 30 en voiture).

Renseignez-vous auprès de personnes bien informées avant de tenter l'ascension, aussi bien sur l'activité volcanique que sur les voleurs armés qui s'en prennent aux touristes sur certains chemins. L'Inguat (p. 94) est une source utile pour ce genre d'information. Le temps et la vue sont généralement meilleurs le matin. Prenez vos précautions : chaussures adaptées (la roche volcanique est abrasive), vêtements chauds et, à la saison pluvieuse (de mai à octobre), équipement de pluie. Emportez une lampe torche au cas où le temps changerait car il peut faire sombre quand il pleut en montagne – le mieux étant évidemment de ne pas partir si l'on annonce de la pluie. N'oubliez pas de l'eau et quelques provisions.

Il est préférable de partir par le biais d'une agence fiable (voir ci-dessus). Les excursions

Volcán Agua (810 Q) de Guatemala Ventures vous acheminent jusqu'au bout de la route de terre, bien après le village de Santa María de Jesús. Il ne reste ensuite que 2 heures de marche pour atteindre le sommet (contre 5 heures si l'on part du village).

Les excursions d'une journée proposées pour le Pacaya prévoient de 1 heure 30 à 2 heures de marche pour monter et 1 heure 30 pour la descente. Elles coûtent environ 350 Q, déjeuner et guide anglophone compris. Avec un peu de chance, vous pourrez jeter un coup d'œil à l'intérieur du cratère en activité. Plusieurs agences de voyages proposent des excursions quotidiennes au Pacaya au prix plancher de 80 Q (départ d'Antigua à 6h, retour à 14h). La nourriture et les boissons ne sont pas incluses, ni le droit d'entrée de 40 Q à la zone protégée du Pacaya.

Autres randonnées

Old Town Outfitters (voir ci-contre) propose un choix de randonnées d'une demi-journée avec guide (320 Q/pers) dans les collines autour d'Antigua. L'agence peut aussi vous conduire jusqu'à un des sommets du pays ou vous proposer une randonnée de 4 à 5 jours dans la Sierra de las Minas, à l'est du Guatemala, avec ses forêts de nuages et ses nombreuses zones de nidification du quetzal. Elle loue et vend également du matériel de camping. Guatemala Ventures (voir ci-contre) propose une gamme de randonnées axées notamment sur les forêts de nuages, l'observation des oiseaux et les chemins de crête.

Bénévolat

Beaucoup d'écoles de langues d'Antigua peuvent vous aider à trouver un travail bénévole. Reportez-vous p. 101 pour plus de détails.

Niños de Guatemala (☎ 4379-1557 ; www.ninosdeguatemala.org ; 6a Av Norte 45). Cet organisme soutient une école élémentaire à Ciudad Vieja (voir p. 114), à 5 km à l'ouest d'Antigua, où les enfants des familles à faibles revenus reçoivent un enseignement de qualité. Des bénévoles aident les enseignants guatémaltèques et se chargent des activités extrascolaires. Prenez contact avec l'école de langues Cima Del Mundo à Antigua, dont le centre pour bénévoles peut vous proposer également d'autres activités.

Proyecto Mosaico Guatemala (☎ /fax 7832-0955 ; www.promosaico.org ; 3a Av Norte 3 ; ◷ 10h-16h lun-ven, sauf mer 10h-14h). Cette association allemande à but non lucratif fournit des bénévoles à quelque 50 chantiers au Guatemala, grâce à une importante base de données. On recherche surtout des personnes ayant des connaissances médicales, mais aussi, pour des durées allant d'une semaine à un an, des bénévoles intéressés par la charpenterie, l'enseignement, la protection de l'environnement, l'aide aux enfants séropositifs ou l'agriculture biologique. Il faut être en bonne santé et âgé de 18 ans minimum.

Cyclotourisme

Old Town Outfitters (voir ci-contre) propose un choix de circuits en VTT de difficulté variable, notamment le Pedal & Paddle Tour (2 jours, de 1 750 à 2 500 Q), avec balade en kayak et randonnée au Lago de Atitlán.

Guatemala Ventures (voir ci-contre) propose aussi des circuits à vélo, de niveau moyen à difficile, des demi-journées ou des journées à vélo dans la vallée d'Antigua (1 075 Q), des circuits de 2 jours à vélo et en kayak au Lago de Atitlán (1 550 Q/pers) et des virées d'une semaine pour visiter les versants volcaniques, les forêts d'altitude et les mangroves du Pacifique ainsi que le Lago de Atitlán (8 600 Q). Autre option plus tranquille, la montée au Cerro Alto en minibus suivie de la descente en VTT (250 Q).

Si vous préférez pédaler seul, **Ox Expeditions** (☎ 7832-0074 ; www.guatemalavolcano.com ; 1 Av Sur 4B) loue des VTT de bonne qualité pour 30 Q/ heure.

Équitation

Ravenscroft Riding Stables (☎ 7830-6669 ; 2a Av Sur 3, San Juan del Obispo), à 3 km au sud d'Antigua sur la route de Santa María de Jesús, offre des cours d'équitation à l'anglaise, avec de belles promenades de 3, 4 ou 5 heures dans les vallées et les collines environnantes (205 Q l'heure pour les cavaliers confirmés, 250 Q pour les débutants). Une bonne condition physique est indispensable. Renseignez-vous ou réservez à l'**Hotel San Jorge** (☎ 7832 3132 ; 4a Av Sur 13). Pour rejoindre le centre d'équitation, prenez un bus en direction de Santa María de Jesús (p. 112).

Vous pouvez aussi monter à cheval à La Azotea, à Jocotenango (p. 113).

Spa et massage

El Temascal Spa & Café (☎ 4146-4122 ; www.saunamaya-eltemascal.com ; 1 Av Sur 11A). L'attraction maison est le *temascal*, sauna à la mode précolombienne saturé de plantes aromatiques (58 Q/ heure). On peut aussi s'offrir un massage, une séance de pédicure, une coupe de cheveux ou des tapas.

Mayan Spa (☎ 7832-3537 ; Calz Santa Lucía Norte 20).
Massages, soins du visage, exfoliations, manucure, Pilates
et yoga.

PROMENADE À PIED

Afin d'avoir une vue d'ensemble, prenez un
taxi pour grimper au **Cerro de La Cruz** (**1**), au
nord de la ville. Derrière la croix qui donne
son nom à cette colline, Antigua s'étend à
vos pieds, avec le majestueux volcan Agua au
fond. Essayez de repérer le Parque Central,
l'arc de la 5a Av et l'Iglesia de San Francisco.
Descendez la colline en empruntant le sentier
sur votre gauche – la police touristique
patrouille dans le parc le jour, ce qui réduit
de beaucoup le risque d'agression. Au pied
de la colline, tournez à droite et descendez
la rue pavée. Vous arriverez à un terrain de
basket au fond duquel s'élèvent les ruines de
l'**Iglesia de la Candelaria** (**2**). Prenez le temps
d'observer ses colonnes torses. Descendez
un pâté de maisons plus au sud, jusqu'à une
petite place avec fontaine. Prenez à gauche,
le long du mur jaune, pour jeter un œil au
Templo de Santa Rosa de Lima (**3**), petite église à la
façade décorée qui se dresse sur une propriété
privée. Faites demi-tour et partez vers l'ouest,
le long de la Alameda de Santa Rosa bordée
de jacarandas. Prenez la première à gauche, la
2a Av, après l'atelier de ferronnerie. À l'angle
de la première rue à droite, vous découvrirez
les ruines du couvent de **Las Capuchinas** (**4** ;
p. 96), avec sa tour caractéristique. À droite,
suivez la 2a Calle sur 2 pâtés de maisons et
passez devant le bureau de l'Inguat. Après
avoir croisé la 3a Av, tournez-vous à gauche
pour apercevoir les colonnes de la façade de
l'**Iglesia El Carmen** (**5**) et le marché artisanal
qui la jouxte. Continuez encore vers l'ouest
pendant un pâté de maisons et tournez à
droite dans la 4a Av. Près de l'angle de la
première à droite se dresse le vieux **Convento de
Santa Teresa** (**6**), qui servait récemment encore
de prison pour hommes. Tournez à gauche
dans la Calle. Vous apercevrez le clocher
jaune de l'**Iglesia de Nuestra Señora de la Merced**
(**7** ; p. 96). Tournez à gauche et descendez la
5a Av, jalonnée d'enseignes pour touristes,
notamment le centre artisanal **Nim Po't** (**8** ;
p. 112). Passez sous l'**Arco de Santa Catalina** (**9**).
Vestige d'un couvent du XVIIᵉ siècle qui s'élevait à cet endroit (aujourd'hui transformé
en hôtel et B&B de luxe), ce tunnel en forme
d'arche permettait aux nonnes de traverser
la rue sans être vues. L'horloge est un ajout

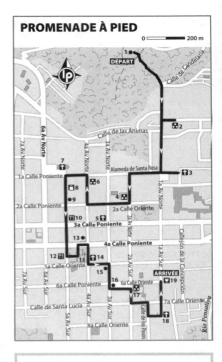

PROMENADE À PIED

0 — 200 m

DÉPART

ARRIVÉE

EN BREF

Départ : Cerro de la Cruz
Arrivée : Café Sky
Distance : 3,2 km
Durée : 4 heures

récent. Un pâté de maisons plus loin, jetez un
œil dans les patios de la **Posada de Don Rodrigo**
(**10** ; p. 108), où les orchestres de marimba
animent les dîners chics. Continuez le
long de la 5a Av jusqu'au **Parque Central** (**11** ;
p. 95), en vous arrêtant éventuellement au
Café Condesa (**12** ; p. 108) pour déguster un
cappuccino et une part de cheese-cake aux
figues avant d'aller admirer les monuments
du parc. Grimpez sur le balcon du **Palacio del
Ayuntamiento** (**13** ; p. 95) pour prendre une
photo du parc et de la **Catedral de Santiago** (**14** ;
p. 95). De retour en bas, partez vers l'est en
longeant le côté droit de la cathédrale afin
de découvrir les ruines cachées derrière sa
façade monumentale. De l'autre côté de la
rue, le site de l'ancienne **Universidad de San Carlos**
(**15** ; p. 96) renferme des trésors de l'art

colonial. Tournez à droite dans la 3a Av Sur et longez un pâté de maisons au sud jusqu'au **Tanque de La Unión (16)**, place bordée de palmiers et de marchands de tacos. Au centre se dresse un cadeau offert à Antigua en 1998 par la ville espagnole de Saint-Jacques-de-Compostelle : un *cruceiro* – une croix galicienne en pierre gravée de scènes bibliques. Au lavoir situé à l'extrémité est de la place, quelques femmes continuent de faire leur lessive, qu'elles étendent ensuite par terre pour la faire sécher. Traversez la 2a Av pour visiter le cloître paisible de l'**Iglesia y Convento de Santa Clara (17** ; p. 97). En sortant du couvent, contournez son côté sud et prenez la première à droite pour visiter l'**Iglesia y Convento de San Francisco (18)**, où vous pourrez allumer un cierge sur la tombe d'Hermano Pedro. Sortez par le portail nord, remontez la 1a Av et concluez votre circuit par un cocktail sur la terrasse du **Café Sky (19** ; p. 111), si le temps le permet.

COURS
Cours de langues

Les écoles de langues d'Antigua attirent des étudiants du monde entier. Le choix est vaste ! Les tarifs, la qualité de l'enseignement et la satisfaction des étudiants sont aussi très variables. La valeur pédagogique dépend souvent de l'enseignant et peut donc varier au sein d'une même école. Visitez plusieurs écoles avant de vous décider et, si possible, discutez avec des personnes ayant pris des cours récemment dans celles qui vous plaisent. L'office du tourisme de l'Inguat fournit la liste des écoles patentées. Les suivantes en font partie.

Academia Colonial (☎ 7882-4244 ; www.academiacolonial.com ; 7a Calle Poniente 11). École américaine installée dans un agréable jardin colonial. Cappuccinos faits sur place. L'enseignement comprend la visite de coopératives de tissage et des cours de cuisine.

Academia de Español Probigua (☎ 7832-2998 ; www.probigua.org ; 6a Av Norte 41B). École de bonne réputation à but non lucratif. Les bénéfices financent des bibliothèques en milieu rural. Cours spéciaux pour le personnel de santé.

Academia de Español Sevilla (☎ /fax 7832-5101 ; www.sevillantigua.com ; 1a Av Sur 17C). Cette école bien organisée propose un bon programme d'activités gratuites et peut vous trouver un travail bénévole. Belles installations avec postes de travail au milieu des ruines d'un monastère colonial. Possibilité de loger dans une maison d'étudiants.

Academia de Profesores Privados de Español (☎ /fax 7882-4284 ; www.appeschool.com ; 1a Calle Oriente 15). École fondée et dirigée par un ex-membre des Peace Corps. En plus des cours d'espagnol, on y donne des cours destinés aux personnes travaillant dans les domaines du tourisme, de l'éducation et de la santé, et l'on peut aller étudier dans le village isolé de San Juan del Obispo.

Centro Lingüístico Maya (☎ 7832-0656 ; www.clmaya.com ; 5a Calle Poniente 20). Vaste école très professionnelle et un peu chère, forte de 30 ans d'expérience dans la formation du personnel diplomatique et des journalistes.

Cima Del Mundo (☎ 7832-3327 ; www.cdmschool.com ; 6a Av Norte 45). Petit institut privilégiant un enseignement centré sur l'élève. L'école peut éventuellement vous procurer un travail bénévole à l'école Niños de Guatemala (p. 99) de Ciudad Vieja, destinée aux enfants de famille à faibles revenus, à laquelle vont tous les bénéfices de l'institut.

Coined Spanish School (☎ 7832-4846 ; www.cdl.edu.gt ; 6a Av Norte 9). Nouvel établissement d'une chaîne présente en Amérique latine appliquant la méthode communicative de l'Institut Cervantès de Madrid. On peut s'engager comme bénévole auprès de l'association caritative Nuestros Ahijados.

Escuela de Español San José el Viejo (☎ 7832-3028 ; www.sanjoseelviejo.com ; 5a Av Sur 34). École établie de longue date et installée dans un parc avec court de tennis, piscine et logements décorés avec goût. Les étudiants peuvent changer d'enseignant chaque semaine et l'école est accréditée par le ministère guatémaltèque de l'Éducation.

Instituto Antigüeño de Español (☎ 7832-7241 ; www.spanishacademyantiguena.com ; 1a Calle Poniente 10). Cette école chaudement recommandée, autorisée par le ministère de l'Éducation, peut vous trouver un travail de bénévole à l'hôpital Hermano Pedro si vous êtes travailleur social ou spécialisé en pédiatrie.

Proyecto Lingüístico Francisco Marroquín (☎ / fax 7832-1422 ; www.spanishschoolplfm.com ; 6a Av Norte 43). Fondée en 1969, c'est la plus vieille école de langues d'Antigua. Elle est gérée par une association à but non lucratif pour la préservation des langues et de la culture indigènes et peut enseigner le quiché et le cakchiquel, entre autres langues mayas.

Quelques autres écoles recommandées :
Christian Spanish Academy (☎ 7832-3922 ; www.learncsa.com ; 6a Av Norte 15)
Escuela de Español Cooperación (☎ 5812-2482 ; www.spanishschoolcooperacion.com ; 7a Av Norte 15 B)
Ixchel Spanish School (☎ /fax 7832-0364 ; www.ixchelschool.com ; 7a Calle Poniente 15)
Spanish Language Center (☎ 7832-6608 ; www.bestspanishlesson.com ; 6a Av Norte 16A)

Les cours débutent habituellement le lundi, mais vous pouvez arriver durant la semaine. La plupart des écoles offrent des cours de tous niveaux et permettent de rester aussi longtemps qu'on le souhaite. La durée habituelle est de 3 à 4 semaines, mais on peut se contenter d'une semaine. Pour les périodes les plus courues (janvier et d'avril à août), certaines écoles demandent une réservation bien à l'avance.

Les cours, presque toujours particuliers, coûtent de 750 à 1 515 Q la semaine de 5 jours pour 4 heures quotidiennes. Vous pouvez choisir jusqu'à 10 heures de cours par jour, mais beaucoup estiment que 4 ou 5 heures quotidiennes suffisent amplement. La plupart des écoles peuvent vous trouver un logement chez l'habitant, généralement dans une chambre individuelle en pension complète (sauf le dimanche) pour environ 700 Q la semaine – un peu plus si vous désirez une sdb individuelle. Des écoles proposent un hébergement dans une pension ou dans leur propre auberge de jeunesse.

Le séjour chez l'habitant est censé permettre une immersion totale de l'élève, mais le système connaît des limites lorsque les familles reçoivent plusieurs étrangers en même temps ou que les étudiants ne prennent pas leurs repas avec la famille d'accueil. L'afflux des étrangers contribue à ne pas faire d'Antigua l'endroit idéal pour apprendre l'espagnol. Vous ferez sûrement plus de progrès dans des lieux moins touristiques, à Quetzaltenango, dans le Petén ou ailleurs.

Cours de cuisine

Antigua Cooking School (☎ 5944-8568 ; www.antiguacookingschool.com ; 5a Av Norte 25B ; cours de 4 heures 520 Q). Cours de cuisine guatémaltèque traditionnelle avec préparation des *tamales* de maïs, *subanik*, *pepián* ou *chuchitos*. Cours du lundi au samedi.
El Frijol Feliz (☎ 7882-4244 ; www.frijolfeliz.com ; 7a Calle Poniente 11 ; cours de 3 heures 330 Q). Préparez vous-même un repas guatémaltèque en choisissant votre menu.

CIRCUITS ORGANISÉS

Dans le secteur du Parque Central, des guides accrédités par l'Inguat proposent des visites guidées de la ville à pied, avec découverte des couvents, ruines et musées, pour 100 à 160 Q. Les agences de voyages comme Adrenalina Tours, Aviatur, Atitrans et Sinfronteras (voir p. 92) proposent chaque jour des visites similaires, ainsi que des excursions dans les villages environnants et les plantations de café pour 200 Q environ.

Elizabeth Bell, spécialiste locale de l'histoire d'Antigua, et ses collègues érudits proposent des promenades culturelles de 3 heures (en anglais et/ou en espagnol) les mardi, mercredi, vendredi et samedi à 9h30, et les lundi et jeudi à 14h (160 Q). On peut s'inscrire auprès d'**Antigua Tours** (☎ /fax 7832-5821 ; www.antiguatours. net ; 5a Av Norte 6), dans le Café El Portal (Portal del Comercio 6) près du Parque Central. Le regroupement se fait près de la fontaine du parc pour le départ. L'ouvrage *Antigua Guatemala: The City and Its Heritage* d'Elizabeth Bell (disponible en anglais, espagnol ou italien) est utile pour sa description détaillée de tous les monuments et ses explications concernant l'histoire et les fêtes. Antigua Tours organise aussi des excursions dans les villages voisins de San Antonio Aguas Calientes et San Andrés Itzapa, où l'on peut admirer respectivement des ateliers de tissage et des sanctuaires mayas.

Adrenalina, Sinfronteras, Turansa et d'autres agences proposent aussi des excursions pour des destinations plus lointaines comme Tikal, la région de Cobán, Monterrico, Chichicastenango et le Lago de Atitlán. Une excursion de 2 jours à Tikal, avec aller-retour en avion entre Guatemala Ciudad et Flores, coûte 3 600 Q minimum par pers. La journée bien remplie à Tikal coûte 2 415 Q. Les circuits de 2 jours à Copán (certains incluant Quiriguá et le Río Dulce) coûtent entre 1 300 et 3 420 Q par pers, selon le nombre de participants, le confort des hôtels et la disponibilité du guide.

CATours (☎ 7832-9638 ; www.catours.co.uk ; 6a Calle Oriente 14) organise une excursion de 2 jours à moto au Lago de Atitlán ou à Monterrico à partir de 1 385 Q.

FÊTES ET FESTIVALS

Antigua est particulièrement animée pendant la **Semana Santa** (Pâques), quand, par centaines, les fidèles en longue robe violette portent chaque jour en procession sous d'épaisses volutes d'encens les effigies vénérées de leurs églises en souvenir de la Crucifixion et des événements qui l'entourent. De somptueuses *alfombras* (tapis), composées de sciure de bois colorée et de pétales de fleurs, recouvrent les rues. Ces œuvres d'art éphémères, piétinées par les processions, sont recréées chaque matin.

La ferveur et l'affluence culminent le Vendredi saint, quand une procession part au petit matin de La Merced et une autre, tard dans l'après-midi, de l'Escuela de Cristo. Une représentation de la Crucifixion a parfois lieu dans le Parque Central. Faute d'avoir réservé une chambre longtemps à l'avance, vous devrez sans doute séjourner à Guatemala Ciudad ou ailleurs.

Processions, *velaciones* (veillées) et autres manifestations ont lieu tous les week-ends pendant le carême, les 40 jours qui précèdent Pâques. L'office du tourisme d'Antigua dispose du programme des événements, et la brochure *Lent and Holy Week in Antigua*, d'Elizabeth Bell, les explique en détail.

OÙ SE LOGER

Avec 140 hôtels, *posadas* et auberges de jeunesse – selon les estimations de l'Inguat –, Antigua possède des hébergements pour tous les goûts et tous les budgets. Il est généralement facile de trouver une chambre, sauf pendant la Semana Santa, pour laquelle il faut réserver longtemps à l'avance et être prêt à payer deux fois plus cher. Certains hôtels d'Antigua ont des bureaux à l'aéroport de Guatemala Ciudad, où l'on peut réserver une chambre ou demander un transfert (souvent gratuit) jusqu'à l'hôtel.

Petits budgets

À votre arrivée dans un hôtel de cette catégorie, inspectez d'abord plusieurs chambres en ayant l'œil au confort, à la lumière et au bruit. Lorsque l'on annonce de l'eau chaude, attendez-vous à un appareil électrique fixé sur la pomme de douche et estimez-vous heureux si la douche comporte deux robinets.

Asistur (☎ 5978-3586 ; asisturantiguaguatemala@gmail.com ; 6a Calle Poniente Final ; P wifi). On peut garer son camping-car ou planter sa tente sur le terrain d'Asistur, la police touristique. L'emplacement est gratuit, mais les objets laissés en remerciement (outils, spray insecticide) sont les bienvenus. Il y a des toilettes, des douches et des bornes électriques.

Hostal Umma Gumma (☎ 7832-4413 ; ummagumma@itelgua.com ; 7 Av Norte 15 ; s/d 85/170 Q, dort/s/d sans sdb 40/60/120 Q ; internet). Bien qu'un peu négligée, cette auberge de jeunesse au décor psychédélique est un endroit agréable pour se détendre, faire des connaissances ou pour le farniente sur la terrasse ombragée. La cuisine, bien équipée, est à disposition des clients et les propriétaires tiennent une bonne agence de voyages.

Dionisio Guest House (☎ 5644-9486 ; ciuisis@yahoo.com ; 3a Calle Poniente Callejón ; dort avec/sans sdb 45/40 Q, d/tr 150/200 Q, sans sdb 120/150 Q ; internet wifi). C'est la plus décontractée des 4 pensions installées dans cette impasse entre la 7a Av et la Calz Santa Lucía. Les chambres, flambant neuves et joliment décorées bordent une terrasse ensoleillée, la cuisine est bien équipée (avec machine à expresso) et il y a un coin pour s'asseoir et consulter sa messagerie sur son ordinateur portable ou regarder des vidéos de Bob Marley.

Kafka (6a Av Norte 40 ; dort petit-déj inclus 50 Q ; wifi). Des dortoirs simples et propres sont aménagés en dessous de ce bar très fréquenté (voir p. 110). Ils sont équipés de couvertures épaisses et de sdb propres et carrelées. Le dortoir situé à l'arrière est le plus calme.

Jungle Party Hostal (☎ 7832-0463 ; www.junglepartyhostal.com ; 6a Av Norte 20 ; dort 50 Q ; wifi). Avec son bar, ses hamacs et son barbecue à volonté du samedi, le Jungle Party ne manque pas d'ambiance et le personnel souriant connaît par cœur les besoins des voyageurs.

Black Cat Hostel (☎ 7832-1229 ; www.blackcathostels.net ; 6 Av Norte 1A ; dort 60 Q, d/tr 150/225 Q). Les dortoirs sont exigus et on ne peut pas utiliser la cuisine, mais l'établissement tourne toujours à plein, côté auberge de jeunesse et côté bar, en particulier à l'heure de l'*happy hour* (tous les soirs, pour les clients seulement). Il propose aussi des circuits, des projections gratuites, de bons conseils sur la ville et un petit-déjeuner pantagruélique inclus dans le prix.

♡ **Yellow House** (☎ 7832-6646 ; yellowhouseantigua@hotmail.com ; 1a Calle Poniente 24 ; s/d sans sdb 75/130 Q ; internet). Simple et bien conçu, respectueux de l'environnement et particulièrement accueillant, c'est une perle dans sa catégorie. Les chambres, de taille et de style variables, ont toutes des lits confortables, un éclairage encastré et des fenêtres équipées de moustiquaires. Essayez d'en obtenir une à l'étage donnant sur la terrasse ornée de plantes vertes, idéale à l'heure du petit-déjeuner, copieux et sain. Il peut y avoir des embouteillages dans les 3 seules sdb du rez-de-chaussée, mais elles sont impeccables et reçoivent l'eau chaude solaire.

El Hostal (☎ 7832-0442 ; elhostal.antigua@gmail.com ; 1a Av Sur 8 ; dort 75-90 Q, s/d/tr sans sdb 120/220/300 Q ; wifi). Nouvelle auberge de jeunesse à deux pas du

Café No Sé. Distribués autour d'un agréable petit patio-café, les quelque 6 chambres et dortoirs bien tenus sont équipés de robustes lits individuels ou de couchettes bien espacées et de quelques meubles. Les murs fraîchement repeints laissent voir quelques briques apparentes.

Casa Jacaranda (☎ /fax 7832-7589 ; hyrcasajacaranda@ gmail.com ; 1a Calle Poniente 37 ; dort 82 Q, s/d sans sdb 165/287 Q ; 💻 🛜). Les chambres de cette nouvelle auberge de jeunesse originale sont simples mais décorées avec goût, tout comme le grand salon orné d'une fresque d'après Klimt (la femme est vêtue d'un *huipil*). Les dortoirs pour 4 sont spacieux et les sdb communes bien conçues. À l'arrière, le patio verdoyant, ombragé par un jacaranda, est un havre inattendu dans ce quartier animé.

Hotel Burkhard (☎ 7832-4316 ; hotelburkhard@ hotmail.com ; 3a Calle Oriente 19A ; ch 100 Q). Bien situé près du bar El Muro (p. 110), ce petit hôtel propose sur deux niveaux des chambres compactes mais pleines de fantaisie.

Posada Don Diego (☎ 7832-1401 ; posadadondiego@ gmail.com ; 6a Av Norte 52 ; s/d 160/285 Q, sans sdb 110/185 Q ; 💻 🛜). Installée derrière un vendeur de beignets lui-même en face de La Merced, cette *posada* propose quelques chambres confortables et meublées avec simplicité face à une pelouse avec fontaine en pierre. Les plus chères ont une sdb privative et une TV à écran plat.

Posada Juma Ocag (☎ 7832-3109 ; Calz Santa Lucía Norte 13 ; s/d/tr 120/140/200 Q). Les 7 chambres impeccables et confortables sont équipées d'une literie de qualité et d'éléments traditionnels, comme la tête de lit en fer forgé, les masques décoratifs en céramique et les miroirs faits maison. Malgré sa situation face au marché, c'est un endroit calme, surtout à l'étage, agrémenté d'un patio en terrasse et d'un petit jardin bien tenu. Il faut se présenter en personne pour réserver.

Hotel la Casa de Don Ismael (☎ /fax 7832-1932 ; www.casadonismael.com ; 3a Calle Poniente 6, Lotificación Cofiño 2a Callejón ; s/d 120/175 Q, petit-déj inclus 160/225 Q ; 🛜). Pension modeste et accueillante, cachée au fond d'une petite rue, où l'on partage l'espace avec la famille de don Ismael, son aimable et cordial propriétaire. Les 7 chambres rustiques se partagent 3 sdb avec eau chaude et il y a une agréable terrasse sur le toit.

Casa Santa Lucía No 2 (☎ 7832-7418 ; Calz Santa Lucía Norte 21 ; s/d 120/180 Q ; 🅿). Dans cet hôtel abrité derrière des grilles, en face des ruines de San Jerónimo, les chambres impeccables ont un charme tout colonial et un sol de terre cuite ciré à la perfection. Les douches sont très bien aussi, mais vérifiez préalablement l'heure à laquelle il y a de l'eau chaude.

Casa Santa Lucía No 3 (☎ 7832-1386 ; 6a Av Norte 43 ; ch 186 Q). Remontez le temps dans cet hôtel avec galeries voûtées, poutres apparentes, chambres aux murs patinés et douches bouillantes. Le personnel n'est pas très liant, mais le tarif est intéressant, tout comme la situation, juste au nord de La Merced.

Catégorie moyenne

Quelques hôtels de cette catégorie permettent de goûter au charme colonial d'Antigua pour un prix raisonnable.

Black Cat Inn (☎ 7832-4698 ; blackcathostels. net/antigua/inn ; 5a Calle Poniente 11A ; dort 60 Q, s/d/tr 150/250/375 Q ; 🛜). Ouverte en août 2009, cette version améliorée de l'auberge de jeunesse du même nom affiche la même couleur marron, un personnel branché, un service de blanchisserie et un petit-déjeuner inclus dans le prix. Plus spacieuses (mais parfois bizarrement meublées), les chambres sont alignées le long d'un corridor colonial donnant sur un patio bien entretenu. Le dortoir accueille une douzaine de personnes.

Las Golondrinas (☎ 7832-3343 ; drrios@intel.net.gt ; 6a Av Norte 34 ; s/d 150/300 Q, avec cuisine 170/340 Q ; 🛜). Les chambres-appartements de ce complexe tranquille permettent de faire la cuisine soi-même. Réparties autour d'un jardin planté d'arbres, toutes ont des terrasses où il fait bon dîner le soir. L'établissement est tenu par un voyageur invétéré qui a escaladé des centaines de volcans. Remises intéressantes pour les séjours d'un mois ou d'une semaine.

Posada Asjemenou (☎ 7832-2670 ; www.hotelposadaasjemenou.com ; 5a Av Norte 31 ; s/d 215/290 Q, sans sdb 166/215 Q ; 🛜). Juste au nord de l'Arco de Santa Catalina, cette *posada* aménagée autour de deux patios fut autrefois la demeure d'un poète guatémaltèque reconnu. Le patio du devant, où l'on sert un petit-déjeuner inclus dans le prix, est plus joli, mais les chambres entourant le deuxième patio sont en meilleur état.

Casa Cristina (☎ 7832-0623 ; www.casa-cristina.com ; Callejón Camposeco 3A ; s/d rez-de-chaussée 185/224 Q, étage 224/275 Q ; 🛜). Petit hôtel confortable sur deux niveaux dans une jolie petite rue proche de La Merced. Les chambres sont décorées de manière pittoresque, avec dessus-de-lit en tissage indien, couleurs pastel, mobilier en bois lasuré. La terrasse sur le toit (ouverte jusqu'à 20h), offre un refuge agréable.

Hotel La Tatuana (☎ 7832-1223 ; latatuana@ hotmail.com ; 7a Av Sur 3 ; s/d 200/256 Q). Petit hôtel confortable à quelques pâtés de maisons du Parque Central, doté d'un joli patio et d'une petite terrasse sur le toit. Les chambres, traitées sur le mode rustique, ont des murs peints à l'éponge, du bois lasuré et des panneaux peints au-dessus des lits. L'hôtel porte le nom d'un personnage traditionnel d'Antigua que l'aimable personnel de l'hôtel se fera une joie de vous décrire.

Hotel Posada San Vicente (☎ /fax 7832-3311 ; hotel_san_vicente@yahoo.com.mx ; 6a Av Sur 6 ; s/d 200/300 Q ; Ⓟ ⓢ). Établissement tenu en famille, à un pâté de maisons du Parque Central. Une certaine agitation y règne à la sortie des écoles, mais le patio central, véritable jardin botanique de fougères et de broméliacées, saura vous apaiser. Les chambres propres et colorées sur deux niveaux n'échappent pas au kitsch colonial habituel.

Posada Doña Luisa (☎ 7832-3414 ; posadadonaluisa@ hotmail.com ; 7a Av Norte 4 ; s/d/tr 230/293/341 Q). Nouvelle venue dans le club très fermé des pensions coloniales, celle-ci possède 4 chambres à l'étage et 4 au rez-de-chaussée, toutes spacieuses, fraîchement repeintes, et face à une pelouse rectangulaire avec fontaine.

Hotel Posada San Pedro (☎ 7832-0718 ; www. posadasanpedro.net ; 7a Av Norte 29 ; s/d/tr 240/320/360 Q). Posada restaurée avec un grand amour du détail. Les chambres sont spacieuses, bien meublées et donnent sur 2 beaux patios agrémentés de suspensions florales.

Hotel Posada San Pedro (☎ 7832-3594 ; www. posadasanpedro.net ; 3a Av Sur 15 ; s/d/tr 240/320/360 Q). Les 10 chambres de cet autre San Pedro sont impeccables et engageantes, peintes dans les tons moutarde et chocolat, pourvues de sdb carrelées d'azulejos et de TV par câble. Une cuisine pour les hôtes, plusieurs salons et 2 terrasses avec une belle vue renforcent l'atmosphère confortable et accueillante.

Hotel Las Campanas (☎ 7832-3396 ; losbucaros@ intelnett.com ; Av del Desengaño 24 ; s/d 240/320 Q). Quoiqu'un peu excentré, cet hôtel à la fois rustique et moderne offre un excellent rapport qualité/ prix. Les 9 chambres impeccables sont disposées autour d'un entrelacs d'arcades, de balcons et de colonnes en bois envahi de plantes vertes.

Hotel La Sin Ventura (☎ 7832-0581 ; www.lasinventura. com ; 5a Av Sur 8 ; s/d/tr petit-déj inclus 249/390/564 Q ; Ⓟ). À un demi-pâté de maisons du Parque Central,

ce faux palais colonial est installé au-dessus d'un complexe comprenant un cinéma, une discothèque et le fameux bar Monoloco. Ses 35 chambres aux teintes pastel s'alignent sur deux niveaux le long de beaux corridors carrelés. Vue superbe depuis la petite terrasse du dernier étage.

Hotel Posada La Merced (☎ 7832-3197 ; www. hotelmerced.com ; 7a Av Norte 43A ; s/d 374/498 Q, sans sdb 249/332 Q ; ⓢ). Derrière ses lourdes portes en bois se cache un intérieur moderne. Les chambres situées à l'arrière entourent un patio paisible, idéal pour les séances de hamac, et ont plus de panache, avec leurs tissages *típicos* et leur mobilier colonial. Il y a aussi une terrasse au dernier étage, une cuisine bien équipée pour les hôtes, du café le matin et un personnel aimable.

ⓞ **Hostal el Montañes** (☎ 5308-6223 ; www. hostalelmontanesantigua.com ; Calle del Hermano Pedro 19B ; d petit-déj inclus 498 Q, s/d/tr sans sdb 250/332/415 Q). Maison familiale confortable à bien tenue, derrière l'église San Francisco. Les 4 chambres, spacieuses, lumineuses et décorées avec amour, se partagent une grande sdb étincelante. Les hôtes peuvent profiter du salon TV, de la salle à manger et du délicieux jardin devant.

ⓞ **Hotel Casa Rústica** (☎ 7832-3709 ; www. casarusticagt.com ; 6a Av Norte 8 ; s/d 357/440 Q, sans sdb 274/323 Q ; ⌨ ⓢ). Tout sonne juste dans cette "maison rustique", de la fontaine octogonale dans le patio pavé jusqu'aux tables carrelées de la terrasse ensoleillée sur le toit. Aménagé par Darryl, le propriétaire originaire du Tennessee, c'est un des rares hôtels de sa catégorie à fournir une cuisine à ses hôtes, ainsi qu'un billard et un salon de détente. Joliment décorées de tissus indiens, les 14 chambres occupent 2 bâtiments à l'étage.

Hotel Santa Clara (☎ 7832-4291 ; www.hotelsantacla-raantigua.com ; 2a Av Sur 20 ; s/d/tr 291/374/457 Q). Situé dans un secteur tranquille au sud du centre, cet hôtel possède des chambres anciennes magnifiquement restaurées donnant sur un petit jardin, avec têtes de lit en bois sculpté et éclairage encastré dans les poutres du plafond. À l'arrière, sur 2 niveaux, on trouve des chambres plus récentes et plus lumineuses avec vue sur le couvent de San Francisco depuis le dernier étage.

Posada de Don Valentino (☎ 7832-0384 ; www.posada-donvalentino.com ; 5a Calle Poniente 28 ; s/d/tr 307/390/457 Q). Une fois passé le cybercafé du hall d'entrée, c'est une petite pension accueillante dotée de chambres spacieuses et gaies à la luminosité variable. Les meilleures sont les 3 suites entourant la terrasse du dernier étage.

Hotel Plaza Mayor (☎ 7832-0055 ; juanchew@gmail. com ; 4a Calle Poniente 9 ; s/d/tr 307/407/506 Q). Hôtel à la fois moderne et rustique. Les chambres, spacieuses, donnent toutes sur l'intérieur tranquille. Son atout majeur est sa situation, à quelques pas du parc.

Hotel Centro Colonial Antigua (☎ 7832-1641 ; juanchew@gmail.com ; 4a Calle Poniente ; s/d/tr 374/457/540 Q). À un demi-pâté de maisons du Parque Central, cet établissement colonial abuse un peu du chintz. Les chambres, lumineuses, sentent le pin ; leurs poutres apparentes sont décorées et le mobilier est neuf.

◑ Posada San Sebastián (☎ 7832-2621 ; snsebast@ hotmail.com ; 3a Av Norte 4 ; s/d/tr 374/498/580 Q ; ☞). Menuisier, restaurateur de mobilier ancien et, à l'occasion, joueur de xylophone, Luis Méndez Rodríguez a aménagé lui-même cette vieille demeure. Les 9 chambres, toutes meublées différemment, témoignent de son talent de chineur et de restaurateur. Il y a aussi de grandes sdb avec baignoire, une terrasse sur le toit, un joli petit jardin et une cuisine à disposition.

Hotel Palacio Chico (Casa 1940) (☎ 7832-3895 ; www.hotelpalaciochico.com ; 7a Av Norte 15 ; s/d/tr petit-déj inclus 374/580/664 Q ; ☞). Quoiqu'un peu petites, les chambres de cet hôtel chic et bien tenu sont joliment décorées, carrelées de manière traditionnelle, dotées de lit en fer et de murs peints à l'éponge. On peut s'offrir des soins de pédicure au spa du rez-de-chaussée et prendre le soleil sur la terrasse du dernier étage.

Hotel Palacio Chico (Casa 1850) (☎ 7832-7137 ; www.hotelpalaciochico.com ; 3a Av Sur 6 ; s/d/tr petit-déj inclus 374/580/664 Q ; Ⓟ ▣ ☞). Proche de la place Tanque de La Unión, ce petit hôtel occupe une belle demeure coloniale jouissant d'un jardin central débordant de fleurs. Les chambres sont spacieuses, dotées de plafonds carrelés et de mobilier ancien, mais les fenêtres sur rue laissent passer le bruit.

Hotel San Jorge (☎ 7832-3132 ; sanjorge@terra.com. gt ; 4a Av Sur 13 ; s/d 438/504 Q ; Ⓟ ☞). Cet hôtel de catégorie moyenne situé dans un quartier chic conjugue élégance et confort. Les 14 chambres avec moquette donnent sur une vaste pelouse avec fontaine et perruches, et offrent cheminées, tableaux représentant des scènes coloniales et grandes sdb avec baignoire.

Hotel Casa Antigua (☎ 7832-9090 ; www. hotelcasa-antigua.com ; 3a Calle Poniente 5 ; s/d 450/535 Q ; Ⓟ ▣ ☞ ♿). Tout aussi bien tenu que l'Hotel

Casa Rústica, par le même propriétaire, cet hôtel occupe une demeure ancienne rénovée ayant appartenu plusieurs générations durant à une famille aristocratique. Toutes les chambres, de taille et de configuration variables, arborent des tissages, du mobilier ancien et quelques lustres (l'un d'eux en provenance de la cathédrale d'Antigua). Il y a aussi une terrasse au dernier étage, une cuisine bien équipée à disposition et une navette pour l'aéroport (300 Q jusqu'à 3 pers).

Hotel Entre Volcanes (☎ 7832-9436 ; www.hotelentrevolcanes.com ; Calz Santa Lucía Sur 5 ; s/d/tr 457/540/523 Q ; Ⓟ ▣ ☞). Cet hôtel se distingue des autres établissements coloniaux par sa situation juste à côté du marché. Les 15 chambres sont alignées sur 2 niveaux le long de corridors soutenus par des colonnes et des poutres grossièrement taillées.

Hotel Aurora (☎ 7832-0217 ; www.hotelauroraantigua. com ; 4a Calle Oriente 16 ; s/d/tr 540/580/640 Q ; Ⓟ ▣ ☞). Dans cet hôtel qui fleure bon l'ancien temps, 17 chambres spacieuses entourent une pelouse avec fontaine et chaises en rotin. Le petit-déjeuner est inclus dans le prix.

Catégorie supérieure

Hotel Quinta de las Flores (☎ 7832-3721 ; www. quintadelasflores.com ; Calle del Hermano Pedro 6 ; s/d à partir de 540/623 Q, bungalow 996 Q ; Ⓟ ▣ ♨). Cet hôtelvillage installé sur une propriété à la lisière sud-est de la ville aura plus d'une occasion de vous séduire, avec ses chemins de galets qui serpentent entre les oiseaux de paradis et les tulipiers d'Afrique, ses places pavées ornées de fontaines anciennes, sa grande piscine au milieu d'une végétation tropicale et son restaurant en plein air. Le bâtiment principal comporte 8 grandes chambres luxueuses, la plupart dotées d'une cheminée. Les 5 "chambres jardins" avec terrasse privée sont plus à l'écart, et les 5 *casitas* à un étage comportent 2 chambres, une cuisine et un salon. Rabais importants pour les séjours à la semaine.

Hotel Convento Santa Catalina (☎ 7832-3080 ; www. conventohotel.com ; 5a Av Norte 28 ; s/d/tr 664/763/863 Q ; Ⓟ ▣). De tous les hôtels de luxe issus d'une rénovation, c'est un des plus remarquables. Le célèbre passage voûté d'Antigua, juste devant l'entrée, fut construit pour les nonnes dont l'hôtel occupe désormais le couvent. La partie coloniale à l'avant et l'arrière, plus "moderne", sont d'une égale beauté. L'arrière est néanmoins plus calme et doté de kitchenettes et de baies vitrées donnant sur une pelouse et les anciens murs du couvent.

Hotel El Mesón de María (☎ 7832-6068 ; www. hotelmesondemaria.com ; 3a Calle Poniente 8 ; s/d petit-déj inclus à partir de 705/863 Q ; 🖳 🛜). Tout est parfait dans cet hôtel particulier du XXᵉ siècle restauré : literies fermes, têtes de lit sculptées, petit-déjeuner servi dans une salle fleurie et terrasse au dernier étage pour admirer le volcan. Les chambres sont un peu étroites mais les sdb ont une baignoire. Tarifs en hausse de 15% le week-end.

Hotel Casa Azul (☎ 7832-0961 ; www.guate.com/ casaazul ; 4a Av Norte 5 ; ch à partir de 797 Q ; 🅿 🛋). Cet hôtel de charme proche du parc joue la carte du chic colonial. Chaque chambre a sa décoration particulière. Celles de l'étage ont une vue panoramique, des sdb luxueuses et un minibar. Moins chères, celles du rez-de-chaussée n'ont pas de vue mais sont plus proches de la piscine, du spa et du sauna.

Mesón Panza Verde (☎ 7832-2925 ; www.panzaverde. com ; 5a Av Sur 19 ; ch/ste 830/1 370 Q ; 🅿 🖳 🛋). Hôtel dans le style des B&B européens, tenu par un Nord-Américain et comprenant 3 chambres et 9 suites. Il est décoré d'un mobilier somptueux, parfois joliment fané du fait de son usage à l'extérieur. L'étage est une galerie d'art à laquelle on accède par un escalier avec balustrade en fer. L'ambiance et le restaurant (p. 110) sont parmi les meilleurs d'Antigua.

Cloister (☎ 7832-0712 ; www.thecloister.com ; 5a Av Norte 23 ; ch petit-déj inclus 1 079 Q ; 🅿). Cloître de charme restauré avec amour dans l'ancienne école du couvent de Santa Catalina (XVIᵉ siècle). Les 7 chambres ou suites ont toutes été décorées différemment par leur propriétaire, originaire de Boston, avec cheminées, mobilier ancien, bibliothèques et espaces pour les enfants. Le jardin est une apothéose. Cartes bancaires non acceptées.

Casa Santo Domingo Hotel (☎ 7820-1222 ; www. casasantodomingo.com.gt ; 3a Calle Oriente 28A ; ch à partir de 1 619 Q ; 🅿 🖳 🛜 🛋). Aménagé avec créativité dans les ruines de l'immense monastère de Santo Domingo, c'est l'hôtel le plus prestigieux d'Antigua. Les 128 chambres et suites sont classées 5-étoiles et les splendides jardins coloniaux sont jalonnés de vestiges archéologiques, d'une vaste piscine, de plusieurs grands restaurants et boutiques, et de 5 musées (voir p. 97). Les prix baissent le week-end et de septembre à novembre.

Posada del Ángel (☎ 7832-5244 ; www.posadadelangel.com ; 4a Av Sur 24A ; ch 1670 Q ; 🅿 🛋). Cette *posada* est le B&B le plus célèbre d'Antigua depuis que Bill Clinton y a dormi en 1999. Si elle ne paye pas de mine, c'est un festival de luxe une fois passée la porte du parking. Il y a même une piscine dans le patio. Les 5 chambres et 2 suites ont toutes une cheminée, des bouquets de lis, des lits à colonnes et un sol carrelé rutilant.

OÙ SE RESTAURER

La plupart des établissements huppés ajoutent 10% de service à l'addition. Si ce n'est pas clair, posez la question.

Cuisine guatémaltèque

En début de soirée, doña María s'installe en face de La Merced, en haut de la 5a Av. Elle vend de bons *tamales* et *chuchitos,* avec de la sauce piquante et du chou au vinaigre, ainsi que de l'*atol blanco* (boisson chaude à base de maïs). Roboratif !

🄾 **Tienda La Canche** (6a Av Norte 42). Cet établissement minuscule consiste en 2 tables avec des nappes à fleurs installées derrière la boutique familiale. Depuis la deuxième en entrant, on a vue sur la cuisine étroite, où 5 à 6 femmes vêtues de *huipiles* s'affairent autour de grosses cocottes. Elles préparent chaque jours deux ou trois spécialités comme le *pepián de pollo,* un sauté de poulet aux pommes de terre et au *huizquil* (un tubercule voisin du manioc), accompagnés d'épaisses tortillas, d'un demi-avocat et de *frescos,* des boissons maison à base de fruits frais.

Doña María Gordillo Dulces Típicos (4a Calle Oriente 11). Les *Antigüeños* font souvent la queue devant cette boutique face à l'Hotel Aurora pour acheter des douceurs guatémaltèques.

La Cenicienta (5a Av Norte 7 ; part de gâteau 20 Q). Cette pâtisserie à l'ancienne proche du Parque Central est un arrêt obligatoire pour les amateurs de cheese-cake, de gâteau renversé à l'ananas, de *torte* aux amandes ou de tourte aux noix de macadamia. Le personnel attentif manie parfaitement la machine à expresso placée derrière le comptoir.

Casa de las Mixtas (3a Callejón ; plats 20-30 Q ; 🕒 petit-déj, déj et dîner). Pour goûter une cuisine guatémaltèque maison qui ait du style, entrez dans ce restaurant situé dans une petite rue tranquille en face du marché. En plus des en-cas dont parle l'enseigne (les *mixtas* sont des sortes de hot-dogs guatémaltèques enroulés dans une tortilla) on y sert des *paches* (sorte de tamales où la pomme de terre remplace le maïs dans la pâte) et des plats spéciaux pour le petit-déjeuner. Les habitués s'installent sur la petite terrasse à l'étage.

Restaurante Doña Luisa Xicotencatl (☎ 7832-2578 ; 4a Calle Oriente 12 ; sandwichs et petit-déj 30-40 Q). C'est probablement le restaurant le plus connu d'Antigua. On y déguste un petit-déjeuner ou un repas léger dans un patio colonial. La boulangerie adjacente vend toutes sortes de pains petits ou gros ; celui à la banane sort du four vers 14h.

Café Condesa (☎ 7832-0038 ; Portal del Comercio 4 ; petit-déj et en-cas à partir de 35 Q ; 🕙 7h-20h dim-jeu, 7h-21h ven-sam). Il faut traverser la librairie pour accéder à ce restaurant installé autour du patio d'une demeure du XVIᵉ siècle. Les pâtisseries sont la spécialité de la maison : tourtes, gâteaux, quiches, scones et pain complet pour sandwichs. Le copieux buffet dominical, de 9h à 13h (58 Q), est une institution.

La Esquina (☎ 7882-4761 ; 6a Calle Poniente 7 ; soupes et salades 35 Q, steak 110 Q ; 🕙 12h-22h mar-sam, 12h-15h30 dim ; 🛜 🍴). Restaurant décontracté autour d'un patio à la flore tropicale. La carte est concise, mais propose un assortiment chic de spécialités guatémaltèques et internationales, comme la soupe à la tortilla et la salade libanaise. Eduardo, le patron, se transforme en DJ le vendredi soir. le bar construit à partir d'un vieux bus est une œuvre d'art.

Café La Escudilla (4a Av Norte 4 ; pâtes 44 Q, plats 68-80 Q ; 🕙 8h-24h mer-lun ; 🛜 V). Prisé des étudiants inscrits dans les écoles de langues, ce restaurant est installé dans un patio avec fontaine, végétation abondante et quelques tables à ciel ouvert. La cuisine, simple et bien préparée, comporte des plats végétariens, des petits-déjeuners économiques et un menu à un plat à moins de 25 Q midi et soir.

La Cuevita de Los Urquizú (☎ 4593-5619 ; 2a Calle Oriente 9D ; combinaison déj 60 Q ; 🕙 déj et dîner). On vient pour son exceptionnelle cuisine *típica* tenue au chaud dans des cocottes en terre, devant lesquelles on ne peut passer sans s'arrêter. Le *pepián* (ragoût de poulet aux pommes de terre avec une sauce piquante au sésame et aux graines de courge), le *kaq'ik* (ragoût de dinde épicé), le *jocón* (ragoût de porc ou de poulet aux légumes verts et aux herbes) ou d'autres spécialités guatémaltèques sont accompagnés de deux garnitures (60 Q).

La Fonda de la Calle Real (plats 66-70 Q) 3a Calle Ponient 7 (☎ 7832-0507 ; 🕙 12h-22h mar-dim) ; 5a Av Norte 5 (☎ 7832-2629 ; 🕙 12h-22h) ; 5a Av Norte 12 (🕙 8h-22h dim-jeu, 8h-23h ven-sam). Ce restaurant

possède 3 adresses différentes, toutes dans un beau style colonial. La carte propose aussi bien de grandes salades et sandwichs (37 Q) que des grillades (jusqu'à 99 Q). La spécialité maison est le *caldo real*, une soupe de poulet revigorante qui constitue un repas complet. Le restaurant de la 3a Calle Poniente 7 a plus de charme car il comporte plusieurs salles et patios.

Posada de Don Rodrigo (☎ 7832-0387 ; 5a Av Norte 17 ; plats 120-180 Q ; 🕙 petit-déj, déj et dîner). La cuisine est excellente – les crêpes aux fruits de mer, les steaks et les saucisses ont tous l'accent guatémaltèque – mais son principal atout est son cadre, une cour magnifique décorée de fer forgé, de plantes fleuries et de fontaines.

Cuisine internationale

Antigua est un tour du monde culinaire : à 10 minutes de marche du Parque Central, on peut manger (bien et pas cher) italien, belge, français, thaï, coréen, indien, irlandais, israélien, japonais, allemand, américain, chinois, mexicain et salvadorien !

PETITS BUDGETS

Travel Menu (6a Calle Poniente 14 ; plats 25-32 Q ; 🕙 12h-19h30 mar-dim ; V). Ce petit bar-restaurant sert une cuisine beaucoup plus créative que son nom ne le laisse supposer (*chow mein*, curry, etc.) dans un cadre intime éclairé aux chandelles. L'espace est exigu mais les portions généreuses.

Y Tu Piña También (1a Av Sur 10B ; sandwichs et salades 30-35 Q ; 🕙 7h-20h lun-ven, 8h-19h sam-dim ; 🛜 V). Ce café propose des plats sains et raffinés ainsi qu'un assortiment d'appétissants sandwichs (pain complet, pita, bagel), salades et crêpes. Ouvert de bonne heure, il sert aussi omelettes, gaufres, salades de fruits et excellent café, parfaits au petit-déjeuner.

Café No Sé (1 Av Sur 11C ; en-cas 30-40 Q ; 🕙 12h-1h lun-sam, 10h-1h dim). C'est un petit restaurant sans prétention avec des sièges inconfortables, un personnel brouillon et des livres usagés. On y trouve un peu de tout : petit-déjeuner (le dimanche, brunch avec pancakes), *nachos*, poulet frit, salades, films, bar à mescal et musique live.

Wiener (Calz Santa Lucía Norte 8 ; plats 35-60 Q ; 🕙 déj et dîner). Moins authentiquement allemand que le Jardín Bavaria (voir ci-contre), on y sert d'énormes escalopes viennoises ainsi que des menus avantageux à midi. Il n'y a a pas de bière allemande mais ce qu'il faut de Gallo fraîche.

Sabe Rico (☎ 7832-0648 ; 6a Av Sur 7 ; sandwichs et salades 40 Q ; ☺ 8h-19h lun et mer, 11h-15h mar, 8h-20h jeu-sam, 9h-16h dim). Ce petit traiteur propose des salades et sandwichs délicieux préparés avec des ingrédients de son potager, ainsi que du pain et des brownies frais, des vins fins et des mets d'importation, à manger sur place ou à emporter.

Casa de Corea (☎ 5550-0771 ; 7a Av Norte 2 ; plats 40-50 Q ; ☺ 10h-21h lun et mer-ven, 12h-21h sam-dim). Restaurant tenu par des Coréens, aux murs couverts de graffitis laissés par les clients. On peut accompagner son *kimchi* ou son *sundubu jjigae* (ragoût de fruits de mer et de tofu au piment) d'une bière coréenne ou d'un alcool de riz.

Rainbow Café (☎ 7832-1919 ; 7a Av Sur 8 ; petit-déj 40 Q, plats 40-60 Q ; ☺ 8h-24h lun-sam, 7h-23h dim ; **Ⓥ**). À toute heure, on peut y prendre, entre autres, un petit-déjeuner, un curry, un sauté, du poulet cajun, du guacamole et profiter de l'atmosphère calme du patio. En dehors des repas, visitez la librairie, consultez le tableau d'affichage ou écoutez de la musique live.

Pushkar (☎ 7979-7848 ; 6a Av Norte 18 ; currys 45-79 Q ; ☺ déj et dîner). Le chef anglais prépare des currys, tandooris et *thali* dignes du quartier bangladeshi de Londres. On peut manger dans le beau salon aux murs ornés de calligraphies en hindi ou bien aux chandelles dans le jardin situé à l'arrière.

Café Rocío (☎ 7832-1871 ; 6a Av Norte 34 ; plats 50-60 Q ; ☺ déj et dîner). Serré dans un joli petit patio, ce restaurant propose un bon choix de copieux plats du Sud-Est asiatique : currys, satay, *gado gado*, sautés végétariens.

Sunshine Grill (☎ 5964-7620 ; 6a Av Norte 68 ; pizzas 60-140 Q ; ☺ mer-lun). Restaurant de quartier accueillant, avec inscriptions sur les murs, karaoké, jukebox et grand écran pour les jours de match. Edgar, l'aimable propriétaire, a appris à faire ses succulentes pizzas dans une pizzeria du New Jersey. Il fait aussi très bien les frites.

CATÉGORIE MOYENNE

El Papaturro (☎ 7832-0445 ; 2a Calle Oriente 4 ; pupusas 25 Q, plats 60-95 Q ; ☺ déj et dîner). Originaires du Salvador, les propriétaires de ce restaurant accueillant préparent des *pupusas, rellenitos* et autres spécialités de leur pays, ainsi que de bons steaks, dans un agréable jardin.

Jardín Bavaria (☎ 7832-5904 ; 7a Av Norte 49 ; petit-déj 32 Q, saucisses 64 Q ; ☺ 8h-16h lun-mar, 8h-20h mer-dim). Bar-restaurant avec un patio fleuri et une grande terrasse sur le toit. La carte, aux influences guatémaltèque et allemande, propose du cochon de lait et des *wurst* (saucisses). Le choix de bières est vaste et comprend des blondes bavaroises et des *hefeweizens*.

Quesos y Vino (☎ 7832-7785 ; 1a Calle Poniente 1 ; plats 40-60 Q ; ☺ déj et dîner mer-lun). Restaurant tenu par des Italiens et composé de trois bâtiments rustiques, avec un joli patio à ciel ouvert et une boutique de traiteur adjacente. Comme l'annonce l'enseigne "Fromages et Vin", la cuisine est simple et roborative : soupes nourrissantes, sandwichs bien garnis préparés avec du pain maison, salades et pizzas au feu de bois.

Monoloco (☎ 7832-4235 ; 5a Av Sur 6, Pasaje El Corregidor ; hamburgers et burritos 40-80 Q ; ☺ 12h-24h). Prisé des touristes de longue date, le "Singe fou" sert des plats classiques et locaux, ainsi que des bières glacées dans un cadre propice à la détente.

Epicure (sandwichs 50-58 Q, plats 65-100 Q) 3a Av Norte 11B (☎ 7832-5545 ; ☺ 10h-22h) ; 6a Av Norte 11B (☎ 7832-1414 ; ☺ 10h-19h). Bonne adresse pour faire le plein de sandwichs avant l'ascension d'un volcan, ce traiteur à l'européenne propose toutes sortes de mets raffinés. La boutique plus grande de la 3a Av est dotée d'une belle terrasse ombragée ; la seconde pratique uniquement la vente à emporter.

Ⓞ El Sabor del Tiempo (☎ 7832-0516 ; angle 5a Av Norte et 3a Calle Poniente ; plats 50-80 Q ; ☺ déj et dîner). C'est une des tables les plus agréables d'Antigua, tout en boiseries et mobilier ancien. La carte propose de bons plats d'inspiration italienne, comme le lapin au vin blanc (60 Q), et il y a de la bière pression.

Gaia (☎ 7832-3670 ; 5 Av Norte 35A ; plats 58-90 Q ; ☺ déj et dîner). Restaurant oriental branché à l'extrême, avec alcôves fermées par des rideaux et salle du fond cernée de sofas et coussins. Après le couscous et les falafels, vous pouvez vous offrir une *nargila* (narguilé, 95 Q).

Fridas (☎ 7832-1296 ; 5a Av Norte 29 ; plats 80-100 Q ; ☺ déj et dîner). Bar-restaurant étincelant dédié à Frida Kahlo. On y sert une savoureuse cuisine mexicaine et il y a toujours du monde.

CATÉGORIE SUPÉRIEURE

Nokiate (☎ 7821-2896 ; 1a Av Sur 7 ; sushis 25-50 Q, rouleaux 40-80 Q ; ☺ dîner mar-jeu, déj et dîner ven-dim). C'est le restaurant japonais le plus japonais d'Antigua :

atmosphère minimaliste et paisible, saké et excellents sushis frais de rigueur.

Caffé Mediterráneo (☎ 7882-7180 ; 6a Calle Poniente 6A ; plats 90-130 Q ; ☺ déj et dîner mer-lun). Vous y dégusterez la cuisine italienne la plus authentique de la ville – sinon d'Amérique latine – dans une salle éclairée aux chandelles, théâtre d'un service impeccable. Francesco, le chef originaire de Calabre, propose toute une gamme de salades et pâtes alléchantes préparées avec des produits de saison.

Como Como (☎ 7832-0478 ; 6a Calle Poniente 6 ; plats 95-125 Q ; ☺ déj et dîner mar-dim). Pour vous faciliter le choix, le chef belge propose une mise en bouche permettant de goûter les plats du jour, qui comprennent souvent du poisson frais et des potages de saison. On peut manger dehors, dans la cour pavée.

Las Antorchas (☎ 7832-0806 ; 3a Av Sur 1 ; steaks 95-125 Q ; ☺ déj et dîner lun-sam, déj dim). Grillades de viande ou fruits de mer et poisson se dégustent dans un jardin magnifique. Le *pincho gigante* (chiche-kebab géant, 125 Q) est suffisant pour deux. Cet établissement tenu par des Français propose aussi une belle carte des vins.

Bistrot Cinq (☎ 7832-5510 ; 4a Calle Oriente 7 ; plats 100-130 Q ; ☺ 18h-23h lun-jeu, 12h-23h ven-dim). Prisé des expatriés d'âge mûr, ce bistrot est une réplique de ses homologues parisiens. On y déguste des salades originales ou des classiques comme la truite aux amandes et le filet mignon. Le soir, le tableau noir affiche d'alléchants plats du jour. Incontournable pour le brunch dominical (de 12h à 15h).

Mesón Panza Verde (☎ 7832-2925 ; 5a Av Sur 19 ; plats 100-165 Q ; ☺ déj et dîner). Le restaurant de ce B&B chic propose une sublime cuisine d'inspiration européenne dans un cadre typique d'Antigua. Il n'y a que 10 plats sur la carte. Le chef formé en France met l'accent sur les produits frais de la mer et les ingrédients locaux. Le Café Terraza, le café de l'hôtel, est un bon endroit si vous souhaitez juste goûter l'ambiance du somptueux patio en prenant un verre ou un en-cas. Groupes de jazz ou de musique cubaine plusieurs soirs par semaine.

Welten (☎ 7832-6967 ; 4a Calle Oriente 21 ; plats 125 Q ; ☺ déj et dîner mer-lun). Créé en 1984 par un architecte allemand qui lui donna le nom de sa grand-mère, ce restaurant au décor raffiné propose une cuisine créative à mi-chemin entre l'Europe et l'Amérique centrale.

El Sereno (☎ 7832-0501 ; 4a Av Norte 16 ; plats 130-200 Q ; ☺ déj et dîner). Cet établissement, l'un des beaux restaurants sur cour d'Antigua,

propose une cuisine combinant avec soin des influences asiatique, italienne et guatémaltèque. L'intérieur abrite un bar, mais c'est dehors qu'il faut déjeuner, à l'ombre de deux grands arbres.

OÙ PRENDRE UN VERRE
Cafés
Café Barista (4a Calle 12 ; ☺ 7h-22h ; 🛜). Si la présence de ce café moderne à l'angle nord-ouest du Parque Centrale en choque certains, les vrais amateurs y trouveront les meilleurs *latte* et cappuccinos d'Antigua, préparés à partir de cafés guatémaltèques.

Café Condesa Express (Portal del Comercio 4 ; ☺ 6h-18h30). Besoin d'un petit noir ? Rendez-vous dans ce café sur le côté ouest du Parque Central.

Bars
Les bars d'Antigua sont animés, surtout les vendredi et samedi soir, quand débarquent les fêtards de Guatemala Ciudad. la législation nationale imposant la fermeture à 1h, guettez les prospectus annonçant les *after* chez les particuliers. En plus des adresses ci-après, les restaurants La Esquina (p. 108), Nokiate (p. 109) et Bistrot Cinq (p. 110) sont aussi réputés pour leurs cocktails que pour leur cuisine. Prendre un verre de bonne heure peut s'avérer économique : les *Cuba libre* et les mojitos sont à moitié prix de 17h à 20h dans de nombreux bars.

Kafka (6a Av Norte 40). Refuge pour expatriés, ce bar qui porte curieusement le nom du célèbre écrivain tchèque est doté d'une agréable terrasse sur le toit où des feux de joie sont allumés le soir. La *happy hour* dure jusqu'à la fermeture.

Monoloco (5a Av Sur 6, Pasaje El Corregidor). L'ambiance est parfois houleuse en fin de soirée, quand les nouveaux venus affluent. Cet établissement sur 2 niveaux (bancs et grandes tables à ciel ouvert à l'étage) est équipé de nombreuses TV pour les jours de matchs.

Reilly's (5a Av Norte 31). Juste au-dessus de l'Arco de Santa Catalina, ce pub irlandais se remplit dès l'après-midi et jusqu'à la longue *happy hour*. La musique joue fort, la cuisine est bonne et la Guinness un peu chère (60 Q). Le quiz du dimanche soir (18h30) est très couru.

El Muro (3a Calle Oriente 19D ; ☺ fermé dim). Le "Mur" est un pub de quartier accueillant avec un bon choix de bières, une carte d'en-cas éclectique et de nombreux divans pour se détendre. Le volume sonore de la musique – tendance rock des années 1970-1980, plutôt du côté Pink Floyd – est suffisamment modéré pour autoriser la conversation.

Café No Sé (1 Av Sur 11C). Rendez-vous des Burroughs et Kerouac en herbe, ce petit bar modeste est aussi un lieu important pour les groupes, qui s'y produisent presque tous les soirs. Une salle semi-clandestine adjacente sert un mescal maison "passé en fraude" d'Oaxaca. Tard le soir, cognez à la porte.

Café Sky (☎ 7832-7300 ; 1a Av Sur 15). La terrasse sur le toit est prisée pour prendre un verre et grignoter à la tombée du jour, quand le temps le permet. L'étage inférieur comprend un bar à cocktails tropical éclairé aux chandelles et aux murs décorés d'attirails guerriers effrayants.

Reds (1a Calle Poniente 3). En face de La Merced, ce club discret attire une clientèle agréablement hétéroclite, souvent composée majoritairement de Guatémaltèques. On y vient pour jouer au billard (tournois le jeudi soir), boire des mojitos bon marché ou regarder les matchs à la TV.

▷**JP's Rumbar** (☎ 7882-4244 ; 7a Calle Poniente ; ☽ jeu-mar). Originaire de La Nouvelle-Orléans, JP sert un excellent gombo pour accompagner le rhum, sans oublier le jazz New Orleans et le blues. Les meilleurs musiciens d'Antigua s'y produisent tous les soirs.

OÙ SORTIR
Musique live

En plus des établissements ci-après, La Esquina (p. 108), le Café No Sé (ci-dessus), le JP's Rumbar (ci-dessus), le Rainbow Café (p. 109), et le Mesón Panza Verde (p. 107) reçoivent des groupes de folk, rock ou jazz.

Proyecto Cultural El Sitio (☎ 7832-3037 ; www. elsitiocultural.org ; 5a Calle Poniente 15). Il se passe toujours quelque chose dans ce centre artistique : concerts, pièces de théâtre (parfois en anglais), expositions photographiques ou ateliers musicaux. Passez consulter le programme.

La Sala (6a Calle Poniente 9 ; ☽ mar-dim). On se presse dans cette salle animée pour écouter des groupes de rock, de blues ou de reggae – il faut dire que l'alcool n'y est pas cher. Concerts tous les soirs vers 21h.

El Chamán (7a Av Norte 2 ; 10 Q). Cette terrasse sur le toit donne sur les ruines du Convento de San Agustín, qui servent de décor à des groupes de reggae ou de rock.

La Peña de Sol Latino (☎ 7882-4468 ; 5a Calle Poniente 15C). Ce club porte le nom du groupe

le plus célèbre qui s'y produit. Découvrez la musique andine moderne dont il a le secret, du mercredi au dimanche à partir de 19h30.

Cinéma et TV

Toute la journée, le **Cine Lounge La Sin Ventura** (☎ 7832-0581 ; 5a Av Sur 8 ; ☽ 12h-20h30 mar-sam), seul vrai cinéma de la ville, projette des vidéos de films américains (en VO) ou en langue espagnole récents sur un grand écran, dans une salle de style boîte de nuit. La séance est gratuite, on ne paie que les consommations et les plats (plats de 30 à 40 Q). Le programme est affiché à l'extérieur.

Le Centro de Formación de la Cooperación Española (p. 98) et le Proyecto Cultural El Sitio (ci-contre) projettent des documentaires ou des films d'art et d'essai étrangers les mercredi et jeudi soir, respectivement.

Pour les retransmissions sportives nord-américaines ou européennes à la TV, consultez les programmes du **Café 2000** (6a Av Norte 2), du Reds (ci-contre) et du Monoloco (ci-contre).

Clubs et discothèques

La Casbah (☎ 7832-2640 ; 5a Av Norte 30 ; 30 Q ; ☽ 8h30-1h mar-sam). Discothèque sur 2 niveaux près de l'arc de Santa Catalina. L'atmosphère chaleureuse est réputée *gay friendly* et l'on y fait la fête presque tous les soirs.

Estudio 35 (5a Av Norte 35 ; ☽ 17h-24h mar-ven, 12h-1h sam, 12h-21h dim). Prisé des habitants de Guatemala Ciudad qui viennent le week-end y prendre un verre à prix raisonnable, ce "*resto-bar*" s'anime tard le soir, quand les orchestres de danse latino jouent dans la salle du fond.

La Sin Ventura (5a Av Sur 8 ; ☽ mar-sam). Le club le plus animé de la ville se remplit de jeunes Guatémaltèques à l'approche du week-end. Orchestres de salsa et de mérengué le jeudi soir.

On peut apprendre à danser dans plusieurs écoles. La **Salsa Chapina Dance Company** (☎ 5270-6453 ; 6a Calle Poniente 26) et le **New Sensation Salsa Studio** (☎ 5033-0921 ; 1a Calle Poniente 27) proposent des cours particuliers de salsa, mérengué, *bachata* et cha-cha-cha.

ACHATS

Le **marché** (Calz Santa Lucía Sur) d'Antigua – chaotique, coloré et toujours plein – s'étend au nord de la 4a Calle. Les meilleurs jours sont ceux du vrai marché (lundi, jeudi et vendredi), quand les villageois des environs installent leurs étals au nord et à l'ouest du bâtiment principal. Au sud de ce marché, le **Mercado de Artesanías** (4a Calle Poniente ; ☺ 8h-20h) est le royaume de l'artisanat guatémaltèque. Si la qualité n'est pas toujours au rendez-vous, on y trouve notamment des masques aux couleurs vives, des couvertures, des bijoux, des sacs. Vous pouvez marchander. Le **Mercado del Carmen**, voisin des ruines de l'Iglesia del Carmen, est intéressant pour les textiles, la poterie et le jade, surtout le week-end, lorsque les étals débordent sur la 3a Av.

Nim Po't (☎ 7832-2681 ; www.nimpot.com ; 5a Av Norte 29). Cette immense boutique renferme un vaste choix de vêtements mayas, des centaines de masques et d'objets en bois sculpté. Les *huipiles, cortes, fajas* et autres vêtements étant classés par région, la visite de cette boutique est toujours instructive, que l'on achète ou pas.

Casa del Tejido Antiguo (☎ 7832-3169 ; Calle de la Recolección 51 ; 5 Q ; ☺ 9h-17h30 lun-sam). Cette enseigne, qui affirme être la seule d'Antigua tenue par des Indiens, est un endroit fascinant pour les amateurs de textiles. À la fois musée, marché et atelier, on peut y voir des expositions sur les costumes régionaux et des démonstrations quotidiennes de tissage sans métier.

Centro de Arte Popular (4a Calle Oriente 10 ; ☺ 9h30-18h30). À l'intérieur de la Casa Antigua El Jaulón, galerie marchande installée dans une cour, cette boutique/musée présente des peintures tz'utujil (voir l'encadré p. 138), des figurines en cèdre, des masques et autres objets artisanaux répartis dans 4 galeries. Les articles sont classés par thème, notamment la musique, le marché, la médecine et les rituels religieux.

COMMENT S'Y RENDRE ET CIRCULER
Bus

Des bus depuis/vers Guatemala Ciudad, Ciudad Vieja et San Miguel Dueñas arrivent et partent d'une rue au sud du marché, qui longe le Mercado de Artesanías. Les bus pour Chimaltenango, Escuintla, San Antonio Aguas Calientes et Santa María de Jesús partent d'un parking derrière le bâtiment principal du marché. Pour visiter les villages environnants, il faut partir de bonne heure et rentrer en milieu d'après-midi, les bus étant nettement moins fréquents au-delà.

Pour gagner les villes des Hautes Terres comme Chichicastenango, Quetzaltenango, Huehuetenango ou Panajachel, il faut prendre un des bus pour Chimaltenango sur l'Interamericana, puis une correspondance – les habitants sont toujours prêts à aider les personnes qui descendent d'un bus et ont l'air d'en chercher un autre. Restez néanmoins vigilant car le vol à la tire existe aussi à Chimaltenango.

Chimaltenango (5 Q, 45 min, 19 km, toutes les 15 min de 6h à 18h)

Ciudad Vieja (5 Q, 20 min, 7 km, toutes les 30 min de 7h à 20h). Prendre le bus pour San Miguel Dueñas.

Escuintla (8 Q, 1 heure, 39 km, toutes les 30 min de 5h à 16h)

Guatemala Ciudad (8 Q, 1 heure, 45 km, toutes les quelques minutes de 5h à 18h30). Des bus Pullman (40 Q) partent des bureaux de la compagnie Litegua (☎ 7832-9850 ; www.litegua.com/litegua ; 4a Calle Oriente 48), à l'extrémité est de la ville, à 10h et 16h.

Panajachel (36 Q, 2 heures 30, 146 km, bus Pullman des Transportes Rebulli chaque jour à 7h). Départ de la Panadería Colombia (boulangerie) sur la 4a Calle Poniente, un demi-pâté de maisons à l'est du marché.

San Antonio Aguas Calientes (5 Q, 30 min, 9 km, toutes les 30 min de 7h à 20h)

LE JADE VÉRITABLE

Apprécié des anciens Mayas, le jade n'est pas toujours vert. Il peut être mauve, jaune, rose, blanc ou noir. Par ailleurs, beaucoup de pierres passent à tort pour du jade. Les deux principales sortes de jade sont la néphrite, que l'on trouve en Asie, et la jadéite, originaire du Guatemala. L'albite, la serpentine, la chrysoprase, le diopside, la chrysolite et l'aventurine sont des pierres moins précieuses. Il semble que les anciens Mayas avaient eux-mêmes des difficultés à les différencier et de nombreux objets en "jade" exposés dans les musées ont en fait été réalisés dans des pierres de qualité inférieure.

Antigua compte plusieurs boutiques spécialisées, dont **La Casa del Jade** (www.lacasadeljade.com ; 4a Calle Oriente 10), **Jades SA** (www.jademaya.com ; 4a Calle Oriente 1, 12 et 34) et **El Reino del Jade** (angle 5a Av Norte et 2a Calle Poniente). La Casa del Jade et la filiale de Jades SA, 4a Calle Oriente 34, proposent la visite des ateliers, derrière leur magasin. Comparez les prix dans plusieurs boutiques avant de fixer votre choix.

Santa María de Jesús (5 Q, 1 heure, 12 km, toutes les heures de 5h à 20h)

Minibus

De nombreuses agences de voyages (p. 89) et compagnies de minibus touristiques proposent des navettes fréquentes pour des destinations touristiques comme Guatemala Ciudad et son aéroport, Panajachel et Chichicastenango. Plus cher que le bus, c'est un moyen de transport confortable, commode et porte à porte. Quelques exemples de tarifs aller simple :

Chichicastenango 90 Q
Cobán 250 Q
Copán (Honduras) 275 Q
Guatemala Ciudad 83 Q
Monterrico 115 Q
Panajachel 100 Q
Quetzaltenango 210 Q

Renseignez-vous sur les heures de départ et le nombre minimum de passagers éventuellement requis. Méfiez-vous des "navettes" pour Flores ou Tikal, qui consistent parfois à vous acheminer jusqu'à Guatemala Ciudad pour vous mettre ensuite dans un simple bus.

Taxi

Taxis et *tuk-tuks* attendent à l'arrêt du bus en provenance de Guatemala Ciudad et sur le côté est du Parque Central. Une course dans Antigua coûte environ 25 Q en taxi et 10 Q en *tuk-tuk*. Les *tuk-tuks* n'étant pas autorisés à rouler au centre-ville, il faut marcher un peu pour en trouver un.

Voiture et moto

Pour stationner à Antigua sans risquer d'amende, il faut suspendre un *marbete* (étiquette) à son rétroviseur intérieur. On se le procure auprès des agents de la circulation pour 20 Q.

Si vous projetez d'emprunter une route où sévissent des pirates (comme celle de Panajachel via Patzún), vous pouvez demander à être accompagné par un membre d'Asistur (p. 94) en faisant votre demande par e-mail au moins 72 heures à l'avance. Ce service est gratuit, hormis les frais de votre accompagnateur.

Quelques agences de location :
CATour (☎ 7832-9638 ; www.catours.co.uk ; 6a Calle Oriente 14). Location de motos à partir de 10/45 Q par heure/jour et visites à moto à partir de 140 Q.

Guatemala Renta Autos (☎ 2329-9030 ; www. guatemalarentacar.com ; 4a Av Norte 6)
Tabarini (☎ 7832-8107 ; www.tabarini.com ; 6a Av Sur 22)

ENVIRONS D'ANTIGUA

JOCOTENANGO

Ce village au nord-ouest d'Antigua offre une vision du Guatemala moins léchée, moins estampillée Unesco que le centre d'Antigua. Même si Jocotenango souffre aujourd'hui de la circulation automobile, son **église** se dresse toujours fièrement en son centre, avec sa façade rose ornée de colonnes baroques et de décorations en stuc, face à un jardin où flamboient les tulipiers d'Afrique. La ville est réputée pour ses processions pendant le carême – et sans doute plus encore parce que la pop star latino-américaine Ricardo Arjona y est née.

La principale curiosité se trouve en dehors de la ville, dans une petite plantation de café. C'est le **Centro Cultural La Azotea** (☎ 7831-1120 ; www.centroazotea.com ; Calle del Cementerio Final ; adulte/ enfant 30/5 Q ; 🕑 8h30-16h lun-ven, 8h30-14h sam), un beau complexe de trois musées consacrés respectivement au café, à la musique et à la vie des Indiens. Le musée du café comporte notamment une machine à roue hydraulique du XIXe siècle. La visite se termine par une dégustation du café de la plantation. Le musée de la musique Casa K'ojom présente une superbe collection d'instruments de musique, masques, peintures et autres objets mayas traditionnels. Tous sont présentés dans leur contexte cérémoniel ou traditionnel. Une partie du musée est consacrée à Maximón, divinité semi-païenne révérée par beaucoup de Mayas des Hautes Terres (p. 150). Une présentation audiovisuelle permet de voir les instruments de musique en action. Le troisième musée est le Rincón de Sacatepéquez, qui présente des tenues et objets multicolores de la vallée d'Antigua. Les traductions anglaises dans tout le musée sont excellentes. Après la visite, on peut flâner dans la plantation sillonnée par plusieurs sentiers écologiques.

La boutique vend du café, des objets artisanaux locaux et des instruments de musique mayas. Le restaurant propose des plats guatémaltèques à prix raisonnables. À l'**Establo La Ronda**, on peut faire une promenade matinale à cheval dans la propriété pour 108 Q

(2 pers minimum ; appeler le musée 2 jours à l'avance).

Des minibus gratuits pour La Azotea partent du Parque Central à Antigua toutes les heures de 9h à 14h, et reviennent de 9h40 à 16h40. On peut visiter le village avant de prendre le bus suivant. Depuis la billetterie de La Azotea, il suffit de retourner sur ses pas en longeant la route sur 350 m, puis de prendre la rue en face (1a Calle) sur encore 350 m pour arriver à la place principale de Jocotenango.

EL HATO

Le **Earth Lodge** (☎ 5664-0713 ; www.earthlodgegua-temala.com ; dort 35 Q, chalet s/d/tr 90/140/165 Q), situé dans les collines dominant Jocotenango, est une excellente idée d'excursion depuis Antigua. Tenue par un aimable jeune couple américano-canadien, cette propriété de 20 ha installée dans une plantation d'avocatiers offre une vue renversante sur la vallée de Panchoy et les volcans. Les activités proposées sont nombreuses – randonnée, observation des oiseaux, cours d'espagnol, pétanque, *chuj* (sauna maya) – mais on peut aussi s'installer dans un hamac et profiter du paysage. On y sert une délicieuse et nourrissante cuisine végétarienne, dont beaucoup de plats à base d'avocats à la saison de la récolte (janvier et juillet). Les logements comprennent des chalets confortables, un dortoir pour 8 et d'épatantes maisons dans les arbres. On peut aussi camper pour 20 Q par personne. Vous obtiendrez une réduction sur votre chambre en travaillant à la plantation.

Une partie des bénéfices sert à l'achat de matériel pour l'école du village, où les clients peuvent d'ailleurs travailler comme bénévoles.

Pour s'y rendre, le mieux est d'appeler la veille au plus tard afin de savoir si quelqu'un peut venir vous chercher à Antigua (50 Q, de 1 à 5 passagers). Sinon, un bus peu fréquent pour Aldea El Hato (4 Q) part devant l'Iglesia de la Candelaria, sur la 1a Av Norte à Antigua. Une fois au village, il faut marcher 20 minutes pour rejoindre le Lodge – n'importe quel villageois vous indiquera où trouver "los gringos".

CIUDAD VIEJA ET SES ENVIRONS

Ciudad Vieja ("vieille ville") est à 7 km au sud-ouest d'Antigua, sur la route d'Escuintla, près du site de la première capitale de la capitainerie générale du Guatemala. Fondée en 1527, elle fut anéantie 14 ans plus tard lorsque le volcan Agua libéra une poche d'eau emprisonnée dans son cratère, qui engloutit la ville sous des tonnes de boue et de roche, ne laissant que les ruines de l'église de La Concepción.

Le site proprement dit de cette ancienne capitale se trouve un peu à l'est, à San Miguel Escobar, tandis que Ciudad Vieja est la ville fondée par les survivants de l'inondation. La jolie église de la place principale et sa façade ornée de stucs ont environ deux siècles de moins que ne le prétend la plaque posée près de l'entrée.

L'ONG Niños de Guatemala (p. 99), qui y gère une école pour les enfants des familles à faibles revenus, organise d'originales **visites guidées** (adulte/enfant 200/100 Q ; ☼ mar, jeu-ven) de Ciudad Vieja offrant une vraie vision en profondeur. La visite d'une demi-journée vous amène dans le quartier le plus pauvre, où habitent beaucoup d'écoliers, puis vous fait découvrir les deux principales industries de la ville : l'aménagement de bus et la fabrication de cercueils. En fin de visite, des chefs locaux vous préparent un repas traditionnel.

Le meilleur hébergement de Ciudad Vieja est l'**Hotel Santa Valentina** (☎ 7831-5044 ; 2a Av 0-01, Zona 3 ; s/d 150/250 Q ; ℗), dont les chambres sont pourvues de sdb et de TV.

Les amateurs de café ne manqueront pas la visite de la plantation **Finca los Nietos** (☎ 7831-5438 ; www.fincalosnietos.com ; ☼ 8h-11h lun-ven), qui se termine par une dégustation. La visite de 1 heure 30 (50 Q/pers, 2 pers minimum) vous révélera tout ce que vous avez toujours voulu savoir sur le café. Téléphonez pour prendre rendez-vous et précisez si vous désirez griller vous-même votre café (2,5 kg minimum). La *finca* est à 7 km d'Antigua, près de la route qui rejoint San Antonio Aguas Calientes. Traversez Ciudad Vieja et San Lorenzo El Cubo, puis descendez au carrefour dit d'"El Guarda", juste avant la descente vers San Antonio. Longez 2 pâtés de maisons sur la droite (vers le volcan Agua) jusqu'à un mur orné d'un panneau en mosaïque, et sonnez.

Village paisible entouré de versants volcaniques cultivés, **San Antonio Aguas Calientes** est connu pour ses textiles, et le Mercado de Artesanías (marché artisanal) occupe une place de choix près de l'hôtel de ville. À l'intérieur, des femmes tissent sur des métiers à ceinture, et des tenues traditionnelles de

---

SORTIR D'ANTIGUA

Si les touristes explorent les moindres recoins d'Antigua, bien peu se hasardent dans les nombreux petits villages des alentours :

- Un grand marché a lieu le dimanche à Santa María de Jesús, au pied du Volcán Agua.
- San Juan del Obispo possède une superbe église coloniale et offre une vue panoramique sur Antigua.
- San Felipe, un village d'artisans, produit de splendides objets en jade et en argent et de belles céramiques.
- Les sources chaudes de San Lorenzo El Tejar valent bien les 25 minutes de route pour les rejoindre au nord-ouest d'Antigua.
- Pastores, réputé pour ses articles en cuir, est l'endroit idéal pour acheter des bottes de cow-boy cousues main.
- Le Cerro Alux (www.cerroalux.com), près du village de San Lucas Sacatepéquez, est un parc écologique avec des sentiers d'interprétation et de bonnes possibilités d'observation des oiseaux.

---

toutes les régions du Guatemala sont exposées à l'étage. Un *huipil* de cérémonie brodé des deux côtés peut coûter jusqu'à 2 800 Q.

Entre San Antonio et Ciudad Vieja, près de San Miguel Dueñas, la **Valhalla Experimental Station** (☎ 7831-5799 ; www.exvalhalla.net ; 🕒 8h-16h30) est une plantation biologique et durable où sont testées 300 variétés de noix de macadamia. On peut visiter la plantation et goûter les noix, les huiles et essayer les cosmétiques produits sur place. Ne manquez pas les crêpes aux noix de macadamia servies au milieu de la végétation tropicale.

Le vélo (p. 99) est un bon moyen de découvrir ces villages. Sortez d'Antigua par la route de Ciudad Vieja au sud du marché. Parvenu à Ciudad Vieja après 4 km sur une route modérément fréquentée, prenez la 4a Calle à l'ouest et traversez le quartier colonial restauré. De retour sur la route principale, tournez à gauche. Une fois au cimetière, tournez à droite et suivez les indications pour San Miguel Dueñas. De là, il reste 10 minutes de descente jusqu'à la plantation Valhalla, sur la gauche. La route rejoint ensuite San Miguel Dueñas. Parvenu à ce village, traversez le petit pont, prenez à droite, puis encore à droite au panneau indiquant San Antonio Aguas Calientes. Cette route en majorité non asphaltée traverse sur 5 km des plantations de café, des hameaux et des cultures. En arrivant à San Antonio, tournez à droite au lavoir pour rejoindre la place principale. À la sortie de la ville, contournez l'église par la gauche, puis prenez à gauche pour remonter la 2a Calle. La côte est raide mais vous serez récompensé par une vue splendide sur le village. Après la Finca Los Nietos (ci-contre), rejoignez la RN-14, tournez à gauche, pédalez sur 2 km puis prenez la deuxième à droite, un chemin de terre qui vous permettra de rejoindre la route Ciudad Vieja-Antigua, où vous prendrez à gauche.

Pour des renseignements sur les bus conduisant à ces villages, voir p. 112.

SAN JUAN COMALAPA

Ce village d'artisans situé à côté d'une gorge à 16 km au nord de Chimaltenango est renommé pour sa tradition de peinture naïve. Relativement moderne, il fut fondé par les Espagnols qui regroupèrent plusieurs villages cakchiquel.

San Juan Comalapa a acquis sa renommée pendant les années 1950, quand Andrés Curruchich (1891-1969), enfant du pays, devint célèbre pour ses tableaux naïfs évoquant la vie du village, qui se retrouvèrent exposés à San Francisco, Dallas et Detroit. Considéré comme le père de la peinture naïve guatémaltèque, il fut décoré du prestigieux ordre du Quetzal dans les années 1960. Plusieurs de ses œuvres sont exposées au Museo Ixchel de Guatemala Ciudad (p. 73), bien qu'il soit surtout présent dans des collections hors de son pays natal.

À San Juan Comalapa, sa fille et sa petite-fille font visiter sa maison natale dans la rue principale. Son héritage est vivant puisque certains de ses descendants et quelques habitants du village peignent dans le même style.

Les fêtes traditionnelles et danses rituelles sont les thèmes dominants de cette école, bien qu'il y ait aussi des paysages des Hautes Terres. Ces tableaux sont en vente dans des galeries autour de la place.

C'est aussi là qu'on trouve des *comedores* proposant une cuisine correcte. Si vous cherchez un lit pour la nuit, essayez l'**Hotel Pixcayá** (☎ 7849-8260 ; 0 Av 1-82 ; s/d 80/140 Q, sans sdb 65/80 Q ; (P)).

Des bus circulent entre Chimaltenango et San Juan Comalapa (8 Q, 45 min, toutes les heures) ; minibus et pick-up partent quand ils sont pleins.

SANTIAGO SACATEPÉQUEZ ET SUMPANGO

Au Guatemala, la Toussaint est surtout le jour où l'on vient en famille au cimetière pour orner de fleurs la tombe des défunts, mais d'autres célébrations s'y ajoutent comme la **Feria del Barrilete Gigante** (fête du Cerf-Volant géant). Les plus grands rassemblements ont lieu à Santiago Sacatepéquez et Sumpango, respectivement à 20 et 25 km au nord d'Antigua. Les cerfs-volants géants sont fabriqués plusieurs semaines à l'avance, en papier, avec une armature en bois ou en bambou. La corde qui les retient est grosse comme le bras, certains ayant plus de 13 m d'envergure. Leurs motifs complexes et colorés s'inspirent à la fois de la cosmologie maya et de l'iconographie populaire. À Santiago, on les fait voler au-dessus du cimetière car on les dit capables de communiquer avec l'âme des morts. Les enfants se promènent entre les tombes avec leurs petits cerfs-volants et des marchands de nourriture et de souvenirs s'installent juste à côté du cimetière. À Sumpango, la fête est plus régentée (et la foule plus disciplinée) : les cerfs-volants sont alignés à une extrémité du stade de foot et les gradins à l'autre extrémité. Des juges classent les engins volants en fonction de leur taille, motifs, couleurs, originalité et aptitude au vol. C'est un spectacle à part entière de voir la foule se disperser lorsqu'un cerf-volant pique du nez !

Diverses agences de voyages organisent depuis Antigua des excursions d'une journée à Santiago Sacatepéquez le 1er novembre (200 Q environ par pers, déjeuner et guide anglophone inclus), mais on peut s'y rendre facilement en prenant un bus pour Guatemala Ciudad et en descendant en même temps que la foule à l'embranchement pour Santiago. De là, d'innombrables bus parcourent les derniers kilomètres. Pour se rendre à Sumpango, le moyen le plus rapide consiste à prendre un bus jusqu'à Chimaltenango, puis à revenir sur ses pas jusqu'à Sumpango ; cela permet d'éviter les embouteillages qui bloquent la route de Santiago les jours de fête.

Hautes Terres

Los Altos, la région la plus spectaculaire du Guatemala, s'étend d'Antigua à la frontière mexicaine, au nord-ouest de Huehuetenango. Ici, les versants des montagnes sont tour à tour couverts d'une herbe vert émeraude, de champs de maïs et de forêts de pins géants.

C'est sur ces Hautes Terres que les coutumes et traditions des populations indiennes guatémaltèques restent le plus présentes. Les langues mayas y sont bien davantage parlées que l'espagnol. Le maïs, pierre d'angle d'une culture ancestrale – il serait, selon la croyance maya, à l'origine de l'être humain –, demeure omniprésent dans la vie quotidienne. En témoignent les robustes fermes plantées au milieu des florissants *milpas* (champs de maïs).

Lorsque les Espagnols arrivèrent, les Hautes Terres étaient majoritairement peuplées par les Mayas. La région connut un épisode sanglant lors de la guerre civile qui éclata en 1960, devenant la cible privilégiée des affrontements et des bombardements entre armée et guérilla.

Image emblématique de la beauté naturelle du Guatemala, le lac volcanique d'Atitlán attire les touristes depuis des décennies. Entouré de petits villages à la personnalité unique, il parvient à gérer sa popularité malgré la prolifération de cyanobactéries qui alerta fin 2009 les habitants sur la dangerosité d'une croissance trop rapide. À l'ouest du lac s'étend la deuxième plus grande ville du Guatemala, Quetzaltenango, havre culturel comptant un contingent non négligeable de bénévoles étrangers et d'étudiants en langues. Au nord se dressent les monts Cuchumatanes, un monde à part, où les Indiens ont conservé leur propre rythme au milieu de fantastiques paysages de montagne. Pour les randonneurs, c'est la Terre promise.

HAUTES TERRES

À NE PAS MANQUER

- La détente et la randonnée autour du sublime **Lago de Atitlán** (p. 119), ou la plongée dans les eaux de ce site unique

- Les *huipiles* (longues tuniques brodées) des marchés indiens effervescents de **Chichicastenango** (p. 147) et de **San Francisco El Alto** (p. 178)

- Les cours d'espagnol et les volcans à **Quetzaltenango** et alentour (p. 161)

- L'incroyable paysage des Cuchumatanes, et la vie villageoise du triangle d'Ixil autour de **Nebaj** (p. 157)

- La rencontre des Mayas de **Todos Santos Cuchumatán** (p. 185), de **San Mateo Ixtatán** (p. 188) et d'autres villages isolés

★ San Mateo Ixtatán

Todos Santos ★ Cuchumatán

★ Nebaj

San Francisco El Alto ★

Quetzaltenango ★

★ Chichicastenango

★ Lago de Atitlán

Santiago ★ Atitlán

CLIMAT

Des pluies diluviennes tombent entre mai et octobre. Si vous visitez la région pendant cette saison, attendez-vous à quelques journées lugubres, glaciales et humides. En altitude, les nuits peuvent être froides à n'importe quel moment de l'année. En revanche, dès que le soleil perce, le spectacle est superbe.

COMMENT CIRCULER

L'Interamericana (ou autoroute CA-1) serpente sur 345 km le long des crêtes montagneuses entre Guatemala Ciudad et La Mesilla, à la frontière mexicaine, et passe à proximité des lieux les plus importants de la région. D'innombrables bus la parcourent dans les deux sens en permanence. Les deux grands carrefours, principaux nœuds des transports routiers, sont Los Encuentros, pour Panajachel et Chichicastenango, et Cuatro Caminos, pour Quetzaltenango. Si aucun bus direct ne dessert votre destination, rendez-vous à l'un de ces deux carrefours. Les correspondances sont généralement faciles, et les temps d'attente raisonnables. Les habitants vous aideront à trouver le bon bus.

Il est plus facile de voyager le matin et les petites bourgades sont mieux desservies les jours de marché. Les bus se raréfient en milieu ou en fin d'après-midi ; mieux vaut ne pas circuler après la tombée de la nuit. Sur les routes reculées, hors des sentiers battus, il vous faudra davantage compter sur les pick-up et les camions que sur les bus.

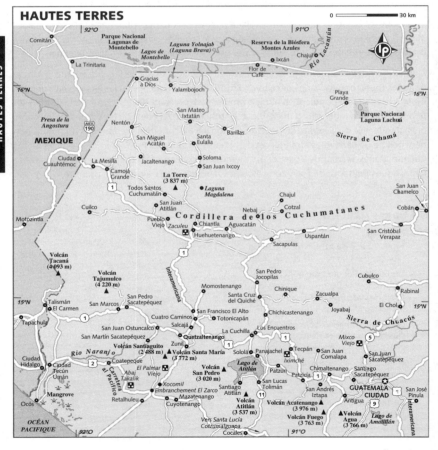

Les microbus – ces fourgonnettes qui partent une fois remplies – sont en passe de devenir le mode de transport dominant sur les routes des Hautes Terres, comme celles de Santa Cruz del Quiché–Nebaj et Chichicastenango–Los Encuentros. Sans être aussi exotiques que les *chicken bus* (anciens bus scolaires étatsuniens utilisés pour les transports en commun), ils ont la préférence de nombreux habitants car ils sont pratiques et à peine plus chers.

Par ailleurs, des minibus gérés par des tour-opérateurs transportent les touristes entre les principales destinations de la région et plus loin. Ils sont plus rapides, plus confortables et plus chers que les bus.

LAGO DE ATITLÁN

Dans ses *Aventures de voyage en pays maya,* l'explorateur et chroniqueur du XIXᵉ siècle John L. Stephens parle du lac d'Atitlán comme du "spectacle le plus magnifique que nous ayons jamais vu," et il avait roulé sa bosse. Aujourd'hui encore, même des voyageurs au long cours s'émerveillent devant ce cadre spectaculaire. Dans des embarcations rustiques, les pêcheurs voguent sur ses eaux bleu-vert et des femmes vêtues de parures multicolores lavent leur linge sur les rives, près des arbres en fleurs. Des collines fertiles jalonnent un paysage dominé par de puissants volcans qui confèrent à toute la région une beauté mystérieuse. Jamais il ne revêt deux fois la même apparence. De nombreux étrangers tombés sous le charme n'ont jamais pu repartir.

Si l'activité volcanique dure depuis des millions d'années, le paysage actuel tire ses origines de l'éruption massive, il y a 85 000 ans, dite de Los Chocoyos, qui cracha des cendres volcaniques jusqu'à la Floride et le Panamá. La quantité de magma projetée provoqua un effondrement du sol et forma une énorme dépression vaguement circulaire qui ne tarda pas à se remplir d'eau – le Lago de Atitlán. Des volcans plus petits émergèrent des eaux au sud du lac des milliers d'années plus tard : le Volcán San Pedro (aujourd'hui à 3 020 m au-dessus du niveau de la mer) il y a 60 000 ans, suivi du Volcán Atitlán (3 537 m) et du Volcán Tolimán (3 158 m). Le lac s'étend aujourd'hui sur 8 km du nord au sud, 18 km d'est en ouest, et sa profondeur est d'environ 300 m, bien que le niveau de l'eau fluctue curieusement d'une année sur l'autre.

Vers 900, alors que la civilisation maya des Hautes Terres déclinait, la région fut colonisée par deux groupes originaires de la capitale toltèque de Tula, au Mexique : les Cakchikel et les Tz'utujil. Ces derniers s'installèrent à Chuitinamit, en face du village actuel de Santiago Atitlán, tandis que les autres occupèrent la rive nord du lac ; cette répartition démographique perdure encore. À l'arrivée des Espagnols en 1524, les Tz'utujil occupaient quasiment toutes les rives du lac. Pedro de Alvarado exploita la situation en s'alliant avec les Cakchikel contre leurs rivaux tz'utujil, qu'ils vainquirent lors d'une bataille sanglante à Tzanajuyú. Les Cakchikel, qui se révoltèrent contre les Espagnols, furent assujettis en 1531.

Aujourd'hui, la principale ville lacustre est Panajachel, ou "Gringotenango" comme on la surnomme parfois avec ironie, et sert de base aux explorateurs de l'Atitlán. Au sud du lac, Santiago Atitlán possède l'identité indienne la plus marquée de toutes les grandes villes lacustres. En amont de la rive ouest, la ville de San Pedro La Laguna a la réputation de point festif de la contre-culture. Au nord, San Marcos La Laguna est un havre pour adeptes du New Age contemporain, tandis que Santa Cruz La Laguna et Jaibalito, plus proches de Panajachel, offrent un cadre pittoresque et idyllique.

Le lac se trouve à 3 heures de bus à l'ouest de Guatemala Ciudad ou d'Antigua. Au carrefour routier de Los Encuentros, un village artificiel doit son existence aux foules de voyageurs en transit. Du carrefour de La Cuchilla, à 2 km plus à l'ouest par l'Interamericana, une route descend sur 12 km jusqu'à Sololá, au sud, puis une descente sinueuse de 8 km conduit à Panajachel. Asseyez-vous à droite dans le bus si vous souhaitez profiter de la vue époustouflante sur le lac et les volcans.

Désagréments et dangers

Si la plupart des visiteurs ne rencontrent aucun problème, des vols ont été signalés sur les sentiers qui font le tour du lac. La sécurité peut changer d'un jour à l'autre : un chemin sûr depuis plusieurs mois peut subitement devenir dangereux. Les endroits les plus risqués lors de notre passage sont signalés dans les rubriques correspondantes, mais le mieux est de consulter Asistur (p. 124) pour des informations actualisées.

HAUTES TERRES

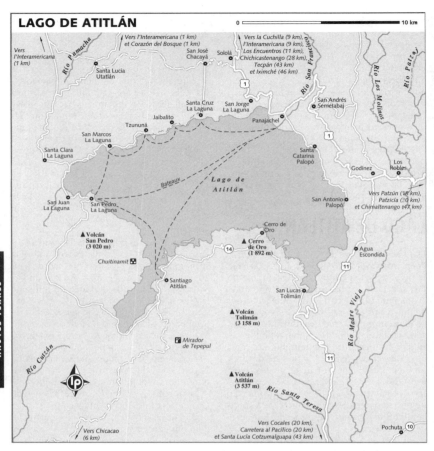

LAGO DE ATITLÁN

0 ———————————— 10 km

Vers l'Interamericana (1 km)
et Corazón del Bosque (1 km)

Vers
l'Interamericana
(1 km)

Río Panacha

Santa Lucía
Utatlán

San José
Chacayá

Sololá

Vers la Cuchilla (9 km),
l'Interamericana (9 km),
Los Encuentros (11 km),
Chichicastenango (28 km),
Tecpán (43 km)
et Iximché (46 km)

Río San Francisco

Río Los Molinos

Río Pattsi

Santa Cruz
La Laguna

San Jorge
La Laguna

Jaibalito

Tzununá

San Andrés
Semetabaj

Panajachel

San Marcos
La Laguna

Santa Clara
La Laguna

Santa
Catarina
Palopó

Godínez

Los
Robles

Bateaux

Lago de
Atitlán

Vers Patzún (18 km),
Patzicía (20 km)
et Chimaltenango (47 km)

San Juan
La Laguna

San Pedro
La Laguna

San Antonio
Palopó

▲ Volcán
San Pedro
(3 020 m)

Chuitinamit 🏛

● Cerro
de Oro
(1 892 m)

Cerro de
Oro

Agua
Escondida

14

● Santiago
Atitlán

San Lucas
Tolimán

11

Río Madre Vieja

▲ Volcán
Tolimán
(3 158 m)

🏛 Mirador
de Tepepul

Río Cutzán

Río Santa Teresa

▲ Volcán
Atitlán
(3 537 m)

11

Vers Chicacao
(6 km)

Vers Cocales (20 km),
Carretera al Pacífico (20 km)
et Santa Lucía Cotzumalguapa (43 km)

Pochuta 10

Fin 2009, la présence de cyanobactéries (algues bleues) a sérieusement entaché la beauté du lac et découragé la baignade, quoique les niveaux de toxicité aient été jugés acceptables par la suite (lire l'encadré, p. 137).

IXIMCHÉ

K'icab le Grand, chef des Cakchikel, installa sa capitale ici en 1463, la déplaçant de son ancien site près de la forteresse des Mayas quiché de K'umarcaaj. À cette époque, les Cakchikel étaient en guerre contre les Quiché, et les défenses naturelles offertes par ce nouvel emplacement, un promontoire plat entouré de ravins, servirent leurs intérêts.

Les Espagnols, arrivés en 1524, y installèrent leur premier QG guatémaltèque, formant une alliance avec les Cakchikel contre leurs ennemis quiché. Mais la soif d'or et d'autres butins des envahisseurs européens mit rapidement un terme à leur alliance avec les Cakchikel, qui furent défaits à l'issue de la guérilla qui s'ensuivit.

En arrivant sur le **site archéologique** (50 Q ; 🕑 8h-16h30, fermé lun), visitez le petit musée sur la droite, puis poursuivez par les quatre places de cérémonie, entourées d'anciens temples de 10 m de hauteur et de terrains de jeu de balle. Certaines structures ont été dégagées et quelques-unes laissent apparaître le revêtement de plâtre d'origine.

Iximché demeure un site cérémoniel important pour les pèlerins indiens, qui visitent la région pour y effectuer des rituels magiques, comme brûler de l'alcool, de la paraffine ou des bouts de bois devant les pyramides dans l'espoir d'écarter la maladie ou de vaincre des ennemis. Après la visite du site par George W. Bush en 2007, les chamans locaux furent sollicités pour le purifier.

Où se loger et se restaurer
C'est dans la ville de Tecpán, en retrait de l'Interamericana, que l'on trouve les chambres les plus proches. Juste à côté de la place, l'**Hotel Iximché** (☎ 7840-3495 ; 1a Av 1-38, Zona 2 ; s/d 75/150 Q, sans sdb 35/70 Q) compte deux bâtiments face à face, l'un pourvu de sdb privatives, les deux offrant des chambres propres et de bonne taille, aux couvre-lits désuets. Restaurant chinois à côté.

Depuis/vers Iximché
Des microbus "Ruinas" en direction du site (2,50 Q, 10 min) partent près de la place principale de Tecpán, face à l'Iglesia Bautista Horeb, au moins toutes les heures jusqu'à 16h. Le dernier bus de retour quitte le site à 16h30.

Des bus partis du carrefour de La Cuchilla vers l'est peuvent vous déposer à l'embranchement pour Tecpán ; de là il faut parcourir 1 km à pied (ou en bus municipal avec un peu de chance) pour gagner le centre-ville.

SOLOLÁ
41 100 habitants / altitude 1 978 m
Longtemps avant l'arrivée des Espagnols, une ville cakchiquel appelée Tzoloyá se dressait à cet endroit. L'importance de Sololá résulte de sa situation, au croisement des routes commerciales de la *tierra caliente* (les terres chaudes de la côte Pacifique) et de la *tierra fría* (les Hautes Terres froides). Tous les commerçants s'y retrouvent et son **marché** (☺ mar, ven et dim) est l'un des plus pittoresques des Hautes Terres. Les jours de marché, la place proche de la cathédrale resplendit des costumes colorés des habitants arrivant des villages environnants. Les étals de viande, de fruits et de légumes, d'articles ménagers et de vêtements occupent les moindres recoins, tandis que des flots de chalands se pressent autour des vendeurs. Des stands très élaborés fourmillent de bobines de fil de couleurs vives, utilisées pour confectionner les tenues traditionnelles que vous admirerez autour de vous. L'animation atteint son comble le vendredi.

Le dimanche matin, les membres des *cofradías* (confréries religieuses mayas) défilent en procession jusqu'à la cathédrale.

La majorité des voyageurs séjournent à Panajachel. Si vous devez passer la nuit à Sololá, l'**Hotel Belén** (☎ 7762 3105 ; 10a Calle 4-36, Zona 1 ; s/d 60/120 Q) possède 8 chambres propres à l'étage, avec sdb et eau chaude. Il se trouve à un pâté de maisons derrière le clocher qui surplombe la place principale.

Tous les bus qui circulent entre Panajachel et Los Encuentros s'arrêtent à Sololá. Comptez 3 Q et 15 minutes pour l'une ou l'autre destination.

PANAJACHEL
19 900 habitants / altitude 1 595 m
Principale localité des bords du lac, Panajachel – "Pana", comme disent généralement les Guatémaltèques – s'est développée de manière chaotique et au détriment de son apparence. En vous promenant dans l'artère principale, Calle Santander, où se côtoient cybercafés, agences de voyages, vendeurs d'artisanat et bars animés, en évitant les *tuktuks*, on peut se croire au paradis perdu.

La randonnée jusqu'au bord du lac aide à comprendre pourquoi Pana attire tant de visiteurs. Outre sa magnifique vue sur le volcan, les nombreuses correspondances, les hôtels, les restaurants variés et une vie nocturne vibrante en font une destination de prédilection pour les Guatémaltèques le week-end.

Plusieurs cultures se mêlent dans les rues poussiéreuses de Panajachel. *Ladinos* et gringos contrôlent l'industrie touristique. Les Mayas cakchiquel et tz'utujil des villages voisins viennent y vendre leur artisanat aux touristes. Des groupes en voyage organisé débarquent pour quelques heures ou pour la nuit. Ce mélange fait de Pana un carrefour curieusement cosmopolite dans un environnement par ailleurs isolé et rural, et une transition commode vers l'univers d'Atitlán. Cela dit, impatients de profiter pleinement de la beauté du lac, la plupart des voyageurs séjournent peu de temps à Panajachel.

Orientation
La Calle Principal (ou Calle Real) est en principe la rue principale de Pana, mais les nombreux commerces touristiques de la Calle Santander attirent bien davantage les

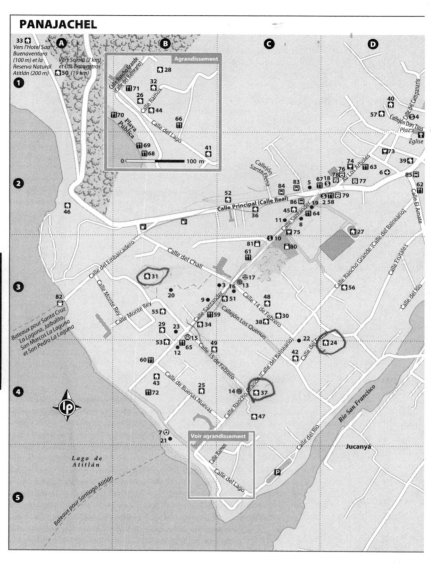

visiteurs. Cette dernière est officiellement une "Avenida," mais les habitants ont l'habitude de l'appeler la Calle Santander ou simplement Santander ; nous avons adopté cette coutume, mais il est possible que vous en entendiez parler sous le nom d'Avenida Santander. De nombreux établissements n'ont pas d'adresse officielle.

La plupart des bus s'arrêtent à l'intersection de la Calle Principal et la Calle Santander, principale route vers le lac. Après l'angle de la Calle Santander, la Calle Principal continue sur 400 à 500 m au nord-est jusqu'au centre-ville, où se tiennent le marché quotidien (surtout animé le dimanche et le jeudi), l'église, la mairie et d'autres hôtels et restaurants.

0 ————————— 300 m

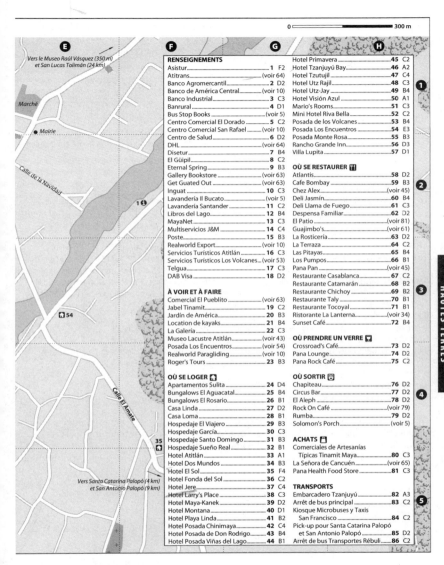

RENSEIGNEMENTS

Asistur	1	F2
Atitrans	(voir 64)	
Banco Agromercantil	2	D2
Banco de América Central	(voir 10)	
Banco Industrial	3	C3
Banrural	4	D1
Bus Stop Books	(voir 5)	
Centro Comercial El Dorado	5	C2
Centro Comercial San Rafael	(voir 10)	
Centro de Salud	6	D2
DHL	(voir 64)	
Disetur	7	B4
El Güipil	8	C2
Eternal Spring	9	B3
Gallery Bookstore	(voir 63)	
Get Guated Out	(voir 63)	
Inguat	10	C3
Lavandería Il Bucato	(voir 5)	
Lavandería Santander	11	C2
Libros del Lago	12	B4
MayaNet	13	C3
Multiservicios J&M	14	C4
Poste	15	B3
Realworld Export	(voir 10)	
Servicios Turísticos Atitlán	16	C3
Servicios Turísticos Los Volcanes	(voir 53)	
Telgua	17	C3
5B Visa	18	D2

À VOIR ET À FAIRE

Comercial El Pueblito	(voir 63)	
Jabel Tinamit	19	C2
Jardín de América	20	B3
Location de kayaks	21	B4
La Galería	22	C3
Museo Lacustre Atitlán	(voir 43)	
Posada Los Encuentros	(voir 54)	
Realworld Paragliding	(voir 10)	
Roger's Tours	23	B3

OÙ SE LOGER

Apartamentos Sulita	24	D4
Bungalows El Aguacatal	25	B4
Bungalows El Rosario	26	B1
Casa Linda	27	D2
Casa Loma	28	B1
Hospedaje El Viajero	29	B3
Hospedaje García	30	C3
Hospedaje Santo Domingo	31	B3
Hospedaje Sueño Real	32	B1
Hotel Atitlán	33	A1
Hotel Dos Mundos	34	B3
Hotel El Sol	35	F4
Hotel Fonda del Sol	36	C2
Hotel Jere	37	C4
Hotel Larry's Place	38	C3
Hotel Maya-Kanek	39	D2
Hotel Montana	40	D1
Hotel Playa Linda	41	B2
Hotel Posada Chinimaya	42	C4
Hotel Posada de Don Rodrigo	43	B4
Hotel Posada Viñas del Lago	44	B1

Hotel Primavera	45	C2
Hotel Tzanjuyú Bay	46	A2
Hotel Tzutujil	47	C4
Hotel Utz Rajil	48	C3
Hotel Utz-Jay	49	B4
Hotel Visión Azul	50	A1
Mario's Rooms	51	C3
Mini Hotel Riva Bella	52	C2
Posada de los Volcanes	53	B4
Posada Los Encuentros	54	E3
Posada Monte Rosa	55	B3
Rancho Grande Inn	56	D3
Villa Lupita	57	D1

OÙ SE RESTAURER

Atlantis	58	D2
Cafe Bombay	59	B3
Chez Alex	(voir 45)	
Deli Jasmín	60	B4
Deli Llama de Fuego	61	C3
Despensa Familiar	62	D2
El Patio	(voir 81)	
Guajimbo's	(voir 61)	
La Rosticería	63	D2
La Terraza	64	C2
Las Pitayas	65	B4
Los Pumpos	66	B1
Pana Pan	(voir 45)	
Restaurante Casablanca	67	C2
Restaurante Catamarán	68	B2
Restaurante Chichoy	69	B3
Restaurante Taly	70	B1
Restaurante Tocoyal	71	B1
Ristorante La Lanterna	(voir 34)	
Sunset Café	72	B4

OÙ PRENDRE UN VERRE

Crossroad's Café	73	D2
Pana Lounge	74	D2
Pana Rock Café	75	C2

OÙ SORTIR

Chapiteau	76	D2
Circus Bar	77	D2
El Aleph	78	D2
Rock On Café	(voir 79)	
Rumba	79	D2
Solomon's Porch	(voir 5)	

ACHATS

Comerciales de Artesanías Típicas Tinamit Maya	80	C3
La Señora de Cancuén	(voir 65)	
Pana Health Food Store	81	C3

TRANSPORTS

Embarcadero Tzanjuyú	82	A3
Arrêt de bus principal	83	D2
Kiosque Microbuses y Taxis San Francisco	84	C2
Pick-up pour Santa Catarina Palopó et San Antonio Palopó	85	D2
Arrêt de bus Transportes Rébuli	86	C2

HAUTES TERRES

La Calle Rancho Grande, parallèle à la Calle Santander, est l'autre axe principal menant à la plage. La rue piétonne Calle del Lago longe le lac jusqu'au Río San Francisco, constituant une jolie promenade ; près de son extrémité sud, un ensemble de restaurants aux toits de chaume borde la rive du lac.

Renseignements
ACCÈS INTERNET

Les prix tournent autour de 5-10 Q l'heure ; les cybercafés ouvrent généralement de 9h à 22h tous les jours, moins longtemps le dimanche.

Get Guated Out (Comercial El Pueblito, Av Los Árboles)
MayaNet (Calle Santander 3-62)
Multiservicios J&M (Calle Rancho grande)

AGENCES DE VOYAGES

Les agences de voyages de Panajachel sont surtout disséminées dans la Calle Santander. Elles proposent des expéditions, des circuits et un service de navettes vers d'autres destinations au Guatemala. Celles que nous citons disposent de leurs propres véhicules.

Atitrans (☎ 7762-2336 ; www.atitrans.com ; Edificio Rincón Sai, 3a Av 1-30 ; ⏰ 8h-20h)

Eternal Spring (☎ 7762-6043 ; eternalspring_reservations@hotmail.com ; Calle Santander). Navettes pour San Cristóbal de Las Casas, au Mexique.

Servicios Turísticos Atitlán (☎ /fax 7762-2246 ; turisticosatitlan@yahoo.com ; Calle 14 de Febrero 2-81)

Servicios Turísticos Los Volcanes (☎ 7762-1096 ; www.posadadevolcanes.com ; Calle Santander 5-51). À Posada Los Volcanes.

ARGENT

Toutes ces banques possèdent des DAB acceptant les cartes Visa/MasterCard.

Banco Agromercantil (angle Calles Principal et Santander ; ⏰ 9h-18h lun-sam, 9h-13h dim). Change les chèques de voyage.

Banco de América Central (Centro Comercial San Rafael, Calle Santander ; ⏰ 9h-17h lun-ven, 9h-13h sam). Espèces sur présentation de Visa et MasterCard.

Banco Industrial (Comercial Los Pinos, Calle Santander ; ⏰ 9h-16h lun-ven, 9h-13h sam). Espèces sur présentation de Visa.

Banrural (Calle del Campanario ; ⏰ 9h-17h lun-ven, 9h-13h sam). Change les chèques de voyage.

Quelques hôtels, agences de voyages et boutiques de la Calle Santander changent des dollars ou des euros, mais pas aux meilleurs taux. Essayez Güipil, en face de Pana Pan, ou Americo's Tours.

LAVERIES

Lavandería Il Bucato (Centro Comercial El Dorado, Calle Principal ; ⏰ 9h-18h30 lun-sam). 30 Q jusqu'à 2,5 kg de linge.

Lavandería Santander (Calle Santander 1-83). Adresse fiable, 10 Q le kilo de linge.

LIBRAIRIES

Bus Stop Books (Centro Comercial El Dorado, Calle Principal ; ⏰ 8h-13h30 mer-lun, 8h-18h mar). Un bon choix de livres, principalement d'occasion, à échanger et à acheter, et quelques guides.

Gallery Bookstore (Comercial El Pueblito, Av Los Árboles). Sélection éclectique de livres d'occasion à vendre ou à échanger.

Libros del Lago (Calle Santander). Excellent stock d'ouvrages en plusieurs langues sur le Guatemala, les Mayas et l'Amérique centrale, cartes et guides Lonely Planet.

OFFICE DU TOURISME

Inguat (☎ 7762-1106 ; info-panajachel@inguat.gcb.gt ; Centro Comercial San Rafael Local 11, Calle Santander ; ⏰ 9h-13h et 14h-17h). Office du tourisme dans un petit centre commercial près de l'artère principale, proposant quelques brochures. Son personnel répond aux questions simples.

POSTE

DHL (Edificio Rincón Sai, Calle Santander)

Get Guated Out (☎ /fax 7762-0595 ; gguated@yahoo.com ; Comercial El Pueblito, Av Los Árboles). Pour envoyer vos courriers et colis importants par avion ou coursier international.

Poste (angle Calles Santander et 15 de Febrero)

Realworld Export (☎ 5634-5699 ; Centro Comercial San Rafael, Calle Santander). Service de coursiers proposant des envois groupés de plusieurs acheteurs pour réduire les coûts, solution économique pour expédier des objets volumineux.

SERVICES MÉDICAUX

L'hôpital le plus proche est à Sololá.

Centro de Salud (clinique ; ☎ 7762-1158 ; Calle Principal ; ⏰ 8h-18h lun-ven, 8h-13h sam)

TÉLÉPHONE

Quelques cybercafés et agences de voyages de la Calle Santander proposent des appels téléphoniques assez bon marché – environ 2-3,50 Q la minute pour un appel vers l'Amérique du Nord ou centrale, et 3-4,50 Q la minute vers l'Europe. Sinon, communiquez avec Skype de n'importe quel cybercafé. Pour les appels locaux, des téléphones à carte sont installés devant **Telgua** (Calle Santander).

URGENCES

Asistur (☎ 5874-9450 ; Edificio Las Manos, Av El Tzalá, Barrio Jucanyá ; ⏰ 9h-17h)

Disetur (police touristique ; ☎ 5531-3982 ; Playa Pública). Dans un petit bâtiment près du quai de Santiago.

À voir

Le **Museo Lacustre Atitlán** (Calle Santander ; 35 Q ; ⏰ 8h-18h dim-ven, 8h-19h sam), dans l'Hotel Posada de Don Rodrigo, raconte l'histoire de la région d'Atitlán et des éruptions volcaniques qui ont créé son paysage, et expose une collection d'objets artisanaux anciens découverts dans le lac. Débordant d'œuvres de peintres et de sculpteurs guatémaltèques, **La Galería** (☎ 7762-2432 ; panagaleria@hotmail.com ; Calle Rancho Grande ; ☺ 9h-12h et 14h-18h mer-lun) fonctionne comme un espace d'exposition et un centre culturel, accueillant des conférences, des films et parfois des concerts. Lancée en 1971 par Nan Cuz, peintre indien guatémaltèque qui a grandi en Allemagne, la galerie présente les toiles de quelque 500 artistes. On peut y voir quelques-uns des paysages hallucinants qui ont valu à Cuz la reconnaissance du monde artistique européen.

RÉSERVE NATURELLE ATITLÁN
À 200 m de l'Hotel Atitlán, à la périphérie nord de la ville, la **Reserva Natural Atitlán** (☎ 7762 2565 ; www.atitlanreserva.com ; adulte/enfant 45/25 Q ; ☺ 8h-17h) est une ancienne plantation de café où la nature a repris ses droits, un endroit où il fait bon se promener à pied ou à bicyclette. Le sentier principal se parcourt en une heure de marche tranquille ; des ponts suspendus mènent à une cascade et à une plate-forme où l'on peut observer des atèles. Vous apercevrez aussi sans doute des coatis (*pisotes*), cousins du raton laveur, dotés d'un museau pointu et d'une longue queue droite et touffue. La réserve comprend un jardin de plantes aromatiques, un enclos à papillons, un centre d'interprétation, des tyroliennes, un camping, une miniplantation de café et une volière. Pour des séjours plus longs, on y trouve de très bonnes chambres avec des terrasses privées, et un camping.

À faire
VÉLO, RANDONNÉE ET KAYAK
Les monts et les vallées du Lago de Atitlán sont le paradis des cyclistes et des randonneurs. **Roger's Tours** (☎ 7762-6060 ; www.rogerstours. com ; Calle Santander) loue des VTT de qualité moyenne 40/250 Q par heure/jour et propose des excursions cyclistes (415-500 Q casque, guide et déjeuner inclus). Un circuit en bateau de Panajachel au village de Tzununá continue à vélo vers l'ouest par des sentiers de terre jusqu'à San Marcos La Laguna, puis par une route goudronnée jusqu'à San Pedro La Laguna, avec une halte-baignade à Playa Las Cristalinas, avant de revenir à Pana en bateau. Un autre visite les villages à l'est du lac.

Voir *Santiago Atitlán* (p. 133) et les rubriques suivantes pour des renseignements sur les randonnées autour du Lago de Atitlán.

Avant de partir en randonnée, et en cours de route, renseignez-vous sur le niveau de sécurité auprès d'Asistur (voir ci-contre).

Pour une randonnée d'une journée de Panajachel au sommet du Volcán San Pedro et retour, comptez environ 540 Q/personne, comprenant le transfert en bateau, le taxi jusqu'à la piste, l'entrée et le guide.

Des kayaks sont à louer (30 Q/heure) sur le quai au pied de Calle del Rancho Grande.

PARAPENTE
En 1934, Huxley concluait déjà que le Lago de Atitlán était d'une beauté quasi intolérable. Il suffit pour s'en convaincre de se lancer en parapente et de jouir d'une vue d'oiseau sur le lac et les villages qui dévalent les collines jusqu'à ses rives. Le lac est devenu un centre pour adeptes du parapente, et plusieurs opérateurs proposent des vols en tandem où le passager a tout loisir de prendre des photos ou d'admirer le paysage.

Realworld Paragliding (☎ 5634-5699 ; realworld-paragliding@gmail.com ; Centro Comercial San Rafael, Calle Santander) est l'opérateur le plus fiable des environs. Christian en est un guide patient (et anglophone) qui a pratiqué plus de 500 vols en tandem. Demandez au bureau si les vents sont favorables. S'ils viennent du sud, vous décollerez l'après-midi au-dessus de Santa Catarina Palopó et atterrirez à Pana ; s'ils viennent du nord, vous volerez de Santa Clara à San Juan La Laguna, probablement le matin. Dans ce dernier cas, vous irez en bateau jusqu'à San Pedro La Laguna (25 Q supplémentaires/pers), puis prendrez un pick-up jusqu'à Santa Clara. Comptez 665 Q pour le vol, qui dure de 20 minutes à 1 heure, selon les vents et les préférences du passager. Dans des conditions optimales, on peut voler jusqu'à 700 m au-dessus du lac (2 300 m au-dessus du niveau de la mer). Vous pourrez aussi effectuer quelques figures, et approcher des falaises pour profiter de courants qui vous soulèveront comme une vague.

Cours
Panajachel compte deux écoles de langues réputées : **Jardín de América** (☎ /fax 7762-2637 ; www.jardindeamerica.com ; Calle del Chalí) et **Jabel Tinamit** (☎ 7762-6056 ; www.jabeltinamit.com ; Callejón Las Armonías). Toutes deux possèdent de vastes jardins et une bonne ambiance. Quatre heures de cours particulier 5 jours/semaine et l'immersion dans une famille locale

HAUTES TERRES

reviennent à 1 400 Q/semaine. Jabel Tinamit propose aussi des cours de cakchiquel et de tissage maya.

Circuits organisés

Si vous n'avez que peu de temps, pourquoi ne pas faire un tour du lac en bateau, en vous arrêtant dans quelques villages ? Des bateaux quittent quotidiennement le quai de Playa Pública à 8h30 et 9h30 pour des visites de San Pedro La Laguna (escale d'environ 1 heure 30), Santiago Atitlán (1 heure 30) et San Antonio Palopó (1 heure). Les deux circuits (100 Q chacun) reviennent à 15h30. Les agences de voyages (p. 124) proposent des circuits plus chers (540 Q/pers), comprenant parfois des démonstrations de tissage, des visites au sanctuaire de Maximón à Santiago, etc.

Posada Los Encuentros (☎ 7762-2093 ; www. losencuentros.com ; Callejón Chotzar 0-41) propose des visites-conférences des villages lacustres, sur des thèmes comme la médecine maya, la peinture à l'huile tz'utujil et la culture du café bio. Comptez 500/985 Q par pers la demi-journée/journée pour 2 participants, moins quand le groupe est plus important. Le guide, Richard Morgan, est spécialiste de l'histoire et de la culture mayas et habite depuis longtemps près du lac. Randonnées et escalade du volcan sont aussi proposées.

Fêtes et festivals

Le **festival de San Francisco de Asís**, le 4 octobre, est célébré à grand renfort de boissons et de feux d'artifice à Panajachel. Le 14 septembre, la veille de la **fête de l'Indépendance**, des athlètes portant des torches courent des marathons dans tout le pays mais la tradition est célébrée avec une ferveur particulière à Panajachel, où elle est née en 1957. Le matin, des enfants de différents villages arrivent en bus pour voir le lac, vers midi chaque groupe reçoit une torche et rentre en courant. Le marathon de Guatemala Ciudad à Panajachel représente toutefois le principal événement. Les coureurs arrivent sur la place principale de Pana vers minuit, encouragés par une foule en délire, des marimbas et des feux d'artifice.

Où se loger

PETITS BUDGETS

Les *hospedajes* (pensions de famille) aux tarifs modestes sont légion. Ils sont simples et meublés au minimum, mais bon marché.

Les plus chers proposent de conséquentes réductions en cas de séjour prolongé.

Hospedaje Santo Domingo (près de Calle Monte Rey ; s/d 50/70 Q, sans sdb 20/30 Q). Les chambres moins chères de cet établissement accueillant ont été peintes par d'anciens clients. Des doubles plus agréables, avec sdb communes, sont proposées dans un bâtiment plus récent. Charmant espace extérieur verdoyant.

Hotel Visión Azul (☎ 5759-7321 ; eugestara@yahoo. com ; Finca San Buenaventura ; empl 35 Q/pers ; 🛋 🖾). En dehors de la ville, le camping le plus sûr et le plus agréable du coin. Emplacements situés dans un jardin bien entretenu face au lac, barbecues abrités et douches chaudes. Le sympathique propriétaire peut fournir des kayaks. Chambres avec terrasses privatives également disponibles.

Villa Lupita (☎ 5054-2447 ; Callejón Don Tino ; s/d 60/120 Q, sans sdb 40/70 Q). Établissement tenu en famille, avantageux pour le centre-ville. Face à une place en contrebas de l'église, à l'écart de l'artère touristique. Hébergement basique mais propre et patio fleuri.

Casa Linda (☎ 7762-0386 ; Callejón El Capulin ; s/d 100/130 Q, sans sdb 49/98 Q). De petites chambres impeccables entourent le jardin de cette adresse tranquille, dans une allée partant de Calle Santander. Les chambres à l'étage sont aérées et les balcons parfaits pour la sieste.

Hotel El Sol (☎ 7762-6090 ; www.paramuraoka. com ; Carretera a Santa Catarina Palopó ; dort/s/d/tr 50/150/200/250 Q ; 🅿 🛋). Sur la route de Santa Catarina, à 15 minutes à pied ou en un éclair en mototaxi depuis Pana, cette auberge de jeunesse moderne est un petit bout de Japon. Kazuomi et sa famille viennent d'Hiroshima ; ils préparent des sushis et proposent un bain japonais alimenté par des sources chaudes naturelles. Dortoir de 8 lits et 5 chambres privatives.

Hospedaje García (☎ 7762-2187 ; Calle 14 de Febrero ; s/d 80/150 Q, sans sdb 50/80 Q). Les meilleures des chambres sont les moins chères – elles sont deux fois plus grandes que celles équipées de sdb et leurs balcons donnent sur le patio.

Casa Loma (☎ 7762-1447 ; Calle Rancho Grande ; s/d 100/150 Q, sans sdb 50/100 Q). Gérée par une famille cakchiquel, la Casa Loma propose des chambres rudimentaires près de la plage. Celles de l'étage ont de bons lits fermes et partagent une sdb en bas. Agréable pelouse pour la détente.

Mario's Rooms (☎ 7762-2370 ; www.mariosrooms. com.gt ; Calle Santander ; s/d avec petit-déj 90/160 Q, sans sdb 60/110 Q ; 🖵). Excellente adresse. De petites chambres sur 2 étages devant une cour ornée de plantes. Douches brûlantes.

Hospedaje El Viajero (☎ 7762-0128 ; www.sleeprentbuy. com/elviajero ; s/d 60/100 Q). Au bout d'une petite allée partant du bas de Calle Santander, un établissement tranquille et central. Rien d'original, mais des chambres vastes et claires, et des balcons. On peut utiliser la cuisinière, le micro-ondes et le réfrigérateur. Laverie et eau potable gratuite.

Hotel Tzutujil (☎ 7762-0102 ; www.panajachel. com/tzutujil.htm ; Calle Rancho Grande ; s/d avec TV câblée 100/200 Q, sans sdb 60/120 Q). Presque cachée dans une allée étroite au milieu des champs de maïs, une petite merveille vous attend – structure solitaire dotée de balcons, de fenêtres en arc de cercle et d'un escalier en colimaçon menant à une terrasse sur le toit. Côté inconvénient, les chambres sont de qualité médiocre, avec des lits inconfortables et des douches électriques aléatoires derrière une cloison.

Hotel Maya-Kanek (☎ 7762-1104 ; Calle Principal ; s/d 75/130 Q ; ℗). Don Arturo, le propriétaire, dit de cet établissement familial à l'ancienne situé dans le centre-ville qu'il fut le premier hôtel de Pana. Des chambres rudimentaires mais confortables s'alignent le long d'une cour ornée de drôles de bancs-squelettes et fréquentée par des colibris.

Hotel Jere (☎ 7762-2781 ; www.hoteljere.com ; Calle Rancho Grande ; s/d 80/100 Q ; ℗ 🖵). De grandes chambres décorées avec goût. Tout est rehaussé de textiles, de photos, de cartes et d'affiches. On peut y réserver des places dans les bus et des circuits autour du lac.

Hotel Posada Viñas del Lago (☎ 7762-0389 ; Playa Pública ; s/d 100/150 Q ; ℗). À quelques mètres de la rive, un hôtel bariolé géré par des Indiens. Les chambres sont rudimentaires mais la vue sur le lac compense l'inconfort ; les meilleures sont les 21, 22 et 23.

Posada Monte Rosa (☎ 7762-0055 ; Calle Monte Rey ; s/d 100/150 Q). Non loin de Calle Santander, des chambres assez grandes aux rideaux en tissu maya, donnant sur de petites pelouses. Pas de réservation par téléphone.

Hotel Larry's Place (☎ 7762-0767 ; Calle 14 de Febrero ; s/d 100/150 Q ; ℗). À l'écart de la route, derrière un mur de végétation, des chambres fraîches de bonne taille dans un cadre sylvestre. Jolis meubles et balcons, sans la vue, hélas. Pas de TV ni d'Internet.

Apartamentos Sulita (☎ 4055-7939 ; Calle del Frutal 3-42 ; hutte 1 040 Q/sem). Jolies petites huttes pour 1 ou 2 pers ; parfait si vous avez envie de vous attarder. Cuisine, salon, sdb et 1 chambre. Le jardin regorge d'oiseaux.

CATÉGORIE MOYENNE

Ce sont les hôtels les plus sollicités le week-end. Du dimanche au jeudi, vous bénéficierez peut-être d'une réduction, ou si vous restez plus de quatre jours. De nombreux hôtels augmentent leurs tarifs en juillet, en août, pendant la Semaine sainte et les fêtes de fin d'année.

Hotel Fonda del Sol (☎ 7762-1162 ; h_fondadelsol@ yahoo.com ; Calle Principal ; s/d 120/180 Q ; ℗ 🖵 🛜). Près de l'arrêt de bus, un établissement de type motel un peu bruyant, mais sûr et accueillant. De vastes chambres aux murs de pierre, des meubles coloniaux et des terrasses confortables ou des balcons face au jardin.

Hotel Utz Rajil (☎ 7762-0303 ; gguated@yahoo.com ; Calle 14 de Febrero ; s/d 125/200 Q). Un hôtel moderne de 3 étages, proposant des chambres spacieuses. Demandez un balcon. Sinon, profitez de la vue depuis la terrasse sur le toit.

Hospedaje Sueño Real (☎ 7762-0608 ; hotelsuenoreal@hotmail.com ; Calle Ramos ; s/d/tr 150/200/350 Q ; ℗ 🖵 🛜). Un hôtel au-dessus du lot qui loue des chambres gaies mais petites avec TV et ventilateur. Les meilleures sont les triples à l'étage, donnant sur la terrasse face au lac.

Mini Hotel Riva Bella (☎ 7762-1348 ; Calle Principal 2-21 ; s/d 150/200 Q ; ℗). Jolis bungalows de 2 chambres disséminés dans une pinède. Propres, modernes et équipés de grandes sdb.

Hotel Montana (☎ 7762-0326 ; Callejón Don Tino ; s/d 150/250 Q ; ℗). Dans une rue étroite près de l'église, 23 chambres claires et bien tenues. Les balcons incurvés et les tissus mayas donnent du caractère à l'hôtel. Un cadre tranquille, une cour/parking verdoyante résonnant du chant des oiseaux.

Hotel Utz-Jay (☎ 7762-0217 ; www.hotelutzjay.com ; Calle 15 de Febrero 2-50 ; s/d/tr avec petit-déj 195/280/366 Q ; ℗ 🖵 🛜). Huit maisonnettes en adobe décorées de tissus traditionnels, avec des espaces détente à l'avant. Le petit-déjeuner est bon, on peut faire laver son linge et profiter du *chuj* (sauna maya). Les propriétaires polyglottes connaissent bien la région et proposent des expéditions randonnée et camping aux alentours du lac.

Hotel Playa Linda (☎ 7762-0097 ; www.hotelplaya-linda.com ; Calle del Lago, Playa Pública ; ch avec/sans vue sur le lac 300/200 Q ; ℗ 🐾). Hôtel fantaisiste proposant 17 chambres de bonne taille, la plupart avec cheminée. Accueil chaleureux. Les chambres 1 à 5 offrent la meilleure vue sur le lac, avec de grands balcons pour en profiter. Les jardins, à l'avant, regorgent de roses et de perroquets bavards.

Posada de los Volcanes (☎ 7762-0244 ; www.posadadelosvolcanes.com ; Calle Santander 5-51 ; s/d 200/350 Q). Chalet pourvu de sa propre agence de voyages aux adorables chambres embaument le pin. Au 4e étage, vous avez votre terrasse privée, idéale pour déguster un cocktail face au lac.

Hotel Primavera (☎ 7762-2052 ; www.primaveratitlan.com ; Calle Santander ; s/d/tr 249/332/415 Q ; 🛜). Hôtel élégant près de la principale intersection de Pana. Ses 10 vastes chambres ornées de jolis tissus, aux fenêtres fleuries et à la lumière douce, face à un patio en bois, invitent à la détente.

Bungalows El Rosario (☎ 7762-1491 ; Playa Pública ; www.atitlandonmoises.com ; s/d 250/400 Q ; P). Des chambres, pas vraiment des bungalows, disposées autour du parking. Les plus spacieuses sont conçues pour les familles, avec un grand lit et 2 lits simples. Véritable refuge rural, à quelques pas du lac.

Hotel Posada Chinimaya (☎ 7762-0142 ; www.hotelchinimaya.com ; s/d 290/374 Q ; Callejón Chinimaya ; P 🖥 🛜). Grandes chambres à l'ameublement minimaliste, aux sols carrelés et sdb ultramodernes, dans les deux ailes roses, ornées d'arcades, d'un établissement neuf près de la rivière. Le petit-déjeuner est servi dans le patio, qui sera ombragé quand les arbres auront poussé.

○ Posada Los Encuentros (☎ 7762-1603 ; www.losencuentros.com ; Callejón Chotzar 0-41 ; s/d 249/332 Q, avec cuisine 415/498 Q). En face de la rivière, un "B&B écoculturel" proposant 7 chambres douillettes dans une maison à l'ambiance détendue, une piscine chauffée par le volcan, un jardin de plantes médicinales, une terrasse et un centre de fitness. Richard Morgan, le propriétaire, partage volontiers ses connaissances encyclopédiques sur le lac et propose des circuits culturels dans les environs.

Bungalows El Aguacatal (☎ 7762-1482 ; www.atitlandonmoises.com ; Calle las Buenas Nuevas ; bungalow 4 pers avec/sans cuisine 550/400 Q ; P). Bungalows de ciment un peu ternes mais avantageux pour les groupes, surtout si vous cuisinez. Chacun possède 2 chambres (de 2 lits) et un salon.

CATÉGORIE SUPÉRIEURE

Hotel Dos Mundos (☎ 7762-2078 ; www.hoteldosmundos.com ; Calle Santander 4-72 ; s/d/tr avec petit-déj 415/457/748 Q ;

P 🖼). Côté lac dans Calle Santander, un hôtel à l'écart de l'agitation. Les 22 chambres à tommettes et couvre-lits tissés sont aménagées autour de jardins tropicaux et d'une minuscule piscine. Bon restaurant italien, agence de voyages sur place et bar chic sur la rue.

Hotel San Buenaventura (☎ 7762-2559 ; www.hotelsanbuenaventura.net ; Finca San Buenaventura ; s/d 415/674 Q, cottage 4/6 pers 1 347/2 020 Q ; P 🖼). Charmantes maisonnettes de briques à louer en partie ou en entier, avec salon, cuisine, terrasse et barbecue. Louez un vélo pour explorer les alentours boisés, transpirez au sauna ou lézardez sur la plage privée.

Hotel Tzanjuyú Bay (☎ 5305-2704 ; www.hotelt-zanjuyubay.blogspot.com ; Calle Principal 4-96 ; ch 440 Q ; P 🖼). Sans doute très élégant il y a un siècle, cet immense hôtel a gardé une majesté poussiéreuse malgré des rénovations récentes. Sur les rives du lac, chaque chambre a un balcon avec vue sur le volcan. On peut y camper. Des bateaux vous déposent au débarcadère de l'hôtel sur demande.

Rancho Grande Inn (☎ 7762-2255 ; www.ranchograndeinn.com ; Calle Rancho Grande ; ch avec petit-déj 500 Q ; P 🛜 🖼). Construit dans les années 1940, le Rancho Grande loue une dizaine de chambres, de suites et de *cabañas* dans des villas de style allemand, au milieu de pelouses impeccables jalonnées d'arbres fruitiers. Les tarifs comprennent un petit-déjeuner copieux avec crêpes, miel maison et café. Service de bar dans la piscine jusqu'à 21h.

Hotel Posada de Don Rodrigo (☎ 7762-2326 ; www.posadadedonrodrigo.com ; Calle Santander ; s/d 906/1 014 Q, avec vue sur le lac 1 014/1 114 Q ; P 🖼). Au bord du lac, ce domaine réserve de nombreuses surprises – 2 saunas, restaurants et bars, courts de squash, piscine avec toboggan et joli musée. Vastes chambres au décor colonial qui donnent sur des jardinets privatifs.

Hotel Atitlán (☎ 7762-1441 ; www.hotelatitlan.com ; Finca San Buenaventura ; ch avec petit-déj 1 214 Q ; P 🖥 🖼). Plantation de café au XXe siècle, le domaine devint l'hôtel le plus adorable de Pana dans les années 1970. Sur les rives du lac à 1,5 km au nord-ouest du centre-ville, cette demeure vaguement coloniale de 3 étages est entourée de jardins tropicaux. Les 65 chambres possèdent des balcons donnant sur le lac. La décoration favorise l'imagerie religieuse, les sculptures de bois et le fer forgé. Le restaurant, le bar et la boutique de souvenirs bien approvisionnée sauront vous retenir.

Où se restaurer
PETITS BUDGETS

Pana Pan (Calle Santander 1-61 ; pâtisseries 7 Q ; ☺ petit-déj et déj). Pains à la cannelle, muffins chocolat-banane et pain complet font de cette adresse une étape obligatoire. Sur place, en sirotant un café, ou à emporter.

Las Pitayas (Calle Santander.) Savourez ses *licuados* (jus de fruits frais) de saison. En cas de grande chaleur, prenez un *panatonic* – jus de citron, gingembre et menthe. Paninis et *wraps* pourvoient aux petits creux.

Deli Jasmín (☎ 7762-2585 ; Calle Santander ; plats 25-45 Q ; ☺ 7h-18h mer-lun). Restaurant extérieur paisible servant une gamme de plats sains et des boissons, sur fond de musique classique. Petit-déjeuner servi toute la journée. Pain complet, pita, houmous ou chutney de mangue à emporter.

Deli Llama de Fuego (☎ 7762-2586 ; Calle Santander ; plats 25-45 Q ; ☺ 7h-22h jeu-mar). Les mêmes plats qu'au Deli Jasmín. Ce paradis des amateurs de cuisine naturelle s'organise autour d'un *llama de fuego* (tulipier d'Afrique).

La Rosticería (☎ 7762-2063 ; Av Los Árboles ; plats 25-40 Q ; ☺ 8h-22h lun-sam). Spécialiste du poulet rôti, servi en terrasse. Un quart de poulet accompagné de frites et d'une salade de chou vous coûtera 25 Q.

El Patio (☎ 7762-2041 ; Plaza Los Patios, Calev Santander ; plats 35 Q ; ☺ petit-déj, déj et dîner). Restaurant prisé pour le déjeuner, dont la terrasse est un lieu de rendez-vous pratique. Venez le lundi pour goûter le *caldo de res* (sorte de pot-au-feu).

Les terrasses des restaurants touristiques bon marché à l'est de la Calle del Lago, comme le Restaurante Taly, le Catamarán ou le Chichoy, donnent sur le lac. Los Pumpos, au niveau de la rue, a la réputation d'être le meilleur d'entre eux. Tous les restaurants de plage préparent des fruits de mer et du *caldo de mariscos* (ragoût de fruits de mer), mais on ne sert plus de poisson du lac depuis l'infestation bactériologique de fin 2009.

Autre possibilité pour les bourses restreintes : la myriade d'étals de tacos et de poulet qui prolifèrent sur la Calle Santander tous les après-midi et le soir. Essayez Humo en Tus Ojos, repéré lors de notre dernière visite près du carrefour des Calles Principal et Santander ; c'est là que mangent les policiers.

Faites vos courses à Despensa Familiar, à l'extrémité nord de Calle El Amate.

CATÉGORIES MOYENNE ET SUPÉRIEURE

Atlantis (☎ 7762-1015 ; Calle Principal ; plats 40-60 Q ; ☺ petit-déj, déj et dîner). Café-bar servant d'excellents sandwichs mixtes (35 Q) et des repas plus substantiels. Jardin agréable le soir.

Guajimbo's (Calle Santander ; plats 40-70 Q ; ☺ petit-déj, déj et dîner). L'un des meilleurs établissements de Pana, ce restaurant uruguayen propose de copieuses grillades avec des légumes, de la salade, du pain à l'ail et du riz ou des pommes de terre à l'eau. On y trouve aussi des plats végétariens, des petits-déjeuners avantageux et du café en quantité.

Café Bombay (☎ 7762-0611 ; Calle Santander ; plats 45 Q ; ☺ 11h-21h mer-lun ; Ⓥ). Ce confortable restaurant international propose des spécialités végétariennes de 14 pays : des lasagnes aux épinards au miso, en passant par les currys, et même une version végétarienne du *pepián* guatémaltèque (ragoût de poulet à la sauce piquante, sésame et graines de potiron) servi avec légumes, riz et *chuchito* (petit tamal).

Sunset Café (angle Calles Santander et del Lago ; plats 50-65 Q ; ☺ déj et dîner). Restaurant en plein air côté lac de la Calle Santander. Belle vue et menu proposant viande, poisson et plats végétariens. Le bar et les concerts du soir permettent de profiter agréablement des couchers du soleil sur le volcan.

Ristorante La Lanterna (Hotel Dos Mundos, Calle Santander 4-72 ; plats 50-85 Q ; ☺ 7h-15h et 18h-22h). Restaurant italien appartenant à l'Hotel Dos Mundos. Pâtes maison et impressionnante carte des vins d'Italie. Le café voisin sert un expresso guatémaltèque savoureux. Bonus : les convives ont accès à la piscine de l'hôtel.

Restaurante Casablanca (☎ 7762-1015 ; Calle Principal ; plats 55-96 Q ; ☺ 11h-23h). Facilement repérable au bout de la Calle Santander grâce à sa fresque magique, ce restaurant tenu par le consul honoraire d'Allemagne propose des fondues, des steaks et des pâtes à l'européenne. Salles à manger claires et spacieuses à l'étage et en bas, et excellent bar.

La Terraza (☎ 7762-0041 ; Edificio Rincón Sai, Calle Santander ; plats 60-150 Q ; ☺ déj et dîner ; 🛜). L'un des établissements ayant le plus de cachet de la Calle Santander, conjugue des influences française, mexicaine et asiatique. Mieux vaut réserver le week-end.

Restaurante Tocoyal (Calle del Lago ; plats 95-115 Q ; ☺ 8h30-17h dim-ven, 8h30-20h sam). Le Tocoyal se détache du lot des restaurants de la Calle del Lago. Ses points forts sont les grillades et les fruits de mer.

HAUTES TERRES

Chez Alex (☎ 7762-2052 ; Hotel Primavera, Calle Santander ; plats 99-150 Q ; 🕒 déj et dîner). L'un des restaurants les plus chics de Pana, à l'influence très européenne. Fondue, truite farcie et autres délices, plus cigares de La Havane.

Où prendre un verre

Crossroads Café (☎ 5292-8439 ; www.crossroads-cafepana.com ; Calle del Campanario 0-27 ; 🕒 9h-13h et 15h-19h mar-sam). Mike Roberts a fait de Panajachel un passage obligé des accros au café. Quand il n'est pas en pleine torréfaction ou aux commandes de son percolateur dans son petit café près du centre-ville, il inspecte les Hautes Terres pour dénicher de nouveaux arômes. Goûtez le doux Huehue bio.

Pana Rock Café (☎ 7762-2194 ; Calle Santander). Un bon café pour commencer, finir ou prolonger votre soirée de libations, avec une *happy hour* apparemment interminable. Le rock ne plaît pas à tout le monde, mais deux cocktails pour 25 Q, c'est difficile à battre.

Pana Lounge (Av Los Árboles). Petit bar à la lumière tamisée dont toute l'animation se concentre autour du billard (40 Q/h) et de la bière (40 Q/*cubetazo,* seau de 5 bouteilles).

Où sortir

La toute petite Zona Viva (zone festive) de Panajachel se concentre dans l'Av Los Árboles. L'animation retombe du dimanche au mercredi.

DANSE

La Terraza (voir p. 129) est le paradis des amateurs de salsa, surtout pendant les cours des vendredi et samedi soir. Comptez 100 Q/heure (la moitié sur une longue durée).

Chapiteau (Av Los Árboles ; minimum 20 Q). Quand la musique s'arrête au Circus Bar, traversez la rue et essayez ce petit bar-disco éclairé au stroboscope.

El Aleph (Av Los Árboles). Des DJ font bouger la foule sur un mélange de *reggaetón*, mérengué, électronica et salsa. La bière est moins chère au seau (ou *cubetazo*).

Rumba (Calle Principal). Face au début de l'Av Los Árboles, un grand bar-discothèque retentissant de pop latino, apprécié des ados guatémaltèques et des jeunes adultes qui descendent sur Pana pendant le week-end et les vacances.

CONCERTS

Outre les établissements suivants, essayez le Pana Rock Café (voir plus haut) ou le Sunset Café (p. 129).

Circus Bar (☎ 2333-7470 ; Av Los Árboles ; 🕒 12h-minuit). Les portes de saloon du Circus Bar cachent une ambiance de cabaret, où des concerts ont lieu tous les soirs de 20h30 à 23h. Flamenco, folk, marimbas et autres styles musicaux ajoutent agréablement à l'ambiance douillette, tout comme la conséquente carte des alcools proposés, les cocktails à 10 Q et les bonnes pizzas.

Rock On Café (Av Los Árboles ; 🕒 21h-1h jeu-sam). Petit café à côté d'El Aleph, accueillant parfois des groupes de *rock en español*.

Solomon's Porch (☎ 7762-6032 ; Centro Comercial El Dorado, Calle Principal ; 🕒 12h-22h mar-sam ; 🛜). Dans un centre commercial, café proposant une foule d'activités, du billard au cinéma en passant par des concerts d'artistes étrangers. Pour une expérience totalement différente, essayez le "rassemblement de prière" tous les dimanches à 16h (café gratuit).

Achats

Des voyageurs préfèrent faire leurs achats à Panajachel plutôt qu'au célèbre marché de Chichicastenango, où les groupes de touristes sont légion. La Calle Santander est bordée d'échoppes, de boutiques et de centres commerciaux qui vendent (entre autres) des vêtements mayas traditionnels, du jade, des bérets rastas avec fausses dreadlocks, des couvertures colorées, des articles en cuir et des sculptures sur bois. Des vendeurs et des artisans ambulants installent des étalages de fortune, surtout le week-end.

Comerciales de Artesanías Típicas Tinamit Maya (🕒 7h-19h). Ne manquez pas de jeter un coup d'œil aux dizaines de stands de ce grand marché d'artisanat, qui offre un choix impressionnant. D'autres échoppes sont regroupées dans la Calle Rancho Grande, côté plage.

Pana Health Food Store (☎ 5720-5725 ; Plaza Los Patios, Calle Santander) propose des herbes médicinales et des aliments biologiques (et peut vous indiquer un acupuncteur ou un masseur).

La Señora de Cancún (☎ 7762-2602 ; Calle Santander). Vêtements originaux de la créatrice guatémaltèque Ana Kayax, produits par une coopérative de tisserands indiens.

Depuis/vers Panajachel

BATEAU

Des bateaux à destination de Santiago Atitlán (35 min) partent de la Playa Pública (plage publique) au pied de Calle Rancho Grande. Tous les autres départs se font de l'Embarcadero Tzanjuyú, au pied de Calle del Embarcadero. Des *lanchas* couvertes (vedettes) font le tour du lac dans le sens inverse des aiguilles d'une montre, s'arrêtant à Santa Cruz La Laguna (15 min), Jaibalito, Tzununá, San Marcos La Laguna (30 min), San Juan La Laguna et San Pedro La Laguna (45 min). Le dernier bateau part vers 19h30. Aucun bateau public ne dessert les villages de la rive est du lac ; prenez un bus ou un pick-up.

La traversée du Lago de Atitlán coûte 20 Q, sauf pour les habitants, qui paient moins. Des voyageurs s'indignent de ce système à deux vitesses, mais il est institutionnalisé et les plaintes sont vaines. Ignorez les intermédiaires et négociez directement le prix avec le capitaine. Les *lanchas* peuvent être affrétées de la Playa Pública ou de l'Embarcadero Tzanjuyú : comptez environ 350 Q pour San Pedro La Laguna.

BUS

Le principal arrêt de bus de Panajachel se trouve au croisement des Calles Santander et Principal, face au Banco Agromercantil. La station de taxis et de navettes de la Calle Principal, à côté, donne un aperçu général des horaires de bus, sans garantie d'exactitude. Les départs – approximativement, et susceptibles de changements – sont ainsi programmés :

Antigua Des bus Pullman directs (35 Q, 2 heures 30, 146 km) de Transportes Rébuli partent à 11h du lundi au samedi. Sinon, prenez un bus de Guatemala Ciudad et changez à Chimaltenango. Les bus Rébuli partent du sud de Calle Principal, en face du principal arrêt de bus.

Chichicastenango Environ 5 bus (20 Q, 1 heure 30, 37 km) partent quotidiennement entre 7h et 15h. Ou choisissez n'importe quel bus pour Los Encuentros et prenez une correspondance.

Ciudad Tecún Umán (frontière mexicaine) Par la route du Pacifique (220 km), prenez un bus pour Cocales puis changez ; par la route des Hautes Terres (204 km), changez à Quetzaltenango.

Cocales (Carretera al Pacifico). Les bus circulant de Chichicastenango à Nueva Concepción s'arrêtent à Cocales (15 Q, 2 heures 30, 65 km), en passant tlj par Pana à environ 6h30, 10h, 15h et 17h.

Guatemala Ciudad Transportes Rébuli (3 heures 30, 150 km) à 5h, 6h, 7h30, 11h, midi et 13h quotidiennement ; le service de 11h est un Pullman (35 Q), les autres des *chicken bus* (25 Q). Sinon, prenez un bus pour Los Encuentros et changez.

Huehuetenango Prenez un bus jusqu'à Los Encuentros (3 heures 30, 140 km) puis à destination de Huehue ou de La Mesilla. Sinon, prenez un bus pour Quetzaltenango, descendez à Cuatro Caminos et changez. Des bus passent au moins toutes les heures à ces carrefours.

Los Encuentros Prenez n'importe quel bus en direction de Guatemala Ciudad, Chichicastenango, Quetzaltenango ou l'Interamericana (6 Q, 35 min, 20 km). Assurez-vous qu'il dessert bien l'une des ces destinations et pas seulement Sololá, où il faudra prendre une correspondance.

Quetzaltenango Des bus (30 Q, 2 heures 30, 90 km) partent tlj à 7h, 11h et 14h. Sinon, prenez un bus pour Los Encuentros et changez.

San Lucas Tolimán Un bus de Transportes Rébuli part à 17h30 (10 Q, 1 heure, 28 km). À défaut, prenez n'importe quel bus en direction de Cocales, descendez à Santa Alicia et marchez, ou prenez un *tuk-tuk* sur 1 km jusqu'à la ville.

Santa Catarina Palopó. Montez dans un pick-up (3 Q, 20 min, 4 km) à l'angle des Calles Principal et El Amate.

Sololá Des bus locaux y vont directement (3 Q, 15 min, 8 km). Sinon, prenez n'importe quel bus en direction de Guatemala Ciudad, Chichicastenango, Quetzaltenango ou Los Encuentros.

MINIBUS

Les minibus touristiques, bien plus chers que les bus, sont deux fois plus rapides. Vous pouvez réserver dans bon nombre d'agences de voyages de Calle Santander (p. 124). Le **kiosque Microbuses y Taxis San Francisco** (☎ 7762-0556 ; www.mitasfa.com ; Calle Principal) vend des places dans ces navettes. Malgré les horaires affichés, les départs dépendent du nombre de voyageurs : essayez de convenir d'une heure de départ ferme avant de payer. Quelques prix : Antigua 125 Q ; Chichicastenango 58 Q ; Guatemala Ciudad 183 Q ; San Cristóbal de Las Casas (Mexique) 332 Q ; Quetzaltenango 166 Q.

ENVIRONS DE PANAJACHEL

Au sud-est de Pana, à 5 km et 10 km respectivement, par une route sinueuse, se trouvent les hameaux lacustres de Santa Catarina Palopó et San Antonio Palopó (Palopó, un terme composite espagnol-cakchiquel, désigne un genre de figuier local). Les Palopós donnent une impression d'isolation sublime, avec leurs étroites rues pavées et leurs maisons en adobe aux toits de chaume ou en fer blanc. De nombreux villageois et villageoises vaquent à leurs occupations quotidiennes dans des costumes traditionnels, et vous y verrez les tissages indigo luminescents présents tout autour du Lago de Atitlán. On trouve aussi quelques établissements de catégories moyenne et supérieure.

Santa Catarina Palopó

4 200 habitants / altitude 1 663 m

Le week-end et pendant les vacances, de jeunes vendeurs de textiles s'alignent sur le chemin qui mène au lac, à Santa Catarina Palopó, et tous les jours des boutiques en bois vous proposent des tissus bariolés.

Hospedaje Santa Catarina (☎ 5715-7131 ; Calle Principal ; s/d 50/100 Q), structure en parpaing juste au-dessus de l'église, aux lits rudimentaires et plafonds en contreplaqué, avec un petit balcon pour regarder l'animation de la place.

Villa Santa Catarina (☎ 7762-1291 ; www.villas-deguatemala.com ; s/d 975/1 125 Q ; P ☙) permet de s'accorder un extra pour prendre un verre ou l'espace d'un repas. Le restaurant affiche des prix corrects et l'hôtel compte une piscine et des jardins quasiment au bord du lac. Les 36 jolies chambres ont des poutres en bois, des tissages colorés et donnent sur le lac. Les 24, 25, 26 et 27 et les 2 suites donnent sur le Volcán San Pedro. Deux enfants de moins de 12 ans peuvent partager gratuitement la chambre de 2 adultes.

Luxueuse villa des collines au sud de Santa Catarina, **Nimajay** (☎ 5756-8500 ; www.nimajayatitlan. com ; Camino a Santa Catarina Km 7,5 ; ch à partir de 1 400 Q ; P ☙ ☙) occupe un domaine de 2 ha, qui appartenait autrefois à la famille la plus riche du pays. Ses propriétaires actuels sont américains et l'ont transformé en hôtel de charme. Ils ont décoré les chambres et les villas de meubles en acajou faits main, d'œuvres d'art originales et de sdb en marbre de Carrare. La terrasse permet de déguster des hors-d'œuvre en admirant les volcans.

Le **Restaurante Laguna Azul** (plats 45 Q), en extérieur, au bord du lac sous la Villa Santa Catarina, sert du poisson frit, du poulet grillé et quelques plats *típicos* comme le *pollo en pulike* (poulet et succulente sauce rouge).

San Antonio Palopó

4 040 habitants / altitude 1 773 m

San Antonio Palopó est un gros bourg. Les familles nettoient des montagnes d'oignons au bord du lac, et entretiennent leurs lopins en terrasse en costumes traditionnels – les femmes dans des *huipiles* (longues tuniques brodées) à rayures indigo, des *cortes* (jupes longues) bleu foncé et des coiffes étincelantes, et certains hommes vêtus de jupes de laine traditionnelles. Plus haut, la lumineuse église blanche attire le regard. **Cerámica Palopó Atitlán** (☼ 8h-18h), à droite en descendant vers le lac depuis l'église, vend de jolis grès bleus, artisanat importé par un Américain qui enseigna aux habitants les techniques de la céramique mexicaine au four. Un peu plus en aval, la **Tienda Candelaria** abrite une coopérative de tisserandes, où des femmes produisent des châles, des *huipiles* et des *tocoyales* (coiffes) sur des métiers à bras, moyennant une rémunération correcte.

◘ Hotel Terrazas del Lago (☎ 7762-0157 ; www. hotelterrazasdellago.com ; s/d 180/240 Q ; ☙), presque au bord de l'eau, propose 15 jolies chambres aux murs de pierre, accrochées à la colline, avec petites terrasses et hamacs, et sert de bons repas peu onéreux (45-75 Q) avec vue directe sur le Volcán Tolimán.

DEPUIS/VERS SANTA CATARINA ET SAN ANTONIO PALOPÓ

Des pick-up desservent les deux villages toutes les demi-heures environ ; à Panajachel, ils partent de l'angle des Calles Principal et El Amate. Comptez environ 20 minutes jusqu'à Santa Catarina (3 Q) et 30 minutes jusqu'à San Antonio (5 Q). Ils sont moins fréquents l'après-midi, et le dernier pick-up pour Pana quitte San Antonio vers 17h.

San Lucas Tolimán

19 100 habitants / altitude 1 962 m

Après San Antonio Palopó en suivant le lac, mais accessible par une autre route plus élevée, San Lucas Tolimán est plus animée que la plupart des localités riveraines. Installé au pied de l'impressionnant Volcán Tolimán, c'est un bourg de planteurs de café et un nœud de transports entre l'Interamericana et la Carretera al Pacífico. Le marché s'y tient le dimanche, le mardi et le vendredi. Au lieu d'être aménagée sur la place, c'est dans la rue menant au lac que se dresse la **Parroquia de San Lucas**, église paroissiale du XVIe siècle, avec son magnifique chœur d'enfants, qui chante à la messe la plupart des dimanches à 10h30. La paroisse, qui reçoit l'aide de missionnaires catholiques du Minnesota et de bénévoles d'Amérique du Nord et d'Europe, a redistribué les terres de plantations de café et mis en place la coopérative de commerce équitable Juan-Ana, fondé des écoles, une clinique, et créé un programme de reforestation. Pour visiter la coopérative et obtenir des renseignements sur le bénévolat, contacter le **bureau paroissial** (☎ 7722-0112 ; www.sanlucasmission. com/Home.htm).

Un Cajero 5B est installé à côté de la mairie sur la place centrale.

De San Lucas, une route contourne le Volcán Tolimán à l'ouest jusqu'à Santiago Atitlán.

Au bord du lac, l'**Hotel Don Pedro** (☎ 7722-0028 ; Final de Calle Principal ; s/d 70/130 Q ; [P]) est entièrement fait de pierre et de poutres en bois grossier. Cette construction inachevée a des airs d'auberge médiévale, et le restaurant-bar décontracté (repas 40-60 Q) est du même style. Les chambres à l'étage ont une jolie vue sur le lac.

Juste au-dessus, l'**Hotel Tolimán** (☎ 7722-0033 ; www.hoteltoliman.com ; Calle Principal Final ; s/d 415/580 Q ; [P] [🐕]), un complexe discret installé sur le site d'une ancienne usine de transformation de café, loue 20 chambres de style colonial et des suites dans des cottages disposés autour d'un grand arbre *amate*. Un restaurant en terrasse donne sur une piscine alimentée par une fontaine dans un jardin paysager qui descend jusqu'au lac.

Pour des détails sur les bus et les bateaux, voir p. 131. Les jours de marché, un service de bateau public circule entre San Antonio Palopó et San Lucas, entre 8h et 14h environ.

Parque Ecológico Corazón del Bosque

Parc écologique communautaire à 45 minutes en voiture (25 km) au nord-ouest de Panajachel, **Corazón del Bosque** (☎ 7723-4140 ; www.corazondelbosque.com ; Km 145 Carretera Interamericana ; adulte/enfant 5/3 Q ; [🕐] 8h-18h) comprend une forêt de chênes de 35 ha au point le plus élevé de la zone protégée du Lago de Atitlán. Du restaurant en rondins à l'entrée, des sentiers de randonnée bien entretenus traversent une forêt de conifères jusqu'au sommet, à 2 640 m, où se trouve un site cérémoniel maya et un sanctuaire à la Vierge de Guadalupe. Au moins 100 espèces d'oiseaux ont été signalées dans la forêt, notamment l'endémique paruline à tête rose et le solitaire à dos brun. Le restaurant, ouvert au petit-déjeuner et au déjeuner, sert des lapins élevés dans le parc et des plats végétariens. Si vous voulez vous attarder, des **dortoirs** (80 Q/pers, 8 lits/dort avec 2 douches et toilettes), bien entretenus, et quelques **bungalows** (s/d/tr 120/200/280 Q) équipés d'une cuisine sont aménagés dans les bois. Les clients peuvent utiliser le *chuj* (sauna maya, 40 Q/pers). Des microbus, circulant toutes les demi-heures de Solalá à Novillero (6 Q), vous déposent à l'entrée. Sinon, prenez n'importe quel bus sillonnant l'Interamericana entre Los Encuentros (5 Q, 15 min) et Quetzaltenango.

SANTIAGO ATITLÁN
32 000 habitants / altitude 1 606 m

En face de Panajachel, sur un bras du lac situé entre les volcans Tolimán et San Pedro, s'étend Santiago Atitlán, la plus vaste des communautés lacustres, à la forte identité indienne. Beaucoup d'*Atitecos* (ses habitants) ont conservé un style de vie maya tz'utujil traditionnel. Les femmes portent des jupes à rayures violettes et des *huipiles* brodés d'oiseaux et de fleurs colorés, et quelques hommes plus âgés portent encore des pantalons brodés à rayures blanches. Les *cofradías* de la ville entretiennent les traditions syncrétiques et les rites du catholicisme maya. La vie artistique et artisanale y est très intense, ainsi que l'industrie navale : des rangées de *cayucos* grossièrement taillés s'alignent sur la rive. Si le marché n'a lieu que le vendredi et le dimanche, que cela ne vous empêche pas de visiter Santiago le reste de la semaine.

Patrie de Maximón, mi-dieu mi-saint vénéré par les Guatémaltèques (ma-chi-*monn* ; voir l'encadré p. 150), Santiago Atitlán promène l'effigie du personnage lors de la procession pascale. Le reste de l'année, Maximón réside chez ses gardiens et reçoit des offrandes. Bien qu'il change de maison tous les ans, vous n'aurez guère de mal à le trouver en vous renseignant auprès des habitants.

Les Tz'utujil étaient installés depuis des générations à l'arrivée des Espagnols. Leur capitale cérémonielle était à Chuitinamit, sur l'autre rive du bras. Santiago fut fondé par les frères franciscains en 1547, stratégie coloniale visant à consolider les populations indiennes. Dans les années 1980, les guérilleros de gauche ayant une forte présence dans la région, l'armée guatémaltèque se livra à l'assassinat ou à la "disparition" de centaines de villageois.

Orientation et renseignements

De l'embarcadère, un sentier parcourt des rangées d'étals d'artisanat et d'ustensiles de cuisine avant d'atteindre la principale artère commerçante, Calle Principal. À 500 m en amont du quai, prenez à gauche après l'Hotel Tzutujil pour arriver à la place centrale et, derrière, à l'église.

Un Cajero 5B est installé à **Banrural** (⊗ 8h30-17h lun-ven, 9h-13h sam), à une rue à l'ouest de la place.

Vous trouverez des informations passionnantes concernant Santiago sur www.santiagoatitlan.com.

Désagréments et dangers

La route entre Santiago et San Pedro La Laguna a la réputation d'être un repaire de bandits de grands chemins et de kidnappeurs. Asistur, la section sécurité du conseil du tourisme, avertit que les touristes ont 99% de risques de se retrouver menacés par une arme à feu sur cette route, et recommande donc de prendre un ferry entre les deux villes.

Les enfants de Santiago vous accueillent parfois sur le quai ou sur la place centrale et proposent de vous servir de guide. Si vous acceptez, mettez-vous d'abord d'accord sur le prix.

À voir

La formidable église paroissiale, l'**Iglesia Parroquial Santiago Apóstol**, fut érigée par les franciscains entre 1571 et 1582. Une plaque à droite en entrant commémore le père Stanley Francis Rother, prêtre missionnaire de l'Oklahoma. Très aimé des habitants, il fut assassiné dans le presbytère en 1981 par des escadrons d'extrême droite. Le long des murs s'alignent des statues de saints en bois, habillées chaque année de nouveaux vêtements confectionnés par les femmes du village. Sur la chaire en bois sculpté, remarquez les épis de maïs (origine de l'être humain, selon la religion maya), l'ange, le quetzal, le lion et le cheval (symboles des quatre évangélistes, le quetzal remplaçant l'aigle traditionnel). Au fond de l'église, trois retables sacrés de l'époque coloniale ont été rénovés entre 1976 et 1981 par les frères Diego Chávez Petzey et Nicolás Chávez Sojuel. Ceux-ci ont subtilement remanié le retable central : au lieu de la vision occidentale traditionnelle du paradis, ils ont introduit un aspect maya en représentant

deux membres de la *cofradía* de Santiago escaladant une montagne sacrée en direction d'une grotte. Les retables symbolisent les volcans qui entourent Santiago et sont censés protéger le village.

Dans le **Parque Central**, un monument de pierre honore Concepción Ramírez, la femme qui figure sur la pièce de 25 centavos (voir l'encadré ci-contre), et une vasque contient une représentation en relief du lac.

Pendant la guerre civile, Santiago fut le premier village du pays qui réussit à expulser l'armée, après le célèbre massacre de 13 villageois le 2 décembre 1990. Le site de ce massacre, où campaient les troupes, est aujourd'hui le **Parque de Paz** (parc de la Paix), à 500 m après la Posada de Santiago.

L'**Association Cojolya de tisserandes mayas** (☎ 7721-7268 ; www.cojolya.org ; ⊗ 9h-16h lun-ven, 9h-13h sam) compte un petit musée des métiers à bras. Cette exposition bien présentée évoque l'histoire de cet artisanat et les processus de fabrication, du filage de la fibre de coton au textile fini. Des démonstrations des techniques sont proposées tous les jours, et l'on trouve une petite boutique. L'entrée est juste au-dessus du quai à gauche, cachée entre des étals d'artisanat.

À faire

Plusieurs **randonnées d'une journée** sont possibles autour de Santiago. Les trois volcans, Tolimán, Atitlán et San Pedro sont les plus tentants. Avant toute excursion, surtout renseignez-vous sur les conditions de sécurité. Il est recommandé de prendre un guide, la Posada de Santiago (p. 135) peut vous en proposer un fiable. Comptez 200 Q par pers pour l'ascension guidée d'un volcan.

Le **Cerro de Oro** (1 892 m) est moins intimidant, tout en réservant une vue magnifique. Le village du même nom, à côté, renferme une église charmante. Il se trouve à 8 km au nord-est, à mi-chemin environ entre Santiago et San Lucas Tolimán. L'un des pick-up circulant entre Santiago et San Lucas Tolimán peut vous y déposer.

Autre destination de choix, le **Mirador de Tepepul** est situé à 4 km au sud de Santiago (4-5 heures aller-retour). Cette randonnée traverse une forêt de nuages peuplée de nombreux oiseaux, notamment des perroquets, hoccos, martinets, quiscales des marais et toucans, et conduit à un point de vue donnant jusqu'à la mer. **Miguel Pablo** (☎ 4245-8019, 5450-

---

PILE OU FACE

Si vous avez des *chocas* (pièces de 25 centavos) dans votre porte-monnaie, regardez côté pile. La femme tz'utujil qui y est représentée, coiffée d'un *tocoyal*, s'appelle Concepción Ramírez Mendoza, alias Doña Chonita, née à Santiago Atitlán en 1942. En 2009, un hommage lui fut rendu sous la forme d'une imposante réplique en pierre de la *choca* inaugurée sur la grand-place du village. Pendant la cérémonie, elle raconta ses épreuves de veuve et de mère, et exhorta ses sœurs indiennes à trouver la force de continuer.

Une belle histoire, mais si vous posez quelques questions, vous aurez un autre son de cloche. Certains disent qu'il y a deux Chonitas, et que celle de la cérémonie n'est pas celle de la pièce. On raconte que les deux femmes grandirent à Santiago dans les années 1940, et qu'elles furent toutes deux photographiées par Julio Zadik pour servir de modèle à l'image de la *choca*. L'une d'entre elles fut choisie pour ses traits indiens emblématiques. Certains habitants disent que cette Doña Chonita mourut sans descendance en 2007 et fut enterrée sans fanfare. La femme à qui il fut rendu hommage en 2009, également appelée Chonita, est la fille d'un politicien éminent, que beaucoup considéraient alors comme la femme de la *choca*. Ce qui a aussi été avalisé par le gouvernement, qui lui a fourni un logement à Guatemala Ciudad, d'où elle revient parfois rendre visite à son frère.

2381) guide les randonneurs jusqu'au *mirador* (point de vue) ou au Cerro de Oro pour 200 Q/personne. La **Fedepma** (Federación de Pueblos Mayas ; info@fedepmasolola.org.gt) organise aussi des randonnées au Cerro de Oro, où elle a un bureau.

Aventura en Atitlán (☎ 5811-5516 ; wildwestgua@yahoo.com) propose des **promenades équestres** recommandées au Mirador de Tepepul et ailleurs (450-620 Q). La plupart des expéditions comprennent un repas gastronomique. Possibilité de randonnées guidées.

La capitale préhispanique tz'utujil de **Chuitinamit** se tient face à Santiago, sur l'autre rive du bras. Ce site archéologique en hauteur arbore des pétroglyphes gravés et renferme les ruines de la première église et monastère franciscain de la région, datant des alentours de 1540. Du quai, comptez 20 minutes à pied jusqu'au sommet, d'où l'on a une jolie vue de Santiago. Les randonnées guidées proposées par la Posada de Santiago coûtent 166 Q/personne.

Il n'est pas recommandé de se rendre à pied à San Pedro La Laguna en raison des risques de vol.

Circuits organisés

Dolores Ratzan Pablo (☎ 5730-4570 ; dolores_ratzan@yahoo.com) est une guide érudite, anglophone, spécialisée en cérémonies mayas. Cette femme tz'utujil initie aux pratiques de l'accouchement et de la guérison mayas, signale des exemples de syncrétisme maya et catholique à l'église et dans les *cofradías*, et raconte les événements qui ont conduit au massacre du parc de la Paix en 1990. Les circuits durent 2 heures et coûtent 300 Q jusqu'à 4 pers.

L'**Association Cojolya de tisserandes mayas** (☎ 7721-7268 ; www.cojolya.org) propose des circuits "à la rencontre des tisserandes" tous les jours à 11h et 13h (50 Q, en espagnol). Ces visites vous emmènent dans trois foyers traditionnels où des femmes vous montrent comment installer un métier à bras, ourdir les fils et pratiquer la technique du *jaspe*, une forme de tie-dye arrivée au Guatemala par contact indirect avec les routes commerciales espagnoles du Pacifique.

Où se loger et se restaurer

Hotel Tzanjuyu (☎ 5590-7980 ; s/d 55/100 Q). Des chambres correctes et sobres, avec vue sur le lac ou sur les volcans. Des panneaux indiquent qu'il est interdit de cracher sur les murs.

Hotel Lago de Atitlán (☎ 7721-7174 ; ch 75-85 Q). Édifice bizarrement moderne de 5 étages, abritant un hôtel quelconque et des chambres assez claires, dont beaucoup agrémentées de vastes fenêtres offrant une belle vue. Montez sur le toit pour d'admirables couchers du soleil. De l'embarcadère, gravissez quatre rues et vous trouverez l'hôtel sur la gauche. La réception est située dans la quincaillerie d'à côté.

Posada de Santiago (☎ 7721-7366 ; www.posadadesantiago.com ; s/d 249/374 Q, cottages d/tr 540/623 Q, ste à partir de 705 Q ; ᴘ 🖵 🛜). Juste équilibre entre charme rustique et luxe, cette *posada* est une agréable retraite. Sept cottages et

3 suites, tous dotés de murs de pierre, de cheminées, de porches, de hamacs et d'artisanat, parsèment un jardin qui se déroule depuis le lac. Certaines chambres moins chères sont aménagées dans un immeuble de 2 étages. Le restaurant sert de délicieux repas naturels ainsi que du café maison. La *posada* organise des expéditions à pied ou à vélo. À 1,5 km de l'embarcadère. Prenez un *tuk-tuk* (5 Q) ou louez une *lancha* jusqu'au quai de l'hôtel (70 Q).

Hotel Bambú (☎ 7721-7332 ; www.ecobambu. com ; s/d avec petit-déj 498/623 Q ; P ⚘). Géré par un sympathique Espagnol, un hôtel écologiquement harmonieux. Dix chambres spacieuses, arborant meubles en cyprès et tommettes, sont dispersées dans un jardin à la fois sauvage et bien entretenu, sous des toits en herbe ou en bambou. Un chemin de galets mène à une piscine dans un cadre serein aux allures de jungle. Le restaurant sert des plats espagnols (50-90 Q) et donne sur le lac et le volcan San Pedro. À 600 m de l'embarcadère, mieux vaut y aller en *tuk-tuk*. En bateau, demandez qu'on vous dépose au débarcadère de l'hôtel.

Hotel Tiosh Abaj (☎ 7721-7656 ; www.tioshabaj. com ; s/d 508/647 Q ; P 🛜 ⚘). Cette ancienne résidence près du centre-ville possède un domaine paysager menant à une plage privée au bord du lac. Trente vastes chambres et suites arborent des balcons surplombant des jardins luxuriants aux tonnelles qui débordent de bougainvillées, et où les goyaves mûres tombent des arbres. De l'embarcadère de Santiago, remontez la colline, tournez à droite en entrant dans le village et continuez jusqu'à voir l'enseigne.

Restaurant El Gran Sol (☎ 7721-7157 ; plats 35-40 Q). À deux rues du quai sur la gauche, un établissement tenu en famille, parfait pour le petit-déjeuner, le déjeuner ou un en-cas. Cuisine savoureuse et charmante terrasse sur le toit. Thelma, la propriétaire mexicaine, adore cuisiner ; demandez-lui de vous concocter l'une de ses spécialités.

El Pescador (☎ 7721-7147 ; Calle Principal ; plats de poisson 60 Q ; 🍽 petit-déj, déj et dîner). Un restaurant animé proposant de jolies tables à deux rues du quai. Le *menú del día* typique propose du poisson, du riz, de la salade, du guacamole, des tortillas et une boisson.

Vous pouvez aussi essayer l'un des *comedores* (restaurants basiques) près du quai, proposant des en-cas bon marché et des plats de poisson aux foules débarquant pour le week-end.

Achats

Des étals d'artisanat proposant ceintures et chapeaux de cuir, animaux sculptés, textiles colorés, masques et peintures occupent le chemin menant du quai au centre-ville. Vous trouverez des sacs, vêtements et accessoires contemporains rehaussés d'éléments tz'utujil à l'Association Cojolya de tisserandes mayas (p. 134), dont la boutique expose des objets tissés conçus par la fondatrice américaine de l'association, Candis E. Krummel.

Depuis/vers Santiago Atitlán

Des bateaux quittent Santiago pour San Pedro La Laguna (25 Q, 45 min) à 7h, 9h, 10h30, 11h, 12h, 13h, 14h, 15h30 et 17h (sous réserve de modifications). Des pick-up pour Cerro de Oro et San Lucas Tolimán partent devant le marché. Des bus pour Guatemala Ciudad (40 Q, 3 heures 30) partent toutes les demi-heures de 3h à 6h, puis toutes les heures jusqu'à 15h de la place principale. Pour venir de Panajachel, voyez p. 131.

SAN PEDRO LA LAGUNA
10 000 habitants / altitude 1 610 m

Installé au pied du volcan du même nom, San Pedro est l'un des villages lacustres les plus visités – tant en vertu des tarifs raisonnables de ses hôtels, que de son ambiance et de son cadre magnifique. Les voyageurs s'y attardent pour se livrer à (dans le désordre) la boisson, le jonglage avec des torches, les percussions africaines, l'apprentissage de l'espagnol, la peinture, la randonnée sur les volcans, le trempage en eau chaude et la sieste en hamac.

Toute cette animation se déroule au bord du lac, mais en amont, San Pedro suit des rythmes plus traditionnels. Vêtus de tenues locales, les Indiens *pedranos* (de San Pedro) se rassemblent autour de la zone de marché. Vous verrez la récolte du café sur les versants du volcan, mise à sécher sur de larges plates-formes au début de la saison sèche.

Orientation et renseignements

San Pedro compte deux embarcadères, séparés de 1 km. Celui du sud-est de la ville reçoit les bateaux depuis/vers Santiago Atitlán ; l'autre, au nord-ouest, dessert Panajachel. Des rues partant de

LES FLEURS DU MAL

Fin 2009, au cours d'une période de chaleur extrême, l'apparition massive de cyanobactéries recouvrit les eaux turquoise du Lago de Atitlán de couches malodorantes de boue marron. Appelées aussi algues bleues, les cyanobactéries se manifestent naturellement dans les océans et les lacs, mais le déséquilibre écologique du Lago de Atitlán, qui résulte de décennies de développement incontrôlé, a créé les conditions idéales pour leur prolifération. Première cause, l'augmentation des nutriments, copieusement déversés par les produits agrochimiques des communautés voisines, qui, en raison d'une déforestation galopante ont pu s'écouler facilement avec les eaux de pluie. Ces produits chimiques sont très chargés en phosphore, dont les bactéries se nourrissent. Avec l'augmentation des températures depuis le passage de l'ouragan Stan en 2005, les organismes ont proliféré et sont morts en laissant d'épaisses couches de résidus. Le coup fut dur pour un tourisme déjà vacillant, mais plus encore pour les communautés avoisinantes, à qui le lac servait de source d'eau, de nourriture et d'emplois depuis des milliers d'année. Un mois plus tard, le fléau avait reculé et le lac semblait avoir retrouvé son état virginal, laissant espérer qu'il s'était agi d'une manifestation particulièrement accentuée d'un phénomène cyclique. Il n'est pas certain que les cyanobactéries aient causé des dégâts permanents à l'écosystème du lac. Aucun poisson mort n'a été retrouvé, et les premiers tests réalisés par l'UC Davis ont révélé que la quantité de toxines produites par l'algue bleue n'avait pas atteint un seuil dangereux pour la santé publique, les experts ayant toutefois conseillé de continuer à surveiller la qualité du poisson. Quelques mois plus tard, les gens pratiquaient de nouveau la baignade et la plongée, qui ne présentent aucun danger selon les autorités. Mais le phénomène a été perçu comme le signe d'un écosystème malade. Le gouvernement fédéral a promis des fonds pour un retraitement correct des eaux usées, et certains acteurs progressistes du secteur touristique ont lancé leur propre campagne antiphosphates. Pour en savoir plus sur leurs initiatives, voir les sites : www.savelakeatitlan.blogspot.com et www.lakeatitlanhealth.com.

HAUTES TERRES

chaque embarcadère rejoignent les limites du marché, dans le centre-ville, à quelques centaines de mètres en amont. Le plus gros de l'activité touristique se concentre dans la partie basse de la ville, entre et de chaque côté des embarcadères. Pour y accéder de l'embarcadère de Panajachel, prenez à gauche au premier carrefour. Suivez ce chemin sur 200 m jusqu'au magasin Las Estrellitas, puis prenez le sentier à droite, où vous verrez une vaste fresque. Peu après, le sentier oblique sur la gauche et passe devant le Museo Tz'unun'Ya, puis marque un virage très serré sur la gauche pour entrer dans une zone animée de restaurants et de bars. De l'embarcadère de Santiago, tournez à droite immédiatement avant l'Hotel Villasol. Les noms ou numéros de rues sont rarement utilisés à San Pedro, mais de nombreux panneaux indiquent divers commerces.

Pas d'office du tourisme à San Pedro, mais le personnel de l'Alegre Pub, près de l'embarcadère de Pana, est très renseigné et dispose d'un classeur contenant les réponses à la plupart des questions que vous vous posez.

Un Cajero 5B est installé à gauche de l'embarcadère de Panajachel. Changez vos chèques de voyage à **Banrural** (☺ 8h30-17h lun-ven,

9h-13h sam), dans le centre-ville, un peu au sud du marché. Si vous cherchez un accès Internet, essayez D'Noz ou Casa Verde Tours, en haut de la rue de l'embarcadère de Panajachel, ou Idea Connection, sur le sentier entre les deux embarcadères ; le tarif est généralement de 8 Q/heure. Un appel pour l'Amérique du Nord/l'Europe coûte 2/4 Q à Casa Verde Tours, et vous pouvez utiliser Skype dans les cybercafés.

Zuyuva (☺ midi-16h jeu-lun) est une librairie d'occasion proposant une sélection récente de fiction et de titres guatémaltèques. On y accède par la petite rue partant du Museo Tz'unun Ya'.

À voir

Deux musées intéressants consacrés à la culture maya locale se trouvent sur le chemin reliant les embarcadères.

Museo Maya Tz'utujil (10 Q ; ☺ 8h-12h lun-ven), face au bar Buddha, expose les divers *trajes* (costumes traditionnels) portés autour du lac, quelques extraordinaires photographies anciennes, et gère une bibliothèque-librairie. Environ une fois par mois, un prêtre exécute des cérémonies mayas, auxquelles le public peut assister – renseignez-vous.

LA PEINTURE À L'HUILE, C'EST TRÈS TZ'UTUJIL

Originaire des villes lacustres de Santiago Atitlán, San Pedro La Laguna et San Juan La Laguna, la peinture à l'huile tz'utujil décline un style primitif dans ses représentations de la vie rurale, des traditions locales et de paysages aux couleurs vives.

Cet art très distinctement maya est généralement transmis à plusieurs générations de la même famille, dont les artistes les plus éminents portent ainsi le même nom. À San Pedro La Laguna, le nom incontournable est González. Selon la légende, l'art tz'utujil naquit le jour où Rafael González y González remarqua de la teinture qui s'était mélangée à la sève d'un arbre ; il fabriqua un pinceau avec ses cheveux et commença à peindre des toiles dans un style toujours aussi apprécié aujourd'hui. Son petit-fils, Pedro Rafael González Chavajay et le cousin de Pedro, Mariano González Chavajay, en sont les principaux représentants. L'artiste Emilio González Morales a été le premier à représenter des scènes rurales vues du dessus – la *vista del pájaro*, ou vue d'oiseau – ainsi que du dessous, comme par une fourmi. À San Pedro, on peut voir et acheter leurs œuvres à la **Galería de Arte**, sur la route qui monte de l'embarcadère de Santiago, et même apprendre à peindre dans ce style (voir *Cours*, ci-contre).

L'ancêtre du style de Santiago s'appelle Juan Sisay ; son succès lors d'une exposition d'art internationale en 1969 donna naissance à une explosion d'artistes qui adoptèrent sa technique. Son petit-fils, Juan Diego Chávez, porte haut ses couleurs et gère la **galerie Juan Sisay** à Santiago, à 200 m de l'embarcadère, sur la gauche. Autre peintre éminent originaire de Santiago, Nicolás Reanda a une galerie dans la rue principale. Parmi les personnalités de San Juan figurent Antonio Coché Mendoza et Angelina Quic, l'une des rares femmes dans ce domaine ; on peut admirer leurs œuvres à la **Galería Xocomil**, près du sommet de la rue partant de l'embarcadère.

Si cet art vous transporte, pourquoi ne pas participer au circuit "artistes et artisans mayas" proposé par la Posada Los Encuentros, à Panajachel (voir p. 126), ou visiter le site **Arte Maya Tz'utuhil** (www.artemaya.com).

Museo Tz'unun 'Ya (7a Av ; 35 Q ; ☼ 8h-12h et 14h-18h mar-ven, 8h-12h sam et dim) est un excellent musée moderne consacré à l'histoire et à la géologie de la région. Vous y verrez aussi un autel maya car il est situé sur un site sacré.

À faire

L'ASCENSION DU VOLCÁN SAN PEDRO

Surplombant le village, le Volcán San Pedro est le plus accessible des trois volcans de la région. Il est aujourd'hui classé parc écologique municipal, et régulièrement surveillé par la police touristique pour réduire le nombre d'agressions.

Excursion Big Foot (☎ 7721-8203 ; 7a Av, Zona 2), à 50 m à gauche au premier carrefour en remontant de l'embarcadère de Panajachel, a bonne réputation et part dès 3h avec au minimum 6 pers (100 Q/pers). Vous traversez des champs de maïs, de haricots et de courges, puis une forêt de nuages primaire. Comptez 3 heures pour l'ascension, et prévoyez de l'eau, des en-cas, un chapeau et de la crème solaire.

Matthew Purvis (☎ 4091-7051 ; mattpurvis83@googlemail.com), géologue anglais, guide des ascensions de volcans et dispense d'érudits commentaires sur les plantes, les minéraux et la formation du lac. Il demande 250 Q/personne, ce qui comprend le transport à l'entrée du parc, le droit d'entrée et un guide local. On peut généralement trouver Matthew à D'Noz (p. 141).

AUTRES ACTIVITÉS

À l'ouest du village se dresse la colline surnommée le **nez indien** – sa ligne d'horizon ressemble au profil d'un cacique maya. **Asoantur** (☎ 4379-4545 ; ☼ 7h30-19h), association de 25 guides tz'utujil de la communauté locale, y guide des groupes de 2 pers minimum pour environ 150 Q/pers. Elle organise aussi des visites culturelles de San Pedro et des plantations de café voisines, des expéditions équestres et loue des kayaks, des vélos et des motos. Vous la trouverez dans une hutte sur le chemin partant de l'embarcadère de Pana.

Aller à pied de San Pedro aux autres villages lacustres peut s'avérer dangereux. Le sentier entre San Pedro La Laguna et Santiago Atitlán était régulièrement la cible de bandits lors de notre passage, et plusieurs enlèvements sont signalés chaque année sur le sentier menant à San Marcos La Laguna. Nous vous déconseillons de les emprunter sans être escorté par un guide responsable ou des policiers. Ces derniers accompagnent les groupes sur demande d'**Asistur** (☎ 2421-2800, poste 11305 ; nleon@inguat.gob.mx). **Casa Verde Tours** (☎ 7721-8349 ; www.casaverdetours.com), juste en amont de l'embarcadère de Pana, conduit une randonnée de 6 heures à Santa Cruz La Laguna, avec retour en bateau, pour 166 Q/pers.

On peut louer des **kayaks** (15 Q/heure), en prenant à droite de l'embarcadère de Pana. Demandez Walter.

Après toute cette activité, allez faire trempette dans les bassins à énergie solaire de **Los Termales** (☼ 8h30-23h55 ; 35 Q/pers), dans une petite allée près du bar Buddha. Réservez afin que l'eau soit chaude à votre arrivée.

Pour changer du lac, vous pouvez vous baigner à **La Piscina** (adulte/enfant 20/10 Q ; ☼ 11h-crépuscule mar-dim ; ☜), à 50 m de l'embarcadère de Santiago, lieu de rendez-vous cosmopolite autour d'une piscine. Le week-end, barbecue et pétanque sont au programme.

Des **sessions de hatha-yoga** (30 Q) sont proposées du lundi au samedi à 9h dans un jardin circulaire, le long de l'allée sous le bar Buddha.

Cours

Saisissez-vous d'un pinceau à **Chi Ya'a** (☎ 5636-0176 ; chiyaa.weebly.com ; 30 Q/h), où Gaspar, artiste local, enseigne la peinture à l'huile maya. Son atelier se trouve devant le lac, un peu plus bas que Los Thermales.

Grupo Ecológico Teixchel (☎ 5932-0000 ; teixchel@gmail.com ; ☼ 8h30-12h et 14h-18h) est un collectif de femmes tz'utujil qui vend des tissus à des prix équitables et propose des cours de tissage (25 Q/h, matériel non compris).

COURS DE LANGUES

San Pedro est de plus en plus réputé pour ses écoles de langues, dont beaucoup offrent des tarifs imbattables. Visitez-en quelques-unes avant de vous décider ; certaines ont un côté résolument amateur, tandis que d'autres, professionnelles, jouissent d'une bonne réputation. Les options supplémentaires vont des randonnées sur le volcan aux cours de danse, en passant par des séminaires sur la culture maya et des possibilités de bénévolat. Le prix standard pour 4 heures de cours particuliers, 5 jours par semaine est de 550-600 Q. L'hébergement chez l'habitant en pension complète (sauf le dimanche) revient

généralement à 500 Q. Les écoles proposent aussi d'autres possibilités d'hébergement.

Casa Rosario (☎ 5613-6401 ; www.casarosario.com). Des cours dans de petites huttes, dans des jardins près du lac. Cours de tissage et d'appréciation des *huipiles* (appartenant à la volumineuse collection du propriétaire) sont également proposés. Hébergement à l'école. Le bureau se situe dans la 1ᵉ rue à gauche en remontant de l'embarcadère de Santiago.

Cooperativa Spanish School (☎ 5398-6448 ; www.cooperativeschoolsanpedro.com). Coopérative garantissant une rémunération correcte aux enseignants. Une partie des bénéfices est versée aux familles dans le besoin. Les activités après la classe comprennent des vidéos, des conférences, des cours de salsa, du bénévolat, du kayak et de la randonnée. Une allée partant de la rue qui monte de l'embarcadère de Santiago permet d'y accéder.

Corazón Maya (☎ 7721-8160 ; www.corazonmaya.com). École tenue en famille, bien établie, près du lac. Cours de cuisine, découverte d'artistes locaux et conférences sur des sujets politiques, sociaux et culturels latino-américains. La première à gauche en remontant de l'embarcadère de Santiago.

Escuela Mayab (☎ 5098-1295 ; franciscopuac@yahoo.com). Cours très professionnels dispensés sous des abris dans des jardins artistiques. Cours de langues mayas. Les activités proposées : vidéo, kayak et randonnées équestres. Associée à une clinique médicale de Chirijox, l'école peut organiser du bénévolat pour médecins, infirmières et assistants. Dans une allée donnant sur le chemin entre les deux embarcadères.

San Pedro Spanish School (☎ 5715-4604 ; www.sanpedrospanishschool.org ; 7a Av 2-20). École bien organisée et réputée, dans la rue reliant les deux embarcadères. Joli jardin. L'école soutient Niños del Lago, une organisation qui fournit éducation, soins médicaux et nourriture aux enfants tz'utujil.

Où se loger

Il est possible de négocier les tarifs dans de nombreux hôtels de San Pedro si vous y séjournez un certain temps et hors saison. On peut aussi louer une chambre ou une maison entière en ville. Renseignez-vous.

PRÈS DE L'EMBARCADÈRE DE PANA

Hospedaje Xocomil (☎ 5598-4546 ; s/d Q40/80, sans sdb 25/50 Q). Au bout de la ruelle à droite, à 50 m du Gran Sueño, un établissement tenu en famille dans la catégorie la plus rudimentaire. Personnel affable et cuisine à disposition.

Hotel Mansión del Lago (☎ 7721-8124 ; www.hotelmansiondellago.com ; 3a Vía et 4a Av, Zona 2 ; s/d/tr 75/150/225 Q). Non loin de l'embarcadère de Pana, ce monstre de béton abrite de vastes chambres déclinant un motif de nuages, avec de larges balcons donnant sur le nez indien.

◘ Hotel Gran Sueño (☎ 7721-8110 ; 8a Calle 4-40, Zona 2 ; s/d 75/125 Q). Des chambres claires, en haut d'un escalier en spirale, ornées de motifs abstraits colorés, avec davantage de personnalité qu'ailleurs. Les chambres 9 et 11 ont une vue merveilleuse sur le lac. En haut de la rue située à gauche de la Mansión del Lago.

Hotel Nahual Maya (☎ 7721-8158 ; 6 Av 8C-12 ; ch 100 Q ; **P**). Cette construction de type villa méditerranéenne est gâchée par son toit, mais elle propose des chambres chaleureuses et impeccablement propres, dotées à l'avant de petits balcons avec hamacs.

ENTRE LES EMBARCADÈRES

Zoola (☎ 5847-4857 ; zoolapeople.com ; dort 30 Q, s/d 60/100 Q, sans sdb 40/70 Q). Un établissement décontracté, idéal pour se reposer après une fête orientale au restaurant voisin. Au bout d'une passerelle à la verdure exubérante, face au Museo Tz'unun Ya', on y trouve 8 chambres très colorées, dans un jardin paisible. Deux nuits minimum.

◘ Hotelito El Amanecer Sak'cari (☎ 7721-8096 ; www.hotelsakcari.com ; 7a Av 2-12, Zona 2 ; s/d 160/260 Q ; **P** 🛜). À gauche après l'école d'espagnol, des chambres couleur mandarine pleines d'étagères et de boiseries. Celles à l'arrière sont les meilleures, avec leurs grands balcons donnant sur une vaste pelouse paysagère.

Hotel Mikaso (☎ 5973-3129 ; www.mikasohotel.com ; 4a Callejon A-88 ; d/tr/ste 374/457/580 Q). Seul véritable hôtel haut de gamme de San Pedro, cette tour domine fièrement le lac. Les grandes chambres à l'ameublement colonial, rafraîchies par des ventilateurs, encerclent un jardin bruissant d'oiseaux de paradis. Le restaurant espagnol/bar sur le toit offre une magnifique vue sur le lac.

PRÈS DE L'EMBARCADÈRE DE SANTIAGO

Hotel Peneleu (☎ 5925-0583 ; 5a Av 2-20, Zona 2 ; s/d 35/50 Q, sans sdb 15/30 Q). Passé une cour en terre quelconque, se dresse une tour de béton abritant des chambres modestes mais bien tenues. Demandez la 1 ou la 2, dont les grandes fenêtres donnent sur le lac. Don Alberto, le génial propriétaire, sera heureux de négocier le tarif pour des séjours plus longs. À 500 m de l'embarcadère, prenez à gauche ; si vous avez des bagages, prenez un tuk-tuk pour la montée.

Hotel Villa Cuba (☎ 7959-5044 ; www.hotelvillacuba. com ; Camino a la Finca, Zona 4 ; s/d 60/120 Q). Grand hôtel moderne installé dans une propriété qui s'étend jusqu'au lac, cette ancienne résidence privée se dresse au milieu des champs de maïs sur la route de Santiago. Les 7 chambres sont équipées d'étagères, de couvertures et de serviettes de qualité. La baignade y est agréable et vous n'êtes qu'à quelques minutes de tuk-tuk des bars et restaurants. Prenez la première à gauche en venant de l'embarcadère et continuez sur 2 km.

Où se restaurer

De nombreux établissements sont installés au bord du lac. Les prix sont bas, mais les plus économes pourront trouver satisfaction dans les comedores de la ville, sur les hauteurs.

Shanti Shanti (8a Calle 3-93 ; plats 20-25 Q ; 🕑 petit-déj, déj et dîner ; **Ⓥ**). Des tables en terrasse aménagées jusqu'au bord du lac, et des plats simples : falafels, légumes au curry et soupes fortifiantes.

◘ Café La Puerta (☎ 4050-0500 ; plats 25-35 Q ; 🕑 petit-déj et déj). Une adresse charmante au bord du lac (sous l'Hotel Mikaso), idéale pour le petit-déjeuner ou pour observer les oiseaux, et qui sert de plats copieux et naturels. Burritos, tacos et quesadillas mexicains à midi.

Zoola (☎ 5847-4857 ; zoolapeople.com ; plats 25-40 Q ; 🕑 9h-21h ; 🛜). Ce restaurant israélien qui a ouvert en 2003 est devenu le plus branché de San Pedro. Calés dans des coussins autour de tables basses, les voyageurs savourent de délicieuses spécialités orientales, dansent, jouent et se détendent. Outre le petit-déjeuner servi toute la journée et les plateaux de falafels, on y déguste des spécialités israéliennes comme du ktzitzot (boulettes à la tomate) et des foies de poulet sautés.

Ventana Blue (plats 35-46 Q ; 🕑 dîner mer-dim). Quatre tables vous attendent dans ce bistrot douillet situé dans un virage du chemin entre les embarcadères. Élaborée par Santos Canel, originaire de Santa Cruz La Laguna, la carte, concise et alléchante, affiche des plats asiatiques et guatémaltèques, des currys de coco thaï au jocóm (poulet et légumes au coriandre).

Buddha (☎ 4178-7979 ; 2a Av 2-24 ; plats 35-40 Q ; 🕑 déj et dîner mer-lun). Plusieurs niveaux de réjouissances : un billard et un bar tapageur vous attendent en bas, un restaurant propose des plats thaïs, indiens et asiatiques à l'étage, et, sur le toit, on fume le narguilé dans le salon.

D'Noz (☎ 5578-0201 ; 4a Av 8-18 ; plats 36-45 Q ; ☻ petit-déj, déj et dîner). Cet autre établissement très fréquenté, à côté de l'embarcadère de Pana, a des airs de centre culturel : films gratuits, grand bar et bibliothèque. La carte fait un véritable tour du monde.

Mikaso (4a Callejon A 1-88 ; plats 60-85 Q ; ☻ petit-déj, déj et dîner). Restaurant sur le toit proposant des spécialités espagnoles, et une bonne variété de *bocadillos* élaborés avec des baguettes fraîches. Pour la paëlla, réservez 24 heures à l'avance.

Où prendre un verre et sortir

Café Las Cristalinas (☻ 7h-21h ; ☎). Sous ce toit de chaume, vous pourrez déguster un café cultivé sur les collines voisines (et torréfié sur place). En amont de l'embarcadère de Pana, direction le centre-ville. Connexion Internet pour portables à l'étage.

El Barrio (7a Av 2-07, Zona 2 ; ☻ 17h-1h). Petit bar agréable situé entre les 2 embarcadères, proposant l'une des *happy hours* les plus animées de la ville, des repas jusqu'à minuit et des boissons jusqu'à 1h.

Alegre Pub (8a Calle 4-10). Près de l'embarcadère de Pana, une joyeuse animation règne toujours à l'Alegre, qui baigne dans une ambiance british, avec ses offres spéciales, son rôti du dimanche et ses soirées jeu. Films gratuits tous les soirs dans le jardin sur le toit, et nombreuses informations touristiques fiables.

En Vivo (☻ jeu-mar). Ce lieu chic, tapissé de rondins, propose des concerts tous les soirs dans des styles allant du mérengué au reggae. Sur votre gauche en venant de l'embarcadère de Pana.

Freedom Bar (☎ 5422-9930 ; 8a Calle 3-95, Zona 2 ; ☻ jusqu'à 1h lun-sam). Les fêtards les plus aguerris se retrouvent ici pour profiter des salons, du billard et de la piste de danse. Des DJ viennent souvent animer les week-ends. Dans la 1re rue à droite en venant de l'embarcadère de Pana.

Chile's (4a Av 8-12). La terrasse donnant sur le lac est très prisée, ainsi que les cours de salsa gratuits après dîner les mardi et vendredi soir, et la *happy hour* de 18h à 22h.

Alors que de nombreux *Pedranos* passent leurs soirées dans des congrégations évangéliques, les touristes vont au cinéma. À l'embarcadère de Panajachel, le D'Noz et l'Alegre Lounge projettent des films presque tous les soirs, tout comme le Buddha, entre les deux quais, tandis que le Mikaso fait son petit cinéma le mercredi (en anglais) et le dimanche (en espagnol) à 20h.

Achats

À environ 100 m au-dessus de l'Hotel Mansión del Lago, Caza Sueños est un magasin de cuir tenu par les frères Fernando et Pedro González, qui confectionnent des gilets, des bottes et des sacs. Certaines de leurs peintures sont exposées et vendues ici. Yabalám, en contrebas du D'Noz, est l'endroit idéal pour dénicher des objets artisanaux indiens, notamment des bijoux, des textiles et des montgolfières en papier.

Depuis/vers San Pedro La Laguna

Des bateaux desservent Panajachel (voir p. 131) et Santiago Atitlán (voir p. 136). Les bateaux naviguant de San Pedro à Santiago (20 Q, 45 min) partent toutes les heures de 6h à 16h. Ceux qui quittent San Pedro pour San Marcos La Laguna, Jaibalito, Santa Cruz La Laguna et Panajachel partent environ toutes des demi-heures de 6h à 17h.

San Pedro est relié par des routes asphaltées à Santiago Atitlán (mais les bandits y pullulent) et à l'Interamericana au Km 148 (à 20 km à l'ouest de Los Encuentros). Une section goudronnée partant de la route San Pedro–Interamericana longe la rive nord-ouest du lac de Santa Clara à San Marcos La Laguna. Des bus de Transportes Wendy, San Pedrano et Méndez partent pour Quetzaltenango (35 Q, 3 heures) de l'église de San Pedro, dans le centre-ville, à 5h, 5h30 et 8h.

Casa Verde Tours (☎ 7721-8349 ; www.casaverdetours. com). Propose des navettes quotidiennes pour Antigua (83 Q), Guatemala Ciudad (166 Q), Monterrico (166 Q) et San Cristóbal de Las Casas, au Mexique (249 Q), entre autres destinations.

SAN JUAN LA LAGUNA

5 600 habitants / altitude 1 567 m

À 2 km à l'est de San Pedro, ce tranquille bourg lacustre a échappé aux excès de ses voisins, et des voyageurs préfèrent s'y réfugier pour étudier l'espagnol ou découvrir la vie indienne. San Juan est particulier : les habitants tz'utujil sont fiers de leurs traditions artisanales – peinture et tissage notamment – et ont développé leur propre infrastructure touristique. On y trouve des

HAUTES TERRES

poubelles, des rues bien pavées, des abribus et des façades joliment peintes.

L'**Asociación de Guías de Ecoturismo Rupalaj K'istalin** (☎ 5964-0040 ; www.sanjuanlalaguna.org ; ☺ 8h-12h et 14h-17h), à côté du marché, propose une visite des principaux centres d'intérêt du village par des guides indiens (110 Q/pers) en espagnol. Vous découvrirez ainsi deux coopératives de tisserandes qui utilisent des teintures à base de plantes locales, un atelier-galerie d'art exposant le style primitif tz'utujil, une coopérative fabriquant des remèdes naturels et des cosmétiques élaborés à partir de plantes locales, et une *cofradía* qui surveille Saint Simón et son alter ego, l'espiègle Maximón. La visite comprend aussi les fresques recouvrant les murs du village, qui dépeignent divers aspects de la vie de San Juan et ses légendes, notamment la culture du café et les glissements de terrain provoqués par l'ouragan Stan en 2005. D'autres **circuits** (140 Q/pers) sont possibles, comme des sorties avec des pêcheurs locaux à bord de *cayucos* rustiques pour apprendre les techniques de pêche traditionnelles et une démonstration de la récolte des roseaux du lac, utilisés pour fabriquer les *petates*, les célèbres tapis tissés de la ville.

L'association propose aussi des guides de randonnée à San Marcos La Laguna (120 Q/pers), avec le retour en *lancha* ; et l'ascension du Rupalaj K'istalin (130 Q/pers), la montagne qui surplombe San Juan et sert de cadre à des rites mayas.

Une plage de sable se prêtant à la baignade s'étend à 2 km à l'ouest de la ville, **Las Cristalinas**, dont les eaux ne sont pas toujours cristallines.

La localité compte deux écoles de langue : la **San Juan Spanish School** (☎ 4257-7899), liée à l'Hotel Pa Muelle ; et l'**Eco Spanish School** (☎ 4168-8806 ; www.ecolanguages.org), sur un chemin à 500 m de l'embarcadère, sur la droite.

Vous n'aurez aucun mal à trouver un hôtel. L'**Hotel Pa Muelle** (☎ 4141-0820 ; hotelpamuelle@ turbonett.com ; Camino al Muelle ; s/d 100/200 Q) loue de petites chambres bleues donnant sur le lac, sur les hauteurs, en venant de l'embarcadère. L'**Hotel Maya San Juan** (☎ 5294-3395 ; s/d 100/200 Q), près du centre-ville, est aménagé dans une petite jungle, et les chambres, un peu sombres, arborent des touches créatives, comme leurs plafonds bleus et les anges qui ornent les sdb. Dans le jardin, un **bar/restaurant** (plats 50 Q) sert des spécialités guatémaltèques comme du *patín de pescado*, et des daiquiris aux fraises. À une rue à gauche du marché en venant de l'embarcadère.

LES COSTUMES MAYAS TRADITIONNELS

Quiconque visite les Hautes Terres s'émerveillera des magnifiques costumes mayas traditionnels (*traje indígena*) des habitants. Les styles, les motifs et les couleurs (imposés à l'origine par les colons espagnols pour distinguer les populations) varient selon les villages et les subtiles différences de chaque tisserand.

Les principales pièces vestimentaires sont le *tocoyal* (coiffe), le *huipil* (tunique), le *corte* ou *refajo* (jupe), les *calzones* (pantalons), le *tzut* ou *kaperraj* (sorte de châle), la *paz* ou *faja* (large ceinture) et les *caïtes* ou *xajáp* (sandales de cuir).

Les coiffes des femmes se composent d'une superbe bande de tissu de plusieurs mètres, enroulée autour de la tête et souvent ornée de pompons et de bijoux en argent.

Les femmes arborent toujours aussi fièrement le *huipil*. Malgré l'apparition des tissus industriels, la plupart des *huipiles* sont entièrement réalisés à la main. La tunique blanche est tissée sur le traditionnel métier attaché dans le dos, puis décorée de motifs et de dessins appliqués ou brodés, propres au village du tisserand. Nombre de motifs sont des symboles traditionnels, dont la signification, religieuse ou historique, est souvent oubliée.

Le *corte* (ou *refajo*) est une pièce de tissu de 7 à 10 m que l'on se drape autour du corps. Traditionnellement, les jeunes filles le portent au-dessus du genou, les femmes mariées, au genou et les femmes âgées, sous le genou, mais l'usage varie d'une région à l'autre.

Les hommes comme les femmes portent des *fajas*, longues bandes tissées enroulées autour de la taille. Drapées avec des plis ouverts vers le haut, ces ceintures font office de poches.

Les *tzutes* (pour les hommes) ou *kaperraj* (pour les femmes) sont des étoffes utilisées de mille et une façons : pour se couvrir la tête, se protéger de la fraîcheur, porter les bébés, transporter des marchandises ou couvrir des paniers. Les châles des femmes sont appelés *perraj*.

Uxlabil Eco Hotel (☎ 2366-9555 ; www.uxlabil.com ; s/d 435/595 Q) est l'adresse la plus chic de la ville, avec ses sculptures de pierre réalisées par des artisans locaux. Il est installé dans une petite plantation de café, et propose un quai de baignade agréable.

Pour aller à San Juan, demandez à n'importe quel bateau en provenance de Pana de vous déposer à l'embarcadère. Sinon, comptez 15 minutes en pick-up ou en *tuk-tuk* (10 Q) de San Pedro.

SAN MARCOS LA LAGUNA

3 800 habitants / altitude 1 562 m

Sans nul doute le plus joli des villages lacustres, San Marcos La Laguna a un double visage. La communauté principalement maya occupe les hauteurs tandis qu'expatriés et visiteurs sont installés dans une partie plus plate et luxuriante vers les rives, dont les sentiers traversent des bananiers, des caféiers et des avocatiers. Tous convergent sous les grands fromagers de la charmante place centrale.

San Marcos attire une population à la recherche d'énergie spirituelle, qui considère cet endroit comme particulièrement approprié à la méditation et à l'apprentissage, aux thérapies holistiques, au massage et au reiki notamment. Le lieu se prête en effet très bien à la détente et à l'isolement. Le Lago de Atitlán est aussi beau que propre par ici, et l'on peut nager depuis les rochers. Les bateaux accostent à un embarcadère central en contrebas de Posada Schumann. Le chemin qui part vers le centre du bourg et un autre, parallèle, à 100 m à l'ouest, sont les axes principaux.

Un panneau d'informations communautaire est installé en face du San Marcos Holistic Center, affichant événements et hébergements. Vous trouverez une foule de renseignements utiles et de liens Internet sur www.atitlanresource.com. Surfez sur Internet à **Prolink** (🕑 9h-19h lun-sam, 10h-17h dim ; 12 Q/h), en face du Paco Real hotel.

L'ONG **La Cambalacha** (☎ 5445-7521 ; www. lacambalacha.org) fournit des salles, une formation technique et des enseignants pour des projets artistiques et théâtraux impliquant les enfants de la localité. Elle recherche toujours des bénévoles.

Mariposas (🕑 11h-17h), à côté de Paco Real, propose quelques rayonnages de livres de fiction en français, anglais et espagnol, et des guides Lonely Planet.

À voir et à faire

Le village doit une partie de sa notoriété à **Las Pirámides Meditation Center** (☎ 5205-7151 ; www.laspiramidesdelka.com), qui possède son propre débarcadère en contrebas de Posada Schumann. La plupart des constructions de cet ensemble sont pyramidales et orientées vers les quatre points cardinaux, notamment les deux temples où se tient chaque session. Une formation de développement personnel d'un mois débute à chaque pleine lune. Un cours solaire est aussi proposé de chaque équinoxe au solstice suivant (le cours lunaire est obligatoire avant). Parmi les autres activités proposées figurent le yoga, le travail sur l'aura, le massage shaluha-ka et la lecture des tarots. Du lundi au samedi, les non-résidents peuvent participer aux sessions de méditation (17h-18h15, 40 Q) ou de hatha-yoga (19h-20h15, 30 Q). L'hébergement est réservé aux participants, dans des maisons en forme de pyramides moyennant 150 Q/jour, un peu moins à la semaine ou au mois. Ce tarif comprend les cours, l'accès au sauna et à une bibliothèque passionnante. On y trouve aussi un restaurant végétarien et un jardin de plantes médicinales.

À côté de l'Hotel El Unicornio, le **San Marcos Holistic Centre** (www.sanmholisticcentre.com ; 🕑 10h-17h lun-sam), tenu par des habitants et des praticiens de passage, propose une gamme de massages, de thérapies holistiques et de formation en kinésiologie, EFT, reiki, shiatsu, massage et réflexologie. L'approche est détendue et vous avez tout loisir de discuter des options possibles avant de vous engager. La plupart des massages et des thérapies coûtent environ 250 Q la session de 90 minutes.

Guy (☎ 5854-5365), au Restaurant Tul y Sol, sur le sentier face au lac, propose des vols en parapente (665 Q) le matin de Santa Clara à San Juan. C'est une expérience grisante qui permet de prendre de merveilleuses photos.

Les randonnées longeant le lac, à l'ouest vers Santa Clara La Laguna et à l'est vers Santa Cruz La Laguna, sont magnifiques. Cela dit, renseignez-vous bien avant de vous lancer : agressions et vols ne sont pas rares, la plupart du temps entre Tzununá et Santa Cruz La Laguna. Le mieux est de rejoindre les **Jovenes Maya Kaqchikeles** (☎ 5527-2017 ; atitlanresource.com/ jovenesmayas_eng.htm ; 🕑 9h-17h lun-sam), un groupe de jeunes gens futés et écolos qui parlent anglais. Ils proposent des randonnées guidées à San Pedro (2 heures 30) et à Santa Cruz La

HAUTES TERRES

Laguna (4 heures), au tarif chacune de 100 Q/pers, retour par *lancha*. Ils peuvent aussi vous emmener à Tzununá par les cascades de Palitz ; à Santa Lucía Utatlán par le vieux sentier maya ; et dans les barrios de San Marcos pour rencontrer des familles qui tissent des sacs avec des fibres de maguey. Les Jovenes louent aussi des kayaks. Arrêtez-vous à leur club, en contrebas de Posada del Bosque Encantado, pour discuter des possibilités.

Le meilleur endroit pour se baigner se trouve à l'ouest du village, près des rochers. D'Aaculaax (ci-contre), suivez le sentier jusqu'au promontoire rocheux et dénichez-vous le meilleur endroit pour plonger (les habitants recommandent de faire surveiller vos affaires par quelqu'un pendant que vous nagez).

Où se loger

Pas de panneaux dans les rues, mais la plupart des hôtels ont bricolé avec fantaisie des indications signalant la direction à prendre.

Hospedaje Panabaj (☎ 5091-9227 ; s/d 30/60 Q). Seul hébergement du centre-ville, derrière l'école située au-dessus de la place centrale. Les chambres sont baignées d'une lumière filtrée par des vitraux, et si les lits de bois sont un peu affaissés, l'endroit est plutôt calme. Toilettes et douches propres au bout du couloir.

El Unicornio (hotelunicorniosm.8m.com ; s/d avec petit-déj 50/100 Q). Associé au San Marcos Holistic Center voisin, cet hôtel propose 10 chambres en bungalows dans un jardin, partageant des douches chaudes, des espaces de détente sympathiques, un sauna et une cuisine. Le propriétaire mexicain, Chus, est un musicien qui aime faire le bœuf avec les clients. Près de la rive du lac, sur le sentier ouest.

Hotel La Paz (☎ 5702-9168 ; lapazcolection@homtail.com ; ch 50-60 Q/pers). Près de l'extrémité ouest du sentier supérieur qui relie les deux chemins principaux, La Paz propose des dortoirs de 4 ou 5 lits, certains avec mezzanines, et quelques chambres privatives, installés dans des *bajareque* (construction en pierre, bambou et boue) aux toits de chaume. Le jardin bio et le restaurant végétarien, le sauna maya et les sessions de yoga matinales (30 Q) ajoutent au charme de l'ensemble.

Hotel Paco Real (☎ 5891-7215 ; elpacoreal@hotmail.com ; s 80-150 Q, d 140-200 Q). À 2 minutes à pied du sentier partant de la place centrale de San Marcos, des chambres simples et élégantes dans des cottages au toit de chaume, chacune

au design unique. Le restaurant prépare des pizzas au feu de bois (25-65 Q).

Aaculaax (☎ 5287-0521 ; www.aaculaax.com ; ch 100-395 Q, ste à partir de 700 Q). Adresse écologique où le verre et le plastique recyclés ont servi de matériaux de construction pour sa structure installée dans les rochers. Chacune des 11 chambres est unique, décorée de meubles faits main, de belles fenêtres et de terrasses donnant sur le lac. Certaines possèdent une cuisine. Du quai de la Posada Schumann, comptez 6 minutes de marche sur la gauche (à l'ouest) par le sentier du lac. Un petit-déjeuner fabuleux, avec pain maison et muesli, est servi sur la terrasse du restaurant.

Posada del Bosque Encantado (☎ 5208-5334 ; www.hotelposadaencantado.com ; s/d 120/160 Q). Dans un domaine luxuriant aux airs de forêt enchantée, des chambres à mi-chemin entre le chic et le rustique. Chacune est pourvue d'une mezzanine avec lit double et d'un autre lit en bas. Les lits sont larges et fermes et des hamacs se balancent partout.

Posada Schumann (☎ 5202-2216 ; s Q125-234, d 250-468 Q). Dans un jardin qui se déroule jusqu'au bord du lac, des maisonnettes de pierre ou de bois parfois équipées d'une cuisine, presque toujours d'une sdb. Chambres propres. Évitez le restaurant, trop cher, mais faites un tour au sauna en forme d'igloo ou au belvédère face au lac. L'embarcadère se trouve juste à l'entrée.

Où se restaurer

Presque tous les hôtels cités possèdent un restaurant ; les meilleurs sont ceux de l'Aaculaax et du Paco Real. Ce dernier propose des concerts 2 ou 3 soirs par semaine.

Moonfish (plats 25-40 Q ; ☯ 7h-18h mer-lun ; Ⓥ). Après une bonne matinée de baignade, restaurez-vous ici en terrasse, devant le lac. Plats à tendance hippie, comme les salades fraîches aux ingrédients du jardin, les préparations au tofu et les sandwichs au tempeh.

Comedor Susy (Comedor Mi Marquensita ; Parque Central ; menu déj 30 Q ; ☯ petit-déj, déj et dîner). C'est ici, sur la place centrale, que beaucoup d'expatriés viennent déguster un bon repas maison peu onéreux, ce qui explique pourquoi on retrouve des mets à base de tofu au milieu des plats de poulet et des côtes de porc.

Blind Lemon's (www.blindlemons.com ; plats 35 Q ; ☯ déj et dîner ; ☂). Dans cette demeure de style colonial, il souffle un petit vent venu du delta du Mississippi lorsque Carlos, le propriétaire, se livre avec ses invités à un bœuf hebdomadaire. La carte affiche du poulet, du poisson façon cajun, des pizzas, des burgers et autres spécialités caloriques. Au sommet du sentier ouest.

Restaurant Fe (plats 80 Q ; ☺ petit-déj, déj et dîner). Restaurant récent, vers le lac en partant du Paco Real, dont la carte propose des recettes élaborées aux accents asiatiques, et parfois insolites comme le poulet à la banane fumée sur du chou à la crème ou la salade César à l'anguille. Le bar au toit de chaume est fort agréable, surtout le dimanche, quand on y joue de la marimba.

Depuis/vers San Marcos La Laguna

Le dernier bateau à destination de Jaibalito, Santa Cruz La Laguna et Panajachel part généralement vers 17h. Pour les bateaux au départ de Panajachel, voir p. 131.

De San Marcos, une route asphaltée part vers Tzununá à l'est, et San Pablo et Santa Clara à l'ouest, où elle rejoint la route qui relie l'Interamericana et San Pedro. Pour aller de San Marcos à San Pedro, prenez un pick-up et changez à San Pablo.

JAIBALITO

600 habitants / altitude 1 562 m
Ce hameau cakchiquel n'est accessible qu'en bateau, ou à pied, de Santa Cruz La Laguna, via un chemin de crête à 4 km à l'est (45 min). Mieux vaut entreprendre la randonnée à San Marcos (6 km), vers l'ouest, tout aussi pittoresque, avec des guides locaux, comme les Jovenes Maya Kaqchikeles (voir p. 143). Plusieurs hébergements merveilleux s'offrent à vous.

Où se loger et se restaurer

Posada Jaibilito (☎ 5598-1957 ; www.posada-jaibalito. com ; dort 25 Q, s 30-50 Q, d 50-80 Q). L'adresse petits budgets de Jaibalito se trouve juste en amont de l'embarcadère, sur la gauche. Pourvue de dortoirs et de quelques chambres privées occupant un jardin flanqué de caféiers, elle offre un excellent rapport qualité/prix. Petites maisons à louer pour les séjours plus longs.

◐ La Casa del Mundo Hotel & Café (☎ 5218-5332 ; www.lacasadelmundo.com ; ch avec/sans sdb 550/288 Q). Sur une falaise isolée, face aux volcans, se dresse l'un des hôtels les plus spectaculaires du pays. Il possède de somptueux jardins, des terrasses de style méditerranéen d'où l'on

peut se baigner dans le lac, et un bassin chauffé au feu de bois suspendu au-dessus du lac (275 Q jusqu'à 10 pers). Les chambres sont dotées de lits confortables, de tissus guatémaltèques et de fleurs fraîches. Les meilleures semblent flotter au-dessus de l'eau. Le restaurant sert un succulent dîner de 4 plats (85 Q). On peut y louer des kayaks (25-50 Q/h) pour explorer le lac. Réservations recommandées.

Vulcano Lodge (☎ 5410-2237 ; www.vulcanolodge. com ; ch à partir de 325 Q). Vers l'arrière du village, cette retraite norvégienne loue 9 chambres coquettes et immaculées, disséminées dans un jardin tropical. Le restaurant sert un dîner généreux : 5 plats composés d'ingrédients frais et locaux. Les propriétaires, Terje et Monica, connaissent bien les sentiers de randonnée. De l'embarcadère, prenez à droite dans le village et passez le pont.

Club Ven Acá (☎ 5051-4520 ; pâtes 40 Q, plats 80 Q). Sur le lac un peu à l'est de La Casa del Mundo, ce restaurant branché propose un menu fusion et une *happy hour* populaire avec des mojitos au basilic à 20 Q. Les clients se prélassent dans le bain chaud ou la piscine qui se fond dans l'horizon.

Depuis/vers Jaibalito

Jaibalito est à 20 minutes en *lancha* de Panajachel ou San Pedro (20 Q). En plus de l'embarcadère public au centre du village, La Casa del Mundo dispose d'une jetée.

SANTA CRUZ LA LAGUNA

1 700 habitants / altitude 1 833 m
Fidèle au double visage des villages d'Atitlán, Santa Cruz combine un complexe lacustre – où est installée l'entreprise de plongée du lac – et un village cakchiquel un peu éparpillé, à environ 600 m en amont de l'embarcadère. La route pavée permet une promenade ardue mais agréable ; les villageois l'empruntent généralement en traînant des sac d'avocats ou de bois. L'inaccessibilité de l'endroit – uniquement par bateau ou à pied – en freine le développement, mais en rehausse la beauté sauvage.

Amigos de Santa Cruz (www.amigosdesantacruz. org) est un programme populaire consacré aux familles de Santa Cruz dans le besoin. Il cherche toujours des bénévoles à moyen ou à long terme, pour mettre en œuvre des programmes nutritionnels, des formations technologiques, des parrainages scolaires,

HAUTES TERRES

AU VENT MAUVAIS

Si le Lago de Atitlán est généralement calme le matin, à midi le Xocomil se lève parfois et agite la surface de l'eau. Ce vent légendaire naît quand l'air chaud du Pacifique rencontre des courants plus froids du nord, formant des vagues qui peuvent atteindre 3 m de haut, principalement au milieu du lac. La traversée entre les villages peut s'avérer chaotique alors, particulièrement entre Tzununá et Santa Cruz La Laguna où des tourbillons peuvent se former. Les marins expérimentés savent manœuvrer dans ces conditions, mais il y a eu des accidents mortels, notamment quand les bateaux étaient surchargés. C'est ce qui s'est passé en 2008 : un bateau rempli de touristes a dessalé près de Santiago, faisant six victimes. La charge maximum est de 14 passagers ; pendant la saison du Xocomil, ne montez pas à bord d'un bateau où les passagers sont en surnombre, vous risquez, au mieux, une traversée éprouvante. C'est entre janvier et mars, les saisons dites venteuses, que le Xocomil est le plus fort. Mieux vaut se déplacer le matin, quand les conditions climatiques sont meilleures et les bateaux plus nombreux.

---

des soins médicaux ou l'approvisionnement en fourneaux économes.

À faire

ATI Divers (☎ 5706-4117 ; www.laiguanaperdida.com/ati_divers.php), géré par des Britanniques et des Américains, organise des sorties plongée au départ de Santa Cruz. Le centre propose un cours de certification PADI Open-Water de 4 jours (1 835 Q), des cours PADI de haute altitude et des plongées ludiques. Il est basé à l'hôtel La Iguana Perdida. L'ATI offre aussi des certifications avancées, des plongées ludiques pour plongeurs certifiés (250/415 Q pour 1/2 plongées) et des cours de spécialisation dont un cours de 2 plongées en altitude (665 Q). Le Lago de Atitlán est un site intéressant car il s'agit d'un cône volcanique effondré pourvu de formations géologiques bizarres et de sites où l'eau chaude se déverse directement dans le lac. Il est toutefois assez peu pourvu en flore ou faune aquatique. C'est l'un des rares endroits du monde où l'on peut plonger en altitude sans combinaison. Ce genre de plongée a ses exigences – il vous faut un meilleur contrôle de votre flottabilité, et la visibilité est réduite. Pendant la saison des pluies, l'eau s'opacifie, le meilleur moment pour plonger se situe donc entre octobre et mai (le matin).

La location de kayaks et des excursions de plusieurs jours autour du lac sont proposées par **Los Elementos Adventure Center** (☎ 5359-8328 ; www.kayakguatemala.com/adventurecenter.html). Son expédition de 2 jours, à la rame et à pied, inclut une visite à Santa Catarina Palopó, suivie d'une balade en kayak le long de la rive nord du lac et d'une randonnée le long du vieux sentier maya passant par Tzununá

et Jaibalito. Il en coûte 1 335 Q/personne (minimum 4 participants), repas et 1 nuit inclus. Vous trouverez le centre à 10 minutes à pied à l'ouest de La Iguana Perdida, sur le chemin du lac.

Où se loger et se restaurer

La Iguana Perdida (☎ 5706-4117 ; www.laiguanaperdida.com ; dort 25-35 Q, ch 240-300 Q, s/d sans sdb 70/90 Q ; 🖳). C'est le premier établissement que vous verrez en débarquant, et c'est l'endroit idéal pour profiter de la vue sur le lac, rencontrer d'autres voyageurs, partir en plongée ou faire du kayak, apprendre l'espagnol ou transpirer au sauna. Géré principalement par des gringos à l'esprit alternatif (qui recherchent souvent des bénévoles), il propose différents hébergements, rudimentaires (dortoirs sans électricité dans des huttes en A) ou luxueux (structures neuves, en adobe, aux meubles élégants, avec balcons et vue sur le lac). Les repas sont de style familial : le dîner de 3 plats coûte 50 Q. Votre addition est calculée lors de votre départ. Ne manquez pas la soirée du samedi : déguisements, feu, barbecue et musique.

Arca de Noé (☎ 5515-3712 ; www.arcasantacruz.com ; s/d 200/240 Q, sans sdb 70/100 Q). Le long du lac, les chambres et bungalows de l'arche de Noé sont simples et clairs, propres et spacieux. L'établissement utilise l'énergie solaire, de l'eau du lac traitée, des produits cultivés localement et bannit canettes et bouteilles. L'ambiance est chaleureuse et la cuisine savoureuse : le dîner aux chandelles de 6 plats, avec option végétarienne, coûte 75 Q.

❍ Hotel Isla Verde (☎ 5760-2648 ; www.islaverdeatitlan.com ; s/d 332/374 Q, sans sdb 249/291 Q ; 🛜). Conçu par une artiste espagnole de Bilbao, cet hôtel élégant et écologique tire le plus grand parti de son cadre. Un chemin en mosaïques sinue au milieu d'une végétation exubérante jusqu'aux 9 huttes (6 avec sdb privative) ; plus vous montez, plus le paysage est beau. Les chambres simples sont joliment décorées de peintures réalisées par le propriétaire et de tissus et coussins typiques. Sdb jungle-chic, eau et électricité solaires. Le restaurant en terrasse sert de la cuisine slow-food, et un pavillon de verre invite à la méditation et à la danse. À 10 minutes à pied à l'ouest de l'embarcadère, sur le chemin du lac.

Depuis/vers Santa Cruz La Laguna

Pour des informations sur les bateaux à destination de Santa Cruz, reportez-vous aux rubriques *Panajachel* (p. 121) et *San Pedro La Laguna* (p. 136).

PAYS QUICHÉ

La route qui entre dans le pays quiché quitte l'Interamericana à Los Encuentros, pour sinuer vers le nord à travers des forêts de pins et des champs de maïs. Quiché est la nation du peuple du même nom, bien que d'autres groupes participent au patchwork de cette région d'une grande variété culturelle, notamment les Ixil des montagnes cuchumatanes orientales. La plupart des visiteurs qui passent par cette région en grande partie méconnue se rendent au célèbre marché de Chichicastenango, bien que la même effervescence pittoresque anime les rues de Santa Cruz del Quiché, la capitale départementale au nord, plus facile d'accès. À sa lisière s'étendent les ruines mystérieuses de K'umarcaaj, dernière capitale des Quiché. Les plus aventuriers montent plus au nord, vers Nebaj, cœur du triangle Ixil à la culture vibrante, où s'offrent d'innombrables possibilités de randonnée.

CHICHICASTENANGO

66 100 habitants / altitude 2 172 m
Entourée de vallées et de montagnes se découpant à l'horizon, Chichicastenango semble isolée du reste du pays. Souvent, lorsque la brume s'empare des étroites ruelles pavées et de ses toits de tuile rouge, la bourgade paraît irréelle. Si les innombrables vendeurs et touristes qui affluent pour le grand marché du jeudi et du dimanche lui confèrent une

atmosphère plus terre à terre, Chichi n'en garde pas moins son mystère. Les *Masheños* (citoyens de Chichicastenango) sont connus pour leur attachement aux croyances et aux cérémonies animistes. Si vous en avez la possibilité, venez plutôt le dimanche, jour où les *cofradías* défilent souvent en processions autour de l'église de Santo Tomás.

Autrefois appelée Chaviar, Chichi fut une importante ville marchande cakchiquel longtemps avant la conquête espagnole. Au XVᵉ siècle, les Cakchiquel entrèrent en conflit avec les Quiché (installés à K'umarcaaj près de l'actuelle Santa Cruz del Quiché, à 20 km au nord) et durent transférer leur gouvernement à Iximché, plus facile à défendre. Lorsque les Espagnols conquirent K'umarcaaj en 1524, ses habitants se réfugièrent à Chaviar qu'ils rebaptisèrent Chugüilá (au-dessus des orties) et Tziguan Tinamit (entourée de canyons). C'est par ces noms que les Mayas quiché désignent encore la ville, que les alliés mexicains des conquistadores baptisèrent Chichicastenango.

Chichi possède deux pouvoirs religieux et gouvernementaux : d'une part, l'Église catholique et la république du Guatemala, qui nomment les prêtres et les responsables municipaux ; d'autre part, la population indienne, qui élit ses propres chefs civils et religieux chargés des questions locales, dotée d'un conseil et d'un maire différents et d'un tribunal qui juge les affaires concernant uniquement la communauté maya.

Orientation et renseignements

Les bus venant du sud remontent la 7a Av et déposent les passagers à deux rues à l'est de la place centrale, dominée au sud-est par la grande église Santo Tomás. La plupart des banques et des commerces se trouvent dans les rues au nord de la place. En quittant Chichi vers le nord par la 5a Av, vous passerez sous l'Arco Gucumatz, une arche aux peintures élaborées portant le nom du fondateur de l'ancienne capitale quiché.

L'Hotel Santo Tomás (p. 152) vend une bonne sélection de livres dans son hall.

ACCÈS INTERNET
Cibernet Café (5a Av 6-44 ; 6 Q/h). À l'étage du Tu Café.
MG Internet (5a Av 5-70 ; 5 Q/h). À l'étage, près du Restaurant Los Cofrades.
Tecnología y Soluciones (10a Calle ; 5 Q/h ; ◉ 9h-22h)

ARGENT

Les nombreuses banques de Chichi restent toutes ouvertes le dimanche.

Banco Industrial (10h-14h lun, 10h-17h mer et ven, 9h-17h jeu et dim, 10-15h sam). DAB Visa/MasterCard.

Banrural (5 Av et 5 Calle ; 9h-17h dim-ven, 8h-12h sam). Change les chèques de voyage ; Cajero 5B.

DAB Visa/MasterCard (angle 5a Av et 6a Calle)

OFFICE DU TOURISME

Inguat (7756-2022 ; 7a Calle 5-43 ; 8h-12h tlj plus 14h-18h lun-sam). Le bureau Inguat de Chichi, dans le pâté de maisons à l'est de la place, fournit des renseignements, des cartes (5 Q) et un accès Internet (5 Q/h).

POSTE

Poste (4a Av 6-58). Au nord-ouest de la place centrale.

SERVICES MÉDICAUX

Hospital El Buen Samaritano (7756-1163 ; 6a Calle 3-60). Urgences 24h/24.

Dangers et désagréments

¡Hola, amigo! assènent les myriades de vendeurs dont la subsistance dépend du tourisme ; cela peut être usant, mais essayez de rester poli. Ignorez les rabatteurs des hôtels, leur commission sera ajoutée au prix de la chambre. Vous n'aurez aucun mal à trouver une chambre par vous-même.

Les marchés sont les repaires privilégiés des pickpockets, soyez sur vos gardes en déambulant dans les labyrinthes d'étals.

Les voitures et les pots d'échappement sont une plaie à Chichi. Attention aux bus qui foncent dans les virages.

À voir

Ne manquez pas la fresque du mur de l'hôtel de ville, à l'est de la place. Elle est dédiée aux victimes de la guerre civile dont elle raconte l'histoire en utilisant les symboles du *Popol Vuh*.

Les guides en gilet beige certifiés par l'Inguat demandent 50 Q pour une visite du village et 100 Q pour une promenade à Pascual Abaj.

MARCHÉ

Par le passé, les villageois marchaient de longues heures, leurs marchandises sur le dos, pour venir au marché de Chichi, l'un des plus grands du pays. Certains le font toujours et, s'ils arrivent la veille au soir, déposent leur charge à proximité de la place, préparent un souper rapide, puis dorment sur une couverture.

Le jeudi et le dimanche, à l'aube, ils installent les fruits, les légumes, les morceaux de craie (réduits en poudre et mélangés à de l'eau pour ramollir le maïs séché), les boules de cire, les harnais faits main et d'autres marchandises, puis attendent les clients. Les étals d'artisanat, vendant masques, étoffes, poteries, etc., occupent la majeure partie de la place et les rues au nord. Les articles destinés aux villageois, comme les produits alimentaires, le savon, les vêtements, la mercerie et les jouets, sont regroupés du côté nord de la place, dans le **Centro Comercial Santo Tomás**, un peu plus loin au nord et dans les rues au sud. L'activité commence à ralentir vers 15h.

LA "BIBLE" MAYA

L'un des textes mayas les plus importants, le *Popol Vuh,* fut retranscrit au XVIe siècle en langue maya quiché à l'aide de l'alphabet latin. Les scribes quiché montrèrent leur livre à Francisco Ximénez, un frère dominicain de Chichicastenango, qui copia le volume mot à mot, puis le traduisit en espagnol. Sa copie et la traduction en espagnol subsistent, mais l'original maya a été perdu. Le *Popol Vuh* – ou "livre du conseil" – relate l'odyssée des ancêtres des Quiché depuis Tula, la ville sacrée des Toltèques, au centre du Mexique, jusqu'aux Hautes Terres du Guatemala. Il raconte l'aube de la vie ainsi que les gloires des dieux et des rois. De type cyclique et parfois incohérent, le récit peut se résumer comme suit : le dieu tout-puissant K'ucumatz commença par créer l'humanité à l'aide de boue, mais ces créatures étaient faibles et se dissolvaient dans l'eau. Il décida donc de façonner des personnages en bois. Ceux-ci, n'ayant ni cœur ni âme, ne pouvaient vénérer leur Créateur. Ils furent donc détruits, à l'exception des singes de la forêt, qui en sont les descendants directs. Le Géniteur fit alors une nouvelle tentative, réussie celle-là, en utilisant des substances recommandées par quatre animaux – le renard gris, le coyote, le perroquet et le corbeau. La chair était faite d'une pâte de maïs blanc et jaune, trempée dans l'eau pour fabriquer le sang. Ainsi les Guatémaltèques se considèrent-ils avec fierté comme des *hombres de maíz* (hommes de maïs).

CHICHICASTENANGO

0 — 200 m

RENSEIGNEMENTS
Banco Industrial................................**1** D2	
Banrural...**2** D2	
Cibernet Café..............................(voir 32)	
Hospital El Buen Samaritano............**3** C2	
Hotel Santo Tomás.....................(voir 23)	
Inguat...**4** C2	
MG Internet.......................................**5** C2	
Poste...**6** C2	
Tecnología y Soluciones..................**7** D3	
DAB Visa/MasterCard........................**8** C2	

À VOIR ET À FAIRE
Capilla del Calvario...........................**9** C2	
Centro Comercial Santo Tomás.......**10** C2	
Galería Pop-Wuj...............................**11** B3	
Iglesia de Santo Tomás...................**12** C2	
Morería..**13** B4	
Morería..**14** B4	
Municipalidad (mairie)....................**15** C2	
Museo Arqueológico Regional........**16** C2	
Pascual Abaj.....................................**17** B4	

OÙ SE LOGER
Chalet House....................................**18** D1	
Hotel Chugüilá.................................**19** D2	
Hotel Mashito...................................**20** B2	
Hotel Pop Wuj...................................**21** C3	
Hotel San Jerónimo..........................**22** C3	
Hotel Santo Tomás...........................**23** D2	
Hotel Tuttos......................................**24** C3	
Maya Lodge.......................................**25** C2	
Mayan Inn..**26** C2	
Mini-Hotel Chichicasteca................**27** C1	
Posada El Arco..................................**28** C1	
Posada El Teléfono...........................**29** B2	

OÙ SE RESTAURER
Blintz Café...................................(voir 19)	
Casa de San Juan.............................**30** C2	
Hotel Santo Tomás......................(voir 23)	
Las Brasas..**31** C2	
Mayan Inn.....................................(voir 26)	
Tu Café..**32** C2	

TRANSPORTS
Agencia de Viajes Maya Chichi	
Van..**33** D2	

Bus pour Los Encuentros,	
l'Interamericana et Guatemala	
Ciudad...**34** D2	
Bus pour Santa Cruz del Quiché.....**35** D2	
Chichi Turkaj Tours.......................(voir 19)	
Microbus pour Los Encuentros,	
Quetzaltenango............................**36** D2	
Microbus pour Santa Cruz del Quiché..**37** C2	

Vers Santa Cruz del Quiché (19 km)

Vers Los Encuentros et l'Interamericana (17 km)

HAUTES TERRES

IGLESIA DE SANTO TOMÁS

Des rituels plus mayas que catholiques se déroulent souvent sur le parvis de cette église (1540) érigée sur le côté est de la place. Noyées, le dimanche en particulier, sous les volutes d'encens de résine de copal, les marches ont presque la même fonction que les grands escaliers menant au sommet des pyramides mayas. Des chefs de prière indiens, appelés *chuchkajaues* (mères-pères), agitent des encensoirs (généralement des boîtes en fer-blanc percées de trous) et psalmodient des mots magiques en l'honneur de leurs ancêtres en évoquant les dates de l'ancien calendrier maya.

À l'intérieur, le sol de l'église est parfois jonché de branches de pin et parsemé d'offrandes de grains de maïs, de fleurs, de bouteilles d'alcool enveloppées de feuilles de maïs et de bougies. De nombreuses familles locales peuvent remonter leur arbre généalogique sur plusieurs siècles ; certaines descendent parfois des anciens rois quiché. Les bougies et les offrandes commémorent ces ancêtres, dont beaucoup sont enterrés sous les dalles de l'église, à l'instar des rois mayas enterrés sous les pyramides. Les photos sont interdites dans l'église.

Sur le côté ouest de la place, la **Capilla del Calvario**, une église qui ressemble à Santo Tomás mais plus petite, accueille des rituels similaires.

MUSEO ARQUEOLÓGICO REGIONAL

Le **Musée archéologique** (5a Av 4-47 ; 5 Q ; 8h-12h30 et 14h-16h30 mar-sam, 8h-14h dim), accessible par le côté

UN DIEU PEUT EN CACHER DEUX AUTRES

San Simón pour les Espagnols, Maximón pour les *ladinos* et Rilaj Maam pour les Mayas est une divinité révérée dans toute la région des Hautes Terres. Probablement issu d'un amalgame entre des dieux mayas, Pedro de Alvarado (le féroce conquistador du Guatemala) et le Judas de l'Évangile, San Simón fait l'objet d'un culte auprès de toute la population et reçoit offrandes et prières. L'effigie est généralement installée dans la maison d'un membre d'une *cofradía* (confrérie maya catholique) et déménage chaque année, une pratique qui viserait, selon les anthropologues, à équilibrer les pouvoirs locaux. L'appellation, la représentation et les cérémonies diffèrent d'un village à l'autre, mais toutes vous laisseront un souvenir mémorable. On vous permettra généralement de photographier l'effigie en échange de quelques pièces. Les offrandes de cigarettes, de rhum ou de bougies sont toujours les bienvenues.

À Santiago Atitlán, Maximón est une statue de bois drapée d'écharpes de soie colorées, qui fume un gros cigare. Les villageois le surveillent et le vénèrent, chantent en son honneur et s'occupent des offrandes (y compris votre contribution de 10 Q). Maximón a une préférence pour les cigarettes Payaso et le rhum Venado, mais il doit souvent se contenter de Quetzalteca Especial, un alcool bon marché… Des fruits et des guirlandes électriques criardes ornent sa chambre, tandis que des effigies de Jésus-Christ et de saints chrétiens se tiennent à ses côtés et aux côtés de ses gardiens. Des feux brûlent parfois dans la cour lorsque des offrandes lui sont faites.

À Zunil, près de Xela, on l'appelle San Simón, mais l'idole et son culte sont similaires à ceux du Maximón de Santiago. À Nahualá, entre Los Encuentros et Quetzaltenango, la divinité, qui se résume à une simple caisse de bois d'où sort une cigarette, reçoit les mêmes offrandes et les mêmes requêtes.

San Jorge La Laguna, sur le lac Atitlán, est un haut lieu spirituel des Mayas des Hautes Terres. On y vénère Rilaj Maam. La toute première effigie du dieu a peut-être été sculptée ici dans l'arbre *palo de pito*, qui avait demandé aux anciens chamans de préserver leur culture, leur langue et leurs traditions en réalisant une statue de Rilaj Maam. Les fleurs du *palo de pito* se fument pour obtenir des hallucinations. L'effigie de San Simón ressemble à un joker de jeu de cartes, avec une langue incroyablement longue.

À San Andrés Itzapa, près d'Antigua, Rilaj Maam dispose d'une demeure permanente, d'où on le sort le 28 octobre pour le porter en procession au cours d'une extraordinaire fête païenne. Les festivités durent toute la nuit, rythmés par des danseurs qui attrapent les protecteurs de la divinité afin de s'emparer de son pouvoir et d'accéder à des visions magiques. À partir d'Antigua, on rejoint aisément San Andrés, à moins de 10 km au sud de Chimaltenango.

---

sud de la place, contient la collection d'Hugo Rossbach, le prêtre catholique allemand de Chichi mort en 1944 (son portrait trône au-dessus de l'entrée). On peut y voir de beaux colliers de jade et des figurines, ainsi que des masques cérémoniels, des têtes de flèches en obsidienne, des brûleurs à encens et des *metates* (meules pour le maïs).

PASCUAL ABAJ

Au sommet d'une colline au sud de la ville, **Pascual Abaj** (la pierre du sacrifice) est dédiée au dieu maya de la terre, Huyup Tak'ah (plainte de la montagne). Dressée dans une clairière au milieu d'un cercle de croix en pierres basses, l'idole à la face de pierre a des airs de statue de l'île de Pâques. Vieille de centaines, peut-être de milliers d'années, elle a subi de nombreuses indignités aux mains

d'étrangers, mais les habitants continuent de la vénérer.

Des *chuchkajaues* viennent régulièrement déposer des offrandes d'encens, de nourriture, de cigarettes, d'alcool, et sacrifient parfois un poulet, en guise de remerciement et de prière pour la fertilité de la terre. Le lieu est couvert d'offrandes. Les fidèles acceptent les spectateurs, mais demandez l'autorisation avant de prendre la moindre photo. On vous demandera peut-être si vous voulez déposer une offrande.

Même s'il y a des cérémonies en cours, vous pourrez voir l'idole et profiter de la balade au sommet de la colline couverte de pins. Pour vous y rendre depuis la place, descendez la colline par la 5a Av, prenez à droite dans la 9a Calle et continuez à descendre. Tout en bas, prenez à gauche sur le chemin et remontez par l'une des **morerías** (ateliers cérémoniels de masques) indiquées. En sortant à l'arrière, remontez le chemin au milieu des arbres jusqu'au sommet de la colline (pour limiter le risque d'agression, rejoignez un groupe pour effectuer l'ascension).

En revenant en ville, vous voudrez peut-être faire une halte dans la **Galería Pop-Wuj** (☎ 7756-1324), un atelier-galerie sur la droite. Institut d'art pour les enfants de la région, développé avec le soutien du **Projectguggenheim** (www.projectguggenheim.org), il renferme une petite collection de peintures à l'huile des frères Cortéz et de leurs élèves.

Fêtes et festivals

Le 7 décembre, la ville fête le **Quema del Diablo** (crémation du diable), au cours de laquelle les habitants brûlent leurs ordures dans les rues et portent une statue de la Vierge jusqu'aux marches de l'église Santo Tomás. Célébrées à grand renfort d'encens et de bougies, les festivités sont animées par un orchestre de marimba (sorte de xylophone sud-américain) et un feu d'artifice qui oblige les spectateurs à courir se mettre à l'abri. Tôt le lendemain matin a lieu la **fête de l'Immaculée Conception** ; ne manquez pas sur la place la danse titubante des géants en carton.

La **fête de Santo Tomás** commence le 13 décembre et culmine le 21, avec le prodigieux spectacle du *palo volador* durant lequel des hommes (les *voladores*) très courageux – ou inconscients –, reliés à un mât par une corde attachée aux pieds, se lancent dans le vide en tournoyant à une vitesse vertigineuse (voir l'encadré p. 216). Défilés et danses traditionnelles figurent également au programme des réjouissances.

Où se loger

Si vous voulez une chambre la veille du marché du jeudi ou du dimanche, mieux vaut appeler ou arriver assez tôt le mercredi ou le samedi.

PETITS BUDGETS

Posada El Teléfono (☎ 7756-1197 ; 8a Calle A 1-64 ; ch 30/60 Q). Cet ancien centre téléphonique propose de petites chambres orange bien tenues avec TV. Du haut, la vue donne sur le cimetière empli de couleurs.

Hotel Mashito (☎ 7756-1343 ; 8a Calle 1-72 ; s/d 50/100 Q, sans sdb 40/80 Q). Sur la route du cimetière, hôtel construit autour d'un patio rempli de plantes où les habitants viennent converser. Entretenues par une affable matriarche, les chambres arborent des couvre-lits en patchwork. Celles avec sdb communes sont plus lumineuses.

Mini-Hotel Chichicasteca (☎ 7756-2111 ; 5a Calle 4-42 ; s/d 40/80 Q). Malgré la petitesse du lieu et les équipements minimalistes – une seule sdb commune – les chambres aux murs de brique sont parfaitement tenues et la propriétaire est fort affable. Seul inconvénient, le bruit des bus dans la rue dès 6h30.

Hotel San Jerónimo (☎ 7756-1838 ; Final de 5a Av ; ch 50/100 Q). Structure coloniale en briques en bas de la 5a Av, parfaite pour les petits budgets. La décoration est minimaliste, mais les chambres sont impeccables, les lits fermes, et les balcons, pour celles qui en ont, charmants.

Hotel Tuttos (☎ 7756-1540 ; hoteltuttos@yahoo.com ; 12a Calle 6-29 ; dort 50 Q, s/d 100/200 Q). Ordinaire, cet hôtel situé au sud de la ville n'en est pas moins agréable et tranquille. Des chambres bien conçues et un personnel affable. Les 4, 5 et 6 donnent sur la vallée. Bonus : le restaurant sert d'excellentes pizzas.

Hotel Pop Wuj (☎ 7756-2014 ; hotelpopwuj@yahoo. com ; 6a Av 10-18 ; s/d 100/200 Q, sans sdb 75/150 Q). Établissement tenu par une famille, comportant 20 chambres élégantes et carrelées, dotées de grands lits confortables. Réductions en fonction de l'humeur du patron, Pedro.

CATÉGORIE MOYENNE

Hotel Chugüilá (☎ 7756-1134 ; hotelchuguila@yahoo.com ; 5a Av 5-24 ; s/d 100/200 Q ; **P**). Une sorte de petit village colonial, dont les vérandas donnent sur des cours pavées, à l'ameublement résolument rustique – les selles et roues de chariot décoratives sont un peu poussiéreuses. Les chambres sont immenses, tout comme les placards. Évitez celles à l'arrière, secouées par les bus matinaux.

Chalet House (☎ 7756-1360 ; www.chalethotelgua-temala.com ; 3a Calle C 7-44 ; s/d avec petit-déj 150/200 Q ; 🛜). Dans une zone résidentielle calme au nord du centre, un immeuble rehaussé par le charme de la terrasse sur le toit. Des chambres à l'ameublement simple, ornées de quelques touches typiques, douches chauffées au gaz et cuisine.

Posada El Arco (☎ 7756-1255 ; 4a Calle 4-36 ; s/d 150/200 Q). Près de l'Arco Gucumatz, l'un des hôtels les plus originaux de Chichi. Huit chambres à la déco à chaque fois unique, avec tissages mayas, têtes de lit coloniales et sdb impeccables. La 8 est la meilleure. Paressez au jardin et profitez de la vue sur les montagnes, au nord. Réservation recommandée.

Maya Lodge (☎ 7756-1167 ; 6a Calle A 4-08 ; s/d 209/259 Q ; (P)). Pile sur la place, une ambiance coloniale un peu usée. Les 10 chambres sont ornées de tissus mayas et le patio de rosiers. Le restaurant est souvent désert.

CATÉGORIE SUPÉRIEURE

Hotel Santo Tomás (☎ 7756-1061 ; hst@itelgua.com ; 7a Av 5-32 ; s/d 792/917 Q ; (P) (⚎)). L'hôtel le plus charmant de Chichi compte de nombreux patios remplis de plantes, de fontaines et de pièces décoratives mêlant artisanat et reliques religieuses. Baignoire et cheminée dans chaque chambre. Bar et restaurant de qualité (voir ci-contre).

Mayan Inn (☎ 7756-1176 ; info@mayaninn.com.gt ; 8a Calle A 1-91 ; s/d/tr 922/1 127/1 229 Q). Fondée en 1932, cette auberge comprend aujourd'hui plusieurs maisons coloniales restaurées de chaque côté de la 8a Calle, dont les cours sont ornées de plantes tropicales, et les murs drapés de textiles indiens. Chacune des 16 chambres est unique, avec armoire sculptée et cheminée. Celles du côté sud ont la plus jolie vue. Le propriétaire, Carlos Keller, est un hôte affable, qui partagera avec vous sa connaissance du lieu.

Où se restaurer
PETITS BUDGETS

La plupart des restaurants restent vides quand ils ne sont pas investis par des groupes en voyages organisés. C'est sur la place centrale que tout se passe vraiment, là où d'attentives *abuelitas* (grands-mères) distribuent de la soupe au poulet, du ragoût de bœuf, des tamales et des *chiles rellenos* tirés de grandes marmites, tandis que leurs filles et petites-filles servent une foule de Guatémaltèques assis à de longues tables recouvertes de toile cirée. À Vendedores de Arroz María, à côté de la fontaine centrale, un *chuchito* – petit tamal dans une enveloppe de maïs – et un chocolat coûtent moins de 10 Q. Ici, les *tamales* sont faits de riz et arrosés de sauce. D'autres étals offrent des tranches de pastèque et de papaye. En mangeant, on entend le bourdonnement des vendeurs proposant des remèdes contre les maux de ventre.

Blintz Café (☎ 7755-1672 ; 5a Calle 5-26 , (⏱) 7h-0-21h30). Des expressos corrects, des smoothies et toute une variété de crêpes sont servis dans cet établissement chic, situé dans un centre commercial au-dessus de l'Hotel Chugüilá.

Tu Café (5a Av, place centrale ; plats 30-50 Q ; (⏱) petit-déj, déj et dîner). Le *plato vegetariano* est constitué de soupe, de riz, de haricots, de fromage, de salade et de tortillas, pour seulement 30 Q. Ajoutez-y du *lomito* (porc) et vous aurez un *plato típico*.

CATÉGORIE MOYENNE

Las Brasas (6a Calle 4-52 ; plats 45-60 Q ; (⏱) petit-déj, déj et dîner). Les *parrillas* (grillades) sont la spécialité de cette adresse plus conventionnelle installée à l'étage. La grande assiette de saucisses,

---

LES COFRADÍAS

Les confréries religieuses traditionnelles, ou *cofradías*, sont au centre de la vie religieuse de Chichicastenango. Appartenir à une confrérie est un devoir civique respectable et en être le chef, l'honneur suprême. Les chefs d'une confrérie doivent lui financer des banquets et des réjouissances pendant toute la durée de leur mandat. Un *cofrade*, ou membre d'une confrérie, accepte cette charge très coûteuse avec joie, même s'il doit s'endetter.

Chacune des 14 *cofradías* de Chichi possède un saint patron. La confrérie la plus importante est celle de Santo Tomás, saint patron de la ville. Tous les dimanches matin et lors des fêtes religieuses, les membres des confréries se rendent en procession jusqu'à l'église, vêtus de costumes correspondant à leur rang. Porté en tête du cortège, un bâton de cérémonie surmonté d'un crucifix en argent ou d'un soleil représente le saint patron de la confrérie. Un tambour, une flûte et parfois une trompette peuvent accompagner la procession, égayée de feux d'artifice.

Lors des grandes fêtes religieuses, les effigies des saints sont portées en grande pompe à travers la ville, tandis que des danseurs richement costumés et portant les traditionnels masques de bois sculptés miment les légendes de l'ancienne civilisation maya et les étapes de la conquête espagnole. Le reste de l'année, ces masques et ces costumes sont conservés dans des entrepôts appelés *morerías* ; deux d'entre eux se trouvent à l'entrée du chemin qui mène au sanctuaire maya de Pascual Abaj (voir p. 150).

poulet ou steak est servie avec des pommes de terre, des tortillas, du riz, du fromage et des haricots noirs.

Casa de San Juan (☎ 7756-2086 ; 4a Av 5-58 ; plats 60 Q ; ☻ petit-déj, déj et dîner). Restaurant chic orné d'œuvres d'art, de brassées de lis, de chaises en fer forgé et dont les balcons donnent sur le marché. Des burgers aux sandwichs en passant par des plats plus traditionnels, notamment de succulents *chiles rellenos* rehaussés de sauces piquantes.

Mayan Inn (☎ 7756-1176 ; 8a Calle A 1-91 ; déj 5 plats 105 Q ; ☻ petit-déj, déj et dîner). Les 3 salles de l'hôtel le plus élégant de Chichi arborent des meubles de style colonial et des toiles d'un célèbre peintre guatémaltèque, Humberto Garabito. Les serveurs portent des costumes inspirés de ceux des colons espagnols qui exploitaient les terres : coiffe colorée, large ceinture, tunique noire brodée, pantalon court et sandales en cuir appelées *caïtes*. La cuisine est moins traditionnelle – steak, poulet rôti, grillades –, mais copieuse et bien présentée.

Hotel Santo Tomás (7a Av 5-32 ; dîner 3 plats 110 Q ; ☻ petit-déj, déj et dîner). L'autre hôtel chic de Chichi possède un somptueux restaurant où les serveurs sont aussi en costume. Demandez une table dans la cour pour profiter du soleil et de la marimba au déjeuner, la veille et les jours de marché.

Depuis/vers Chichicastenango

Les nombreux bus desservant Panajachel, Quetzaltenango et d'autres destinations au sud accessibles par l'Interamericana arrivent et partent de la 5a Calle, près de l'angle de la 5a Av, à un pâté de maisons en amont de l'Arco Gucumatz. Les bus en direction du nord partent du côté opposé à la 5a Calle.

Antigua (3 heures 30, 108 km). Prenez n'importe quel bus en direction de Guatemala Ciudad et changez à Chimaltenango.

Guatemala Ciudad (30 Q, 2 heures 30, 145 km). Bus toutes les 20 min de 3h à 17h.

Los Encuentros (7 Q, 30 min, 17 km). Prenez n'importe quel bus en direction du sud vers Guatemala Ciudad, Panajachel, Quetzaltenango etc. Sinon, des microbus fréquents à destination de Los Encuentros (5 Q) partent devant le bâtiment Telgua sur la 7a Av.

Nebaj (103 km). Prenez un bus pour Santa Cruz del Quiché et changez.

Panajachel (Q10, 1 heure 30, 37 km). Bus à 9h, 11h30, 12h30 et 13h. Ou prenez n'importe quel bus en direction du sud et changez à Los Encuentros.

Quetzaltenango (20 Q, 3 heures, 94 km). Neuf bus entre 4h30 et 13h ; ou prenez un bus en direction du sud et changez à Los Encuentros. Des microbus (20 Q) passent régulièrement devant le bâtiment Telgua jusqu'à 7h30, puis toutes les heures jusqu'à 12h.

Santa Cruz del Quiché (7 Q, 30 min, 19 km). Bus toutes les 20 min de 5h à 19h. Les microbus pour Quiché partent de la 5a Calle côté ouest de la 5a Av de 6h à 23h.

Chichi Turkaj Tours (☎ 7742-1359 ; 5a Av 5-24), dans l'Hotel Chugüilá, propose des navettes pour Guatemala Ciudad (190 Q), Antigua (125 Q), Panajachel (140 Q) et Quetzaltenango (125 Q) les lundi et vendredi à 9h, et les dimanche et jeudi à 17h. L'**Agencia de Viaje Maya Chichi Van** (☎ 7756-2187 ; 6a Calle 6-45) dessert les mêmes destinations les dimanche et jeudi, à des tarifs identiques. Dans la plupart des cas, il faut au minimum 5 passagers, à moins de louer tout le véhicule (750 Q pour Antigua). Ces agences proposent aussi des circuits à K'umarcaaj, près de Santa Cruz del Quiché, à Nebaj et ailleurs.

SANTA CRUZ DEL QUICHÉ
30 000 habitants / altitude 1 979 m

Loin des flots de touristes du grand marché de Chichicastenango, Santa Cruz – ou simplement El Quiché – présente une tranche de vie régionale plus rafraîchissante. À 19 km au nord de Chichi, la capitale du département quiché attire une population variée tant pour le négoce que pour des questions administratives. Les principaux jours de marché sont le jeudi et le dimanche, où l'animation bat son plein. Les voyageurs viennent généralement pour visiter K'umarcaaj, les ruines de la vieille capitale quiché, ou pour changer de bus et continuer vers le nord.

Mi-août est le meilleur moment pour s'y rendre : c'est alors qu'ont lieu les **Fiestas Elenas** (www.fiestaselenas.com), semaine de festivités qui célèbrent les traditions indiennes. Point d'orgue des réjouissances, les femmes d'El Quiché revêtent des masques et dansent au son des marimbas lors du *convite feminino*.

Orientation et renseignements

Tout ce dont vous avez besoin se trouve à quelques rues de la plaza tripartite. La place supérieure est flanquée à l'est par Gobernación (palais du gouvernement départemental), celle du milieu par la cathédrale et la *municipalidad* (mairie), et celle du bas par le grand bâtiment du marché

HAUTES TERRES

HAUTES TERRES

LES COOPÉRATIVES DE TISSERANDES

Si vous avez déjà visité Chichicastenango, Antigua ou Panajachel, vous connaissez la scène : une femme guatémaltèque chargée de sacs, d'écharpes et de couvertures s'approche d'un groupe de touristes et propose un bon prix. Mais les touristes marchandent âprement. Or, l'article représente des générations de savoir-faire, des semaines de labeur et un investissement considérable en matériaux et teintures. La vendeuse, qui a absolument besoin de vendre, accepte le prix proposé.

Les coopératives de tisserandes fournissent une alternative viable aux femmes guatémaltèques qui poursuivent la tradition du tissage sur métier à bras. Ces associations mettent en commun les coûts des matériaux, fournissent à l'artisan un endroit où travailler et un marché pour ses produits, et insufflent chez les vendeuses un sens de leur propre valeur, ce qui les aide à obtenir un juste prix pour leur travail. Beaucoup permettent aux visiteurs de regarder le tissage et proposent parfois des cours.

- Antigua : **Casa del Tejido Antiguo** (p. 112)
- Quetzaltenango : **Manos Creativas** (p. 167)
- San Antonio Palopó : **Tienda Candelaria** (p. 132)
- San Juan La Laguna : **Lema** (p. 142)
- San Pedro La Laguna : **Grupo Ecológico Teixchel** (p. 139)
- Santiago Atitlán : **Cojolya Association of Maya Women Weavers** (p. 134)
- Zunil : **Cooperativa Santa Ana** (p. 174)

---

surmonté d'un dôme (bien que le négoce se déroule en fait derrière). La principale gare routière se trouve à quatre rues au sud et à deux rues à l'est de la plaza. Notez que chaque *zona* a son propre quadrillage de rues et d'avenues, par conséquent les *calles* et *avenidas* se répètent.

L'**office du tourisme** de Quiché (☎ 7755-1106 ; turismoenquiche@gmail.com ; 🕒 8h-16h30 lun-ven), dans l'hôtel de ville, fournit toutes les réponses souhaitables ainsi qu'une carte aux détails baroques. **Banrural** (🕒 8h-17h30 lun-ven, 8h-14h sam, 8h-12h dim), à l'extrémité nord de la place, change les euros et possède un Cajero 5B. **Bear Net** (0 Av 7-52 ; 🕒 8h-20h30) propose un accès Internet à moins de deux rues au sud de la place.

À voir
K'UMARCAAJ
Les ruines de l'ancienne capitale maya quiché de **K'umarcaaj** (ou Gumarkaaj, ou encore Utatlán ; 30 Q ; 🕒 8h-16h30) s'étendent à 3 km à l'ouest d'El Quiché. C'est un site sacré pour les Mayas, qui y pratiquent encore des rituels. Prévoyez une lampe électrique.

Le royaume du Quiché, fruit du métissage entre les populations locales et des envahisseurs de la région frontalière du Tabasco-Campeche au Mexique, fut fondé à la fin de l'époque postclassique (vers le XIVe siècle). Vers 1400, le roi Ku'ucumatz établit sa capitale à K'umarcaaj et conquit de nombreuses villes voisines. Sous le long règne de son successeur Q'uik'ab (1425-1475), le royaume du Quiché repoussa ses frontières jusqu'à Huehuetenango, Nebaj, Rabinal et la côte Pacifique. Dans le même temps, les Cakchiquel, peuple vassal autrefois allié des Quiché, se rebellèrent et établirent leur propre capitale à Iximché.

Lorsque Pedro de Alvarado et ses conquistadores entrèrent au Guatemala en 1524, ce furent les Quiché, emmenés par leur roi Tecún Umán, qui organisèrent la défense du pays. Au cours de la bataille décisive qui eut lieu près de Quetzaltenango, le 12 février 1524, Alvarado et Tecún s'affrontèrent dans un combat à mort dont Alvarado sortit vainqueur. Les Quiché vaincus invitèrent alors Pedro de Alvarado à visiter leur capitale. Flairant le piège, Alvarado requit l'aide de ses alliés mexicains et des Cakchiquel, farouches opposants des Quiché. Ensemble, ils capturèrent tous les chefs quiché, les firent brûler vifs sur la place principale de K'umarcaaj et détruisirent la cité.

Les ruines occupent un beau site, ombragé par de grands arbres et entouré de profonds ravins. Les archéologues ont identifié une centaine de grandes structures, mais peu ont été restaurées. À l'entrée, le **musée** vous aidera à vous orienter. La plus haute structure qui entoure la place centrale, le Templo de Tohil (un dieu du Ciel), est noircie par la fumée et comporte une niche dans laquelle les chefs de prière contemporains déposent des offrandes aux dieux mayas.

En descendant la colline à droite de la place, on parvient à l'entrée d'un long tunnel nommé *cueva*. Selon la légende, les Quiché l'auraient creusé en prévision de l'arrivée d'Alvarado pour que leurs femmes et leurs enfants s'y réfugient ; plus tard, une princesse quiché aurait été enterrée dans un puits profond, près de ce tunnel. Considérée comme l'endroit où le royaume quiché s'est éteint, la *cueva* est sacrée pour les Mayas des Hautes Terres qui viennent y prier, brûler des cierges, faire des offrandes et sacrifier des poulets.

S'il y a quelqu'un à l'entrée, demandez l'autorisation avant de pénétrer dans la *cueva*. À l'intérieur, le long tunnel (une centaine de mètres) est noirci par la fumée d'encens et jonché de bougies et de pétales de fleurs. Utilisez votre lampe de poche et soyez vigilant : le tunnel comporte plusieurs couloirs latéraux dont l'un au moins, à droite près du fond, contient un puits sombre et profond.

Les microbus gris "Ruinas" partent pour K'umarcaaj devant la cathédrale, à Santa Cruz, toutes les 20 minutes (1 Q). Le dernier revient à 18h50.

Où se loger et se restaurer

Les hôtels sont concentrés sur la 1a Av (Zona 5) au nord de la gare routière, avec au moins cinq hôtels sur deux pâtés de maisons, et deux autres de chaque côté de la 9a Calle.

Posada Santa Cecilia (☎ 5332-8811 ; angle 1a Av et 6a Calle ; s/d 75/170 Q). Commodément situé au-dessus d'un vendeur d'expressos un peu au sud de la place principale, cet établissement moderne loue une poignée de chambres claires et agréables dotées de lits confortables et de jolies couvertures.

Hotel Rey K'iche (☎ 7755-0827 ; 8a Calle 0-39, Zona 5 ; s/d 100/180 Q ; 🖳). Entre la gare routière et la place, un excellent hôtel offrant des chambres bien tenues dans un cadre calme, géré par d'aimables Indiennes. L'eau potable est gratuite et le café du bas sert le petit-déjeuner et le dîner.

El Sitio Hotel (☎ 7755-3656 ; elsitiohotel@gmail. com ; 9a Calle 0-41, Zona 5 ; s/d 150/250 Q ; 🅿 🛜). Structure récente aux airs d'église évangélique, à deux rues au nord de la gare routière. Cet hôtel efficace loue des chambres de classe

affaires rehaussées de touches décoratives typiques, et possède un café élégant.

De nombreuses grillades à petit prix sont proposées au marché.

Café San Miguel (☎ 7755-1488 ; 2 Av 4-42 ; sandwichs 12 Q ; 🕙 8h-20h). Face à la cathédrale, cette petite boulangerie-café est un lieu de rendez-vous populaire. Un bon café et des pâtisseries fraîches y sont proposés. Les gâteaux secs portent le nom de *tostadas* ; le *pan dormido* est du pain rassis.

Restaurant El Chalet (☎ 7755-0618 ; 2a Av 2-29, Zona 5 ; plats 49-60 Q ; 🕙 petit-déj, déj et dîner). Spécialité de grillades accompagnées de sauce maison. Les tortillas y sont généreuses et on dîne dans un agréable jardin sous une tonnelle. À quelques rues à l'est de la grande tour de l'horloge.

Depuis/vers Santa Cruz del Quiché

La ville est le point de départ des expéditions vers les régions reculées du nord du Quiché, qui s'étend jusqu'à la frontière mexicaine. Quelques départs de la gare routière, un terrain poussiéreux au niveau de la 1 Av et de la 10a Calle de la Zona 5 :

Chichicastenango (6 Q, 30 min, 19 km). Prenez n'importe quel bus en direction de Guatemala Ciudad. Sinon, des microbus partent fréquemment de l'angle sud-ouest de la place principale.

Guatemala Ciudad (30 Q, 3 heures, 163 km). Bus toutes les 15 min, de 3h à 17h.

Huehuetenango (25 Q, 2 heures, 173 km). Des microbus toutes les demi-heures de 6h à 17h30, via la nouvelle route Río Negro, à 22 km au nord.

Los Encuentros (15 Q, 1 heure, 36 km). Prenez n'importe quel bus en direction de Guatemala Ciudad.

Nebaj (25 Q, 2 heures, 75 km). Cinq bus via Sacapulas, entre 8h30 et 17h. Les microbus circulent de 5h30 à 20h.

Sacapulas (10 Q, 1 heure, 45 km). Prenez n'importe quel bus ou microbus en direction de Nebaj ou d'Uspantán.

Uspantán (25 Q, 2 heures 15, 75 km). Microbus toutes les 20 min de 6h30 à 20h.

SACAPULAS

À 45 km au nord de Santa Cruz del Quiché, au bout d'une bonne route goudronnée, Sacapulas occupe un site isolé au pied de la chaîne des Cuchumatanes, au bord du large Río Negro. Quand la rivière est basse, on peut se baigner à un endroit chauffé par des sources volcaniques. Au croisement des routes El Quiché–Nebaj et Huehuetenango–Cobán, la ville constitue une halte agréable, combinant animation et détente.

HAUTES TERRES

Le centre-ville est desservi par un pont métallique, sur une hauteur côté sud. La grande place est un joyau, avec ses deux fromagers géants qui se dressent devant une arcade jaune vif abritant le Banrural ; le Cajero 5B est de l'autre côté.

Sur la rive sud, vous trouverez l'accueillant **Comedor & Hospedaje Tujaal** (☎ 4383-7657 ; s/d 60/120 Q). Les chambres sont un peu lugubres, mais l'auberge est magnifiquement située, en surplomb de la rivière, que l'on entend couler depuis la terrasse. Prenez les chambres 1 ou 11. Le restaurant est correct. Sinon, optez pour le **Comedor Berta** (plats 20-30 Q), au milieu des boutiques côté nord, où des femmes en costumes traditionnels cuisent des tortillas sur les braises.

Les spectaculaires routes de montagne qui mènent à Huehuetenango, Uspantán et Nebaj sont toutes asphaltées. Des microbus les sillonnent en continu, de 5h30 à 18h environ, côté nord, et parfois une *camioneta* (pick-up) fait le trajet. Ils desservent Huehuetenango (20 Q, 2 heures 30), El Quiché (10 Q, 1 heure) et Nebaj (15 Q, 1 heure 30). Pour rejoindre Cobán, changez à Uspantán, mais lisez l'encadré ci-dessous avant d'envisager un trajet aussi périlleux.

USPANTÁN

3 500 habitants

Uspantán fut longtemps un point de jonction entre Huehuetenango et Cobán sur la 7W. Depuis le glissement de terrain qui a détruit la section est de la route, sans espoir de réparation (lire l'encadré ci-dessous), ce n'est plus le cas. Mais Uspantán est une ville sympathique, qui possède quelques sites d'intérêt, et le trajet en altitude par les Cuchumatanes est une raison suffisante de s'y rendre.

Fondée par les mayas uspanteko vers le VIᵉ siècle, elle fut d'abord surnommée Tz'unun Kaab' – le lieu des colibris. La répression sévère subie pendant le conflit armé des années 1980 influença le destin de la meneuse indienne Rigoberta Menchú (voir p. 33), qui grandit à 5 heures de marche dans les montagnes, dans le village de Laj Chimel. Certains habitants se demandent pourquoi elle n'est pas retournée dans son village natal. Les versants avoisinants sont couverts de cardamome et de cochons d'élevage, et l'extraction de gravier est l'activité prédominante.

L'utile **office du tourisme** (☎ 7951-8125 ; visitauspantan@gmail.com ; ☒ 8h-18h lun-ven), sur la place centrale, propose une gamme de circuits intéressants, notamment vers la forêt de nuages autour de Laj Chimel (140 Q/pers, 5 pers minimum), avec des guides qui racontent les atrocités de la guerre civile. Le centre cérémoniel maya de Cerro Xoqoneb', à une demi-heure à pied du centre-ville, fait l'objet d'une autre sortie (50 Q/pers).

Où se loger et se restaurer

Hotel La Villa Maya (☎ 5423-4493 ; 6a Calle 2-17 ; s/d 55/100 Q, sans sdb 25/50 Q ; ℗). Pension modeste de style motel à 4 rues de la place. Ses chambres

---

LA ROUTE DE TOUS LES DANGERS

Célèbre pour ses magnifiques panoramas, la route 7W était jusqu'à une période récente l'itinéraire le plus direct entre Huehuetenango et Cobán. Mais fin 2008, un pan de montagne s'est effondré sur la route à Cerro de los Chorros, et a démoli son extrémité est. Les autorités fédérales, invoquant la dangerosité du lieu, n'ont rien fait pour remettre en état les 2 km de route entre les villages de Chicamán et de San Cristóbal Veracruz, pourtant essentiels pour le commerce régional. Les habitants ont ainsi décidé de remédier eux-même à la situation de façon artisanale. La déviation construite à la hâte est considérée somme peu sûre et le gouvernement a fait placer des panneaux signalant le danger.

Les bus qui vont d'Uspantán à Cobán se fraient un chemin à travers les gravats, en dépit du danger. Après une section parsemée de rochers, la route semble s'arrêter au bord d'un précipice, puis descendre vertigineusement dans une vallée sous la forme d'une piste jalonnée de roches qui remonte ensuite, dans un état tout aussi ravagé, tandis que le chauffeur négocie des virages en épingle à cheveux et que les passagers prient pour que le bus ne dérape pas dans la boue. Les conditions empirent quand il pleut : les conducteurs les plus intrépides refusent de s'y aventurer, et les voyageurs doivent parcourir à pied les 2 km dans la boue pour poursuivre leur voyage. N'hésitez pas à faire un détour par Guatemala Ciudad, vous perdez quatre heures, mais vous y gagnez en sérénité.

propres s'alignent derrière une rangée de piliers jaune vif ornés de motifs mayas.

Hotel Posada Doña Leonor (☎ 7951-8041 ; 6a Calle 4-25 ; s/d/tr 75/130/165 Q ; P 🛜). Établissement bien entretenu à 2 rues à l'est de la place, louant 21 chambres disposées autour d'une cour dotée d'une cabane-cuisine pour le petit-déjeuner et le dîner. Lits fermes et grandes sdb avec douches brûlantes.

Kape San José (7 Av 4-33, Zona 2 ; plats 25-40 Q ; 🕑 petit-déj, déj et dîner). Cette hutte tropicale à 3 rues à l'est de la place fait le bonheur des carnivores. La *parrillada* (grillades diverses, 60 Q) est imbattable. Le soir, des événements sportifs sont projetés sur grand écran.

Restaurant Al Ast (6a Av 7-50 ; plats 30-40 Q ; 🕑 7h30-21h). Restaurant sans prétention, proposant de la cuisine catalane. *Fidevada* (sorte de paella) et saucisse *butifarra* aux haricots verts.

Depuis/vers Uspantán

Des microbus pour Quiché (25 Q, 2 heures 15), via Sacapulas, partent une fois pleins devant la scène de la place, jusqu'à 18h15 ; des *chicken bus* partent à 3h et 7h. Pour Cobán (30 Q, 3 heures 15), 2 microbus partent toutes les heures entre 3h30 et 6h, puis toutes les heures jusqu'à 15h30, mais voyez l'encadré ci-contre. Un microbus direct pour Nebaj (en provenance de Cobán) part à 16h. Sinon prenez un microbus pour Sacapulas et changez à l'*entronque de Nebaj* (embranchement de Nebaj), 8 km avant Sacapulas.

NEBAJ

35 900 habitants / altitude 2 000 m

Niché dans un repli lointain des Cuchumatanes au nord de Sacapulas, le triangle d'Ixil est une région de 2 300 km² englobant les villes de Santa María Nebaj, San Juan Cotzal et San Gaspar Chajul, ainsi que des dizaines de villages et hameaux isolés. Les habitants mayas ixil, qui ont souffert peut-être plus que quiconque de la guerre civile, restent très attachés à leurs traditions et parlent la langue ixil. Les femmes de Nebaj sont célèbres pour leurs magnifiques tresses ornées de pompons violets, verts et jaunes, ainsi que pour leurs *huipiles* et *rebozos* (châles), aux nombreux motifs d'oiseaux et d'animaux.

Vivre dans ces magnifiques montagnes est depuis toujours à la fois une bénédiction et une malédiction. Les envahisseurs espagnols eurent grand mal à les conquérir,

et exterminèrent les habitants. Pendant la guerre civile, massacres et disparitions étaient monnaie courante, et plus d'une vingtaine de villages furent détruits. Selon les estimations de groupes religieux et d'organisations de défense des droits de l'homme, quelque 25 000 habitants d'Ixil (sur 85 000) furent tués ou déplacés par l'armée entre 1978 et 1983 dans le cadre d'une campagne génocidaire visant à éradiquer la guérilla. Certains habitants vous raconteront peut-être des expériences terrifiantes qu'ils ont vécues.

La population du triangle d'Ixil tente désespérément de se bâtir un avenir avec l'aide d'organismes d'aide au développement et d'ONG, dont vous rencontrerez sûrement des membres pendant votre visite.

Orientation et renseignements

Nebaj s'étend au fond d'une cuvette entourée de montagnes verdoyantes. À une rue à l'est du Parque Principal se tient le marché (le dimanche est le jour le plus animé), et la gare routière se trouve un peu en contrebas. La Calz 15 de Septiembre part du parc vers le nord-est et devient la route de Cotzal et de Chajul.

L'**office du tourisme** (☎ 7755-8182 ; 🕑 8h-17h lun-sam, 8h-12h dim), dans le Mercado de Artesanías (voir p. 160), répond à toutes les questions posées en espagnol.

Banrural (🕑 8h30-17h lun-ven, 7h-13h sam), dans le Parque Principal, change les chèques de voyage ; le Cajero 5B est dans l'hôtel de ville, en face du parc. La **poste** (5a Av 4-37) est installée à une rue au nord-ouest du parc. **La Red**, dans le Restaurante El Descanso, propose un accès Internet. Essayez sinon **System-IC** (Calz 15 de Septiembre ; 🕑 8h-20h).

À voir

La formidable **Iglesia de Nebaj** domine le sud du parc. À l'intérieur, à gauche de l'entrée, se dresse un mémorial à Juan José Gerardi, prêtre progressiste qui, lorsqu'il était évêque de Quiché, fut le témoin de nombreuses violations des droits humains. Il fut assassiné peu de temps après avoir divulgué un rapport sur ces atrocités. Ce meurtre est le sujet d'un livre de Francisco Goldman, *The Art of Political Murder*. Plusieurs centaines de croix autour du monument commémorent les habitants de Nebaj assassinés pendant un massacre au début des années 1980.

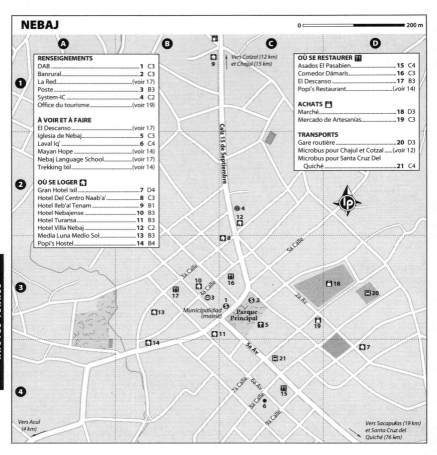

NEBAJ

0 ———— 200 m

RENSEIGNEMENTS
DAB...**1** C3
Banrural.....................................**2** C3
La Red.....................................(voir 17)
Poste...**3** B3
System-IC...................................**4** C2
Office du tourisme...................(voir 19)

À VOIR ET À FAIRE
El Descanso.............................(voir 17)
Iglesia de Nebaj.........................**5** C3
Laval Iq'.....................................**6** C4
Mayan Hope............................(voir 14)
Nebaj Language School...........(voir 17)
Trekking Ixil...........................(voir 14)

OÙ SE LOGER
Gran Hotel Ixil...........................**7** D4
Hotel Del Centro Naab'a'............**8** C3
Hotel Ileb'al Tenam.....................**9** B1
Hotel Nebajense........................**10** B3
Hotel Turansa...........................**11** B3
Hotel Villa Nebaj.......................**12** C2
Media Luna Medio Sol...............**13** B3
Popi's Hostel............................**14** B4

OÙ SE RESTAURER
Asados El Pasabien....................**15** C4
Comedor Dámaris......................**16** C3
El Descanso..............................**17** B3
Popi's Restaurant...................(voir 14)

ACHATS
Marché....................................**18** D3
Mercado de Artesanías..............**19** C3

TRANSPORTS
Gare routière...........................**20** D3
Microbus pour Chajul et Cotzal.....(voir 12)
Microbus pour Santa Cruz Del
Quiché....................................**21** C4

Vers Cotzal (12 km)
et Chajul (15 km)

Calz 15 de Septiembre

5a Calle
2a AV
3a Calle
5a Calle
7a Calle
6a AV
8a Calle
9a Calle
5a AV

Municipalidad
(mairie)

Parque
Principal

Vers Acul
(4 km)

Vers Sacapulas (19 km)
et Santa Cruz del
Quiché (76 km)

HAUTES TERRES

À faire
RANDONNÉE

Le projet humanitaire **El Descanso** (☎ 5311-9100; 3a Calle, Zona 1) abrite un centre de renseignements utile et prépare des expressos. Il propose des randonnées, des cours, des projets et une foule d'activités. Le département randonnée de l'organisation, **Guías Ixil**, organise des excursions d'une demi-journée à **Las Cataratas** (75 Q/pers plus 25 Q pour chaque personne supplémentaire), des cascades au nord de la ville, ou en ville pour découvrir les **sites sacrés** des *costumbristas* (qui pratiquent des rites mayas non chrétiens). Des randonnées de 3 jours sont organisées dans les Cuchumatanes jusqu'à Todos Santos Cuchumatán (voir p. 185).

Las Cataratas est facilement accessible. Parcourez à pied 1,5 km en continuant après l'Hotel Ilebal Tenam sur la route de Chajul jusqu'à un pont enjambant une petite rivière. Juste avant le pont, prenez à gauche (au nord) sur une route de gravier et suivez la rivière. En longeant la rivière pendant une 1 heure (6 km aller simple), vous passerez devant de nombreuses petites cascades avant d'atteindre une chute plus importante de 25 m de haut.

Le groupe **Laval Iq'** (☎ 7755-8337; www.regionixil. com; angle 6a Av et 8a Calle) est formé d'anciens combattants de la guerre civile appartenant à 19 communautés ixil. Non seulement ces guides connaissent les sentiers mieux que quiconque, mais ils ont aussi beaucoup d'histoires à raconter sur la région. Laval Iq' a imaginé des randonnées de 2 à 4 jours dans 7 secteurs différents de la région d'Ixil, qui empruntent de vieux sentiers de montagne menant à des villages indiens. La Ruta Vi' Cruz passe par Chajul, avant de continuer vers l'est via d'anciens camps de guérilleros près de Tzitze et de gravir le Cerro Vi' Cruz où l'on peut voir les vestiges d'un hélicoptère abattu par les guérilleros. Une autre randonnée, la Ruta Wukup Noj, part de Nuevo Amak'txe'l, à 54 km au nord de Chajul, et explore les forêts de nuages voisines où l'on voit parfois des quetzals. La Ruta Markao, sur 2 jours, visite Cocop, à 4 km à l'est de Nebaj, un des villages les plus durement frappés par la guerre civile. Les randonnées de 2/3/4 jours coûtent 700/1 130/1 580 Q par pers, transport, repas et logement compris, dans des *posadas comunitarias* – gîtes tenus par des Indiens avec lits de bois, eau potable et toilettes.

Trekking Ixil (☎ 7756-0159), au Popi's Restaurant (voir p. 160), propose le même genre de randonnée de 2-3 jours jusqu'à divers villages de la région.

Si vous préférez marcher seul, emportez un exemplaire du *Guía de Senderismo Región Ixil* (50 Q), qui comporte des descriptions et des cartes détaillées (en espagnol) de 20 randonnées dans la région d'Ixil, et organisez vos repas et votre hébergement en arrivant dans les villages. Ce guide est vendu à l'office du tourisme du Mercado de Artesanías (voir p. 160). Des *posadas comunitarias* sont installées à Xexocom, Chortiz et Parramos Grande, à l'ouest de Nebaj, accessibles dans le cadre d'une excursion de 4 jours.

BÉNÉVOLAT

Mayan Hope (☎ 7756-0159 ; www.mayanhope.org), une ONG américaine qui aide les étudiants handicapés, a recours à des volontaires pour seconder les enseignants, encadrer les éco-visites et servir de consultants agricoles. Elle est associée au Popi's Hostel et au restaurant du même nom (voir p. 159 et p. 160).

Cours

Nebaj Language School (☎ 5311-9100 ; www.nebaj.com/nebajlanguageschool.html ; El Descanso Bldg, 3a Calle, Zona 1) facture 600 Q les 20 heures/semaine de cours particuliers d'espagnol, avec randonnées et activités culturelles. Le séjour chez l'habitant, avec 2 repas/jour, revient à 500 Q/semaine. L'école apprend aussi à préparer des plats régionaux, comme les *boxboles* (beignets de maïs dans des feuilles de courge, accompagnés de sauce aux arachides relevée) moyennant 50 Q/heure.

Fêtes et festivals

Le **festival** annuel de Nebaj, qui coïncide avec l'Assomption, dure 10 jours à la mi-août.

Où se loger

Hotel Nebajense (angle 5a Av et 4a Calle ; ch 25 Q/pers). Rudimentaire mais convivial. Des chambres éclairées au néon abritent 2 à 5 lits inconfortables, mais tout est propre et le patio ensoleillé est un lieu de vie familial. Accès à une cuisine commune.

Popi's Hostel (☎ 7756-0159 ; 5a Calle 6-74 ; dort 30 Q). Café-boulangerie couru proposant 2 dortoirs sommaires de 6 lits, avec sdb. Choisissez soigneusement votre lit – certains sont très affaissés. Les bénéfices sont reversés à Mayan Hope (voir ci-contre).

Media Luna Medio Sol (☎ 5749-7450 ; www.nebaj.com/hostel.htm ; 3a Calle 6-15 ; dort 35 Q, ch 45 Q/pers ; 🛜). On accède à cette auberge de jeunesse par un passage situé à côté d'une boutique. À l'étage, 3 dortoirs de 6 lits et une chambre privée partagent douches et toilettes. Table de ping-pong, sauna et cuisine.

❏ Hotel Ileb'al Tenam (☎ 7755-8039 ; Calz 15 de Septiembre ; s/d 55/95 Q, sans sdb 30/555 Q ; Ⓟ). Hôtel accueillant au nord de la ville (à 500 m du parc) comportant deux parties : une longue maison en bois abritant des chambres sobres le long d'une véranda, et, à l'arrière, une annexe composée de chambres plus modernes entourant un patio tranquille.

Gran Hotel Ixil (☎ 7756-0036 ; angle 2a Av et 9a Calle ; s/d 60/100 Q ; Ⓟ). Des chambres disposées autour d'une cour arborée, parfaites pour les hamacs. Celles du haut, plus vastes, arborent de jolies poutres. Le service à l'église évangélique voisine peut atteindre des volumes impressionnants.

Hotel Del Centro Naab'a' (☎ 4145-6243 ; 3a Calle 3-18 ; s/d 65/130 Q ; Ⓟ). Bien géré et propre, un hôtel qui a fait l'impasse sur la déco, aux carrelages étincelants et doté de bons lits fermes.

Hotel Turansa (☎ 4144-7609 ; angle 5a Calle et 6a Av ; s/d à partir de 67/130 Q ; Ⓟ). Une adresse chaleureuse et centrale, dotée de chambres de bonne taille et de balcons verdoyants. Les triples du haut donnent sur une terrasse ensoleillée.

Hotel Villa Nebaj (☎ 7756-0005 ; Calz 15 de Septiembre 2-37 ; s/d 175/250 Q, avec sdb 85/150 Q ;

HAUTES TERRES

(P)). L'hôtel le plus chic de Nebaj est plutôt avantageux. Cours carrelées agrémentées de fontaines, et jolies chambres confortables.

Où se restaurer

Popi's Restaurant (☎ 7756-0159 ; 5a Calle 6-74 ; plats 22-40 Q ; 🕑 petit-déj, déj et dîner). Auberge-boulangerie modeste préparant du pain et des tartes, ainsi que des plats plutôt caloriques. Le copieux petit-déjeuner comprend des omelettes de 3 œufs, du muesli et des burritos. Le grand Popi est une mine de renseignements.

Comedor Dámaris (4a Calle ; repas 30 Q ; 🕑 déj et dîner). Exemple de menu : un savoureux *caldo de res* (sorte de pot-au-feu), un demi-avocat, des tortillas et une boisson.

El Descanso (3a Calle, Zona 1 ; plats 30-50 Q ; 🕑 petit-déj, déj et dîner). Restaurant douillet partageant les lieux avec la Nebaj Language School, pourvu d'un bar et de salons. Bonne musique et jeux de société dans l'ambiance la plus alternative de Nebaj. Grand choix d'en-cas, de salades et de soupes.

Asados El Pasabien (angle 5a Av et 9a Calle ; plats 30-40 Q ; 🕑 déj et dîner). Steaks, poulet et crevettes astucieusement grillés et servis avec de copieuses portions de pommes de terre et de la salade, dans un restaurant prisé des habitants.

Achats

Vous trouverez des textiles locaux au **Mercado de Artesanías** (marché d'artisanat ; angle 7a Calle et 2a Av, Zona 1 ; 🕑 9h-17h lun-sam, 9h-12h dim). Les nombreux étals proposent de beaux *rebozos*, *cintas* (tresses à pompons des femmes ixil) et des *huipiles*, entre 300 Q et 5 000 Q selon la qualité.

Depuis/vers Nebaj

Des microbus à destination de Santa Cruz del Quiché, via Sacapulas, partent toutes les demi-heures de 4h à 17h (25 Q, 2 heures) derrière l'église à l'angle des 5a Av et 7a Calle. Pour vous rendre vers l'ouest à Huehuetenango ou vers l'est à Cobán, changez à Sacapulas (p. 155). Des microbus pour Cobán partent à 5h et 12h de la station-service de Quetzal sur 15 de Septiembre, mais lisez l'encadré p. 156. Un bus partant à minuit dessert Guatemala Ciudad (55 Q, 5 heures 30) via Chichicastenango, au départ de la principale gare routière, derrière le marché.

ENVIRONS DE NEBAJ
Chajul
15 300 habitants

Une bonne route asphaltée sinue au nord-est sur des versants plantés de pins jusqu'à Chajul, village traditionnel très pauvre, où perdurent des coutumes plusieurs fois centenaires. Les femmes cheminent bras dessus bras dessous, vêtues de *cortes* (jupes) bordeaux, de boucles d'oreilles en pièces d'argent et de *huipiles* tissés d'un bleu ou violet vif aux motifs géométriques. Sur les routes de terre, des structures en adobe, aux toits d'ardoise et aux piliers de bois, ponctuent des lopins de maïs et de courges. Marché le mardi et le vendredi.

Le petit **Museo Maya Ixil** (🕑 6h30-17h30) expose des objets et des bijoux locaux, ainsi que des témoignages de la résistance de Chajul pendant le conflit armé des années 1980.

Limitless Horizons Ixil (☎ 5763-8030 ; www.limitlesshorizonsixil.org), une ONG basée à Chajul, s'efforce de scolariser les enfants, propose des visites et des repas dans les familles, des randonnées guidées vers des sites mayas sacrés, des cours de tissage et de langue ixil, ainsi que d'autres activités passionnantes. LHI accepte les bénévoles.

Parmi la poignée d'hôtels citons le sommaire **Hotel San Gaspar** (☎ 5230-6468 ; s/d 75/120 Q), à deux rues en contrebas de l'église. Gérée par de sympathiques habitants, la **Posada Vetz K'aol** (☎ 5784-8802 ; posada@asociacionchajulense.org ; ch avec/sans sdb 80/66 Q/pers) loue 5 chambres, dont une avec sdb privative, et possède un salon avec cheminée. Située à 10 minutes à pied du centre de Chajul, au bout d'un petit sentier partant de la route de Nebaj, elle est tenue par une coopérative locale qui propose des visites de la région d'une demi-journée pour 50 Q/personne.

Des microbus pour Chajul (7 Q, 45 min) partent toutes les 20 minutes jusqu'à 19h30 devant l'Hotel Villa Nebaj, sur la Calz 15 de Septiembre à Nebaj.

Acul

Acul, à 4 km à l'ouest de Nebaj, fut le premier *polo de desarrollo* (pôle de développement) en 1983. "Hameaux stratégiques," ces villages furent fondés pour permettre à l'armée d'empêcher les habitants d'avoir des contacts avec les guérilleros. Après la guerre civile, certaines personnes retournèrent chez elles, mais d'autres restèrent car elles avaient reçu des lopins de terre. À cheval sur la bucolique vallée du Río Acul, le village a gardé son allure fonctionnelle avec ses boutiques et ses salles de prière évangéliques bordant une vaste route de terre. Aujourd'hui, les principales activités sont le tissage, l'élevage et la fabrication des métiers à tisser.

Légèrement au nord d'Acul, deux fermes se consacrent à la fabrication du fromage. Elles furent fondées par les frères Azzaris, fromagers des Alpes italiennes arrivés dans les années 1930. Le frère aîné, José, devint un célèbre lutteur et mourut sur le ring.

Ces fermes proposent un excellent hébergement. La première, l'**Hacienda Mil Amores** (☎ 5704-4817 ; ch 183 Q/pers), compte quatre bungalows champêtres et propose un magnifique déjeuner (55 Q, sur réservation). Juste en face, la plus humble **Hacienda San Antonio** (☎ 5702-1907 ; ch 153 Q/pers) loue une demi-douzaine de chambres propres et parquetées, certaines avec sdb pourvue d'eau chaude, et prépare des repas (45 Q). Des microbus sillonnent la route asphaltée entre Nebaj et Acul toutes les demi-heures, mais on peut aussi gagner Acul à pied avec Guías Ixil (p. 158) ou Trekking Ixil (p. 159) et revenir en bus.

HAUTES TERRES OCCIDENTALES

Les départements montagneux de Quetzaltenango, de Totonicapán et de Huehuetenango sont généralement moins touristiques que les régions avoisinant Guatemala Ciudad. Leurs paysages extraordinaires et une culture indienne très vivante font de cette région un lieu toujours fascinant à visiter. Parmi ses principaux attraits, citons : Quetzaltenango, la deuxième ville du Guatemala, où se développent les écoles de langue et le bénévolat ; la jolie bourgade voisine de Zunil et ses sources chaudes volcaniques ; l'ascension des volcans à proximité de Quetzaltenango ; et le village de Todos Santos Cuchumatán, enclavé dans la montagne au nord de Huehuetenango, attaché à sa culture ancestrale et entouré de parcours de randonnée.

CUATRO CAMINOS

À l'ouest de Los Encuentros, l'Interamericana grimpe dans la montagne, révélant à chaque tournant un paysage toujours plus spectaculaire. Elle atteint son point culminant (3 670 m) après le village de Nahualá, à 42 km de Los Encuentros, puis parvient au grand carrefour de Cuatro Caminos (quatre chemins), 17 km plus loin. Vous le reconnaîtrez aux nombreux bus garés et aux innombrables passagers attendant leur correspondance. La route en direction du sud-ouest mène à Quetzaltenango (15 km) et celle de l'est à Totonicapán (12 km). L'Interamericana continue vers le nord jusqu'à Huehuetenango (77 km) et La Mesilla, à la frontière mexicaine (154 km).

QUETZALTENANGO
150 700 habitants / altitude 2 367 m
Ni trop grande ni trop petite, juste assez touristique pour remplir ses hôtels et restaurants, mais pas au point de perdre son authenticité : Quetzaltenango, pourrait bien être à la ville guatémaltèque idéale. Dans le centre-ville, l'architecture transmise par les Allemands, qui ont occupé la région après le départ des Espagnols, confère à l'endroit une ambiance sombre, à la limite du gothique.

Quetzaltenango, ou Xela ("shé-la", abréviation de Xelajú, son nom quiché), est une grande ville, mais, comparée à d'autres au Guatemala, elle est ordonnée, propre et sûre. Les voyageurs qui s'y rendent sont généralement motivés : ils apprennent l'espagnol, puis s'engagent ensuite dans un des nombreux projets de bénévolat proposés.

Xela est aussi une base pour toute une gamme de randonnées spectaculaires dans la région – comme l'ascension du Volcán Tajumulco (point culminant d'Amérique centrale) et la randonnée de 3 jours à Lago de Atitlán.

Histoire
Quetzaltenango passa sous la domination des Mayas quiché de K'umarcaaj au cours du XIVᵉ siècle, lorsqu'ils entamèrent leur formidable expansion. Jusque-là, la ville appartenait aux Mayas mam. C'est aux environs de Xela que le chef quiché Tecún Umán fut vaincu et tué par le conquistador Pedro de Alvarado en 1524.

À la fin du XIXᵉ siècle, lorsque le boom du café apporta la prospérité à Quetzaltenango, les négociants ouvrirent des entrepôts où les planteurs venaient s'approvisionner. Cette époque florissante fut brutalement interrompue en 1902 par un tremblement de terre et l'éruption du Santa María, qui détruisirent en grande partie la ville. Toutefois, sa situation, au carrefour des routes menant vers la côte Pacifique, le Mexique et Guatemala Ciudad, lui a permis de conserver une certaine importance et Xela est de nouveau un centre commerçant animé.

Orientation

Tout en longueur, le Parque Centro América, ombragé de vieux arbres, orné de monuments néoclassiques et bordé de bâtiments officiels, marque le cœur de Xela. Autour de lui rayonnent la plupart des hôtels.

La principale gare routière, le Terminal Minerva, se situe dans les faubourgs ouest, à côté de l'un des principaux marchés de la ville.

Renseignements

ACCÈS INTERNET

Il n'en coûte que 5 à 6 Q pour accéder à Internet. Voyez la publication *XelaWho* pour dénicher le Wi-Fi.

Café Digital (carte p. 163 ; Diagonal 9 19-77A, Zona 1)
Café El Guru (carte p. 164 ; 6a Calle 14-55, Zona 1)
Guate Linda (carte p. 164 ; 12a Calle 3-12, Zona 1)
Xela Pages (carte p. 163 ; 4 Calle 19-48, Zona 1)

AGENCES DE VOYAGES

Adrenalina Tours (carte p. 164 ; ☎ 7761-4509 ; www.adrenalinatours.com ; 13a Av, Zona 1, dans le Pasaje Enríquez). Vols et formules pour toutes les destinations du pays (et du monde). Possède sa propre flotte de bus pour les trajets interurbains.
Altiplano's Tour Operator (carte p. 164 ; ☎ 7766-9614 ; www.altiplanos.com.gt ; 12a Av 3-35, Zona 1). Randonnées, expéditions, consigne, location de vélos et réservation d'hôtels.
Diversity Tours (carte p. 164 ; ☎ /fax 7761-2545 ; www.diversitytours.com.gt ; 15a Av 3-86, Zona 1). Vols réduits pour étudiants et vols internationaux, et guides certifiés Inguat pour les circuits dans la région.
Ícaro Tours (carte p. 164 ; ☎ 7765-8205 ; www.icarotours.com ; 15a Av 6-75, Zona 1)

ARGENT

C'est au Parque Centro América que sont concentrées les banques. **Banco Industrial** (carte p. 164 ; ☻ 9h-18h30 lun-ven, 9h-13h sam) a des filiales côté nord et est de la place. Les deux changent les chèques de voyage et avancent des espèces sur présentation de la carte Visa. La seconde, dans le bâtiment de la *municipalidad*, possède

un DAB du réseau Plus. Un Cajero 5B est installé dans l'Edificio Rivera, un peu au nord de la Muni.

LAVERIES

Comptez 5 Q pour laver et sécher 1 kg de linge.
Lavandería Mini-Max (carte p. 164 ; 14a Av C47 ; ☻ 7h30-19h30 lun-sam)
Rapi-Servicio Laundromat (carte p. 164 ; 7a Calle 13-25A, Zona 1 ; ☻ 8h-18h30 lun-sam)

LIBRAIRIES

North & South (carte p. 164 ; 8a Calle et 15a Av 13-77. Zona 1). Grand choix de titres sur l'Amérique latine, la politique, la poésie et l'histoire. De nombreux guides neufs et d'occasion, et des manuels d'espagnol.
Vrisa Books (carte p. 164 ; 15a Av 3-64). Excellente gamme de livres d'occasion en différentes langues, notamment des guides Lonely Planet, et une bibliothèque (20 Q/livre/semaine).

MÉDIAS

Ces publications en anglais sont proposées gratuitement dans les bars, les restaurants et les cafés de la ville.
EntreMundos (www.entremundos.org). Bimestriel produit par l'organisation du même nom installée à Xela. Une foule d'informations sur les initiatives locales et humanitaires dans la région.
XelaWho (www.xelawho.com). Autoproclamé "Premier magazine de la vie culturelle et nocturne de Quetzaltenango", ce mensuel recense les événements culturels de la ville.

OFFICES DU TOURISME

Inguat (carte p. 164 ; ☎ /fax 7761-4931 ; ☻ 9h-17h lun-ven, 9h-13h sam), au sud du Parque Centro América, peut s'avérer très pratique ou totalement inutile selon le personnel présent.

De nombreuses cartes touristiques circulent ; vous les trouverez dans les cybercafés, les écoles de langues et les hôtels. Elles accompagnent principalement des publicités, mais les meilleures, comme *Xelamap*, comportent de nombreuses informations utiles, notamment un calendrier des événements, des possibilités de randonnée et les tarifs des bus.

POSTE

Poste principale (carte p. 164 ; Calz Sinforoso Aguilar 15-07, Zona 1)

SERVICES MÉDICAUX

Les deux hôpitaux suivants ont un service d'urgences ouvert 24h/24.

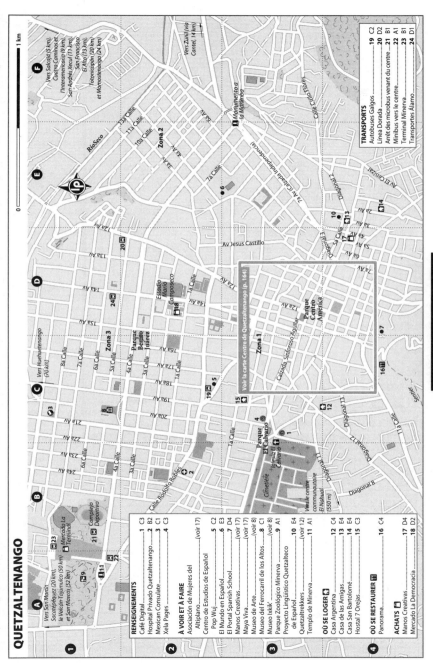

QUETZALTENANGO

HAUTES TERRES

RENSEIGNEMENTS
Café Digital **1** C3
Hospital Privado Quetzaltenango **2** B2
Mexican Consulate **3** C1
Xela Pages **4** C3

À VOIR ET À FAIRE
Asociación de Mujeres del
    Altiplano .... (voir 17)
Centro de Estudios de Español
    Pop Wuj **5** C2
El Mundo en Español **6** E3
El Portal Spanish School **7** D4
Manos Creativas .... (voir 17)
Maya Viva .... (voir 17)
Museo de Arte .... (voir 8)
Museo del Ferrocarril de los Altos **8** C1
Museo Ixkik' .... (voir 8)
Parque Zoológico Minerva **9** A1
Proyecto Lingüístico Quetzalteco
    de Español **10** E4
Quetzaltrekkers .... (voir 12)
Templo de Minerva **11** A1

OÙ SE LOGER 🏠
Casa Argentina **12** C4
Casa de las Amigas **13** E4
Casa San Bartolomé **14** E4
Hostal 7 Orejas **15** C3

OÙ SE RESTAURER 🍴
Panorama **16** C4

ACHATS 🛍
Manos Creativas **17** D4
Mercado La Democracia **18** D2

TRANSPORTS
Autobuses Galgos **19** C2
Línea Dorada **20** D2
Arrêt des microbus venant du centre .. **21** B1
Minibus vers le centre **22** A1
Terminal Minerva **23** B1
Transportes Álamo **24** D1

Hospital Privado Quetzaltenango (carte p. 163 ; ☎ 7761-4381 ; Calle Rodolfo Robles 23-51). Dispose parfois d'un médecin parlant anglais.
Hospital San Rafael (carte p. 164 ; ☎ 7761-4414 ; 9a Calle 10-41, Zona 1)

SITE INTERNET
Xela Pages (www.xelapages.com). Mine de renseignements sur Xela et les sites d'intérêt alentour, et un forum de discussion utile.

TÉLÉPHONE
Vous pouvez utiliser votre compte Skype dans tous les cybercafés cités à la rubrique *Accès Internet*. Quatre téléphones à carte sont installés devant **Telgua** (carte p. 164 ; Calz Sinforoso Aguilar).

URGENCES
Asistur (assistance touristique ; ☎ 4149-1104)
Bomberos (pompiers ; ☎ 7761-2002)
Cruz Roja (Croix-Rouge ; ☎ 7761-2746)
Policía Municipal (☎ 7761-5805)
Policía Nacional (☎ 7765-4990)

À voir
PARQUE CENTRO AMÉRICA
La plupart des curiosités de Xela sont concentrées autour de la grande place centrale, le **Parque Centro América**. La version originale, conçue par l'architecte italien Alberto Porta dans les années 1800, comprend deux parcs séparés ; ils furent rassemblés dans les années 1930. Le plus remarquable des monuments qui le jalonnent est le **Templo**

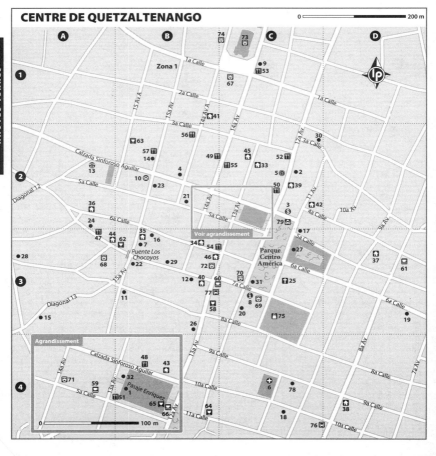

CENTRE DE QUETZALTENANGO

Abesta, une rotonde de colonnes ioniennes près de l'extrémité nord, autour d'un pilier dédié à Justo Rufino Barrios, le président du XIXᵉ siècle dont les "réformes" transférèrent la propriété de la terre des paysans mayas aux grands exploitants de café. À l'extrémité sud, la Casa de Cultura abrite le **Museo de Historia Natural** (carte p. 164 ; ☎ 7761-6427 ; 7a Calle ; 6 Q ; ◷ 8h-12h et 14h-18h lun-ven, 9h-17h sam et dim). Le musée compte un assortiment d'objets artisanaux mayas, des photos d'époque, des feuilles séchées, de vieilles pièces, des marimbas, des trophées sportifs, des animaux empaillés, le tout dans des vitrines évoquant les sorties scolaires d'antan.

La façade blanche étincelante de l'**Iglesia del Espíritu Santo** est le seul vestige de la construction originale de 1535, pulvérisée par les séismes de 1853 et de 1902. La **cathédrale métropolitaine** moderne, derrière, fut achevée dans les années 1990.

La **municipalidad** (hôtel de ville ; carte p. 164), au nord-est du parc, fut reconstruite après le séisme de 1902 dans le style néoclassique grandiose. À l'intérieur, on peut admirer une mosaïque fleurie représentant le sceau de la ville. Autre structure néoclassique au nord, l'**Edificio Rivera** a été magnifiquement rénové (fast-food compris).

À l'ouest du parc, entre les 4a et 5a Calles, le **Pasaje Enríquez**, imposante arcade conçue au départ pour abriter des boutiques élégantes, accueille à la place des agences de voyages, des écoles de langues, des cafés et un grand bar.

AUTRES CURIOSITÉS

À 2 km au nord-ouest du Parque Centro América, près du Terminal Minerva, le **Parque Zoológico Minerva** (carte p. 163 ; ☎ 7763-5637 ; Av Las Américas 0-50, Zona 3 ; ◷ 9h-17h mar-dim) abrite des singes, des coyotes, des mouflons à manchettes et quelques manèges pour les enfants. À l'extérieur du zoo, sur un îlot au centre de la 4a Calle, se dresse le **Templo de Minerva** (carte p. 163). Ce bâtiment de style néoclassique fut construit par le dictateur

HAUTES TERRES

Estrada Cabrera en l'honneur de la déesse romaine de la Sagesse afin d'inciter les Guatémaltèques à s'élever vers de nouvelles sphères du savoir.

La gare ferroviaire de Quetzaltenango, à 1 km à l'est du Templo de Minerva sur la 4a Calle, est restée en friche pendant des années avant d'être convertie en **Centro Intercultural de Quetzaltenango**, comprenant des écoles d'art et de danse et trois bons musées. Le **Museo Ixkik'** (carte p. 163 ; ☎ 7761-6472 ; 4a Calle et 19 Av, Zona 3 ; 25 Q ; 9h-13h et 15h-18h) est consacré au tissage et aux costumes traditionnels mayas. Le **Museo de Arte** (carte p. 163 ; 4a Calle et 19 Av, Zona 3 ; 8h-12h et 14h-18h) renferme 200 peintures des plus éminents modernistes guatémaltèques, comme Efraín Recinos, Juan Antonio Franco et l'artiste paysagiste José Luis Álvarez. Et le **Museo del Ferrocarril de los Altos** (carte p. 163 ; 6 Q ; 8h-12h et 14h-18h) raconte le projet ferroviaire ambitieux qui relia Quetzaltenango à la côte Pacifique mais ne fonctionna que trois ans, de 1930 à 1933.

À faire

ASCENSION DES VOLCANS ET TREKS

De Xela, on peut effectuer quantité de belles randonnées et ascensions. Point culminant d'Amérique centrale, le **volcan Tajumulco** (4 220 m), à 50 km au nord-ouest, est une expédition sportive qui peut s'effectuer en une longue journée ou en deux jours avec bivouac sur le volcan. Comptez 5 heures de marche du point de départ, Tuhichan (2 heures 30 en bus de Xela).

En partant de bonne heure, il est possible de gravir en une matinée le **Volcán Santa María** (3 772 m), se dressant au sud de la ville, et le très actif **Santiaguito** (2 488 m), au sud-ouest de Santa María, depuis Xela, mais ce parcours ardu et glissant n'est recommandé qu'aux randonneurs chevronnés. L'excursion débute au village de Llanos del Pinal, à 5 km au sud de Xela (5 Q en bus), d'où il faut 4-5 heures pour atteindre le sommet de Santa María. Il est dangereux de s'approcher trop près du Santiaguito, les randonneurs se contentent généralement de l'observer d'un point situé à 1 heure 30 de marche de Llanos del Pinal.

Kaqchikel Tours (carte p. 164 ; ☎ 5010-4465 ; www. kaqchikeltours.com/ENindex.htm ; 7a Calle 15-36, Zona 1) est une agence locale spécialisée dans l'ascension des volcans. Les expéditions de 2 jours à Tajumulco coûtent environ 370 Q/personne. Kaqchikel propose aussi des ascensions à la pleine lune de Santa María (150 Q) et des expéditions difficiles de 2 jours au Santiaguito (600 Q), avec camping sur une petite hauteur aussi près que possible du cratère. Une marche de 3 jours Quetzaltenango–Lago de Atitlán coûte 650 Q, et un trek de 5 jours Nebaj–Todos Santos par les Cuchumatanes 1 350 Q. Les tarifs (4 participants minimum) comprennent le transport, la nourriture, le matériel et un guide.

Monte Verde Tours (carte p. 164 ; ☎ 7761-6105 ; www.monte-verdetours.com ; 13a Av 8-34, Zona 1). Plusieurs randonnées sur les volcans et circuits hors des sentiers battus autour de Xela.

Quetzaltrekkers (carte p. 163 ; ☎ 7765-5895 ; www.quetzaltrekkers.com ; Diagonal 12 8-37, Zona 1). La plupart des guides de cette agence unique sont des bénévoles étrangers (les randonneurs expérimentés peuvent se joindre à eux). Au programme chaque semaine des excursions de 2 jours à Fuentes Georgianas et Pico Zunil (380 Q/pers), de 3 jours au Lago de Atitlán (600 Q) et de 6 jours à Nebaj (1 100 Q). Consultez le calendrier des départs. Basée à l'hôtel Casa Argentina, l'agence fournit un soutien monétaire et logistique à divers projets sociaux.

VÉLO

Le vélo est un moyen idéal de découvrir la région ou de se rendre à son cours d'espagnol. Fuentes Georginas, San Andrés Xecul et les bains de vapeur de Los Vahos (voir p. 174) sont tous accessible en une journée. **Vrisa Books** (carte p. 164 ; 15a Av 3-64, Zona 1) loue des VTT et vélos de ville pour 40/100/200 Q par jour/ semaine/mois et propose des circuits guidés vers certaines de ces destinations.

Cours

COURS DE LANGUES

Les nombreuses écoles de langues de Quetzaltenango attirent des étudiants du monde entier. Contrairement à Antigua, elle n'est pas envahie par les étrangers, mais toute une vie sociale se développe autour des étudiants en langues et des bénévoles.

La plupart des écoles proposent de s'engager dans des programmes sociaux menés avec les Mayas quiché de la région. Comptez 920/1 050 Q par semaine pour 4-5 heures de cours par jour, du lundi au vendredi. Ajoutez environ 330 Q pour l'hébergement et les repas dans une famille locale. Certaines écoles augmentent les tarifs de 20% de juin à août, et beaucoup demandent des droits d'inscription non remboursables. Les prestations supplémentaires peuvent inclure des films, l'Internet gratuit, des cours de danse ou de cuisine et des conférences sur la politique et la culture guatémaltèques.

Quelques écoles de langues réputées (parmi d'autres !) :

Casa Xelajú (carte p. 164 ; ☎ 7761-5954 ; www.casaxelaju.com ; Callejón 15, Diagonal 13-02, Zona 1). L'une des plus grandes. Propose des cours de quiché et valide des équivalences universitaires.

Celas Maya (carte p. 164 ; ☎ 7761-4342 ; www.celasmaya.edu.gt ; 6a Calle 14-55, Zona 1). Établissement sérieux installé autour d'un jardin, proposant aussi des cours de quiché.

Centro de Estudios de Español Pop Wuj (carte p. 163 ; ☎ /fax 7761-8286 ; www.pop-wuj.org ; 1a Calle 17-72, Zona 1). Les bénéfices sont reversés à des projets de développement dans des villages proches, auxquels les étudiants peuvent participer. Enseignement linguistique centré vers la médecine ou le travail social.

El Mundo en Español (carte p. 163 ; ☎ 7761-3256 ; www.elmundoenespanol.org ; 8 Av Calle B A-61, Zona 1). L'environnement familial contribue à promouvoir l'enseignement de la langue. La plupart des étudiants résident sur place. Dans un quartier résidentiel, à l'est du centre.

El Nahual Community Center (hors carte p. 163 ; ☎ 7765-2098 ; www.languageselnahual.com ; 28 Av 9-54, Zona 1). Gère d'excellents projets destinés aux communautés modestes, auxquels les étudiants peuvent participer : enseignement aux enfants défavorisés ou entretien d'un jardin communautaire bio.

El Portal Spanish School (carte p. 163 ; ☎ 7761-5275 ; www.spanishschoolelportal.com ; 9a Callejón A 11-49, Zona 1). Petite école (15 étudiants) à l'ambiance enthousiaste et motivante. Les bénéfices permettent d'octroyer des bourses aux enfants de mères célibataires.

El Quetzal Spanish School (carte p. 164 ; ☎ 7765-1085 ; www.elquetzalspanishschool.com ; 10a Calle 10-29, Zona 1). L'une des rares tenues par des Indiens, cette école propose une foule d'activités et un salon de lecture.

Escuela de Español Miguel de Cervantes (carte p. 164 ; ☎ 7765-5554 ; www.learn2speakspanish.com ; 12a Av 8-31). Un sympathique propriétaire et un environnement pédagogique attrayant dans un bâtiment historique. Hébergement sur place possible.

Inepas (Instituto de Español y Participación en Ayuda Social ; carte p. 164 ; ☎ 7765-1308 ; www.inepas.org ; 15a Av 4-59). Les étudiants sont invités à participer à une foule de projets, notamment à la gestion d'une école rurale reconnue par l'Unesco. Offre toute une sélection d'hébergement bon marché et des séjours en famille.

Madre Tierra (carte p. 164 ; ☎ 7761-6105 ; www.madre-tierra.org ; 13 Av 8-34, Zona 1). Les cours sont dispensés dans la cour d'une demeure coloniale classique.

Parmi les activités proposées figurent des conférences données par des Indiens.

Proyecto Lingüístico Quetzalteco de Español (carte p. 163 ; ☎ /fax 7763-1061 ; www.plqe.org ; 5a Calle 2-40, Zona 1). École engagée, dirigée par un collectif, qui gère aussi l'Escuela de la Montaña, un programme d'enseignement des langues à capacité limitée qui se déroule dans une *finca* de café bio près de Xela, où la participation à la culture locale et le bénévolat sont fortement encouragés.

Utatlán Spanish School (carte p. 164 ; ☎ 7763-0446 ; www.xelapages.com/utatlan ; Pasaje Enríquez, 12a Av 4-32, Zona 1). Ambiance jeune et énergique, nombreuses soirées et activités.

COURS DE DANSE

La très recommandée **Salsa Rosa** (carte p. 164 ; Diagonal 11 7-79) est très réputée pour son ambiance joyeuse et son professionnalisme. Elle dispense des cours de salsa et mérengué collectifs ou privés. Le **Sangre Latina** (carte p. 164 ; ☎ 7768-3270 ; info@sangrelatinaguatemala.com ; 7a Calle 14-27, Zona 1), plus central, compte des enseignants de standing international. Pour une soirée, le club La Parranda (voir p. 171) propose des cours de salsa gratuits le mercredi à partir de 21h.

COURS DE TISSAGE

Deux coopératives de femmes proposent des cours sur métier à bras et gèrent des boutiques de tissus en commerce équitable. Comptez 325 Q pour 10 heures de cours, permettant de fabriquer une écharpe, et 650 Q les 20 heures, débouchant sur la production d'un chemin de table brodé. Une démonstration des techniques revient à 35 Q.

Manos Creativas (carte p. 163 ; ☎ 7761-6408 ; claudialamam@yahoo.com ; angle 6a Calle et 5 Av 6-17)

Trama Textiles (carte p. 164 ; ☎ 7765-8564 ; trama. textiles@yahoo.com ; 3a Calle 10-56, Zona 1)

Circuits organisés

Prestataire professionnel et accueillant, **Adrenalina Tours** (carte p. 164 ; ☎ 7761-4509 ; www. adrenalinatours.com ; Pasaje Enríquez, Zona 1) propose des expéditions dans la région de Xela, à Zunil, Fuentes Georginas et certaines parties peu visitées du département de Huehuetenango.

Altiplano's Tour Operator (carte p. 164 ; ☎ 7766-9614 ; www.altiplanos.com.gt ; 12a Av 3-35, Zona 1) organise des circuits intéressants d'une demi-journée à la découverte des villages et des marchés indiens, des églises coloniales et des plantations de café aux alentours de Xela.

Le **Tranvía de los Altos** (carte p. 164 ; ☎ 7765-5342 ; www.tranviadelosaltos.com) est un pseudo-tramway sillonnant la ville sur plusieurs itinéraires, avec commentaires en espagnol et effets spéciaux kitsch. Les circuits de 2 heures partent à 11h et 15h (70 Q/pers) de l'angle sud-ouest du parc en face de Casa No'j. Des circuits en anglais (125 Q) sont possibles sur réservation 2 jours à l'avance.

Maya Viva (carte p. 163 ; ☎ 7761-6408 ; www.amaguate. org ; 5a Av et 6a Calle 6-17, Zona 1) est un programme touristique communautaire géré par l'Asociación de Mujeres del Altiplano, un groupe visant à donner plus d'autonomie aux femmes mayas des zones rurales. Les visiteurs découvrent la vie de l'une des cinq communautés rurales près de Quetzaltenango, leurs traditions, coutumes et activités quotidiennes.

Fêtes et festivals

Xela Music Festival Festival organisé par l'Institut culturel français, fin mars ou début avril. Des musiciens locaux jouent sur cinq ou six scènes dans le centre-ville.

Feria de la Virgen del Rosario (Feria Centroamericana de Independencia). Fin septembre ou début octobre, c'est la grande fête annuelle de Xela. Les habitants viennent s'amuser sur un champ de foire, et plusieurs sites de la ville accueillent des festivités, comme une bataille de fanfares dans le Parque Centro América. Un concours littéraire international en espagnol se tient en même temps.

Où se loger
PETITS BUDGETS

Toutes les adresses citées ici se trouvent dans la Zona 1.

Casa Argentina (carte p. 163 ; ☎ 7761-2470 ; casargentina.xela@gmail.com ; Diagonal 12 8-37, Zona 1 ; dort 20 Q, s/d 30/60 Q). Véritable institution, cette vaste pension à l'ouest du centre cherche à monter en gamme, mais mieux vaut éviter les dortoirs surpeuplés et opter pour les chambres privées, à peine plus chères, au décor de parpaings apparents. La Señora Argentina et sa fille Leonor sont fort aimables.

Casa de las Amigas (carte p. 163 ; ☎ 7763-0014 ; 5a Calle 2-59 ; ch 25-35 Q). Face à l'école d'espagnol Proyecto Lingüístico Quetzalteco à 6 pâtés de maisons à l'est du parc, pension simple tenue par des femmes et souvent occupée par des étudiants du Proyecto. Des chambres dépouillées mais une ambiance conviviale et la possibilité de cuisiner.

Guest House El Puente (carte p. 164 ; ☎ 7761-4342 ; 15a Av 6-75 ; s/d 50/100 Q, sans sdb 40/80). Quatre chambres autour d'un vaste jardin ; trois partagent une sdb fatiguée. Rattachée à l'école d'espagnol Celas Mayas, la pension est souvent fréquentée par des étudiants, qui se rassemblent dans la cuisine.

Hostal Don Diego (carte p. 164 ; ☎ 5308-5106 ; www. hostaldondiegoxela.com ; 6a Calle 15-12 ; dort 45 Q, s/d à partir de 55/100 Q ; ☎). Coquette adresse petits budgets, composée de chambres peu meublées avec parquets et lits fermes, adossées à une cour ensoleillée. Tarifs réduits pour séjours d'une semaine ou d'un mois, accès payant à la cuisine.

Miguel de Cervantes Guesthouse (carte p. 164 ; ☎ 7765-5554 ; www.learn2speakspanish.com ; 12 Av 8-31 ; ch 48 Q/pers avec petit-déj ; 🖥 ☎). Les 9 chambres de l'école d'espagnol MdC, toutes de bois et de béton, sont agréables et disposées autour d'une cour charmante. Les douches communes sont épatantes quand il y a de la pression. On peut participer aux activités même sans assister aux cours.

♥ Los Chocoyos (carte p. 164 ; ☎ 7761-6497 ; centroculturalloschocoyos.com ; 7a Calle 15-20 ; ch 60 Q/pers ; ☎). Pension faisant partie d'un centre culturel multifonctions, conçue pour les longs séjours. Les tarifs baissent si vous restez une semaine ou un mois (laverie gratuite). Cette structure rénovée par son propriétaire architecte abrite 8 chambres, toutes sur 2 niveaux : la chambre en haut et le salon avec TV en bas. Une cuisine très agréable est à votre disposition, avec eau potable froide, chaude et une variété de thés.

Black Cat Hostel (carte p. 164 ; ☎ 7756-8951 ; www. blackcathostels.net ; 13a Av 3-33 ; dort 60 Q petit-déj compris, ch 160 Q ; ☎). Idéale pour rencontrer d'autres voyageurs, cette auberge de jeunesse possède une cour ensoleillée, un bar-restaurant et un salon TV. Les chambres meublées simplement déclinent de douces couleurs et de jolis parquets.

Hostal 7 Orejas (carte p. 163 ; ☎ 7768-3218 ; www.7orejas.com ; 2a Calle 16-92, Zona 1 ; dort 95 Q avec petit-déj). Accueil sympathique dans cette auberge de jeunesse parfaitement tenue, située dans une rue tranquille au nord-ouest du centre. Les vastes chambres donnent sur un jardin odorant. Chacune contient 3 lits *queen-size* pourvus de coffres en bois sculptés. Musique, films et cocktails vous divertiront à l'étage dans le salon El Orejón.

Hotel Casa Real del Viajero (carte p. 164 ; ☎ 7761-4594 ; www.hotelcasarealdelviajero.com ; angle 8a Av et 9a Calle 9017, Zona 1 ; s/d/tr 100/150/180 Q ; ☎). Adresse populaire, à un carrefour très fréquenté, qui parvient à rester calme. Des chambres en briques de plusieurs tailles, éclairées au néon, donnent sur un patio tranquille. Grande cuisine à disposition.

CATÉGORIE MOYENNE

Casa Doña Mercedes (carte p. 164 ; ☎ 7765-4687 ; angle 6a Calle et 14a Av 13-42 ; s/d 170/280 Q, sans sdb 86/175 Q). Au cœur du centre-ville, une pension tranquille empreinte de charme colonial, assez luxueuse pour le prix. Les chambres avec sdb commune sont les meilleures.

Los Olivos (carte p. 164 ; ☎ 7761-0215 ; hotel.losolivos13@hotmail.com ; 13a Av 3-32 ; s/d 130/200 Q ; P). Dans une rue partant du parc, des chambres jolies et confortables, dotées de lits fermes, donnant sur des balcons intérieurs verdoyants.

Hotel Kiktem-Ja (carte p. 164 ; ☎ 7761-4304 ; 13a Av 7-18, Zona 1 ; s/d 135/160 Q ; P). Dans le centre, un grand bâtiment colonial tout de parquets et d'angles biscornus, d'arches de pierre, de colonnes en bois et de couloirs verdoyants. Vastes chambres aux solides têtes de lit, cheminées et jolies sdb carrelées.

Villa de Don Andrés (carte p. 164 ; ☎ 7761-2014 ; villadedonandres@gmail.com ; 13a Av 6-16, Zona 1 ; s/d 225/422 Q, sans sdb 150/300 Q ; P ☎). B&B récent, très accueillant, dans le centre-ville. Antiquités, chambres spacieuses le long d'un large patio où l'on sert le petit-déjeuner.

Hotel Flora Inn (carte p. 164 ; ☎ 7761-2326 ; florainnhotel@gmail.com ; 12a Av 3-61, Zona 1 ; s/d 190/270 Q ; P). Adresse moderne joliment meublée, à quelques rues du parc. Les vastes chambres, donnant sur un patio tranquille où l'on peut prendre son petit-déjeuner, sont dotées de grands lits confortables et d'écrans plats.

Casa San Bartolomé (carte p. 163 ; ☎ 7761-9511 ; www.casasanbartolome.com ; 2a Av 7-17, Zona 1 ; s/d tr 205/287/328 Q ; ☎). Vieille résidence de famille à 15 minutes à pied à l'est du parc, transformée en B&B douillet. Six chambres, 3 appartements (avec cuisine) et un cottage. L'ensemble est magnifiquement meublé et décoré. Anabela, l'affable propriétaire, vous ouvre son excellente bibliothèque. La tisane du jardin est proposée au petit-déjeuner, sur la charmante terrasse. Réductions substantielles pour les longs séjours.

Hotel Villa Real Plaza (carte p. 164 ; ☎ 7761-4045 ; Calz Sinforoso Aguilar, Zona 1 ; s/d 275/360 Q ; P). L'hôtel le plus majestueux de la ville était autrefois une prison. Difficile à croire au vu des voûtes en pierre, des plafonds hauts et des vastes chambres. Restaurant, bar et sauna.

Hotel Modelo (carte p. 164 ; ☎ 7761-2529 ; www.hotelmodelo1892.com ; 14a Av A 2-31, Zona 1 ; s/d 318/380 Q avec petit-déj ; P ☎). Dans une belle maison coloniale, des chambres agréables dotées de parquets, de lits fermes et de vastes sdb. Certaines disposées le long d'un joli patio font face à la rue et sont donc plus bruyantes.

CATÉGORIE SUPÉRIEURE

Hotel Casa Mañen (carte p. 164 ; ☎ 7765-0786 ; www.comeseeit.com ; 9a Av 4-11 ; s/d avec petit-déj à partir de 488/535 Q). Cette belle résidence qui appartenait à des barons du café au XIXe siècle, méticuleusement rénovée par un couple d'Américains dans les années 1980, figure parmi les meilleurs hôtels de Xela, offrant des chambres au décor traditionnel, des jardins tranquilles et un style bien à elle. À l'étage, les chambres dotées de balcons offrent une jolie vue, tout comme le bar du toit-terrasse.

Hotel Pensión Bonifaz (carte p. 164 ; ☎ 7765-1111 ; www.quetzalnet.com/bonifaz ; 4a Calle 10-50, Zona 1 ; s/d 525/630 Q ; P ☎ ☎). L'hôtel le plus ancien et le plus majestueux de Xela se dresse tout à côté du Parque Centro América. Les chambres occupent les trois derniers étages, celles du 2e entourant un patio colonial où le petit-déjeuner est servi. Si la décoration intérieure n'est pas aussi fabuleuse que vous l'imaginiez, le bar ne vous décevra pas.

Où se restaurer

Quetzaltenango compte de nombreux restaurants pour toutes les bourses. Les moins chers sont les étals en bas du marché central, où l'on trouve des en-cas et des plats pour 10 Q, voire moins. Le petit-déjeuner est très couru chez Doña Cristy (carte p. 164), où l'on déguste de l'*atol de elote* (boisson chaude au maïs), des empanadas et des *chuchitos* (petits tamales).

CUISINE GUATÉMALTÈQUE ET LATINO-AMÉRICAINE

Café Canela (carte p. 164 ; 7a Calle 15-24 ; plats déj 15 Q ; petit-déj, déj et dîner dim-ven). La propriétaire/chef nicaraguayenne de ce restaurant sans prétention sert de délicieux repas maison. Au choix, trois plats du jour et une option végétarienne.

Café Sagrado Corazón (carte p. 164 ; 14a Av 3-08, Zona 1 ; assiette déj 25 Q ; 6h30-19h). Ce petit restaurant est l'endroit rêvé où découvrir la cuisine familiale guatémaltèque, dont des spécialités régionales comme le *pepián* et le *jocón* (ragoût de poulet ou de porc aux herbes et légumes verts). Les repas sont copieux : soupe, tamalitos, riz, pommes de terre, avocats et salade.

Casa Ut'z Hua (carte p. 164 ; ☎ 7768-3469 ; 12a Av 3-05 ; repas 25-30 Q ; ☾ petit-déj, déj et dîner). Recettes quatémaltèques authentiques et délicieuses et quetzaltecas vous attendent dans une hutte à la décoration kitsch.

Maya Café (carte p. 164 ; 13 Av 5-48 ; plats 25-30 Q ; ☾ 7h-18h). Ce restaurant populaire sert de nombreuses spécialités de Xela – essayez le *quichom*, au poulet épicé. Le déjeuner est accompagné d'une soupe et d'un jus de fruits frais.

La Taberna de Don Rodrigo (carte p. 164 ; 14a Av C-51, Zona 1 ; sandwichs 32 Q ; ☾ 9h-21h). Ce pub-café-snack bar animé est, dit-on, le premier à avoir servi de la bière pression Cabro. Celle-ci coule désormais à flots dans les pichets et les mugs (3 par client), accompagnée de sandwichs bolognaise-fromage servis avec de la sauce verte. Un classique !

CUISINE INTERNATIONALE

Al-Natur (carte p. 164 ; 13a Av 8-34A ; ☾ 9h-19h30 lun-sam, 13h-19h dim ; 🛜). Sandwichs, milk-shakes, cappuccinos et pâtisseries : tout ici est bio, commerce équitable et/ou produit par des coopératives.

Casa Antigua (carte p. 164 ; ☎ 5826-4520 ; 12a Av 3-26 ; sandwichs 28 Q ; ☾ 12h-21h lun-sam, 16h-21h dim ; 🛜). De solides sandwichs sont préparés dans ce restaurant sans prétention près du parc, ainsi que de nombreuses grillades. Des tables en bois sont disposées dans un agréable patio.

Panorama (carte p. 163 ; ☎ 5319-3536 ; 13a Av A ; repas 40-80 Q ; ☾ dîner mer-ven, déj et dîner sam et dim). Restaurant suisse (à 10 min au sud de la ville, en hauteur) proposant de bons repas, notamment de la raclette. Vue magnifique et très romantique.

Royal Paris (carte p. 164 ; ☎ 7761-1942 ; 14 Av A 3-06 ; salades 45 Q ; ☾ déj et dîner ; 🛜). Ce restaurant que supervise le consul de France lui-même propose les spécialités hexagonales incontournables : escargots, camembert cuit et filet mignon. Ne manquez pas le plat du jour. L'ambiance confortable est rehaussée par une charmante terrasse. Concert de folk et jazz mercredi, vendredi et samedi soir.

Casa Babylon (carte p. 164 ; ☎ 7761-2120 ; 5a Calle 12-54 ; plats 50-85 Q ; ☾ petit-déj, déj et dîner lun-sam ; 🛜). Cette adresse prisée des voyageurs propose la plus longue carte de la ville. Des gros sandwichs savoureux aux classiques guatémaltèques en passant par des plats plus exotiques, comme des fondues ou des spécialités orientales.

Café El Árabe (carte p. 164 ; 4a Calle 12-22, Zona 1 ; plats 55 Q ; ☾ 12h-minuit ; Ⓥ). Les amateurs de cuisine orientale apprécient ce restaurant authentique juste à côté du Parque Centro América. Les pitas sont faites sur place et les ingrédients de première fraîcheur. Nombreux plats végétariens. Concerts le week-end.

Restaurante Cardinali (carte p. 164 ; ☎ 7761-0924 ; 14 Av 3-25 ; pâtes 60 Q, plats 125 Q ; ☾ déj et dîner). Avec les nappes à carreaux et les centaines de bouteilles de vin apparentes, on se croirait au bord de la Méditerranée. Benito, le propriétaire et cuisinier, vient de Parme. Les *manicotti* et les raviolis sont faits maison.

🅞 Sabor de la India (carte p. 164 ; 15 Av 3-64 ; plats 60-70 Q ; ☾ 12h-22h mar-dim ; Ⓥ). Cuisine indienne authentique préparée par un aimable cuisinier du Kerala. Les portions sont énormes, et les *thalis* – légumes au curry – chaudement recommandés.

Où prendre un verre
CAFÉS

Le café joue un grand rôle dans l'économie de Xela, et les établissements qui en proposent sont légion.

Café Baviera (carte p. 164 ; ☎ 7761-5018 ; 5a Calle 13-14 ; ☾ 7h-2030 ; 🛜). Un café de style européen servant un bon expresso, torréfié sur place. Très agréable pour le petit-déjeuner ou un en-cas (crêpes, croissants, soupes et salades 30-40 Q). Les boiseries sont ornées de photos et de coupures de presse.

Time Coffee Shop (carte p. 164 ; ☎ 7768-3467 ; Pasaje Enríquez, 12 Av 4-52, Zona 1 ; ☾ 8h-20h mar-dim ; 🛜). Dans la façade du Pasaje Enríquez, ce café élégant n'a que quelques tables sur 2 niveaux, servies par des baristas très professionnels.

🅞 Café La Luna (carte p. 164 ; ☎ 5174-6769 ; 8a Av 4-11 ; ☾ 9h30-21h lun-ven, 16h-21h sam ; 🛜). Le sanctuaire des amoureux du chocolat. Fabriqué sur place, le breuvage est servi sous de nombreuses formes : le cappuccino, surmonté de crème fouettée, est extraordinaire. Très intégré dans le voisinage, cet établissement accueille des groupes d'amis qui papotent dans les salons jonchés de bric-à-brac vintage.

Café El Balcón del Enríquez (carte p. 164 ; Pasaje Enríquez, 12 Av 4-40 ; ☾ petit-déj, déj et dîner). Avec ses comptoirs surplombant le Parque Centro América, ce café animé en hauteur dans le Pasaje Enríquez est un perchoir agréable pour l'expresso du matin ou le cocktail du soir.

Café El Cuartito (carte p. 164 ; 13a Av 7-09 ; ☺ 11h-23h mer-lun ; ⓦ Ⓥ). Café original servant de repaire aux voyageurs et étudiants en langues, curieusement décoré d'objets trouvés. Sert une bonne variété d'en-cas végétariens, de tisanes et de cafés parfaits, ainsi que des cocktails créatifs : un mojito aux framboises ? DJ le week-end.

El Infinito Lounge (carte p. 164 ; 7a Calle 15-18, Zona 1 ; ☺ 11h-23h lun-sam ; ⓦ). Des œuvres d'art très éclectiques au mur et sur les tables, des en-cas très tofu, du thé aux perles, des jeux de société et quelques PC. L'endroit idéal pour passer un après-midi au calme. Pedrín, DJ à temps partiel, fait un savoureux expresso.

BARS

La Zona Viva de Xela se concentre autour du Teatro Municipal. Les discothèques et les clubs s'alignent sur les 1a et 2a Calles et sur la 14 Av.

Salón Tecún (carte p. 164 ; Pasaje Enríquez ; ☺ 8h-1h). Dans l'élégant Pasaje Enríquez, côté place, un bar fréquenté de jour comme de nuit par des Guatémaltèques et des étrangers buvant des litres de Cabro. Le Tecún se veut le plus vieux bar du pays (depuis 1935). Les meilleurs burgers de la ville sont servis ici. À ne pas manquer.

Pool & Beer (carte p. 164 ; ☎ 4301-6560 ; 12a Av 10-21 ; ☺ 6h-1h mar-dim). Les tables de billard sont vieilles et les queues tordues, mais ce club n'en demeure pas moins un établissement accueillant et agréablement simple. Si les tables sont occupées, faites le DJ et choisissez parmi les 30 000 titres du PC.

Ojalá (carte p. 164 ; ☎ 7763-0206 ; 15 Av A 3-33, Zona 1 ; ☺ 17h-1h mar-sam ; ⓦ). Club sympathique visant une clientèle internationale. Plusieurs salons confortables autour d'un patio colonial accueillant divers événements (jeu, concerts). Des microbières locales (40 Q) sont servies à l'adorable bar.

Arguile (carte p. 164 ; ☎ 7761-2228 ; 13a Av 7-31 ; ☺ 12h-1h lun-sam ; ⓦ). Ancien snack-bar oriental devenu un salon branché, où habitants et étrangers fument le narguilé (50 Q) ou dansent sur la musique des DJ.

Où sortir

La température baisse à la tombée du soleil, vous n'aurez donc pas envie de vous attarder sur un banc du Parque Centro América. Il est néanmoins fort plaisant de s'y promener au crépuscule.

Casa No'j (carte p. 164 ; ☎ 7768-3139 ; www.casanoj. blogspot.com ; 7a Calle 12-12, Zona 1 ; ☺ 8h-17h lun-sam). Le premier centre culturel de Xela, près de l'angle sud-ouest du parc. Récemment inauguré, il expose des photos et œuvres d'art, projette des films et encadre des festivals de théâtre et de poésie. Voyez le calendrier sur le blog.

Centro Cultural Los Chocoyos (carte p. 164 ☎ 7761-6497 ; centroculturalloschocoyos.com ; 7a Calle 15-20). Autre espace proposant régulièrement des spectacles, pièces et concerts.

Teatro Municipal (carte p. 164 ; ☎ 7761-2218 ; 14a Av et 1a Calle). Le grand théâtre néoclassique de Quetzaltenango, au nord du centre, propose des pièces de théâtre, des concerts et des spectacles de danse. Trois niveaux de sièges. Les deux plus bas sont constitués de box pour les familles nombreuses.

Teatro Roma (carte p. 164 ; ☎ 7768-3305 ; 14a Av A-34). Près du Teatro Municipal, un autre palais de la culture, programmant des pièces et parfois des films intéressants.

CONCERTS

La scène musicale est particulièrement vibrante à Xela. Beaucoup des restaurants, cafés et bars sont aussi des salles de spectacle, notamment le Royal Paris, El Cuartito, Infinito Lounge, Ojalá, Arguile et El Árabe. Pour connaître la programmation, procurez-vous *XelaWho* ou consultez www.xelawho. com. Voyez aussi **Bari** (carte p. 164 ; 1a Calle 14-31 ; ☺ 20h-1h mer-sam), l'une des nombreuses salles en face du Teatro Municipal. On y entend régulièrement de la *trova*, du rock et de la pop, et on y sert une bonne sélection de vins et de bières pression.

CINÉMA

Le centre-ville est dépourvu de vraie salle de cinéma, mais plusieurs établissements projettent des films chaque semaine, comme l'Ojalá, le Time Coffee Shop et le Royal Paris, ou l'El Orejón, le salon de l'Hostal 7 Orejas (voir p. 168). En outre, le **Blue Angel Video Café** (carte p. 163 ; 7a Calle 15-79, Zona 1 ; 10 Q) projette tous les soirs des films hollywoodiens à 20h, et sert des repas végétariens, des tisanes et du chocolat chaud. Programmation dans *XelaWho*.

CLUBS DE DANSE

La Parranda (carte p. 164 ; 14a Av A-47, Zona 1 ; ☺ mer-sam ; entrée ven et sam 20 Q). Discothèque fastueuse et stroboscopique où se déroulent des cours de salsa gratuits le mercredi soir (débutants et intermédiaires). DJ et offres promotionnelles sur les boissons les autres soirs.

La Rumba (carte p. 164 ; 13a Av, Zona 1 ; ☺ mer-sam). La grande piste de danse de cet établissement populaire se remplit vite de couples mixtes guaté/étrangers se montrant des pas de salsa, mérengué et *cumbia*.

Achats

Manos Creativas (carte p. 163 ; ☎ 7761-6408 ; angle 6a Calle et 5 Av 6-17), boutique de l'association de femmes AMA, vend des textiles de qualité et des vêtements produits par des tisserandes mayas. **Trama Textiles** (carte p. 164 ; ☎ 7765-8564 ; 3a Calle 10-56, Zona 1), en amont du parc, est une autre coopérative de tissage constituée de 400 femmes mayas.

Le marché central de Xela (carte p. 164) consiste en 3 niveaux d'objets artisanaux et de souvenirs à des tarifs raisonnables (vous pouvez néanmoins marchander). Vous vivrez une expérience plus authentique au **Mercado La Democracia** (carte p. 163 ; 1a Calle, Zona 3), à 10 rues au nord du Parque Centro América, dans la Zona 3, où se vendent nourriture, vêtements et autres marchandises pour citadins et villageois.

Depuis/vers Quetzaltenango

BUS

Tous les bus 2e classe partent du Terminal Minerva, un espace poussiéreux et surpeuplé sur la 7a Calle, dans la Zona 3, à l'ouest de la ville, sauf mention contraire. Les compagnies de 1re classe circulent entre Quetzaltenango et Guatemala Ciudad ont leurs propres gares routières.

En arrivant ou en quittant la ville, certains bus font halte à l'est du centre, à la Rotonda, rond-point dans la Calz Independencia, marqué par le Monumento a la Marimba.

LE BÉNÉVOLAT À XELA

Dans la région de Quetzaltenango, de nombreuses organisations à but non lucratif sont engagées dans des projets sociaux aux côtés des habitants mayas quiché, et certaines emploient des bénévoles. Les possibilités sont très variées, de la conception de sites web pour des organisations indiennes au travail dans les orphelinats pour enfants handicapés. Vous pouvez être bénévole à mi-temps pendant une semaine ou deux tout en suivant des cours d'espagnol, ou vivre et travailler une année entière au sein d'une communauté villageoise. Naturellement, mieux vaut posséder un bon niveau d'espagnol. Toutefois, vous pourrez acquérir suffisamment de notions en quelques semaines dans l'une des écoles de Xela pour être opérationnel. De nombreuses écoles sont en étroite relation avec des projets particuliers – certaines n'existent même que pour les financer – et aident les étudiants à y participer pendant leur temps libre. Les compétences dans des domaines spécifiques (médecine, enseignement, informatique, etc.) sont appréciées, mais toute personne de bonne volonté trouvera à s'occuper. En général, les bénévoles doivent subvenir à leurs besoins et s'engager sur une durée déterminée. La période habituelle est de 3 mois pour un poste à plein temps, mais elle peut varier d'une semaine à un an.

EntreMundos (carte p. 164 ; ☎ 7761 2179 ; www.entremundos.org ; El Espacio, 6a Calle 7-31, Zona 1 ; ☺ 13h-17h lun-jeu) est un forum de projets sociaux à Xela. Son site web fournit des détails sur plus de 150 projets à but non lucratif dans tout le pays, dont beaucoup nécessitent l'aide de bénévoles. Sa publication, *EntreMundos*, qui paraît tous les 2 mois, contient des articles et des annonces sur les emplois bénévoles. EntreMundos demande une donation de 25 Q aux visiteurs désirant être placés sans avoir réservé.

Asociación de Mujeres del Altiplano (carte p. 164 ; ☎ 7761-6408 ; www.amaguate.org ; 5a Av et 6a Calle 6-17, Zona 1) vise à donner plus d'autonomie aux femmes mayas de 5 communautés. Elle emploie des bénévoles pour gérer son atelier de tissage et soutenir des initiatives d'éducation à la santé.

Asociación Nuevos Horizontes (carte p. 164 ; ☎ 7761-6140 ; www.ahnh.org ; 3a Calle 6-51, Zona 2) gère un foyer pour femmes et enfants maltraités et a besoin de bénévoles pour concevoir et superviser les activités destinées aux enfants.

Hike & Help (carte p. 164 ; ☎ 7765-0883 ; www.fdiguate.org ; 15a Av 7041, Zona 1) est un service de guides dont les bénéfices servent à encourager l'éducation dans les communautés rurales pauvres. Des volontaires sont demandés pour faire connaître et organiser les randonnées.

Descendre ici en arrivant à Xela vous épargne les 10 à 15 minutes nécessaires au bus pour traverser la ville jusqu'au Terminal Minerva.

Almolonga (2,50 Q, 40 min, 6 km). Bus toutes les 15 min, de 5h30 à 17h, départs côté ouest du marché central. Autre arrêt à l'angle de la 9a Av et de la 10a Calle, au sud-est du Parque Centro América.

Antigua (170 km). Prenez n'importe quel bus à destination de Guatemala Ciudad via l'Interamericana et changez à Chimaltenango.

Chichicastenango (40 Q, 3 heures, 94 km). Des bus à 9h, 10h30, 11h30, 12h, 13h30, 14h30 et 15h30. Sinon, prenez un bus en direction de Guatemala Ciudad par l'Interamericana et changez à Los Encuentros.

Ciudad Tecún Umán (frontière mexicaine) (25 Q, 3 heures, 129 km). Bus toutes les heures de 5h à 18h.

Cuatro Caminos (3 Q, 15 min, 11 km). Prenez n'importe quel bus pour Huehuetenango, Totonicapán, San Francisco El Alto, etc.

El Carmen/Talismán (frontière mexicaine) Prenez un bus pour San Marcos (10 Q, 2 heures, toutes les 30 min), puis un autre pour Malacatán (15 Q, 2 heures) où vous trouverez un taxi collectif (5 Q) ou un microbus pour El Carmen (4 Q).

Guatemala Ciudad (60 Q, 4 heures, 201 km). Linea Dorada (☎ 7767-5198 ; www.lineadorada.info ; 12 Av et 5 Calle, Zona 3). Deux bus de luxe (70 Q), à 4h et 14h30), service porte à porte pour les passagers du départ matinal (25 Q de Zona 1) ; Transportes Álamo (☎ 7763-5044 ; 14 Av 5-15, Zona 3) 7 bus Pullman entre 4h30 et 16h45 ; Transportes Galgos (☎ 7761-2248 ; Calle Rodolfo Robles 17-43, Zona 1) Pullman à 4h, 8h30 et 12h30. Des bus 2e classe moins chers (35 Q) quittent le Terminal Minerva toutes les 10 min entre 5h et 17h, mais s'arrêtent beaucoup et sont plus longs.

Huehuetenango (20 Q, 2 heures, 90 km). Bus toutes les 5 min, de 5h30 à 19h.

La Mesilla (frontière mexicaine) (15 Q, 3 heures 30, 170 km). Bus à 5h, 6h, 7h, 8h, 13h et 16h. Sinon, prenez un bus pour Huehuetenango et changez.

Momostenango (7 Q, 1 heure 30, 26 km). Bus toutes les 15 min, de 5h45 à 19h.

Panajachel (25 Q, 3 heures, 100 km). Bus à 10h, 11h, 13h, 14h et 16h30. Sinon, prenez n'importe quel bus pour Guatemala Ciudad via l'Interamericana et changez à Los Encuentros.

Retalhuleu (13 Q, 1 heure 30, 58 km). Des bus "Reu" partent toutes les 10 min de 4h30 à 19h30.

San Andrés Xecul (3,50 Q, 40 min). Bus toutes les 15 min, de 6h à 15h. Sinon, prenez n'importe quel bus pour San Francisco El Alto ou Totonicapán, descendez à la station-service Esso près du carrefour de Moreiria et hélez un pick-up (2 Q).

San Martín Sacatepéquez (Chile Verde) (5 Q, 1 heure, 22 km). Services fréquents ; les panneaux indiquent "Colomba" ou "El Rincón." Autre arrêt à la 6a Calle, à 2 rues au nord du Parque Benito Juárez.

San Pedro La Laguna (35 Q, 3 heures 30, 65 km). Des bus à 10h, 12h, 14h, 14h30 et 16h30.

Zunil (4,50 Q, 1 heure, 10 km). Bus toutes les 10 min, de 6h30 à 17h30, départs du côté ouest du marché central. Autre arrêt à l'angle de la 9a Av et de la 10a Calle, au sud-est du Parque Centro América.

MINIBUS

Adrenalina Tours (carte p. 164 ; ☎ 7761-4509 ; www. adrenalinatours.com ; 13a Av, Zona 1, dans le Pasaje Enríquez) propose des minibus desservant de nombreuses destinations, notamment Guatemala Ciudad (290 Q/pers), Antigua (210 Q), Chichicastenango (140 Q), Panajachel (115 Q) et San Cristobal de Las Casas (Mexique ; 290 Q). **Monte Verde Tours** (carte p. 164 ; ☎ 7761-6105 ; www.monte-verdetours.com ; 13 Av 8-34, Zona 1) assure les mêmes services à des prix similaires. Voir p. 158 pour d'autres opérateurs.

VOITURE ET MOTO

Tabarini (carte p. 164 ; ☎ 7763-0418 ; www.tabarini. com ; 9a Calle 9-21, Zona 1). Location de voiture environ 300 Q/jour.

Comment circuler

Des microbus relient le Terminal Minerva et le centre-ville (1,50 Q, 10-15 min de trajet). De la gare routière, traversez le marché vers le sud jusqu'au carrefour où se dresse le Templo de Minerva : les véhicules stationnent sur le côté sud de la 4a Calle. Pour rejoindre la gare routière, prenez un microbus dans la 13a Avenida, à l'angle de la 7a ou de la 4a Calle. Des taxis sont stationnés au nord du Parque Centro América ; la course jusqu'au Terminal Minerva coûte environ 30 Q.

L'arrêt de bus Rotonda sur la Calz Independencía est aussi desservi par les microbus "Parque" desservent le centre.

Inguat dispose d'informations sur d'autres itinéraires de bus. Les prix doublent après 19h et les jours fériés.

ENVIRONS DE QUETZALTENANGO

La superbe région volcanique autour de Xela offre nombre de belles excursions d'une journée. Pour beaucoup, les volcans constituent le principal intérêt (p. 166). Vous pourrez aussi découvrir l'étrange église de San Andrés Xecul, plaisir de l'œil et de l'âme, marcher jusqu'aux rives sacrées de la Laguna Chicabal, ou faire trempette dans les sources thermales idylliques de Fuentes Georginas. Ou encore explorer en bus les innombrables villages traditionnels qui parsèment cette partie des Hautes Terres. Les jours de marché sont l'occasion de découvrir la vie locale en effervescence : le dimanche et le mercredi à Momostenango, le lundi à Zunil, le mardi et le samedi à Totonicapán, et le vendredi à San Francisco El Alto.

Los Vahos

Si vous aimez marcher et que le temps s'y prête, vous apprécierez l'excursion jusqu'aux saunas-bains de vapeur de **Los Vahos** (les vapeurs ; 10 Q ; ☻ 8h-18h), à 3,5 km du Parque Centro América à Xela. Prenez un bus en direction d'Almolonga et demandez à être déposé sur la route de Los Vahos. Montez sur 500 m et empruntez une route poussiéreuse sur la droite. Continuez de marcher quelque 45 minutes pour arriver au sauna. Mieux encore : du centre-ville, suivez la 13a Avenida vers le sud jusqu'au bout, là où se dresse une petite église évangélique jaune et rouge, Monte Sinai. Continuez tout droit par la route qui passe à droite de l'église et monte juste après en zigzaguant, avant de se transformer en piste, puis en sentier. Suivez-le en passant devant la laiterie et l'école jusqu'à ce qu'il rejoigne le chemin principal de Los Vahos. De là, il reste environ 1 km de montée jusqu'aux bains.

Les saunas se limitent à deux salles en pierre sombres, séparées par un rideau de plastique. À l'occasion, les conduits sont tapissés de feuilles d'eucalyptus, qui parfument alors la vapeur. Devant l'entrée des bains, un versant rocheux conduit à des grottes.

Altiplanos Tours organise des randonnées à Los Vahos à 8h au départ du centre-ville : la marche dure environ 1 heure 30, et vous passez 2 heures au sauna (150 Q/pers).

Almolonga

13 800 habitants / altitude 2 322 m

Avant d'arriver à Zunil, on traverse Almolonga, à 6 km de Quetzaltenango, un bourg maya relativement prospère grâce aux cultures maraîchères. Les sectes évangéliques ont réussi à convertir plus de 90 % de la population. Le marché se tient les mardi, jeudi et samedi. Une foule d'Indiennes en tabliers brodés offrent de vertigineuses piles de choux, de citrons, de chilis, de *güisquil* (genre de courge), d'oignons et d'autres

légumes magnifiques. Ne manquez pas l'**Iglesia de San Pedro**, son autel doré éclairé de néons incongrus, son plafond en forme de galion retourné et ses immenses peintures anciennes. La foire annuelle d'Almolonga se tient le 27 juin.

En bas du village, la route passe par **Los Baños**, où jaillissent des sources d'eau sulfureuse. Plusieurs petits établissements y ont aménagé des bassins dans des baignoires en béton fermées, qu'ils louent 15-20 Q l'heure. **El Manantial** est l'un des meilleurs.

Zunil

13 000 habitants / altitude 2 262 m

En descendant de Quetzaltenango vers Zunil, vous traverserez cette jolie bourgade qui s'étend dans une vallée verdoyante encadrée de collines abruptes et dominée par un haut volcan, avec son église coloniale blanche étincelant au-dessus des toits rouges des maisons basses. La route sur la gauche enjambe la rivière pour atteindre la place de Zunil, 1 km plus bas.

Fondé en 1529, Zunil est une bourgade typique des Hautes Terres, pratiquant encore l'agriculture indienne traditionnelle. Les lopins cultivés, délimités par des murets de pierres, sont irrigués par des canaux dans lesquels les paysans puisent l'eau avec un instrument en forme de pelle pour arroser leurs plants. Les femmes lavent le linge près du pont, dans des bassins d'eau chaude naturelle.

À VOIR

Étonnante avec sa façade ouvragée, ornée de 16 colonnes torsadées, l'**église** contient un autel en argent très travaillé. Le lundi, jour de marché, la place devant l'église s'égaie de rouge et de rose, les couleurs dominantes des costumes des Mayas quiché.

À quelques pas en contrebas de l'église, la **Cooperativa Santa Ana** (☻ 7h-19h), une coopérative d'artisanat, fait travailler plus de 600 femmes de la région. Des gilets finement tissés, des vestes et des *huipiles* traditionnels (à partir de 400 Q) sont exposés et vendus ici. L'affable directrice de la coopérative, Candelaria Ramos Chay, se fera un plaisir de vous présenter les techniques de tissage. Des cours sont proposés.

Le Maximón, une importante divinité non chrétienne, est vénéré ici sous le nom de **San Simón**. Chaque année, à l'occasion de la **fête de San Simón** le 28 octobre, son effigie,

---

PROMENADES AUTOUR DE XELA

Les montagnes et les grands espaces des environs de Xela offrent d'infinies possibilités d'exploration en solo. Vous trouverez toujours quelqu'un pour vous indiquer le chemin dans l'un des petits villages de la vallée et, dans cette région plutôt sûre, vous ne risquez pas de rencontrer de plus grand danger qu'un chien qui aboie (munissez-vous d'un bâton). Voici quelques suggestions de balades :

Belvédère du Santiaguito Pour observer de près un volcan en activité – une éruption toutes les 20 min.

Champs de lave Près du Candelaria, un endroit magnifique pour pique-niquer et prendre un bain de soleil.

Chutes d'eau de San Cristobal À mi-chemin entre Xela et San Francisco, elles sont particulièrement impressionnantes à la saison des pluies.

Las Mojadas Un joli petit village où l'on cultive des fleurs – la balade, au départ de Llanos del Pinal, passe par le volcan Santiago. Le petit plus : on peut rentrer en bus.

---

installée sur une chaise, est déplacée dans une maison différente que tout le monde pourra vous indiquer. Sur place, on vous demandera quelques quetzals par photo. Pour plus de détails sur San Simón, voir l'encadré p. 150.

OÙ SE LOGER ET SE RESTAURER

Hotel Las Cumbres (☎ 5399-0029 ; www.lascumbres.com.gt ; Km 210 Carretera al Pacífico ; ch à partir de 350 Q ; **P**). Hôtel construit sur des bains de vapeur naturels. Confortable, chaque chambre possède son propre sauna et/ou Jacuzzi alimenté par des sources chaudes naturelles. Bon restaurant (plats 50-80 Q) servant des légumes bio du jardin, court de squash, gymnase et boutique d'artisanat. Les non-résidents ont accès au sauna public (25 Q/h, 7h-19h), installation moderne recouverte de lambris de pin, ou au spa qui propose des massages et des soins du visage. À 500 m au sud du village de Zunil, Las Cumbres ressemble à un village colonial planté dans un paysage volcanique où de grands panaches de vapeur montent de la terre.

DEPUIS/VERS ZUNIL

Pour vous rendre à Zunil depuis Quetzaltenango, voir p. 173. Au retour, les bus partent de la route principale à côté du pont. La navette Fuentes Georginas (voir ci-dessous) marque un bref arrêt (15 min) à Zunil pour ceux qui désirent simplement jeter un coup d'œil à l'église. N'importe quel bus à destination de Retalhuleu ou Mazatenango peut vous déposer à l'entrée de l'Hotel Las Cumbres (5 Q).

Fuentes Georginas

Le spa le plus charmant et le plus populaire du Guatemala est **Fuentes Georginas** (☎ 5904-5559 ; www.lasfuentesgeorginas.com ; adulte/enfant 25/15 Q ;

⏱ 8h-17h30), à 8 km en amont de Zunil. Il tient son nom de l'épouse du "dictateur bienveillant" Jorge Ubico, qui réservait les installations le week-end pour son usage personnel. Quatre bassins sont alimentés par de l'eau sulfureuse naturelle à différentes températures et entourés d'un haut mur de végétation tropicale. Malgré le cadre tropical, un air frais venu des montagnes maintient une délicieuse fraîcheur tout au long de la journée. À côté des bassins, vous pourrez faire un petit parcours de 500 m tout en observant les oiseaux et les orchidées. Apportez un maillot de bain ; des serviettes sont à disposition (10 Q plus caution) et le casier coûte 5 Q.

Outre le **restaurant-bar** (repas 60-75 Q ; ⏱ 8h-19h), qui sert des steacks grillés, des saucisses et des *papas*, le site comprend trois tables de pique-nique abritées et des grils. Un peu plus bas dans la vallée, sept **cottages** (95 Q/pers), rustiques mais confortables, sont équipés d'une baignoire avec eau chaude, d'une douche froide, d'un barbecue et d'une cheminée, bienvenue pour combattre la fraîcheur de la nuit (bois et allumettes fournis). Les prix incluent l'accès libre aux bassins toute la journée, et la nuit quand le règlement se fait moins restrictif.

Des sentiers mènent aux deux volcans proches, le **Zunil** (à 15 km, environ 3 heures de marche aller) et le **Santo Tomás** (à 25 km, 5 heures aller). Des guides (essentiels) sont disponibles pour les deux randonnées. Renseignez-vous au restaurant.

Fuentes Georginas propose des navettes quotidiennes vers le site (75 Q aller-retour, entrée comprise) à 9h et 14h, qui partent du **bureau** (☎ 7763-0596 ; 5a Calle 14-14) de la compagnie à Xela. Retour à 13h et 18h.

Vous pouvez sinon prendre n'importe quel bus pour Zunil, où des pick-up attendent pour emmener les clients aux sources à 30 minutes de là (100 Q, comprenant 1 heure 30 d'attente pendant votre baignade).

El Palmar Viejo

L'embranchement d'El Palmar Viejo est indiqué juste avant le Puente (pont) Samala III, à 30 km de Xela par la route de Retalhuleu. Le village, ou plutôt ses vestiges couverts de végétation, se trouve à 4 km à l'ouest. En effet, El Palmar a été anéanti par des inondations et un torrent de boue provenant du volcan Santiaguito lors du passage du cyclone Mitch, dans les années 1990. Ses habitants ont été relogés dans un nouveau village, El Palmar Nuevo, à l'est de la route principale, mais certains viennent toujours s'occuper de leurs cultures. Une rivière a creusé un profond ravin au cœur de l'ancien village, coupant l'**église** en deux. Deux **ponts suspendus** permettent de le franchir. En aval, à droite de la rivière, vous apercevrez le sommet de la **chapelle** du cimetière dépassant des arbres. Sachez toutefois qu'il faut traverser un pont branlant pour aller jusqu'au cimetière. En haut de la colline derrière le **cimetière** se dresse un **autel** maya moderne.

Les bus à destination de Retalhuleu vous déposeront à l'embranchement d'El Palmar Viejo. Mieux vaut venir dans cet endroit isolé avec un guide. Adrenalina Tours (p. 167) propose une excursion dans ce village.

Salcajá

À 7 km de Xela, Salcajá est une bourgade apparemment sans intérêt, contournée au nord par l'autoroute. Malgré son isolement, elle possède pourtant des attraits uniques.

L'**Iglesia de San Jacinto** (1524), dans la 3a Calle, deux rues à l'ouest de l'artère principale, fut le premier temple chrétien d'Amérique centrale. La façade, ornée de lions et de paniers de fruits sculptés, présente un certain charme, mais les peintures originales et le bel autel travaillé, à l'intérieur, sont de vrais joyaux.

Salcajá est réputée pour ses tissus *ikat* traditionnels, constitués de fils noués et teints à la main, puis positionnés sur un métier selon le motif choisi. De nombreuses boutiques vendent ces étoffes et font en général visiter leurs ateliers.

Cela dit, la ville est peut-être plus connue pour produire deux boissons alcoolisées

que les habitants comparent à des élixirs magiques. Le *caldo de frutas* (littéralement, soupe de fruits) est une sorte de sangria très corsée, mélange de *nances* (fruits similaires aux cerises), de pommes, de pêches et de poires qui a fermenté environ six mois. Vous pourrez en acheter une fiole (environ 30 Q) après avoir observé le processus de fabrication. Totalement différent, le *rompopo* se compose de rhum, de jaunes d'œufs, de sucre et d'épices. De petites boutiques de spiritueux vendent ces alcools dans tout Salcajá, dont la sympathique **Rompopo Salcajá** (4a Calle 2-02), à une rue à l'est de la grand-rue.

Des bus partent fréquemment pour Salcajá du Terminal Minerva de Quetzaltenango, en s'arrêtant en route au Monumento a la Marimba, à l'est de la ville.

San Andrés Xecul

À quelques kilomètres de Salcajá et à moins de 1 km avant Cuatro Caminos, la route venant de Quetzaltenango traverse le carrefour de Morería, d'où la route de San Andrés Xecul part vers l'ouest. Après 3 km de montée, vous apercevrez des rangées multicolores de fils teints à la main qui sèchent sur les toits, signalant San Andrés Xecul. Cette petite ville ceinturée de collines fertiles abrite une **église** extraordinaire. Sa façade jaune vif disparaît sous une décoration extrêmement chargée et multicolore faite de saints, d'anges, de vignes grimpantes et de drôles d'animaux. Les calottes rouge, bleu et jaune du clocher rappellent un chapiteau de cirque.

À l'intérieur, un tapis de cierges éclaire des effigies sanguinolentes du Christ, recouvertes d'un épais maquillage le rendant vivant et enfantin. L'une d'elles, très kitsch, représente un Jésus couché, entouré d'or et de satin, dans un cercueil de verre. Des femmes mayas en prière occupent les bancs.

Montez encore un peu pour gagner une autre **église jaune**, plus petite et plus discrète, qui accueille des cérémonies mayas et offre une vue exceptionnelle sur la vallée. La **fête annuelle** a lieu les 29 et 30 novembre.

Pour vous y rendre de Xela, prenez n'importe quel bus en direction du nord, descendez à la station-service Esso au carrefour de Morería, puis hélez un pick-up ou parcourez à pied la montée de 3 km. Des bus qui retournent à Xela stationnent le long de la place et circulent jusqu'à 17h.

Totonicapán

55 300 habitants / altitude 2 476 m

San Miguel Totonicapán est une jolie localité de montagne connue pour son artisanat. Bottiers, tisserands, ferblantiers, potiers et sculpteurs sur bois fabriquent et vendent leurs produits dans le village. Le marché, destiné à la population locale, a lieu le jeudi et le samedi jusque tard dans la matinée.

De Cuatro Caminos, la route traverse une vallée plantée de pins. De la gare routière de Totonicapán, remontez la 4a Calle sur 600 m pour rejoindre les places jumelles. La place basse s'agrémente d'une statue d'Atanasio Tzul, le chef d'une rébellion indienne qui débuta ici en 1820, tandis que la place haute – clôturée pour rénovation lors de notre passage – abrite la grande **église coloniale** et un **théâtre municipal** néoclassique.

À FAIRE

La **Casa de la Cultura Totonicapense** (☎ 5630-0554 ; kiche78@hotmail.com ; 8a Av 2-17), à moins de deux rues de la place basse, expose des témoignages de la culture indienne et s'efforce d'encourager les contacts entre les visiteurs et certains artisans de la ville. Un programme d'une journée, à réserver deux semaines à l'avance, comprend la visite de divers ateliers (notamment de potiers, de sculpteurs de masques et d'instruments de musique et de tisserands), un peu de tourisme, un concert de marimba et un déjeuner traditionnel dans une famille. Les tarifs sont de 475/540/630 Q par pers par groupe de 4/3/2 participants, ou 655/770/900 Q avec un séjour dans une famille locale et 2 repas.

Un autre programme, facturé 250/288/328 Q par pers pour 4/3/2 participants, vous emmène à pied jusqu'à des villages voisins pour découvrir des projets de développement communautaires et de médecine naturelle, des écoles, des ateliers d'artisanat et des sites mayas sacrés. Des visites en anglais sont possibles sur demande.

Sur 13 ha de forêt ancienne au nord-est de Totonicapán, le **Sendero Ecológico El Aprisco** (☎ 7766-2175 ; 20 Q ; ⊗ 8h-16h) se prête à de délicieuses randonnées. Des sentiers bien balisés traversent une réserve gérée par la communauté, domaine du *pinabete*, un arbre menacé de disparition, et de 29 espèces d'oiseaux endémiques comme le colibri à gorge améthyste, la caille ocelée et le *quet-*

zalillo bariolé (trogon montagnard). Un petit musée expose les costumes traditionnels de la région, et des huttes en adobe sont équipées de cheminées, de couchettes et de lits de paille. El Aprisco se trouve à 5 km de Toto sur la route de Santa Cruz del Quiché. Des pick-up s'y rendent au départ de l'extrémité est de la 7a Calle. Sinon, la Casa de la Cultura (voir ci-contre) organise des expéditions à la réserve moyennant 165 Q/pers.

FÊTES ET FESTIVALS

Le 8 mai, la fête de l'**Apparition de l'archange saint Michel** s'accompagne de feux d'artifice et de danses traditionnelles. La **Feria Titular de San Miguel Arcángel** (fête patronale de l'Archange saint Michel) se déroule du 24 au 30 septembre, et culmine le 29 septembre. Les danses masquées traditionnelles de Totonicapán perdurent grâce au **Festival Tradicional de Danza**, dont les dates varient ; ces dernières années, il se tenait pendant un week-end à la fin du mois d'octobre.

OÙ SE LOGER ET SE RESTAURER

La Casa de la Cultura (voir ci-contre) organise des séjours dans des familles à 345/410/490 Q par pers par groupes de 4/3/2, petit-déjeuner et dîner compris.

Hospedaje Paco Centro (☎ 7766-2810 ; 3a Calle 8-18, Zona 2 ; s/d 35/70 Q). Quasiment caché dans un centre commercial à quelques rues de la place basse, cet établissement à la direction austère loue de vastes chambres propres de 3 à 4 lits.

Hotel Totonicapán (☎ 7766-4458 ; www.hoteltotonicapan.com ; 8a Av 8-15, Zona 4 ; s/d 150/275 Q). Les chambres les plus élégantes de la ville, à un prix raisonnable : vastes, modernes, moquettées, possédant quelques meubles et offrant une jolie vue.

Restaurante Bonanza (7a Calle 7-17, Zona 4 ; repas 40-60 Q ; ⊗ 7h-21h ; ⊛). Le restaurant le plus conventionnel de Totonicapán. Des serveurs en nœud papillon apportent de copieuses portions de viande et de poisson, accompagnées de tortillas, naturellement.

DEPUIS/VERS TOTONICAPÁN

Toute la journée, les bus pour "Toto" partent de Quetzaltenango environ toutes les 20 minutes (5 Q, 1 heure) depuis la Rotonda de la Calz Independencia, et passent par Cuatro Caminos. Le dernier bus direct pour Quetzaltenango quitte Toto à 18h30.

HAUTES TERRES

San Francisco El Alto

41 100 habitants / altitude 2 582 m

Perchée sur une colline surplombant Quetzaltenango (à 17 km), la ville de San Francisco El Alto compte un **marché** du vendredi considéré comme le plus grand et le plus authentique du pays. La grande place qui s'étend devant l'église du XVIIIᵉ siècle disparaît alors sous les marchandises. Les éventaires envahissent les rues adjacentes et l'affluence est telle qu'un système de sens unique est instauré pour éviter les embouteillages.

Capitale guatémaltèque du vêtement, San Francisco El Alto est littéralement envahie par les vendeurs de pulls, de chaussettes, de couvertures, de jeans, d'écharpes, etc., qui occupent le moindre mètre carré, tandis que des piles de tissus s'entassent dans les boutiques jusqu'au plafond.

En milieu de matinée, lorsque les nuages se dissipent, on découvre de superbes panoramas à chaque coin de rue et du toit de l'**église**, où le gardien vous laissera monter moyennant un petit pourboire. Au passage, jetez un œil aux six retables dorés et ouvragés et aux vestiges des fresques, autrefois très colorées.

La **Fiesta de San Francisco de Asís**, la grande fête du bourg, a lieu vers le 4 octobre et l'on peut assister à des danses traditionnelles, comme la Danza de Conquista et la Danza de los Monos.

Le **Banco Reformador** (2a Calle 2-64 ; ☼ 9h-17h lun-ven, 9h-13h sam) change les chèques de voyage. Son DAB prend les cartes Visa.

L'**Hotel Vista Hermosa** (☎ 7738-4010 ; angle 2a Calle et 3a Av ; s/d 60/120 Q, sans sdb 30/60 Q) jouit d'une jolie vue sur la vallée et jusqu'au volcan Santa María. Les chambres sont vastes, pourvues de balcons et de douches chaudes. Souvent complet le jeudi soir.

De savoureux *chuchitos* (petits tamales), *chiles rellenos* et autres plats sont vendus aux étals du marché. Pour un repas à table, **El Manantial** (2a Calle 2-42 ; plats 30 Q), à quelques rues en contrebas de la place, est propre et agréable et prépare des recettes typiques.

Des bus reliant le Terminal Minerva de Quetzaltenango à San Francisco El Alto (via Cuatro Caminos) circulent toute la journée. Le trajet dure 1 heure 30 et coûte 9 Q. En arrivant à San Francisco, où les rues sont à sens unique, descendez sur la 4a Av, en haut de la colline, et dirigez-vous vers l'église.

Les bus qui repartent vers Cuatro Caminos circulent à la descente sur la 1a Av.

Momostenango

58 900 habitants / altitude 2 259 m

Au-delà de San Francisco El Alto, à 26 km de Quetzaltenango, une route bordée de forêts de pins mène à ce bourg, niché dans une jolie vallée montagnarde. Célèbre pour ses *chamarras* (épaisses couvertures de laine), il produit également des ponchos et d'autres vêtements de laine. Faites plutôt vos achats le mercredi ou le dimanche, jours où le marché est plus important. Une bonne couverture coûte environ 150 Q.

Momostenango est également réputé pour son observance de l'ancien calendrier maya et des rites traditionnels. Les cinq principaux autels de la ville sont le théâtre de cérémonies à des dates célestes importantes, comme le solstice d'été, l'équinoxe de printemps, le début de l'année solaire maya, appelé El Mam, fin février ; et Wajshakib' B'atz, qui marque le début des 260 jours de l'année *tzolkin*. Assister à ces cérémonies est une expérience intense, mais peu sont ouvertes aux étrangers. Si l'on vous permet d'y assister, traitez les autels et les participants avec le plus grand respect.

RENSEIGNEMENTS

Banco Reformador (1a Calle 1-3, Zona 1 ; ☼ 9h-17h lun-ven, 9h-13h dim). Change les chèques de voyage et dispose d'un Cajero 5B.

Le **Centro Cultural** (☼ 8h-18h lun-ven, 8h-13h et 14h-17h sam), dans le bâtiment de la *municipalidad*, dispense d'utiles renseignements touristiques.

À VOIR ET À FAIRE

Los Riscos, des curiosités géologiques en bordure de la ville, valent la petite promenade nécessaire pour s'y rendre. Formations de pierre ponce érodée, ces aiguilles mordorées constitueraient un décor idéal pour un film de science-fiction. Pour vous y rendre, parcourez un pâté de maisons au sud de la place et descendez la 3a Av, Zona 2. Tournez à droite au pied de la colline, puis à gauche à l'embranchement signalé "A Los Riscos". Après 100 m, prenez la 2a Calle sur la droite et parcourez 300 m.

Le **Takiliben May Wajshakib Batz** (☎ 7736 5537 ; wajshkibbatz13@yhoo.es ; 3a Av A 6-85, Zona 3) est une "mission maya" qui se consacre à l'étude et à l'enseignement de la culture et des rites mayas. Son directeur, Rigoberto Itzep Chanchavac, est un *chuchkajau* (prêtre maya) chargé d'avertir la communauté des dates importantes du calendrier maya. Il établit également des horoscopes mayas (40 Q) et dirige des ateliers d'une journée ou d'une demi-journée au cours desquels il explique à des groupes de 8 pers environ des coutumes généralement ignorées des étrangers. Son *chuj* (sauna maya traditionnel ; 100 Q/pers ; ☺ 16h-18h mar et jeu), très populaire, nécessite une réservation. La mission se situe à l'entrée sud de la ville – montez le chemin indiqué au nord de la station-service Texaco.

Le Takiliben May peut également vous offrir les services d'un guide moyennant 100 Q l'heure. Un circuit avec visite de Los Riscos, de la colline sacrée de Paclom et des sources chaudes rituelles de Payashú, coûte 100 Q, séjour dans une famille locale inclus.

FÊTES ET FESTIVALS

Wajshakib Batz' (huit fils), qui marque le début du calendrier rituel *tzolkin*, est considéré comme le jour le plus sacré du cycle, celui où les "gardiens du jour" mayas sont ordonnés. Pendant la cérémonie, qui a lieu au sommet de la colline sacrée de Paclom (à laquelle on accède par l'extrémité de la 5a Calle), les candidats à la prêtrise se voient remettre un "ballot sacré" de graines rouges et de cristaux, qu'ils utiliseront pour la divination basée sur le calendrier rituel, avant de danser autour du feu cérémoniel leur ballot dans les bras. Les dates changent car chaque cycle dure 260 jours. Contactez le Takiliben May (voir ci-dessus) pour en connaître la date.

OÙ SE LOGER ET SE RESTAURER

Hospedaje y Comedor Paclom (☎ 7736-5174 ; angle 2a Av et 1a Calle, Zona 2 ; ch 25 Q/pers). Modeste pension aménagée au-dessus d'une boutique et d'un restaurant, à une rue en amont de la place principale. Des chambres en parpaing et bois aux curieuses couleurs. Toilettes au fond d'un couloir rose, douches moisies en bas.

Hotel Otoño (☎ 7736-5078 ; gruvial.m@gmail.com ; 3a Av A 1-48, Zona 2 ; ch 100 Q/pers ; Ⓟ). L'hôtel chic de Momostenango compte 14 chambres modernes aux carrelages luisants, dotées d'immenses sdb. Certaines possèdent des balcons ou de grandes fenêtres donnant sur les collines.

Restaurante La Cascada (1a Calle 1-35, Zona 2 ; repas 30 Q ; ☺ petit-déj, déj et dîner). Restaurant clair et propre à l'étage, proposant de la cuisine maison simple et copieuse, accompagnée d'épaisses tortillas maison. Essayez le *fresco de manzana*, boisson chaude à la pomme.

DEPUIS/VERS MOMOSTENANGO

Vous pouvez prendre un bus pour Momostenango au Terminal Minerva, à Quetzaltenango (7 Q, 1 heure 30), à Cuatro Caminos (6 Q, 1 heure) ou à San Francisco El Alto (5 Q, 45 min). Ils partent environ toutes les 15 minutes. Le dernier bus en direction de Quetzaltenango quitte Momos vers 16h30.

Laguna Chicabal

Large de 575 m et profond de 331 m, ce lac sublime occupe le cratère du volcan Chicabal (2 712 m), à la lisière d'une forêt de nuages. Proclamé "Centre de la vision cosmique maya mam" sur d'immenses panneaux plantés sur le chemin qui part du village et sur le cratère, le lac est un lieu hautement sacré où se déroulent de nombreuses cérémonies mayas. Deux autels se dressent sur les rives sablonneuses, où prêtres et fidèles viennent de tout le pays pour accomplir les rites et faire des offrandes, surtout vers le 3 mai.

Ajoutant au mystère du lieu, une nappe de brume flotte au-dessus de l'eau, révélant ou cachant les berges paisibles du lac. Des tables de pique-nique se dissimulent sous la belle et dense végétation, et un camping charmant est installé au bord de l'eau. Compte tenu de l'importance mystique de l'endroit, campeurs et randonneurs doivent se conduire respectueusement. En outre, la Laguna Chicabal est quasiment fermée aux visiteurs pendant la première semaine de mai afin de garantir le bon déroulement des cérémonies.

Le lac se trouve à 2 heures de marche de San Martín Sacatepéquez (également appelé Chile Verde), un village accueillant et intéressant à 22 km de Xela. Les hommes portent un costume traditionnel élaboré : une longue tunique blanche à fines rayures rouges aux manches richement brodées de rouge, de rose et d'orange, resserrée par une large ceinture rouge, et un pantalon orné de broderies similaires.

Pour rejoindre le lac, descendez de la route principale vers l'église pourpre et bleu et repérez le panneau indicateur sur votre droite (vous ne pouvez pas le manquer). Grimpez sur 5 km (45 min) à travers des champs ponctués de maisons jusqu'au sommet de la colline, puis descendez de l'autre côté sur 2 km (15 min) jusqu'au poste des gardes forestiers, où vous paierez un droit d'entrée de 15 Q. De là, une montée de 30 minutes conduit à un *mirador* où vous attend la longue descente de 615 marches raides jusqu'au lac. Partez tôt le matin pour profiter d'une meilleure visibilité et comptez deux heures pour le retour.

Reportez-vous p. 172 pour les informations sur les bus. Au retour, des minibus partent assez fréquemment de San Martín. Quelques petites gargotes sont installées sur la place de San Martín, mais vous préférerez peut-être vous arrêter pour déjeuner à **San Juan Ostuncalco**, une bourgade intéressante à mi-chemin entre San Martín et Xela. Ses artisans sont renommés pour les meubles en osier et les beaux instruments qu'ils fabriquent à la main. Le marché a lieu le dimanche.

HUEHUETENANGO

144 900 habitants / altitude 1 909 m

La plupart des voyageurs considèrent Huehuetenango, ou Huehue (oué-oué), davantage comme une étape que comme une destination touristique. Certains apprécient toutefois à sa juste valeur le caractère authentique d'une ville bien pourvue en hébergements et en restaurants, plantée dans le beau décor des Cuchumatanes, les plus hautes montagnes d'Amérique centrale.

Très animé, le marché indien se remplit tous les jours de marchands venus des villages environnants. Il n'y a que là que vous verrez des personnes en vêtements traditionnels, la plupart des habitants étant des *ladinos*, qui s'habillent de manière moderne. La région vit principalement de la culture du café, de l'exploitation minière, de l'élevage des moutons, de la manufacture légère et de l'agriculture.

C'est à Huehue que s'arrêtent généralement les voyageurs arrivant du Mexique, mais la ville peut aussi servir d'étape si l'on veut s'enfoncer dans les Cuchumatanes ou partir dans les lieux peu fréquentés des Hautes Terres.

Histoire

Huehuetenango fut un territoire maya mam jusqu'au XVe siècle, époque à laquelle les Mams furent chassés par les Quiché venus de leur capitale, K'umarcaaj, près de l'actuelle Santa Cruz del Quiché. Ils fuirent au Chiapas voisin, au Mexique, qui compte toujours une importante population mam

près de la frontière guatémaltèque. À la fin du XVe siècle, la faiblesse du royaume quiché provoqua une guerre civile, qui embrasa les Hautes Terres et permit aux Mam de lutter pour leur indépendance. L'agitation perdurait lorsque Gonzalo de Alvarado, frère de Pedro, arriva en 1525 pour conquérir Zaculeu, la capitale mam, au nom de l'Espagne.

Orientation et renseignements

Le centre-ville se trouve à 4 km au nord-est de l'Interamericana. La gare routière est installée près de la route d'accès, à mi-chemin du centre et de l'Interamericana. La plupart des services touristiques se regroupent dans la Zona 1, aux alentours du Parque Central.

Huehue ne possède pas d'office du tourisme à proprement parler, mais le personnel de la *municipalidad* devrait pouvoir répondre à vos questions. **Asistur** (☎ 5460-7042) viendra à votre secours en cas de problème.

Banrural (3a Calle 6-16 ; ☽ 8h30-16h lun-ven, 9h-16h sam) dispose de deux DAB Cajero 5B, et change les euros. D'autres DAB sont installés au Banco Industrial, à quelques rues au nord, et au Banrural de l'Av Kaibal Balam, à 100 m à l'est de la gare routière.

La **poste** (2a Calle 3-54 ; ☽ 8h30-17h30 lun-ven, 9h-13h sam) se trouve à quelques rues à l'est du parc.

Cyber Café Arrow (1a Calle 5-08 ; ☽ 8h-22h) et **Internet Milenio** (4a Av 1-54 ; ☽ 8h-18h lun-sam et 9h-13h dim) facturent l'accès Internet 5 Q/heure.

Adrenalina Tours (☎ 7768-1538 ; www.adrenalina-tours.com ; 4a Calle 6-54) organise des circuits et randonnées intéressants dans la région, et offre un service de navettes vers des destinations clés (voir p. 183).

À voir et à faire

PARQUE CENTRAL

La grande place de Huehuetenango est ombragée par des lauriers et entourée par d'imposants édifices : la **municipalidad** et l'impressionnante **église** néoclassique. Pour une vue d'ensemble de la situation, jetez un œil à la petite carte en relief du département de Huehuetenango, qui répertorie les altitudes, les groupes linguistiques et les populations des différentes municipalités.

ZACULEU

Entouré de ravins sur trois côtés, l'ancien centre religieux postclassique de Zaculeu ("terre blanche" en langue mam) occupe une

HUEHUETENANGO

0 — 200 m

Vers Chiantla (4 km)
et Todos Santos
Cuchumatán (40 km)

Río La Viña

Escuela
Salvador
Osorio 14

Vers Zaculeu
(3,5 km)

Vers les terminaux
Línea Dorada (300 m)
et Los Halcones (300 m),
la gare routière (2 km)
et l'Interamericana (4 km)

Vers la Xinabajul
Spanish Academy (400 m)

Parque
Central

Marché

OÙ SE RESTAURER 🍴
Café Bougambilias **17** B2
Cafetería Las Palmeras **18** C2
Hotel Casa Blanca ....(voir 9)
La Fonda de Don Juan **19** B1
Mi Tierra Café **20** B2
Pastelería Monte Alto **21** B1
Restaurante Las Brasas **22** C1
Restaurante Lekaf ....(voir 24)
Tacontento **23** B2

OÙ PRENDRE UN VERRE 🍷🍷
Kaktus Disco **24** B3
La Biblioteca **25** B3
Museo del Café **26** A2

TRANSPORTS
Bus venant de la gare routière **27** C2
Bus vers la gare routière **28** B2
Bus pour Zaculeu **29** A2
Taxis **30** B2

À VOIR ET À FAIRE
Église **7** C2
Municipalidad (mairie) **8** B1

OÙ SE LOGER 🏠
Hotel Casa Blanca **9** A2
Hotel Central **10** B1
Hotel Gobernador **11** C1
Hotel La Sexta **12** B2
Hotel Mary **13** C1
Hotel San Luis de la Sierra **14** A2
Hotel Zaculeu **15** B1
Royal Park Hotel **16** B2

RENSEIGNEMENTS
Adrenalina Tours **1** B2
Banco Industrial **2** B1
Banrural **3** B2
Cyber Café Arrow **4** B1
Internet Milenio **5** C1
Poste **6** C1

HAUTES TERRES

place stratégique qui protégea longtemps ses habitants mayas mam. Mais en 1525, Gonzalo de Alvarado et ses conquistadores assiégèrent Zaculeu pendant deux mois et la famine eut finalement raison des Mam.

Pareille à un parc, la **zone archéologique de Zaculeu** (50 Q ; ☺ 8h-18h) s'étend sur quelque 200 m², à 4 km à l'ouest de la grand-place de Huehuetenango. Un petit musée renferme, entre autres, des crânes et des objets découverts dans un tombeau sous l'Estructura 1, la plus grande structure du site.

Depuis la restauration réalisée dans les années 1940 par la United Fruit Company, les pyramides, les terrains de jeu de balle et les tribunes de cérémonie sont recouverts d'une épaisse couche de plâtre gris. Cette approche à la Disney manque d'authenticité, mais elle donne une petite idée de ce à quoi le centre cérémoniel mam a pu ressembler lorsqu'il était en activité. Il ne manque que les fresques colorées qui devaient orner l'extérieur.

Des bus pour Zaculeu (2,50 Q, 20 min) partent environ toutes les 30 minutes de 7h30 à 18h devant l'école située à l'angle des 2a Calle et 7a Av. Assurez-vous qu'ils vont à

"Las Ruinas" – Zaculeu est aussi le nom d'une communauté. Comptez 30 Q l'aller simple en taxi du centre-ville. Une heure suffit largement pour faire le tour du site et du musée.

Cours
Xinabajul Spanish Academy (☎ 7764-6631 ; academiaxinabajul@hotmail.com ; 4a Av 14-14, Zona 5) propose des cours particuliers en espagnol et des séjours dans des familles. L'école se tient deux rues à l'est de la gare routière, et à peu près à la même distance au sud de l'Interamericana.

Fêtes et festivals
Fiestas Julias. Du 13 au 20 juillet, les habitants rendent hommage à la Virgen del Carmen, patronne de la ville.
Fiestas de Concepción. Cette fête en l'honneur de la Virgen de Concepción a lieu les 5 et 6 décembre.

Où se loger
PETITS BUDGETS
Hotel Central (☎ 7764 1202 ; 5a Av 1-33 ; ch 30 Q/pers). Effectivement central, ce petit hôtel rudimentaire offre de grandes chambres toutes simples, avec sdb communes en bas.

Le balcon de bois intérieur à colonnade lui confère un certain charme.

Hotel Gobernador (☎ /fax 7764 1197 ; 4a Av 1-45 ; s/d sans-avec sdb 35-52/60-80 Q). Ne vous perdez pas dans le labyrinthe et visitez plusieurs chambres avant de faire votre choix : après avoir vérifié que le lit n'est pas trop mou et que la fenêtre s'ouvre bien, vous pourrez vous installer.

Hotel Mary (☎ 7764-1618 ; 2a Calle 3-52 ; s/d 80/130 Q ; **P**). Ce vaste hôtel ancien abrite un café et des canapés usés dans les espaces communs. Les chambres, meublées chichement, possèdent des lits confortables et de grandes sdb carrelées de vert. Une au moins – la 310 – a un balcon.

Hotel La Sexta (☎ 7764-1488 ; 6a Av 4-29 ; s/d 85/140 Q ; **P**). Des alcôves bordent l'intérieur de cet hôtel aux allures de grange, égayé par des oiseaux et des plantes exotiques, sans parler des sièges en skaï bleu-vert. Petit café aux nappes à carreaux à l'avant. Prenez une chambre aussi en retrait que possible – La Sexta, surnom de la 6a Av, est très bruyante.

CATÉGORIE MOYENNE

◯ Hotel Zaculeu (☎ 7764-1086 ; www.hotelzaculeu. com ; 5a Av 1-14 ; s/d 115/225 Q ; **▣** **P**). Ouvert depuis presque 125 ans, le Zaculeu a beaucoup de caractère malgré son âge avancé. Les 36 grandes chambres sont disposées dans 2 sections ; celles de la "nouvelle" (à peine 20 ans) sont un peu plus chères mais plus claires et plus chics. Le grand patio, débordant de plantes et d'oiseaux bavards, incite à la paresse, tout comme l'excellent bar.

Hotel San Luis de la Sierra (☎ 7764-9216 ; hsanluis@ intellnet.net.gt ; 2a Calle 7-00 ; s/d 159/207 Q ; **P**). De petites chambres simples agrémentées de meubles en pin et de touches chaleureuses. Restaurant correct. La vraie curiosité est le jardin tropical luxuriant, sillonné de sentiers de promenade. Pas d'Internet, mais il y a un cybercafé juste à l'extérieur.

Royal Park Hotel (☎ 7762-7774 ; hotelroyalpark1@ gmail.com ; 6a Av 2-34 ; s/d 160/300 Q ; **P** **▣**). Hôtel d'affaires récent, très huppé, aux têtes de lit molletonnées et écrans plats géants. Les chambres finissant par 08 donnent sur la montagne.

Hotel Casa Blanca (☎ 7769-0777 ; www.ecommhuehue. com/casablanca ; 7a Av 3-41 ; s/d 220/280 Q ; **P**). La jolie cour claire donne sur des chambres vastes et modernes aux plafonds voûtés, pourvues de bonnes douches chaudes. Le restaurant sert des déjeuners savoureux et avantageux.

Où se restaurer

Pastelería Monte Alto (2a Calle 4-24 ; pâtisseries 6-10 Q ; ☺ 9h-21h). Cet établissement à l'ancienne juste à côté de la place propose cheesecakes, éclairs, tartes aux prunes et autres pâtisseries alléchantes, et toutes sortes d'expressos.

Tacontento (4a Calle 6-136 ; 3 tacos 24 Q). *Taquería* moderne et agréable pourvue d'un patio populaire. Outre les tacos au bœuf et au porc, sont proposées des *gringas* végétariennes aux poivrons grillés, à l'ananas et au fromage fondu. Bonne sélection de tequilas.

Mi Tierra Café (4a Calle 6-46 ; plats 25-40 Q ; ☺ petit-déj, déj et dîner). Café-restaurant informel préparant de bonnes soupes maison et des burgers. Muffins et plats internationaux savoureux, tout comme le menu du déjeuner qui, de surcroît, est copieux et économique.

◯ Cafetería Las Palmeras (4a Calle 5-10 ; plats 25 Q ; ☺ petit-déj, déj et dîner). L'un des 3 *comedores* bordant le côté sud du Parque Central, Las Palmeras est très populaire. Les cuisiniers s'affairent au rez-de-chaussée, et l'on s'installe à l'étage supérieur, en plein air, avec vue sur le parc. Le *caldo de pollo criollo* (25 Q) est un must, débordant de poulet, de *güisquil* et de maïs. Le samedi, de succulents tamales sont proposés. Le même propriétaire tient le Café Bougambilias, à côté, qui sert le même type de cuisine dans un style plus modeste.

Restaurante Lekaf (☎ 7764-3202 ; 6a Calle 6-40 ; pizzas 35-100 Q ; ☺ 10h-23h). Restaurant moderne, clair et spacieux, dont la carte variée affiche notamment des sandwichs, des pizzas et des fruits de mer. Concerts (marimbas, folk) du jeudi au dimanche soir.

Restaurante Las Brasas (4a Av 1-36 ; steaks 40-55 Q ; ☺ petit-déj, déj et dîner). Cet établissement rétro combine astucieusement viandes, ragoûts de la mer et chop sueys. La spécialité est l'agneau Cuchumatán.

La Fonda de Don Juan (2a Calle 5-35 ; pizzas 47-97 Q ; ☺ 24h/24). L'adresse de ceux qui se couchent tard ou se lèvent tôt prépare des plats guatémaltèques et internationaux, notamment des pizzas d'un bon rapport qualité/prix.

Hotel Casa Blanca (7a Av 3-41 ; salades 20 Q, steaks 50 Q ; ☺ petit-déj, déj et dîner). Le cadre charmant des deux restaurants de cet hôtel chic, l'un à l'intérieur, l'autre dans le jardin, est imbattable. Le dimanche matin, le petit-déjeuner buffet (30 Q) a beaucoup de succès.

Où prendre un verre

Museo del Café (7a Av 3-24 ; ☺ lun-sam). Ce "musée" récemment inauguré sert l'un des meilleurs cafés de Huehue. Créé par Manrique López, le fils d'un producteur élevé à Barrillas, on y suit l'histoire de cet or brun. On voit des matériels anciens qui servaient à transformer du café et des diagrammes illustrant les techniques de production, et l'on peut torréfier son grain soi-même. Manrique organise des visites de plantations.

Kaktus Disco (6a Calle 6-40 ; entrée 20 Q ; ☺ 21h-tard ven et sam). Le centre-ville n'est pas très animé le soir, mais essayez cette vaste piste de danse, qui diffuse non-stop un mélange de *bachata*, mérengué, *reggaetón* et autres rythmes soutenus.

La Biblioteca (6a Calle 6-28 ; ☺ 18h-1h mar-sam, 11h-16h dim). Apprécié de la classe moyenne guatémaltèque, ce bar sportif et musical recèle des recoins douillets sur deux niveaux.

Depuis/vers Huehuetenango

La gare routière est située dans la Zona 4, à 2 km au sud-ouest de la place, sur la 6a Calle. C'est un lieu chaotique et jonché de détritus où plusieurs compagnies proposent les mêmes itinéraires, sans que les informations soient affichées de manière cohérente. Les microbus partent du sud de la gare routière.

Deux lignes desservent Guatemala Ciudad, partant chacune de leur terminal routier privé.

Línea Dorada (☎ 7768-1566 ; www.lineadorada.info ; Av Kaibil Balam 8-70)

Transportes Los Halcones (☎ 7765-7986 ; 10a Av 9-12, Zona 1)

La gare routière dessert notamment ces destinations :

Antigua (230 km). Prenez un bus pour Guatemala Ciudad et changez à Chimaltenango.

Aguacatán (8 Q, 30 min, 22 km). Microbus toutes les 20 minutes.

Barillas (50 Q, 7 heures, 139 km). Desservie par un flot continu de *chicken bus* : San Pedrito, Cifuentes, Lupita, San Rafael et Autobuses del Norte, entre autres.

Cuatro Caminos (15 Q, 1 heure 30, 77 km). Prenez n'importe quel bus en direction de Guatemala Ciudad ou Quetzaltenango.

Gracias a Dios (frontière mexicaine) (30 Q, 5 heures). Quatre départs quotidiens via Nentón assurés par La Chiantlequita.

Guatemala Ciudad (5 heures, 266 km). Des bus Pullman Los Halcones (65 Q) partent à 2h, 4h30, 7h et 14h ; les

bus de Línea Dorada (90 Q) à 14h30, 23h et minuit. De la principale gare routière, différentes lignes (50-60 Q) partent en continu jusqu'à 16h environ, comme Transportes El Condor, Díaz Álvarez et Velásquez.

La Mesilla (frontière mexicaine) (20 Q, 2 heures, 84 km). Quatre bus/heure, de diverses compagnies. Un Pullman de Línea Dorada part également à 4h30.

Nebaj (68 km). Prenez un bus pour Sacapulas, d'où de fréquents microbus partent pour Nebaj (ou prenez un microbus pour Aguacatán, puis un pour Sacapulas).

Panajachel (159 km). Prenez un bus en direction de Guatemala Ciudad et changez à Los Encuentros.

Quetzaltenango (20 Q, 1 heure 30, 90 km). Au moins 14 bus de plusieurs compagnies partent entre 6h et 16h.

Sacapulas (20 Q, 1 heure 30, 42 km). Des bus à 11h30 et 12h45 (Transportes Rivas).

San Mateo Ixtatán (40 Q, 5 heures, 111 km). Prenez un bus pour Barillas.

Santa Cruz del Quiché (25 Q, 2 heures 30, 173 km). Microbus fréquents de 5h à 17h30.

Soloma (25 Q, 2 heures 30, 70 km). Environ 16 bus/jour, de 2h à 22h, assurés par Transportes Josué, Transportes González et Autobuses del Norte, plus de nombreux microbus.

Todos Santos Cuchumatán (25 Q, 2 heures 30, 40 km). Quatre bus entre 4h et 6h, puis des microbus sporadiques direction Tres Caminos (le carrefour de Todos Santos), où l'on peut prendre une correspondance. Ces microbus partent de la station-service El Calvario à l'angle de la 1a Av et de la 1a Calle. Après 11h, des bus des compagnies Vargas, Flor de María, Todo Santera, Concepcionerita et Autobuses del Sur circulent environ toutes les demi-heures jusqu'à 14h, puis toutes les heures jusqu'à 17h.

Adrenalina Tours (☎ 7768-1538 ; www.adrenalinatours. com ; 4a Calle 6-54) propose des navettes quotidiennes pour Nebaj (165 Q), Quetzaltenango (165 Q) et Panajachel (250 Q), entre autres.

Comment circuler

Les bus municipaux circulent entre la gare routière et le centre-ville de 5h à 21h environ. En arrivant à Huehue, quittez la gare côté est par l'ouverture entre les bureaux Díaz Álvarez et Transportes Fortaleza ; traversez la rue puis le marché couvert jusqu'à une 2ᵉ rue, où les bus marqués "Centro" partent à quelques minutes d'intervalle (2 Q). À la nuit tombée, ils partent de l'Av Kaibil Balam (ou La Pasarela), dans la même rue à droite, où se trouve aussi une station de taxis (20 Q pour le centre-ville). Pour revenir à la gare routière depuis le centre, prenez un bus devant l'**Hotel La Sexta** (6a Av 4-29).

ENVIRONS DE HUEHUETENANGO

Hormis Todos Santos Cuchumatán, l'extrême nord-ouest montagneux du Guatemala reste peu visité par les touristes. Les quelques voyageurs qui s'y aventurent sont souvent les premiers étrangers rencontrés par les Mayas de la région. Pratique de l'espagnol, patience et tact sont les clés d'une expédition réussie dans ces contrées.

Chiantla
10 100 habitants / altitude 2 056 m
Juste avant de gravir les Cuchumatanes, vous rencontrerez ce village, ancien siège de la municipalité, aujourd'hui quasiment un faubourg de Huehuetenango. Son église abrite la **Virgen del Rosario**, une statue en argent offerte par le propriétaire d'une mine de la région. On vient de tout le pays pour implorer cette statue, qui aurait des pouvoirs de guérison. Le plus grand pèlerinage a lieu le 2 février.

Dans l'église, des fresques intéressantes datant des années 1950 représentent des expériences miraculeuses vécues par la population maya dans les mines d'argent.

À 4 km de Chiantla, **El Mirador Juan Diéguez Olaverri** surplombe Huehuetenango d'une hauteur des Cuchumatanes. Par temps clair, on y a une vue magnifique de toute la région et des nombreux volcans. Des plaques arborent le poème *A Los Cuchumatanes,* composé par l'auteur qui a donné son nom au point de vue. Les enfants vous le récitent en échange d'une piécette. Grâce au récent **Café del Cielo**, on peut savourer un bon café de Huehuetenango en admirant la vue.

N'importe quel bus de Huehue en direction de Todos Santos, Soloma ou Barillas passe par Chiantla et son point de vue.

Chancol
Unicornio Azul (☎ /fax 5205-9328 ; www.unicornioazul. com ; s/d/tr 295/560/780 Q) est un ranch franco-guatémaltèque situé à Chancol, à 25 km par la route au nord-est de Huehuetenango. Il organise des promenades équestres dans les Cuchumatanes sur des sentiers uniquement fréquentés par les habitants de la région, du camping ou un hébergement rural. Les 14 chevaux sont bien dressés et soignés, et les selles de bonne qualité et confortables. Des stages d'équitation sont aussi proposés.

Unicornio Azul est aussi une *posada rural,* qui loue 10 chambres simples et confortables dans la maison principale ou dans un bâtiment séparé. De nombreuses couvertures sont fournies pour les nuits fraîches à cette altitude (3 000 m). Le petit-déjeuner et une balade d'une heure sont inclus dans le prix.

Les excursions équestres peuvent durer d'une heure (130 Q) à 2/4/7 jours (2 000/4 300/7 040 par pers avec 4 cavaliers, davantage s'il y en a moins). Vous pouvez, par exemple, partir 2 jours à **Laguna Magdalena**, lagune turquoise nichée dans les montagnes, jonchée d'énormes rochers et de vieux arbres noueux. L'excursion de 7 jours traverse les Cuchumatanes jusqu'à la frontière mexicaine, en passant par différentes zones climatiques et régions ethniques distinctes. Les expéditions les plus longues ne sont possibles qu'à la saison sèche (novembre-avril). Des sorties d'une journée (620 Q) sont proposées à ceux qui préfèrent dormir à la *posada.*

Pour vous rendre à Chancol, prenez n'importe quel bus pour Todos Santos ou Barillas, et descendez à La Capellanía. Les propriétaires viendront vous chercher (45 Q).

Chiabal
Haut perché dans la Sierra Cuchumatanes (3 400 m) sur un plateau rocheux ponctué d'agaves et de moutons, Chiabal, à 17 km à l'est de Todos Santos, accueille les visiteurs désireux d'expérimenter la vie rurale dans une minuscule **communauté mam** (☎ 5381-0540 ; www.asocuch.com.gt/turismoactividades.html). Les villageois fournissent un hébergement simple dans quatre maisons et préparent de solides repas (3 repas et 1 nuit 130 Q). Un sentier de découverte de 2,5 km conduit à Piedra Cuache, rocher étrange juché sur un point de vue à 3 666 m d'altitude. Des guides vous conduisent à différents sites de la réserve forestière de Todos Santos (18 000 ha), notamment au sommet de La Torre. Vous aurez l'occasion de participer à la vie de la communauté, rassembler les lamas, tisser

des *huipiles* et planter des pommes de terre tout en faisant connaissance.

Des microbus se rendent directement à Chiabal (10 Q) depuis la station-service d'El Calvario à l'angle de la 1a Av et de la 1a Calle, à Huehuetenango. Sinon, montez à bord d'un bus pour Todos Santos et descendez à Chiabal, à 4 km à l'ouest de l'embranchement de la route Huehue–Barillas.

Todos Santos Cuchumatán

4 000 habitants / altitude 2 392 m

Perché dans les hautes terres, Todos Santos est un village rural guatémaltèque des plus typiques, associant panorama majestueux, rues boueuses, haricots et tortillas et assoupissement général à 21h. La communauté est nichée au fond d'une vallée profonde, encadrée de versants boisés. Après une ascension de 1 heure 30 depuis Huehue, votre bus redescend pendant 1 heure 15 sur une route au goudronnage aléatoire.

Les costumes traditionnels sont omniprésents, les plus voyants étant ceux des hommes, qui portent des pantalons rayés rouge et blanc, de petits chapeaux de paille ornés de rubans bleus, des vestes aux rayures multicolores et d'épais cols tissés. Le samedi est le jour de marché le plus important ; un marché plus modeste se tient le mercredi. Les célèbres cuites postmarché ont disparu depuis le vote de lois antiébriété (les célébrations du 1er novembre sont les seules où l'ébriété publique est tolérée).

Todos Santos offre la possibilité de faire de belles randonnées, d'apprendre l'espagnol ou le mam et de découvrir une communauté chaleureuse et soudée. Todos Santos a terriblement souffert de la guerre civile, qui a fait 2 000 victimes dans la région. Le village est resté très pauvre. Pour compléter les revenus qu'elles tirent de l'agriculture, les familles se déplacent en début d'année pour louer leurs bras dans des plantations de café, de sucre et de coton contre de maigres salaires sur la côte pacifique. Travailler aux États-Unis s'avère toutefois plus lucratif, comme en témoignent les nombreuses constructions neuves dans la vallée et l'intégration d'éléments urbains dans les structures traditionnelles.

ORIENTATION ET RENSEIGNEMENTS

La rue principale de Todos Santos s'étire sur 500 m. L'église et le marché la bordent à l'extrémité ouest et la place centrale la surplombe, du côté sud. C'est là que les bus s'arrêtent. Une rue secondaire qui monte à côté de la place conduit à la plupart des hébergements. Les rues ne portent pas de nom, mais les commerces et les sites sont bien indiqués et connus de tous.

La boutique de tissage du Grupo de Mujeres, en bas de l'Hotel Casa Familiar, fait office de centre de renseignements et vous remettra un plan de la ville.

Pour téléphoner, cherchez les panneaux indiquant "Llamadas Nacionales y Internacionales" aux alentours de l'église. Todos Santos n'a pas de DAB.

Banrural (place centrale). Change les chèques de voyage et les euros.

Poste (🖂 8h30-17h lun-ven, 7h-11h sam). Sur la place centrale.

Viajes Express (accès Internet 6 Q/h ; 🖂 8h-18h lun-sam, 12h-18h dim). À côté de l'Hotel Mam.

À VOIR ET À FAIRE

Les ruines de **Tuj K'man Txun** sont à 500 m en remontant la rue à côté de la place centrale. Sur la gauche de la route, au milieu des arbres, le site est constitué de quelques monticules herbeux et de deux croix portant les reliefs d'offrandes mayas. La croix la plus récente commémore les événements d'août 1982, lorsque l'armée exécuta et tortura des centaines de personnes soupçonnées de collaborer à la guérilla, puis incendia de nombreuses maisons.

Le **Museo Balam** (5 Q) de Todos Santos est aménagé dans une maison de deux étages, dans une ruelle à quelques rues à l'est de la place. Les costumes, masques, ustensiles traditionnels, découvertes archéologiques et instruments de musique prennent vie grâce au commentaire de Fortunato, son créateur et leader de sa communauté.

La **randonnée** aux alentours de Todos Santos permet d'explorer cette contrée montagneuse. La période la plus propice va de janvier à avril, les mois les plus ensoleillés et les plus chauds. Néanmoins, on peut se promener toute l'année le matin, avant que le temps se couvre (sauf peut-être en juillet). Prenez vos cartes de randonnée et des renseignements à la Tienda Grupo de Mujeres, en bas de l'Hotel Casa Familiar.

Román Stoop (☎ 5900-7795 ; romanstoop@yahoo. com), Suisse expatrié à Todos Santos depuis 1993, est un randonneur chevronné qui connaît tous les sentiers de la région. Il peut

HAUTES TERRES

vous fournir des indications détaillées ou vous servir de guide. Vous le trouverez à la Tienda Grupo de Mujeres, en bas de l'Hotel Casa Familiar. Outre les randonnées décrites ici, il peut vous guider 5 jours jusqu'à Nebaj, à travers 5 zones linguistiques et des paysages variés, avec hébergement dans des huttes indiennes. C'est vous qui fixez les prix.

Le *Todosantero* **Rigoberto Pablo Cruz** (☎ 5781-0145 ; rigoguiadeturismo@yahoo.com) parle anglais et propose aussi des randonnées guidées. Son agence, Viajes Express, est située à côté de l'Hotel Mam. Il demande 80 Q/personne pour vous emmener à Las Letras.

L'une des destinations les plus spectaculaires est **La Torre** (3 828 m), le plus haut point non volcanique d'Amérique centrale. Un bus vous emmènera jusqu'au hameau de La Ventosa (10 Q, 1 heure), à l'est, d'où un sentier calcaire et ponctué de *huites* noueux vous conduit au sommet, marqué par un mât d'antenne, à 8 km (environ 1 heure 30). Là, l'horizon au sud est jalonné d'une dizaine de volcans, de Tacaná, à la frontière mexicaine, au Volcán Agua, près d'Antigua. N'entreprenez pas cette randonnée par temps brumeux, vous pourriez vous perdre.

Las Letras, au-dessus de la ville, est accessible en 40 minutes. Les "lettres" de Todos Santos peuvent être illisibles, tout dépend de la date à laquelle les pierres ont été remises en place la dernière fois. Cette balade exigeante offre de magnifiques panoramas, surtout le matin quand la brume se dissipe. Vous pouvez poursuivre jusqu'aux villages de **Tuicoy** et **Tzichim** (30 km, environ 5 heures de Todos Santos). De Tuicoy, faites un crochet jusqu'à la Puerta del Cielo, un point de vue magnifique. Un bus part tous les jours pour Tzichim à 5h15, si vous préférez descendre plutôt que monter.

La promenade à **Las Cuevas**, grotte sacrée encore utilisée pour les rituels mayas, commence à La Maceta, un arbre qui pousse dans un rocher à côté d'un terrain de football, à 30 minutes en bus de la route de Huehue depuis Todos Santos (6 Q). Un autre sentier mène au village traditionnel méconnu de **San Juan Atitán**, où les femmes tissent de merveilleux *huipiles,* par les montagnes au sud de Todos Santos (20 km, environ 5 heures pour y aller).

La fraîcheur de Todos Santos incite à essayer le **sauna maya**, ou *chuj*. Il s'agit d'un petit bâtiment en adobe (pouvant accueillir 3 pers de petite taille) dont l'entrée est couverte de planches. À l'intérieur, un feu de bois brûle dans un âtre de pierre et l'on produit de la vapeur en jetant de l'eau sur les pierres ou en la chauffant dans un pot en céramique. On utilise parfois des herbes pour parfumer la vapeur. Si l'expérience vous tente, essayez le grand *chuj* de l'Hotel Casa Familiar (ci-contre).

COURS

L'école de langues de Todos Santos, l'**Hispanomaya** (☎ 5163-9293 ; academiahispanomaya.org), est une association à but non lucratif qui finance des bourses afin de permettre aux enfants du village d'aller au lycée à Huehue. Comptez 985 Q pour 25 heures de cours particuliers d'espagnol sur une semaine, avec repas et hébergement dans une maison du village. Le stage comprend deux randonnées guidées, un séminaire sur la vie et les problèmes de la région et des films, notamment le documentaire *Todos Santos,* qui raconte les traditions locales et la dévastation de la guerre civile (film 10 Q pour les non-étudiants). L'école propose des cours de mam et de tissage maya (15 Q/heure).

L'Hispanomaya est située en face du Museo Balam, dans une petite rue à un pâté de maisons à l'est de la place.

FÊTES ET FESTIVALS

Todos Santos est célèbre pour ses **courses de chevaux** qui constituent le temps fort d'une semaine de festivités. Elles ont lieu le matin du 1er novembre (El Día de Todos los Santos), après une folle nuit de danse et de libations d'*aguardiente* réservées aux hommes. On déguste des spécialités locales toute la journée, et l'on assiste aussi à des danses masquées.

OÙ SE LOGER ET SE RESTAURER

Vous pouvez réserver une **chambre chez l'habitant** (ch 30 Q/pers, 45 Q en pension complète) par l'intermédiaire de l'école d'espagnol (même si vous ne prenez pas de cours). Vous logerez dans une chambre individuelle et partagerez la sdb et les repas avec la famille.

Hotel Mam (s/d 40/80 Q). Ce tranquille établissement en contrebas de l'Hotelito Todos Santos loue des chambres exiguës et sommairement entretenues, partageant des douches électriques. Passable pour 1 ou 2 nuits, surtout dans les chambres de l'étage, pourvues de grandes fenêtres.

Hotelito Todos Santos (☎ 5327-9313 ; ch 125 Q, s/d sans sdb 45/90 Q). Dans une ruelle partant à gauche à quelques mètres en remontant de la place, une adresse petits budgets composée de chambrettes dépouillées mais très bien tenues. Sols carrelés et lits fermes. Trois des 4 chambres avec sdb privée ouvrent sur la rue et sont séparées du corps principal de l'hôtel, à l'étage. Le café propose de bonnes crêpes.

☉ Hotel Casa Familiar (☎ 5580-9579 ; romanstoop@ yahoo.com ; s/d 150/200 Q). En pleine rénovation lors de notre passage. Établissement central en contrebas de la place principale, louant les chambres les plus confortables de la ville, avec parquets, couvre-lits traditionnels, bonnes douches chaudes et nombreuses couvertures. La salle commune comporte une cheminée et la terrasse du toit un *chuj* traditionnel. Dégustez un bol de *mosh* (porridge) au petit-déjeuner du restaurant de l'hôtel. Sur les 12 chambres prévues, seules 2 sont prêtes et si elles sont prises, vous pouvez séjourner dans la véritable maison familiale (simple/ double 60/95 Q), une cabane en rondins avec cuisine et douches partagées, à 10 minutes à pied du centre.

Comedor Martita (repas 20 Q). Ce *comedor* simple tenu en famille en face de l'Hotel Mam propose d'excellents repas préparés avec des ingrédients frais. Traversez la cuisine pour arriver à la salle à manger, qui offre une jolie vue sur la ville et la vallée. Un repas typique se composera de poulet bouilli, de riz, de légumes, de haricots, d'un *refresco* (soda ou jus de fruits) et d'un café.

Comedor Katy (repas 22 Q). Des femmes en costume traditionnel surveillent des marmites de *pepián* et de soupe de poulet dans cet étal de cuisine rustique juste sous la place centrale. Des tables en terrasse donnent sur le marché.

ACHATS

Tienda Grupo de Mujeres, en contrebas de l'Hotel Casa Familiar, propose une bonne sélection de vêtements et d'accessoires typiques, tous produits par une coopérative de tisserandes. On y déguste un bon expresso d'origine 100% Huehuetenango.

D   SANTOS

D   s partent de la grande
r   t l'église. Environ
1   Huehuetenango
(tre 5h et 7h, puis
à   eures jusqu'à 16h.

Des microbus partent parfois en journée, une fois pleins. Trois bus desservent Jacaltenango, au nord-ouest, à 4h30, 5h et 6h. Le premier va jusqu'à La Mesilla, à la frontière mexicaine.

Adrenalina Tours (p. 183) propose des services de navette depuis Huehuetenango le samedi (165 Q). De Todos Santos, Viajes Express gère des navettes pour Huehuetenango (100 Q/pers), Panajachel (250 Q) et La Mesilla (150 Q), qui partent avec un minimum de 6 passagers.

San Juan Ixcoy
3 400 habitants

Au nord de l'embranchement de Todos Santos, la route asphaltée sinue entre des falaises souvent brumeuses et une gorge escarpée. Deux énormes doigts de granit en émergent, les **Piedras de Captzín**.

Peu après, vous arrivez à San Juan Ixcoy, où les femmes portent des *huipiles* blancs traditionnels au col brodé qui descendent jusqu'aux chevilles. Un sentier cahoteux de 10 km conduit aux **chutes de Pepajaú** depuis le village de San Lucas Quisil, un peu au nord de San Juan. Leur chute de 250 m est impressionnante, surtout après la pluie. Des pick-up peuvent vous déposer au début du sentier, à Río Quisil, d'où il ne reste que 2 à 3 heures d'une délicieuse promenade jusqu'aux chutes.

Soloma
16 800 habitants / altitude 2 300 m

À quelque 70 km au nord de Huehuetenango, Soloma remplit la vallée et s'étend sur les coteaux. Cette ville agricole est l'une des plus importantes des Cuchumatanes. Les Mayas y parlent le q'anjob'al, mais la plupart des vachers *ladinos* vous salueront en anglais ! La prospérité de la ville et les aptitudes linguistiques de ses habitants ont une explication : chaque année, les travailleurs migrants font le dur voyage jusqu'aux États-Unis où ils sont employés comme vachers, vendeurs de pièces détachées d'automobiles ou jardiniers. Le dimanche, jour de marché, la ville déborde de villageois venus des environs. Un **Banrural** (☉ fermé dim) et son DAB Cajero 5B vous attendent sur la place.

L'**Hotel Don Chico** (☎ 7780-6087 ; 4a Calle 3-55 ; s/d 90/180 Q ; 🖳), un palace rose et pastel, est l'adresse la plus confortable de la ville. Les chambres sont vastes, les lits fermes et les murs ornés de représentations de cascades. Le **Comedor Chiantlequita** (plats 20-40 Q ; ☼ petit-déj, déj et dîner), restaurant animé à l'étage, en contrebas de la grande place, sert des plats maison succulents comme du *pepián de chumpipe* (dinde à la sauce au potiron).

Voyez p. 183 les détails concernant les bus pour Soloma. Les microbus desservant San Juan Ixcoy et d'autres villages voisins partent à côté de la place.

Santa Eulalia
9 100 habitants / altitude 2 520 m

De Soloma, une route s'élève jusqu'à Santa Eulalia, bourgade plus isolée et traditionnelle, où il peut faire très froid. Ici, l'élevage des moutons est prédominant, et vous verrez des bergers portant des *capixays* (courts ponchos de laine) dans les champs. La ville produit des marimbas comptant parmi les meilleures du pays, avec du bois des *hormigos*. Des fabriques et des ateliers de marimbas bordent les rues autour de la place. Si leur fabrication vous intéresse, demandez que l'on vous fasse visiter les lieux.

Non loin s'étend la **zone protégée de Cerro Cruz Maltín**, sur plus de 7 000 ha de forêt de nuages primaire. Contactez le naturaliste **Luic Mateo** (☎ 5784-3686 ; luicmateo@hotmail.com) pour des renseignements sur les visites guidées dans la réserve.

Si vous désirez y séjourner, essayez l'**Hotel del Coronado** (☎ 4010-8524 ; s/d 50/100 Q), tour pyramidale rose visible depuis la place. L'hôtel tire parti de sa situation en hauteur, la chambre 8 ayant la plus jolie vue. Toutes ont de bons lits fermes et de nombreuses couvertures, et le *comedor* sert de copieuses soupes de poulet et des *tamales*.

Deux bus relient chaque jour Soloma à Santa Eulalia (5 Q, 30 min). Des minibus partent par ailleurs de la place centrale quand ils ont fait le plein de voyageurs.

San Mateo Ixtatán
25 500 habitants / altitude 2 469 m

De Santa Eulalia, la route est cahoteuse et poursuit son ascension à travers pâturages et forêts de pins – dans le bus, asseyez-vous côté gauche afin de bénéficier de la vue jusqu'au Mexique – pour atteindre, 30 km plus loin, la ville de San Mateo Ixtatán. Haut perchée parmi les pics des Cuchumatanes déchirant les nuages, la ville se déroule sur des coteaux verdoyants (la brume y descend parfois très tôt, empêchant toute visibilité dès le début de l'après-midi). Des édifices pittoresques, aux vérandas soutenues par des piliers et aux portes peintes, bordent de petites rues peu fréquentées. Les femmes de cette bourgade chuj portent de fascinants *huipiles* de dentelle blanche, ornés de motifs floraux concentriques brodés sur le col.

Plus petite, mais plus agréable que Barillas, en contrebas, San Mateo constitue l'étape logique sur le chemin entre Huehue et la Laguna Lachuá. Il y a par ailleurs une ou deux choses intéressantes à voir dans les environs.

L'**église** de San Mateo possède un charme tout primitif. Derrière une façade assez ramassée se cache un intérieur austère aux motifs fruitiers grossiers peints sur les piliers. Tout se passe dans l'atrium où un autel fumant atteste que l'influence maya perdure.

En contrebas de la ville, les ruines non restaurées de **Wajxaklajunh** arborent des stèles usées, un terrain de pelote et quelques temples pyramidaux, et une vue impressionnante sur la vallée. Elles sont à 10 minutes à pied de l'église. Descendez la grande rue sur 200 m et prenez à droite à la Tienda San Rafael. Continuez à descendre, en prenant à droite après l'*hospedaje*. Descendez toujours (vers la gauche) et tournez à droite à la Ferretería y Librería Gómez, puis la première à gauche entre deux bâtiments. Suivez ce sentier sur 100 m jusqu'aux ruines.

Dans la vallée à l'est de la ville se trouve une **mine de sel** (☼ 13h-16h) utilisée par les Mayas mam pendant la période classique. Prévoyez une torche si vous voulez descendre dans le puits sous une ancienne structure de pierre, à l'image de nombreux habitants qui y puisent leur sel noir réputé pour ses qualités médicinales.

Le nouvel **Hotel Magdalena** (☎ 5374-3390 ; s/d 75/150 Q), le plus confortable de la ville, offre des douches très chaudes (demandez si le chauffe-eau est allumé). Du parc, montez et prenez la première à droite ; cette boîte jaune jouxte le Banco Agromercantil. Juste au-dessus de cet embranchement se dresse **Los Picones al Chaz Chaz** (☼ petit-déj, déj et dîner), restaurant sympathique proposant dès le matin des *tamales* frais accompagnés de délicieuses sauces, des tacos et des steaks.

Des bus partent régulièrement pour Huehue (5 Q, 6 heures) et Barillas (15 Q, 4 heures 30).

À l'est vers Playa Grande

En quittant San Mateo, la route descend et le climat s'adoucit. Au bout de 28 km, on atteint **Barillas**, ville prospère qui vit du café. L'**Hotel Arizona** (☎ 7780-2758 ; ch 74 Q/pers), une structure criarde près de la gare routière, loue des chambres impeccables aux lits confortables. C'est votre meilleur choix si vous partez tôt pour Playa Grande. Des microbus effectuent régulièrement les 7 minutes de trajet entre la gare routière et le centre (1,50 Q). En ville, l'**Hotel Villa Virginia** (☎ 7780-2236 ; angle 3a Calle et 3 Av ; ch 77 Q/pers) et son restaurant sont pile sur la place. Un Banrural, pourvu d'un DAB Cajero 5B, est installé à l'angle du parc. Trois restaurants s'égrènent sur la 3a Calle à une rue du parc ; le Restaurant El Café, face à la Villa Virginia, propose un excellent *caldo de gallina*.

Si vous continuez vers Cobán ou El Petén, partez tôt. Des pick-up desservent Playa Grande (50 Q, 4 heures) toutes les heures de 3h à 16h. Ils partent face à l'Hotel Arizona, près de la gare routière, et s'arrêtent au marché pour embarquer d'autres passagers et leurs marchandises. La route traverse les villages isolés et les forêts de la région d'Ixcán, alternant graviers agglomérés et rocher affleurant, mais le trajet est fascinant. Il peut prendre 2 ou 3 heures de plus lorsque les conditions météorologiques sont défavorables. Renseignez-vous auprès des habitants avant d'entreprendre ce périple.

Nentón, Los Huistas et Gracias a Dios

Dans une région moins élevée et plus luxuriante, entre les Cuchumatanes et la frontière mexicaine, Nentón et Los Huistas, au sud, ont gravement souffert de la guerre civile. Quelques vestiges archéologiques parsèment la région, qui se distingue par une culture particulière et l'usage de la langue maya popti' (jakalteko).

À 30 km au nord de Nentón, sur la route asphaltée partant de l'Interamericana à Finca La Trinidad, se trouve l'embranchement de la future Transversal del Norte, l'autoroute qui doit traverser le nord du Guatemala. On peut passer la frontière mexicaine dans le village isolé de Gracias a Dios, à 10 km à l'ouest, mais il n'y a qu'un poste-frontière guatémaltèque et vous devrez aller à Comitán ou à San Cristóbal de Las Casas pour obtenir votre tampon mexicain. Des microbus circulent régulièrement entre ici et Comitán, au

Mexique. Si vous êtes coincé, vous trouverez des chambres rudimentaires à Gracias a Dios. Pour des détails sur les bus desservant Nentón et Gracias a Dios, voir p. 183.

À environ 5 km au sud de l'embranchement de Finca La Trinidad, vous verrez l'embranchement pour la **Posada Rural Finca Chaculá** (☎ 5205-9328 ; www.unicornioazul.com ; s/d/tr 190/300/390 Q), projet touristique communautaire imaginé par d'anciens expatriés de cinq groupes ethniques différents, revenus au pays après avoir trouvé refuge au Mexique pendant la guerre civile. Leur ferme de 37 km^2 compte une petite lagune, des sites archéologiques mayas, une cascade et une forêt luxuriante. La vieille demeure abrite trois chambres confortables avec douches chaudes, et sert des repas. Les guides formés par l'Inguat organisent des excursions à la Laguna Brava (Yolnajab ; voir ci-dessous) et Hoyo Cimarrón, un cratère géant presque parfaitement cylindrique proche de la frontière mexicaine. Des bus circulant de Huehuetenango à Yalambojoch et Gracias a Dios passent par là.

Yalambojoch et Laguna Brava

À l'est de Gracias a Dios, sur l'itinéraire destiné à devenir l'autoroute du nord Transversal del Norte, se trouve le hameau de Yalambojoch. La plupart des habitants ont fui pendant le conflit des années 1980 et ne sont revenus que récemment. Une ONG européenne a fourni des fonds pour réinstaller la communauté, construire des puits, des maisons, une école et un **centre culturel** (per@cnl.nu). L'écotourisme est localement bien développé.

L'une des principales curiosités est la Laguna Brava (ou Laguna Yolnajab), à 6,5 km au nord, extension des Lagunas de Montebello, au Mexique. Ses eaux cristallines se prêtent bien à la baignade. On y accède en descendant pendant 2 heures à pied ou à cheval de Yalambojoch (de préférence entre mars et juin). Il faut acquitter 25 Q pour accéder au lagon, et les guides demandent 75 Q pour vous y conduire, plus 75 Q/jour pour les chevaux. Adrenalina Tours, à Huehuetenango (voir p. 180), organise des expéditions de camping en groupe ; on y trouve aussi des huttes pourvues de fourneaux.

À l'est de Yalambojoch, une série de pyramides mayas datant du Xe siècle, étonnamment préservées, se dressent près du site de l'ancien village de San Francisco, victime de l'un des massacres les plus atroces perpétrés par l'armée lors de l'offensive de la terre brûlée de Rios Montt pendant la guerre civile.

Des visiteurs viennent ici pour découvrir la vie rurale d'une communauté chuj, et des postes de bénévoles sont disponibles pour enseigner au centre culturel ou travailler à des projets de reforestation.

Vous trouverez à Yalambojoch quelques huttes confortables et un grand dortoir bien tenu (50 Q/pers). Les clients ont accès à la cuisine bien équipée ou peuvent se restaurer dans un des *comedores* pour 20 Q.

Des bus La Chiantlequita (30 Q, 6 heures) partent pour Yalambojoch de Huehuetenango à 4h45 et 13h, retour à 4h45 et 9h30. D'autres partent de San Mateo Ixtatán.

LA MESILLA

Les postes-frontières mexicain et guatémaltèque de La Mesilla et de Ciudad Cuauhtémoc sont distants de 4 km ; on peut prendre un taxi entre les deux (4 Q). La rue de La Mesilla qui mène à son poste-frontière compte plusieurs services, notamment un commissariat, une poste et une banque. Les bureaux de change proposent des taux intéressants si vous changez des dollars, très mauvais s'il s'agit de pesos ou de quetzals.

En partant tôt de Huehuetenango, vous devriez passer cette frontière sans encombre et continuer vers Comitán ou San Cristóbal de Las Casas, au Mexique, en une journée (ou l'inverse). Quand il fait jour, des bus et des combis circulent régulièrement entre Ciudad Cuauhtémoc et Comitán (30-40 Q, 1 heure 15), d'où l'on peut continuer vers San Cristóbal (2 heures). De La Mesilla, une vingtaine de bus partent pour Huehuetenango (20 Q, 2 heures) entre 5h45 et 18h. Línea Dorada propose des Pullman pour Guatemala Ciudad (130 Q, 8 heures) à 12h30 et 21h. Si vous êtes bloqué à La Mesilla, essayez l'**Hotel Mily's** (☎ 7773-8665 ; s/d 120/160 Q; 🞨), à 500 m du poste-frontière sur la droite. Ses chambres-cellules sont disposées autour d'un jardin tropical. Marchander s'avérera peut-être utile. Autre option correcte : l'**Hotel María Eugenia 2** (☎ 7722-8077 ; s/d 100/200 Q), à 300 m de la frontière, dans une allée sur la gauche.

Côte Pacifique

Séparées des Hautes Terres par une chaîne de volcans, les plaines qui descendent jusqu'au Pacifique sont appelées La Costa. Il y règne une chaleur étouffante, humide ou sèche selon la saison. La fertilité du sol volcanique favorise la culture du café en altitude et, plus bas, les cultures du palmier à huile et de la canne à sucre.

Takalik Abaj et les sculptures laissées par des civilisations préolmèques près de Santa Lucía Cotzumalguapa constituent les sites archéologiques les plus intéressants de la région.

La culture est essentiellement *ladina* (influences indienne et européenne) et même les villes les plus importantes restent modestes avec leurs maisons basses en bois ou en béton et quelques toits de chaume.

La Carretera al Pacífico (Hwy 2), une voie rapide, court parallèlement à la côte de Ciudad Tecún Umán, à la frontière mexicaine, jusqu'à Ciudad Pedro de Alvarado, à la frontière salvadorienne. Un bus relie en 5 heures Ciudad Tecún Umán et Guatemala Ciudad (250 km). La plupart des villes qui jalonnent la Carretera al Pacífico présentent peu d'intérêt, sauf quelques sites, comme le parc aquatique Xocomil et le parc à thème Xetulul.

Le tourisme balnéaire reste très peu développé. Seule Monterrico, aidée par une réserve qui protège les mangroves et leurs habitants, peut prétendre au titre de ville touristique. La plupart des localités côtières disposent d'hébergements très sommaires. Sipacate, avec ses vagues, devient un rendez-vous de surfeurs, sans toutefois égaler le Mexique ou le Salvador.

CÔTE PACIFIQUE

À NE PAS MANQUER

- Un séjour loin de tout à **Tilapita** (p. 193), dans le seul hôtel du village
- L'exploration du **Parque Arqueológico Takalik Abaj** (p. 197) pour comprendre le lien entre les Olmèques et les Mayas
- L'observation de la vie sauvage dans les canaux et les lagons bordés de mangroves du **Biotopo Monterrico-Hawaii** (p. 206)
- Les énormes et mystérieuses têtes sculptées par les Pipil à **Santa Lucía Cotzumalguapa** (p. 200)
- Une baignade au **Parque Acuático Xocomil** (p. 197) et des tours de manège au **Parque de Diversiones Xetulul** (p. 197), deux parcs de loisirs proches de Retalhuleu

CÔTE PACIFIQUE

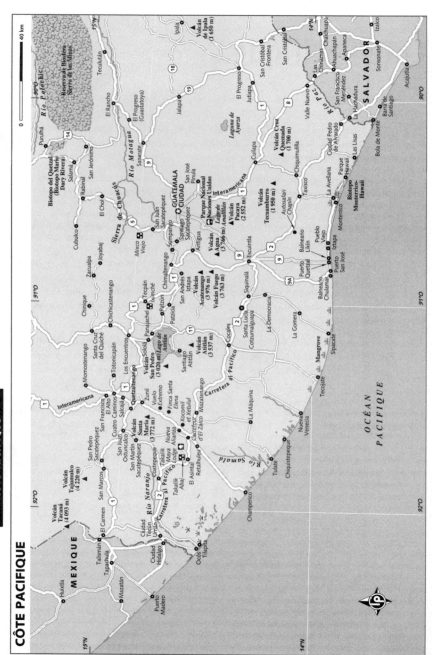

Histoire

Bien que la côte Pacifique soit l'une des premières régions peuplées au Guatemala, on sait relativement peu de choses de son histoire ancienne. De nombreux sites archéologiques ont sans doute été envahis par la jungle et d'autres détruits pour laisser place à l'agriculture.

On sait que les Olmèques furent parmi les premiers à arriver, suivis des Oçó et des Iztapa, dont les cultures semblent s'être épanouies vers 1500 av. J.-C.

Bien moins développées que d'autres cultures du Nord, elles acquièrent toutefois une habileté certaine dans la sculpture de la pierre et la poterie. La région côtière servit sans doute de passage, permettant la progression des avancées culturelles (comme l'écriture et le calendrier maya) du nord au sud.

Entre 400 et 900, les Pipil vinrent s'installer sur la côte, fuyant probablement les conflits des hauts plateaux du Mexique. Ils introduisirent la culture du cacao, dont ils faisaient une boisson plutôt amère et utilisaient les fèves comme monnaie.

Vers la fin de la période postclassique, l'arrivée des Quiché, des Cakchiquel et des Tz'utujil fut provoquée par les pénuries alimentaires et les conflits fonciers dus à l'accroissement de la population dans les Hautes Terres guatémaltèques.

Pedro de Alvarado, le premier Espagnol à poser le pied au Guatemala, débarqua sur la côte Pacifique en 1524. Il s'y arrêta brièvement afin de combattre les Quiché, avant de livrer une bataille bien plus acharnée aux environs de l'actuelle Quetzaltenango. Des missionnaires franciscains furent envoyés dans toute la région et entamèrent de longues, et souvent infructueuses, tentatives de conversion de la population locale.

Si l'agriculture fut développée dès cette époque (notamment la culture de l'indigo et du cacao), la région ne devint l'un des principaux fournisseurs de produits agricoles du pays qu'après l'Indépendance, grâce aux plantations de caféiers, de bananiers, d'hévéas et de canne à sucre. La langueur du climat tropical semble favoriser l'immobilisme, particulièrement au niveau social. La répartition des terres – une poignée de grands propriétaires et d'innombrables paysans sans terre sous-payés – date des lendemains de l'Indépendance. Vous en verrez les conséquences au fil de votre voyage : les grandes demeures et les opulents quartiers résidentiels protégés côtoient les baraquements sordides des ouvriers agricoles.

CIUDAD TECÚN UMÁN

Le plus utilisé et le mieux desservi des deux postes-frontières de la côte Pacifique, Ciudad Tecún Umán est relié par un pont à Ciudad Hidalgo (Mexique). La frontière est ouverte 24h/24 et la ville compte plusieurs hôtels et restaurants rudimentaires, ainsi que des banques qui changent les dollars US et les chèques de voyage. Mieux vaut arriver avant la nuit dans cette localité à l'ambiance louche des villes frontalières.

Jusqu'à 18h, des bus partent fréquemment pour Coatepeque, Retalhuleu, Mazatenango, Escuintla et Guatemala Ciudad en empruntant la Carretera al Pacífico. Des bus directs desservent Quetzaltenango (35 Q, 3 heures 30) jusqu'à 14h environ. Si votre destination ne figure pas parmi les départs, prenez un bus pour Coatepeque ou Retalhuleu, puis changez. Du côté mexicain, des bus quittent Ciudad Hidalgo pour Tapachula (15 $M, 50 min) toutes les 10 minutes, de 4h30 à 22h.

EL CARMEN

Un pont enjambe le Río Suchiate entre El Carmen et Talismán (Mexique). La frontière est ouverte tous les jours 24h/24, mais il est généralement plus facile de passer par Tecún Umán. El Carmen offre quelques services, très spartiates. La plupart des bus qui circulent entre cette bourgade et le reste du pays passent par Ciudad Tecún Umán, à 39 km au sud, puis suivent la Carretera al Pacífico vers Coatepeque, Retalhuleu et Escuintla. Avant d'arriver à Ciudad Tecún Umán, ils s'arrêtent souvent à Malacatán sur la route de San Marcos et Quetzaltenango ; vous pouvez prendre une correspondance à cet endroit, mais mieux vaut changer à Coatepeque (20 Q, 2 heures d'El Carmen) ou à Retalhuleu.

Côté mexicain, des minibus font la navette toutes les 10 minutes entre Talismán et Tapachula, de 5h à 21h (10 $M).

TILAPITA

Juste au sud de la frontière mexicaine, ce petit village de pêcheurs est idéal pour quelques jours de détente au bord de la mer. Il ne compte qu'un (bon) hôtel et semble à mille lieues du désordre qui affecte nombre de localités côtières.

Situé sur une langue de sable séparée du continent par l'estuaire de l'Ocós, le village n'est accessible qu'en bateau depuis la ville de Tilapa. Si l'endroit se prête à la baignade, le courant est dangereux, comme sur toutes les plages de cette côte, et aucun sauveteur ne le surveille. À moins d'être un nageur expérimenté, ne vous éloignez pas.

Il n'y a pas grand-chose à faire ici, ce qui fait le charme des lieux. Les pêcheurs locaux proposent de superbes circuits dans l'estuaire, la mangrove et la **Reserva Natural El Manchón** pour 150 Q par bateau et par heure. Parmi les espèces présentes, vous apercevrez peut-être des iguanes, des crocodiles, des hérons blancs, des aigrettes et des martins-pêcheurs.

Le **Tortugario Tilapita**, en face du chemin qui mène à l'Hotel El Pacífico, lutte farouchement pour préserver la population locale de tortues de mer et accepte volontiers les bénévoles.

L'une des meilleures affaires le long de la côte, l'**Hotel Pacific Mar** (☎ 5914 1524 ; www. playatilapa.com ; s/d 60/80 Q ; 🗩) offre des chambres sans prétention, de taille correcte et bien tenues, dans un bâtiment en béton. Il sert de délicieux repas (45 Q) sous une grande *palapa* (abri couvert de feuilles de palmier), généralement préparés avec la pêche du jour – crevettes, poissons et *caldo de mariscos* (ragoût de la mer) sont excellents. La belle piscine aide à supporter la chaleur.

Depuis Tecún Umán, vous aurez peut-être la chance de trouver un minibus direct (10 Q, 45 min) pour Tilapa. Sinon, prenez le premier bus qui quitte la ville, descendez à l'embranchement de Tilapa et attendez un autre bus pour terminer votre trajet. Pour un itinéraire beaucoup plus agréable, prenez un bus pour Ocós (6 Q, 30 min), puis une *lancha* (petit bateau ; 15 Q, 45 min) jusqu'à Tilapita. Dans le sens inverse, des bus directs relient Coatepeque à Tilapa (10 Q, 1 heure 30). Dans Tilapa, tournez à gauche dans la rue transversale jusqu'au quai, où attendent des *lanchas*. La traversée jusqu'à Tilapita (10 min) coûte 10 Q par personne en *lancha* collective, ou 50 Q pour le bateau. S'il ne l'a pas deviné, précisez au *lanchero* que vous allez *al hotel*. Si vous êtes coincé à Tilapa, vous trouverez quelques hôtels bon marché mais moins plaisants.

Les bus Pullman effectuant le trajet Guatemala Ciudad-Tecún Umán font souvent halte à Tilapa. Renseignez-vous sur place sur l'heure du prochain passage.

COATEPEQUE
55 700 habitants

Juché sur une colline et entouré de luxuriantes plantations de café, Coatepeque est un bourg marchand bruyant et plutôt laid, humide tout au long de l'année. Son nom revient souvent dans les journaux, car Coatepeque est une étape majeure sur la route de la drogue et des armes entre la Colombie et le Mexique. En dehors de Guatemala Ciudad, cette ville enregistre le plus fort taux de criminalité et, presque chaque jour, la guerre des gangs ou des règlements de comptes font des victimes. Les touristes ne sont jamais visés et se retrouvent rarement au milieu d'échanges de tirs (néanmoins, c'est arrivé à un bénévole étranger en 2006).

Mieux vaut se tenir à l'écart de cette autre facette du Guatemala et séjourner à Retalhuleu pour visiter les ruines de Takalik Abaj. Si vous devez passer la nuit sur place, deux hôtels corrects sont installés dans le centre-ville, relativement calme.

Maya Expeditions (voir p. 75) organise des descentes de rafting sur le Río Naranjo voisin pour 790 Q par personne et par jour.

L'**Hotel Baechli** (☎ 7775 1483 ; 6a Calle 5-45, Zona 1 ; s/d 95/165 Q ; 🅿) propose des chambres simples et fraîches, avec ventilateur. L'**Hotel Europa** (☎ 7775-1396 ; 6a Calle 4-01, Zona 1 ; s/d 90/180 Q) est un hôtel tranquille à l'ancienne. À l'avant, les chambres, qui peuvent être bruyantes dans la journée, disposent de balcons donnant sur la place.

De bons restaurants (essentiellement de grillades et/ou chinois) entourent le parc. **Itabo's** (5a Av 3-65 ; plats 30-50 Q ; 🕐 petit-déj et déj) est vaguement branché et complètement décalé par rapport au reste de Coatepeque, ville plutôt ordinaire. On y sert de bons petits-déjeuners et un choix correct de boissons à base de café.

Important carrefour de transports sur la côte Pacifique, Coatepeque est bien desservi par les bus. La gare routière, au centre-ville, offre des services pour El Carmen (20 Q, 2 heures), Tecún Umán (20 Q, 2 heures), Quetzaltenango (25 Q, 2 heures 30), Tilapa (10 Q, 1 heure 30) et Retalhuleu (9 Q, 1 heure), etc. Plusieurs bus Pullman, plus confortables et parfois climatisés, font halte à Coatepeque sur le trajet Guatemala Ciudad-Tecún Umán. Ils stationnent à une rue à l'est de la gare routière et facturent 50 Q le parcours de 4 heures jusqu'à Guatemala Ciudad.

RETALHULEU

42 350 habitants / altitude 240 m

L'arrivée à la gare routière de Retalhuleu, ou Reu (*ré-ou*) comme la surnomment les Guatémaltèques, n'a rien d'enchanteur : le quartier misérable est envahi de *cantinas* délabrées et de vendeurs de rue.

Le centre-ville, à cinq pâtés de maisons, semble un autre monde avec sa majestueuse place ombragée de palmiers et entourée de beaux bâtiments anciens. Même le poste de police est orné de plantes !

À la périphérie, les demeures des riches planteurs côtoient de somptueuses résidences secondaires et des quartiers protégés, qui se multiplient dans le pays.

La plupart des visiteurs viennent pour explorer Takalik Abaj. Si vous en avez le temps, ne manquez pas de découvrir les deux excellents parcs de loisirs des environs (voir p. 197).

Les touristes provoquent l'étonnement mais sont bien accueillis. Si votre budget le permet, choisissez un hôtel avec piscine – un bienfait dans cette chaleur suffocante – et assurez-vous que votre chambre dispose au moins d'un ventilateur.

Orientation et renseignements

Le centre-ville se situe à 4 km au sud-ouest de la Carretera al Pacífico, le long de la Calzada Las Palmas, un grand boulevard bordé d'imposants palmiers. Le principal arrêt de bus est dans la 10a Calle, entre les 7a et 8a Avenidas, au nord-est de la place. Pour trouver cette dernière, repérez les tours jumelles de l'église.

À défaut d'office du tourisme, les employés de la *municipalidad* (hôtel de ville), dans la 6a Av, face au côté est de l'église, feront de leur mieux pour vous aider.

Le **Banco Industrial** (angle 6a Calle et 5a Av) change les dollars US et les chèques de voyage, délivre des avances sur les cartes Visa et possède un DAB Visa. Le **Banco Agromercantil** (5a Av), en face de la place, change également les dollars US et les chèques de voyage, et dispose d'un DAB MasterCard.

Internet (angle 5a Calle et 6a Av ; 5 Q/heure) fournit l'accès à Internet.

ReuXtreme (☎ 5202-8180 ; www.reuxtreme.com ; 4a Calle 4-23, Zona 1), installé devant l'Hostal Casa Santa María (p. 196) est le tour-opérateur local. Il propose des excursions en kayak,

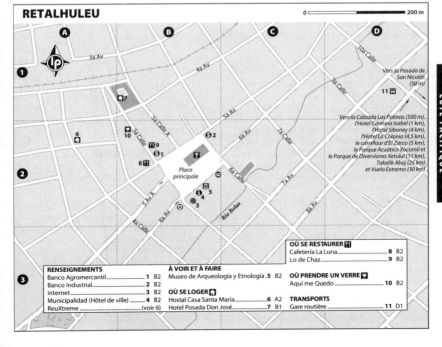

RETALHULEU

0 ———— 200 m

Vers la Posada de San Nicolás (50 m)

Vers la Calzada Las Palmas (500 m), l'Hotel Camina Isabel (1 km), l'Hotel Siboney (4 km), l'Hotel La Colonia (4,5 km), le carrefour d'El Zarco (5 km), le Parque Acuático Xocomil et le Parque de Diversiones Xetulul (11 km), Takalik Abaj (25 km) et Vuelo Extremo (30 km)

Place principale

RENSEIGNEMENTS	
Banco Agromercantil................**1** B2
Banco Industrial....................**2** B2
Internet.............................**3** B2
Municipalidad (Hôtel de ville).....**4** B2
ReuXtreme........................(voir 6)

À VOIR ET À FAIRE	
Museo de Arqueología y Etnología.**5** B2

OÙ SE LOGER	
Hostal Casa Santa María...........**6** A2
Hotel Posada Don José.............**7** B1

OÙ SE RESTAURER	
Cafetería La Luna..................**8** B2
Lo de Chaz........................**9** B2

OÙ PRENDRE UN VERRE	
Aquí me Quedo....................**10** B2

TRANSPORTS	
Gare routière....................**11** D1

CÔTE PACIFIQUE

des sorties d'observation des oiseaux et des promenades sur le thème de la nature, des visites des sites archéologiques des environs, ainsi que des navettes, notamment pour Antigua, Quetzaltenango et Panajachel.

À voir et à faire
Le petit **Museo de Arqueología y Etnología** (6a Av 5-68 ; 15 Q ; 🕙 8h-12h30 et 14h-17h mar-sam, 9h-12h30 dim) renferme des vestiges archéologiques. À l'étage, il présente des photos anciennes et une peinture murale indiquant les 33 sites archéologiques du département de Retalhuleu.

Vous pourrez vous baigner dans les piscines des hôtels Siboney et La Colonia (voir ci-contre), accessibles aux non-résidents pour 15 et 25 Q respectivement. À La Colonia, un bar est installé au bord de la piscine.

Où se loger
Le long de la Carretera al Pacífico, plusieurs autres hôtels, de style "motel tropical", comprennent bungalows, restaurant et piscine. Ils sont pratiques si vous êtes motorisé ou si un bus peut vous déposer.

Posada de San Nicolás (☎ 7771-4386 ; posadasannicolasreu@hotmail.com ; 10a Calle 8-50, Zona 1 ; ch avec ventil/ clim 80/100 Q par pers ; 😸). La meilleure affaire de la ville pour les petits budgets : chambres simples et propres, à 2 rues de l'arrêt de bus.

🖧 **Hostal Casa Santa María** (☎ 7771-6136 ; www.hostalcasasantamaria.com ; 4a Calle 4-23, Zona 1 ; s/d à partir de 120/240 Q ; 😸 🛜 🖳). L'un des établissements de la ville possédant le plus de charme, ce petit hôtel comprend 8 chambres agréables et spacieuses, décorées de façon minimaliste mais avec goût. Petite piscine dans la cour.

Hotel Carmiña Isabel (☎ 7771-7217 ; Calz Las Palmas 2-71, Zona 2 ; s/d 150/250 Q ; 😸 🖳). La Calzada Las Palmas, autrefois quartier très en vue de Reu, est encore bordée d'imposantes demeures. Cet hôtel en témoigne : les chambres ne sont pas immenses, mais l'enceinte et la piscine sont charmantes.

Hotel Siboney (☎ 7772-2174 ; www.hotelsiboney.com ; Cuatro Caminos, San Sebastián ; s/d 200/300 Q ; 🅿 😸 🖳 🖳). Ici, la décoration trouve une heureuse combinaison des thèmes tropical et moderne. Les chambres donnant sur la piscine se remplissent vite, surtout les week-ends, et il vaut donc mieux réserver. Cet hôtel se situe à 4 km au nord-est de la ville, au carrefour de la Calzada Las Palmas et de la Carretera al Pacífico. Si vous venez de Quetzaltenango

ou du sud, demandez au chauffeur de bus de vous déposer pour éviter de revenir sur vos pas.

Hotel Posada Don José (☎ 7771-0180 ; www.hotelposadadedonjose.com ; 5a Calle 3-67, Zona 1 ; s/d 260/330 ; 🅿 😸 🖳). Superbe hôtel de style colonial aménagé autour d'une immense piscine. On aimerait pouvoir plonger depuis le balcon supérieur. Les chambres sont spacieuses et confortables. Des rénovations sont en cours, donc n'hésitez pas à en voir plusieurs avant de faire votre choix.

Hotel La Colonia (☎ 7772-2048 ; www.hlacoloniareu.com ; Carretera al Pacífico Km 178 ; s/d 320/400 ; 🅿 😸 🖳). À quelques centaines de mètres à l'est du Siboney, La Colonia offre un cadre luxueux. Les charmants bungalows en duplex semblent coincés dans les années 1970 mais constituent tout de même une bonne affaire.

Où se restaurer et prendre un verre
Les pizzerias se succèdent au nord de la place, le long de la 5a Av.

Cafetería La Luna (5a Calle 4-97 ; menu déj avec boisson 20 Q, dîner 30 Q ; 🕙 petit-déj, déj et dîner). Face à l'angle ouest de la place, cette cafétéria doit son succès à ses repas simples et copieux dans un environnement détendu.

Lo de Chaz (5a Calle 4-65 ; plats 25-40 Q ; 🕙 petit-déj, déj et dîner). À deux pas de la place, cet établissement sans prétention sert de bons petits-déjeuners, des soupes, des en-cas, des poissons et fruits de mer, ainsi que des bières glacées.

Aquí me Quedo (5a Calle 4-20 ; 🕙 mer-sam 22h-1h). Cet accueillant petit bar à l'étage, au grand balcon rafraîchi par la brise, est le meilleur endroit pour boire quelques verres dans une ambiance animée tout en ménageant ses tympans.

Depuis/vers Retalhuleu
La plupart des bus qui circulent sur la Carretera al Pacífico font un détour par Reu. Parmi les destinations desservies figurent :

Champerico (9 Q, 1 heure, 38 km, toutes les quelques minutes de 6h à 19h)

Ciudad Tecún Umán (13 Q, 1 heure 30, 78 km, toutes les 20 min de 5h à 22h)

Guatemala Ciudad (ordinaire/Pullman 45/70 Q, 3 heures, 196 km, toutes les 15 min de 2h à 20h30)

Quetzaltenango (11 Q, 1 heure, 46 km, toutes les 30 min de 4h à 18h)

Santa Lucía Cotzumalguapa (22 Q, 2 heures, 97 km). Certains bus à destination d'Escuintla ou de Guatemala Ciudad peuvent vous déposer à Santa Lucía ; sinon, prenez un bus pour Mazatenango (Mazate), puis changez.

Les taxis collectifs (5 Q) sont le meilleur moyen de se rendre jusqu'à El Asintal (pour Takalik Abaj). Cherchez les breaks affichant "Asintal" peint sur le pare-brise autour de la gare routière et de la place.

ENVIRONS DE RETALHULEU
Parque Acuático Xocomil et Parque de Diversiones Xetulul

Si vous voyagez avec des enfants ou si vous souffrez de la chaleur, rendez-vous au **Parque Acuático Xocomil** (☎ 7772 9400 ; www.irtra.org.gt ; Carretera CITO Km 180,5 ; adulte/enfant 100/50 Q ; ☺ 9h-17h jeu-dim), un gigantesque parc aquatique de style Disneyland, mais sur un thème guatémaltèque. Parmi les 10 toboggans aquatiques, les 2 piscines et les 2 bassins à vagues, se dressent des reproductions de monuments mayas de Tikal, de Copán et de Quiriguá. Les visiteurs peuvent descendre une rivière qui traverse des canyons flanqués d'anciens temples et de masques mayas crachant l'eau par le nez et la bouche. Du parc, on aperçoit trois volcans bien réels – le Santiaguito, le Zunil et le Santa María. Très bien conçu et entretenu, Xocomil enchante les enfants. Il se situe à San Martín Zapotitlán, sur la route de Quetzaltenango, à 12 km au nord de Reu.

À côté du Xocomil et encore plus impressionnant, le **Parque de Diversiones Xetulul** (☎ 7722 9450 ; www.irtra.org.gt ; Carretera CITO Km 180,5 ; adulte/enfant 100/50 Q ; ☺ 10h-18h jeu-dim), un parc à thème avec des reconstitutions d'une pyramide de Tikal et de bâtiments historiques guatémaltèques et européens, comprend des restaurants et de nombreuses attractions ; un bracelet (50 Q) donne un accès illimité à ces dernières.

Ces deux parcs sont gérés par l'**IRTRA** (Instituto de Recreación de los Trabajadores de la Empresa Privada de Guatemala ; Institut de loisirs des employés des entreprises privées guatémaltèques), qui administre plusieurs parcs d'attractions dans le pays. Xocomil et

Xetulul figurent parmi les plus fréquentés, avec plus d'un million de visiteurs par an.

Si vous souhaitez séjourner près de toute cette animation, il y a quelques hôtels le long de cette portion de la grand-route, mais aucun ne vaut les **Hostales** (☎ 7722-9100 ; www.irtra.org. gt ; Carretera CITO Km 180,5 ; ch avec ventil/clim à partir de 330/360 Q ; ⓟ ⛱ ♨)tenus par l'IRTRA, juste de l'autre côté de la route. Ils sont installés dans un cadre tropical et luxuriant qui comporte des piscines, un spa, plusieurs terrains de sport et probablement le minigolf le plus impressionnant du pays. L'ensemble compte 7 bâtiments principaux, chacun décoré dans un style différent – colonial, méditerranéen, asiatique, africain et maya – tous avec des chambres spacieuses, modernes et confortables. Il vaut mieux y séjourner du dimanche au mercredi : le reste du temps, l'endroit est bondé et les prix s'envolent. Il y a quelques restaurants (plats à partir de 50 Q) sur place, qui servent des classiques guatémaltèques à des prix raisonnables.

Tous les bus circulant entre Retalhuleu et Quetzaltenango vous déposeront au Xocomil, au Xetulul ou aux Hostales.

Vuelo Extremo

En poursuivant vers Quetzaltenango depuis Retalhuleu, vous trouverez juste au bord de la route ce **parc de tyroliennes** (☎ 7764-1931 ; Carretera a Retalhuleu Km 199 ; 3/4/11 câbles 75/100/150 Q ; ☺ 6h-18h). Si vous aimez ce genre d'activités et souhaitez découvrir la canopée, voici l'un des parcs au meilleur rapport qualité/prix du pays. Il commence et se termine par une terrifiante tyrolienne de 300 m de long, à 29 m au-dessus du sol, qui traverse la vallée et la grande route et zigzague ensuite jusqu'au pied de la colline, de l'autre côté. Les moins aventureux apprécieront les agréables sentiers de randonnée (25 Q) passant par des ponts qui se balancent et de petites cascades.

Parque Arqueológico Takalik Abaj

À 25 km à l'ouest de Retalhuleu, le **Parque Arqueológico Takalik Abaj** (50 Q ; ☺ 7h-17h) est un fascinant site archéologique, aujourd'hui entouré de plantations de café, d'hévéas et de canne à sucre. Important centre de négoce à la fin de la période préclassique, avant 250, Takalik Abaj constitue un lien historique entre les Olmèques, première civilisation de la Méso-Amérique, et les Mayas. La culture olmèque se développa de 1200 à 600 av. J.-C.

PAROLE DE GUATÉMALTÈQUES

"Les personnes qui viennent sur la côte foncent vers la plage, mais elles passent à côté de nombreux endroits magnifiques : Takalik Abaj (ci-contre), les *fincas* (plantations) de café, les mangroves, l'IRTRA (ci-dessus)… Pour les étrangers, une grande partie de la côte reste une région inconnue."

Daniel Vásquez, Retalhuleu

sur la côte sud du golfe du Mexique, mais son influence s'étendit bien au-delà ; de nombreuses sculptures de style olmèque ont été trouvées à Takalik Abaj.

Le site couvre 6,5 km² et s'étend sur 9 terrasses naturelles, aménagées par les anciens habitants. Les fouilles archéologiques se poursuivent en dehors du Grupo Central, le cœur de l'antique cité sur la terrasse n°2, où l'on a découvert les plus importants édifices cérémoniaux et institutionnels. Des bains et des sols polychromes de l'époque classique ont été mis au jour à cet endroit fin 2005. Le bâtiment le plus imposant, l'Estructura 5, est une pyramide de 115 m², haute de 16 m, sur la terrasse n°3, au-dessus de la n°2. Elle formait peut-être un côté d'un terrain de jeu de balle. À l'est de l'Estructura 5, l'Estructura 7 était sans doute un observatoire. Lorsqu'on arpente ce parc, parsemé de buttes marquant l'emplacement d'anciens temples, de terrains de jeu de balle et d'escaliers pavés de galets ronds, on est frappé par la quantité de sculptures disséminées alentour : animaux et créatures aquatiques (dont certains dans le curieux style ventru appelé *barrigón*), versions réduites des énormes têtes olmèques et monuments du début de la période maya, avec des personnages délicatement parés conduisant des cérémonies religieuses.

Takalik Abaj, fortement liée à la cité de Kaminaljuyú (l'actuelle Guatemala Ciudad), fut mise à sac vers 300 et ses grands monuments, en particulier de style maya, furent détruits. Certains furent reconstruits après 600 et le site conserve depuis une importance cérémonielle et religieuse. Les Mayas des Hautes Terres y viennent régulièrement à l'occasion de cérémonies.

Pour rejoindre Takalik Abaj, prenez un taxi collectif de Retalhuleu à El Asintal (5 Q, 30 min), à 12 km au nord-ouest de Reu et à 5 km au nord de la Carretera al Pacífico. Des bus moins fréquents partent d'un arrêt dans la 5a Av A, à 800 m au sud-ouest de la place de Reu, toutes les 30 minutes environ, de 6h à 18h. À El Asintal, des pick-up rallient Takalik Abaj (5 Q), à 4 km par une route asphaltée. Un guide bénévole vous offrira ses services ; n'oubliez pas de lui laisser un pourboire. Vous pouvez aussi visiter Takalik Abaj en circuit organisé à partir de Quetzaltenango (voir les tour-opérateurs p. 167).

Takalik Maya Lodge (☎ 2333-7056 ; www.takalik. com ; forfait/nuit et petit-déj 620/370 Q par pers). Installé sur le terrain d'une exploitation agricole en activité 2 km après l'entrée vers Takalik Abaj – et sur une vaste section du site où il n'y a pas encore eu de fouilles –, c'est de loin l'établissement le plus confortable de la région. L'offre d'hébergement se compose d'un vieux corps de ferme et de maisons de "style maya" construites récemment au milieu de la forêt. Les forfaits comprennent les repas et la visite des plantations de caféiers, de macadamias et d'hévéas, ainsi que des excursions à cheval avec guide vers les cascades de la propriété et le site archéologique. Tous les pick-up qui partent d'El Asintal et passent par Takalik Abaj vous déposeront devant l'entrée.

Nueva Alianza

Cette **plantation de café** (☎ 5348-5290, à Quetzaltenango 5047-2233 ; www.comunidadnuevaalianza.org ; dort/s/d sans sdb 65/85/170 Q ; 🖳), qui suit les règles du commerce équitable, a été reprise par ses anciens employés lorsque le propriétaire a fait faillite et s'est enfui sans verser les arriérés de salaires. Située à flanc de colline au-dessus du littoral, la ferme offre une vue magnifique et propose diverses promenades (25 Q) dans la plantation et la campagne alentour, ainsi que la visite des ateliers pour découvrir l'histoire de la communauté et son fonctionnement actuel. La promenade jusqu'à la cascade se termine par une baignade plaisante. Différents postes de bénévoles à court et à long terme sont offerts. Pour vous rendre sur place, le plus simple est de contacter le bureau à Quetzaltenango et de participer au circuit d'une école d'espagnol (presque tous les week-ends). Sinon, le trajet est assez facile de Retalhuleu (1 heure environ) : des bus, signalés "Hochen", partent du principal arrêt de bus vers 12h – arrivez assez tôt. Pour d'autres possibilités de tourisme rural dans la région, voir l'encadré ci-contre.

CHAMPERICO
8 500 habitants

Construite pour expédier le café lors du boom économique de la fin du XIXe siècle, Champerico, à 38 km au sud-ouest de Retalhuleu, est une bourgade torride et sans grâce, peu fréquentée par les touristes. Néanmoins, c'est l'une des plages les plus facilement accessibles de Quetzaltenango et nombre d'étudiants de Xela viennent y passer la journée. Méfiez-vous de la force des vagues et du courant et restez sur la partie centrale de la plage. Aux deux extrémités, des

AGROTURISMO

Avec une telle quantité de magnifiques *fincas* (exploitations agricoles) dans un cadre splendide, le développement de l'agrotourisme au Guatemala n'était qu'une question de temps. Cette forme de tourisme a un impact minimum – on séjourne en général dans la ferme et les visites consistent à se promener dans la propriété. La plupart des *fincas* proposant des excursions et un hébergement tirent encore la majeure partie de leurs revenus de l'agriculture – leurs responsables ne se contentent pas d'attendre les touristes. Si vous comptez séjourner à l'une des adresses ci-dessous, informez-la de votre arrivée quelques jours avant.

Aldea Loma Linda (☎ 5724-6035 ; www.aldealomalinda.com ; ch sans sdb bénévoles/visiteurs 25/50 Q par pers). Magnifique village situé au pied du flanc sud du volcan Santa María. Il y a de superbes randonnées (50 Q, 3 heures environ) dans la campagne alentour, où vivent quelque 280 espèces d'oiseaux (dont le quetzal) toute l'année. Les hébergements sont rudimentaires mais confortables et les repas (bénévoles/visiteurs 5/10 Q) sont partagés avec des familles locales. Les bénévoles peuvent travailler dans le potager bio de la communauté, à l'élevage de vers de terre ou à la préservation de la forêt. Des bus à destination de Loma Linda (8 Q, 2 heures) partent de Retalhuleu à 12h, 12h30, 13h30 et 15h.

Finca Santa Elena (☎ 7772-5294 ; www.fincasantaelena.com ; Carretera a Quetzaltenango Km 187 ; s/d sans sdb 125/250 Q ; 🛜). Située tout près de la route principale, c'est l'une des *fincas* les plus facilement accessibles de la région. Les visites (55-80 Q/pers) sont une mine d'informations – l'une d'entre elles explore le processus de production du café, tandis que l'autre plonge dans la forêt locale, en passant par les rivières, les cascades, la forêt de bambous et un site naturellement peuplé de milliers de papillons. On y loge dans la ferme d'origine, un charmant bâtiment en bois, et la plupart des chambres ont une vue magnifique. Les repas préparés sur place coûtent environ 50 Q. Pour y aller, prenez n'importe quel bus circulant entre Quetzaltenango et Retalhuleu et faites-vous déposer à l'Entrada a Palmarcito (Km 187). L'entrée de la *finca* est au bout de la route bétonnée, à 400 m sur la droite.

Reserva El Patrocinio (☎ 7771-4393 ; www.reservapatrocinio.com ; ch tout compris 820 Q/pers). De loin l'option la plus chic de cette liste, cette plantation en fonctionnement de café, macadamia et ramboutan (entre autres) a été transformée en réserve naturelle privée. Les 140 ha recèlent de nombreuses randonnées, des tyroliennes (100 Q), des visites d'information (40-120 Q) à travers les plantations et un restaurant correct (repas 100 Q environ) avec une vue panoramique. Les logements sont installés dans une maison moderne et élégante au flanc d'une colline qui domine la vallée. Si vous y séjournez, tous les repas et les activités mentionnées précédemment sont compris dans le prix. La réserve se trouve à 14 km de la route principale, à 18 km au nord de Retalhuleu – demandez plus de renseignements sur le transport au moment de la réservation.

masures abritent une population misérable et des touristes ont été victimes d'agressions à main armée.

La plupart des visiteurs partent en fin d'après-midi, mais la ville compte plusieurs hôtels et restaurants bon marché. L'**Hotel Maza** (☎ 7773-7180 ; ch avec ventil/clim 125/250 Q) est un bon choix, juste en face de la plage, avec de grandes chambres propres. Tous les restaurants du bord de mer proposent la même chose : fruits de mer frais pour 40-80 Q l'assiette. Les *camarones al ajillo* (crevettes à l'ail) et le *caldo de mariscos* (ragoût de la mer) sortent du lot. Comme toujours, l'adresse la plus fréquentée est celle qui propose les fruits de mer les plus frais. Toute choses égales par ailleurs, l'Adolfos's possède un superbe ponton en bois sur le sable et certaines des meilleures douches/sdb de cette portion de plage. Les derniers bus pour rentrer à Quetzaltenango partent vers 18h, et ceux pour Retalhuleu un peu plus tard.

MAZATENANGO
53 100 habitants / altitude 370 m
À 23 km à l'est de Retalhuleu, Mazatenango, capitale du département de Suchitepéquez, est un centre de négoce pour les fermiers, les marchands et les transporteurs de la côte Pacifique. Quelques hôtels vous dépanneront si vous devez passer la nuit sur place. Sinon, continuez votre chemin.

TULATE
Autre ville en bord de mer encore méconnue, Tulate se distingue par une plage qui descend

en pente douce, permettant de nager ou de patauger dans l'eau sans brutalement perdre pied. La houle est rarement assez forte pour le surf, mais le body-surf peut se pratiquer toute l'année. Pour rejoindre la plage, il faut traverser l'estuaire en bateau (5 Q), puis suivre la seule rue goudronnée sur 500 m. Si vous vous dirigez vers le Paraíso ou l'Iguana, évitez la longue marche en plein soleil en empruntant le sentier le long de la rivière sur la gauche dès que vous quittez la *lancha*. Si vous n'avez pas envie de marcher, la *lancha* pour le Paraíso/l'Iguana coûte 50/100 Q.

Tulate compte 3 hôtels corrects, tous dotés d'un restaurant. Les petites gargotes sur la plage restent les endroits les plus plaisants pour un bon repas de poisson ou de fruits de mer (à partir de 35 Q).

Villa Victoria (☎ 4185-3605 ; ch avec ventil/clim 150/300 Q ; 🅿️ 🆗). Dans l'artère principale, à mi-chemin entre la plage et l'embarcadère, il offre des chambres simples et fraîches, avec 2 lits doubles. Il fait office de Turicentro, ce qui signifie que les enfants du bourg viennent profiter de la piscine (et de son fabuleux toboggan) et font hurler la musique tôt le matin durant le week-end.

L'**Hôtel La Iguana** (☎ 2478-3135 ; ch semaine/week-end 250/300 Q ; 🆗), à 1 km après le Paraíso, offre des chambres simples et agréables avec chacune un lit double et un lit superposé. Un peu excentré, mais le restaurant propose des repas d'un bon rapport qualité/prix (35 Q).

Playa Paraíso (☎ 7872-1191 ; bungalows 350 Q ; 🆗) est une adresse un peu défraîchie mais confortable, sur la plage, à 1 km sur la gauche depuis la rue principale. Les bungalows comprennent 2 lits doubles, un salon et une petite terrasse

en façade. Des hamacs sont accrochés ici et là dans la propriété, et le bon restaurant sert des repas (un peu chers) à toute heure. S'il fait facilement le plein le week-end, vous risquez de vous retrouver seul en semaine.

Des bus directs relient Tulate et Mazatenango (12 Q, 2 heures) par une bonne route, récemment goudronnée. En venant de l'ouest, vous pouvez descendre à Cuyotenango et attendre une correspondance afin de ne pas revenir sur vos pas ; dans ce cas, n'espérez pas trop une place assise, car les bus en provenance de Mazatenango partent souvent une fois pleins.

CHIQUISTEPEQUE

Au bord d'une plage quasi intacte, ce petit village de pêcheurs abrite le **Proyecto Hamaca y Pescado** (☎ 7858 2700 ; www.hamacaypescadoesp.blogspot.com ; s/d 60/120 Q), un projet d'éducation et d'éveil à l'écologie. Vous pouvez participer bénévolement à son programme d'alphabétisation ou juste lézarder sur la plage. Les logements sont installés dans des *cabañas* (bungalows) rustiques et confortables, en bord de plage, et les repas préparés sur place coûtent 25 Q. Les groupes peuvent louer une maison qui loge largement 5 personnes, pour 500 Q par nuit. Si vous venez de Tulate, descendez à La Máquina et prenez une correspondance. Sinon, mieux vaut aller jusqu'à Mazatenango et emprunter l'un des deux bus quotidiens (10h30 et 13h30) pour Chiquistepeque (15 Q, 3 heures).

SANTA LUCÍA COTZUMALGUAPA
95 300 habitants / altitude 356 m

À 71 km à l'est de Mazatenango, Santa Lucía Cotzumalguapa constitue une autre étape

---

LA CÔTE PACIFIQUE SECRÈTE

Champerico et Monterrico, respectivement les plus proches de Quetzaltenango et d'Antigua, sont les stations balnéaires les plus fréquentées par les touristes guatémaltèques et étrangers.

Toutefois, le long du littoral, de nombreuses bourgades méritent le détour et restent quasi désertes la majeure partie du temps.

■ **Tilapita** (p. 193). Un village doté d'un seul hôtel, idéal pour se reposer loin de tout et faire quelques balades dans la mangrove.

■ **Tulate** (p. 199). La côte qui descend progressivement dans l'océan en fait l'une des meilleures plages pour la baignade.

■ **Sipacate** (p. 204). La capitale guatémaltèque du surf offre de bonnes vagues toute l'année, particulièrement de décembre à avril.

▨ **Chiquistepeque** (ci-dessus). Une station balnéaire détendue et un excellent projet communautaire qui accueille volontiers les bénévoles.

importante pour ceux qui s'intéressent à l'archéologie. Dans les champs et les *fincas* proches de la ville se dressent de belles têtes de pierre grimaçantes ainsi que de délicats reliefs, réalisés par la mystérieuse culture pipil qui prospéra dans la région de 500 à 700 environ. En chemin, vous pourrez observer l'activité d'une plantation de canne à sucre.

La ville, plutôt calme, présente peu d'intérêt. Les habitants descendent des Pipil, une culture ancienne reliée aux niveaux linguistique et culturel avec les peuples de langue nahuatl du centre du Mexique. Au début de la période classique, les Pipil cultivaient le cacao, monnaie d'échange de l'époque, pratiquaient le jeu de balle avec passion et semblaient hantés par les rites et les mystères entourant la mort. L'art pipil, très différent du style fleuri des Mayas, est déroutant, sévère et froid malgré une indéniable finesse d'exécution. On ne sait pas quand ces "Mexicains" s'installèrent dans cette partie du Guatemala, ni d'où ils venaient. Toutefois, leur obsession pour le jeu de balle suggère des liens avec la côte du golfe du Mexique.

Orientation et renseignements

La Hwy 2 contourne Santa Lucía au sud. L'ancienne grand-route, toujours appelée Carretera al Pacífico, traverse le sud de la ville. Les meilleurs hébergements la bordent ou se situent à proximité. La place principale se trouve à 400 m au nord, entre la 3a et la 4a Avenidas.

Les 3 principaux sites, tous en dehors de la ville, sont la colline d'El Baúl, à 4,5 km au nord, le musée de la plantation El Baúl, à 2,75 km plus au nord, et le Museo Cultura Cotzumalguapa, près de la route à 2 km au nord-est de Santa Lucía.

Les chauffeurs de taxi qui stationnent sur la place principale vous feront visiter les 3 sites pour 200 Q environ. Effectuer le trajet en voiture aide à supporter la touffeur du climat.

Le **Banco Industrial** (angle 4a Av et 4a Calle), à une rue au nord de la place, change les dollars US (espèces et chèques de voyage) et dispose d'un DAB Visa.

À voir
COLLINE D'EL BAÚL

Au sommet de la colline, ce site demeure un lieu de culte actif pour les habitants de la région. Les Mayas viennent régulièrement,

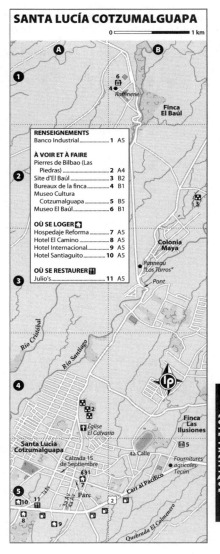

en particulier le week-end, déposer des offrandes, allumer des feux et des cierges et sacrifier des poulets. Ils acceptent la présence de visiteurs et consentent même à se laisser photographier en échange d'une petite contribution.

Des deux pierres qui se dressent à cet endroit, la grande tête grimaçante, à demi enfouie, est la plus étonnante avec sa coiffure élaborée, son nez en forme de bec et ses yeux "aveugles", soulignés de poches. La tête, maculée de cire de bougie et d'éclaboussures de boissons, est noircie par la fumée et les cendres des feux de copal. Ces rituels se déroulent ici depuis plus de 1 400 ans.

La seconde pierre est un relief sculpté d'un personnage à la coiffe complexe, peut-être un dieu du Feu, entouré de motifs circulaires, probablement des glyphes calendaires.

Au nord de la ville, prenez la route qui conduit à l'église El Calvario. À l'intersection suivante, continuez sur 2,7 km jusqu'à une bifurcation qui suit un pont ; un panneau indique "Los Tarros". Les bus qui desservent les bureaux de la plantation El Baúl passent à cet endroit. Prenez la route sur la droite et passez devant le groupe d'habitations Colonia Maya, sur votre droite. À 1,5 km du panneau "Los Tarros", une piste traverse la route : tournez à droite, entre deux piliers de béton. En face, une colline basse est surmontée de trois grands arbres : c'est le site d'El Baúl. Après 250 m, bifurquez à droite entre deux autres piliers de béton et contournez la butte sur 150 m ; prenez alors le sentier qui monte au sommet de cette ancienne plate-forme d'un temple jamais restauré.

MUSEO EL BAÚL

À 2,75 km de marche (ou 5 km en voiture) du site d'El Baúl, le **Museo El Baúl** (entrée libre ; 8h-16h lun-ven, 8h-12h sam) présente en plein air une superbe collection de sculptures pipil trouvées dans les champs de canne à sucre de la *finca* El Baúl. Un grand jaguar en pierre vous accueille à l'entrée. Parmi les autres statues figurent quatre humains ou singes, les bras croisés sur la poitrine, une tête grimaçante aux yeux aveugles qui rappelle celle du sommet de la colline, et des sculptures de crânes. Au fond, une stèle montre un personnage affublé d'une coiffure animale qui se tient au-dessus d'un autre, gisant sur le sol – apparemment le vainqueur et le perdant d'un jeu de balle.

En voiture, prenez l'embranchement de gauche au panneau "Los Tarros" en venant de Santa Lucía, et suivez la route asphaltée sur 3 km jusqu'aux bureaux de la *finca* El Baúl. Des bus font la navette plusieurs fois par jour sur cette route. Si vous êtes à pied, vous pouvez revenir du sommet de la colline au croisement par la route asphaltée.

Traversez-la et continuez sur la piste. Vous parviendrez à la route goudronnée qui mène aux bureaux de la *finca*. Arrivé à la route, tournez à droite.

En approchant des bureaux de la *finca* (à 6 km de la place principale de Santa Lucía), vous traverserez un pont près d'un virage. Continuez à monter et vous verrez l'entrée sur la gauche, signalée par une casemate et une pancarte "Ingenio El Baúl Bienvenidos". Demandez au garde l'autorisation de visiter le musée, qui se trouve sur la droite après les bâtiments de la raffinerie.

MUSEO CULTURA COTZUMALGUAPA

Dans des bureaux d'une autre plantation de canne à sucre, la *finca* Las Ilusiones, le **Museo Cultura Cotzumalguapa** (25 Q ; 8h-15h lun-ven, 8h-12h sam) expose des sculptures retrouvées dans les champs de la plantation. Quelques commentaires accompagnent la collection, que le gardien vous montrera. Elle comprend un autel sacrificiel reconstruit avec les pierres d'origine et les photos de belles stèles emportées au musée Dahlem à Berlin en 1880. Le clou de la collection, le Monumento 21, est la copie en fibre de verre d'une pierre qui se dresse toujours sur les terres de la *finca* Bilbao (qui fait partie de Las Ilusiones) : sur la gauche, on distingue un chaman qui tient une sorte de pantin, au milieu, un joueur de balle avec un couteau et, sur la droite, un roi ou un prêtre tenant ce qui semble être un cœur. Une autre copie de cette pierre et une copie du Monumento 19 gisent sur le sol, en face du musée. D'autres reproductions de sculptures exposées au musée El Baúl bordent la route, juste avant le pont qui mène à l'habitation de la *finca*.

À 1,5 km à l'est du centre-ville sur la Carretera al Pacífico (Hwy 2), peu avant le dépôt de fournitures agricoles Tecún, suivez un petit chemin sur la gauche (nord) sur 400 m pour rejoindre le musée.

PIERRES DE BILBAO

Le Monumento 21, dont une copie se trouve au Museo Cultura Cotzumalguapa, se dresse, avec trois autres belles pierres sculptées, dans les champs de canne à sucre de la *finca* Bilbao, au nord-est de l'église El Calvario (à la limite nord de la ville de Santa Lucía). Par le passé, les touristes allaient régulièrement voir *Las Piedras* (les pierres de Bilbao), guidés par des gamins du coin. Il s'agit d'une zone isolée et des agressions de touristes se sont déjà produites ; renseignez-vous pour connaître la situation actuelle en termes de sécurité.

Où se loger et se restaurer

Les meilleurs hôtels sont installés à l'entrée de la ville, qui ne présente guère d'intérêt.

Hospedaje Reforma (4a Av 4-71 ; s/d 40/70 Q). Bon marché et central, il loue des cellules en béton, sombres et étouffantes. Les têtes de sangliers qui décorent le patio ne jouent pas forcément en sa faveur !

Hotel Internacional (☎ 7882 5504 ; Callejón los Mormones ; s/d 90/~~140~~ Q ; P ✕). Dans une courte allée (signalée) proche de la Carretera al Pacífico, il propose des chambres propres et de bonne taille, avec ventilateur, douche froide et TV. Comptez 70 Q de plus pour la clim.

Hotel El Camino (☎ 7882 5316 ; Carretera al Pacífico Km 90,5 ; s/d avec ventil 140/220 Q ; P ✕ 🛜). À 200 m à l'est du Santiaguito le long de la grand-route, il possède des chambres presque trop grandes, que peinent à remplir quelques meubles épars.

Hotel Santiaguito (☎ 7882 5435 ; Carretera al Pacífico Km 90,4 ; s/d 380/420 Q ; P ✕ 🏊). Sur la grand-route, à la lisière ouest de la ville, le Santiaguito possède un extérieur d'allure luxueuse avec son grand jardin ombragé et sa jolie piscine (accessible aux non-résidents pour 20 Q). Agrémentées de grands lits bien fermes, les chambres spacieuses entourent un verdoyant patio-parking. Le vaste restaurant, rafraîchi par des ventilateurs au plafond, sert de bon cheeseburgers et des repas un peu chers (30-80 Q).

Julio's (Carretera al Pacífico Km 90,5 ; plats 30-50 Q ; ☾ petit-dej, déj et dîner). Une excellente petite adresse pour de bons petits-déjeuners et des menus d'un bon rapport qualité/prix.

Depuis/vers Santa Lucía Cotzumalguapa

La Hwy 2 évitant désormais Santa Lucía, nombre de bus ne pénètrent pas dans la ville. En venant de l'est, vous devrez sans doute changer à Escuintla (9 Q, 30 min) et, en venant de l'ouest, à Mazatenango (13 Q, 1 heure 15). À Cocales, à 23 km à l'ouest de Santa Lucía, une route descend du Lago de Atitlán et croise la Hwy 2, desservant ainsi les Hautes Terres. Chaque jour, 8 bus relient Cocales et Panajachel (22 Q, 2 heures 30, 70 km), entre environ 6h et 14h. Renseignez-vous sur la situation actuelle, car lors de la rédaction de ce guide, des vols étaient signalés sur cette portion de route.

LA DEMOCRACIA

6 600 habitants / altitude 165 m

Écrasé de chaleur tout au long de l'année, La Democracia est un bourg sans attrait à 10 km au sud de Siquinalá. À la fin de la période préclassique (de 300 av. J.-C. à 250), cette région, comme Takalik Abaj au nord-ouest, abritait une culture proche de celle du sud du Mexique. Il y a un DAB 5B sur la place principale.

À voir

Face à la place, à côté de l'église et du modeste Palacio Municipal, le petit et moderne **Museo Regional de Arqueología** (☎ 7880-3650 ; 30 Q ; ☾ 8h-16h mar-sam) renferme de superbes vestiges archéologiques, dont un merveilleux masque de jade, pièce maîtresse du musée. Des sculptures plus petites, des liens utilisés pour le jeu de balle, des reliefs et d'autres objets complètent cette collection, restreinte mais passionnante.

Sur le site archéologique de Monte Alto, à la périphérie de La Democracia, on a découvert d'immenses têtes de basalte et des sculptures ventrues. Dans un style plus grossier, les têtes rappellent celles sculptées par les Olmèques quelques siècles plus tôt sur la côte sud du golfe du Mexique.

Aujourd'hui, ces grandes **têtes "olmèques"** sont disposées autour de la place principale récemment rénovée de La Democracia, dans leur propre stand avec toit, et sont illuminées la nuit. En arrivant dans la ville par la nationale, suivez les panneaux indiquant le musée.

Où se loger et se restaurer

Guest House Paxil de Cayala (☎ 7880 3129 ; s/d sans sdb 50/100 Q). À courte distance de la place, le seul hébergement de La Democracia loue de grandes chambres avec moustiquaire, correctes pour une nuit.

Burger Chops (plats 25-45 Q ; ☾ petit-déj, déj et dîner). Proche de la place, c'est le seul établissement qui ressemble à un restaurant.

Sur la place, des stands de rue vende de délicieuses tortillas de blé fourrées viande (15 Q).

Depuis/vers La Democracia

De la gare routière Centra Sur de G Ciudad, des bus de la compag

Gomerana partent pour La Democracia (20 Q, 2 heures) toutes les 30 minutes, de 6h à 16h30, via Escuintla. À Santa Lucía Cotzumalguapa, prenez un bus pour Siquinalá, à 8 km à l'est, puis une correspondance.

SIPACATE

À 1 heure 30 de route de Santa Lucía, la capitale guatémaltèque du surf offre des vagues de 1,80 m en moyenne ; la meilleure saison s'étend de décembre à avril. Séparée de la ville par le canal de Chiquimulilla, la plage reste curieusement sous-exploitée et ne compte que deux hôtels. L'option pour petits budgets est **El Paradon** (☎ 4593-2490 ; www.surfguatemala.net84.net ; camping/dort/ch sans sdb 20/45/170 Q par pers), un petit camp de surfeurs rustique à l'est du village. Il est tenu par un couple de surfeurs guatémaltèques qui proposent aussi des locations de planches et de kayaks, des cours de surf, ainsi que des repas simples et bons (30-50 Q). Réservation conseillée.

Un court trajet en bateau (30 Q aller-retour) permet de rejoindre le **Rancho Carillo** (☎ 5517-1069 ; www.marmaya.com ; ch à partir de 375 Q, bungalows 6 pers à partir de 800 Q ; 🍴 🏊), juste de l'autre côté du canal par rapport à Sipacate. Seul le bruit du ressac bercera vos nuits. Vous obtiendrez sans doute un meilleur prix en appelant avant de venir. L'hôtel loue des planches de surf. En ville, deux *hospedajes* (simple/double 35/80 Q) pratiquent des prix moins élevés, auxquels s'ajoutera le trajet quotidien en bateau. Des bus en provenance de la gare routière Centra Sur de Guatemala Ciudad (32 Q, 3 heures 30) desservent Sipacate toutes les 2 heures via La Democracia.

ESCUINTLA

144 700 habitants

Entourée d'une végétation exubérante, Escuintla est une ville commerçante et industrielle, étouffante et sans grâce. Vitale — l'économie de la côte Pacifique, elle — l'intérêt pour les voyageurs que pour — ndances de bus. Les banques se — de la place. Il y a un DAB — rdez (angle 13a Calle et 4a Av), — la gare routière. Le — urants est plutôt — es petits budgets, — 9528 ; 12a Calle 4-13 ; s/d — es chambres correctes — et ventilateur. Comptez

20 Q supplémentaires pour la clim. L'**Hotel Sarita** (☎ 7888-1959 ; Av Centro América 15-32 ; s/d 380/480 Q; 🍴 🛜 🏊), derrière le restaurant très bien climatisé (plats 40-70 Q) du même nom, est plus confortable. Il se situe à une courte distance à pied de la gare routière. Le **Jacobo's** (4a Av 14-62 ; plats 20-40 Q ; 🍴 déj et dîner) est encore plus proche et sert une cuisine chinoise sans surprise dans un cadre propre et tranquille.

La gare routière principale se situe dans le sud de la ville, près de la 4a Av ; une station-service Scott 77 marque l'entrée. Au départ, tous les bus passent par la 1a Av, mais mieux vaut les prendre à la gare pour obtenir une place assise. Des bus rallient Antigua (7 Q, 1 heure) toutes les 30 minutes, de 5h30 à 16h30. Les bus desservant Guatemala Ciudad (35 Q, 1 heure 30) démarrent toutes les 20 minutes, de 5h à 18h, de la rue devant la gare. Les bus à destination de Puerto San José (6 Q, 45 min) partent à la même fréquence et certains continuent jusqu'à Iztapa. Certains bus vont jusqu'à Monterrico à 12h50, 15h30 et 16h50 (25 Q, 1 heure) ; sinon prenez un bus pour Puerto San José ou Iztapa, puis une correspondance. Les bus qui empruntent la Carretera al Pacífico peuvent vous déposer au nord d'Escuintla ; vous devrez traverser le centre-ville à pied sous la chaleur pour rejoindre la gare principale.

AUTOSAFARI CHAPÍN

À 25 km au sud-est d'Escuintla, l'**Autosafari Chapín** (☎ 2363 1105 ; www.autosafarichapin.com ; Carretera al Pacífico Km 87,5 ; adulte/enfant 60/50 Q ; 🕑 9h30-17h mar-dim) est une réserve animalière que l'on visite en voiture. Liée à un programme de protection de la faune, elle jouit d'une forte estime pour ses aménagements. Parmi les espèces originaires du Guatemala figurent des cariacous (cerfs à queue blanche), des tapirs et des aras. Lions, rhinocéros et léopards comptent au nombre des espèces importées. Le parc, qui comprend un restaurant et une piscine, constitue une agréable excursion d'une journée si vous voyagez avec des enfants. Un parcours en minibus de 20 minutes est inclus dans le prix d'entrée, mais on profite mieux de la réserve avec son propre véhicule. Des bus de diverses compagnies arrivent ici (10 Q, 1 heure 30) depuis la gare routière Centra Sur à Guatemala Ciudad. Ils partent toutes les 10 minutes, de 4h30 à 17h30.

PUERTO SAN JOSÉ ET BALNEARIO LIKÍN

La principale station balnéaire guatémaltèque n'a rien d'extraordinaire, mais si vous voulez faire trempette dans le Pacifique, rendez-vous à Puerto San José, à 50 km au sud d'Escuintla, ou dans l'une des stations environnantes.

Puerto San José (19 600 habitants) fut le principal port du Guatemala sur le Pacifique dans la seconde moitié du XIXe siècle et longtemps encore au XXe siècle. Détrôné par Puerto Quetzal, un port plus moderne à l'est, Puerto San José somnole et s'étiole, excepté le week-end et pendant les vacances lorsqu'arrivent des milliers de Guatémaltèques. La plage, de l'autre côté du canal de Chiquimulilla, n'est accessible qu'en bateau.

Suivez la côte vers l'ouest sur 5 km (en taxi ou en voiture) pour rejoindre **Balneario Chulamar**, une plage plus belle et plus élégante, dotée d'un ou deux hôtels plaisants.

À 5 km à l'est de Puerto San José, juste après Puerto Quetzal, Balneario Likín est une des seules stations haut de gamme de la côte Pacifique guatémaltèque. Des familles aisées de la capitale y possèdent une maison en bord de mer et apprécient les rues et les canaux ordonnés de cette bourgade.

IZTAPA

5 900 habitants

À 12 km à l'est de Puerto San José, Iztapa, le premier port guatémaltèque sur le Pacifique, fut utilisé par Pedro de Alvarado au XVIe siècle. Après la construction de Puerto

---

UNE BELLE PRISE

À l'instant où vous lisez ces lignes, il y a toutes les chances pour qu'un marlin soit pêché quelque part entre 5 et 40 miles au large des côtes d'Iztapa. Reconnue comme l'une des meilleures destinations de pêche sportive au monde, la côte forme ici un énorme remous naturel qui, d'après des scientifiques, serait la plus grande zone de reproduction d'istiophoridés du Pacifique (gros poissons à nageoire dorsale en forme de voile).

On pêche en moyenne entre 15 et 20 marlins par jour, un chiffre qui dépasse souvent 40 prises en haute saison (d'octobre à mai).

Le Guatemala préserve la population de marlins en obligeant au rejet systématique des prises à la mer. La pêche de certaines autres espèces, telles que le coryphène et le thon, n'est pas réglementée ; vous pouvez les libérer ou en faire votre prochain repas.

Le site www.greatsailfishing.com fournit des informations sur des cours de pêche sportive, sur des forfaits de pêche et des séjours incluant l'hébergement.

Si la pêche a lieu toute l'année, certaines périodes sont plus propices pour des espèces particulières :

- mai-octobre – coryphène
- juin-septembre – poisson-coq
- septembre-décembre – marlin
- septembre-janvier – albacore
- octobre – bar
- octobre-mai – istiophoridés du Pacifique (ou voiliers)

Comme partout ailleurs, la surpêche constitue un problème au Guatemala. Les chaluts de la pêche commerciale en sont les principaux responsables. L'agriculture intensive et les produits chimiques qu'elle nécessite menacent particulièrement les espèces d'eau douce et les crevettes. Les rejets dans le réseau fluvial déciment les poissons et endommagent les fragiles écosystèmes de la mangrove.

On estime que la côte Pacifique guatémaltèque a perdu plus de 90% de ses forêts de mangrove d'origine. Véritable vivier pour les poissons et les coquillages, la mangrove maintient la qualité de l'eau grâce à ses arbres, empêche l'érosion et constitue une source de revenus et de nourriture pour les populations locales. L'élevage des crevettes continue pourtant de se développer le long de la côte. Au cours de la dernière décennie, cette activité a provoqué la disparition de 5% de la mangrove dans le monde.

San José en 1853, le port d'Iztapa perdit son importance et plongea dans une torpeur tropicale dont il n'a pas émergé.

Renommée pour la **pêche hauturière** et théâtre de records mondiaux, Iztapa attire dorénavant les passionnés qui attrapent espadons, requins ou albacores ; la meilleure saison s'étend de novembre à juin. Pour une sortie de pêche, adressez-vous aux bateliers qui attendent le chaland au bord du Río María Linda, et marchandez ferme ! Le concept de pêche sportive, avec rejet des prises à la mer, les déroutera peut-être. L'albacore, qui évolue à 17 km au large de la côte, risque d'être inaccessible pour les bateaux locaux.

Iztapa n'offre guère d'autres distractions. Prenez un bateau pour traverser la rivière jusqu'au banc de sable qui longe l'océan. Installez-vous dans l'un des restaurants coiffés de palmes et savourez un plat ou une bière en contemplant les vagues.

Si vous décidez de passer la nuit ici, le **Sol y Playa Tropical** (☎ 7881-4365/6 ; 1a Calle 5-48 ; s/d 200/250 Q ; 🏊) propose des chambres acceptables, avec ventilateur et sdb, réparties sur 2 niveaux autour de la piscine qui occupe le patio central. Comptez un supplément de 50 Q pour la clim.

Depuis/vers Iztapa

Des bus desservent Iztapa depuis Guatemala Ciudad (25 Q, 1 heure 30). Ils partent toutes les 30 minutes, de 5h à 18h, et passent par Escuintla et Puerto San José. En sens inverse, le dernier bus quitte Iztapa vers 17h. La plupart des voyageurs ne font que passer ici en chemin pour Monterrico. Il y a 2 possibilités. Du Club Cervecero, où s'arrêtent les bus, suivez la rue vers l'est sur 1 km et prenez un bateau pour traverser la rivière jusqu'à Pueblo Viejo (5 Q/pers en *lancha* ; 10 Q/ véhicule en car-ferry, passagers compris). De l'autre côté, des bus entament le beau trajet jusqu'à Monterrico (8 Q, 1 heure). Pour les automobilistes, l'autre solution consiste à suivre la route vers l'est jusqu'au nouveau pont (15 Q aller simple), et à le traverser jusqu'à Pueblo Viejo.

MONTERRICO

La région côtière autour de Monterrico diffère fortement du reste du pays et son indolente atmosphère tropicale incite à paresser dans un hamac. La culture de la *pachete* (luffa, une plante grimpante), qui peut atteindre la taille

d'une jambe, constitue l'une des principales sources de revenus ; en saison, on en voit partout pousser sur des treillages et sécher au soleil. L'architecture est également différente : les maisons de bois au toit de chaume remplacent les cubes de ciment couverts de tôle ondulée. Par temps clair, on distingue dans le lointain les majestueux volcans des Hautes Terres. De violents orages s'abattent sur la région de novembre à avril.

Village côtier, Monterrico compte quelques hôtels bon marché en bord de mer, une vaste réserve naturelle et deux centres d'élevage de tortues de mer et de caïmans, qui sont ensuite lâchés dans la nature. La plage est spectaculaire, avec un puissant ressac qui s'écrase sur le sable noir volcanique ; ces vagues signalent l'existence de courants contraires, qui ont déjà coûté la vie à des nageurs imprudents. Derrière la bourgade, un vaste réseau de mangroves et de canaux fait partie du canal de Chiquimulilla, long de 190 km.

De plus en plus prisé des voyageurs, Monterrico est sans doute le meilleur endroit pour passer un week-end à la plage si vous séjournez à Antigua ou à Guatemala Ciudad. Assez calme en semaine, le village s'anime le week-end et pendant les vacances, quand affluent les familles guatémaltèques.

Orientation et renseignements

L'*embarcadero*, où vous dépose le bateau en provenance de La Avellana, se situe à 1 km de la plage et des hôtels. Une fois débarqué, partez tout droit, puis tournez à gauche ; en chemin, vous traverserez le village. Des pick-up (3 Q) attendent à l'arrivée des bateaux et des *lanchas*.

Si vous arrivez en bus de Pueblo Viejo, suivez la Calle Principal sur 300 m jusqu'à la plage. L'agence Banrural, près de la rue principale, sur la route du Parque Hawaii, change le liquide et éventuellement les chèques de voyage. Il y a un DAB dans le Supermercado Monterrico. La **poste** (Calle Principal) est installée dans la rue principale. On peut surfer sur Internet chez **Speed Internet** (12 Q/heure), au nom un peu optimiste, dans la rue principale également, près de l'embarcadère des ferrys.

À voir et à faire
BIOTOPO MONTERRICO-HAWAII

Parfois appelé Reserva Natural Monterrico, le Biotopo Monterrico-Hawaii, géré par le

Cecon (Centro de Estudios Conservacionistas de la Universidad de San Carlos), constitue la principale curiosité de Monterrico. Longue de 20 km, cette réserve naturelle de mangrove côtière abrite une abondante faune aquatique et aviaire. Ses habitants les plus célèbres sont les tortues lyre et olivâtre, toutes deux menacées, qui pondent leurs œufs sur la plage en différents endroits de la côte. La mangrove comprend 25 lagunes, reliées entre elles par des canaux.

Des circuits en bateau à travers la mangrove et plusieurs lagunes durent de 1 heure 30 à 2 heures (75 Q pour 1 pers, 50 Q pour chaque pers supplémentaire). Au lever du soleil, vous aurez plus de chances d'apercevoir des animaux ; n'oubliez pas vos jumelles pour observer les oiseaux, particulièrement nombreux en janvier et février. Des villageois, exhibant parfois d'impressionnants certificats, abordent les touristes dans la rue pour leur proposer des excursions. Si vous voulez soutenir le Tortugario (qui dispose des guides les plus compétents), passez directement par ce centre (voir ci-contre).

Des voyageurs déplorent l'usage de bateaux à moteur, dont le bruit effraie les animaux.

Si vous en avez le temps, préférez un circuit en canot à rames.

TORTUGARIO MONTERRICO

Géré par le Cecon, le **Tortugario Monterrico** (40 Q ; 8h-12h et 14h-17h) se situe à l'extrémité de la Calle Principal, à quelques pas sur le côté est de la plage, puis un pâté de maisons en tournant le dos à la mer. Il élève plusieurs espèces menacées, dont des tortues de mer vertes, lyres et olivâtres, ainsi que des caïmans et des iguanes. Il comprend un intéressant sentier didactique et un petit musée avec des spécimens conservés dans des bocaux. Le centre propose des excursions dans les lagunes et des promenades nocturnes (25 Q), de septembre à février, pour observer les œufs de tortues. Il accepte des bénévoles.

PARQUE HAWAII

Cette réserve naturelle, gérée par l'**Arcas** (Asociación de Rescate y Conservación de Vida Silvestre, Association de sauvetage et de préservation de la vie sauvage ; ☎ 4144-2142 ; www.arcasguatemala.com), comprend une écloserie d'œufs de tortues de mer et abrite quelques caïmans à 8 km à l'est de Monterrico, en bord de plage. Comme le

---

ENFIN LIBRES ?

La course de bébés tortues qui a lieu le samedi soir au Tortugario Monterrico est une tradition locale pendant la saison touristique. On achète un bébé tortue, on le place sur la ligne de départ et le premier qui arrive fait gagner à son propriétaire un dîner dans un restaurant de la ville.

À première vue, c'est une bonne idée : le *tortugario* (réserve de tortues) récolte des fonds, les tortues sont libérées et les parieurs ont le sentiment d'avoir fait une bonne action.

Il y a toutefois un problème. Les œufs de tortues peuvent éclore n'importe quel jour de la semaine. En haute saison, le *tortugario* relâche des tortues tous les jours, mais lorsque ces dernières (ou les touristes) sont moins nombreuses, il les garde dans les aquariums jusqu'à la course du samedi.

Le métabolisme des tortues s'active à la naissance du nid, et de traverser le sable jusqu'à la mer, de franchir les vagues et les courants afin – si tout va bien – d'atteindre le large. Dans les aquariums, les bébés tortues brûlent beaucoup de graisse et d'énergie à tourner en rond en attendant qu'on les relâche. Lorsqu'on finit par les déposer sur la plage pour qu'ils aillent vers l'océan, ils sont épuisés et vous constaterez que nombre d'entre eux ne parviennent pas à franchir le ressac et sont rejetés sur le rivage.

Quand on sait que, dans des conditions optimales, les bébés tortues ont à peu près une chance sur mille d'arriver à l'âge adulte, cet obstacle supplémentaire semble pour le moins inopportun.

Le *tortugario* ne veut pas mettre un terme à la course du samedi soir, qui constitue une excellente source de financement. Si vous souhaitez sauver une tortue, voici d'autres solutions :

- Donnez l'argent au *tortugario* et expliquez pourquoi la course ne vous intéresse pas.
- Achetez une tortue et relâchez-la vous-même, en expliquant pourquoi vous ne voulez pas attendre la course du samedi.
- Donnez un peu de votre temps et/ou de votre argent au Parque Hawaii, l'autre réserve de tortues de la région (voir ci-dessus), qui travaille plus sérieusement à la protection des animaux.

Cecon, elle accueille des bénévoles toute l'année. La saison de la ponte des tortues de mer dure de juin à novembre, avec des pics en août et septembre. Les bénévoles paient leur chambre 580 Q par semaine, repas non compris, ou peuvent loger chez l'habitant. Surveillance et entretien de l'écloserie, cours dans l'école locale, reboisement de la mangrove, constructions sommaires et collecte de données font partie des tâches proposées. Le ramassage des œufs se déroule essentiellement la nuit. Le centre est loin de la ville, mais on y rencontre habituellement d'autres bénévoles. Durant votre séjour, vous pourrez utiliser les kayaks, découvrir les villages alentour et pêcher en mer ou dans la mangrove.

Un bus (5 Q, 30 min) part de l'embarcadère de Monterrico toutes les deux heures pendant la semaine et toutes les heures le week-end, pour le trajet cahoteux jusqu'à la réserve. Des pick-up font ce parcours moyennant 30 Q par personne. Pour plus d'informations, consultez le site Internet de l'Arcas.

OBSERVATION DES BALEINES
Productos Mundiales (☎ 2366-1026 ; www.productos-mundiales.com ; 3a Av 17-05, Zona 14, Guatemala Ciudad) propose des excursions d'observation de la faune marine (6 heures, à partir de 1 250 Q/pers), qui partent de Puerto Iztapa, non loin. Toute l'année, vous avez de bonnes chances de voir des globicéphales (ou baleines-pilotes), des grands dauphins, des dauphins à long bec, des tortues olivâtres, des tortues luths, des raies mantas géantes et des requins-baleines. De décembre à mai, on peut aussi apercevoir des baleines à bosse et des cachalots. La réservation (5 jours avant, par virement bancaire) est obligatoire – voir le site Internet pour plus de détails.

Cours
Le **Proyecto Lingüístico Monterrico** (☎ 5475-1265 ; espanolmonterrico@yahoo.com ; Calle Principal), à 250 m de la plage, est plutôt professionnel. Les cours se déroulent généralement en plein air, dans un jardin ombragé. Selon le programme, ils ont lieu le matin ou l'après-midi. Comptez 750/1150/1 250 Q par semaine pour 20 heures de cours seulement/avec hébergement/avec accès à la cuisine. Même si vous n'y étudiez pas, sachez que cette école est la meilleure source d'informations touristiques de la ville.

Où se loger
À GAUCHE DE LA CALLE PRINCIPAL
Sauf mention contraire, tous les hôtels cités bordent la plage. Pour éviter une marche fatigante dans le sable, tournez à gauche dans la dernière rue avant la plage, car les hôtels disposent d'une entrée dans cette rue. Presque tous possèdent un restaurant, où vous pourrez savourer la pêche du jour. Beaucoup consentent des réductions pour un séjour de 3 nuits ou plus. Mieux vaut réserver si vous comptez arriver pendant le week-end. En semaine, vous pourrez facilement discuter les prix ; ceux indiqués ici correspondent au week-end.

Johnny's Place (☎ 5812-0409 ; www.johnnysplacehotel.com ; dort/ch 45/160 Q, bungalows 4 pers 350 Q ; P ⚑). Si le Johnny's ne plaît pas nécessairement à tout le monde, il est en revanche facile à trouver. Premier établissement en tournant à gauche sur la plage, c'est l'un des plus grands. Son ambiance séduit familles et routards. Les bungalows sans prétention, avec ventilateur et moustiquaire aux fenêtres, partagent à deux un barbecue et une petite piscine. Une grande piscine est également à disposition. Apprécié, le bar-restaurant surplombe la mer et propose une cuisine simple et variée, ainsi que de délicieux *licuados* (jus de fruits) et d'autres boissons fraîches.

Brisas del Mar (☎ 5517 1142 ; s/d 60/120 Q ; P ⚑). Derrière le Johnny's, à une rue de la plage, ce nouvel hôtel prisé possède des chambres spacieuses et un restaurant à l'étage avec vue sur la mer.

El Mangle (☎ 5514 6517 ; ch avec ventil/clim 125/250 Q ; P ⚑). Une décoration éclectique orne ce petit hôtel sympathique, à 300 m du précédent. Les chambres, de taille correcte, ouvrent sur un porche individuel où se balancent des hamacs. Un grand jardin paisible entoure la belle piscine. Le restaurant en bord de mer sert de savoureuses pizzas cuites au feu de bois.

Dulce y Salado (☎ 5579-8477 ; www.dulceysaladoguatemala.com ; s/d 200/400 Q ; P ⚑). À environ 2 km à l'est du centre-ville, ces petits bungalows coiffés de chaume et bien tenus sont aménagés autour d'une grande piscine. Les propriétaires italiens concoctent de succulentes pâtes (45 Q) et un excellent café dans le restaurant en façade.

Hotel Pez de Oro (☎ 2368-3684 ; www.pezdeoro.com ; s/d 350/390 Q ; P ⚑). L'hôtel le plus original de Monterrico loue des bungalows et des huttes confortables disséminés dans un parc ombragé.

Le bleu et le jaune dominent dans les chambres, décorées avec goût et dotées d'un ventilateur au plafond. L'excellent restaurant, avec vue sur la mer, mitonne une superbe cuisine italienne et des plats de poisson (pâtes à partir de 50 Q, poisson entier à partir de 60 Q).

Dos Mundos Pacific Resort (☎ 7848-1407 ; www. dosmundospacific.com ; bungalows à partir de 720 Q ; P ⊠ 🖨 🛋). Le plus grand complexe hôtelier du lieu ne manque pas d'attrait avec son jardin soigné, ses deux piscines et un restaurant somptueux en bord de plage. Les bungalows spacieux, d'une élégante simplicité, sont agrémentés d'une large véranda ombragée.

À DROITE DE LA CALLE PRINCIPAL
En allant dans le sens inverse, vers la droite depuis la Calle Principal, on trouve d'autres établissements.

Hostel El Gecko (dort avec/sans accès à la cuisine 50/35 Q). La première adresse que vous croiserez est cet hôtel très rudimentaire tenu par un couple de jeunes Guatémaltèques. Pas de fioritures ici, mais c'est un endroit prisé des routards, qui apprécient les lits bon marché et l'ambiance amicale. Pas de téléphone.

Café del Sol (☎ 5810-0821 ; www.cafe-del-sol.com ; s/d économique 230/290 Q, ch standard 350 Q ; P 🛋). Aménagées sous un grand toit de chaume, les chambres "économiques" déçoivent un peu par rapport au reste de l'établissement. De l'autre côté de la rue, la nouvelle annexe offre des chambres "standards", qui constituent une meilleure affaire – plus spacieuses et avec une piscine. La carte du restaurant comporte quelques plats originaux. Installez-vous sur la terrasse ou sous la grande *palapa* (abri en feuilles de palmier).

Hotel Atelie del Mar (☎ 5752-5528 ; www. hotelateliedelmar.com ; s/d avec ventil 440/550 Q, avec clim 350/400 Q ; P ⊠ 🛋). Plus loin, se trouve l'un des hôtels les plus guindés de la ville, avec un joli terrain paysager et de belles chambres simples et spacieuses. À un pâté de maisons de la plage.

Où se restaurer
De nombreux restaurants de poisson et fruits de mer sans prétention bordent la Calle Principal. Dans la dernière rue à droite avant la plage, deux *comedores* sans nom servent une excellente assiette de crevettes à l'ail, tortillas, frites et salade pour 40 Q.

Tous les hôtels possèdent un restaurant (voir p. 208).

🔾 **Taberna El Pelicano** (plats 60-120 Q ; ☾ déj et dîner mer-sam). De loin le meilleur restaurant de la ville, dont la longue carte comporte de nombreux plats alléchants, comme le risotto de fruits de mer (70 Q), le carpaccio de bœuf (55 Q) et diverses préparations de gambas (120 Q).

Où prendre un verre
El Animal Desconocido (☾ 20h-2h ven-sam). Un petit bar branché avec *happy hour*, cocktails et excellente musique. La terrasse aux fauteuils confortables se remplit en début de soirée, puis l'effervescence gagne la salle à partir de 23h. Descendez la Calle Principal jusqu'à la plage et parcourez 200 m sur la droite.

Las Mañanitas (☾ déj-tard). Sur le front de mer, au bout de la rue principale, ce petit bar est ce dont Monterrico avait vraiment besoin – de nombreuses chaises-hamacs face à la plage, une grande variété de boissons et un fond musical discret. Sert également des repas (50-80 Q).

Playa Club (☎ 5812-0409). Cette adresse, attachée au Johnny's Place (voir ci-contre), s'enflamme les week-ends, avec force *reggaetón*, house music et boissons maison pour garder la cadence.

Depuis/vers Monterrico
Deux itinéraires mènent à Monterrico. En arrivant de Guatemala Ciudad ou d'Antigua, la solution la plus logique consiste à prendre un bus qui, grâce au nouveau pont à Pueblo Viejo, va jusqu'à Monterrico. La route Pueblo Viejo-Monterrico constitue un trajet agréable, donnant à voir la vie locale à un rythme serein.

L'autre possibilité consiste à rejoindre La Avellana, d'où des *lanchas* et des car-ferries desservent Monterrico. La compagnie Cubanita propose quelques bus directs depuis/vers Guatemala Ciudad (40 Q, 4 heures, 124 km). On peut aussi changer à Taxisco, sur la Hwy 2 : des bus circulent toutes les demi-heures, de 5h à 16h, entre Guatemala Ciudad et Taxisco (35 Q, 3 heures 30), et à peu près toutes les heures, de 7h à 16h30, entre Taxisco et La Avellana (5 Q, 40 min). Quelle que soit l'heure, des chauffeurs de taxi vous affirmeront que vous avez manqué le dernier bus et vous proposeront de vous emmener à La Avellana pour environ 60 Q.

CÔTE PACIFIQUE

À La Avellana, prenez une *lancha* ou un car-ferry pour Monterrico. Les *lanchas* collectives demandent 5 Q par personne pour le trajet de 30 minutes sur le long canal de Chiquimulilla, qui traverse la mangrove. Elles circulent toutes les 30 ou 60 minutes environ, de 4h30 à la fin de l'après-midi. Vous pouvez aussi payer plus et louer un bateau entier. Le car-ferry revient à 80 Q par véhicule.

Des navettes desservent aussi Monterrico. **Mario's Tours** (☎ 7762-6040 ; www.mariostours.net ; Calle Principal, Panajachel) rallie Panajachel (370 Q/ pers). **Adrenalina Tours** (www.adrenalinatours.com) couvre Antigua (125 Q), Panajachel (415 Q) et San Pedro la Laguna (330 Q). Ces bus ne circulent pas nécessairement tous les jours, mais il existe une navette qui part quotidiennement du Proyecto Lingüístico Monterrico à 13h et 16h pour Antigua/ Guatemala Ciudad (60/130 Q). Les billets se réservent auprès de l'école.

ENVIRONS DE MONTERRICO

À l'est de Monterrico, près de Las Lisas, se trouve le secret le mieux gardé de la côte Pacifique, l'**Isleta de Gaia** (☎ 7885 0044 ; www. isleta-de-gaia.com ; bungalows 2/4 pers 800/1 600 Q ; ▣ 🛜 🅿), un hôtel-club construit sur une longue île sablonneuse qui porte le nom de la déesse grecque de la Terre. Entre le Pacifique et une paisible lagune bordée de mangrove, ce petit établissement écologique et sympathique, tenu par des Français, est bâti avec des matériaux naturels. Il comprend 12 bungalows, à un ou deux niveaux, avec vue sur la mer, la lagune ou la piscine. Décoré d'objets mexicains ou costaricains, chaque bungalow possède de bons lits, un ventilateur, une sdb, un balcon et un hamac. Le restaurant en bord de mer (plats 60-120 Q) offre des plats italiens, espagnols et français où le poisson tient la vedette. L'hôtel loue des *boogie boards* et des kayaks, et possède un bateau pour les sorties de pêche. Il propose un service de minibus pour Guatemala Ciudad et Antigua. Réservez votre séjour dans ce petit paradis par e-mail 4 jours à l'avance. De Monterrico, aucune route ne longe la côte à l'est après le Parque Hawaii ; il faut retourner à Taxisco et suivre la Carretera al Pacífico sur 35 km pour atteindre l'embranchement de Las Lisas. De là, il reste à parcourir 20 km jusqu'à Las Lisas, où l'on prend un bateau (100 Q) pour l'Isleta de Gaia.

Chiquimulilla et la frontière du Salvador

Dans cette partie du Guatemala, vous rencontrerez peut-être des surfeurs qui vont à La Libertad, au Salvador, ou en reviennent. La plupart des voyageurs vont directement d'Escuintla et de Taxisco à Chiquimulilla puis à la frontière salvadorienne, à Ciudad Pedro de Alvarado-La Hachadura. La Libertad se trouve à 110 km de là, sur la côte. Au moment de la rédaction de ce guide, les ressortissants français, belges, suisses et canadiens étaient exemptés de visa pour entrer au Salvador. Renseignez-vous quand même au préalable sur les formalités d'entrée, en consultant par exemple la rubrique "Visas" sur le site www.rree.gob.sv.

Des bus quittent Taxisco pour la frontière toutes les 15 minutes jusqu'à 17h. La Hachadura, du côté salvadorien, possède 2 *hospedajes* convenables ; nous vous déconseillons les *hostales* (hôtels bon marché) de Ciudad Pedro de Alvarado, du côté guatémaltèque. Si vous devez vous arrêter pour la nuit avant de passer la frontière, choisissez plutôt **Chiquimulilla** (14 820 habitants), une bourgade accueillante à 12 km à l'est de Taxisco. La nouvelle gare routière se situe loin du centre, dans les faubourgs. Demandez au chauffeur de vous déposer *en el centro*, ou bien prenez un *tuk-tuk* collectif qui vous conduira n'importe où en ville pour 3 Q.

Tenu par une famille, l'**Hotel San Juan de Letrán** (☎ 7885 0831 ; angle 2a Av et 2a Calle ; s/d 80/100 Q ; 🅿) possède des chambres de bonne taille et propres, avec ventilateur et sdb (celles sans sdb sont moins engageantes), un cadre verdoyant et l'eau potable à disposition. La *cafetería* sert des boissons glacées, bienvenues dans cette chaleur, et des plats copieux et délicieux à prix doux. Des bus circulent toutes les heures entre Taxisco et Chiquimulilla, et toutes les heures jusqu'à 18h entre Chiquimulilla et la frontière (7 Q, 45 min).

Pour rejoindre le Salvador, vous pouvez aussi tourner le nord de Chiquimulilla et prendre un bus local qui passe par Cuilapa, franchit la frontière à Valle Nuevo-Las Chinamas, puis se dirige vers l'intérieur des terres avant de tourner vers le sud et La Libertad.

CUILAPA
22 600 habitants

Entourée de plantations de café et d'agrumes, la capitale du département de Santa Rosa n'offre guère d'intérêt. Toutefois, la région est réputée pour ses sculptures sur bois, ses poteries et ses articles en cuir.

Les voyageurs qui passent par cette localité continuent habituellement vers la frontière salvadorienne. À proximité de la ville, 2 volcans faciles à escalader offrent des points de vue superbes. Une bonne route relie Cuilapa et Guatemala Ciudad. Les bus (25 Q, 2 heures 30) partent de la gare routière Centra Sur à Guatemala Ciudad.

Volcán Cruz Quemada

Ce volcan assoupi se dresse à 1 700 m au-dessus du petit village de Santa María Ixhuatán. Des plantations de café couvrent le premier tiers de ses pentes avant de laisser la place à une épaisse forêt tropicale. Du sommet, parsemé de tours de radio, on découvre un beau panorama : les terres qui descendent jusqu'à la côte, la chaîne du Cerro la Consulta et les volcans voisins du Tecuamburro (voir ci-dessous).

De Santa María, l'ascension, relativement facile, demande environ 3 heures (12 km). Elle peut se faire en indépendant à condition de se faire expliquer le chemin en cours de route. Vous pouvez aussi louer les services d'un guide à Santa María – renseignez-vous à la station de taxis sur la place principale.

Pour rejoindre Santa María, prenez un minibus (4 Q, 25 min) depuis Cuilapa.

Tecuamburro

L'ensemble volcanique de Tecuamburro comprend divers sommets, dont le Cerro de Miraflores (1 950 m), le Cerro la Soledad (1 850 m) et le Cerro Peña Blanca (1 850 m). Ce dernier, où plusieurs petites cheminées relâchent de la vapeur et du soufre, offre la grimpée la plus intéressante. Toutefois, l'épaisse forêt qui couvre ses flancs cache la vue et l'on ne découvre les champs environnants, les volcans voisins et le littoral qu'à proximité du sommet.

De Cuilapa, des bus et des minibus desservent régulièrement le village de Tecuamburro (13 Q, 1 heure 30). De là, comptez 2 à 3 heures de marche (14 km) jusqu'au sommet.

LAGO DE AMATITLÁN

À seulement 25 km au sud de Guatemala Ciudad, ce lac paisible, au pied d'un haut volcan, peut être l'objet d'une agréable excursion d'une journée. Après des années de graves négligences, le lac se régénère lentement, surtout grâce à des associations locales qui espèrent lui rendre son attrait touristique. Les habitants de la capitale viennent canoter le week-end sur ses eaux, trop polluées pour la baignade, et beaucoup y possèdent une résidence secondaire.

Un **teleférico** (adulte/enfant 15/5 Q aller-retour ; 🕑 8h-18h ven-dim) conduit en une demi-heure de la rive du lac au sommet du volcan, où l'on découvre une vue époustouflante sur la campagne alentour.

Les promenades en bateau sont à peu près la seule autre chose à faire ici – comptez 75/20 Q pour une sortie privée/collective. Si vous débordez d'énergie, vous pouvez louer un canot à rames à partir de 35 Q/heure.

Au bord de l'eau, plusieurs *comedores* servent du poisson frit, des tacos et des repas simples. Pour quelque chose de plus raffiné, suivez les panneaux pour monter la colline sur la droite jusqu'à **La Rocarena** (plats 50-120 Q ; 🕑 petit-déj, déj et dîner), qui offre un cadre charmant, une jolie vue et 2 piscines d'eau chaude.

Le lac se situe à proximité de la grand-route Guatemala Ciudad-Escuintla (Hwy 9). En venant de la capitale (1 heure, 3 Q), demandez que l'on vous dépose au *teleférico*. Le lac est à 500 m de l'embranchement signalé. Les bus en provenance d'Escuintla, ou retournant vers Guatemala Ciudad, s'arrêtent sur la route principale, à environ 1 km – une marche facile de 10 ou 15 minutes (les taxis sont rares).

CÔTE PACIFIQUE

Centre et Est

S'étendant des jungles du Petén à la vallée tropicale du Río Motagua et de la lisière des Hautes Terres occidentales à la côte des Caraïbes, cette région offre une diversité inégalée dans le pays.

La Carretera al Atlántico (Hwy 9) court vers l'est jusqu'à la mer à partir de Guatemala Ciudad. En chemin, de nombreux sites méritent le détour, comme la ville de pèlerinage d'Esquipulas et les ruines superbement préservées de Copán, au Honduras. Plus loin, le long de la route, à Quiriguá, s'élèvent d'imposantes stèles, hautes de plus de 10 m.

Une autre courte boucle mène à Río Dulce, villégiature favorite des plaisanciers des Caraïbes et porte d'entrée de la réserve des Bocas del Polochic. Durant votre séjour, ne manquez pas la somptueuse descente en bateau du Río Dulce jusqu'à l'enclave garífuna de Lívingston.

De grandes plantations de café prospèrent dans le nord de la région, montagneux et luxuriant. Plus haut, elles cèdent la place à des forêts de nuages, domaines de la pluie ou de la brume.

Les reliefs karstiques escarpés autour de Cobán attirent des spéléologues du monde entier. Ceux de Lanquín et de Rey Marcos, notamment, sont accessibles aux amateurs.

Aux alentours de Cobán, les splendides bassins et cascades de Semuc Champey et le Biotopo del Quetzal – une réserve naturelle où l'on a des chances d'apercevoir l'insaisissable oiseau national, le quetzal – comptent parmi les joyaux de la région.

À NE PAS MANQUER

- Les eaux turquoise de **Semuc Champey** (p. 228) et les profondeurs des **Grutas de Lanquín** (p. 226)
- Les impressionnantes sculptures de **Copán** (p. 244) et de **Quiriguá** (p. 241), et la beauté de **Copán Ruinas** (p. 250), comparable à celle d'Antigua
- **Las Conchas** (p. 232), une oasis dans la jungle où vous attendent cascades, randonnées et visites de villages
- La découverte des Garífunas dans la ville caribéenne de **Lívingston** (p. 267)
- La beauté naturelle du **Parque Nacional Laguna Lachuá** (p. 229) et des **Bocas del Polochic** (p. 262), des réserves peu visitées

ALTA ET BAJA VERAPAZ

La Hwy 14 (ou Hwy 17) part de la Carretera al Atlántico à El Rancho, à 84 km de Guatemala Ciudad. Elle file vers l'ouest à travers une région de basses terres désertiques, puis tourne vers le nord et grimpe dans les montagnes boisées. Après 47 km, la route bifurque au carrefour de La Cumbre Santa Elena : la Hwy 14 continue vers Cobán ; la Hwy 17 descend l'autre côté de la crête, serpente dans la large vallée du Río Salamá et rejoint la ville de Salamá, à 17 km du carrefour.

Avant la conquête espagnole, les départements montagneux du Baja Verapaz et de l'Alta Verapaz étaient habités par des Mayas rabinal, connus jadis pour leurs mœurs guerrières et leurs victoires barbares. Ils affrontèrent un siècle durant les puissants Mayas quiché et ne furent jamais conquis.

Les conquistadores se heurtèrent également à la résistance des Mayas rabinal et Bartolomé de Las Casas réussit à convaincre les autorités espagnoles de tenter une démarche pacifique. Armés d'un édit interdisant aux soldats espagnols de pénétrer dans la région pendant cinq ans, le moine et sa congrégation parvinrent à pacifier et à convertir les Mayas rabinal. Leur territoire, alors rebaptisé Verapaz (vraie paix), est aujourd'hui divisé en deux départements : le Baja Verapaz, avec Salamá pour capitale, et l'Alta Verapaz, dont le centre est Cobán. Les Mayas rabinal ont réussi à préserver leurs traditions ancestrales et nombre de villages de la région méritent la visite, notamment celui de Rabinal (p. 215).

Pour en savoir plus sur l'Alta et le Baja Verapaz, consultez le site complet www.infocoban.com.

SALAMÁ

30 100 habitants / altitude 940 m

Séduisante introduction au climat tempéré du Baja Verapaz, Salamá est une petite ville dotée de quelques curiosités.

Renseignements

Banrural (9h-17h lun-ven, 9h-13h sam). Du côté sud de la place (en face de l'église), change les espèces et les chèques de voyage et possède un DAB Visa et MasterCard.
Police. À une rue à l'ouest de la place.
Telgua (6 Q/h). Accès Internet. À l'est de la place.

À voir

Salamá possède quelques beaux souvenirs de la période coloniale. Sur la grand-place, l'**église** contient des autels incrustés d'or et une chaire sculptée, sur la gauche devant le maître-autel. Ne manquez pas le christ gisant dans un cercueil de verre, avec du coton sortant de ses stigmates et des gouttes de sang coulant de son front. L'épais maquillage et l'oreiller en lamé argenté complètent la mise en scène. Le **marché**, coloré et animé, est particulièrement vivant le dimanche.

Circuits organisés

EcoVerapaz (5722-9095 ; ecoverapaz@hotmail.com ; 8a Av 7-12, Zona 1 ; circuits 1 journée 350 Q/pers) est installé dans la boutique Imprenta, Mi Terruño, à une rue à l'ouest de la place, sur la route de La Cumbre. Ses naturalistes expérimentés proposent d'intéressants circuits dans le Baja Verapaz : exploration de grottes, observation des oiseaux et des orchidées, randonnées à pied ou à cheval, etc. EcoVerapaz organise également des excursions à Rabinal (p. 215), avec visite du musée et découverte de l'artisanat, et aux célèbres rodéos du Baja Verapaz. Les guides parlent un peu anglais. Réductions pour les groupes.

Où se loger

Turicentro Las Orquídeas (7940 1622 ; Carretera a Salamá Km 147 ; empl tente 4,50 $US). À quelques kilomètres à l'est de Salamá sur la Hwy 17, ce centre conviendra aux voyageurs possédant une tente. Il comprend un terrain de camping verdoyant, des hamacs, un café et une piscine, accessible aux non-résidents (20 Q par pers et par jour).

Hotel San Ignacio (7940 0186 ; 4a Calle "A" 7-09 ; s/d 75/130 Q ; P). Correct pour le prix et tout près du parc, il comporte une grande *palapa* (abri couvert d'un toit en feuilles de palmier) sur le toit-terrasse.

Hotel Rosa de Sharon (5774 8650 ; 5a Calle 6-39 ; s/d 80/130 Q ; P). Les chambres propres, spacieuses et claires s'agrémentent de touches originales, comme les portemanteaux en fer forgé en forme d'arbre. En retrait de la rue, elles restent paisibles bien que donnant sur le quartier animé du marché.

Posada de Don Maco (7940 0083 ; 3a Calle 8-26 ; s/d 110/140 Q ; P). Tenue par une famille, cette *posada* propose de grandes chambres propres et simples, avec ventilateur et bonne sdb. Dans la cour, remarquez les cages où vivent des écureuils.

CENTRE ET EST

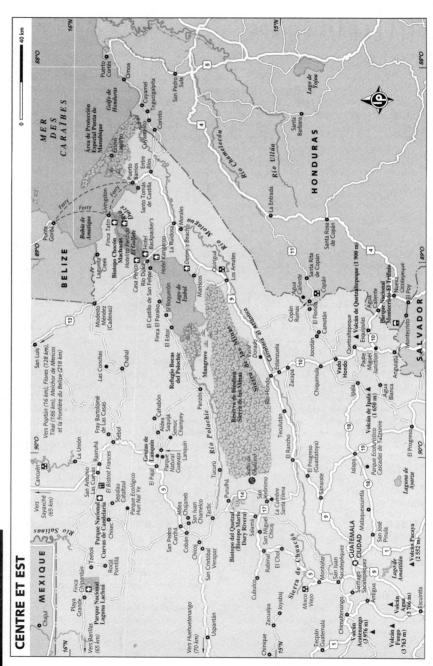

CENTRE ET EST

Hotel Real Legendario (☎ 5348-5189 ; 8a Av 3-57, Zona 1 ; s/d 120/150 Q ; **P**). Vous reconnaîtrez facilement cet endroit, à trois pâtés de maisons à l'est de la place, aux bosquets de bambous dans le parking. Il offre des chambres propres et sûres, avec ventilateur, sdb (eau chaude) et TV câblée.

Où se restaurer

Inutile de s'éloigner de la place pour bien manger, mais ne comptez pas dîner trop tard : les restaurants ferment tôt, à l'exception du Pollo Campero sur la place.

Café Deli-Donas (15a Calle 6-61 ; gâteaux 15 Q, sandwichs 25 Q, licuados 15 Q ; ☽ 8h-18h lun-sam). Ce café charmant (même les toilettes sentent bon) est une oasis dans le turbulent quartier du marché. Il sert des repas légers, des pâtisseries maison et un excellent café.

Antojitos Zacapanecos (angle 6a Calle et 8a Av ; plats 20 Q ; ☽ déj et dîner). Pour changer des classiques des fast-foods, commandez une énorme tortilla de blé farcie de porc, de poulet ou de bœuf. Dévorez-la sur place ou emportez-la pour un pique-nique improvisé.

Cafetería Central (angle 15a Calle et 9a Av ; déj 2,40 $US ; ☽ petit-déj et déj). À quelques pas du Café Deli-Donas en direction de la place, cet établissement propose de savoureux et copieux déjeuners. Le bouillon de poule, suivi de poulet grillé avec riz et salade, puis une mangue en dessert, suffisent à rassasier les plus affamés.

Depuis/vers Salamá

Au coin nord-est du parc, des bus partent pour Guatemala Ciudad (30-40 Q, 3 heures, 151 km) toutes les heures de 3h à 20h. Un bus Pullman est prévu à 3h, et d'autres passent parfois sans figurer sur les horaires. Arrivez en avance pour avoir une place assise. Les bus venant de Guatemala Ciudad poursuivent vers l'ouest de Salamá à Rabinal (5 Q, 40 min, 19 km) puis Cubulco, 15 km plus loin. Les bus pour San Jerónimo (4 Q, 25 min), La Cumbre (3 Q, 25 min) et Cobán (20 Q, 1 heure 30-2 heures) partent de l'angle nord-ouest du parc, devant l'Antojitos Zacapanecos, environ toutes les 30 minutes, du matin, tôt, jusqu'à 16h.

ENVIRONS DE SALAMÁ

En venant de la Hwy 14, à quelques kilomètres sur la route de Salamá, un embranchement mène à **San Jerónimo** (12 200 habitants). Derrière la belle église du village, une raffinerie de sucre du XVIᵉ siècle a été transformée en **musée** (☽ 8h-16h lun-ven, 10h-12h et 13h-16h sam-dim) et présente une collection d'objets et de photos, sans légendes. Le site, soigneusement entretenu, comprend une aire de jeux pour les enfants. Quelques grandes pierres sculptées anciennes ornent la place.

À 5 minutes de marche du centre-ville, **Los Arcos** est une série de 124 arches plus ou moins délabrées. Elles formaient un aqueduc élaboré qui alimentait la raffinerie. Suivez la route principale qui part vers l'est (et s'éloigne de Salamá) et descendez vers la droite au panneau "Barrio El Calvario". Les arches se trouvent le long de cette route, sur la droite. Pour voir un autre ensemble d'arches, tournez à droite dans le second sentier qui coupe la route. Si vous continuez tout droit au lieu de tourner, vous apercevrez, au bout d'une cinquantaine de mètres, d'autres arches à travers les arbres. Plus loin, on arrive à la **finca San Lorenzo**, une plantation de café ouverte au public. Le dernier bus pour Salamá quitte San Jerónimo à 16h.

À 9 km à l'ouest de Salamá sur la Hwy 5, le village de **San Miguel Chicaj** (12 800 habitants) est renommé pour ses tissages et sa fête traditionnelle (du 25 au 29 septembre). Dix kilomètres plus loin, le village colonial de **Rabinal** (13 900 habitants), fondé en 1537 par Bartolomé de Las Casas, est connu pour ses poteries (cherchez les tasses à chocolat peintes à la main) et sa récolte d'agrumes (novembre et décembre). Le bourg est également réputé pour sa fidélité aux traditions, au folklore et aux danses indiennes. Si vous êtes dans la région à cette époque, ne manquez pas la fête de San Pedro, qui a lieu du 19 au 25 janvier et bat son plein le 21 janvier, ou la Fête-Dieu (40 jours après Pâques). Le marché se tient le dimanche. Le **Museo Communitario Rabinal Achi'** (angle 4a Av et 2a Calle, Zona 3) est consacré à l'histoire, à la culture et aux Mayas achi' qui vivent dans la région.

Les hébergements sont rares à Rabinal, mais la **Posada Don Pablo** (☎ 7940-0211 ; 3a Av 1-50, Zona 4 ; s/d 50/75 Q), simple et propre, fait l'affaire. Des chambres moins chères partagent une sdb commune. Si le restaurant attenant ne vous inspire pas, essayez **Angello's** (1a Calle 2-50, Zona 4 ; plats 25-40 Q ; ☽ déj et dîner) au carrefour. Seul vrai restaurant de la ville, il fait aussi office de bar et de salle de billard.

Depuis Rabinal, 15 km supplémentaires vous amènent au bourg de **Cubulco** (14 000 habitants), où la tradition du *palo volador* (voir l'encadré p. 216) est bien vivante.

LEVEZ LES YEUX AU CIEL

Le *palo volador* (mât volant) est l'un des rituels préhispaniques les plus spectaculaires encore pratiqués de nos jours. Remontant à l'ère postclassique, il nécessite l'installation d'un tronc d'arbre mesurant jusqu'à 30 m de haut sur la place du village. Au sommet, le chef de la cérémonie joue de la flûte. Quatre hommes volants (symbolisant les 4 points cardinaux), ou anges, se jettent du sommet du mât et tourbillonnent jusqu'au sol, retenus par des cordes.

Si tout se déroule comme prévu, les anges décriront 13 révolutions, 52 à eux quatre, soit le nombre d'années d'un cycle calendaire maya. Parfois, les anges ne sont que deux, symbolisant alors Hun-Hunahpú et Vucub-Hunahpú, les jumeaux enchanteurs du *Popul Vuh*, qui descendirent dans le monde souterrain pour défier les seigneurs des ténèbres.

Depuis ses origines, la tradition a un peu évolué : le tronc d'arbre n'est plus amené à bout de bras, et les costumes se sont enrichis d'ornements peu traditionnels, tels que des miroirs intégrés au tissu. Si le *palo volador* est toujours bien vivant au Mexique, notamment à Puebla et à Veracruz, il est en perte de vitesse au Guatemala. C'est durant les fiestas de Chichicastenango (p. 147, 21 décembre), Cubulco (voir p. 215, 25 juillet) et Joyabaj (15 août) non loin, dans la région de Quiché, que vous avez le plus de chances d'en voir.

On peut aussi suivre la Hwy 5 jusqu'à Guatemala Ciudad, un trajet de 100 km qui traverse plusieurs villages. Des bus circulent très lentement sur cette route, essentiellement en terre. En chemin, vous pouvez faire un détour par les ruines de **Mixco Viejo** (50 Q), la florissante capitale des Mayas poqomam détruite par les Espagnols, à 16 km au nord de Montúfar. Ce centre cérémoniel et militaire occupe un site impressionnant, bordé de profonds ravins, avec une seule entrée et une seule sortie. Pour renforcer sa protection, les Poqomam édifièrent d'épais remparts de pierre autour de la cité. Il fallut à Pedro de Alvarado et à ses troupes plus d'un mois pour conquérir Mixco Viejo. Ils dévastèrent alors la ville qui, selon les historiens, comptait près de 10 000 habitants à son apogée. Vous verrez plusieurs temples et deux terrains de jeu de balle. Les campeurs équipés peuvent passer la nuit gratuitement sur le site, difficilement accessible en transport public. À la gare routière SEGMA, Zona 12, à Guatemala Ciudad, prenez un bus Servicios Unidos San Juan jusqu'à San Juan Sacatepéquez (3 Q, 1 heure, fréquemment 4h-18h), puis une correspondance. Montúfar se trouve à 12 km au nord de San Juan.

SALTO DE CHALISCÓ

Pour rejoindre cette **chute d'eau** (www.chilasco.net. ms ; 15 Q), revendiquant le titre de cascade la plus élevée d'Amérique centrale, parcourez 12 km sur une route de terre après l'embranchement du Km 145 sur la grand-route de Cobán. À 130 m dans une forêt de nuages, vous débouchez sur cette cascade impres-

sionnante, surtout s'il a plu et que l'eau tombe en cataracte. Autre chute d'eau intéressante, le Lomo de Macho, à 8 km de là, constitue une agréable balade à faire à pied. Vous pouvez aussi louer un cheval au centre des visiteurs, dans le village, à 5 km des chutes. L'hébergement est possible dans le cadre d'un **projet touristique communautaire** (☎ 5301-8928 ; 75 Q/ pers), dans un baraquement rustique attenant au centre des visiteurs. Les bus pour Chaliscó partent toutes les 30 minutes de Salamá (15 Q, 1 heure 30), et traversent La Cumbre Santa Elena (9 Q, 45 min) sur la Hwy 14.

BIOTOPO DEL QUETZAL

Le long de la grand-route de Cobán (Carretera a Cobán ou Hwy 14), à 34 km au nord de l'embranchement de La Cumbre pour Salamá, la réserve naturelle du Biotopo Mario Dary Rivera, communément appelée **Biotopo del Quetzal** (35 Q ; ⏱ 7h-16h), se situe au Km 161, à l'est du village de Purulhá.

La meilleure période pour observer les quetzals, rares et farouches, s'étend de mars à juin (voir l'encadré ci-contre). Pour augmenter vos chances d'apercevoir l'oiseau national du Guatemala, contactez le Proyecto EcoQuetzal à Cobán (p. 221).

La découverte de l'écosystème de cette luxuriante forêt de nuages d'altitude, habitat naturel du quetzal, mérite le détour – d'autant que vos chances d'en apercevoir un ne sont pas nulles. Tôt le matin et en début de soirée, des quetzals viennent se nourrir sur les *agua-catillos* (avocatiers) aux alentours du Parque Ecológico Gucumatz (p. 217).

Le centre des visiteurs dispose parfois de cartes des sentiers, en espagnol et en anglais (5 Q). Elles recensent 87 espèces d'oiseaux qui peuplent la réserve. Parmi les autres animaux figurent les atèles (singes-araignées) et des *tigrillos*, des félins proches des ocelots, mais les voir relève de l'exploit !

Deux excellents chemins bien entretenus traversent la réserve : le Sendero los Helechos (sentier des Fougères ; 1,8 km) et le Sendero los Musgos (sentier des Mousses ; 3,6 km). En vous promenant dans cette épaisse végétation, foulant un humus riche et spongieux, vous observerez toutes sortes d'épiphytes qui prospèrent dans l'humidité du Biotopo.

Les deux chemins passent par des cascades qui, presque toutes, se déversent dans des petits bassins propices à la baignade. D'innombrables cours d'eau prennent leur source à cet endroit et le Río Colorado traverse la forêt le long d'une faille géologique. Au cœur de la forêt, le **Xiu Gua Li Che** (grand-père arbre), vieux de 450 ans, germait alors que les conquistadores attaquaient les Rabinal.

La réserve possède un centre des visiteurs, une buvette et un terrain de camping avec barbecue. La réglementation du camping change de temps à autre. Renseignez-vous auprès du **Cecon** (Centro de Estudios Conservacionistas de la Universidad de San Carlos ; ☎ 2331-0904 ; www.usac.edu.gt/cecon, en espagnol) à Guatemala Ciudad, qui gère plusieurs *biotopos*.

Où se loger et se restaurer

Trois établissements sont installés près de la réserve :

Parque Ecológico Gucumatz (☎ 5368-6397 ; s/d ancien bât 100/140 Q, nouveau bât 130/170 Q ; P). À flanc de colline dans une clairière à 200 m de l'entrée du Biotopo del Quetzal, le Gucumatz propose des chambres de bonne taille, avec eau froide dans le bâtiment en bois et eau chaude (disons tiède) dans celui, plus récent, en béton. Repas simples à prix raisonnables (plats 30 Q), végétariens ou non.

Posada Montaña del Quetzal (☎ 2332-4969 ; www.hposadaquetzal.com ; Hwy 14, Km 156,5 ; s/d 130/170 Q, bungalow 2 ch s/d 280/350 Q ; P ⊠). Cet établissement accueillant se situe à 5 km avant le Biotopo del Quetzal en venant de Guatemala Ciudad. L'immense domaine comprend une pépinière d'orchidées, des bassins de pêche, des sentiers forestiers et une piste pour VTT menant en 30 minutes à une cascade privée. L'hébergement, de style rustique, est extrêmement confortable et les bungalows sont particulièrement séduisants avec la grande cheminée dans le salon. Apprécié des groupes, le restaurant prépare un excellent *cack'ik* (ragoût de dinde ; 35 Q).

☯ **Hotel Restaurant Ram Tzul** (☎ 2355-1904 ; www.m-y-c.com.ar/ramtzul ; Hwy 14, Km 158 ; s/d 245/355 Q ; P). Sans doute le plus bel hôtel des deux Verapaz, il se trouve à mi-chemin entre la Posada Montaña del Quetzal et l'entrée de la réserve. Le restaurant-salon occupe une haute structure coiffée de chaume, à l'ambiance chaleureuse et chauffée par des cheminées. Le même style rustique haut de gamme inspire le décor des vastes chambres et bungalows. Cascades et bassins de baignade ponctuent le domaine alentour.

INSAISISSABLE QUETZAL

Sacré pour les Mayas, le resplendissant quetzal a donné son nom à la monnaie guatémaltèque. Ses plumes ornaient le serpent Quetzalcoatl, et en tuer un était alors un crime. Il ne bénéficie plus aujourd'hui de cette protection. La chasse (principalement pour les longues plumes émeraude de la queue du mâle) et la destruction de son habitat ont rendu cet oiseau très rare au Guatemala. Vous avez plus de chances d'en apercevoir au Costa Rica ou au Panama.

Les forêts de nuages de l'Alta Verapaz, notamment le Biotopo del Quetzal (voir ci-contre), sont les meilleurs endroits pour tenter de voir un quetzal.

Repérez les arbres fruitiers et les avocatiers, qui fournissent au quetzal sa nourriture préférée (avec les insectes, les escargots, les grenouilles et les lézards) et regardez attentivement : son plumage vert est terne quand il n'est pas exposé au soleil, lui offrant un camouflage parfait, et il reste souvent immobile pendant des heures.

Les femelles pondent 2 œufs par an, entre mars et juin. Durant cette période, la meilleure pour son observation, les plumes de la queue du mâle peuvent atteindre 75 cm de longueur. Guettez leur appel caractéristique – des gloussements aigus et un sifflement bas : *kiiioo-kiiioo*.

Depuis/vers le Biotopo del Quetzal

Tous les bus depuis/vers Guatemala Ciudad font halte à l'entrée de la réserve. Pour aller vers l'est, mieux vaut prendre un bus ou un minibus jusqu'à El Rancho, puis une correspondance.

COBÁN

67 000 habitants / altitude 1 320 m

Bien que sans grand intérêt, Cobán s'est fortement et joliment développée ces dernières années. Cette ville prospère et détendue constitue une excellente base pour découvrir les merveilles naturelles de l'Alta Verapaz.

À l'entrée de Cobán, un panneau proclame "Bienvenidos a Cobán, Ciudad Imperial", en référence au titre accordé à la cité par l'empereur Charles Quint en 1538.

La ville fut autrefois le centre du Tezulutlán (*Tierra de Guerra*, ou pays de guerre), une place forte des Mayas rabinal.

Au XIXe siècle, lorsque des immigrants allemands vinrent y fonder de grandes *fincas* (plantations) de café et de cardamome, Cobán ressemblait à une ville de montagne germanique. Cette domination culturelle et économique prit fin durant la Seconde Guerre mondiale, lorsque les États-Unis firent pression sur le gouvernement guatémaltèque afin qu'il expulse les puissants propriétaires terriens, soupçonnés de soutenir les nazis.

Aujourd'hui, Cobán est une ville agréable à visiter malgré son climat, humide et froid la majeure partie de l'année. Le soleil ne brille que pendant trois semaines en avril. Au milieu de la saison "sèche" (de janvier à mars), brouillards et pluies alternent avec un ciel clair, un air pur et un horizon dégagé.

Fête maya la plus impressionnante du pays, le festival folklorique de **Rabin Ajau** se déroule fin juillet ou début août et donne l'occasion d'assister à la danse traditionnelle du Paabanc. L'**exposition nationale d'orchidées** a lieu en mois de décembre.

Hormis son ambiance particulière et son paysage montagneux, Cobán n'offre guère de distractions, mais constitue un bon point de départ pour de superbes excursions aux Grutas de Lanquín (p. 226), aux bassins et aux cascades de Semuc Champey (p. 228).

Orientation

La plupart des services sont installés à quelques rues de la place principale et de la cathédrale. Le quartier commerçant se situe autour et derrière la cathédrale. Vous sentirez le parfum de la cardamome avant de découvrir les vendeurs venus des montagnes.

La plupart des bus vous déposeront à la gare routière, connue sous le nom de Campos Dos, juste au nord de la ville, à 15 minutes de marche (2 km) de la place (10 Q en taxi).

Le centre-ville est construit sur une hauteur ; préparez-vous à grimper et à descendre les rues pentues.

RENSEIGNEMENTS		
Banco Industrial	1	B3
Banco G&T	2	C3
Cybercobán	3	E3
Inguat	4	B3
Lavanderiá Econo Express	5	B3
Mayan Internet	6	B3
Municipalidad (Mairie)	7	D3
Poste de police	8	C3
Poste	9	D4
Telgua	10	C3

À VOIR ET À FAIRE		
Adrenalina Tours	11	C4
Aventuras Turísticas	(voir 23)	
Casa D'Acuña	(voir 20)	
Cathédrale	12	D3
Ermita de Santo Domingo de Guzmán	13	A2
Finca Santa Margarita	14	C4
Museo El Príncipe Maya	15	F4

Oxford Language Center	16	E4
Entrée du Parque Nacional Las Victorias	17	A2
Templo El Calvario	18	B2

OÙ SE LOGER 🏠		
Casa Blanca Hostel	19	C3
Casa D'Acuña	20	C4
Casa Duranta	21	E4
Casa Luna	22	C3
Hostal de Doña Victoria	23	D4
Hotel Central	24	D3
Hotel La Paz	25	B3
Hotel La Posada	26	C3
Hotel Los Faroles	27	C3
Hotel Rabin Ajau	28	B3
Pensión Monja Blanca	29	B4
Posada de Don Antonio	30	E3
Posada de Don Pedro	31	C4

OÙ SE RESTAURER 🍴		
Bokatas	32	C4
Café Fantasia	33	C3
Café La Posada	(voir 26)	

El Bistro	(voir 20)	
El Cafeto	34	D4
El Peñascal	35	C3
Restaurant Kam Mun	36	A3
Xkape Koba'n	37	C4

OÙ SORTIR 🍸		
Bar Milenio	38	E3
Bohemios	39	B4

ACHATS 🛍		
Mercado Terminal	40	D3
Supermarché	41	D3

TRANSPORTS		
Bus pour Lanquín	42	E1
Bus pour San Pedro Carchá	43	E3
Gare routière Campo Dos Bus	44	C1
Inque Renta Autos	45	D3
Tabarini Rent A Car	46	B4
Transportes Brenda Mercedes	47	E2
Transportes Imperial	48	E3
Transportes Martínez	49	D1
Transportes Monja Blanca	50	E3

COBÁN

400 m

0

Parque Nacional Las Victorias

Stade

Place principale

Marché central

Zona 1
Zona 2
Zona 3
Zona 4

9a Av
6a Av
5a Av
4a Calle
3a Av
5a Calle
6a Calle
1a Av
Diagonal 1
3a Calle
2a Av
3a Av
6a Av
7a Av
8a Av
9a Av
1a Calle
2a Calle
4a Calle
2a Av
3a Av
4a Av

Vers San Pedro Carchá (6 km) et Chisec (66 km)

Vers le Wasen Bridge (700 m), San Juan Chamelco (8 km) et le Don Jerónimo's (12 km)

Vers le Proyecto EcoQuetzal (300 m)

Vers la Bella Pizza (300 m), Chicoj (5 km) et la Carretera al Atlántico (170 km)

Carretera Antigua de Entrada a Cobán

Vers Vivero Verapaz (1 km)

Renseignements
ACCÈS INTERNET
De nombreux établissements proposent l'accès à Internet pour 5 Q l'heure.

Cybercobán (3a Av 1-11, Zona 4 ; ☺ 8h30-19h lun-sam). À 200 m à l'est de la place.

Mayan Internet (6a Av 2-28 ; ☺ 8h30-20h lun-sam, 14h30-21h dim). À 500 m à l'ouest de la place ; connexions rapides.

ARGENT
Les banques indiquées ci-dessous changent les dollars US (espèces et chèques de voyage) :

Banco G&T (1a Calle). En face de l'Hotel La Posada ; dispose d'un DAB MasterCard.

Banco Industrial (angle 1a Calle et 7a Av, Zona 1). DAB Visa.

LAVERIE
Lavandería Econo Express (7a Av 2-32, Zona 1). Les laveries sont rares à Cobán. Ici, comptez 30 Q pour laver et sécher une machine.

POSTE ET TÉLÉPHONE
Poste (angle 2a Av et 3a Calle). À une rue au sud-est de la place.

Telgua. Sur la place ; de nombreux téléphones à carte à l'extérieur.

OFFICES DU TOURISME
Inguat (☎ 7951-0216 ; 7a Av 1-17, Zona 1 ; ☺ 8h-16h lun-ven, 9h-13h sam) possède une antenne ici. Si l'Inguat ne peut vous renseigner, essayez la **municipalidad** (1a Calle, Zona 1 ; ☎ 7952-1305, 7951-1148), où un personnel jeune et débrouillard officie dans un bureau derrière le poste de police. La Casa D'Acuña (ci-contre) est aussi une mine d'informations.

À voir
TEMPLO EL CALVARIO
À l'extrémité nord de la 7a Av, un long escalier mène à cette église, qui offre une belle vue sur la ville. Des Mayas déposent des offrandes devant les sanctuaires et les croix du parvis. Ne vous attardez pas après 16h, car il existe des risques d'agression.

L'**Ermita de Santo Domingo de Guzmán**, une chapelle dédiée au saint patron de Cobán, se trouve à 150 m à l'ouest du début de l'escalier menant à El Calvario.

PARQUE NACIONAL LAS VICTORIAS
En plein cœur de la ville, ce **parc national** (10 Q ; ☺ 8h-16h30, chemins de randonnée 9h-15h)

de 82 ha de forêt comprend des étangs, des aires de pique-nique avec barbecues, des terrains de jeux pour les enfants, un point de vue et des kilomètres de sentiers. L'entrée se situe près du coin de la 9a Av et de la 3a Calle, Zona 1. La plupart des sentiers étant très isolés, randonnez plutôt en groupe. Vous pouvez camper ici pour 20 Q/pers.

VIVERO VERAPAZ
Les amateurs d'orchidées en découvriront des milliers d'espèces dans cette **pépinière** (☎ 7952 1133 ; Carretera Antigua de Entrada a Cobán ; 10 Q ; ☺ 9h-12h et 14h-16h) réputée. Au cours de la visite, toujours guidée, vous verrez la rare *monja blanca*, ou "nonne blanche" (*Lycaste virginalis*), fleur nationale du Guatemala, ainsi que des centaines d'espèces miniatures, à observer avec une loupe. L'exposition nationale d'orchidées, un événement spectaculaire, se tient chaque année en décembre. Sinon, essayez de venir entre octobre et février, lorsque de nombreuses espèces sont en fleurs.

Vivero Verapaz se situe à 2 km au sud-ouest du centre-ville, une marche de 30 minutes depuis la place ou environ 20 Q en taxi.

MUSEO EL PRÍNCIPE MAYA
Privé, ce **musée** (☎ 7952 1541 ; 6a Av 4-26, Zona 3 ; 10 Q ; ☺ 9h-18h lun-sam) présente une collection bien agencée d'objets précolombiens, essentiellement des bijoux, des parures et des poteries.

Cours
L'**Oxford Language Center** (☎ 5892-7718 ; www.olcenglish.com ; 4a Av 2-16, Zona 3) facture environ 1 400 Q pour 20 heures de cours d'espagnol en groupe de 4 personnes maximum, logement chez l'habitant compris. Ses tarifs plus élevés que la concurrence se justifient par les salaires plus avantageux des professeurs.

Circuits organisés

Dans l'Hostal de Doña Victoria, **Aventuras Turísticas** (☎ /fax 7951 4213 ; www.aventurasturisticas. com ; 3a Calle 2-38, Zona 3) organise des circuits à Laguna Lachuá, aux Grutas de Lanquín, à Rey Marcos, Candelaria, Semuc Champey, Tikal, Ceibal et toute autre destination de votre choix ; les itinéraires peuvent être personnalisés. L'agence propose des guides parlant français, anglais ou espagnol. Les prix varient de 150 à 2 000 Q par personne.

Adrenalina Tours (☎ 7951-2200 ; www.adrenalina-tours.com ; Diagonal 4 3-36, Zona 2) propose des circuits presque partout et offre les navettes les plus nombreuses de la ville.

La **Casa D'Acuña** (☎ 7951 0484 ; casadacuna@yahoo. com ; 4a Calle 3-11, Zona 2) vend des excursions à Semuc Champey, aux Grutas de Lanquín et à d'autres sites plus éloignés. Ses guides ont été recommandés à de nombreuses reprises.

Proyecto EcoQuetzal (☎ /fax 7952-1047 ; www. ecoquetzal.org ; 2a Calle 14-36, Zona 1 ; ☻ 8h30-13h et 14h-17h30 lun-ven) est un projet novateur mettant sur pied des circuits "ethnotouristiques" dans les forêts de nuages de Chicacnab (près de Cobán) et les forêts subtropicales humides de Rokjá Pomtilá (près de la Laguna Lachua). Les participants dorment au village, avec une famille de Mayas q'eqchi'. Pour profiter au mieux de l'expérience, on encourage les touristes à apprendre quelques mots de q'eqchi' et à passer au moins 2 jours dans la famille d'accueil (300 Q les 2 nuits et 4 repas, guide compris). Les guides font partie des familles d'accueil et vous feront découvrir les beautés de la région ; cette activité les aide à améliorer le niveau de vie de la maisonnée. Il faut réserver au moins un jour avant le départ. Le Proyecto loue bottes, sacs de couchage et jumelles à prix raisonnables, ce qui dispense de prévoir l'équipement nécessaire. Mieux vaut posséder des rudiments d'espagnol. Ce tour-opérateur dispose de plates-formes d'observation du quetzal, à réserver un mois à l'avance ; contactez l'agence pour plus de détails.

CIRCUITS CAFÉ

La **finca Santa Margarita** (☎ 7952 1586 ; 3a Calle 4-12, Zona 2 ; 30 Q ; ☻ visites guidées 8h-12h30 et 13h30-17h lun-ven, 8h-12h sam), une plantation de café au cœur de Cobán, propose d'excellentes visites guidées. De la culture à la torréfaction et à l'exportation, le circuit de 45 minutes vous montrera toutes les étapes de la production.

On vous offrira une tasse de café à la fin de la visite et vous pourrez acheter des grains fraîchement torréfiés (de 2,60 à 5 $US les 450 g). Très intéressant, le guide parle anglais et espagnol.

À 15 minutes de la ville en bus, la **coopérative Chicoj** (☎ 7859-8178 ; circuit 50 Q) est une initiative de tourisme communautaire proposant des circuits (2 km, 45 min) sur son exploitation de café. À mi-chemin, vous pourrez faire un tour de tyrolienne dans la canopée. La visite s'achève avec une dégustation de café cultivé et torréfié sur place. Les agences de voyages de Cobán proposent ce circuit pour 160 Q, mais il est facile de prendre le bus à l'arrêt près du poste de police, direct jusqu'au village de Chicoj.

Où se loger

Étant donné la fraîcheur du climat, assurez-vous que l'hôtel choisi dispose d'eau chaude.

PETITS BUDGETS

Parque Nacional Las Victorias Camping (empl tente 20 Q/pers). Au cœur de la ville, le Parque Nacional Las Victorias possède un camping, avec eau et toilettes, mais sans douches.

Casa Blanca Hostel (☎ 4034-9291 ; 1a Calle 3-25, Zona 1 ; dort/s/d sans sdb 35/50/100 Q). Incontournable pour les routards, l'adresse bénéficie d'un emplacement parfait. Dortoirs corrects, logeant 4 personnes dans 4 lits superposés. Bon petit café tout simple dans le patio. Personnel jeune et de bon conseil.

Hotel La Paz (☎ 7952-1358 ; 6a Av 2-19, Zona 1 ; s/d 40/75 Q ; P). Chaleureux et bien tenu, cet hôtel rempli de fleurs est une excellente adresse. Au nord-ouest de la place, il jouxte une bonne cafétéria.

Posada de Don Pedro (☎ 7951-0562 ; cobnposadadonpedro@hotmail.com ; 3a Calle 3-12, Zona 2 ; ch/pers avec/sans sdb 75/40 Q). Tenue par une famille, cette posada offre de grandes chambres avec carrelages en terre cuite au sol, réparties autour d'une petite cour gaie, et d'agréables salons.

Casa Luna (☎ 7951-3528 ; www.cobantravels.com ; 5a Av 2-28, Zona 1 ; dort/s/d sans sdb petit-déj compris 50/75/150 Q ; ▯ ☎). Les chambres modernes entourent une jolie cour verdoyante. Les dortoirs disposent de casiers, les chambres privées sont plaisamment décorées et les sdb communes, impeccables. Bon petit-déjeuner.

Casa D'Acuña (☎ 7951-0482 ; casadacuna@yahoo. com ; 4a Calle 3-11, Zona 2 ; dort/d sans sdb 50/100 Q ; ☎).

Propre et très confortable, cette auberge de style européen comprend 4 dortoirs de 4 lits, 2 chambres doubles et des sdb communes avec de bonnes douches chaudes. Elle abrite également El Bistro (p. 224), un fabuleux restaurant, une boutique de souvenirs et propose un service de blanchissage et des circuits à prix raisonnables.

CATÉGORIE MOYENNE

Hotel Rabin Ajau (☎ 7951-4296 ; angle 1a Calle et 6a Av, Zona 1 ; s/d 100/160 Q). Parquet et têtes de lit en bois apportent une touche de charme bienvenue aux chambres de cet hôtel. Celles de devant ont de petits balcons, mais sont parfois bruyantes.

Hotel Central (☎ 7952-1442 ; 1a Calle 1-79, Zona 1 ; s/d 120/160 Q ; P 🛜). Les chambres de bonne taille et de charmants espaces de détente en plein air font de cet établissement un choix correct. Préférez les chambres à l'arrière pour une meilleure aération et une vue sur la ville.

Pensión Monja Blanca (☎ 7952-1712 ; 2a Calle 6-30, Zona 2 ; s/d 170/225 Q, sans sdb 120/150 Q ; P). Paisibles malgré l'animation de la 2a Calle, les chambres immaculées de cette adresse sont réparties autour d'un jardin luxuriant, planté d'arbres fruitiers et d'hibiscus, que l'on rejoint après avoir traversé 2 cours. Meublées de lits jumeaux de bonne qualité, avec couvre-lits artisanaux, et dotées d'une TV câblée, elles ont chacune un charme désuet (les interrupteurs sont à l'extérieur). Recommandée pour les voyageuses en solo.

⤙ Hostal de Doña Victoria (☎ /fax 7951-4213 ; www.hotelescoban.com ; 3a Calle 2-38, Zona 3 ; s/d 150/215 Q ; P). Charmant hôtel occupant une demeure restaurée de plus de 400 ans, décorée de quantité d'objets anciens, de l'antique machine à café en cuivre aux masques en bois et aux statues religieuses. Il compte 8 chambres confortables aux couleurs vives, avec sdb et TV, autour d'une cour centrale ornée de plantes. Bar-restaurant sur place.

Hotel Los Faroles (☎ 7952-2091 ; 2a Calle 3-61, Zona 1 ; s/d 150/300 Q ; P). Un hôtel moderne dans un style d'imitation coloniale. Chambres petites mais confortables. Belle vue depuis les petits balcons et le toit en terrasse.

Posada de Don Antonio (☎ 7951-1792 ; 5a Av 1-51, Zona 4 ; s/d 180/330 Q ; P 🛜 🛜). D'un excellent rapport qualité/prix, cette agréable posada de 2 étages comprend de vastes chambres, hautes de plafond, avec 2 ou 3 lits doubles et un décor soigné. Le petit-déjeuner (30-50 Q) est servi dans le patio verdoyant.

Casa Duranta (☎ 7951-4188 ; www.casaduranta.com ; 3a Calle 4-46, Zona 3 ; s/d 280/350 Q). Soigneusement restaurée, cette maison au décor éclectique comporte des chambres très séduisantes et d'autres un peu exiguës. Demandez à en voir plusieurs.

Hotel La Posada (☎ 7952-1495 ; www.laposadacoban.com ; 1a Calle 4-12, Zona 2 ; s/d 350/390 Q). Près de la place, cet hôtel de style colonial est le meilleur de Cobán, même si les chambres sur la rue pâtissent un peu du bruit. Des fleurs tropicales s'accrochent à la véranda, où des

---

LE CAFÉ : DU GRAIN À LA TASSE

Le chemin de l'humble grain de café est long, de la plantation à la tasse. Les fruits doivent d'abord mûrir (devenir rouge profond) avant d'être cueillis et mis dans l'eau. Ceux qui flottent sont récupérés et vendus comme deuxième choix. Les autres trempent entre 12 et 24 heures (selon l'altitude) jusqu'à ce qu'ils fermentent et que leur cosse se détache.

Ils sont ensuite lavés afin de retirer les résidus et la pulpe qui recouvre le grain, avant d'être mis à sécher un four.

Tout ce processus, de la cueillette au séchage, doit se dérouler en une journée environ pour préserver la saveur ; ensuite, le grain peut être conservé des mois sans rien perdre en qualité.

De nombreux petits producteurs vendent les grains à cette étape ; les acheteurs préfèrent souvent effectuer le reste du traitement, qui influence grandement l'arôme du produit fini.

Une machine retire la peau fine et transparente qui recouvre le grain, juste avant la torréfaction. Une torréfaction légère donne un breuvage plus aromatique et moins goûteux.

Le degré d'acidité d'un café est directement lié à l'altitude de la plantation : plus il est cultivé haut, plus il est acide.

Parmi les principales régions cultivant du café au Guatemala, Huehuetenango et Cobán produisent les grains les plus acides, le Lago de Atitlán et Antigua produisent une acidité moyenne, et les grains les plus doux proviennent de la côte Pacifique et du Petén.

UN BON CAFÉ, À QUEL PRIX ?

Le café n'est pas qu'une boisson au Guatemala. Pour beaucoup, c'est un moyen de subsistance. C'est aussi une parfaite illustration de l'histoire et de la société du pays.

La majorité des *fincas* (plantations) de café sont de vastes exploitations, souvent transmises de génération en génération depuis l'invasion espagnole. Selon le *Central America Report*, d'autres ont été "cédées" par le gouvernement, souvent à d'anciens militaires, pour services rendus (sans commentaire).

Les salaires et les conditions de travail dans ces exploitations sont difficiles à imaginer. À l'époque de la récolte, les paysans pauvres de la région sont engagés et installés dans des dortoirs rudimentaires. Les travailleurs sont payés au poids de café récolté, et vous verrez souvent des familles entières, enfants en bas âge compris, dans les champs.

Le salaire minimal (environ 56 Q par jour pour les ouvriers agricoles) n'a pas cours ici. L'instabilité du marché international du café signifie que les propriétaires s'enrichissent parfois, contrairement aux travailleurs.

Un petit groupe de propriétaires et d'ouvriers a créé un modèle alternatif. Travaillant sur une base coopérative, ils refusent l'exploitation et vendent leurs produits sous le label du commerce équitable.

Pour qu'un produit puisse revendiquer ce statut, il doit être certifié par la **Fair Trade Labeling Organization** (www.fairtrade.net). Le producteur doit satisfaire aux règles suivantes :

- respecter les droits de l'homme des employés
- garantir un salaire et des conditions identiques aux hommes et aux femmes
- ne pas faire travailler des enfants
- contribuer au développement des communautés

Quelque 24 communautés produisent du café équitable au Guatemala. Elles exportent la majorité de leur production, biologique pour la plupart, utilisant des herbicides et des pesticides naturels, à base de plantes.

Pour en savoir plus, consultez le site www.cafeconciencia.org. À Nueva Alianza, vous pourrez visiter une exploitation de café équitable, y séjourner et même y travailler comme bénévole (voir p. 198).

---

chaises longues et des hamacs permettent de savourer la vue sur la montagne. Les décorations religieuses donnent une allure un peu austère aux chambres, dotées de beaux meubles anciens, de tentures artisanales et d'une cheminée. L'hôtel comprend un café-restaurant (voir ci-dessous).

Où se restaurer

La plupart des hôtels de Cobán possèdent un restaurant. Le soir, des restaurants ambulants, aménagés dans des camions, s'installent sur la place et proposent des repas très bon marché. Comme toujours, privilégiez celui qui semble le plus apprécié des habitants.

Café Fantasia (Oficinas Profesionales Fray Bartolomé de Las Casas, 1a Calle 3-13 ; petit-déj 20-30 Q ; ☺ lun-sam). Bon café central et douillet proposant plusieurs sortes de chocolats chauds. Prenez le petit-déjeuner, un café et une pâtisserie ou bien un repas léger sur la jolie terrasse au calme.

El Cafeto (2a Calle 1-36 B, Zona 2 ; plats 25-40 Q ; ☺ petit-déj, déj et dîner). Sur la place, ce charmant café propose un menu léger à midi (25 Q), une carte des vins correcte et un excellent café.

Xkape Koba'n (2a Calle 5-13, Zona 2 ; en-cas 15 Q, plats 30 Q ; ☺ 10h-19h). Idéal pour une pause ou pour s'attarder quelques heures, ce joli café bohème dispose d'un jardin luxuriant à l'arrière. Quelques plats d'inspiration traditionnelle intéressants à la carte. Outre des gâteaux maison et un café délicieux, il vend de beaux objets d'artisanat.

Café La Posada (1a Calle 4-12, Zona 2 ; en-cas à moins de 35 Q ; ☺ 11h-19h). Installez-vous dans la véranda qui domine la place ou dans le salon confortable, avec sofas, tables basses et cheminée. En plus des classiques de ce genre d'établissement, vous pourrez choisir *nachos*, tortillas, sandwichs, burgers, tacos, *tostadas* ou salade de fruits parmi les multiples en-cas.

CENTRE ET EST

Bella Pizza (1a Calle 13-47, Zona 1 ; plats 40-60 Q ; ☯ déj et dîner). Vous ne regretterez pas la courte marche nécessaire pour atteindre cette pizzeria familiale. Pizzas, pâtes et salades sont excellentes.

Bokatas (4a Calle 2-34, Zona 2 ; plats 40-80 Q ; ☯ dîner). Ce grand restaurant en plein air sert d'épais steaks sur fond de musique disco à plein volume. À la carte également, divers plats de produits de la mer et d'inspiration méditerranéenne.

Restaurant Kam Mun (1a Calle 8-12, Zona 2 ; plats 40-100 Q ; ☯ déj et dîner). À 500 m à l'ouest de la place, un restaurant chinois standard, plaisant et bien tenu, orné de dragons, bouddhas et peintures florales.

El Peñascal (5a Av 2-61 ; plats 55-90 Q ; ☯ déj et dîner). Sans doute la meilleure table indépendante de Cobán, El Peñascal propose de nombreuses spécialités régionales et guatémaltèques, un assortiment de viandes, des poissons et des en-cas dans un cadre détendu et élégant.

❍ El Bistro (4a Calle 3-11 ; plats 60-120 Q ; ☯ à partir de 7h). Oasis de calme avec musique classique en fond sonore, le restaurant de la Casa D'Acuña mitonne une cuisine européenne, essentiellement italienne – viandes, poissons, mais aussi pâtes (de 40 à 65 Q), salades, pains maison et succulents desserts.

Où sortir

Cobán compte plusieurs endroits où l'on peut danser. Le **Bar Milenio** (3a Av 1-11, Zona 4) privilégie la musique disco, sert des repas et possède une table de billard.

Le **Bohemios** (8a Av et 2 Calle, Zona 2 ; 10-25 Q ; ☯ jeu-sam). Une immense discothèque, avec un balcon pourvu de sièges et des serveurs en nœud papillon.

Depuis/vers Cobán
BUS

La nationale qui rejoint Guatemala Ciudad et la Carretera al Atlántico est l'itinéraire le plus emprunté entre Cobán et le reste du monde. La route du nord, qui passe par Chisec, Sayaxché et Flores, est désormais entièrement goudronnée, facilitant ainsi l'accès au Petén. Des routes moins fréquentées partent à l'ouest vers Huehuetenango et au nord-est vers Fray Bartolomé de Las Casas et Poptún ; très partiellement asphaltées, elles restent plus aventureuses. Vérifiez par deux fois les heures de départ des bus, surtout pour les destinations les moins desservies.

Les bus partent de plusieurs points de la ville. Sur de nombreux itinéraires, des minibus, ou *microbuses*, remplacent les bus réguliers ou s'ajoutent à ceux-ci.

Le tableau ci-dessous liste les bus partant de la gare routière Campo Dos de Cobán. Attention : la route pour Uspantan et Nebaj est souvent coupée à cause de glissements de terrain. Renseignez-vous avant de partir.

Les destinations non desservies depuis la gare routière Campo Dos sont notamment :

Cahabón (40 Q, 4 heures 30, 85 km). Mêmes bus que pour Lanquín (ci-contre).

El Estor (45 Q, 5 heures, 166 km). Deux minibus par jour partent de Transportes Imperial, derrière la gare routière Monja Blanca, à 9h30 et 23h30. La route est parfois emportée par les pluies violentes. Vérifiez au bureau que le bus circule. Départs supplémentaires depuis Transportes Brenda Mercedes (3a Av et 3a Calle, Zona 4) à 9h30, 11h30 et 13h30.

Guatemala Ciudad (Q40-55, 4-5 heures, 213 km). Des bus de Transportes Monja Blanca (☎ 7951-3571 ; www.tmb.com.gt ; 2a Calle 3-77, Zona 4) partent pour Guatemala Ciudad toutes les 30 min de 2h à 6h, puis toutes les heures jusqu'à 16h.

BUS DEPUIS COBÁN		
Destination	**Tarif (Q)**	**Durée (heures)**
Biotopo del Quetzal	10	1¼
Chisec	15	2
Fray Bartolomé de Las Casas	35	4
Nebaj	55	5½-7
Playa Grande (pour Laguna Lachuá)	50	4
Raxruhá	25	2½-3
Salamá	20	1½
Sayaxché	60	4
Tactic	6	40 min
Uspantán	30	4½

Lanquín (30 Q, 2 heures 30-3 heures, 61 km). Transportes Martínez (6a Calle 2-40, Zona 4) assure plusieurs départs dans la journée. Des minibus partent de l'angle de 5a Calle et 3a Av, dans la Zona 4, de 7h à 16h, certains poursuivant vers Semuc Champey. Vérifiez les horaires, assez irréguliers. **San Pedro Carchá** (3 Q, 20 min, 6 km). Bus toutes les 10 min de 6h à 19h, depuis le parking en face de la gare routière Monja Blanca.

VOITURE
Cobán compte quelques agences de location de voiture. Réservez bien à l'avance. Vous aurez besoin d'un 4x4 pour aller aux Grutas de Lanquín ou à Semuc Champey. Parmi les agences de location, citons **Inque Renta Autos** (☎ 7952-1994 ; inque83@hotmail.com ; 3a Av 1-18, Zona 4) et **Tabarini Rent A Car** (☎ 7952-1504 ; www.tabarini. com ; 7a Av 2-27, Zona 1).

ENVIRONS DE COBÁN
Cobán, comme tout l'Alta Verapaz, est devenue une destination prisée pour les circuits d'aventure, indépendants ou organisés. Outre les innombrables villages où l'on découvre la culture maya dans sa forme la moins altérée, le département abrite des grottes, des cascades, des lagunes cristallines et bien d'autres merveilles naturelles.

San Cristóbal Verapaz, un intéressant village maya poqomchi' au bord du lac Chicoj, se situe à 19 km à l'ouest de Cobán. Pendant la Semaine sainte, des artistes locaux créent de complexes *alfombras* (tapis) avec de la sciure de bois colorée et des pétales de fleurs, aussi beaux que ceux d'Antigua. Consultez le site communautaire de la ville, très bien fait, www.sancrisav.net. Le village accueille le **Centro Comunitario Educativo Pokomchi** (Cecep ; ☎ 7950 4039 ; www.ajchicho.50g.com) qui se consacre à la préservation des modes de vie modernes et traditionnels des Poqomchi'. Dans ce but, le Cecep a fondé le **Museo Katinamit** (Calle del Calvario 0-33, Zona 3 ; ☺ 8h-17h lun-sam, 9h-12h dim), qui reproduit une maison poqomchi' typique, avec les objets usuels de la vie quotidienne. D'autres salles contiennent des œuvres d'art, des outils et des textiles, ainsi qu'une présentation des Poqomchi'. Le Cecep propose également des activités bénévoles et ethnotouristiques, et abrite l'**Aj Chi Cho Language Center** (www.ajchicho.50g. com ; cours, séjour chez l'habitant compris 1 160 Q/semaine) qui enseigne l'espagnol. El **Portón Real** (☎ 7950-4604 ; oscar_capriel@hotmail.com ; 4a Av 1-44, Zona 1 ; s/d 65/110 Q) est une auberge gérée par les Poqomchi', et leur appartenant, à quelques rues du musée et de l'école.

Tactic, une bourgade à 32 km au sud de Cobán, permet de découvrir la culture traditionnelle maya à travers de multiples expériences. À la **Cooperativa de Tejadores**, sur la place, des femmes montrent les techniques de tissage et vendent leur production. Aux alentours de Tactic, au sommet de la colline Chi Ixhim, un autel est dédié au dieu du Maïs ; n'importe quel habitant vous en indiquera le chemin. Il y a quelques hébergements, notamment l'**Hotel Villa Linda** (☎ 7953-9216 ; 4a Calle 6-25, Zona 1 ; s/d 75/160 Q), aux prix raisonnables. Sur la grand-route, le **Country Delight** (☎ 5514-0955 ; countrydelight@hotmail.com ; Hwy 14 Km 166,5 ; ch à partir de 280 Q), est plus confortable et offre sentiers de randonnées, camping (60 Q/pers), bungalows, chambres et restaurant. Le personnel vous renseignera sur la région et ses attraits. La **Fiesta de la Virgen de la Asunción** a lieu à Tactic du 11 au 16 août.

Balneario Las Islas
Dans la localité de San Pedro Carchá, à 6 km à l'est de Cobán en direction de Lanquín, une rivière descend des rochers dans un bassin naturel propice à la baignade, le Balneario Las Islas. Il se situe à 5 ou 10 minutes de marche de l'arrêt de bus et tout le monde vous indiquera le chemin. Des bus circulent fréquemment entre Cobán et Carchá (3 Q, 20 min).

San Juan Chamelco
À 8 km au sud-est de Cobán, vous pourrez vous baigner au Balneario Chio, dans le village de San Juan Chamelco. L'**église** coloniale, sans doute l'une des premières de l'Alta Verapaz, se dresse sur une petite éminence et offre une vue splendide sur les villages en contrebas. À l'intérieur, des tableaux dépeignent l'arrivée des conquistadores. La messe est célébrée en espagnol et en q'eqchi'.

Les bus (3 Q, 20 min) pour San Juan Chamelco partent du Wasen Bridge, Diagonal 15, Zona 7, à l'extrémité est de Cobán.

Grutas Rey Marcos
Près d'**Aldea Chajaneb**, à 12 km à l'est de Cobán, découvrez le réseau de grottes des **Grutas Rey Marcos** (☎ 7951-2756 ; www.grutasdelreymarcos.com ; 25 Q ; ☺ 9h-17h). Il se situe dans le **Balneario Cecilinda** (10 Q), un endroit superbe pour se baigner ou se promener sur les beaux sentiers de montagne. Les grottes s'enfoncent sous

CENTRE ET EST

terre sur plus de 1 km, mais vous n'irez sans doute pas si loin. Une rivière souterraine les traverse (il faut y patauger à un endroit) et on peut admirer d'impressionnantes stalactites et stalagmites. Lampes frontales, casques et bottes en caoutchouc sont fournis avec le prix d'entrée. Selon une légende locale, tous les vœux émis dans la grotte se réalisent. Le Balneario Cecilinda se trouve 1 km après le Don Jerónimo's.

➤ À Aldea Chajaneb, le **Don Jerónimo's** (☎ 5301-3191 ; www.dearbrutus.com/donjeronimo ; s/d pension complète 210/375 Q), tenu par Jerry Makransky (Don Jerónimo), loue des bungalows simples et confortables. L'ambiance est sympathique et Jerry veille au bien-être de ses hôtes. Le prix comprend 3 délicieux et copieux repas végétariens, préparés avec les produits du jardin. Parmi les nombreuses activités, citons les excursions dans les grottes et les montagnes et le tubing (descente en chambre à air) sur le Río Sotzil. Jerry peut également vous faire rencontrer un prêtre maya qui exécutera une cérémonie traditionnelle du feu.

Pour rejoindre le Don Jerónimo's, prenez un bus ou un pick-up (2 Q, 15 min) à San Juan Chamelco en direction de Chamil et demandez au chauffeur de vous déposer. La course en taxi de Cobán revient à 80 Q.

Lanquín

L'une des plus belles excursions aux alentours de Cobán est celle qui mène à Lanquín, un joli village à 61 km à l'est. On vient ici pour 2 raisons : explorer le merveilleux réseau de grottes aux portes de la ville, et partir en excursion vers les piscines naturelles de Semuc Champey (p. 228). L'agence de la Banrural, sur la place principale de Lanquín, change les dollars US et des chèques de voyage, mais, au moment de la rédaction de ce guide, ne possédait pas de DAB. Pour plus d'informations sur la région, consultez le site communautaire www.semucchampey.com.

À VOIR

Les **Grutas de Lanquín** (30 Q ; ☒ 7h-18h), à 1 km au nord-ouest du village, s'étendent sur plusieurs kilomètres. Une billetterie se trouve à l'entrée. Munissez-vous d'une torche électrique puissante et de chaussures à semelles antidérapantes : le sol, humide et couvert d'excréments de chauves-souris, est glissant.

Une passerelle équipe les premières centaines de mètres, éclairée par un groupe électrogène, mais le reste du réseau est intact. À moins d'être un spéléologue averti, ne vous aventurez pas trop loin ; les grottes n'ont pas encore été totalement explorées et encore moins cartographiées.

Outre d'extravagantes stalactites, dont beaucoup portent des noms d'animaux, les grottes sont envahies de chauves-souris. Essayez de venir au coucher du soleil. Elles sortent alors de la grotte en formations si denses qu'elles obscurcissent le ciel. Installez-vous à l'entrée pour observer leur extraordinaire navigation au radar. La rivière jaillit des grottes en torrents frais et limpides. Vous pourrez vous baigner dans les bassins tièdes, proches du rivage.

En contrebas de l'entrée des grottes, repérez l'entrée du **Parque Natural Guayaja** (☎ 4154-4010 ; www.guayaja.com ; 10 Q, camping 50 Q/empl). Vous y trouverez l'incontournable circuit dans la canopée (100 Q), ainsi que du rappel (75 Q) et des sentiers de randonnées (10 Q). Si vous n'avez pas de tente, vous pourrez en louer une pour 75 Q/nuit.

À FAIRE

À Guatemala Ciudad, Maya Expeditions (p. 75) propose des expéditions en rafting de 1 à 5 jours sur le Río Cahabón.

Guatemala Rafting (☎ 7983-3056 ; www.guatemalarafting.com), installé dans El Retiro (voir ci-dessous), offre plusieurs excursions, notamment du kayak sur la rivière au niveau de Semuc Champey. Si vous allez vers Río Dulce ou Flores, vous serez peut-être intéressé par le circuit Adventure Route (2 jours, à partir de 850 Q/pers), qui vous fera descendre le Río Cahabón jusqu'à la Hwy 13. Les clients d'El Retiro bénéficient d'une réduction de 20 % sur les excursions en rafting.

ADETES (☎ 5063-6001 ; www.guaterafting.com) est une excellente nouvelle initiative touristique communautaire à Aldea Saquijá, à 12 km de Lanquín. Elle propose des sorties en rafting sur le Río Cahabón, guidées par des membres bien formés de la communauté. Comptez 290/375 Q par personne pour une sortie de 2 heures 30/5 heures. Pour gagner leur bureau, prenez un bus partant de Lanquín vers Cahabón.

OÙ SE LOGER ET SE RESTAURER

➤ **El Retiro** (☎ 4513-6396 ; www.elretirolanquin.com ; hamac/dort 20/35 Q, ch avec/sans sdb 190/70 Q, bungalow sans sdb

120 Q ; (🖳 🛜). Superbement situé, cet hôtel est à 500 m le long de la route après le Rabin Itzam. Des *palapas* donnent sur un champ verdoyant qui s'étend jusqu'à une rivière – celle qui sort des grottes de Lanquín. On peut s'y baigner et faire du tubing à condition d'être bon nageur. Ce paradis des routards se distingue par l'attention portée aux détails. Les dortoirs se limitent à 4 lits et la décoration comprend des carrelages, coquillages, perles et textiles bien agencés. Une excellente cuisine végétarienne (dîner 3 plats 35 Q) est proposée dans le bar-restaurant. De nombreuses informations vous aideront à continuer votre voyage et des activités sont organisées, comme des randonnées dans la jungle.

Hotel El Centro (☎ 7983-0012 ; ch avec/sans sdb 40/30 Q par pers). En contrebas du parc central, des chambres petits budgets propres et de bonne taille (surtout celles avec sdb commune).

El Recreo (☎ 7983-0057 ; hotel_el_recreo@hotmail. com ; s/d 255/320 Q, sans sdb 35/70 Q ; (🅿 🛋)). Entre le village et les grottes, cet établissement semble fait pour les groupes organisés. Répartis sur un terrain boisé, ses bungalows, spacieux et joliment décorés, offrent un bon rapport qualité/prix. Les chambres au sous-sol, avec sdb communes, peuvent paraître un peu sinistres.

Rabin Itzam (☎ 7983-0076 ; s/d 80/120 Q, sans sdb 60/80 Q). Le plus confortable du centre, malgré des lits affaissés. Jolie vue sur la vallée depuis les chambres en étage et en façade (avec sdb commune).

Restaurante Champey (plats 20-50 Q ; 🕑 petit-déj, déj et dîner). Ce grand restaurant en plein air, entre la ville et El Retiro, sert de bonnes assiettes de steak, œufs et riz. La bière aidant, l'ambiance devient très animée le soir.

DEPUIS/VERS LANQUÍN

Les circuits sur 2 jours pour les Grutas de Lanquín et Semuc Champey, proposés à Cobán pour 270 Q/pers (p. 221), sont le moyen le plus facile de visiter ces lieux, bien qu'il ne soit pas très compliqué d'organiser vous-même la visite. Avec un circuit, il faut compter 2 heures pour rejoindre Lanquín et un pique-nique est inclus dans le prix.

Des bus relient Cobán et Lanquín plusieurs fois par jour, et continuent jusqu'à Cahabón. Au moins 1 bus par jour circule en direction d'El Estor. Huit bus pour Cobán (30 Q, 3 heures) passent entre 6h et 17h30. Il y a des départs programmés pour Semuc Champey en

bus à 13h et 15h (10 Q, 30 min), en navettes touristiques (15 Q) à 9h30 (réservez à votre hôtel) et dans des pick-up (10 Q) qui démarrent lorsqu'ils sont pleins, à un demi-pâté de maisons de la place principale.

Si vous venez en voiture et qu'il a plu abondamment, vous aurez besoin d'un 4x4. La route de San Pedro Charca à El Pajal, d'où part l'embranchement pour Lanquín, est goudronnée, contrairement au tronçon d'El Pajal à Lanquín (11 km). De Lanquín, on peut rejoindre Flores en 14 à 15 heures via El Pajal, Sebol, Raxrujá et Sayaxché. La route d'El Pajal à Sebol n'est pas asphaltée. Vous pouvez aussi aller de Lanquín à Sebol et à Fray Bartolomé de Las Casas et continuer jusqu'à Poptún.

Une route secondaire rejoint Río Dulce ; en majeure partie non goudronnée, elle peut être impraticable lors de fortes pluies. Le long de cet itinéraire, les horaires des transports sont très variables ; renseignez-vous sur la situation. Chaque jour, 5 minibus partent de Lanquín pour Cahabón (12 Q, 1 heure), le dernier à 16h. Partez plus tôt pour éviter de rester coincé sur place.

Depuis Cahabón, il y a plusieurs départs pour El Estor, le dernier étant à 16h30 (45 Q, 4 heures). Si vous le manquez, vous devriez pouvoir prendre un pick-up sans trop de mal.

Route de Semuc Champey

Si vous êtes d'humeur à marcher, cette balade de 2 heures 30 depuis Lanquín dans la campagne verdoyante est bien agréable. Si ce n'est pas le cas, les transports sont légion (voir ci-dessus). Environ 3 km avant Semuc Champey, sur votre droite, vous apercevez la **Posada El Zapote** (☎ 5568-8600 ; dort 25 Q, s/d 75/125 Q, sans sdb 40/70 Q), proposant des chambres simples. Sur place, le restaurant italien pratique des prix raisonnables et l'on peut explorer à la chandelle un réseau de grottes privé.

Quelques kilomètres plus loin, un embranchement sur la droite mène aux **grottes K'anba** (50 Q), qui seraient, pour certains, plus intéressantes que celles de Lanquín. Apportez une lampe-torche, sinon il faudra vous contenter d'une bougie. Généralement, une descente de la rivière d'une demi-heure en tubing est comprise dans le prix.

De l'autre côté du pont, en hauteur, à environ 100 m de Semuc Champey, **El Portal** (☎ 7983-0016 ; dort 35 Q, ch avec/sans sdb 150/80 Q) n'a pas l'électricité, mais ses huttes en bois sur le

CENTRE ET EST

rivage sont de loin le meilleur hébergement de la région. Repas et circuits sont disponibles sur place, mais réservez bien à l'avance. Bien que nouvelle, cette adresse est déjà très prisée.

Semuc Champey

À 11 km au sud de Lanquín par une route cahoteuse, **Semuc Champey** (50 Q) est connu pour son superbe pont naturel de calcaire, long de 300 m et creusé d'une série de bassins, propices à la baignade. L'eau provient du Río Cahabón, qui passe également sous terre au-dessous du pont. Malgré la difficulté d'accès à ce coin de paradis, la beauté du cadre et des bassins, dont les eaux varient du bleu turquoise au vert émeraude, justifie cet effort. Beaucoup le considèrent comme le plus bel endroit du Guatemala.

Lors des circuits organisés, quelques guides font descendre les participants par une échelle de corde du bassin inférieur jusqu'à la rivière, qui jaillit des rochers en dessous. Bien que séduisante, cette descente est un peu risquée.

S'il est possible de **camper** (50 Q/tente) à Semuc Champey, plantez votre tente en hauteur pour éviter les inondations soudaines et fréquentes. La sécurité est assurée 24h/24 ; toutefois, ne laissez pas vos affaires sans surveillance et gardez vos objets de valeur sur vous. Un petit restaurant sur le parking sert des repas corrects (notamment du *cack'ik*, 40 Q), mais il est loin des bassins. Mieux vaut apporter un pique-nique.

Des pick-up partent pour Semuc Champey de la place de Lanquín – vous aurez plus de chances d'en attraper un tôt le matin et les jours de marché (dimanche, lundi et jeudi). Si vous voyagez avec de nombreux Guatémaltèques, vous paierez 6 Q ; sinon, comptez 10 Q. Des minibus desservent aussi cet itinéraire – voir p. 227 pour les détails.

PARQUE ECOLÓGICO HUN NAL YE

Au Km 259, à 41 km au nord de Cobán, un croisement mène à cette merveilleuse **réserve privée** (☎ 7951-5921 ; www.parquehunnalye.com ; 85 Q ; ⏰ 8h-18h mer-dim), couvrant 135 ha de végétation tropicale luxuriante. La vie sauvage y est prolifique, avec plus de 200 espèces d'oiseaux et environ 23 de reptiles. Le prix d'entrée comprend des promenades guidées, la descente de la rivière en tubing, la baignade dans les piscines et la visite d'un petit musée de pièces archéologiques découvertes sur le site. Des activités (circuit dans la canopée,

plongée dans le *cenote*, kayak, équitation, quad) sont proposées en supplément. Vous pourrez loger dans les très confortables **chambres** (330 Q/pers, entrée du parc et petit-déj compris) de style colonial, ou planter votre tente pour 40 Q/pers. Pour venir depuis Cobán, prenez un bus à la gare routière Campo Dos direction San Vincente Chicatal et demandez au chauffeur de s'arrêter à l'entrée du parc.

CHISEC
28 800 habitants

Grâce à la route presque entièrement asphaltée de Cobán à Sayaxché et à Flores, Chisec, à 66 km au nord de Cobán, est devenue un centre d'où l'on rejoint plusieurs destinations fascinantes. De plus, d'excellents programmes touristiques mis en place par les communautés visent à développer cette région longtemps ignorée, majoritairement peuplée de Mayas q'eqchi'.

Chisec offre quelques hébergements. L'**Hotel Nopales** (☎ 5514-0624 ; place centrale ; s/d 60/90 Q) dispose de chambres étonnamment spacieuses autour d'une cour et d'une piscine, vide (à moins qu'il n'ait plu) en permanence. L'**Hotel La Estancia de la Virgen** (☎ 5514-7444 ; s/d 120/170 Q ; ⓟ ⓡ), le meilleur, se situe sur le grand-route, à la sortie nord de la ville. Il possède des chambres plaisantes et bien tenues, avec ventilateur et TV câblée, un restaurant et une piscine équipée de toboggans en forme de troncs d'arbres. Le **Restaurante Bonapek** (place centrale ; plats 30 Q ; ⏰ petit-déj, déj et dîner) est l'un des seuls restaurants dignes de ce nom en ville.

Chaque jour, 8 bus relient Chisec et Cobán (15 Q, 2 heures), entre 3h et 14h. Les bus ou les minibus pour San Antonio et Raxrujá (1 heure) partent toutes les heures, entre 6h et 16h. Certains continuent jusqu'à Fray Bartolomé de Las Casas. Deux fois par jour, le matin et l'après-midi, des bus desservent Playa Grande (2 heures), pour le Parque Nacional Laguna Lachuá. Quelques bus et minibus Cobán-Sayaxché passent par Chisec.

ENVIRONS DE CHISEC
Lagunas de Sepalau

Entourés d'une forêt préservée, ces **lacs** (60 Q ; ⏰ 8h-15h) turquoise se situent à 8 km à l'ouest de Chisec. Récemment développés par les villageois dans le cadre d'un projet communautaire d'écotourisme, les circuits dans la région comprennent de longues marches et des parcours en canot. La faune abonde aux alentours des lacs : jaguars, tapirs, iguanes, toucans et singes hurleurs.

Des trois lacs, le dernier du circuit, Q'ekija, est le plus spectaculaire. Entouré d'une épaisse muraille de jungle, il fournit l'eau de la communauté locale et la baignade est interdite à certaines époques de l'année.

Dans la journée, des pick-up partent de la place de Chisec pour le village de Sepalau Cataltzul et un bus (9 Q, 45 min) démarre habituellement à 10h30. À l'arrivée au village, vous payez le droit d'entrée et un guide vous conduit jusqu'au premier lac, à 3 km.

Cuevas de B'ombi'l Pek

À 3 km environ au nord de Chisec, ces **grottes peintes** (75 Q ; ☺ 8h-15h) n'ont été découvertes qu'en 2001 et ne sont pas encore intégralement cartographiées. Certains pensent qu'elles sont reliées aux grottes de Candelaria. Le bureau des guides, géré par la communauté, borde la route. Réglez le droit d'entrée et le guide vous accompagnera à travers des champs de maïs jusqu'à l'entrée, à 3 km. Le circuit entier prend environ 4 heures. Si la première grotte impressionne par sa taille (50 m de hauteur ; on y entre en rappel ou à l'aide d'une échelle glissante), une grotte secondaire, large de seulement 1 m, comprend des peintures de singes et de jaguars.

Tous les bus circulant vers le nord à partir de Chisec peuvent vous déposer au bureau des guides.

PARQUE NACIONAL LAGUNA LACHUÁ

Ce **parc national** (☎ 4084-1706 ; www.lachua.org ; 40 Q, empl tente 25 Q, couchette avec moustiquaire 50 Q) est renommé pour son lac turquoise, parfaitement rond (220 m de profondeur), qui lui a donné son nom. Jusqu'à récemment, cette merveille ne figurait pas sur les itinéraires touristiques, car la guerre civile faisait rage dans la région et la route était dans un état pitoyable. Aujourd'hui, les visiteurs affluent le week-end et les jours fériés et mieux vaut réserver l'hébergement par téléphone. Le camping dispose d'une cuisine (prévoyez provisions et boissons) et d'une douche. S'il n'est plus possible de canoter sur le lac, on peut emprunter les quelque 4 km de chemins d'interprétation. Les tour-opérateurs de Cobán (p. 221) organisent des circuits de 2 jours pour 600 Q par personne.

Une nouvelle route (non goudronnée à partir de la grand-route) permet aux bus de relier Cobán et l'entrée du parc en 4 heures. À Cobán, prenez un bus pour Playa Grande (Cantabal) via Chisec et demandez au chauffeur de vous déposer à l'entrée du parc, à 2 km du lac. Deux routes mènent à Playa Grande. Si vous allez à la Finca Chipantún, demandez au chauffeur s'il y passe bien.

ENVIRONS DE LAGUNA LACHUÁ

En dehors du parc, à 7 km au sud-ouest de l'entrée, la **Finca Chipantún** (http://webspace.webring. com/people/kc/chipantun ; empl tente 15 Q/pers, hamac/dort 20/40 Q) est un domaine privé de 4 km^2 au bord du Río Chixoy (Río Negro). Elle comprend des plantations de teck et de cardamome, une forêt tropicale humide préservée et quelques ruines mayas. Outre l'hébergement, elle organise des promenades à cheval, des marches dans la forêt, des excursions ou du kayak sur la rivière, l'observation des oiseaux et de la nature. Les propriétaires peuvent vous emmener en bateau sur le Río Negro jusqu'à El Peyan, une gorge magnifique. Les repas coûtent de 25 à 50 Q.

À Rocjá Pomtilá, à 20 km avant l'entrée du parc, un petit **projet touristique communautaire** (☎ 5381-1970 ; rocapon@yahoo.com) propose hébergement, excursions fluviales (225 Q/bateau), observation des oiseaux et visite des grottes. Merveilleusement placé sur le rivage du Río Icbolay, le village compte des hébergements (25 Q/pers) chez des familles q'eqchi' qui peuvent préparer des repas (25-35 Q). Le confort est sommaire (rivière en guise de sdb, toilettes sèches), et seuls les hommes de la famille parlerons sûrement espagnol, mais si vous cherchez à sortir des sentiers battus, c'est une bonne expérience. Des bus partent de Cobán via Chisec à 11h pour Tzetok (40 Q, 5 heures), le village le plus proche de la communauté. De là, il vous reste une heure de marche pour arriver au village. Parfois, les bus poussent jusqu'à Rocjá Pomtilá, demandez. Appelez la communauté pour prévenir de votre arrivée au moins 2 jours avant. Si cela vous semble trop compliqué, contactez Proyecto EcoQuetzal (p. 221) à Cobán. L'agence connaît la communauté et pourra organiser le séjour pour vous.

PLAYA GRANDE
13 000 habitants / 85 m d'altitude

Aussi appelée Cantabal ou Ixcán, la ville d'une importance relative la plus proche du parc Laguna Lachuá n'est pas très engageante, avec ses routes en terre, son marché géant et sa base militaire. La frontière mexicaine (peu surveillée) n'est qu'à 30 km, aussi les commerces transfrontaliers vont-ils bon train. La ville compte quelques hôtels corrects (et une foule d'hôtels sordides) et des transports vers l'ouest en direction des Hautes Terres, et vers l'est et les Verapaces. La Banrural, face à l'hôtel Reina Vasty, possède un DAB et change les dollars US.

Si vous passez la nuit ici, l'**Hotel España** (☎ 7755-7645 ; s/d 120/160 Q, sans sdb 60/80 Q ; ⓟ ⊠) fera l'affaire (supplément de 40 Q pour la clim). Le meilleur hôtel de la ville est le **Reina Vasty** (☎ 5514-6693 ; s/d 140/180 Q ; ⓟ ⊠). L'Hotel España comprend un **restaurant** (plats 30-50 Q ; ⊗ petit-déj, déj et dîner) qui propose des petits-déjeuners plutôt inhabituels (Vous prendrez bien une crêpe au bœuf ?). La grand-rue et les environs du marché comptent plusieurs petits *comedores* (restaurants bon marché).

Depuis/vers Playa Grande

Des minibus pour Cobán (50 Q, 4 heures) desservant Laguna Lachuá partent à côté du parc central.

Des bus (ou plutôt des pick-up) pour Barrillas (5 heures, 45 Q), vers l'ouest, partent de la nouvelle gare routière, en contrebas du marché. Les départs sont bien plus fréquents le matin.

Barillas est la première halte sur l'itinéraire secondaire vers Huehuetenango, dans les Hautes Terres occidentales. Cette route de terre, parfois impraticable à la saison des pluies, dévoile un trajet spectaculaire, loin des sentiers battus. Renseignez-vous auprès des habitants sur l'état de la route. Pour des détails sur l'itinéraire au-delà de Barillas, reportez-vous p. 189.

RAXRUHÁ
15 000 habitants / 195 m

Ville assoupie où l'on ne fait que passer, Raxruhá est un bon point de chute pour explorer les sites de Cancuén et les Cuevas de Candelaria. Les services sont peu nombreux : la Banrural, au carrefour principal change du liquide mais pas de chèques de voyage, et les DAB les plus proches sont à Chisec ou Fray Bartolomé. L'Hotel Cancuén possède un accès Internet d'une lenteur raisonnable.

Le meilleur hôtel de la ville est l'**Hotel Cancuén** (☎ 7983-0720 ; www.cuevaslosnacimientos. com ; s/d à partir de 70/100 Q, sans sdb 35/70 Q ; ⓟ ⊠),

un établissement familial à la sortie de la ville (2 minutes à pied du centre). Les chambres sont propres et jolies, et il y a un bon petit *comedor* sur place. L'hôtel donne des informations touristiques sur Cancuén et peut organiser des randonnées/sorties en bateau dans la proche Cueva los Nacimientos, le point le plus au nord du complexe de Candelaria (125 Q/pers, 4-6 heures). L'**Hotel El Amigo** (☎ 5872-4136 ; ch 60 Q/pers ; ⓟ ⊠ ⊠) propose de grandes chambres plus ou moins propres, avec une piscine parfois remplie. Très négligé, cet hôtel a pourtant un beau potentiel, et sera peut-être rénové lors de votre passage.

Ces deux hôtels servent des repas simples. Des *comedores* d'un bon rapport qualité/prix entourent la zone du marché et de la gare routière. La **pizzeria** (plats 40-60 Q ; ⊗ déj et dîner) de l'Hotel El Amigo est plutôt une bonne surprise. Étrangement située à quelques kilomètres à l'ouest de la ville sur la route des grottes de Candelaria, la meilleure adresse des environs est **El Bistrot Frances** (Km 318 ; plats 50-60 Q ; ⊗ petit-déj et déj). La courte carte d'inspiration française est variée et le plat du jour toujours bon. De Raxruhá, tous les bus vers le sud vous y déposeront.

La plupart des bus partent du carrefour en T au centre de la ville. Les pick-up et les rares bus pour La Union (pour rallier Cancuén ; 7 Q, 1 heure) partent de l'arrêt, une rue plus haut. Au moins 5 départs quotidiens sont prévus pour Sayaxché (25 Q, 2 heures 30) et Cobán (25 Q, 2 heures) depuis Raxruhá.

ENVIRONS DE RAXRUHÁ
Parque Nacional Cuevas de Candelaria

À l'ouest de Raxruhá, ce réseau de grottes de 22 km, creusé par le cours souterrain du Río Candelaria, est tout en démesure : la salle principale mesure 30 m de hauteur, 200 m de largeur et ses stalagmites peuvent atteindre 30 m. Des ouvertures naturelles dans le plafond laissent entrer la lumière, créant des reflets féériques.

Les grottes étaient utilisées par les Mayas q'eqchi', qui ont laissé des plates-formes et des échelles creusées dans la pierre. L'initiative communautaire propose des circuits depuis les diverses entrées du réseau souterrain. Avec un guide, vous pourrez le découvrir à pied et en bateau entièrement en 2 jours. Les tarifs dépendent de la taille du groupe, mais comptez en moyenne 2 000 Q/personne, sans la nourriture. Contactez l'une des agences énumérées ici (du nord au sud) ou **Maya Expeditions** (www. mayaexpeditions.com) pour plus de détails.

El Mico (Km 316,5 ; www.cuevasdecandelaria.com ; circuit en bateau/à pied 30/40 Q ; 🕑 9h-17h). Derrière le Complejo Cultural de Candelaria (dont elle fait partie), cette agence propose le circuit le plus accessible et le plus spectaculaire de tous. C'est ici que le français Daniel Dreux, découvreur moderne du réseau de grottes, a choisi d'implanter le Complejo Cultural, pour fournir un revenu aux communautés locales et contribuer à protéger les merveilles de ces grottes. De la grand-route, suivez la pancarte du **Complejo Cultural de Candelaria** (☎ 4035-0566 ; www.cuevasdecandelaria.com ; s/d à partir de 300/400 Q), offrant des bungalows très confortables et décorés avec goût. D'excellents repas à la française sont inclus dans le prix. Quelques bungalows avec sdb commune, un peu moins chers, pourraient être disponibles.

Quelques kilomètres plus à l'ouest sur la même route la bifurcation mène à la **Comunidad Mucbilha'** (Km 315 ; circuit en bateau/à pied 60/40 Q ; 🕑 9h-17h). De la nationale, suivez une route de terre sur 2 km jusqu'au parking, puis encore 1 km jusqu'au centre des visiteurs. Découvrez la grotte Venado Seco à pied ou en bateau. Le petit **écolodge** (dort 30 Q) dispose de lits superposés et de douches.

Non loin, la **Comunidad Candelaria** (Km 309,5 ; circuit en bateau/à pied 60/40 Q ; 🕑 9h-17h) propose la visite de 2 autres grottes. On peut louer les services d'un guide à la *tienda* (boutique), au bord de la route, pour la courte balade jusqu'aux grottes.

Pour plus d'informations sur ces deux dernières possibilités, vous pouvez contacter le **bureau** (☎ 5978-1465) de Chisec.

Tous les bus circulant entre Chisec et Raxruhá peuvent vous déposer à l'un ou l'autre de ces trois endroits.

Cancuén

Mis au jour une première fois en 1907 avant de sombrer dans l'oubli, ce grand **site maya** (40 Q) a fait la une des journaux lors de sa nouvelle "découverte" en 2000. Les fouilles continuent et l'on estime que Cancuén pourrait rivaliser avec Tikal (voir p. 294) par la taille.

L'absence de pyramides et de temples conduit à penser que Cancuén était plutôt un centre marchand que religieux. Le site comprend un palais grandiose, avec plus de 150 pièces aménagées autour de 11 cours. De somptueuses sculptures ornent le palais,

les terrains de jeu de balle et les deux autels excavés à ce jour.

L'importance de Cancuén semble découler de sa situation géographique et stratégique. Des hiéroglyphes attestent d'alliances avec Calakmul (Mexique) et Tikal, tandis que sa proximité relative avec les Hautes Terres du sud lui donnait sans doute accès à la pyrite et à l'obsidienne, des minéraux prisés des Mayas.

Plusieurs ateliers ont été mis au jour et l'un d'eux contenait un morceau de jade de 17 kg. On a également exhumé des dépouilles d'artisans, curieusement vêtus de parures royales.

Il faudra environ 1 heure aux visiteurs pour admirer les parties principales du site, partiellement mises au jour, et 1 ou 2 heures supplémentaires pour voir le reste.

Si vous prévoyez de camper, de vous loger à l'écolodge ou de vous restaurer au *comedor* de Cancuén, contactez l'**office de tourisme communautaire** (☎ 5978-1465) local à Chisec quelques jours à l'avance pour les en informer.

Des tour-opérateurs de Cobán (voir p. 221) proposent des excursions d'une journée à Cancuén. Pour vous y rendre en indépendant, prenez un pick-up (départ toutes les heures) de Raxruhá à La Unión (7 Q, 40 min), où vous pourrez louer un bateau jusqu'au site (200-350 Q pour 1 à 16 pers, aller-retour). Vous pouvez aussi recourir aux services d'un guide (75 Q) pour vous accompagner sur les 4 km jusqu'au site de La Unión. Attention à la boue glissante en saison des pluies. À pied ou en *lancha*, payez au guichet à l'arrêt du bus. L'embarcadère est à 1 km de marche facile de là. Payez votre entrée au site en arrivant. Le dernier pick-up quitte La Unión pour Raxruhá à 15h.

Fray Bartolomé de Las Casas
8 600 habitants / 180 m

Souvent appelée Fray, cette ville est une étape sur la route secondaire entre la région de Cobán-Lanquín et Poptún, sur la grand-route Río Dulce-Flores. Cet itinéraire suit essentiellement des routes de terre et traverse des villages mayas traditionnels, où seuls les anciens parlent quelques mots d'espagnol. C'est une excellente occasion de s'écarter du "chemin des gringos" et de s'enfoncer au cœur du Guatemala.

Fray est une grosse bourgade au milieu de nulle part, mais ne vous y trompez pas : le match de football constitue le grand événement de la semaine, les poules errent dans les rues et la sieste est une institution.

La ville est assez étendue, avec la place et la plupart des services touristiques à une extrémité et, à l'opposé, à 10 minutes de marche, le marché et la gare routière. En venant de Cobán, descendez près de la place centrale.

La poste et la police se trouvent en retrait de la place. Non loin, la Banrural change les dollars US et les chèques de voyage, et possède un DAB. La *municipalidad* (mairie) est sur la place.

Accueillant, l'**Hotel La Cabaña** (☎ 7952-0352 ; 2a Calle 1-92 Zona 3 ; s/d 70/140 Q, sans sdb 35/75 Q) est le meilleur de la ville. Pour manger : essayez le Comedor Jireh et le Restaurante Doris dans la rue principale. Sinon, commandez une grillade (avec haricots et tortillas ; 15 Q) dans l'une des gargotes qui ouvrent en soirée le long de l'artère principale.

Un bus au moins part tous les jours de la place à 4h pour Poptún (80 Q, 7 heures, 100 km). Des bus partent toutes les heures pour Cobán, entre 4h et 16h ; certains passent par Chisec (35 Q, 3 heures 30), d'autres empruntent un itinéraire plus long, via San Pedro Carchá.

Las Conchas

De Fray, vous pouvez visiter Las Conchas (20 Q), une série de bassins calcaires et de cascades sur le Río Chiyú. Selon certains, ils surpasseraient ceux de Semuc Champey, bien que leurs eaux ne soient pas turquoise. Les bassins, reliés par des chutes spectaculaires, peuvent atteindre 8 m de profondeur et 20 m de largeur.

L'**Oasis Chiyú** (☎ 5839 4473 ; www.naturetoursguatemala.com ; dort/s/d 60/100/120 Q), un établissement récent à quelques kilomètres des bassins, évoque les tropiques avec ses grandes huttes rustiques, coiffées de chaume (réservation indispensable). Une ambiance de sérénité et d'isolement imprègne l'endroit. Les activités sont pléthoriques : kayak (gratuit pour les résidents), plongeon de 10 m du haut des cascades, grottes à explorer, randonnées dans la jungle et visites des villages q'eqchi' alentour. On peut également participer bénévolement à des projets communautaires. Contactez-les pour les navettes depuis Río Dulce ou Flores. Le circuit local commence à 60 Q/personne.

Des minibus réguliers (12 Q, 1 heure) quittent Fray pour Chahal une fois pleins. De là, il faut changer de bus pour Las Conchas (8 Q, 1 heure). Si vous êtes motorisé, repérez le panneau indiquant Las Conchas, à quelques kilomètres à l'est de Chahal. En venant du Petén, descendez à Modesto Mendez (appelé localement Cadenas), prenez un minibus en direction de Chahal jusqu'à Sejux et attendez un autre minibus pour Las Conchas, à 3 km. Quelle que soit la direction d'où vous veniez, les correspondances sont toujours plus faciles le matin et se raréfient fortement en fin d'après-midi.

EL ORIENTE

Le voyage vers l'est de Guatemala Ciudad vous ouvre les immenses vallées de la région que les Guatémaltèques nomment El Oriente. C'est une étendue aride et austère légèrement vallonnée recouverte de broussailles. Les gens d'ici sont de rudes gaillards et les chapeaux de cow-boy, bottes, ceinturons et armes de poing arborés par beaucoup d'hommes dans la région collent bien à ce décor abrupt.

La plupart des voyageurs ne font que traverser la région, en route vers Copán au Honduras, ou Esquipulas, ville de pèlerinage. Plus à l'est, le paysage devient tropical et une abondance de fruits à vendre fait son apparition sur les étals de bord de route. Si vous avez un peu de temps, vous ne regretterez pas de faire un petit crochet par les ruines de Quiriguá.

RÍO HONDO

9 100 habitants / 210 m d'altitude

Río Hondo (rivière profonde), à 50 km au nord-est du carrefour d'El Rancho et à 130 km de Guatemala Ciudad, se situe sur la Carretera al Atlántico (Hwy 9), à l'endroit où la Hwy 10 part vers le sud et Chiquimula. Après Chiquimula, des embranchements mènent à Copán (de l'autre côté de la frontière du Honduras), à Esquipulas et à Nueva Ocotepeque (Honduras), ainsi qu'à Anguiatú, un poste-frontière éloigné entre le Guatemala et le Salvador, à 12 km au nord de Metapán (Salvador).

Aux environs de Río Hondo, **Valle Dorado** (☎ 7943 6666 ; www.hotelvalledorado.com ; Hwy 9 Km 149 ; ch à partir de 200 Q/pers) est un vaste complexe touristique à 14 km du carrefour de la Hwy 10 et à 23 km des autres hôtels de Río Hondo. Il comprend un **parc aquatique** (adulte/enfant 60/50 Q ; ☯ 9h-17h mar-dim) avec piscines géantes, toboggans et autres attractions. Consultez le site Internet pour les promotions et pour réserver le week-end.

Río Hondo proprement dit s'étend au nord-est du carrefour. Les hébergements de la ville indiquent sur leur adresse Río Hondo, Santa Cruz Río Hondo ou Santa Cruz Teculután. À 9 km à l'ouest du carrefour, plusieurs beaux motels bordent la Hwy 9 et constituent une bonne base pour explorer la région, si vous êtes motorisé. En voiture, comptez 1 heure jusqu'à Quiriguá, 30 minutes jusqu'à Chiquimula et 1 heure 30 jusqu'à Esquipulas. Très fréquentés le week-end par les habitants de la région et de la capitale, ces motels affichent alors souvent complet. Tous modernes et plaisants, ils disposent de bungalows bien équipés (avec TV câblée et sdb), de vastes jardins, de grandes piscines et de bons restaurants, ouverts tous les jours de 6h à 22h. D'autres restaurants sont installés le long de la grand-route.

En ville, le **Parque Acuático Longarone** (adulte/enfant 50/35 Q ; ☯ 9h-17h lun-ven) comprend des toboggans géants, une rivière artificielle et autres attractions aquatiques. Attenant, l'**Hotel Longarone** (☎ 7933-0488 ; www.hotel-longarone.com ; s 410-600 Q, d 520-640 Q ; P ⚹ 🖥 🛜 🍽), offre une jolie cour, un terrain de jeux pour les enfants et un restaurant italien correct. Les chambres un peu vieillottes sont confortables.

Les voyageurs à petit budget préféreront l'**Hotel Buen Gusto** (s/d 75/120 Q), au niveau de la station-service sur la grand-route. C'est une bonne affaire pour le prix, les petites chambres sont propres et modernes. Pas de téléphone.

Les motels sont regroupés au Km 126 de la Hwy 9. Sans être client, vous pouvez utiliser leur piscine pour environ 25 Q/pers. Côté nord de la grand-route, l'**Hotel Nuevo Pasabién** (☎ 7933-0606 ; www.hotelpasabien.com ; s/d avec ventil 100/200 Q, ch avec clim 400 Q ; P ⚹ 🖥 🍽) a de grandes chambres éclairées par de larges fenêtres. Les voyageurs accompagnés d'enfants apprécieront les trois piscines équipées de toboggans divers.

L'**Hotel El Atlántico** (☎ 7933 0598 ; s/d 30/40 $US ; P ⚹ 🖥 🛜 🍽), le plus joli avec ses boiseries sombres, propose des bungalows bien espacés et une piscine installée dans un cadre paisible et ombragé.

ESTANZUELA
10 500 habitants / altitude 195 m

Au sud de Río Hondo, la Hwy 10 traverse la vallée du Río Motagua, une chaude plaine où vécurent autrefois de nombreux mammifères préhistoriques. À 3 km au sud de la Hwy 9, un petit monument sur la droite (ouest) de la route commémore le tremblement de terre dévastateur du 4 février 1976.

À moins de 2 km au sud de ce monument, la bourgade d'Estanzuela abrite le **Museo de Paleontología, Arqueología y Geología Ingeniero Roberto Woolfolk Sarvia** (entrée libre ; ☯ 8h-17h), un étonnant musée rempli d'ossements d'animaux préhistoriques. Certains, reconstitués, ont un aspect assez effrayant. Il possède les squelettes quasi complets de trois créatures gigantesques, dont un paresseux vieux de quelque 30 000 ans et une baleine préhistorique. Le musée présente également des objets mayas préclassiques. De la grand-route, traversez la ville vers l'ouest sur 1 km et suivez les panneaux bleus indiquant le *museo*.

ZACAPA
51 300 habitants / altitude 230 m

Capitale du département du même nom, Zacapa se situe à l'est de la Hwy 10, à quelques kilomètres au sud d'Estanzuela. Réputée pour son fromage, ses cigares et son rhum délicieux, la ville offre peu d'intérêt pour le voyageur. Elle compte quelques hôtels, mais mieux vaut loger à Río Hondo, à Esquipulas ou à Chiquimula. La gare routière longe la route qui relie la ville et la Hwy 10.

CHIQUIMULA
50 700 habitants / altitude 370 m

Autre capitale départementale, Chiquimula borde la Hwy 10, à 32 km au sud de la Carretera al Atlántico, dans une région de mines et de plantations de tabac. Grande ville marchande de l'est du pays, l'activité commerciale y bat son plein durant la journée. Pour les voyageurs, elle ne constitue qu'une étape sur la route des fabuleuses ruines mayas de Copán (Honduras), de l'autre côté de la frontière, en face d'El Florido. Quelques belles excursions jalonnent la route entre Chiquimula et Jalapa, à 78 km à l'ouest (p. 236). Chiquimula est renommée pour son climat étouffant et ses hôtels corrects à prix modérés (dont certains avec piscine).

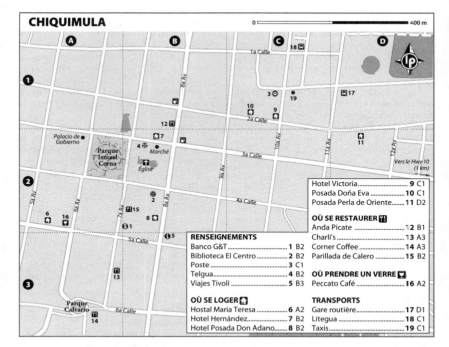

CHIQUIMULA

RENSEIGNEMENTS	
Banco G&T	1 B2
Biblioteca El Centro	2 B2
Poste	3 C1
Telgua	4 B2
Viajes Tivoli	5 B3

OÙ SE LOGER	
Hostal Maria Teresa	6 A2
Hotel Hernández	7 B2
Hotel Posada Don Adano	8 B2
Hotel Victoria	9 C1
Posada Doña Eva	10 C1
Posada Perla de Oriente	11 D2

OÙ SE RESTAURER	
Anda Picate	12 B1
Charli's	13 A3
Corner Coffee	14 A3
Parillada de Calero	15 B2

OÙ PRENDRE UN VERRE	
Peccato Café	16 A2

TRANSPORTS	
Gare routière	17 D1
Litegua	18 C1
Taxis	19 C1

Orientation et renseignements

Malgré la chaleur écrasante, on se déplace facilement à pied.

Banco G&T (7a Av 4-75, Zona 1 ; 9h-20h lun-ven, 10h-14h sam). À un demi-pâté de maisons au sud de la place. Change les dollars US et les chèques de voyage, et délivre des avances sur les cartes Visa et MasterCard.

Biblioteca El Centro (angle 4a Calle et 8a Av ; 5 Q/h ; 8h-19h lun-ven, 8h-18h sam-dim). Accès à Internet.

Poste (10a Av). Entre les 1a et 2a Calles.

Telgua (3a Calle). De nombreux téléphones à carte en contrebas du Parque Ismael Cerna.

Viajes Tivoli (☎ 7942 4933 ; 8a Av 4-71, Zona 1). Peut vous aider à organiser vos déplacements.

Où se loger

Hotel Hernández (☎ 7942-0708 ; 3a Calle 7-41, Zona 1 ; s/d avec ventil 80/120 Q, avec clim 120/180 Q, sans sdb 40/80 Q ; P ☒ ☎ ☒). Apprécié depuis des lustres, le Hernández conserve sa popularité grâce à sa situation centrale, à ses chambres spacieuses et à sa piscine de bonne taille.

Posada Doña Eva (☎ 7942 4956 ; 2a Calle 9-61, Zona 1 ; s/d 50/60 Q). À l'écart des rues bruyantes, elle offre des chambres propres et fraîches avec TV et ventilateur.

Hotel Victoria (☎ 7942 2732 ; angle 2a Calle et 10a Av, Zona 1 ; s/d avec sdb 50/70 Q). À proximité de la gare routière, le Victoria dispose de chambres bien tenues, avec TV, et d'un *comedor* correct au rez-de-chaussée. Demandez une chambre à l'arrière pour échapper au tumulte de la rue.

Posada Perla de Oriente (☎ 7942-0014 ; 2a Calle 11-50, Zona 1 ; ch/pers avec ventil/clim 80/125 Q ; P ☒ ☒). Étonnamment calme pour le lieu, au coin de la gare routière. Les grandes chambres – certaines constituent l'un des meilleurs rapports qualité/prix de la ville – sont certes simples, mais la cour paisible et verdoyante, et la grande piscine forment un véritable plus.

Hotel Posada Don Adano (☎ 7942 3924 ; 8a Av 4-30, Zona 1 ; s/d 100/150 Q ; P ☒). Excellente affaire dans cette catégorie de prix, le Don Adano possède des chambres propres et bien équipées, avec TV, ventilateur, clim et de bons lits fermes.

Hostal Maria Teresa (☎ 7942-0177 ; 5a Calle 6-21, Zona 1 ; s/d 190/350 Q ; ☒ ☎). Autour d'une somptueuse cour coloniale aux larges passages ombragés, les chambres ont tout le confort : TV câblée, douche chaude et clim. Les simples sont un peu exiguës, mais les doubles disposent de tout l'espace nécessaire.

Où se restaurer et prendre un verre

Des *comedores* bon marché jalonnent la 8a Av derrière le marché. Le soir, des stands d'en-cas et de tacos s'installent le long de la 7a Av, en face de la place.

Anda Picate (8a Av 2-34, Zona 1 ; plats 25-40 Q ; ⊗ déj et dîner). Jusqu'à 23h, vous pourrez vous régaler de snacks tex-mex – copieux *burritos*, tacos (10 Q les trois) et bière à prix doux dans une salle plaisante et propre.

Corner Coffee (6a Calle 6-70, Zona 1 ; bagels 30 Q, petit-déj 25-30 Q ; ⊗ 7h-22h). Ce havre climatisé borde le charmant Parque Calvario et offre un excellent choix de sandwichs, burgers et bagels.

Peccato Café (angle 5a Calle et 6a Av ; plats 30-60 Q ; ⊗ 19h-1h). Petit bar-restaurant accueillant et stylé – un des rares endroits en ville où l'on ait envie de venir prendre un verre. Boissons à prix raisonnables, écrans de TV géants et nourriture acceptable à défaut d'être exceptionnelle.

Charli's (7a Av 5-55 ; plats 40-90 Q ; ⊗ 8h-21h). Cette adresse "chic" de Chiquimula (nappes sur les tables !) propose un long menu de pâtes, pizzas, poissons, fruits de mer et steaks, servis dans un cadre détendu et climatisé. Service sympathique.

Parillada de Calero (7a Av 4-83 ; plats 45-90 Q ; ⊗ petit-déj, déj et dîner). Grill en plein air, il sert les grillades les plus tendres de la ville et de somptueux petits-déjeuners ; le Tropical Breakfast (crêpes et fruits frais ; 40 Q) convient parfaitement au climat.

Depuis/vers Chiquimula

Plusieurs compagnies gèrent des bus et des *microbuses* qui arrivent et partent de la 11a Av,

entre les 1a et 2a Calles, dans le quartier de la gare routière. **Litegua** (☎ 7942-2064 ; 1a Calle entre 10a Av et 11a Av), qui propose des bus pour El Florido (poste-frontière pour Copán), a son propre arrêt, un peu au nord. Pour traverser la frontière hondurienne à Agua Caliente, prenez d'abord un minibus pour Esquipulas et, de là, une correspondance. Si vous allez à Jalapa, vous devrez changer à Ipala. Pour Río Dulce, prenez un bus pour Flores ou pour Puerto Barrios, et changez au carrefour La Ruidosa. Si vous vous rendez à Esquipulas, asseyez-vous à gauche pour mieux voir la basilique.

ENVIRONS DE CHIQUIMULA
Volcán d'Ipala

Le volcan d'Ipala (1 650 m) recèle un splendide lac de cratère de près de 1 km de circonférence, niché à 1 493 m. L'escalade spectaculaire jusqu'au sommet fait grimper un dénivelé de 850 m en 2 heures environ, mais on peut monter en voiture jusqu'à mi-chemin. Des sentiers, un centre des visiteurs et un camping bordent le lac. À Chiquimula (1 heure 30) ou à Jalapa (2 heures), prenez un bus jusqu'à Ipala, puis un *microbus* pour Agua Blanca (6 Q, toutes les 15 min). Le sentier part d'El Sauce, juste avant Agua Blanca : repérez le panneau bleu d'Inguat. Des rares hébergements d'Ipala, l'**Hotel Peña** (☎ 7942-8064 ; 2a Calle 2-26 ; s/d 50/80 Q ; Ⓟ) est probablement le meilleur. Entrez par la porte du garage, non signalée, à côté de la banque G&T. Des banques avec DAB et des *comedores* sont groupés autour de la place. Le **Restaurante Galactico** (3a Av 1-58, Zona 1 ; plats 30-60 Q ; ⊗ déj et dîner) propose le plus grand choix de la ville. Les bus partent non loin de la place

BUS DEPUIS CHIQUIMULA			
Destination	**Tarif (Q)**	**Durée (heures)**	**Départs**
Anguiatú (frontière du Salvador)	25	1	5h-17h30
El Florido (frontière du Honduras)	25	1½	5h30-16h30
Esquipulas	10	45 min	5h-21h
Flores	100	7-8	10h et 15h
Guatemala Ciudad	50	3	3h-15h30
Ipala	6	1½	5h-19h
Puerto Barrios	40	4½	3h30-16h
Quiriguá	25	2	3h30-16h
Río Hondo	15	35 min	5h-18h

SIX PIEDS SOUS TERRE

Au Guatemala, ceux qui remuent la terre à la recherche de trésors sont les archéologues – ou les compagnies minières. Mais il y a d'autres chercheurs que l'on oublie souvent : les paléontologues.

Si les scientifiques ne sont pas certains que des dinosaures aient jamais peuplé les terres aujourd'hui guatémaltèques, il ne fait guère de doute qu'elles étaient autrefois le domicile de grands mammifères préhistoriques, tels que des tatous géants, des paresseux grands de 3 m, des mammouths et des tigres à dent de sabre. Venant d'Amérique du Nord, lors de leur migration vers le sud, ils ne purent descendre plus bas que l'actuel Guatemala, étant donné que le continent plongeait alors dans la mer au nord du Nicaragua. Il faudra attendre 10 millions d'années avant que l'Amérique du Sud et l'Amérique centrale se rejoignent, pour former le continent actuel.

La majeure partie des fossiles et des traces d'os découverts au Guatemala provient de l'extrémité sud-est du pays, mais des restes de paresseux géants et de mastodontes ont été mis au jour à l'emplacement de l'actuelle Guatemala Ciudad. Le paléontologue Roberto Woolfolk Sarvia (fondateur du musée d'Estanzuela, p. 233) revendique à lui seul la découverte de 5 000 fragments et squelettes. Selon lui, bien davantage sont encore sous nos pieds, mais les fouilles ne se font pas, faute de moyens.

Si vous vous intéressez, ne serait-ce qu'un tout petit peu, à la préhistoire, le musée d'Estanzuela vaut le détour. Réaménagé récemment, il présente des vestiges de mastodontes, de paresseux géants et de tatous, un cheval préhistorique de 50 cm et 2 molaires de mammouth.

d'Ipala, d'où toutes les adresses citées sont accessibles à pied.

Jalapa

61 700 habitants / 1 360 m d'altitude

Cette petite ville accueillante se situe à 78 km à l'ouest de Chiquimula. La superbe route entre les deux traverse des gorges verdoyantes plantées de bananiers et des vallées brumeuses. En franchissant les cols sinueux de ce relief montagneux, vous verrez des cascades et des cours d'eau couler dans les sous-bois. Jalapa ne présente guère d'intérêt, mais constitue une étape agréable sur le chemin du Volcán d'Ipala. Elle possède de nombreux services. Les banques, qui changent les dollars US et les chèques de voyage, se situent autour de la gare routière.

OÙ SE LOGER ET SE RESTAURER

C'est certainement à Jalapa que les hébergements possèdent le meilleur rapport qualité/ prix du pays. Dommage qu'il n'y ait pas grand-chose à y faire.

Hotel Recinos (☎ 9722-2580 ; s/d 55/92 Q). Pour une nuit, ce palais rose du côté ouest de la gare routière fait parfaitement l'affaire. Il offre des chambres propres, avec ventilateur. Celles avec lits jumeaux sont un peu étriquées.

Hotel Casa Real (☎ 7922-2804 ; 1a Calle 0-74, Zona 2 ; s/d 110/160 Q ; 🐾). Bon plan B si la Posada de Don José, à proximité, affiche complet.

Grandes chambres modernes. Il faut ajouter 30 Q pour la clim. Le restaurant attenant est le meilleur de la ville.

Posada de Don José Antonio (☎ 7922-5751 ; Av Chipilapa A 0-64, Zona 2 ; s/d 120/160 Q ; 🅿 🖳 🛜). Grandes et belles chambres coloniales dotées de sdb immenses. Parties communes charmantes avec un patio ombragé et un restaurant sur place.

Hotel Puente Viejo (☎ 7922-3782 ; www.hotel-puenteviejo.com ; 4a Calle 0-41, Zona 5 ; s/d 140/240 Q ; 🅿 🛜 🐾). De loin le plus bel hôtel de la ville. Les grandes chambres fraîches entourent un patio herbeux avec une fontaine et une petite piscine. Bar-café-restaurant à l'avant.

Restaurante Casa Real (1a Calle 0-74, Zona 2 ; plats 40-80 Q ; 🕑 petit-déj, déj et dîner). Fast-foods et comedores jalonnent la rue principale, mais ce restaurant attenant à l'hôtel du même nom propose d'excellents steaks, produits de la mer et salades.

COMMENT S'Y RENDRE ET CIRCULER

Lors de la rédaction de ce guide, les bus arrivaient toujours dans l'habituel chaos de la gare routière et marché du centre-ville, quelques rues derrière l'Hotel Casa Real, mais les choses devraient changer avec la construction d'une nouvelle gare routière, à environ 1 km de l'autre côté de la ville. Tous les hôtels cités ici (sauf le Puente Viejo) sont dans la rue principale, 2a Calle, ou proches.

Si vous êtes chargé, n'hésitez pas à prendre un *tuk-tuk* plutôt que de marcher : pour 5 Q, ils vous emmèneront presque partout.

Il n'y a plus de bus direct pour Chiquimula, mais des *microbuses* partent pour Ipala (14 Q, 30 min) toutes les demi-heures de 5h à 16h30. D'Ipala, les correspondances pour Chiquimula sont nombreuses. Pour Esquipulas, changez à Chiquimula. Les bus à destination de Guatemala Ciudad partent toutes les 30 minutes, de 2h à 15h. Transportes Melva passe par Jutiapa et Cuilapa (30 Q, 3 heures 30, 167 km). D'autres bus empruntent un itinéraire plus rapide via Sanarate et la Carretera al Atlántico.

Parque Ecoturístico Cascadas de Tatasirire

Couvrant 15 ha de vallée très boisée dominant Jalapa, cette **réserve** (☎ 5202-4150 ; www. cascadasdetatasirire.com ; 60 Q, empl tente/pers 70 Q, s/d sans sdb 150/200 Q) privée abrite 6 km de sentiers bien balisés qui vous feront découvrir la petite Cascada Altar puis les impressionnantes chutes Catarata Tatasirire (15 m de haut). Des activités à sensation sont proposées : l'incontournable circuit dans la canopée (120 Q), du rappel dans la Cascada Altar (120 Q) et des balançoires dans la forêt (gratuit), mais c'est en flânant le long des sentiers montagneux tapissés d'aiguilles de pin et en prêtant l'oreille aux murmures des ruisseaux et aux chants des oiseaux que se dévoile tout le charme des lieux. Quelques endroits se prêtent à la baignade (au moins pour se tremper), mais l'eau est froide, et l'air plus frais qu'à Jalapa.

Les campings sont basiques (toilettes sèches, pas de douches), mais ils fournissent l'équipement. L'"écolodge", une cabane en rondins très rustique avec cuisine et eau courante, loue des chambres. Vous pouvez également venir pour la journée depuis Jalapa facilement : tous les bus allant vers Mataquescuintla peuvent vous déposer. Les départs sont fréquents de Jalapa (5 Q, 30 min), de 5h à 16h. Le dernier bus de retour quitte le parc à 18h.

VOLCÁN DE QUETZALTEPEQUE

À 10 km à l'est du village de Quetzaltepeque, ce volcan culmine à 1 900 m. Une grimpée ardue, à travers une épaisse forêt de pins subtropicaux, conduit au sommet et le sentier disparaît par endroits, mais si vous avez une voiture, vous pourrez rouler presque

---

> **PASSER AU SALVADOR**
>
> Entre Chiquimula et Esquipulas (à 35 km de Chiquimula et à 14 km d'Esquipulas), au carrefour Padre Miguel, un embranchement part vers Anguiatú, à la frontière avec le Salvador (19 km, 30 min). Des minibus en provenance de Chiquimula, de Quetzaltepeque et d'Esquipulas passent fréquemment par ce carrefour.
>
> La frontière à Anguiatú est ouverte 24h/24, mais mieux vaut la franchir de jour. De nombreux camions traversent le poste-frontière. De l'autre côté, des bus partent toutes les heures pour San Salvador via Metapán et Santa Ana.

jusqu'en haut. Cet effort est récompensé par une vue splendide sur les volcans voisins d'Ipala et de Suchitán et la campagne environnante. Le tracé imprécis du sentier rend la présence d'un guide indispensable. Demandez à la **municipalidad** (mairie ; ☎ 7944-0258) de Quetzaltepeque, sur la place principale, de vous mettre en contact avec un guide bénévole. Il vous accompagnera gratuitement (mais vous pouvez laisser un pourboire).

À Quetzaltepeque, vous pourrez loger à l'**Hotel El Gringo** (☎ 7944-0186 ; 3a Av 2-25, Zona 2 ; ch 50 Q/pers), sympathique bien que rudimentaire. Les chambres sont lumineuses et spacieuses, mais les lits suspects. Peut-être vaut-il mieux dormir à Chiquimula ou à Esquipulas.

Les bus qui circulent entre Chiquimula et Esquipulas passent par Quetzaltepeque.

ESQUIPULAS

26 000 habitants / altitude 950 m

De Chiquimula, la Hwy 10 file vers le sud dans les montagnes, où le climat se rafraîchit un peu. Après 1 heure de trajet à travers de beaux paysages, la route descend dans une vallée encaissée, où se situe Esquipulas. À mi-chemin de la descente, à environ 1 km du centre-ville, un *mirador* (point de vue) offre une vue superbe. La Basílica de Esquipulas, éclatante de blancheur sous le soleil, domine la ville et justifie à elle seule le détour.

Histoire

Cette ville fut sans doute un lieu de pèlerinage avant la conquête espagnole. Selon la légende, Esquipulas doit son nom à un seigneur maya

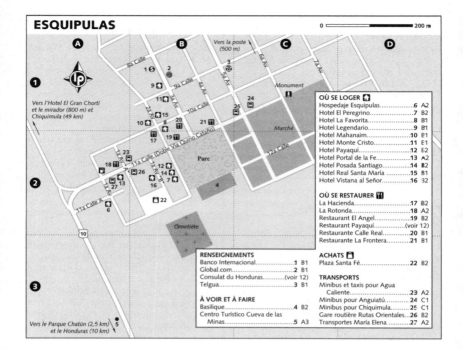

ESQUIPULAS

0 _____ 200 m

Vers l'Hotel El Gran Chortí et le mirador (800 m) et Chiquimula (49 km)

Vers le Parque Chatún (2,5 km) et le Honduras (10 km)

Vers la poste (500 m)

Monument

Marché

Parc

Cimetière

11a Calle (Doble Vía Quirio Cataño)

OÙ SE LOGER
Hospedaje Esquipulas	6 A2
Hotel El Peregrino	7 B2
Hotel La Favorita	8 B1
Hotel Legendario	9 B1
Hotel Mahanaim	10 E1
Hotel Monte Cristo	11 E1
Hotel Payaquí	12 E2
Hotel Portal de la Fe	13 A2
Hotel Posada Santiago	14 B2
Hotel Real Santa Maria	15 B1
Hotel Vistana al Señor	16 32

OÙ SE RESTAURER
La Hacienda	17 B2
La Rotonda	18 A2
Restaurant El Angel	19 B2
Restaurant Payaquí	(voir 12)
Restaurante Calle Real	20 B1
Restaurante La Frontera	21 B1

RENSEIGNEMENTS
Banco Internacional	1 B1
Global.com	2 B1
Consulat du Honduras	(voir 12)
Telgua	3 B1

À VOIR ET À FAIRE
Basilique	4 B2
Centro Turístico Cueva de las Minas	5 A3

ACHATS
Plaza Santa Fé	22 B2

TRANSPORTS
Minibus et taxis pour Agua Caliente	23 A2
Minibus pour Anguiatú	24 C1
Minibus pour Chiquimula	25 C1
Gare routière Rutas Orientales	26 B2
Transportes María Elena	27 A2

qui régnait sur la région à l'arrivée des Espagnols et les accueillit pacifiquement.

À l'arrivée des missionnaires, une église fut érigée ici. En 1595, une sculpture bientôt connue sous le nom de Cristo Negro (Christ noir, voir encadré ci-contre) fut placée derrière l'autel. Pour accueillir le flux croissant de pèlerins, une immense église fut inaugurée en 1758. Depuis, le pèlerinage constitue la principale source de revenus de la ville.

Un événement récent a inscrit Esquipulas dans l'histoire moderne : c'est ici, qu'en 1986, le président Vinicio Cerezo Arévalo a rencontré à plusieurs reprises les différents chefs d'État d'Amérique centrale pour parvenir à des accords de coopération économique et de résolution pacifique des conflits. Le pacte qui en a résulté – les accords d'Esquipulas II – a préparé le terrain aux accords de paix guaté-maltèques, signés en 1996.

Orientation et renseignements

La basilique est le centre de toute l'activité. La plupart des bons hôtels et nombre de petits restaurants se regroupent à proximité. L'hôtel le plus important de la ville, le Gran Chortí,

est installé à la périphérie, sur la route de Chiquimula. La grand-route ne traverse pas la ville, dans laquelle on entre par la 11a Calle, ou Doble Vía Quirio Cataño, la principale artère d'Esquipulas.

Banco Internacional (3a Av 8-87, Zona 1). Agent American Express. Change les espèces et les chèques de voyage, délivre des avances sur les cartes Visa et MasterCard et dispose d'un DAB Visa.

Global.com (3a Av ; 5 Q/h). En face du Banco Internacional ; accès à Internet.

Poste (6a Av 2-15). À environ 10 pâtés de maisons au nord du centre-ville.

Telgua (angle 5a Av et 9a Calle). Nombreux téléphones à carte.

À voir
BASILIQUE

Imposante construction en pierre qui a résisté aux tremblements de terre depuis près de 250 ans, la basilique se dresse au bout d'un joli parc, au sommet d'une large volée de marches. La nuit, la façade et les tours sont illuminées.

À l'intérieur, les pèlerins se prosternent devant El Cristo Negro, étonnamment petit, et certains s'en approchent à genoux. L'encens, le murmure des prières et le frottement des sandales transcendent l'atmosphère. En cas de forte affluence, vous devrez entrer par la porte latérale pour approcher le célèbre Christ noir avant d'être poussé par la foule. Les fidèles sont particulièrement nombreux le dimanche, lors des fêtes religieuses, et plus encore durant la fête locale autour du 15 janvier. En semaine, vous pourrez l'admirer à loisir, sans ressentir cependant la puissante émotion des pèlerins.

Chaque année, la **fête du Cristo de Esquipulas** (15 janvier) attire des milliers de dévots qui viennent de toute la région prier devant l'autel du Christ noir.

En quittant l'église et en descendant les marches pour traverser le parc et sortir à droite vers le marché, remarquez les vendeurs de chapeaux de paille ornés de fleurs artificielles et brodés du nom "Esquipulas", un accessoire décoratif très prisé des chauffeurs de bus locaux. La bimbeloterie religieuse kitsch vendue aux abords de la basilique est amusante à découvrir.

AUTRES SITES

Le **Centro Turístico Cueva de las Minas** (15 Q ; ☾ 6h30-16h) comprend une grotte de 50 m de profondeur (apportez une torche), des aires de pique-nique verdoyantes et le Río El Milagro, auquel on attribue des vertus miraculeuses. La grotte et la rivière se situent à 500 m de l'entrée, derrière le cimetière de la basilique, à 300 m au sud de l'embranchement vers la ville, sur la route du Honduras. Des boissons fraîches sont en vente sur place.

Si vous voyagez avec des enfants, empruntez le train miniature qui circule en ville et vous emmènera gratuitement au **Parque Chatún** (☎ 7873-0909 ; www.parquechatun.com ; adulte/enfant 65/55 Q ; ☾ 9h-18h mar-sam), un parc de loisirs à 3 km du centre. L'endroit compte des piscines, un mur d'escalade, des campings, un petit zoo, un circuit dans la canopée et un mini saut à l'élastique. L'entrée comprend toutes ces attractions, sauf le circuit dans la canopée. Si vous n'avez pas de véhicule, prenez le minibus qui fait le tour de la ville, ou demandez à votre hôtel de l'appeler : il vous y déposera pour 3 Q.

Où se loger

Esquipulas compte une multitude d'hébergements. Ils affichent complet les jours fériés, lors de la fête annuelle et sont pris d'assaut le week-end. Les prix indiqués ici correspondent à ces périodes de pointe. En semaine, quand il n'y a pas de fête, ils accordent des

---

EL CRISTO NEGRO

Attirant chaque année plus d'un millions de pèlerins venus du Mexique, d'Amérique centrale, des États-Unis et de plus loin encore, le Christ noir d'Esquipulas est l'une des principales attractions touristiques guatémaltèques.

La couleur de la sculpture est entourée de légendes. On a longtemps cru que les Espagnols, qui ont commandé l'œuvre en 1594, ont voulu que sa carnation rappelle celle des Chortí, peuple indigène d'Esquipulas, pour les convertir plus facilement. Toutefois, des études ont démontré que le christ était fait d'un bois clair, probablement du cèdre. Pour certains croyants, il serait devenu mystérieusement noir en une nuit, pour d'autres, la couleur résulte du contact humain et de l'encens brûlé au fil des siècles.

Le Christ noir suscita un fort intérêt pour la première fois lorsque l'archevêque du Guatemala guérit miraculeusement d'une maladie chronique après s'être rendu à Esquipulas en 1737. La visite du pape Jean-Paul II en 1996 fut une autre étape marquante dans l'histoire de la ville.

Mais la popularité de la statue s'explique aussi par le syncrétisme entre les croyances préchrétienne et chrétienne. Partout sur le continent américain, à l'arrivée des Espagnols, les Indiens comprirent qu'il était moins dommageable pour eux de feindre d'accepter la nouvelle religion, en rebaptisant les anciens dieux mais en conservant les mêmes croyances. Or, dans la culture maya, le noir était la couleur des guerriers. Elle était associée à la magie, la mort, la violence et le sacrifice. Le Christ noir peut donc être considéré comme un Christ guerrier, vainqueur de la mort.

Il existe 2 copies légales du Cristo Negro d'Esquipulas aux États-Unis. L'une, à New York, est devenue emblématique des souffrances et des difficultés de la communauté hispanique, tandis que l'autre, à Los Angeles (où elle serait passée en fraude, avec la bénédiction de responsables corrompus), a pris une signification particulière pour les immigrés sans papiers.

descuentos (réductions). Les établissements bon marché se regroupent dans les rues au nord de la basilique.

PETITS BUDGETS

Hotel La Favorita (☎ 7943-1175 ; 2a Av 10-15, Zona 1 ; s/d 150/200 Q, sans sdb 40/70 Q ; **P**). Prix imbattable. Les chambres avec sdb commune sont un peu lugubres, mais celles qui ont la leur sont correctes.

Hospedaje Esquipulas (☎ 7943-2298 ; angle 1a Av et 11 Calle 'A', Zona 1 ; s/d 80/130 Q). Petit hôtel économique et pratique. Les chambres sont petites mais assez propres, et les sdb spacieuses.

Hotel Monte Cristo (☎ 7943-1453 ; 3a Av 9-12, Zona 1 ; s/d 180/250 Q, sans sdb 80/100 Q ; **P**). Chambres de bonne taille chichement meublées et douches brûlantes. L'hôtel ne loue celles de l'étage que lorsque le rez-de-chaussée est plein.

CATÉGORIE MOYENNE

Hotel El Peregrino (☎ 7943-1054 ; www.elperegrinoesquipulas. com ; 2a Av 11-94, Zona 1 ; s/d 200/360 Q, sans sdb 140/240 Q ; 🛜 🍴). Chambres de style motel donnant sur des balcons remplis de plantes. La piscine sur le toit constitue son principal atout.

Hotel Vistana al Señor (☎ 7943-4294 ; hotelvistana@ gmail.com ; 1a Av 'B' 1-42 ; s/d 180/300 Q ; 🛜). Au sud du marché. De loin le meilleur rapport qualité/ prix de sa catégorie, avec de jolies petites chambres. Partie commune agréable avec un balcon et une belle vue, à l'étage.

Hotel Real Santa María (☎ 7943-0214 ; www. hotelrealsantamaria.com ; 2a Av 9-83, Zona 1 ; s/d à partir de 200/350 Q ; **P** 🍴 🛜 🍴). Emplacement central. Chambres exiguës mais bien aménagées, dans le style colonial moderne. Attention au bruit de la rue dans les chambres en façade.

Hotel Mahanaim (☎ 7943-1131 ; www.mahanaimho-telinternacional.com ; 10a Calle 1-85, Zona 1 ; s/d 200/250 Q, avec clim 350/400 Q ; **P** 🍴 🖥 🛜 🍴). Sur 3 niveaux autour d'une cour couverte, les chambres sont simples mais confortables. Son plus : la grande piscine couverte à l'arrière.

Hotel Payaquí (☎ 7943-1143 ; www.hotelpayaqui.com ; 2a Av 11-56 ; s/d à partir de 200/350 Q ; **P** 🍴 🖥 🛜 🍴). Autrefois le plus bel hôtel de la ville, il a perdu de sa fraîcheur mais conserve quelques attraits : un restaurant correct, 2 piscines et un spa qui propose, dans la journée, massages, soins du visage, et autres.

CATÉGORIE SUPÉRIEURE

Hotel Posada Santiago (☎ 7943-2023 ; 2a Av ; s/d 250/450 Q ; **P**). L'architecture intéressante (sans rien d'extraordinaire toutefois) ajoute au charme de ces chambres rustiques et chics, propres, spacieuses, et dotées de bonnes douches et de la TV câblée.

Hotel Portal de la Fe (☎ 7943-4261 ; www. portaldelafe.com ; 11 Calle 1-70, Zona 1 ; s/d 250/450 Q ; **P** 🍴 🖥 🛜 🍴). L'un des rares hôtels ayant vraiment un style. Les chambres en sous-sol sont un peu sombres, mais en montant, tout change.

Hotel El Gran Chortí (☎ 7943-1201 ; www. realgranchorti.com ; Carretera a Honduras Km 222 ; s/d 400/550 Q ; **P** 🍴 🛜 🍴). À 1 km à l'ouest de l'église sur la route de Chiquimula, El Gran Chortí s'ouvre sur une immense réception au sol de marbre noir. Derrière, une piscine sinueuse s'étire parmi les pelouses, les jardins et les tables ombragées de parasols. Aux chambres tout confort s'ajoutent une salle de jeux et, bien sûr, un bon restaurant, bar et cafétéria.

Hotel Legendario (☎ 7943-1824 ; www.hotellegen-dario.com ; angle 3a Av et 9a Calle, Zona 1 ; s/d 500/700 Q ; **P** 🍴 🖥 🛜 🍴). Le meilleur hôtel d'Esqui-pulas offre tous les services attendus, dont une piscine séparée pour les enfants. Plutôt grandes et confortables à souhait, les chambres sont pourvues de lits neufs et de grandes fenêtres donnant sur une cour verdoyante.

Où se restaurer

Les restaurants, un peu plus chers à Esquipulas que dans le reste du pays, ouvrent habituellement tous les jours, de 6h30 à 21h ou 22h. Les adresses bon marché se regroupent au nord du parc, en face de la basilique, et plusieurs restaurants bordent la 3a Av qui part de là vers le nord.

Tous les hôtels de catégories moyenne et supérieure disposent d'une salle à manger.

Restaurant El Angel (☎ 7943-1372 ; angle 11a Calle et 2a Av ; plats 30-50 Q ; 🕒 déj et dîner). Dans l'artère principale, ce restaurant chinois propose aussi des grillades et un bel éventail de *licuados* (milk-shakes). Livraison à domicile.

Restaurante Calle Real (3a Av ; petit-déj 20-30 Q, plats 30-60 Q ; 🕒 petit-déj, déj et dîner). Restaurant typique d'Esquipulas, ce grand établissement éclairé au néon propose de nombreux plats économiques aux pèlerins, devant la TV à plein volume.

Restaurant Payaquí (Hotel Payaquí ; petit-déj 30 Q, plats 50-90 Q ; 🕒 petit-déj, déj et dîner). À l'ouest du parc dans l'hôtel du même nom, cette cafétéria lumineuse et propre possède de grandes baies vitrées donnant sur le parc. Bonne sélection de plats à prix raisonnables.

Restaurante La Frontera (petit-déj 30-50 Q, plats 50-120 Q ; ⏰ petit-déj, déj et dîner). Face au parc et rattaché à l'Hotel Las Cúpulas, ce restaurant spacieux et propre concocte divers plats de riz, viande et poisson à prix modérés.

⭕ **La Hacienda** (angle 2a Av et 10a Calle, Zona 1 ; plats 70-130 Q ; ⏰ petit-déj, déj et dîner). Le meilleur grill de la ville. Sert également de bons poissons et des pâtes. Le café-pâtisserie adjacent est une bonne adresse pour le petit-déjeuner, malgré des prix un élevés (45 Q).

La Rotonda (11a Calle ; petit-déj à partir de 25 Q, grandes pizzas 100 Q ; ⏰ petit-déj, déj et dîner). Face à la gare routière Rutas Orientales. Dans ce bâtiment rond, accueillant, propre et frais, on s'installe autour d'un comptoir circulaire en plein air sous un grand auvent. Sur la longue carte figurent pizzas, pâtes et burgers.

Depuis/vers Esquipulas

Des bus pour Guatemala Ciudad (50 Q, 4 heures) arrivent et partent toutes les heures de 2h à 17h à la **gare routière Rutas Orientales** (☎ 7943-1366 ; angle 11a Calle et 1a Av), à l'entrée de la ville.

Des minibus depuis/vers Agua Caliente (frontière hondurienne ; 20 Q, 30 min) circulent toutes les 30 minutes de 5h à 17h, de l'autre côté de la rue. Des taxis stationnent aussi là, et facturent le même prix que les minibus dès qu'ils ont 5 passagers.

Des minibus pour Chiquimula (10 Q, 45 min, toutes les 15 min de 5h à 18h) et pour Anguiatú (frontière salvadorienne ; 15 Q, 1 heure, toutes les 30 min de 6h à 18h) partent de l'extrémité est de 11a Calle. Vous les verrez certainement recruter des passagers sur la rue principale.

Pour Flores/Santa Elena (110 Q, 8 heures), les bus **Transportes María Elena** (☎ 7943-0448 ; 11 Calle 0-54, Zona 1) partent à 6h, 10h et 14h de l'agence. Ils traversent Quiriguá (45 Q, 2 heures), Río Dulce (60 Q, 4 heures) et Poptún (90 Q, 6 heures).

QUIRIGUÁ

4 600 habitants / altitude 97 m

Si Quiriguá ne se trouve qu'à 50 km de Copán à vol d'oiseau, par la route, il faut compter 175 km. Le site est renommé pour ses stèles remarquablement sculptées, de gigantesques monolithes de grès brun qui s'élèvent jusqu'à 10,50 m, telles d'antiques sentinelles, dans un parc tropical paisible et soigné.

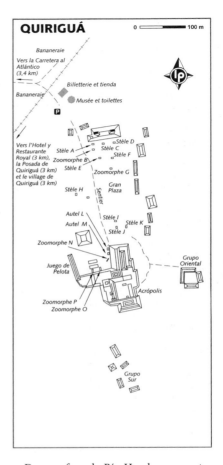

Du carrefour de Río Hondo, empruntez la Carretera al Atlántico sur 67 km pour rejoindre le village de Los Amates, qui possède quelques hôtels, un restaurant, des échoppes d'alimentation, une banque et une petite gare routière. Le village de Quiriguá se situe à 1,5 km à l'est de Los Amates et la bifurcation vers les ruines à 1,5 km plus à l'est. La route d'accès se dirige vers le sud sur 3,4 km à travers des bananeraies.

Histoire

L'histoire de Quiriguá est inséparable de celle de Copán, dont elle fut la vassale pendant la majeure partie de la période classique. Des trois sites de la région, seul ce parc archéologique présente un intérêt.

RÉPUBLIQUE BANANIÈRE

C'est en 1870 que des bananes furent importées pour la première fois aux États-Unis. Rares étaient alors les Américains à en avoir déjà vu, sans parler d'y avoir goûté. Dès 1898, ils en consommaient déjà 16 millions de régimes par an.

En 1899, la Boston Fruit Company et Minor C Keith, baron du chemin de fer centre-américain originaire de Brooklyn, s'allièrent pour former la United Fruit Company (UFC), afin de cultiver sur les vastes terres d'Amérique centrale des bananes, transportées par Keith jusqu'à la côte, d'où elles seraient expédiées vers les USA.

Les États centre-américains cédèrent à l'UFC de grands pans de jungle sauvage. La compagnie créa des accès par route et/ou chemin de fer à ces terrains avant de les défricher et de les cultiver. et construisit d'immenses ports.

En 1930, l'UFC, le plus gros employeur d'Amérique centrale, disposait d'un capital de 215 millions de dollars US et détenait l'une des plus grandes flottes privées au monde. En contrôlant Puerto Barrios et les chemins de fer, l'UFC avait la mainmise sur tout le commerce extérieur du Guatemala, tant pour la banane que pour les autres exportations.

Les journalistes guatémaltèques surnommèrent l'UFC "El Pulpo" (la Pieuvre), l'accusant de corrompre les hauts fonctionnaires, d'exploiter les travailleurs et d'exercer une influence démesurée pour une société étrangère au Guatemala.

Le 20 octobre 1944, un coup d'État libéral ouvrit la voie aux premières élections libres du Guatemala. Élu nouveau président, le Dr Juan José Arévalo chercha à faire du Guatemala une démocratie. Son successeur, Jacobo Arbenz, entrepris des réformes encore plus radicales. Les syndicats commencèrent à revendiquer de meilleures conditions de travail, menant des actions pratiquement constantes contre l'UFC. L'État imposa une fiscalité plus équitable à la compagnie, et exigea qu'elle restitue de vastes étendues de terres non utilisées.

Le gouvernement américain apporta son soutien à l'UFC. D'après de puissants membres du Congrès et l'administration Eisenhower, Arbenz avait l'intention d'instaurer le communisme au Guatemala. Plusieurs hauts fonctionnaires américains entretenaient des liens étroits avec la United Fruit et d'autres étaient convaincus que le président Arbenz représentait une menace.

En 1954, le retour d'exilés guatémaltèques "anticommunistes" orchestré par la CIA aboutit à la démission et à l'exil d'Arbenz, remplacé par Carlos Castillo Armas, militaire de la vieille école qui rétablit une dictature militaire au Guatemala.

Quelques années plus tard, le ministère de la Justice américain poursuivit la United Fruit pour monopole. La compagnie fut sommée de réduire sa taille de deux tiers en 12 ans, ce qu'elle fit en cédant une partie de ses possessions au Guatemala, et en renonçant à son monopole sur les chemins de fer.

Plus tard, l'UFC intégra United Brands, qui vendit ses dernières terres guatémaltèques à la Del Monte Corporation, toujours en activité au Guatemala.

L'emplacement de Quiriguá favorisait la sculpture de stèles géantes. Les strates de grès brun du lit du Río Motagua, tout proche, se découpaient facilement en grands blocs, qui durcissaient au contact de l'air. Guidés par les experts de Copán, les tailleurs de pierre de Quiriguá étaient prêts à réaliser des merveilles. Il ne leur manquait qu'un grand chef pour les inspirer – et financer le travail.

Ce chef fut K'ak' Tiliw Chan Yo'at (Cauac-Ciel ; 725-784), qui décida d'affranchir Quiriguá de la domination de Copán. Durant la guerre qui l'opposa à son ancien suzerain, il réussit à s'emparer de Lapin-18, le roi de Copán, en 737, puis le fit décapiter. Enfin indépendant, Cauac-Ciel ordonna à ses tailleurs de pierre de

se mettre à l'œuvre et, pendant les 38 années qui suivirent, ces derniers sculptèrent des stèles géantes et des statues zoomorphes à la gloire de leur souverain.

Xul-Ciel (784-800), le fils de Cauac-Ciel, dut céder son trône à un usurpateur, Jade-Ciel. Ce dernier grand roi de Quiriguá continua l'œuvre de Cauac-Ciel et fit reconstruire l'Acrópolis de Quiriguá à plus grande échelle.

Les Européens ne découvrirent Quiriguá qu'en 1840, grâce à John Lloyd Stephens. Celui-ci tenta d'acheter la cité en ruine afin d'expédier les stèles à New York, mais le propriétaire, le Señor Payes, présumant que Stephens (en tant que diplomate) négociait pour le compte du gouvernement américain, réclama une somme exorbitante et l'affaire ne fut jamais conclue.

Entre 1881 et 1894, Alfred P. Maudslay dirigea des fouilles. Au début du XXᵉ siècle, les terres autour de Quiriguá furent vendues à la société United Fruit et transformées en bananeraies (voir l'encadré ci-contre). L'entreprise est partie, mais les plantations et Quiriguá demeurent. Dans les années 1930, l'université de Pennsylvanie se chargea de la restauration du site. En 1981, l'Unesco a inscrit Quiriguá au patrimoine mondial, comme Tikal et Antigua.

À voir

Le magnifique **site archéologique** (80 Q ; ⏲ 8h-16h30) aux allures de parc, possède une petite *tienda* à l'entrée, vendant boissons fraîches et en-cas, mais mieux vaut apporter son pique-nique. Juste après l'entrée, un petit **musée** présente quelques informations et une maquette reconstituant le site (en majeure partie encore non fouillé) à son apogée.

Malgré la chaleur moite et (parfois) les moustiques, Quiriguá est un endroit fabuleux, d'une majesté émouvante. Les stèles géantes de la **Gran Plaza** (grande place), plus érodées que celles de Copán, sont désormais protégées par un toit en chaume. L'ombre projetée rend difficile l'examen attentif des sculptures et empêche de prendre une bonne photo.

Sept stèles, désignées par les lettres A, C, D, E, F, H et J, furent érigées sous le règne de Cauac-Ciel et sculptées à son image. La **stèle E**, qui se dresse en surface sur 8 m et s'enfonce dans le sol sur 3 m, est la plus grande stèle maya connue ; elle pèse près de 60 tonnes. Remarquez les coiffures élaborées, les barbes de certains personnages (incongrues dans l'art et les mœurs mayas), les insignes royaux que tient le souverain et les glyphes qui ornent les côtés.

Au bout de la place, l'**Acrópolis**, bien moins imposante que celle de Copán, comporte sur la base plusieurs sculptures **zoomorphes** de créatures réelles ou mythiques. Grenouilles, tortues, jaguars et serpents sont les sujets favoris. Si ces sculptures ne suscitent pas autant d'émotion que les hautes stèles, elles n'en restent pas moins de superbes œuvres d'art, imaginatives et chargées de toute la puissance des mythes.

Où se loger et se restaurer

Les deux hôtels cités disposent de restaurants. Pour rejoindre le Royal, descendez l'artère principale, prenez à droite au premier embranchement et suivez la rue sur la gauche au virage. La Posada de Quiriguá, très mal indiquée, est plus loin en suivant la courbe, après le terrain de football – vous aurez souvent envie de demander votre chemin ; le plus simple est sans doute de prendre un *tuk-tuk* (5 Q/pers) depuis la grand-route.

Hotel y Restaurante Royal (☎ 7947-3639 ; s/d 60/85 Q ; Ⓟ). De loin le meilleur choix parmi les établissements bon marché. Les chambres sont spacieuses et propres, et le restaurant sert une cuisine simple et nourrissante. Le prix des chambres est facilement négociable.

Posada de Quiriguá (☎ 7934-2448 ; www.posadade-quirigua.com ; s/d à partir de 130/300 Q). Avec sa situation au sommet d'une colline et son décor de jardin tropical luxuriant, cette auberge tenue par des Japonais est sans conteste le plus bel hébergement de la ville. Les chambres sont simples mais confortables, et le menu de la *posada* (plats 40-70 Q) suggère quelques plats japonais parmi les classiques guatémaltèques.

Comment s'y rendre et circuler

L'embranchement vers le village de Quiriguá se situe à 205 km (4 heures) au nord-est de Guatemala Ciudad, à 70 km au nord-est du carrefour de Río Hondo, à 41 km au sud-ouest du carrefour La Ruidosa (pour Río Dulce et Flores) et à 90 km au sud-ouest de Puerto Barrios.

Les bus qui effectuent le trajet Guatemala Ciudad-Puerto Barrios, Guatemala Ciudad-Flores, Esquipulas-Flores ou Chiquimula-Flores vous déposeront ou vous laisseront monter à l'embranchement de Quiriguá. Si vous allez vers les hôtels, descendez bien à la *pasarela de Quiriguá* (passerelle piétonne). Sur demande, les chauffeurs de bus font aussi halte à l'embranchement du site archéologique.

Le site archéologique se trouve à 3,4 km de la grand-route (5 Q en bus ou en pick-up). À défaut de véhicule, vous ferez une belle balade (sans bagages) sur une route neuve, avec une voie réservée pour les vélos et les *tuk-tuk*, serpentant à travers les plantations de bananes.

En sens inverse, vous devrez peut-être attendre, mais un transport finira par arriver.

Si vous logez au village de Quiriguá ou à Los Amates et souhaitez vous rendre à pied au site archéologique, empruntez le raccourci qui longe la voie ferrée à partir du village, traverse les bananeraies et croise la route d'accès tout près de l'entrée des ruines. Aucun problème n'a été signalé sur ce chemin. Pour rejoindre le site en *tuk-tuks* depuis Quiriguá, comptez environ 15 Q.

Pour rejoindre Río Dulce (25 Q, 2 heures), si vous ne voulez pas attendre un bus à destination de Flores (il y en a environ 20 par jour en provenance de Guatemala Ciudad), prenez un bus ou un minibus pour Morales (le carrefour routier de la région), puis une correspondance. Cet itinéraire est un peu plus long, mais il vous assure une place assise à partir de Morales. Vous pouvez encore emprunter un bus en direction de Puerto Barrios et descendre à La Ruidosa, où vous attendrez un minibus ou un bus pour rallier Río Dulce, à 34 km. Pour Chiquimula, prenez n'importe quel bus de l'embranchement des ruines à Los Amates (3 km), puis attendez le prochain bus à destination de Chiquimula (25 Q, 2 heures).

COPÁN (HONDURAS)

Juste derrière la frontière hondurienne, la cité antique de Copán, compte parmi les merveilles de la civilisation maya, au même titre que Tikal, Chichén Itzá et Uxmal. Indispensable pour apprécier réellement l'art et la culture mayas, la visite de Copán peut se faire en une longue journée en voiture, en bus ou en circuit organisé. Toutefois, mieux vaut lui consacrer au moins 2 jours et passer la nuit à Copán Ruinas, une ville plaisante, dotée de bonnes infrastructures.

Traverser la frontière

Le village guatémaltèque d'El Florido, dépourvu de tout service hormis quelques buvettes, se situe à 1,2 km à l'ouest de la frontière. Au poste-frontière, vous trouverez une agence de **Banrural** (⌚ 7h-18h), le bureau des bus Litegua et quelques échoppes vendant des en-cas. La frontière est ouverte 24h/24, mais (comme toujours) mieux vaut la franchir de jour.

Des deux côtés, des changeurs proposent des quetzals guatémaltèques (Q) contre des lempiras honduriens (L) ou des dollars US ($US). Ils offrent généralement des taux corrects en raison de la proximité de la banque guatémaltèque et de l'affichage des

taux de change au bureau de l'immigration du Honduras (consultez-les). Une fois passé la frontière, vous ne trouverez pas de banque avant Copán Ruinas. Même si le quetzal et le dollar US sont acceptés dans certains établissements, mieux vaut disposer de quelques lempiras.

Toutes les formalités douanières sont à effectuer au Guatemala. Vous devez tout d'abord présenter votre passeport aux services d'immigration et de douane guatémaltèques, payer les taxes (bien qu'il n'y ait aucune taxe officielle pour quitter le Guatemala) d'environ 10 Q. Ensuite, allez faire tamponner votre passeport au guichet hondurien (il vous en coûtera environ 60 L). Le Guatemala et le Honduras (avec le Nicaragua et le Salvador) font partie du CA-4, un espace d'échanges commerciaux assez chaotique.

Censé faciliter la circulation des personnes dans la région, le CA-4 devrait vous permettre de vous déplacer librement dans les pays membres pendant 90 jours (ou aussi longtemps que l'autorise votre visa). Les dures réalités de l'existence viennent contredire cette simplification des formalités.

Les douaniers s'ennuient, ne sont pas contrôlés et sont mal payés. Vous devrez donc sacrifier quelques dollars pour passer la frontière. Des voyageurs ont tenté de résister, ont patienté quelques heures et ont dû se résigner à payer la somme demandée. Les douaniers honduriens délivrent au moins un beau reçu à l'aspect officiel ! Pour plus d'informations sur le CA-4, reportez-vous p. 328.

Au retour, si l'on vous demande à nouveau d'acquitter des taxes de sortie/entrée, vous pouvez arguer du paiement précédent, sans vous faire trop d'illusions !

Vous trouverez des renseignements sur les transports depuis/vers Copán Ruinas p. 255.

SITE DE COPÁN

Arrivez au site dès l'ouverture pour éviter la chaleur et la foule. Il existe deux Copán : la ville (p. 250) et les **ruines** (280 L ; ⌚ 8h-16h). La première, appelée Copán Ruinas, se situe à 12 km à l'est de la frontière Guatemala-Honduras, et les secondes, à 1 km plus à l'est. À la frontière, des minibus vous conduiront aux ruines après une halte en ville. Sinon, le *sendero peatonal* (sentier piétonnier) longe la route et constitue une agréable promenade

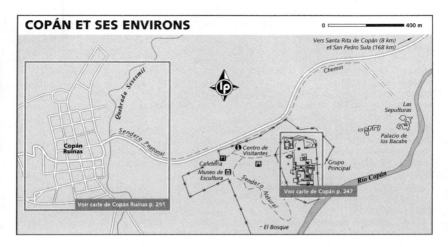

de 20 minutes ; il passe près de plusieurs stèles et monticules non fouillés avant d'arriver aux ruines de Copán et au site archéologique de Las Sepulturas, quelques kilomètres plus loin.

Histoire

ÈRE PRÉCOLOMBIENNE

Des céramiques mises au jour dans la vallée de Copán attestent la présence humaine depuis au moins 1200 av. J.-C. Dès sa fondation, Copán semble avoir eu une importante activité marchande, comme en témoignent les tombes d'influence olmèque de 900 à 600 av. J.-C.

Au Ve siècle, Copán fut gouvernée par une famille royale, dominée par un mystérieux souverain, Mah K'ina Yax K'uk' Mo' (grand seigneur Soleil-Ara-Quetzal), qui régna de 426 à 435. Des vestiges archéologiques révèlent qu'il s'agissait d'un grand chaman. Les rois qui suivirent le révéraient au titre de fondateur semi-divin de la cité. Cette dynastie dirigea Copán à l'apogée de la période classique (de 250 à 900).

On sait peu de choses sur les monarques qui régnèrent avant 628. Seuls quelques noms ont pu être déchiffrés : Tête-Mate, le second roi ; Cu Ix, le quatrième ; Jaguar-Nénuphar, le septième ; Jaguar-Lune, le dixième ; et Butz' Chan, le onzième.

Parmi les plus grands rois de Copán, Imix-Fumée (Jaguar-Fumée), le douzième, régna de 628 à 695 et fit de la ville une grande puissance militaire et commerciale. Sans doute conquit-il Quiriguá, la principauté voisine, où l'une des fameuses stèles porte son nom et son image. À sa mort, en 695, la population de Copán avait fortement augmenté.

Uaxaclahun Ubak K'awil (Lapin-18 ; 695-738), le treizième souverain, poursuivit la conquête militaire. Lors d'une guerre contre son voisin, le roi Cauac-Ciel de Quiriguá, Lapin-18 fut capturé et décapité. Le court règne du quatorzième roi, K'ak' Joplaj Chan K'awiil (Singe-Fumée ; 738-749), laissa peu de traces. Son fils, K'ak' Yipyaj Chan K'awiil (Coquillage-Fumée ; 749-763), fut l'un des grands bâtisseurs de Copán. Il fit construire le grand Escalinata de los Jeroglíficos (escalier des Hiéroglyphes), le monument le plus célèbre et le plus important de la cité ; il immortalise les réalisations de la dynastie, de sa fondation à 755, date de l'inauguration de l'escalier. C'est la plus longue inscription découverte en territoire maya.

Yax Pac (Lever-du-Soleil ou Première-Aube ; 763-820), seizième roi et successeur de Coquillage-Fumée, poursuivit l'embellissement de Copán. Le dernier monarque, U Cit Tok', commença à régner en 822, mais on ignore la date de sa mort.

Jusqu'à récemment, l'effondrement de la civilisation de Copán demeurait un mystère. Actuellement, les archéologues supposent que le fort accroissement de la population vers la fin de l'âge d'or de Copán provoqua l'épuisement des ressources naturelles. Il fallut alors importer des denrées d'autres régions. La ville s'était étendue sur les plaines fertiles du centre de la vallée, obligeant les agriculteurs et les citadins à s'installer sur les versants abrupts qui l'entouraient. De vastes superficies furent déboisées, entraînant une érosion massive qui affecta la production agricole et favorisa les inondations à la saison des pluies. Un phénomène qui ressemble étonnamment à ce qui se produit aujourd'hui et semble confirmer la croyance maya selon laquelle la vie est cyclique et l'histoire se répète ! Des ossements datant des dernières années de Copán présentent des signes évidents de malnutrition et de maladies infectieuses, ainsi que d'une diminution de la durée de vie.

La vallée de Copán ne fut pas abandonnée du jour au lendemain. Des paysans continuèrent sans doute de vivre dans la vallée dévastée pendant un siècle ou deux. Cependant, vers 1200, les derniers fermiers étaient partis et la jungle reprit possession de la cité royale de Copán.

DÉCOUVERTE EUROPÉENNE

Premier Européen à voir les ruines, Diego García de Palacios, un représentant du roi Philippe II d'Espagne, vivait au Guatemala et voyageait dans la région. Le 8 mars 1576, il décrivit ces ruines dans une lettre adressée au roi. À cette époque, seules cinq familles vivaient à cet endroit et ne savaient rien de son histoire. La découverte demeura sans suite et près de trois siècles s'écoulèrent avant qu'un autre Espagnol, le colonel Juan Galindo, visite les ruines et en dresse le premier plan.

Le rapport de Galindo incita John Lloyd Stephens et Frederick Catherwood à se rendre à Copán lors de leur voyage en Amérique centrale, en 1839. Lorsqu'en 1841 Stephens publia *Incidents of Travel in Central America, Chiapas and Yucatán* (*Aventures de voyage en pays maya*), illustré par Catherwood, le site acquit une renommée internationale.

COPÁN AUJOURD'HUI

L'histoire de Copán continue de s'écrire. Les vestiges de 3 450 édifices ont été mis au jour dans les 27 km² qui entourent le Grupo Principal (groupe principal), la plupart à moins de 500 m de ce dernier. Dans une zone plus large, 4 509 constructions ont été détectées dans 1 420 sites, sur une superficie de 135 km². Les archéologues en ont déduit qu'à l'apogée de sa civilisation, vers la fin du VIIIe siècle, la vallée de Copán comptait plus

de 27 500 habitants, un chiffre qui ne fut de nouveau atteint que dans les années 1980.

En plus des recherches aux alentours du Grupo Principal, celui-ci continue de faire l'objet de nouvelles découvertes. On a identifié 5 phases successives de constructions. La dernière, réalisée entre 650 et 820, est celle que l'on voit aujourd'hui. Au-dessous des ruines visibles, les archéologues étudient d'autres couches de vestiges en creusant des tunnels. Ils ont ainsi découvert le Templo Rosalila (temple de Rosalila), dont une réplique est exposée au Museo de Escultura (p. 249). Un temple plus ancien, le Margarita, se situe sous le Rosalila, et encore en dessous, le Hunal, abrite la tombe du fondateur de la dynastie, Yax K'uk' Mo' (grand seigneur Soleil-Ara-Quetzal). Deux tunnels de fouilles, dont celui du Rosalila, sont ouverts au public.

Parfois, les ruines sont le théâtre d'actions politiques. En septembre 2005, 1 500 Mayas chortí, descendants des bâtisseurs de Copán, occupèrent le site et barrèrent l'entrée aux visiteurs. Cinq jours durant, ils manifestèrent contre le report par le gouvernement de réformes agraires visant à donner aux communautés indigènes un moyen de sortir de la pauvreté. Au moins un chef maya chortí fut tué au court de la dernière décennie. Si les protestations se sont apaisées récemment, les conditions sociales difficiles d'une bonne partie des 8 000 Mayas chortí de la région restent un problème majeur.

Renseignements

Le billet d'entrée à Copán donne accès au site archéologique de Las Sepulturas. Pour les deux **tunnels de fouilles** (🕐 8h-15h30), l'entrée s'élève à 280 L.

Sur le site, le **Museo de Escultura** (musée de la Sculpture ; 130 L) renferme de nombreuses stèles originales, ainsi qu'une imposante réplique du temple coloré de Rosalila.

Le Centro de Visitantes (centre des visiteurs), à l'entrée des ruines, abrite la billetterie, ainsi qu'une petite exposition sur le site et les fouilles. À côté se tiennent une cafétéria et des boutiques de souvenirs et d'artisanat. Une aire de pique-nique longe le chemin qui mène au groupe principal. Un **Sendero Natural** (sentier nature) pénètre dans la forêt à plusieurs centaines de mètres du centre des visiteurs et passe par un petit terrain de jeu de balle.

Au centre des visiteurs, procurez-vous la brochure (en anglais) *History Carved in Stone*

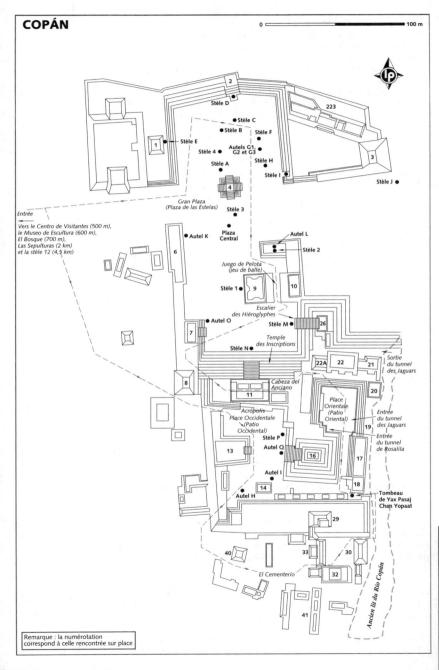

COPÁN

0 — 100 m

2

Stèle D

223

Stèle C

Stèle B

Stèle F

1 — Stèle E

Stèle 4 •

Autels G1, G2 et G3

Stèle H

3

Stèle A

Stèle I

Stèle J •

4

Gran Plaza (Plaza de las Estelas)

Stèle 3

Entrée

Vers le Centro de Visitantes (500 m), le Museo de Escultura (600 m), El Bosque (700 m), Las Sepulturas (2 km) et la stèle 12 (4,5 km)

Plaza Central

Autel L

• Autel K

6

Stèle 2

Juego de Pelota (jeu de balle)

Stèle 1 • 9

10

Escalier des Hiéroglyphes

• Autel O

Stèle M

26

7

Temple des Inscriptions

Stèle N •

Sortie du tunnel des Jaguars

22A 22 21

8

Cabeza del Anciano

20

11

Place Orientale (Patio Oriental)

Entrée du tunnel des Jaguars

Acrópolis

Place Occidentale (Patio Occidental)

Stèle P •

Autel Q •

13

16

19

Entrée du tunnel de Rosalila

17

Autel I •

18

14

Autel H •

Tombeau de Yax Pasaj Chan Yopaat

29

40

33 30

El Cementerio

32

41

Ancien lit du Río Copán

Remarque : la numérotation correspond à celle rencontrée sur place

A Guide to the Archaeological Park of the Ruins of Copán, des éminents archéologues William L. Fash et Ricardo Agurcia Fasquelle (110 L), qui vous aidera à mieux apprécier les ruines. Les guides facturent 470 L pour les groupes jusqu'à 9 personnes, et 740 L de 10 à 19 personnes. Ces tarifs ne comprennent que le site principal. Pour les tunnels, Las Sepulturas ou le musée de la Sculpture, comptez 180 L supplémentaires par site.

La compétence des guides s'est fortement accrue ces dernières années, principalement grâce à la formation dispensée par l'**Asociación de Guías Copán** (☎ 651-4018), une coopérative de guides formés et qualifiés qui sont parvenus à réduire la quantité d'élucubrations énoncées et à faire en sorte que les guides ne se jettent plus en masse sur les touristes à leur arrivée. Les guides attendent à l'entrée du parking. Ils parlent français, anglais, italien, allemand et bien sûr espagnol.

Comme dans tout site archéologique, il ne faut pas toucher les stèles ni s'asseoir sur les autels.

Grupo Principal

Le groupe principal de ruines se situe à 400 m du centre des visiteurs, derrière de belles pelouses, gardé par une grille au bout d'allées ombragées. Un groupe d'aras vit dans les arbres. Les ruines portent des numéros qui facilitent leur identification et un chemin fait le tour du site. Vous pouvez prendre à droite juste après le porche d'entrée, mais le parcours à travers le site est assez évident, vous ne pouvez pas vous tromper.

Stèles de la Gran Plaza

Le chemin mène à la **Gran Plaza** (Grande Place ; Plaza de las Estelas), où se dressent les immenses stèles dont les sculptures élaborées représentent les rois de Copán. Les plus belles datent, pour la plupart, de 613 à 738. Toutes semblent avoir été peintes à l'origine ; quelques traces de peinture rouge subsistent sur la stèle C. Beaucoup s'accompagnent de cryptes, en dessous ou à côté, destinées aux sacrifices et aux offrandes.

Plusieurs stèles de la Gran Plaza, dont les A, B, C, D, F, H et 4, représentent le roi Lapin-18. La plus belle de toutes est sans doute la stèle A (731), dont l'original se trouve au Museo de Escultura. À côté, et presque aussi belles, se dressent la stèle 4 (731) ; la B (731), qui évoque l'accession au trône de

Lapin-18 ; et la C (782), avec un autel en forme de tortue à l'avant et des personnages de chaque côté. La stèle E (614), édifiée au sommet de l'Estructura 1 (structure 1), à l'ouest de la Grande Place, fait partie des plus anciennes.

La stèle D (736), à l'extrémité nord de la Grande Place, au pied de l'Estructura 2, dépeint aussi le roi Lapin-18. Deux colonnes de hiéroglyphes figurent au verso ; à la base, un autel est orné de représentations effrayantes de Chac, le dieu de la Pluie. Devant l'autel se dresse la sépulture du Dr John Owen, un archéologue de l'expédition du Peabody Museum de Harvard, qui mourut pendant les fouilles en 1893.

À l'est de la plaza, la stèle F (721) témoigne de plus de lyrisme : les robes du personnage principal flottent jusqu'au verso de la pierre, gravé de glyphes. L'autel G (800), orné de deux têtes de serpents, est l'un des derniers monuments sculptés à Copán. La stèle H (730) représenterait une reine ou une princesse plutôt qu'un roi. La stèle 1 (692), sur la structure qui s'étend à l'est de la place, comporte un personnage masqué. La stèle J, plus à l'est, ressemble à celles de Quiriguá et ne porte que des glyphes.

Juego de Pelota

Au sud de la Grande Place, de l'autre côté de la Plaza Central (place centrale), le Juego de Pelota (jeu de balle ; 731) est le deuxième plus grand terrain de jeu de balle d'Amérique centrale. Il est construit au-dessus de deux autres terrains plus petits. Remarquez les têtes d'aras sculptées au sommet des murs inclinés. Le marqueur central du terrain est l'œuvre du roi Lapin-18.

Escalinata de los Jeroglíficos

Au sud du jeu de balle se dresse le monument le plus célèbre de Copán, l'escalier des Hiéroglyphes (763), que l'on doit au roi Coquillage-Fumée. Un toit le protège désormais des éléments. Cette volée de 63 marches retrace, à l'aide de plusieurs milliers de glyphes, l'histoire de la maison royale de Copán. Les rampes portent également des bas-reliefs et des glyphes. L'histoire racontée par les inscriptions sur les marches n'est pas entièrement connue, car l'escalier a été détruit partiellement, et des pierres ont été déplacées, mais les archéologues, grâce à une technologie de scannage 3D, tentent d'en reconstituer une version virtuelle, dans l'espoir de la lire un jour.

Au pied de l'escalier, la stèle M (756) présente un personnage (probablement le roi Coquillage-Fumée) vêtu d'un manteau de plumes ; les glyphes racontent l'éclipse solaire de cette même année. Devant, un autel est sculpté d'un serpent à plumes avec une tête humaine qui émerge de ses mâchoires.

À côté de l'escalier, un tunnel conduit à la tombe d'un noble, un scribe royal qui était peut-être le fils du roi Imix-Fumée. Découverte en juin 1989, la sépulture contenait un trésor composé de poteries peintes et de superbes objets en jade, désormais exposés dans des musées honduriens.

Acrópolis

L'imposante volée de marches au sud de l'escalier des Hiéroglyphes mène au **Templo de las Inscripciones** (temple des Inscriptions). En haut de l'escalier, les murs sont gravés de hiéroglyphes. Le **Patio Occidental** (place Occidentale) se trouve sur le côté sud du Templo de las Inscripciones et le **Patio Oriental** (place Orientale), ou Patio de los Jaguares (place des Jaguars), sur le côté est. Dans le Patio Occidental, ne manquez pas l'autel Q (776), l'une des plus célèbres sculptures de Copán, dont l'original est au Museo de Escultura. Sur les différentes faces, de splendides bas-reliefs représentent les 16 grands rois de Copán, le dernier étant Yax Pac, le commanditaire de l'ouvrage. Derrière l'autel, une crypte sacrificielle contenait les ossements de 15 jaguars et de plusieurs aras, sans doute immolés à la gloire de Yax Pac et de ses ancêtres.

Cet ensemble de temples, appelé Acrópolis, était le cœur spirituel et politique du site, réservé à la cour et aux nobles. C'est là qu'avaient lieu les cérémonies et qu'étaient enterrés les rois.

Sur la place Orientale, la **tombe** de Yax Pac, sous la structure 18, fut malheureusement découverte et pillée bien avant l'arrivée des archéologues. Les places Orientale et Occidentale contiennent diverses superbes stèles et sculptures de têtes humaines et animales. Pour voir le bas-relief le plus travaillé, escaladez l'Estructura 22, du côté nord de la place Orientale. C'était le **Templo de Meditación** (temple de la Méditation), considérablement restauré ces dernières années.

Túnel Rosalila et Túnel de los Jaguares

En 1999, l'ouverture au public des deux tunnels de fouilles a renforcé l'intérêt des merveilles de Copán. Le Túnel Rosalila (tunnel de Rosalila) permet de voir le temple de Rosalila (du moins une petite partie, derrière un épais vitrage) sous l'Estructura 16, et le Túnel de los Jaguares (tunnel des Jaguars) donne accès à la Tumba Galindo (tombe de Galindo), sous l'Estructura 17, dans la partie sud de la place Orientale.

La descente dans ces tunnels est intéressante, mais moins saisissante que lors de leur ouverture en 1999 ; au moment de notre passage, on ne pouvait visiter que 25 m du tunnel de Rosalila et 80 m du tunnel des Jaguars, plus long. Le premier dévoile un peu le temple de Rosalila et ses sculptures remarquablement précises et vivantes, en particulier le masque du dieu Soleil qui surplombe la porte. D'après certains experts, c'est l'édifice en stuc le mieux préservé du monde maya. Du Plexiglas le protège de toute dégradation. Sous ce temple, celui de Margarita fut bâti 150 ans plus tôt. Plus bas, on trouve d'autres plates-formes et tombes plus anciennes.

Le tunnel des Jaguars est moins spectaculaire, avec ses niches d'offrandes et ses sépultures. La tombe de Galindo fut l'une des premières découvertes à Copán, en 1834. Elle contenait des ossements, des couteaux d'obsidienne et des perles, ainsi qu'un fabuleux masque d'ara décoratif qui daterait de 540. Le tunnel s'étend sur 700 m.

Malgré le prix élevé de l'entrée (280 L) pour une courte visite, ces tunnels méritent le coup d'œil si vous vous intéressez à l'histoire maya.

Museo de Escultura

Unique dans le monde maya pour ses sculptures, Copán possède un magnifique **Museo de Escultura** (musée de la Sculpture ; 130 L ; 🕓 8h-15h40) qui vous impressionnera dès l'entrée. Après avoir pénétré dans la gueule d'un serpent, vous traverserez ses entrailles sinueuses pour émerger dans un univers fantastique de sculptures et de lumière.

Le joyau du musée est la réplique grandeur nature (et en couleur) du temple de Rosalila, découvert pratiquement intact en 1989 en creusant un tunnel dans l'Estructura 16, l'édifice central de l'Acrópolis (ci-dessus). Inauguré en 571 par Jaguar-Lune, le dixième roi de Copán, ce temple était apparemment si sacré qu'il fut conservé lors de la construction de l'Estructura 16.

Le musée renferme également des sculptures en pierre, installées ici pour qu'elles soient protégées des éléments. À terme, les stèles importantes seront peut-être toutes déplacées ici et des reproductions les remplaceront sur le site d'origine. C'est déjà le cas de l'autel Q, des stèles A, P et G1, et de la Fachada (façade) 22A.

El Bosque et Las Sepulturas

Les fouilles réalisées à El Bosque et à Las Sepulturas ont permis d'en savoir plus sur la vie quotidienne des Mayas durant l'âge d'or de Copán.

Las Sepulturas, autrefois reliées à la Gran Plaza par une chaussée, formaient peut-être un quartier résidentiel où vivaient des nobles riches et puissants. Un immense et luxueux ensemble, composé de 40 ou 50 bâtiments disposés autour de 11 cours, semble avoir accueilli quelque 250 habitants. La structure principale, appelée **Palacio de los Bacabs** (palais des Officiels), est entourée de murs sculptés de 10 hommes grandeur nature, portant de superbes coiffes à plumes. À l'intérieur se trouvait un immense banc orné de hiéroglyphes.

Pour rejoindre Las Sepulturas, regagnez la route principale, tournez à droite, puis encore à droite au panneau (à 2 km de la Gran Plaza).

La promenade jusqu'à El Bosque est la principale raison de ce détour, loin des principales ruines. Cette marche d'une heure (5 km) sur un sentier bien tracé, à travers une épaisse végétation peuplée d'oiseaux, est plus intéressante que le site lui-même, hormis un petit terrain de jeu de balle. Se promener le long d'une artère d'une ancienne cité maya constitue une expérience exceptionnelle. Pour rejoindre El Bosque, tournez à droite au niveau de la guérite où l'on tamponne les billets. Aucune agression de touristes n'a été signalée ici.

COPÁN RUINAS

8 000 habitants / altitude 548 m

La ville de Copán Ruinas, souvent appelée Copán, se situe à 1 km du célèbre site maya du même nom. Ce joli bourg aux rues pavées, que bordent des maisons de pisé blanc coiffées de tuiles rouges, possède une charmante église coloniale sur la place. Les Mayas habitèrent pendant près de 2 000 ans cette vallée, nimbée d'une aura d'harmonie. Malgré l'importance touristique de Copán, la petite ville n'a pas connu de bouleversement significatif.

Orientation et renseignements

Le Parque Central, sur lequel se dresse l'église, constitue le cœur de cette petite bourgade. Tout se situe à quelques pâtés de maisons de la place. Les rues ne portent des noms que depuis quelques années, et peu de personnes les utilisent. Habituellement, les gens connaissent le nom de la rue où ils habitent et où ils travaillent, mais pour le reste, des points de repère sont utilisés. Il n'y a pas de numéros. Les ruines se trouvent sur la route de La Entrada et le site archéologique de Las Sepulturas, à quelques kilomètres.

ACCÈS INTERNET

Comptez 15 L/heure.

Cibernet (angle Calle Independencia et Av Mirador). Une rue au sud puis un pâté de maisons à l'ouest de la place.

Maya Connections (angle Calle 18 Conejo et Av Sesesmil). Dans La Casa de Todo, une rue à l'est de la place. Également : appels téléphoniques internationaux, laverie, échange de livres et remplissage des bouteilles d'eau (4 L/litre).

ARGENT

Pour les dollars US, les banques offrent un meilleur taux que les bureaux de change frontaliers, mais moins bon que les banques ailleurs au Honduras. Les banques suivantes ont des DAB acceptant les cartes étrangères :

Banco Atlántida (Calle de la Plaza). Sur la place. Change dollars US et chèques de voyage. Avances de liquide sur carte Visa.

Banco Credomatic (Calle de la Plaza). Sur la place.

Banco de Occidente (angle Calle 18 Conejo et Av Copán). Sur la place. Change dollars US, chèques de voyage et quetzals. Avances de liquide sur cartes Visa et MasterCard.

TÉLÉPHONER À COPÁN

L'indicatif du Honduras est le ☎ 504. Comme le Guatemala, le Honduras ne possède pas d'indicatif de région ni de ville. Si vous appelez Copán Ruinas du Guatemala ou d'un autre pays, composez l'indicatif international (généralement 00), puis 504, suivi du numéro local.

COPÁN RUINAS

0 _____ 200 m

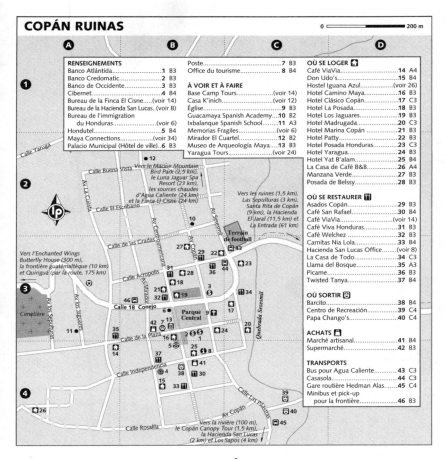

RENSEIGNEMENTS
Banco Atlántida.........................1 B3
Banco Credomatic.....................2 B3
Banco de Occidente...................3 B3
Cibernet..................................4 B4
Bureau de la Finca El Cisne.....(voir 14)
Bureau de la Hacienda San Lucas..(voir 8)
Bureau de l'immigration
　du Honduras.......................(voir 6)
Hondutel.................................5 B4
Maya Connections................(voir 34)
Palacio Municipal (Hôtel de ville)..6 B3

Poste......................................7 B3
Office du tourisme.....................8 B4

À VOIR ET À FAIRE
Base Camp Tours...................(voir 14)
Casa K'inich..........................(voir 12)
Église.....................................9 B3
Guacamaya Spanish Academy....10 B2
Ixbalanque Spanish School.......11 A3
Memorias Fragiles..................(voir 6)
Mirador El Cuartel.................12 B2
Museo de Arqueología Maya....13 B3
Yaragua Tours.......................(voir 24)

OÙ SE LOGER
Café ViaVia..........................14 A4
Don Udo's.............................15 B4
Hostel Iguana Azul................(voir 26)
Hotel Camino Maya................16 B3
Hotel Clásico Copán...............17 C3
Hotel La Posada....................18 B3
Hotel Los Jaguares................19 B3
Hotel Madrugada...................20 C3
Hotel Marina Copán...............21 B3
Hotel Patty...........................22 B3
Hotel Posada Honduras...........23 C3
Hotel Yaragua......................24 B3
Hotel Yat B'alam...................25 B4
La Casa de Café B&B.............26 A4
Manzana Verde......................27 B3
Posada de Belssy...................28 B3

OÙ SE RESTAURER
Asados Copán........................29 B3
Café San Rafael.....................30 B4
Café ViaVia.........................(voir 14)
Café Viva Honduras...............31 B3
Café Welchez........................32 B3
Carnitas Nia Lola...................33 B4
Hacienda San Lucas Office......(voir 8)
La Casa de Todo....................34 C3
Llama del Bosque..................35 A3
Picame................................36 B3
Twisted Tanya.......................37 B4

OÙ SORTIR
Barcito.................................38 B4
Centro de Recreación.............39 C4
Papa Chango's.......................40 C4

ACHATS
Marché artisanal....................41 B4
Supermarché.........................42 B3

TRANSPORTS
Bus pour Agua Caliente...........43 C3
Casasola..............................44 C3
Gare routière Hedman Alas.......45 C4
Minibus et pick-up
　pour la frontière..................46 B3

IMMIGRATION
Bureau de l'immigration du Honduras (Palacio Municipal, Av Centroamericana ; 7h-16h30 lun-ven). Sur la place, gère les questions de visa.

OFFICE DU TOURISME
Office du tourisme (651-3829 ; Calle Independencia ; www.copanhonduras.org ; 8h-17h lun-ven, 8h-12h sam). Géré par la chambre de commerce. Une rue au sud de la place.

POSTE
Poste (Calle de la Plaza). À deux pas de la place.

TÉLÉPHONE
Hondutel (Av Centroamericana). Bureau de téléphone, à proximité de la poste.

À voir et à faire
Outre le site archéologique, la région de Copán comprend d'autres lieux dignes d'intérêt. Le **Museo de Arqueología Maya** (Av Centroamericana ; 57 L ; 9h-17h), sur la place, mérite la visite. Il recèle de nombreuses stèles ainsi que des poteries peintes, des jades gravés, des glyphes mayas et un calendrier cyclique. Vous y découvrirez aussi la Tumba del Brujo, le tombeau d'un chaman ou d'un prêtre mort aux alentours de l'an 700, enterré avec de nombreux objets à l'angle est de la Plaza de los Jaguares.

Sur la place, à l'intérieur du Palacio Municipal, le **Memorias Fragiles** (651-3900 ; Av Centroamericana ; 8h-17h lun-ven) abrite une exposition permanente de photos, don du

Peabody Museum de l'université de Harvard. Elle présente une belle collection de photos rares représentant les premières expéditions archéologiques à Copán, au début du XXᵉ siècle.

À environ 4 rues au nord de la place se dresse le **Mirador El Cuartel** (Av Centroamericana), l'ancienne prison, offrant une vue superbe sur la ville. À l'intérieur, la **Casa K'inich** (☎ 651-4105 ; 20 L ; ☉ 8h-12h et 13h-17h lun-sam) est un musée interactif pour enfants consacré aux Mayas.

Une agréable promenade sur la route au sud de la ville permet de découvrir les champs de maïs et de tabac qui entourent Copán. Du même côté, une marche plaisante conduit à la rivière.

Le **Macaw Mountain Bird Park** (☎ 651 4245 ; www. macawmountain.com ; 180 L ; ☉ 9h-17h), à 2,5 km de la ville, est une grande réserve privée, consacrée à la sauvegarde des aras d'Amérique centrale. Outre nombre de ces derniers, elle abrite des toucans, des motmots, des perroquets, des martins-pêcheurs et des loriots, tous volant dans des cages très vastes. Vous apprécierez certainement le "centre de rencontre", où des oiseaux en liberté se posent sur votre épaule ou votre main, et prennent la pose pour la photo. Si vous êtes allergique aux oiseaux en cage, sachez que tous ceux-ci ont été donnés par des propriétaires qui n'en voulaient plus. Même si vous n'êtes pas féru d'ornithologie, c'est un endroit charmant pour se promener, avec de nombreux sentiers sillonnant la forêt luxuriante et des passerelles en bois vers des points de vue et des trous d'eau. Le billet d'entrée, qui comprend une visite guidée en anglais, est valable 3 jours. Un café-restaurant est installé dans la réserve. Pour vous y rendre, prenez un mototaxi (*tuk-tuk*) pour 20 L/personne. Si vous achetez votre billet à l'avance au Café ViaVia (p. 253), ils vous offriront le mototaxi.

L'**Enchanted Wings Butterfly House** (☎ 651-4133 ; www.copannaturecenter.com ; adulte/enfant 115/40 L ; ☉ 8h-17h) est un centre dédié à la nature à 10 minutes de marche à l'ouest de la place sur le chemin du retour au Guatemala. Il présente de magnifiques papillons, vivants ou non, et nombre de fleurs tropicales, dont 200 espèces d'orchidées.

Les tour-opérateurs et la plupart des hôtels de la ville peuvent organiser des **promenades à cheval** jusqu'aux ruines ou pour de plus longs parcours. Vous serez sans doute abordé dans la rue par quelqu'un désireux de louer un cheval, mais plusieurs incidents de paiement sans prestation incitent à passer par une agence. L'Hacienda El Jaral (p. 256) propose également de l'équitation, notamment des randonnées de 3 à 5 heures (280-850 L) au départ du Café ViaVia pour visiter les sources chaudes, l'Hacienda San Lucas, Los Sapos et le petit village chortí de La Pintada.

Il est aussi possible de marcher jusqu'à **Los Sapos** (30 L), à 5 km de la ville. Les *sapos* (crapauds) sont d'anciennes sculptures de pierre mayas, disposées sur un site lié aux rites de fertilité. Une montée de 30 minutes à cheval ou de 1 heure à pied mène à cet endroit, où l'on découvre une vue superbe sur Copán. De Los Sapos, on peut continuer jusqu'à la stèle 10. Si vous prévoyez de le faire, prenez une carte gratuite au Café ViaVia, car le sentier est mal balisé. Los Sapos est situé sur les terres de l'Hacienda San Lucas, un corps de ferme centenaire reconverti en B&B et restaurant (p. 256). Des chemins de randonnée sillonnent les alentours.

À l'entrée de l'hacienda vous attend la toute dernière attraction de Copán, le **Copán Canopy Tour** (☎ 9856-3758 ; 660 L). Vous serez hissé au sommet de la colline d'où vous pourrez vous laisser glisser en bas en empruntant 14 tyroliennes. À une station, vous aurez une belle vue sur les ruines et, à une autre, sur Los Sapos.

Cours

Ixbalanque Spanish School (☎ 651-4432 ; www. ixbalanque.com ; Av los Jaguares), à une rue du Café ViaVia, propose 20 heures de cours particuliers d'espagnol pour 4 440 L/semaine, comprenant l'hébergement chez une famille locale qui fournit 3 repas par jour. Pour les cours uniquement, comptez 2 550 L/semaine.
Guacamaya Spanish Academy (☎ 651-4360 ; www. guacamaya.com ; angle Av Copán et Calle de las Gradas), près de l'auberge de jeunesse Manzana Verde, propose pratiquement la même chose pour un peu moins cher.

Circuits organisés

Les tour-opérateurs locaux proposent d'innombrables circuits. Spéléologie, descente de rivière en tubing, visite d'un village maya et confection de tortillas ou de poteries, baignade dans des sources thermales, découverte d'une plantation de café ou excursion au fin fond du Honduras font partie des multiples possibilités.

Yaragua Tours (☎ 651-4147 ; www.yaragua.com ; angle Av Copán et Calle de la Plaza) se situe dans l'Hotel Yaragua. Samuel guide des circuits dans les environs, des randonnées équestres, des excursions au Lago de Yojoa et l'exploration de grottes.

Base Camp Tours (☎ 651-4695 ; www.basecamphonduras.com ; Calle de la Plaza), dans le Café ViaVia, propose divers circuits originaux et sportifs dans la région, à pied (380-760 L, 4 à 6 heures), à moto (760-1 040 L, 3 à 5 heures) et à cheval (280-850 L, 3 à 5 heures). Une excellente promenade de 2 heures permet de découvrir les dessous de la ville (180 L) et la vie quotidienne de nombreux Honduriens.

Les **circuits ornithologiques** sont très appréciés dans la région de Copán. Ici, les quetzals peuplant la forêt de nuages des environs seraient plus nombreux que dans tout le Guatemala, dont il est pourtant l'emblème national. Nous vous recommandons les deux guides anglophones suivants spécialisés en la matière : **Alexander Chacón** (☎ 9751-1680 ; alexander2084@hotmail.com), qui peut être contacté via le Macaw Mountain Bird Park (p. 252) et **Robert Gallardo** (☎ 651-4133 ; www.copannaturecenter.com), que l'on peut joindre à l'Enchanted Wings Butterfly House (p. 252).

Où se loger
PETITS BUDGETS

Hostel Iguana Azul (☎ 651-4620 ; www.iguanaazulcopan.com ; dort/s/d 95/210/250 L ; 🛜). Cette auberge originale, au sud-ouest de la place, jouxte La Casa de Café B&B (p. 254), et la même équipe sympathique la dirige. Installée dans un ranch de style colonial, elle comprend 8 lits superposés confortables dans 2 dortoirs qui partagent une belle sdb (avec eau chaude), 3 chambres doubles et un joli jardin. Livres, magazines et guides de voyage sont à disposition dans le salon, de même que des renseignements touristiques.

Manzana Verde (☎ 651-4652 ; www.lamanzanaverde.com ; Av Copán ; dort 100 L). Tenue par les gérants du Café ViaVia, cette auberge de jeunesse joliment décorée offre des dortoirs à 6 lits superposés, l'accès à la cuisine, d'agréables espaces communs et de multiples informations touristiques.

Hotel Posada Honduras (☎ 651-4082 ; Av Sesesmil ; s/d 140/200 L, sans sdb 100/140 L ; 🅿). Enfin un hôtel économique (eau froide, pas de TV) qui ne soit pas un taudis. La cour plantée d'arbres fruitiers est même jolie, et les chambres sont basiques mais propres.

🔵 **Café ViaVia** (☎ 651-4652 ; www.viaviacafe.com ; Calle de la Plaza ; s/d 225/300 L ; 🛜). Petit hôtel de style européen géré par des Belges (il fait partie du groupe Joker, une organisation belge de cafés sur le thème du voyage installée dans divers endroits du monde, comme Louvain, Zanzibar, Katmandou et Yogyakarta). Il propose 5 chambres immaculées avec sdb et eau chaude, sols carrelés et grands lits (longs de 2 m !). Des hamacs, un jardin et de beaux espaces invitent à la détente. C'est une bonne source d'informations touristiques, et il comprend une galerie d'art et un bar animé. Les propriétaires parlent français, anglais, allemand et néerlandais.

Posada de Belssy (☎ 651-4680 ; Calle Acrópolis ; s/d 250/400 L). Géré par une famille charmante, cet établissement possède de belles chambres avec balcons donnant sur les montagnes alentour et tout le confort moderne. Les chambres sont grandes pour le prix.

Hotel Patty (☎ 651-4021 ; angle Av Acrópolis et Av Sesesmil ; s/d 300/400 L ; 🅿). Grandes chambres décorées dans un style colonial, à l'étage, donnant sur un parking/patio central. Le balcon commun permet de prendre l'air. Une famille sympathique est aux commandes.

Hotel Clásico Copán (☎ 651-4040 ; Av Sesesmil ; ch 400 L ; 🅿). De bonne taille, les chambres standards sont disposées à l'étage autour d'une cour luxuriante. Petite réduction si vous ne voulez pas la TV.

Hotel Yaragua (☎ 651-4147 ; www.yaragua.com ; angle Av Copán et Calle de la Plaza ; ch 400 L). La peinture jaune vif et le patio aux allures de jungle confèrent une ambiance joyeuse à cet hôtel central et à ses chambres, petites mais confortables.

CATÉGORIE MOYENNE ET SUPÉRIEURE

Hotel Los Jaguares (☎ 651-4451 ; jaguares@copanhonduras.org ; angle Calle 18 Conejo et Av Centroamericana ; s/d 380/760 L ; 🅿 🎲). Bonne affaire étant donné sa situation sur la place, Los Jaguares propose des chambres sans vue, mais propres et plutôt gaies.

Hotel Madrugada (☎ 651-4092 ; Av Sesesmil ; 470/570 L ; 🅿). Ce séduisant petit hôtel se niche dans un cadre idyllique, au-dessus d'un ruisseau. Les grandes chambres sont agrémentées de meubles d'époque, comme des lits à baldaquin. Fauteuils et hamacs invitent à lézarder sur le grand balcon de bois.

Hotel La Posada (☎ 651-4059 ; www.laposadacopan.com ; Av Centroamericana ; s/d 570/760 L ; 🛜). D'un bon rapport qualité/prix, tranquille et confortable,

La Posada se situe à quelques pas de la place. Ses 19 chambres, avec sdb, eau chaude, ventilateur et TV, entourent 2 patios ombragés et un délicieux café est gracieusement offert le matin.

Don Udo's (☎ 651-4533 ; www.donudos.com ; Av Mirador ; s 760-1 500, d 1 150-1 900 L ; ⌗ 🛜). Charmant petit B&B géré par un couple hollando-hondurien. Eau purifiée, même dans les douches. Les chambres assez grandes, bien décorées, sont disposées autour d'une jolie cour.

La Casa de Café B&B (☎ 651-4620 ; www.casadecafecopan.com ; s/d petit-déj compris 850/1 040 L). Ce B&B chic à 4 rues de la place possède beaucoup de caractère. Le cadre est magnifique : jardin avec tables et hamacs donnant sur les champs de maïs et les montagnes du Guatemala. Des ventilateurs anciens ornent les plafonds lambrissés des 10 chambres avec eau chaude. Copieux petit-déjeuner compris. Une bonne bibliothèque d'ouvrages sur le Honduras est à disposition. L'établissement loue également de confortables maisons tout équipées de 2 chambres, à partir de 1 100 L/nuit (réduction pour les séjours plus longs). Consultez leur site et www.casadedonsantiagocopan.com.

Hotel Plaza Copán (☎ 651-4039 ; www.plazacopanhotel. com ; angle Calle de la Plaza et Av Copán ; s/d 1 100/1 200 L ; ℗ ⌗ 🖳 🛜 🕱). Sur la place, cet hôtel de style classique dispose de chambres modernes et plaisantes. Les meubles en bois sombre et les carrelages espagnols ajoutent à leur élégance. Certaines sont pourvues d'un balcon avec vue sur l'église. Chaque chambre diffère, visitez-en plusieurs avant de choisir. L'hôtel comprend un restaurant et une terrasse avec vue.

Hotel Camino Maya (☎ 651-4646 ; www.caminomayahotel.com ; angle Calle de la Plaza et Av Centroamericana ; s/d 1 200/1 350 L ; ℗ ⌗ 🖳 🛜). Quelques sculptures amérindiennes apportent une touche exotique au décor guindé, qui évoque les colonies britanniques. Au rez-de-chaussée, le restaurant sert un solide petit-déjeuner à l'anglaise (150 L). Les chambres du rez-de-chaussée sont un peu sombres, et toutes sont petites pour le prix, mais l'emplacement est imbattable.

Hotel Yat B'alam (☎ 651-4338 ; www.yatbalam.com ; Calle Independencia ; ch 1 380 L ; ℗ ⌗ 🛜). Un beau petit hôtel de charme comptant seulement 4 chambres. Tout confort, elles sont spacieuses et équipées d'un minibar et d'un lecteur DVD (vous pouvez emprunter des films à l'hôtel). L'ensemble est joliment décoré de meubles alliant les styles colonial et local.

Hotel Marina Copán (☎ 651-4070 ; www.hotelmarinacopan.com ; Av Centroamericana ; s/d 1 750/2 000 L ; ℗ ⌗ 🖳 🛜 🕱). Grand hôtel d'affaires plutôt agréable, avec une cour pavée dotée d'une piscine de taille correcte. Le restaurant sur place nous a été recommandé par des lecteurs. L'établissement compte également un sympathique petit café-bar. Les chambres, spacieuses et fraîches, sont rehaussées de touches plaisantes, comme les poutres apparentes au plafond.

Où se restaurer

Le petit marché alimentaire de la ville est à côté du Parque Central.

Café San Rafael (Av Centroamericana ; en-cas 40 L ; ⏱ 9h-19h30). Sert du café bio, cultivé dans la *finca* du même nom, proche de la ville. Il propose également une belle sélection de thés et d'appétissants en-cas maison.

Café ViaVia (Calle de la Plaza ; petit-déj 40-60 L, plats 60-100 L ; ⏱ 7h-22h ; 🛜). Ouvert pour le petit-déjeuner, le déjeuner et le dîner, ce sympathique restaurant à l'ambiance chaleureuse possède une copie de l'Altar Q derrière le bar et des tables qui dominent la rue. Outre un délicieux café bio et du pain maison, il offre un bon choix de plats végétariens ou non.

Café Welchez (angle Calle 18 Conejo et Av Centroamericana ; petit-déj 50-100 L, part de gâteau 60 L ; ⏱ 8h-20h). Installez-vous à l'étage de cet agréable café lambrissé pour la vue sur la place. La carte se limite aux cafés, gâteaux, jus de fruits et petits-déjeuners, tous excellents.

Picame (Calle Acrópolis ; plats 60-100 L ; ⏱ petit-déj, déj et dîner mer-lun). Ce charmant café-restaurant sert un petit-déjeuner plantureux, un délicieux poulet rôti et un assortiment de burgers et de sandwichs.

Asados Copán (angle Calle Acrópolis et Av Copán ; plats 80-140 L ; ⏱ déj et dîner). Dans un joli cadre, ce vaste grill en plein air séduit tout autant les touristes que les habitants. Le menu est sans surprises, mais les plats de bœuf et de poulet sont grillés à la perfection.

Café Viva Honduras (angle Calle Acrópolis et Av Centroamericana ; petit-déj 95 L, burgers 90-110 L ; ⏱ 6h-0-21h30 ; 🛜). C'est depuis le toit-terrasse de ce charmant petit café que l'on a l'une des plus belles vues de la ville. Carte succincte et prix raisonnables. Grand choix au petit-déjeuner (servi toute la journée). Alléchants jus de fruits et smoothies.

La Casa de Todo (angle Av Sesesmil et Calle 18 Conejo ; plats 100-130 L ; ⏱ petit-déj, déj et dîner ; 🛜). Ce café-restaurant-boutique de souvenirs-papeterie dispose d'une cour verdoyante à l'arrière, idéale pour siroter un *licuado*, savourer un copieux petit-déjeuner ou se régaler d'une salade.

Carnitas Nia Lola (Av Centroamericana ; plats 150-300 L ; ☺ petit-déj, déj et dîner). À 2 rues de la place, ce restaurant en plein air jouit d'une vue superbe sur les montagnes au-delà des champs de maïs et de tabac. Dans une ambiance détendue, il propose une cuisine simple à prix doux. Les grillades de bœuf et de poulet sont sa spécialité. *Happy hour* à partir de 18h30.

Twisted Tanya (angle Calle Independencia et Av Mirador ; plats 320 L ; ☺ 10h-22h). À l'étage, le charmant balcon permet d'admirer les montagnes en se régalant de bons plats aux influences italienne et asiatique. Des abat-jour de style marocain ajoutent une note artistique. Bonne affaire, le "menu du routard" (3 plats, 120 L) est servi de 16h à 18h.

۞ Hacienda San Lucas (☎ 651-4106 ; www. haciendasanlucas.com ; menu 5 plats 470 L). Dans une propriété surplombant la ville et le site archéologique, voici l'adresse romantique de la ville. Ici, vous dînerez aux chandelles dans un ancien corps de ferme rénové. La cuisine met à l'honneur les ingrédients et les techniques traditionnelles, accompagnés de vins fins sud-américains. Réservez 2 jours à l'avance, soit par téléphone, soit en passant directement au bureau de l'hacienda, au centre-ville (Calle de la Plaza, 8h-17h). Comptez 60 L l'aller pour venir en mototaxi depuis la ville.

Où sortir

Le soir, l'animation se concentre au Café ViaVia et au bar du Carnitas Nia Lola. Le Café ViaVia projette des films le dimanche, lundi et mardi. **Barcito** (angle Calle Independencia et Av Centroamericana ; ☺ 19h-24h jeu-sam), le dernier venu des bars de Copán, est une adresse sympathique et animée. Ouvert et à l'étage, il permet de profiter de la vue et d'un souffle d'air. Au menu, salades, en-cas et sandwichs accompagnés de bons vins et de cocktails sur fond de musique douce.

À côté de la Quebrada Sesesmil, au sud-est de la place, le **Centro de Recreación** (40 L ; ☺ discothèque 18h-2h ven-sam) de l'Hotel Camino Maya comprend une discothèque, fréquentée par les habitants et quelques touristes. Non loin, le **Papa Chango's** (☺ à partir de 24h jeu-sam), un bar reggae populaire et détendu, se remplit vers minuit, quand tous les bars du centre doivent

fermer sur ordonnance municipale. Cette zone est un peu dangereuse. Il est conseillé aux voyageurs seuls (surtout aux femmes) d'éviter ces endroits, ou au moins d'emprunter un mototaxi pour s'y rendre et en revenir.

Depuis/vers Copán Ruinas

Si vous avez besoin d'un visa, adressez-vous au consulat du Honduras à Esquipulas ou à Guatemala Ciudad (p. 322).

Plusieurs agences de voyages d'Antigua proposent des week-ends à Copán, qui incluent parfois la visite de Quiriguá et d'autres sites. L'excursion d'une journée à Copán constitue une véritable course. Pour plus de détails, renseignez-vous auprès des agences d'Antigua (p. 102).

BUS

Guatemala Ciudad se trouve à 227 km (5 heures) d'El Florido, le village guatémaltèque à la frontière du Honduras. **Hedman Alas** (☎ à Copán 651-4037, à Guatemala Ciudad 502-2362-5072 ; www.hedmanalas.com) assure des liaisons 1re classe directes quotidiennes dans les deux sens entre Copán Ruinas et Guatemala Ciudad (660 L, 5 heures), partant de l'agence de Copán Ruinas à 13h et 18h, et de Guatemala Ciudad à 5h et 21h. Si vous venez d'une autre ville, prenez un bus pour Chiquimula, puis une correspondance jusqu'à la frontière.

Si vous arrivez d'Esquipulas, descendez à Vado Hondo, le carrefour de la Hwy 10 et de la route d'El Florido, et attendez une correspondance. Toutefois, les bus à destination d'El Florido quittent souvent Chiquimula dès qu'ils sont pleins et mieux vaut continuer jusqu'à cette localité, à 8 km, et partir du terminus. En sens inverse, inutile d'aller jusqu'à Chiquimula, car des minibus desservent fréquemment Esquipulas.

Dans la journée, des minibus et quelques pick-up partent régulièrement de la frontière hondurienne pour Copán Ruinas. Le trajet de 20 minutes devrait coûter environ 20 L, payable avant le départ. Les chauffeurs gonflent parfois les prix et, en fin de journée, vous devrez accepter leurs conditions.

Des minibus et des pick-up reliant Copán Ruinas et le Guatemala partent de l'intersection à une rue à l'ouest de la place, toutes les 40 minutes (ou dès qu'ils sont pleins), entre 6h et 18h. Ils demandent environ 20 L, mais vérifiez avant de monter. Du côté guatémaltèque, les bus pour Chiquimula (25 Q, 1 heure 30, 58 km) partent de la frontière toutes les heures, de 5h30 à 11h30, de 12h à 16h, et à 16h30.

À Copán Ruinas, les bus qui desservent d'autres destinations du Honduras partent de divers terminus. **Hedman Alas** (☎ 651-4037 ; www. hedmanalas.com) dessert San Pedro Sula (320 L, 3 heures) et poursuit jusqu'à Tegucigalpa (470 L, 7 heures) à 5h30, 10h30 et 14h30 tous les jours.

Casasola (☎ 651-4078 ; Av Sesesmil) propose des liaisons semi-directes pour San Pedro Sula (100 L) et La Ceiba (230 L) à 6h, 7h et 14h.

Si vous voulez atteindre les îles de la Baie (Bay Islands) en un jour, vous devrez prendre soit le bus Hedman Alas de 5h15 soit celui de Casasola de 7h pour La Ceiba.

MINIBUS

Base Camp Tours (p. 253) à Copán Ruinas et presque toutes les agences de voyages d'Antigua (p. 89) gèrent des navettes entre les deux villes. Les navettes fixes partent de Copán pour Antigua (245 L, 4 passagers minimum, 6 heures) à 12h tous les jours, et peuvent vous déposer à Guatemala Ciudad (5 heures). Vous pouvez aussi descendre à Río Hondo (225 L). L'agence choisie peut également organiser un transport combiné par navette/bus Pullman pour Río Dulce (415 L) ou Flores (605 L).

VOITURE

De Guatemala Ciudad, on peut visiter les ruines de Copán en une journée épuisante. De Río Hondo, Chiquimula ou Esquipulas, l'excursion d'une journée est plus facile, mais mieux vaut passer au moins une nuit à Copán Ruinas si vous pouvez. La ville est d'ailleurs bien plus jolie et animée que les trois autres.

De Chiquimula, roulez vers le sud sur 10 km (ou vers le nord sur 48 km depuis Esquipulas) et tournez vers l'est à Vado Hondo (Km 178,5 sur la Hwy 10). En face de l'embranchement se tient un petit motel correct. Un panneau avec l'inscription "Vado Hondo Ruinas de Copán" indique la route asphaltée qui relie le carrefour et El Florido (50 km, 1 heure).

À 20 km au nord-est de Vado Hondo, les villages mayas chortí de Jocotán et de Camotán se nichent dans une région tropicale et montagneuse, aux vallées verdoyantes ponctuées de huttes en chaume. Jocotán compte un petit *centro de salud* (clinique) ainsi que l'**Hotel Katú Sukuchuje** (☎ 7946-5205 ; s/d 45/90 Q ; P) et son restaurant.

Depuis la création du CA-4, le contrôle des véhicules est rare, voire inexistant à la frontière entre le Guatemala et le Honduras. Si vous roulez en voiture de location, vérifiez auprès de la compagnie que vous pouvez passer la frontière avec (normalement oui), et demandez un papier signé. Mieux vaut prendre les devants plutôt que d'être ennuyé une fois sur place par un agent de l'immigration un peu trop zélé.

ENVIRONS DE COPÁN RUINAS

La **Hacienda San Lucas** (☎ 651-4106 ; www. haciendasanlucas.com ; s/d 2 380/2 830 L ; 🛜) est un endroit magique à 3 km au sud de la ville. Magnifiquement rénové, cet endroit au charme unique offrant une vue fabuleuse sur la vallée, la ville et le site archéologique est vraiment enchanteur. Appelez avant de venir ou passer au **bureau** (Calle de la Plaza ; ⏲ 8h-17h) de Copán Ruinas. Cette hacienda en pisé utilise l'énergie solaire, mais les chambres sont éclairées à la bougie, ce qui renforce la sérénité ambiante. La cuisine jouit d'une excellente réputation, et l'on y vient juste pour manger (p. 255). Le site archéologique de Los Sapos (p. 252) se trouve dans la propriété.

Visiter la **Finca El Cisne** (☎ 651 4695 ; www.fincaelcisne. com ; forfait 1 nuit 1 455 L/pers), à 24 km de Copán Ruinas, relève davantage de l'expérience agro-écologique que du circuit touristique. Fondée dans les années 1920 et toujours en activité, la *finca* se consacre principalement à l'élevage et à la culture du café et de la cardamome, mais produit aussi du maïs, des avocats, des haricots, des fruits, etc. Des forfaits d'un jour (1 115 L/pers, repas compris) ou d'une nuit comprennent une promenade à cheval guidée dans la forêt et les pâturages (avec une halte-baignade dans le Río Blanco), la visite des plantations de caféiers et de cardamome ainsi que des ateliers de transformation. Si vous venez entre février et octobre, vous pourrez participer à la récolte. L'hébergement consiste en 5 chambres rustiques dans les anciens quartiers des ouvriers. Les repas et une visite des sources chaudes voisines sont compris. Vous pouvez réserver un circuit au bureau du Café ViaVia à Copán Ruinas.

L'**Hacienda El Jaral** (☎ 552-4457 ; www.haciendaeljaral. com ; empl tente/pers 100 L, s/d 1 150/1 250 L ; P 🛏 🛜), un verdoyant complexe d'écotourisme, se situe à 11 km de la ville en direction de La Entrada. Les chambres luxueuses, avec clim, sdb et eau chaude, TV câblée et réfrigérateur, sont installées dans des bungalows en duplex dotés de terrasses. L'hacienda comprend un centre commercial, un parc aquatique, une aire de jeux pour les enfants et deux restaurants. Parmi les nombreuses activités, offertes également aux non-résidents, figurent l'observation des oiseaux dans une lagune préservée (où des milliers de hérons nichent de novembre à mai), les randonnées à cheval, à vélo ou à pied, la baignade, le tubing, le canoë ou le "rafting soft" sur le Río Copán.

Santa Rita de Copán

À 9 km de la ville (20 min en bus) sur la route de La Entrada, Santa Rita de Copán est un charmant village au confluent de 2 rivières. Juste avant Santa Rita, la cascade d'**El Rubí** comporte un beau bassin propice à la baignade. Dans le passé, des touristes ont été victimes de vol ici, mais la situation semble s'être améliorée. La cascade est à environ une demi-heure de montée à pied (3 km) sur un sentier partant en face de l'endroit où le bus s'arrête, après avoir franchi le pont de la grand-route entrant dans la ville. La cascade est située sur un terrain privé ; si vous êtes réticent pour y aller, Yaragua Tours (p. 253) à Copán Ruinas, vient ici avec des gardes armés.

Agua Caliente

Joliment située, **Agua Caliente** (sources chaudes ; 20 L ; ☯ 8h-20h), à ne pas confondre avec la ville hondurienne du même nom proche d'Esquipulas, se situe à 23 km de Copán Ruinas par la route qui part vers le nord. Ici, l'eau chaude se mélange à l'eau froide d'une rivière. Les installations comprennent des cabines pour se changer, un terrain de basket-ball, des toilettes et une *tienda* (boutique) qui vend des boissons fraîches et des en-cas. Des minibus fréquents partent de devant le terrain de foot de Copán Ruinas et passent juste devant les sources chaudes (35 L). Au retour, attendez le passage de l'un de ces minibus, ou faites du stop pour arrêter les pick-up qui circulent : la plupart vous conduiront volontiers en ville.

LUNA JAGUAR SPA RESORT

De l'autre côté de la rivière par rapport aux sources thermales, cette luxueuse interprétation d'un **spa de jour** (www.lunajaguar.com ; 100 L ; ☯ 8h-17h) maya comporte 13 "stations de traitement" (avec massages, bains chauds, bains de vapeur aux herbes, etc.), dispersées à flanc de colline et reliées par des sentiers empierrés. La jungle a été autant préservée que possible, et des reproductions de sculptures mayas ponctuent le paysage. L'eau utilisée dans les bains provient directement de la source volcanique. Cet endroit splendide mérite le détour, même si vous ne raffolez pas des spas.

CÔTE CARAÏBE

La côte Caraïbe présente un tout autre visage du Guatemala, un paysage tropical luxuriant planté de palmiers, peuplé de marins (autour du port de plaisance de Río Dulce et du port commercial de Puerto Barrios) et de l'un des groupes ethniques les plus méconnus du pays, les Garífuna (autour de Lívingston).

Naviguer sur le Río Dulce est incontournable pour visiter la région, et vous ne regretterez pas de passer quelques jours à Lívingston. Les amoureux de la nature ne manqueront pas les immenses réserves des zones humides de Bocas del Polochic et Punta de Manabique.

LAGO DE IZABAL

Le plus grand lac du Guatemala, au nord de la Carretera al Atlántico, commence à se faire une place sur les itinéraires touristiques. La plupart des visiteurs séjournent à Río Dulce, une bourgade proche du long pont où la Hwy 13, la route qui file au nord vers Flores et Tikal, traverse le Río Dulce. Ce beau fleuve coule de l'extrémité est du lac, puis s'élargit en aval pour former le lac d'El Golfete avant de se jeter dans la mer des Caraïbes, à Lívingston. Les promenades sur le Río Dulce comptent parmi les principaux attraits de l'est du Guatemala. Si vous souhaitez profiter du lac sans la foule et l'effervescence de Río Dulce, allez jusqu'à Denny's Beach, à Mariscos (p. 262), ou à El Castillo de San Felipe (p. 260), à 3 km à l'ouest du pont. Le bourg plaisant d'El Estor, près de la pointe ouest du lac, donne accès au delta des Bocas del Polochic, qui abrite une faune très diverse (voir p. 262). De nombreux sites restent à découvrir dans la région, qui mérite qu'on lui consacre un peu de temps.

Río Dulce

3 000 habitants

À l'extrémité est du Lago de Izabal, là où le lac se déverse dans le Río Dulce, cette bourgade est encore appelée Fronteras, un souvenir de l'époque où le ferry était le seul moyen de traverser le fleuve. On quittait alors la civilisation avant d'entamer le long et périlleux voyage dans le Petén.

Les temps ont changé. Un immense pont enjambe le fleuve et les routes du Petén comptent parmi les meilleures du pays. La plupart des touristes sont des propriétaires de yachts qui profitent de ce mouillage, considéré le plus sûr de l'ouest des Caraïbes pendant la saison des ouragans. Les autres étrangers viennent pour la spectaculaire croisière jusqu'à Lívingston (voir p. 267).

ORIENTATION ET RENSEIGNEMENTS

À moins de séjourner à l'Hotel Backpacker's (ci-contre) ou de travailler comme bénévole à la Casa Guatemala, descendez du bus du côté nord du pont, où se font face les bureaux des bus Fuente del Norte et Litegua. Sinon, vous devrez retraverser le pont, sans doute le plus long d'Amérique centrale – une marche de 30 minutes (3,5 km) dans une chaleur étouffante !

Le quai principal se situe sous le pont, en face de la route en venant du Bruno's (ci-contre) – une petite route secondaire descend vers le quai. Les sites www.mayaparadise.com et www.riodulcechisme.com foisonnent d'informations sur Río Dulce. Le Bruno's possède un tableau de petites annonces où l'on trouve de tout, des bateaux à vendre au capitaine cherchant un équipage.

Les banques se regroupent dans l'artère principale et changent toutes les espèces et les chèques de voyage.

Banco Agromercantil. Délivre des avances sur les cartes de crédit en cas de problème avec les DAB.

Banco Industrial (☉ 9h-17h). Dispose d'un DAB Visa.

Banrural. Possède des DAB Visa et MasterCard.

Captain Nemo's Communications (☎ 7930 5174 ; www.mayaparadise.com ; accès Internet 8 Q/ heure ; ☉ 7h-20h lun-sam, 9h-14h dim). À côté du Bruno's, au bord du fleuve, il propose des services d'e-mail, de téléphone et de fax internationaux. On trouve d'autres cybercafés moins chers dans la rue principale.

Otitrans (☎ 7930-5223 ; otitours@hotmail.com). L'agence de voyages la plus complète de la ville est située sous le pont, sur la route du quai. On peut y réserver un tour en *lancha*, une sortie en voilier ou une navette.

CIRCUITS ORGANISÉS

Consultez le panneau des annonces chez Bruno's ou demandez autour de vous dans les marinas si un voilier prend des passagers.

Aventuras Vacacionales (☎ 7873-9221 ; www.sailing-diving-guatemala.com) organise des croisières sympathiques sur le voilier *Las Sirenas* de Río Dulce jusqu'aux récifs et îles du Belize (à partir de 3 200 Q, 7 jours) ou au Lago Izabal (à partir de 1 450 Q, 4 jours). Les destinations alternent chaque semaine. Installée à Antigua, l'agence possède une succursale à Río Dulce.

OÙ SE LOGER

À Río Dulce, de nombreux établissements communiquent par radio. Si nécessaire, Captain Nemo's, le bar du Bruno's ou le Restaurant Río Bravo contacteront par radio l'hébergement de votre choix.

Au bord de l'eau

Les hôtels suivants sont installés en dehors de la ville, au bord du fleuve (l'endroit le plus plaisant). Appelez-les par téléphone ou par radio et ils viendront vous chercher. **Mansión del Río** (www.mansiondelrio.com.gt) et **Banana Palms Resort** (www.bananapalms.com.gt), tous deux à la sortie de la ville, offrent un hébergement tout compris dans de grands complexes en bord de lac.

Hotel Backpacker's (☎ 7930-55480 ; www.hotelbackpackers.com ; dort 40 Q, s/d 80/150 Q, sans sdb 60/120 Q). De l'autre côté du pont, cet hôtel est géré par Casa Guatemala et les orphelins qu'elle accueille. Prisé de très longue date par les routards, il occupe un vieux bâtiment branlant aux chambres spartiates. Le bar s'anime en soirée. Si vous venez en *lancha* ou en bus, demandez qu'on vous dépose à l'hôtel pour éviter de traverser le pont.

Casa Perico (☎ 7930-5666 ; dort 45 Q, bungalow 200 Q, s/d sans sdb 60/120 Q). Une ambiance jeune et joyeuse règne dans cet établissement discret, situé sur un petit bras à environ 200 m du fleuve. Des passerelles en bois relient les bungalows bien conçus. Les Suisses qui le dirigent organisent des circuits en amont et en aval du fleuve. Au dîner, vous aurez le choix entre un excellent buffet ou des plats à la carte. Un service d'échange de livres est à disposition. Réservez bien à l'avance pour un bungalow avec sdb.

♥ Hotel Kangaroo (☎ 4513-9602, anglais 5363-6716 ; www.hotelkangaroo.com ; dort 70 Q, ch 150-180 Q, bungalow avec/sans sdb 220/180 Q ; 🖥 🛜). Au bord du Río La Colocha, sur la rive opposée au Castillo San Felipe, c'est une belle adresse, gérée par des Australiens, construite sur pilotis dans la mangrove. Ici, que des matériaux naturels : bois, toit de chaume et moustiquaires aux fenêtres sans vitres. Fauvettes bleues, pélicans, tortues et un iguane de 2 m y ont élu domicile. Le quai surplombant la rivière est idéal pour se détendre en sirotant un verre à tout moment de la journée. La maison propose quelques plats, bien préparés (40-80 Q). Appelez depuis Río Dulce ou San Felipe et l'on viendra vous chercher gratuitement, même si ce n'est que pour déjeuner.

El Tortugal (☎ 7742-8847 ; www.tortugal.com ; dort 75 Q, ch sans sdb 250 Q, bungalow à partir de 350 Q ; 🛜). Ces superbes bungalows au bord de l'eau sont à 5 minutes en *lancha* à l'est de la ville. Nombreux hamacs, douches brûlantes et kayaks gracieusement mis à disposition.

Hacienda Tijax (☎ 7930-5505/7 ; www.tijax.com ; s 160-560 Q, d 240-610 Q ; 🅿 🦁). Cette hacienda de 200 ha, à 2 minutes en bateau du Bruno's, de l'autre côté de la crique, possède un attrait particulier. Au programme : promenades à cheval, randonnées, observation des oiseaux, voile et visite de la plantation d'hévéas. Les charmants bungalows, reliés par une passerelle, font pour la plupart face à l'eau. Le bar bordant la piscine invite à la détente. Accès en bateau ou par une route partant de la grand-route, à 1 km au nord du bourg. Les propriétaires parlent espagnol, français, anglais, néerlandais et italien, et viennent vous chercher sur l'autre rive.

Isla Xalaja (☎ 7930-5767 ; www.xalaja.com ; bungalow 350 Q, maison avec ventil/clim 1 100/1 500 Q ; 🕹 🖥 🛜). Sur l'Isla Xalaja, à 5 minutes en *lancha* en amont de la ville, voici l'une des plus belles adresses de la région, avec ses maisons magnifiquement meublées (8 couchages confortables) et ses bungalows (6 places). Malgré son atmosphère rustique, le lieu offre tout le confort, avec une attention au détail exceptionnelle. Bon et authentique restaurant mexicain (et non tex-mex) sur place.

Hotel Catamaran (☎ 7930-5494 ; www.catamaranisland.com ; s/d à partir de 490/630 Q ; 🕹 🖥 🛜 🦁). Bâti sur sa propre petite île, l'établissement le plus élégant des alentours offre des bungalows étonnamment sobres, mais confortables. La luxuriante végétation fait l'objet de soins attentifs.

En ville

Bruno's (☎ 7930-5721 ; www.mayaparadise.com/brunoe. htm ; dort 35 Q, s 170-220 Q, d 250-300 Q ; 🅿 🕹 🛜 🦁). Un chemin descend de l'extrémité nord-ouest du pont jusqu'à ce repaire de plaisanciers. Dortoirs vastes et propres. Les chambres du nouveau bâtiment, avec clim et balcon donnent sur le fleuve. Très confortables et idéales pour les familles, elles peuvent accueillir jusqu'à 6 personnes.

Las Brisas Hotel (☎ 7930-5124 ; s/d 70/130 Q ; 🕹). En face du bureau de Fuentes del Norte. Chambres assez propres, avec 3 lits et un ventilateur. À l'étage, 3 d'entre elles comportent une sdb privative et la clim (200 Q). Central et correct pour une nuit, mais vous trouverez facilement mieux.

Hotel Vista al Río (☎ 7930-5665 ; www.hotelvistario. com ; ch avec ventil/clim 150/180 Q ; 🕹 🛜). Sous le pont, près du Bruno's, un petit hôtel-marina aux chambres spacieuses et impeccables, certaines donnant sur le fleuve. Bon restaurant sur place, servant d'excellents steaks et des petits-déjeuners copieux.

OÙ SE RESTAURER

Tous les hôtels cités ci-dessus ont des restaurants. Le Bruno's et le Vista al Río servent de bons petits-déjeuners et des plats qui plaisent aux touristes. Ils font aussi bar. L'Hacienda Tijax est prisée à midi : appelez pour qu'on vienne vous chercher.

🟢 Sundog Café (sandwichs 25 Q, repas à partir de 35 Q ; 🕙 petit-déj, déj et dîner). En contrebas de Tijax Express, ce bar-restaurant en plein air prépare de délicieux sandwichs avec du pain maison, un bon choix de plats végétariens et des jus de fruits frais. Bonne source d'informations sur la région.

Ricky's Pizza (pizzas à partir de 50 Q ; 🕙 déj et dîner). À l'étage, dans la partie la plus dense de la ville. Des pizzas étonnamment bonnes, et un menu de midi (20 Q) très intéressant.

Restaurant Río Bravo (petit-déj 30 Q, plats 60-100 Q ; 🕙 petit-déj, déj et dîner). En plein air, sur un quai avançant sur le lac, dégustez de bons plats dans une ambiance locale. Dans l'assiette, pas de fantaisie mais des steaks, pâtes et produits de la mer.

DEPUIS/VERS RÍO DULCE

Chaque jour à partir de 7h, 14 bus Fuente del Norte empruntent la route goudronnée vers le nord jusqu'à Poptún (30 Q, 2 heures) et Flores (60 Q, 4 heures). Celui de 12h30 continue jusqu'à Melchor de Mencos (90 Q) à la frontière du Belize. Si vous avez les correspondances rapidement, vous pouvez rallier Tikal en seulement 6 heures. Ces liaisons (départ à 10h) desservent aussi San Salvador (Salvador ; 125 Q) et San Pedro Sula (Honduras ; 135 Q).

Au moins 17 bus quotidiens, gérés par Fuente del Norte et Litegua, desservent Guatemala Ciudad (55 Q, 6 heures). Línea Dorada propose des bus 1re classe partant à 13h30 pour Guatemala Ciudad (120 Q) et à 15h30 pour Flores (100 Q). Ils mettent jusqu'à 1 heure de moins.

Des minibus partent pour Puerto Barrios (20 Q, 2 heures) lorsqu'ils sont pleins, devant l'Hotel Las Brisas.

Otitrans (p. 258) gère des navettes pour Antigua (330 Q), Cobán (330 Q), Copán (290 Q) et Flores (290 Q).

Des bus Fuente del Norte délabrés, et des minibus en meilleur état partent pour El Estor (20 Q, 1 heure 30) depuis l'embranchement vers San Felipe et El Estor au centre-ville, toutes les heures de 7h à 18h. La route est asphaltée jusqu'à environ la moitié du parcours, puis laisse place à une chaussée en terre lisse.

Des *colectivo lanchas* descendent le Río Dulce (depuis le nouveau quai) jusqu'à Lívingston, en embarquant généralement 8 à 10 personnes (125/200 Q par pers aller simple/aller-retour). C'est un trajet magnifique, et le départ du matin constitue une vraie excursion, avec plusieurs escales (voir p. 269). Les départs des bateaux ont généralement lieu entre 9h et environ 14h. Il y a des départs réguliers prévus à 9h30 et 13h30. En ville, pratiquement tout le monde peut organiser une liaison en *lancha* vers Lívingston, ou presque toute autre destination, mais le prix est plus élevé.

El Castillo de San Felipe

La forteresse et le château de San Felipe de Lara, **El Castillo de San Felipe** (20 Q ; ☉ 8h-17h), à 3 km à l'ouest du pont, furent construits en 1652 pour empêcher les pirates de piller les villages et les caravanes de l'Izabal. Si la forteresse découragea les boucaniers, des pirates parvinrent à la prendre et la brûlèrent en 1686. À la fin du siècle suivant, les pirates avaient disparu des Caraïbes et les murs épais servaient de prison. Abandonnée par la suite, la forteresse tomba en ruine. Le fort actuel a été reconstruit en 1956.

Désormais protégé, le château est l'un des principaux sites touristiques du Lago de Izabal. Entouré d'un parc verdoyant, avec aires de pique-nique et barbecues, il offre la possibilité de se baigner dans le lac. L'animation bat son plein du 30 avril au 4 mai, lors de la **Feria de San Felipe**.

OÙ SE LOGER ET SE RESTAURER
Hotel Don Humberto (☎ 7930-5051 ; s/d 50/85 Q ; ℗). Près du Castillo, cet hôtel n'a rien d'extraordinaire, mais loue des chambres correctes, avec grands lits et moustiquaires.

Viñas del Lago (☎ 7930-5053 ; www.vinasdelago.com ; s/d 280/330 Q ; ℗ ⊠ ▯ ▣). Dans un grand jardin près du Don Humberto, cette adresse bien plus séduisante possède 18 chambres spacieuses, toutes avec sdb, eau chaude, clim et TV. Celles sur l'arrière bénéficient d'une jolie vue. Le restaurant (plats de 50 à 100 Q) donne sur le Lago de Izabal.

Entre l'embranchement de la route El Estor-Río Dulce et le château, quelques établissements sont d'un bon rapport qualité/prix :

La Cabaña del Viajero (☎ 7930-5062 ; s/d 100/130 Q ; ℗ ⊠ ▣). Propres et joliment décorées, les petites chambres de ces bungalows à 2 niveaux, propres et colorées, constituent une excellente affaire. Une piscine ombragée permet de se rafraîchir. Comptez 70 Q de plus pour la clim.

Hotel Monte Verde (☎ 5036-8469 ; hotelmonteverde@hotmail.com ; ch avec ventil/clim 200/250 Q ; ℗ ⊠ ▣). En rénovation à notre passage, l'adresse devrait être excellente une fois les travaux achevés. Grandes chambres, et immense piscine dans un jardin luxuriant.

DEPUIS/VERS EL CASTILLO DE SAN FELIPE
San Felipe borde le lac, à 3 km à l'ouest de Río Dulce. Une superbe promenade de 45 minutes relie les deux bourgades. Vous pouvez aussi prendre un minibus (8 Q, toutes les 30 min) ; à Río Dulce, il s'arrête au coin de la grand-route et de la route d'El Estor, et à San Felipe, devant l'Hotel Don Humberto, à l'entrée d'El Castillo.

Sur demande, les bateaux en provenance de Lívingston vous déposeront à San Felipe. Les croisières sur le Río Dulce font généralement escale à El Castillo pour la visite du château. À Río Dulce, vous pouvez aussi louer une *lancha* pour 80 Q.

Finca El Paraíso

Au nord du lac, entre Río Dulce et El Estor, la **finca El Paraíso** (☎ 7949 7122 ; bungalow 350 Q) se visite dans la journée, de l'une ou l'autre ville. Cette ferme en activité comprend un endroit superbe dans la jungle, où une large cascade de 12 m (10 Q) se déverse dans un profond bassin. Vous pourrez vous baigner dans l'eau chaude de la cascade, nager dans le bassin clair et frais ou plonger sous le promontoire et profiter de ce sauna naturel. La *finca* abrite aussi plusieurs grottes intéressantes, un restaurant, et des bungalows éparpillés sur une plage lacustre.

Si vous venez uniquement pour la cascade, allez vers le nord en descendant du bus (tournez le dos au lac). Vous payez à l'arrêt du bus, puis vous marchez 2 km. Pour rejoindre le restaurant et l'hôtel, dirigez-vous au sud (vers le lac) sur 3 km.

Pour un hébergement plus modeste mais agréable, prenez à droite juste avant la maison de la *finca* : suivez la pancarte *cabañas* **Brisas del Lago** (bungalow 75 Q/pers). Un bon restaurant et des hamacs vous attendent pour profiter de la fraîcheur du lac.

La *finca* se trouve sur l'itinéraire du bus Río Dulce-El Estor, à 1 heure de Río Dulce (9 Q) et 30 minutes (6 Q) d'El Estor. Dans les deux sens, le dernier bus passe entre 16h30 et 17h.

El Boquerón

À 6 km à l'est d'El Estor, ce splendide canyon à la végétation luxuriante aboutit au petit hameau maya du même nom. Pour environ 5 Q, des villageois remonteront le Río Sauce en canot à travers le canyon et vous conduiront à une petite plage où vous pourrez vous baigner et escalader les rochers ; ils reviendront vous chercher à l'heure convenue. Les bus qui circulent entre El Estor et Río Dulce vous déposeront à El Boquerón (5 Q, 15 min).

El Estor

20 000 habitants

El Estor est la principale agglomération sur la rive nord du Lago de Izabal. À quelques kilomètres au nord-ouest, les mines de nickel, qui ont contribué au développement de la ville, ont fermé pendant des décénies. Des sociétés canadiennes les ont rouvertes en raison de la baisse des réserves mondiales de nickel. Bourgade accueillante et somnolente

entourée d'un joli paysage, El Estor est le point de départ pour les Bocas del Polochic, une réserve à la riche biodiversité, à l'extrémité ouest du lac. On peut aussi y faire étape entre Río Dulce et Lanquín.

ORIENTATION ET RENSEIGNEMENTS

La 3a Calle, l'artère principale, court parallèlement à la rive du lac, à deux pâtés de maisons. Les bus en provenance de Río Dulce s'arrêtent au coin de la 3a Calle et de la 4a Avenida. De là, suivez la 3a Calle vers l'ouest sur un pâté de maisons pour rejoindre le Parque Central.

L'Asociación Feminina Q'eqchi' vend des vêtements, des couvertures et des accessoires, en textile traditionnel tissé par les membres de l'association. Du Parque Central, parcourez deux pâtés de maisons vers le nord dans la 5a Avenida, puis deux à l'ouest. Les bénéfices reviennent aux femmes qui participent à ce projet.

Banrural (angle 3a Calle et 6a Av ; ☺ 8h30-17h lun-ven, 9h-13h sam). Change les dollars US et les chèques de voyage American Express et dispose d'un DAB.

Café Portal (5a Av 2-65 ; ☺ 6h30-22h). Sur le côté est du Parque Central, il fournit des informations et offre des circuits et des transports.

Police municipale (angle 1a Calle et 5a Av). Près du lac.

OÙ SE LOGER ET SE RESTAURER

Hotel Villela (☎ 7949 7214 ; 6a Av 2-06 ; s/d 70/110 Q). Les chambres, toutes avec ventilateur et sdb, sont moins séduisantes que la pelouse et les arbres autour desquels elles sont aménagées. Certaines bénéficient de plus d'air et de lumière que d'autres.

Restaurante Típico Chaabil (☎ 7949 7272 ; 3a Calle ; ch 75 Q/pers ; ℗). Malgré une ambiance "chalet" un peu pesante, cet établissement, à l'extrémité ouest de la 3a Calle, loue les chambres les plus plaisantes de la ville. Préférez celles en étage pour la lumière et la vue. Le restaurant, sur une jolie terrasse au bord du lac, mitonne une cuisine délicieuse, comme le *tapado* (ragoût garífuna de poisson et de noix de coco ; 60 Q). Du quai de l'hôtel, vous pouvez vous baigner dans l'eau cristalline.

Hotel Vista al Lago (☎ 7949 7205 ; 6a Av 1-13 ; s/d 90/150 $US). Dans un ancien bâtiment classique au bord de l'eau, cet hôtel ne manque pas de caractère malgré ses chambres banales. Les balcons en étage offrent une vue superbe.

Hotel Marisabela (☎ 7949-7206 ; 6a Av ; ch 180 Q ; ❈). Grandes chambres avec ventilateur, d'un rapport qualité/prix correct. Demandez-en une à l'étage, en façade, pour une belle vue sur le lac. À l'avant, un petit restaurant. Comptez 50 Q de plus pour la clim.

Hotel Ecológico (☎ 7949-7245 ; www.ecohotelcabanasdellago.blogspot.com ; s/d 125/175 Q). Nichés dans un cadre verdoyant à quelques kilomètres à l'est d'El Estor, les bungalows rustiques sont agréables, et l'emplacement en bord de lac imbattable. Bon restaurant en plein air offrant un beau panorama.

Hormis le Chaabil, le meilleur endroit pour manger est autour du Parque Central, où le **Café Portal** (plats 25-45 Q ; ☺ petit-déj, déj et dîner) sert des plats variés, dont certains végétariens. De l'autre côté du parc, le **Restaurante del Lago** (plats 40-80 Q ; ☺ petit-déj, déj et dîner), à l'étage, bénéficie d'un souffle d'air, d'une vue (réduite) sur le lac, et de la plus grande carte de la ville.

DEPUIS/VERS EL ESTOR

Reportez-vous à la rubrique *Río Dulce* (p. 259) pour les bus en provenance de cette ville. D'El Estor à Río Dulce, des bus partent toutes les heures, de 6h à 16h.

La route qui part à l'ouest d'El Estor, via Panzós et Tucurú, vers Tactic, au sud de Cobán, était par le passé déconseillée à cause des vols et des agressions, surtout près de Tucurú. Renseignez-vous pour connaître les conditions actuelles ; elle est par ailleurs souvent inondée à la saison humide – raison de plus pour demander. Vous pouvez rejoindre Lanquín en prenant le camion qui part du Parque Central d'El Estor à 9h pour Cahabón (30 Q, 4-5 heures), puis un bus ou un pick-up direct de Cahabón à Lanquín, le même jour. Quatre bus sont directs pour Cobán (45 Q, 6 heures) sur ce même itinéraire, et partent aux horaires peu pratiques de 1h, 2h, 4h et 6h du Parque Central d'El Estor.

Refugio Bocas del Polochic et Reserva de Biosfera Sierra de las Minas

La réserve naturelle des Bocas del Polochic s'étend sur le delta du Río Polochic, d'où provient presque toute l'eau du Lago de Izabal. Elle abrite plus de 300 espèces d'oiseaux – les périodes de migration, de septembre à octobre et d'avril à mai, sont fantastiques –, des singes hurleurs et de nombreuses variétés de papillons et de poissons. Vous apercevrez peut-être des alligators et, avec beaucoup de chance, un lamantin. Le Café Portal (ci-dessus) propose des excursions tôt le matin

(3 heures 30 ; 600 Q pour 2 pers, 100 Q par pers supplémentaire). La **Fundación Defensores de la Naturaleza** (☎ 7949 7130 ; www.defensores.org. gt ; angle 5a Av et 2a Calle, El Estor) gère la réserve et possède une station de recherche, l'**Estación Científica Selempim**, au sud des Bocas del Polochic, dans la Reserva de la Biosfera Sierra de Las Minas ; elle accueille les visiteurs intéressés par l'écotourisme. Pour réserver ou obtenir plus de renseignements, contactez le bureau de la fondation à El Estor. Un service de *lancha* dessert la station à partir d'El Estor les lundi et samedi à 12h (1 heure 15, 30 Q l'aller-retour). Sinon, la location d'un bateau revient à 350 Q (jusqu'à 12 passagers). La Fundacion propose de jolies *cabañas* en bois et chaume (125 Q/pers), un camping (40 Q/pers), des repas (35 Q) et l'accès à la cuisine de l'Estación Científica. Pour explorer les réserves, vous pouvez utiliser les canoës gratuits, faire un circuit en bateau (200-300 Q) ou emprunter l'un des trois sentiers bien tracés. Au moment de la rédaction de ce guide, la fondation développait un nouveau site touristique communautaire à Chapín Abajo, sur l'autre rive du lac. Renseignez-vous pour savoir s'il est ouvert.

Mariscos

Principale bourgade sur la rive sud du lac, Mariscos est le point de départ des ferrys qui constituaient autrefois le principal moyen de transport pour El Estor et la rive nord du lac. Depuis qu'une route relie Río Dulce et El Estor, la ville a perdu de son importance. Ainsi, **Denny's Beach** (☎ 4636-6516 ; www.dennysbeach. com ; dort 75 Q, s/d à partir de 240/375 Q ; ☒ ▢), à 10 minutes de bateau de Mariscos, est un endroit idéal pour oublier le reste du monde. Dennis Gulck et sa femme Lupe organisent des circuits, des randonnées pédestres, des baignades et des séances de *wakeboard*. Les 15 charmants bungalows, maisonnettes et chalets à flanc de coteau offrent presque tous une vue splendide sur le lac. On y sert aussi de très bons repas (40-100 Q). Un transport gratuit par bateau part de Mariscos entre 12h et 13h, à 15h30 et à 16h30, mais essayez d'appeler la veille pour signaler votre arrivée. Le quai du Denny's est derrière la Tienda Rosita, au centre de Mariscos. Pour rejoindre Mariscos, prenez n'importe quel bus circulant sur la Carretera al Atlántico et descendez au carrefour de Trincheras (Km 218). De là, des minibus (8 Q) vont jusqu'à la ville.

En venant de Los Amates ou Quiriguá, il y a des minibus directs pour Mariscos. De Río Dulce, passez un appel radio depuis Captain Nemo's Communications (p. 258) et quelqu'un viendra vous chercher (50 Q/pers, 6 pers minimum).

PUERTO BARRIOS

76 500 habitants

À l'est du carrefour La Ruidosa, le pays devient plus luxuriant, tropical et humide jusqu'à Puerto Barrios. Les villes portuaires ont toujours une réputation un peu louche, surtout celles qui se doublent d'une frontière internationale, et Puerto Barrios n'échappe pas à la règle. Que l'impression d'ambiance tendue, légèrement sordide, soit authentique ou non, les touristes étrangers s'attardent rarement dans cette ville et ne viennent que pour prendre un bateau vers Punta Gorda (Belize) ou Lívingston.

La puissante United Fruit possédait autrefois de vastes plantations dans la vallée de Motagua et dans d'autres parties du pays. Elle construisit des voies ferrées pour transporter les récoltes jusqu'à la côte et fit bâtir Puerto Barrios à l'orée du XXe siècle, pour les expédier à La Nouvelle-Orléans et à New York (voir l'encadré p. 242). Dessinée comme une ville industrielle, Puerto Barrios est quadrillée de larges rues qui se croisent à angle droit. La plupart des maisons, de style caribéen à charpente de bois, sont aujourd'hui délabrées.

Lorsque le pouvoir et l'influence de la United Fruit commencèrent à décliner dans les années 1960, la compagnie Del Monte prit sa succession. Toutefois, l'âge d'or des toutes-puissantes compagnies étrangères était révolu, comme celui de Puerto Barrios. Un port plus moderne et plus efficace fut construit à quelques kilomètres au sud-ouest, à Santo Tomás de Castilla, et Puerto Barrios sombra dans la torpeur tropicale. Cependant, la situation semble s'améliorer depuis quelques années avec l'installation d'un immense dépôt de conteneurs sur l'emplacement de l'ancienne gare ferroviaire.

El Muñecón (angle 8a Av, 14a Calle et Calzada Justo Rufino Barrios), la statue d'un docker, est le point de repère et le monument favori de la ville.

Orientation et renseignements

En raison de son étendue, tout déplacement à Puerto Barrios implique un long trajet à pied ou en voiture. Ainsi, les gares routières proches du marché, dans le centre-ville, se trouvent à 800 m du Muelle Municipal (quai municipal), au bout de la 12a Calle, d'où partent les bateaux de passagers. Peu de commerces utilisent les numéros de bâtiments. La plupart indiquent la rue, et les deux rues transversales délimitant la portion où ils se trouvent.

Banco Industrial (7a Av ; ☻ 9h-17h lun-ven, 9h-13h sam). Change les dollars US et les chèques de voyage, et possède des DAB Visa.

LAMANTINS

À l'époque de l'exploration du Nouveau Monde, il n'était pas rare que les marins rapportent avoir vu des sirènes. On peut lire dans le journal de bord du vaisseau de Christophe Colomb, en janvier 1493 : "la veille de se rendre à Rio del Oro, l'amiral a vu trois sirènes dépassant nettement de la surface de l'eau". On sait maintenant que ce que les marins prenaient alors pour des sirènes, c'était probablement des lamantins qui, avec les dugongs, forment l'ordre des siréniens.

Cousins éloignés des éléphants, ces imposants mammifères végétariens (le plus gros lamantin observé pesait 1 775 kg, tandis qu'un nouveau-né pèse déjà environ 30 kg) semblaient destinés à devenir une espèce menacée. Ils étaient chassés depuis l'époque des Mayas, leurs os étaient utilisés pour faire des bijoux, et leur viande (appelée *bucan*) très prisée pour ses vertus nourrissantes. On a même émis l'hypothèse que les boucaniers (premiers pirates des Caraïbes) tiendraient leur nom de leur consommation presque exclusive de *bucan*.

D'après certains scientifiques, les lamantins étaient autrefois des créatures sociables qui vivaient en groupe et approchaient volontiers les humains. Ils auraient modifié leur comportement en réponse à la chasse par les hommes, pour devenir les êtres peureux et furtifs qu'ils sont aujourd'hui. Il faut beaucoup de chance pour en apercevoir à l'état sauvage : très vifs, ils peuvent faire des pointes à 30 km/h et rester sous l'eau 20 minutes. Au Guatemala, c'est aux Bocas del Polochic (p. 262) ou à la Punta de Manabique (p. 266) qu'il est le plus probable d'en apercevoir. Bonne chance !

Banrural (8a Av ; ☺ 8h30-17h lun-ven, 9h-13h sam). Change les espèces (dollars US seulement) et dispose d'un DAB MasterCard.

Bureau de l'immigration (angle 12a Calle et 3a Av ; ☺ 24h/24). À une rue du Muelle Municipal. Venez ici pour le tampon d'entrée/sortie si vous arrivez ou partez au Belize : si vous quittez le Guatemala, vous devrez payer 85 Q de taxe. Si vous allez au Honduras, vous pouvez obtenir le tampon de sortie dans un autre bureau de l'immigration, sur la route de la frontière.

Poste de police (9a Calle)

Poste (angle 6a Calle et 6a Av)

Red Virtu@l (angle 17a Calle et Calz Justo Rufino Barrios ; 6 Q/heure ; ☺ 8h-21h30). Accès Internet.

Où se loger

Hotel Miami (☎ 7948-0537 ; 3a Av ; s/d 50/80 Q, avec clim 150/180 Q ; P X). Un peu sinistre, mais acceptable si vous voulez faire des économies.

Hotel Lee (☎ 7948-0685 ; 5a Av ; s/d 60/90 Q). Tenu par une famille accueillante, entre les 9a et 10a Calles, près des gares routières. Un hôtel économique typique de la ville, avec des chambres simples et plutôt propres. Petit balcon à l'avant pour profiter de la brise.

Hotel La Caribeña (☎ 7948-0384 ; 4a Av ; s/d 70/100 Q). Des petites chambres bon marché agréables, au calme. Restaurant réputé pour ses plats de la mer, notamment la "super sopa", ragoût de fruits de mer et de poisson.

Hotel Henry Berrisford (☎ 7948-7289 ; angle 9a Av et 17a Calle ; s/d 80/160 Q). Grand hôtel moderne en béton de 4 étages, il possède un hall impressionnant entouré de plusieurs salons et des chambres de taille correcte avec TV câblée.

Hotel Europa 2 (☎ 7948-1292 ; 3a Av ; s/d 100/150 Q, avec clim 150/200 Q ; P X). Meilleure adresse pour les petits budgets dans le quartier du port, entre les 11a et 12a Calles, non loin du Muelle Municipal. Dirigé par une famille sympathique, il comprend des chambres propres, avec ventilateur et TV, réparties autour d'une cour-parking.

☼ Hotel El Reformador (☎ 7948-0533 ; reformador@intelnet.net.gt ; angle 7a Av et 16a Calle ; s/d avec ventil 100/160 Q, avec clim 150/200 Q ; P X ☎). Oasis de calme à l'écart des rues chaudes et bruyantes, le Reformador loue de grandes chambres fraîches, aménagées autour de patios verdoyants. Celles avec clim ouvrent sur de larges balcons intérieurs. Restaurant (repas 50-80 Q) sur place.

Hotel del Norte (☎ 7948-2116 ; 7a Calle ; s/d 120/165 Q, avec clim 170/250 Q ; P X ☎). Grand bâtiment tropical en bois avec de larges corridors protégés par des moustiquaires, l'Hotel del Norte ne manque pas de caractère. Vieux d'un siècle, il accuse le poids des ans et ses parquets tendent à former des angles curieux. Dans la salle à manger aérée qui donne sur la Bahía de Amatique, on s'attend presque à rencontrer les anciens barons de la banane fumant le cigare. Sobre et joliment tanné par le temps, l'ensemble est une vraie pièce de musée. Les repas sont servis avec un raffinement désuet par un personnel en veste blanche, mais la cuisine peut décevoir. Choisissez soigneusement votre chambre – certaines ressemblent à des cellules en bois, d'autres profitent de la brise et d'une vue superbe sur la mer. Les chambres climatisées du nouveau bâtiment ont moins de charme, mais restent intéressantes. Une piscine jouxte le bord de mer.

Hotel Santa Fe (☎ 7948-8799 ; hotel_santafe56@hotmail.com ; 8a Av ; s/d 150/280 Q ; P X ☐). À classer plutôt en catégorie moyenne, cet hôtel propose des chambres propres, modernes et calmes. Agréable café attenant. Entre les 8a et 9a Calles.

Hotel Valle Tropical (☎ 7948-7084 ; 12 Calle ; s/d 275/300 Q ; P X ☎). Les chambres de taille moyenne, non rénovées, sont banales, mais l'hôtel vaut pour sa piscine, une denrée rare dans les hôtels de cette région pourtant étouffante. Les prix sont négociables, n'hésitez pas à demander une remise.

Où se restaurer et prendre un verre

Container (7a Calle ; en-cas 20 Q ; ☺ déj et dîner). Le café le plus curieux de la ville. Fait de deux conteneurs, à l'extrémité ouest de la 7a Calle, il offre une jolie vue sur la baie, des huîtes en chaume sur l'eau et de la bière glacée.

La Vieja Havana (8a Av ; plats 30-60 Q ; ☺ déj et dîner). Une bonne adresse cubaine décontractée (goûtez à la *ropa vieja*, ragoût de bœuf émincé). Menu de midi très intéressant (20 Q).

Paty Crest (angle 6a Av et 7a Calle ; plats 40-60 Q ; ☺ déj et dîner). Longue carte, allant de la pizza aux lasagnes ou au steak (ne manquez pas le T-bone, à 65 Q). Le Paty Crest abrite aussi l'un des plus beaux bars de la ville, tout en bois, décoré d'objets nautiques. Vaste choix de boissons.

☼ El Cafecito (13a Calle 6-22 ; plats 40-90 Q ; ☺ petit-déj, déj et dîner lun-sam). Ce charmant bistrot climatisé mitonne une excellente cuisine : plats portugais comme la *feijoada* (ragoût de haricots, porc, bœuf, poulet et autres, 55 Q),

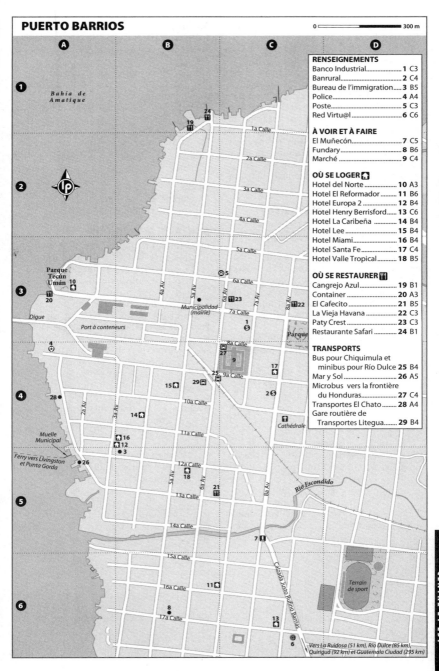

PUERTO BARRIOS

0 ━━━━━ 300 m

Bahía de Amatique

RENSEIGNEMENTS
Banco Industrial.................... **1** C3
Banrural............................... **2** C4
Bureau de l'immigration...... **3** B5
Police.................................. **4** A4
Poste.................................. **5** C3
Red Virtu@l........................ **6** C6

À VOIR ET À FAIRE
El Muñecón......................... **7** C5
Fundary............................... **8** B6
Marché **9** C4

OÙ SE LOGER
Hotel del Norte **10** A3
Hotel El Reformador **11** B6
Hotel Europa 2 .... **12** B4
Hotel Henry Berrisford....... **13** C6
Hotel La Caribeña **14** B4
Hotel Lee **15** B4
Hotel Miami....................... **16** B4
Hotel Santa Fe **17** C4
Hotel Valle Tropical **18** B5

OÙ SE RESTAURER
Cangrejo Azul..................... **19** B1
Container **20** A3
El Cafecito **21** B5
La Vieja Havana **22** C3
Paty Crest **23** C3
Restaurante Safari **24** B1

TRANSPORTS
Bus pour Chiquimula et
    minibus pour Río Dulce **25** B4
Mar y Sol **26** A5
Microbus vers la frontière
    du Honduras.................. **27** C4
Transportes El Chato **28** A4
Gare routière de
    Transportes Litegua........ **29** B4

1a Calle
2a Calle
3a Calle
4a Calle
5a Calle
6a Calle
7a Calle
8a Calle
9a Calle
10a Calle
11a Calle
12a Calle
13a Calle
14a Calle
15a Calle
16a Calle
17a Calle

Parque Tecún Umán
Municipalidad (mairie)
Digue
Port à conteneurs
Muelle Municipal
Ferry vers Livingston et Punta Gorda
Cathédrale
Río Escondido
Calzada Justo Rufino Barrios
Terrain de sport

2a AV
3a AV
4a AV
5a AV
6a AV
7a AV
8a AV

Parque

Vers La Ruidosa (51 km), Río Dulce (85 km), Quiriguá (92 km) et Guatemala Ciudad (295 km)

CENTRE ET EST

bon choix de poissons, sandwichs et petits-déjeuners. Bière à la pression.

Restaurante Safari (☎ 7948-0563 ; angle 1a Calle et 5a Av ; poisson et fruits de mer 60-100 Q ; ☺ 10h-21h). Restaurant le plus plaisant de la ville, il est installé sur une plate-forme coiffée de chaume au-dessus de l'eau, à 1 km au nord du centre-ville. Apprécié des habitants et des touristes, il prépare de succulents poissons et fruits de mer, dont le *tapado*, délicieux ragoût garífuna (100 Q). Les plats de viande sont moins chers (40-80 Q). Concerts presque tous les soirs. Si le Safari est complet, le Cangrejo Azul, à côté, propose une cuisine similaire dans un cadre plus détendu.

Comment s'y rendre et circuler
BATEAU
Des bateaux partent du Muelle Municipal au bout de 12a Calle.

Tous les jours, des *lanchas* partent pour Lívingston (30 Q, 30 min) à 6h30, 7h30, 9h et 11h. Pour connaître les horaires de départs de Lívingston, voir p. 272. Achetez votre billet le plus tôt possible dans la journée (impossible de réserver), car les places sont limitées, et parfois toutes vendues.

En dehors de ces horaires fixes, des *lanchas* partent dès que 5 passagers sont à bord, et coûtent 50 Q.

Les liaisons de Lívingston à Puerto Barrios se font essentiellement le matin et les retours dans l'après-midi. De Lívingston, la *lancha* de 17h risque d'être le dernier transport de la journée, en particulier en basse saison quand les voyageurs sont moins nombreux.

Une *lancha* de **Transportes El Chato** (☎ 7948 5525 ; www.transporteselchato.com.gt ; 1a Av) part chaque jour à 10h du Muelle Municipal pour Punta Gorda, au Belize (200 Q, 1 heure), et arrive à temps pour le bus de 12h qui dessert Belize City. Les billets sont en vente au bureau d'El Chato. Avant d'embarquer, faites tamponner votre passeport au bureau de l'immigration voisin (p. 264). En sens inverse, la *lancha* quitte Punta Gorda à 14h.

Mar y Sol (☎ 7942-9156) au Muelle Municipal, propose aussi des *lanchas* pour Punta Gorda, qui partent à 10h et 13h (175-200 Q, 1 heure).

Pour laisser votre véhicule à Puerto Barrios pendant que vous visitez Lívingston un jour ou deux, vous trouverez plusieurs *parqueos* (parkings) autour du port, facturant environ 30 Q/24 heures. Tous les hôtels avec parking listés ici proposent également ce service.

BUS ET MINIBUS
Transportes Litegua (☎ 7948-1172 ; angle 6a Av et 9a Calle) dessert Guatemala Ciudad (60-90 Q, 5-6 heures, 295 km), via Quiriguá et Río Hondo, 19 fois entre 1h et 12h, ainsi qu'à 16h. Des liaisons "*directo*" évitent le détour d'une demi-heure par Morales.

Des bus pour Chiquimula (40 Q, 4 heures 30, 192 km), également via Quiriguá, démarrent toutes les demi-heures entre 3h et 16h, depuis l'angle de 6a Av et 9a Calle. Des minibus pour Río Dulce (20 Q, 2 heures) partent du même endroit.

TAXI
La plupart des taxis demandent 20 Q pour des courses ridiculement courtes.

PUNTA DE MANABIQUE
Le promontoire de la Punta de Manabique – qui sépare la Bahía de Manabique du large –, la côte et l'arrière-pays jusqu'à la frontière hondurienne couvrent une immense zone humide, peu peuplée et fabuleuse du point de vue écologique. Celle-ci est protégée en tant qu'**Área de Protección Especial Punta de Manabique**. Accéder à cette région n'est pas bon marché, mais ses nombreux attraits justifient la dépense : plages caribéennes préservées, promenades en bateau dans la mangrove, les lagunes et les cours d'eau, observation des oiseaux, des crocodiles et parfois de lamantins, pêche avec les habitants. Pour visiter la réserve, contactez (une semaine à l'avance si possible) l'ONG qui la gère, la **Fundary** (Fundación Mario Dary ; ☎ 7948-0944 ; www.fundary. org ; 17a Calle) à Puerto Barrios.

La Fundary participe au développement de l'écotourisme dans la réserve. Elle propose des hébergements dans l'**écolodge** (☎ 4433-4930 ; 50 Q) de la communauté d'Estero Lagarto, au sud du promontoire. Vous pourrez découvrir la mangrove et la lagune en canoë de bois (350 Q/canoë) jusqu'à Santa Isabel, non loin, sur le Canal de los Ingleses, une voie d'eau reliant la Bahía de Manabique à la mer. Là, vous apercevrez peut-être des lamantins. Vous pourrez louer un équipement de snorkeling (30 Q) et vous essayer à la pêche traditionnelle en participant à une sortie organisée (50 Q/pers). Si vous avez une tente, vous pourrez camper à Estero Lagarto pour 25 Q. Comptez 20-50 Q pour un repas. Le transport jusqu'à Estero Lagarto est assuré en canoë (900 Q/

canoë, aller-retour). Contactez la Fundary pour organiser le trajet.

La Fundary travaille en permanence à développer de nouvelles initiatives communautaires touristiques. Contactez-les pour connaître les dernières offres.

LÍVINGSTON

25 380 habitants

Unique au Guatemala, cette ville majoritairement garífuna est fascinante. Ses deux belles plages et sa situation, à l'embouchure du Río Dulce, ajoutent à son attrait.

Aucune route ne la relie (pour le moment) au reste du pays (la ville est appelée "Buga", bouche en garífuna, à cause de son emplacement). Les transports maritimes, plutôt efficaces, permettent de rejoindre le Belize, les Cayes, le Honduras et Puerto Barrios assez facilement.

Les Garífuna (Garinagu, ou Noirs des Caraïbes) des Caraïbes guatémaltèques, du Honduras, du Nicaragua et du sud du Belize proviennent de l'île de Saint-Vincent où, au XVIIe siècle, des esclaves africains naufragés se mêlèrent aux Indiens caraïbes. Les Britanniques ne réussirent à s'emparer de Saint-Vincent qu'au terme d'une longue période et de nombreux combats. Lorsqu'ils y parvinrent, en 1796, ils déportèrent les Garífuna. Après que beaucoup d'entre eux eurent péri sur l'île hondurienne de Roatán, les survivants atteignirent la ville côtière de Trujillo, au Honduras, puis s'éparpillèrent le long de la côte des Caraïbes. Au Guatemala, ils se concentrent principalement à Lívingston, mais quelques milliers d'entre eux vivent à Puerto Barrios et dans d'autres localités. La langue garífuna est un mélange unique de langues caribéennes et africaines, avec un peu de français. Lívingston abrite aussi des Mayas q'eqchi', qui vivent à 1 km en amont du quai principal, des *ladinos* et quelques voyageurs étrangers.

Orientation et renseignements

Lívingston se situe à l'endroit où le Río Dulce rejoint la Bahía de Amatique. Une demi-heure suffit pour se repérer dans la ville. La rue principale, Calle Principal, monte tout droit du quai principal, puis tourne à droite devant l'Hotel Río Dulce. De là, les autres rues importantes partent vers la gauche : la Calle Marcos Sánchez Díaz, en direction du sud-ouest et parallèle au fleuve, mène à la

communauté maya q'eqchi', et une autre rue conduit au nord-ouest, vers plusieurs hôtels, restaurants et bars. Nous mentionnons les noms des rues pour faciliter l'orientation, mais, sur place, personne ne les utilise.

Pour en savoir plus sur Lívingston, consultez le site de la communauté : www.livingston.com.gt.

Banrural (Calle Principal ; 🕐 9h-17h lun-ven, 9h-13h sam). Change dollars US et chèques de voyage. DAB.

Bureau de l'immigration (Calle Principal ; 🕐 6h-19h). Délivre les tampons d'entrée/sortie pour les voyageurs qui arrivent ou partent directement au Belize ou au Honduras. Le tampon de sortie coûte 85 Q. En dehors des heures d'ouverture, frappez à la porte.

Happy Fish (Calle Principal ; 10 Q/heure). Accès Internet.

Laverie (Hotel Casa Rosada ; 40 Q/machine). Le linge sèche difficilement pendant la saison des pluies.

Désagréments et dangers

Lívingston présente quelques aspects crispants. Des petits malins tentent de convaincre les touristes de leur "prêter" de l'argent, de payer à l'avance des circuits qui n'existent pas, etc. Méfiez-vous de ceux qui vous abordent sans raison, dans la rue ou ailleurs.

Comme de nombreuses localités côtières, Lívingston sert de *puente* (pont) au trafic de drogue vers le nord. Les guerres de gangs restent limitées (l'industrie est assez stable), mais de gros poissons rôdent alentour et d'énormes sommes d'argent sont en jeu. Tenez-vous à distance des eaux troubles !

Le front de mer entre Lívingston, le Río Quehueche et Siete Altares a eu mauvaise réputation pendant quelques années, mais les habitants "se sont occupés" des fauteurs de trouble (nous n'avons pas demandé les détails). C'est maintenant une belle promenade, couronnée par une agréable baignade, que l'on peut entreprendre seul ou dans le cadre d'un circuit.

Utilisez un antimoustiques et prenez toutes les précautions nécessaires, surtout si vous pénétrez dans la jungle. Sur la côte, les moustiques sont porteurs du paludisme et de la dengue.

À voir et à faire

Le **Museo Multicultural de Lívingston** (20 Q ; 🕐 9h-18h), en étage dans le parc municipal, en face du quai public, présente d'excellentes expositions sur l'histoire et la culture de la région, en mettant l'accent sur la diversité ethnique avec des collections consacrées aux cultures

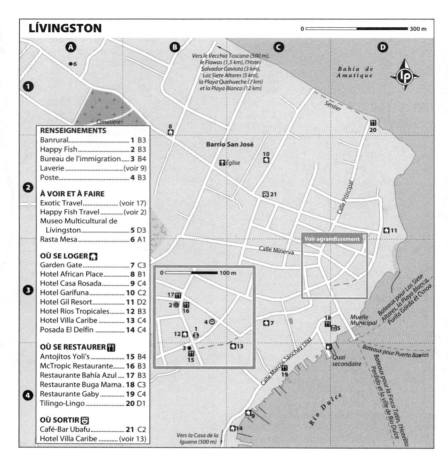

LÍVINGSTON

0 — 300 m

Vers le Vecchia Toscana (300 m),
le Flowas (1,5 km), l'Hotel
Salvador Gaviota (3 km),
Los Siete Altares (5 km),
la Playa Quehueche (7 km)
et la Playa Blanca (12 km)

*Bahia de
Amatique*

Cimetière

Barrio San José

Église

Calle Principal

Voir agrandissement

Calle Minerva

Bateaux pour Los Siete
Altares, la Playa Blanca,
Punto Gorda et Cynoa

0 — 100 m

Muelle
Municipal

Bateaux pour Puerto Barrios

Calle Marco Sánchez Díaz

Quai
secondaire

Bateaux pour la Finca Tatin,
Perdido et la ville de Río Dulce
l'Hotelito

Río Dulce

Vers la Casa de la
Iguana (500 m)

RENSEIGNEMENTS
Banrural.............................. **1** B3
Happy Fish.......................... **2** B3
Bureau de l'immigration..... **3** B4
Laverie............................(voir 9)
Poste................................... **4** B3

À VOIR ET À FAIRE
Exotic Travel..................(voir 17)
Happy Fish Travel............(voir 2)
Museo Multicultural de
Lívingston....................... **5** D3
Rasta Mesa.......................... **6** A1

OÙ SE LOGER
Garden Gate....................... **7** C3
Hotel African Place............. **8** B1
Hotel Casa Rosada.............. **9** C4
Hotel Garífuna.................. **10** C2
Hotel Gil Resort................ **11** D2
Hotel Ríos Tropicales........ **12** B3
Hotel Villa Caribe **13** C4
Posada El Delfín................ **14** C4

OÙ SE RESTAURER
Antojitos Yoli's................ **15** B4
McTropic Restaurante....... **16** B3
Restaurante Bahía Azul **17** B3
Restaurante Buga Mama. **18** C3
Restaurante Gaby............. **19** C4
Tilingo-Lingo.................... **20** D1

OÙ SORTIR
Café-Bar Ubafu................. **21** C2
Hotel Villa Caribe ....(voir 13)

garífuna, q'eqchi', indienne (d'Inde) et *ladina*. À proximité, jetez un œil à l'enclos d'alligators en plein air, installé au milieu du parc.

Les bâtiments et la végétation qui descendent presque tout du long jusqu'à la mer rendent les plages de Lívingston peu attrayantes, d'autant qu'elles sont polluées. Vous en trouverez de plus belles à quelques kilomètres au nord-ouest. Près de l'embouchure du Río Quehueche, la **Playa Quehueche**, à 10 minutes en taxi (15 Q), a été nettoyée par Exotic Travel (voir ci-contre). Vous aurez besoin d'un bateau (voir ci-contre) pour rejoindre la **Playa Blanca** (10 Q), une plage privée à 12 km de Lívingston et la plus séduisante de la région.

Rasta Mesa (☎ 4200-4371 ; www.site.rastamesa. com ; Barrio Nevago ; ⏱ 10h-14h et 19h-22h) est un accueillant petit centre culturel informel où l'on peut prendre des cours de cuisine (50 Q/pers) ou de percussions garífuna (100 Q/pers), ou simplement profiter d'un massage (150 Q). Possibilités de bénévolat.

LOS SIETE ALTARES
À environ 5 km (1 heure 30 de marche) au nord-ouest de Lívingston, sur la rive de la Bahía de Amatique, Los Siete Altares (les Sept Autels) forment une série de cascades et de bassins d'eau douce. Une agréable promenade sur la plage mène à cet endroit, idéal pour un pique-nique et la baignade. Longez la rive vers le nord jusqu'à l'embouchure du fleuve, et suivez la plage jusqu'au sentier qui s'enfonce dans

CENTRE ET EST

la jungle (environ 30 min) et conduit aux cascades.

Des bateaux se rendent aux Siete Altares, mais la marche permet d'apprécier la beauté de la nature et de rencontrer en chemin des Garífuna. Environ à mi-chemin, juste après le pont de corde, l'**Hotel Salvador Gaviota** (plats 40-80 Q ; ⊗ petit-déj, déj et dîner) sert une cuisine correcte, des bières et des boissons glacées. Vous pouvez y loger (p. 270).

Circuits organisés

Quelques agences de Lívingston organisent des excursions qui permettent de découvrir les merveilles naturelles de la région. **Exotic Travel** (☎ 7947-0133 ; www.bluecaribbeanbay. com ; Restaurante Bahía Azul, Calle Principal) et **Happy Fish Travel** (☎ 7947-0661 ; www.happyfishtravel.com ; Restaurante Happy Fish, Calle Principal) sont des agences compétentes aux offres similaires. Prisé, le "circuit écologique/excursion dans la jungle" commence par une marche dans la ville, puis jusqu'à un point de vue à l'ouest avant de rejoindre le Río Quehueche, que l'on descend en canoë pendant une demi-heure pour arriver à la Playa Quehueche. Ensuite, une randonnée dans la jungle mène à **Los Siete Altares** (voir ci-contre) et, après une halte, on descend vers la plage pour revenir à pied à Lívingston. Ce circuit part tous les jours à 9h du Restaurant Bahía Azul, dans la Calle Principal, et revient vers 16h30 (75 Q, déjeuner compris). Excellente façon de découvrir les environs, il est accompagné par de sympathiques guides locaux qui vous expliqueront la culture garifuna.

Pour ce qui est de l'excursion à la Playa Blanca : un bateau vous emmène à Los Siete Altares, puis sur le Río Cocolí, où vous pouvez nager, et enfin à la Playa Blanca, où l'on passe 2 ou 3 heures (100 Q/pers, au moins 6 participants).

Des circuits d'une journée aux **Cayos Sapodillas** (ou Zapotillas), au large de la côte sud du Belize, où le snorkeling est excellent, sont également proposés (400 Q, 6 pers minimum).

Pour les croisières en voilier, contactez **Capitán Eric** (☎ 4275-5278 ; capiteric@yahoo.fr), qui propose des sorties à la journée pour 200 Q/ personne (nourriture et boissons comprises) et des excursions à Placencia, Cayos Zapotillos (Belize) ou Utila et Omoa (Honduras) à bord du *Kia*, un monocoque de 11 m accueillant 5 personnes. Comptez 1 700 Q pour une excursion de 3 jours (4 pers minimum).

CROISIÈRES SUR LE RÍO DULCE

Les tour-opérateurs locaux offrent des croisières d'une journée sur le Río Dulce jusqu'à la ville de Río Dulce, comme la plupart des bateliers du quai de Lívingston. Beaucoup de voyageurs empruntent ces circuits pour aller à Río Dulce (125/180 Q aller simple/aller-retour). C'est un beau trajet à travers la jungle, avec de nombreuses escales intéressantes. Attention : des 2 départs quotidiens, seul celui de 9h30 effectue le circuit suivant, celui de 14h30 allant directement à Río Dulce.

Peu après avoir quitté Lívingston, on traverse le Río Tatin, un affluent sur la droite, et l'on s'arrête généralement au musée d'Arts indiens fondé par l'Asociación Ak' Tenamit, une ONG qui s'efforce d'améliorer les conditions de vie de la population maya q'eqchi' de la région. Le fleuve pénètre une gorge appelée **La Cueva de la Vaca**, aux parois tapissées d'un enchevêtrement de végétation tropicale. L'air humide résonne de chants d'oiseaux exotiques. Juste après s'élève **La Pintada**, un escarpement rocheux couvert de graffitis. Selon la légende, les habitants dessineraient sur ce roc depuis le XVIIIe siècle, mais les graffiti les plus anciens ne datent que des années 1950. Avec de la chance, vous apercevrez peut-être un dauphin d'eau douce. Plus loin, une **source thermale** jaillit au pied de la falaise et ses eaux sulfureuses sont agréablement tièdes. Le fleuve s'élargit pour former **El Golfete**, une grande étendue d'eau qui annonce le vaste Lago de Izabal.

Sur la rive nord d'El Golfete s'étend le **Biotopo Chocón Machacas**, une réserve de 72 km^2 créée dans le Parque Nacional Río Dulce pour préserver le superbe paysage, les forêts et les mangroves qui abritent des animaux rares, comme les tapirs et les lamantins. Ces énormes mammifères aquatiques, qui ressemblent à des morses, peuvent peser jusqu'à une tonne et glissent sans effort sous la surface calme du fleuve. Très craintifs, ils sont difficiles à observer. Un réseau de voies navigables à travers les lagunes permet de voir la faune et la flore de la réserve. Un sentier part du centre des visiteurs et traverse les forêts d'acajous, de palmiers et la luxuriante végétation tropicale.

Les bateaux font habituellement halte aux **Islas de Pájaros**, deux îles habitées par des milliers d'oiseaux aquatiques, au milieu d'El Golfete. De là, on remonte le fleuve, bordé d'un nombre croissant de riches villas et de hangars à bateaux, jusqu'à la ville de Río Dulce, où le

---

PASSER AU HONDURAS

De la 6a Avenida, devant le marché, à Puerto Barrios, des minibus démarrent pour la frontière du Honduras (15 Q, 1 heure 15) toutes les 20 minutes, de 5h à 17h. La route asphaltée menant à la frontière part de la Hwy 9 à Entre Ríos, à 13 km au sud de Puerto Barrios. À Entre Ríos, des bus et des minibus desservent toutes les directions et l'on peut facilement rejoindre la frontière ou une autre destination. Les minibus en provenance de Puerto Barrios font halte au service d'immigration guatémaltèque, où vous devrez peut-être payer 10 Q pour le tampon de sortie. À l'entrée du Honduras, on peut aussi vous demander environ 60 L.

Des bus stationnent de l'autre côté, et partent pour Puerto Cortés (50 L, 2 heures) toutes les 20 minutes, en passant par Omoa (40 L, 1 heure). Vous pouvez poursuivre en bus de Puerto Cortés à San Pedro Sula et de là jusqu'à La Ceiba, et vous aurez *peut-être* le ferry de 16h30 qui part de La Ceiba pour l'île de Roatán. Le trajet est faisable dans la journée depuis Puerto Barrios, si vous prenez le tout premier véhicule tôt le matin, mais il est plus probable que vous passerez la nuit à La Ceiba.

---

grand pont de la Hwy 13 enjambe le fleuve, puis on continue juqu'à El Castillo de San Felipe, sur le Lago de Izabal (p. 257).

On peut effectuer le même parcours au départ de Río Dulce (p. 258).

Fêtes et festivals

L'animation bat son plein à Lívingston durant la **Semana Santa**. Le 26 novembre, la **fête nationale garífuna** s'accompagne de diverses manifestations culturelles.

Où se loger

PETITS BUDGETS

De juillet à décembre, les prix atteignent des sommets à Lívingston. En dehors de cette période, beaucoup des adresses de catégories moyenne et supérieure citées ici divisent leurs tarifs de moitié.

Casa de la Iguana (☎ 7947-0064 ; Calle Marcos Sánchez Díaz ; dort 40 Q, bungalow avec/sans sdb 150/110 Q ; 🛜). À 5 minutes de marche du quai principal, cette auberge de jeunesse où l'ambiance est à la fête (en particulier lors des *happy hours*) possède des bungalows en bois d'un excellent rapport qualité/prix, propres, simples et joliment décorés. On peut également camper ou dormir dans un hamac pour 20 Q/personne. Cours d'espagnol (570 Q/20 heures).

Hotel African Place (☎ 7947-0435 ; Calle al Cementario ; s/d 50/80 Q, sans sdb 40/70 Q). C'est l'un des hôtels les plus originaux du Guatemala : plusieurs imitations de châteaux marocains construites par un Espagnol dans une propriété verdoyante, avec des tortues nageant dans les "douves". L'ensemble dégage une impression de délabrement, mais les chambres avec sdb sont aussi bien qu'ailleurs dans cette catégorie.

Hotel Garífuna (☎ 7947-0183 ; Barrio San José ; s/d 50/75 Q). À environ 5 minutes à pied de l'artère principale, cet hôtel accueillant possède des chambres aérées et spacieuses, avec de bons lits et des sdb impeccables. Personnel aimable.

Hotel Ríos Tropicales (☎ 7947-0158 ; www.mctropic. com ; Calle Principal ; s/d 100/150 Q, sans sdb 50/100 Q ; 🛜). Ses grandes chambres, protégées par des moustiquaires, font face à un patio central agrémenté de nombreux hamacs. Celles avec sdb commune sont plus vastes, les autres mieux décorées.

Hotel Salvador Gaviota (☎ 7947-0874 ; www. hotelsalvadorgaviota.es.tl ; Playa Quehueche ; s/d 125/250 Q, sans sdb 50/100 Q). Ces belles et simples chambres en bois et bambou sont à quelques centaines de mètres d'une plage plutôt propre. Excepté les touristes en excursion pour la journée aux Sept Autels qui viennent y manger (40-80 Q) ou prendre un verre, vous aurez l'endroit pour vous seul. À 500 m du pont tournant où s'arrête la route – un taxi vous y amènera pour 15 Q.

Garden Gate (☎ 7947-9272 ; www.gardengate-guesthouse.com ; s/d sans sdb 120/150 Q ; 🛜). Tout juste achevée lors de notre passage, cette luxuriante propriété loue 3 chambres impeccables agréablement décorées. Maria, l'âme du Tilingo Lingo (voir ci-contre) et la maîtresse des lieux, sert une bonne cuisine. Des hamacs vous attendent dans le grand jardin. Vélos à louer.

CATÉGORIES MOYENNE ET SUPÉRIEURE

Flowas (☎ 7947-0376 ; infoflowas@gmail.com ; dort/s/d 75/150/200 Q). Appréciés à juste titre des routards, ces bungalows rustiques en bois et bambou installés en étage (pour profiter de la brise) font face à la plage. Atmosphère décontractée. Bons plats à prix doux servis sur place. Le taxi (10 Q depuis le quai) vous déposera à 150 m de l'entrée.

Posada El Delfín (☎ 7947-0694 ; www.posadael-delfin.com ; s/d 125/250 Q ; 🅿 🅿). Chambres immaculées et belle piscine surplombant le fleuve pour ce grand hôtel moderne. N'espérez pas une chambre avec vue, le restaurant à l'étage, excellent, l'accapare entièrement.

Hotel Casa Rosada (☎ 7947-0303 ; www.hotelca-sarosada.com ; Calle Marcos Sánchez Díaz ; ch 160 Q ; 🛜). Au bord du fleuve, à 500 m en amont du quai principal, la Casa Rosada (maison rose) ne manque pas de charme et possède une jetée privée où les bateaux vous déposent sur demande. Très près les uns des autres, ses jolis bungalows en bois ne favorisent pas l'intimité, mais le jardin est séduisant et le restaurant (plats à partir de 60 Q) jouit d'une vue superbe sur l'eau. Les sdb communes sont impeccables. Service de blanchisserie. Réservation de circuits.

Hotel Gil Resort (☎ 7947-0990 ; www.gilresorthotel. com ; s/d 300/480 Q ; 🅿). Sur un coteau descendant vers l'eau, les chambres de cet hôtel sont confortables et modernes, mais sans beaucoup de caractère. En revanche, la vue depuis les terrasses et balcons est superbe.

Vecchia Toscana (☎ 7947-0884 ; www.vecchiatoscana-livingston.com ; Barrio Paris ; ch avec ventil/clim 420/670 Q ; 🅿 🅿). Nouvelle, cette belle adresse italienne sur la plage propose quelques-unes des meilleures chambres de la ville. Celles avec ventilateur peuvent paraître un peu exiguës, mais les plus chères sont assez grandes. Extérieur et parties communes impeccables. Bon restaurant italien avec vue sur la mer à l'avant.

Hotel Villa Caribe (☎ 7947-0072 ; www.hotelvillacari-beguatemala.com ; Calle Principal ; s/d 750/920 Q, bungalow s/d 920/1 100 Q ; 🅿 💻 🛜 🅿). Les 45 chambres du Villa Caribe constituent une luxueuse anomalie parmi les hébergements détendus et bon marché de Lívingston. De style cari-béen, cet hôtel moderne offre de nombreuses commodités et prestations, dont un vaste jardin tropical et une grande piscine bordée d'un bar. Les chambres spacieuses, avec sdb bien équipée, ventilateur au plafond et balcon, donnent sur le jardin et l'em-bouchure du fleuve. Seuls les bungalows sont climatisés. Le prix comprend le petit-déjeuner et le dîner.

Où se restaurer

La nourriture est relativement chère, car presque tous les produits (sauf les poissons et les noix de coco) doivent être apportés par bateau. Poissons et crustacés sont excellents et l'on découvre des saveurs inhabituelles au Guatemala, tels le curry et la noix de coco. Le *tapado*, un somptueux ragoût de poisson, de crevettes, de coquillages cuit dans du lait de coco et parfumé à la coriandre, est la spécialité locale. Le *coco loco*, une noix de coco verte dont on coupe le haut pour verser une généreuse dose de rhum, fait partie des cocktails favoris.

Des restaurants en plein air bordent la Calle Principal.

Antojitos Yoli's (Calle Principal ; 10-30 Q ; 🕐 8h-17h). Réputé pour ses biscuits et pâtisseries, notam-ment le pain à la noix de coco et la tarte à l'ananas.

Restaurante Gaby (Calle Marcos Sánchez Díaz ; plats 30-50 Q ; 🕐 petit-déj, déj et dîner). Dans un cadre modeste et sur fond de *telenovelas* (soap operas), Gaby propose une bonne cuisine à prix raisonnables : langouste, *tapado*, riz et haricots, et petits-déjeuners.

🚉 Tilingo-Lingo (Calle Principal ; plats 40-80 Q ; 🕐 petit-déj, déj et dîner). Proche de la plage, ce petit établissement intime annonce des spécialités de 10 pays et réussit particuliè-rement les plats italiens et de l'Est de l'Inde.

McTropic Restaurante (Calle Principal ; plats 40-100 Q ; 🕐 petit-déj, déj et dîner). Détendu, il offre des plats de la mer parmi les moins chers de la ville. Installez-vous en terrasse pour savourer un bon plat thaï en profitant de l'animation de la rue.

Restaurante Bahía Azul (Calle Principal ; plats 60-100 Q ; 🕐 petit-déj, déj et dîner). Sa situation centrale, son décor joyeux et son excellente cuisine lui valent une popularité constante. La longue carte mêle des influences caribéennes, guatémaltèques et asiatiques. Il ouvre tôt pour le petit-déjeuner.

Restaurante Buga Mama (Calle Marcos Sánchez Díaz ; plats 40-100 Q ; 🕐 petit-déj, déj et dîner ; 🛜). Superbement situé, ce restaurant verse ses bénéfices à l'Asociación Ak Tenemit (www. aktenemit.org), une ONG à la tête de plusieurs projets dans la région. Parmi le grand choix de plats figurent, entre autres, poisson et fruits de mer, pâtes maison, currys et un délicieux *tapado* (100 Q). La plupart des serveurs sont des stagiaires de la communauté apprenant

CENTRE ET EST

les métiers du tourisme (leur maladresse est donc excusable).

Où prendre un verre

Les plus téméraires essaieront le *guifiti,* une boisson locale faite d'alcool de coco, souvent infusé avec des plantes. En plus de monter à la tête, il aurait des vertus médicinales.

Sur la plage, à gauche de l'extrémité de la Calle Principal, quelques bars attirent les voyageurs et les habitants en soirée, après 22h ou 23h. Faites attention, car l'endroit est très sombre. À quelques minutes de marche les uns des autres, ils passent toutes sortes de musiques, de la *punta* à la salsa et du mérengué à l'*electronica.* L'ambiance commence à s'animer le vendredi et la fête peut durer 5h ou 6h le samedi.

Dans la rue principale, presque tous les restaurants pratiquent l'*happy hour,* particulièrement festive à la Casa de la Iguana (p. 270).

Où sortir

Pour en savoir plus sur la musique et la danse garífuna traditionnelles, lisez l'encadré ci-contre.

Des groupes ambulants viennent souvent chanter le soir devant les terrasses de la Calle Principal. Si la musique vous plaît, donnez-leur quelques pièces. Plusieurs établissements accueillent des musiciens garífuna, mais les programmes sont imprévisibles.

Café-Bar Ubafu. Sans doute le plus fiable. Il annonce musique et danse tous les soirs, mais s'anime surtout le week-end.

Hotel Villa Caribe. Cet hôtel (p. 271) programme un spectacle garífuna tous les soirs à 19h dans son restaurant.

Depuis/vers Livingston

Des bateaux fréquents arrivent de Río Dulce et de Puerto Barrios (p. 263). D'autres viennent du Honduras et du Belize.

Exotic Travel (p. 269) propose le transport en bateau et bus pour La Ceiba (l'accès le moins cher aux îles de la baie du Honduras) pour 400 Q par personne (au moins 6 passagers). Quitter Livingston à 7h30 ou plus tôt permet d'arriver à temps à La Ceiba pour le bateau vers les îles, on peut ainsi faire le trajet dans la journée, ce qui est pratiquement impossible en indépendant.

Un bateau direct pour Punta Gorda part le mardi et le vendredi à 7h (200 Q, 1 heure 30) du quai municipal. À Punta Gorda, il assure

la correspondance avec un bus pour Placencia et Belize City, puis il repart pour Livingston vers 10h30.

Si vous prenez un de ces transports matinaux pour quitter le Guatemala, obtenez la veille votre tampon de sortie au service de l'immigration de Livingston (voir p. 267).

ENVIRONS DE LÍVINGSTON

Hotelito Perdido (☎ 5725-1576 ; www.hotelitoperdido. com ; dort 45 Q, bungalow avec/sans sdb 180/130 Q). Un couple de jeunes voyageurs dirige ce superbe hôtel récent, à 5 minutes en bateau de la Finca Tatin. Fonctionnant entièrement à l'énergie solaire et construit dans le respect de l'environnement, cet établissement détendu et chaleureux comprend de ravissants bungalows à 2 niveaux, simples et joliment décorés, avec chambre à l'étage et petit salon au rez-de-chaussée. La capacité réduite de cette adresse intime rend la réservation presque indispensable. Vous pouvez participer aux nombreuses activités proposées par la Finca Tatin. Appelez pour qu'on vienne vous chercher à Livingston (40 Q) ou faites-vous déposer par n'importe quel bateau à destination de Río Dulce.

Finca Tatin (☎ 5902-0831 ; www.fincatatin.com ; dort 45 Q, s/d 125/160 Q, sans sdb 65/110 Q). À 10 km de Livingston, au confluent des Ríos Dulce et Tatin, cette splendide pension rustique est idéale pour découvrir la forêt. On loge dans de jolies cabanes en bois et en chaume dispersées dans la jungle. Des randonnées guidées de 4 heures et des promenades en kayak permettent de visiter quelques villages q'eqchi'. Alentour, on peut emprunter des sentiers, dénicher des cascades et explorer d'innombrables affluents avec les *cayucos* à la disposition des résidents (80 Q par jour). Des marches nocturnes guidées dans la jungle donnent l'occasion d'apercevoir des animaux farouches et la visite des grottes s'accompagne d'une baignade dans un sauna naturel. Vous pouvez rejoindre Livingston à pied en 4 heures environ, ou prendre un kayak et le personnel de la Finca Tatin viendra vous chercher.

Les *lanchas* qui relient Río Dulce et Livingston (ou vice versa) vous déposeront ici. La *finca* peut envoyer sa propre *lancha* venir vous chercher à Livingston (30 Q/pers, 2 pers minimum), Río Dulce (100 Q/pers, 6 pers minimum) ou Puerto Barrios (150 Q/pers, 8 pers minimum).

LE RYTHME DES GARÍFUNA

Lívingston est le cœur de la communauté garífuna du Guatemala, et vous ne tarderez pas à entendre leur musique caractéristique. Un groupe garífuna se compose en général de trois tambours (la *primera* joue les basses, les autres ont des fonctions plus mélodiques), de maracas, d'une carapace de tortue (frappée comme une cloche) et d'une conque (dans laquelle on souffle).

Les chants sont souvent des appels et réponses, le plus souvent en garífuna (une langue aux influences arawak, française et d'Afrique de l'Ouest), mais parfois en espagnol. La plupart des chansons abordent des thèmes de la vie villageoise : les semailles, les récoltes, les événements du village, le culte des morts et les contes de mauvais fils repentis. Parfois, elles chantent simplement la beauté du village.

La musique garífuna traditionnelle a donné naissance à d'innombrables styles musicaux, comme le punta rock, le jugujugu, le calachumba, le jajankanu, la chumba, la saranda, le sambé et la parranda.

De nombreux groupes locaux jouent à Lívingston, les plus connus étant Ubafu, Gayuza, Ibimeni et Zugara. Par ailleurs, des groupes itinérants jouent dans la rue principale de Lívingston à l'heure du dîner, mais c'est au Café-Bar Ubafu (ci-contre) que vous avez le plus de chances de voir un concert le week-end. Contrairement à certains musiciens garífuna du Belize, aucun de ceux de Lívingston n'est devenu célèbre à l'international.

Le punta rock est de loin l'adaptation la plus connue des rythmes garífuna traditionnels, et vous pouvez entendre de la *punta* dans la plupart des discothèques d'Amérique centrale. La danse qui l'accompagne (également appelée *punta*) est plus ou moins frénétique, selon la percussion. Le pied gauche pivote d'arrière en avant pendant que le droit marque le rythme, provoquant un balancement marqué des hanches, ce qui a conduit certains observateurs à insister sur le caractère sexuel de cette danse.

Pour en apprendre davantage sur la culture garífuna ou pour prendre des cours de percussion, adressez-vous à Rasta Mesa (p. 268).

Dans l'autre direction, vers le nord-ouest depuis Lívingston, vous allez vers le Río Sarstun, qui forme la frontière entre le Belize et le Guatemala. À 10 km en amont, vous arrivez à la petite communauté de **Lagunita Creek** (☎ 2253-4991, 5241-9342), où un projet touristique communautaire propose un hébergement en **écolodge** (80 Q). Des repas simples sont servis (50-65 Q). Vous pouvez aussi apporter vos provisions et cuisiner.

L'utilisation des kayaks pour explorer les magnifiques eaux turquoise de la rivière, ainsi que des randonnées/sorties d'observation des oiseaux guidées sont comprises dans le prix. Le trajet pour venir est simple, mais le transport peut être cher : le seul moyen d'accès est le bateau, et les *lanchas* de Lívingston demandent 1 200 Q par voyage (jusqu'à 8 pers), avec une petite réduction pour les groupes moins nombreux.

Petén

Vaste, peu peuplé et recouvert de jungle, le plus grand département du Guatemala séduit les amoureux de la nature et ceux que les civilisations anciennes intéressent.

Le Petén possède effectivement des sites archéologiques bien préservés (et rarement restaurés) et la jungle qui les entoure abrite une faune abondante et diverse.

La multiplicité des vestiges mayas permet de choisir sa destination en fonction de la facilité d'accès. Les majestueux temples de Tikal, par exemple, peuvent se visiter en circuit organisé depuis n'importe quelle localité du pays. D'autres sites plus isolés, comme El Mirador et Piedras Negras, demandent une longue préparation et des jours de marche dans la jungle.

Où que vous alliez, la symphonie de la forêt tropicale vous accompagnera : vous entendrez les cris des perroquets et des singes et les feulements d'autres animaux, plus gros et plus farouches.

La Reserva de Biosfera Maya couvre 21 000 km² et occupe la majeure partie du nord du Petén. Elle jouxte la vaste réserve de la biosphère de Calakmul, au Mexique, et la zone protégée du Río Bravo, au Belize, formant un immense refuge naturel multinational de plus de 30 000 km². La grande diversité de la faune et de la flore et le mystère des anciennes cités mayas se combinent pour faire du Petén une destination unique.

À NE PAS MANQUER

- La majesté des temples de **Tikal**, entourés par la jungle (p. 294)
- Les ruines à peine exhumées d'**El Mirador** (p. 316) et de **Piedras Negras** (p. 314)
- L'observation des oiseaux, des singes et d'autres animaux de la forêt tropicale à **Tikal** (voir l'encadré p. 301) et ailleurs
- La pittoresque ville insulaire de **Flores** (p. 278) ou la douceur d'**El Remate** (p. 290), pour faire une pause détente
- L'exploration en bateau, à cheval et à pied des anciens sites mayas autour de **Sayaxché** (p. 309)

Histoire

Souvent qualifié de berceau de la civilisation maya, le Petén est demeuré isolé du reste du Guatemala jusqu'à une période relativement récente.

Tikal et El Mirador, les principaux centres mayas de la région, avaient certainement plus de contacts avec les populations voisines du Belize et du Mexique qu'avec celles du Sud.

L'arrivée des Espagnols ne changea pas grand-chose à cette situation. Les Itzá, qui vivaient sur l'île aujourd'hui appelée Flores, étaient renommés pour leur cruauté et leur férocité. Cette réputation, ajoutée à la jungle impénétrable et à sa faune dangereuse, maintint les conquistadors à distance du Petén jusqu'en 1697, soit environ 150 ans après la conquête du reste du pays.

Même après s'en être emparé, les Espagnols ne montrèrent guère d'intérêt pour le Petén. L'île de Flores servit de colonie pénitentiaire, puis une petite ville y fut fondée, principalement pour faciliter le commerce du chicle, du bois dur, de la canne à sucre et du caoutchouc plantés dans la région.

Le bouleversement intervint en 1970, lorsque le gouvernement guatémaltèque décida de transformer Tikal en destination touristique et entama la construction d'un réseau routier.

Le département a connu une explosion démographique, largement due aux incitations gouvernementales encourageant les

agriculteurs à s'y installer, et a vu sa population passer de 15 000 à 500 000 habitants en 50 ans.

Certains nouveaux arrivants sont cependant vus d'un mauvais œil : de vastes territoires, notamment dans la pointe nord-ouest et dans le Parque Nacional Laguna del Tigre, ont été accaparés par des trafiquants de drogue et des passeurs, qui profitent de la frontière mal surveillée avec le Mexique.

Climat

Si vous visitez le Petén entre décembre et février, la période la plus propice, attendez-vous à des nuits et à des matinées fraîches. Mars et avril sont les mois les plus chauds et les plus secs. Les pluies commencent en mai ou juin et amènent les moustiques – prévoyez des vêtements imperméables, de la lotion antimoustiques et, si vous comptez dormir dans un hamac, une moustiquaire. La boue et les insectes sévissent de juillet à septembre. Octobre et novembre voient la fin des pluies et le retour de températures moins torrides.

Comment s'y rendre et circuler

Les villes jumelles de Flores et de Santa Elena, à quelque 60 km au sud-ouest de Tikal, constituent le principal carrefour touristique du Petén. Des bus et des minibus circulent fréquemment sur les grandes routes qui relient Flores à Río Dulce au sud-est, à Cobán et Chisec au sud-ouest, la frontière du Belize à l'est, et la frontière mexicaine au nord-ouest ; elles sont désormais toutes asphaltées et en bon état, sauf quelques courts tronçons. De fréquents bus et minibus transportant les voyageurs les parcourent. Flores possède le seul aéroport civil en activité du pays, hormis celui de Guatemala Ciudad.

POPTÚN

24 600 habitants/ altitude 537 m

Cette ville du sud du département est installée sur des contreforts verdoyants offrant un contraste agréable avec le relief plat des environs. À mi-chemin entre Río Dulce et Flores, Poptún est le centre commercial de la région. Elle sert aussi de point de départ à d'intéressantes excursions dans le sud du Petén, jusqu'aux peintures rupestres de Naj Tunich ou au site archéologique d'Ixcún, célèbre pour son immense stèle. Mais la plupart des voyageurs viennent ici pour se rendre à la Finca Ixobel (voir ci-contre), retraite en pleine jungle au sud de la ville.

Vous trouverez quelques banques dans l'artère principale : le **Banco Industrial** (Av 15 de Septiembre 7-27 ; 🕙 9h-17h lun-ven, 9h-13 sam) et la **Banrural** (Av 15 de Septiembre et Calle del Parque ; 🕙 8h-17h lun-ven, 8h30-13h sam) possèdent des DAB Visa/MasterCard et convertissent les chèques de voyage American Express. On peut se connecter au Café Internet Jungle, à côté du Tropical Inn.

Où se loger

Hotel Izalco (☎ 7927-7372 ; 4a Calle 7-11 ; s/d 92/153 Q, sans sdb 60/75 Q ; 🅿). Hôtel petits budgets en plein centre, au-dessus de magasins. L'accueil y est cordial et l'ambiance tranquille derrière sa façade rose, autour de la cour qui sert de parking. Propres et simples, les chambres disposent de lits confortables et de ventilateurs au plafond. Sdb communes en quantité suffisante pour les chambres qui n'ont pas la leur.

Hotel Ecológico Villa de los Castellanos (☎ 7867-4773 ; ecovilla@intelnet.net.gt ; s/d/tr 85/150/180 Q ; 🅿). À 7 km au nord de Poptún sur la route de Flores, cet hôtel se tient au bord du Río Machaquilá – où l'on peut se baigner. Sa vaste propriété offre une promenade de 3 km parmi les plantes médicinales cultivées. Les bungalows en bois au toit de chaume contiennent chacun 2 lits à colonnes avec moustiquaires, une sdb avec eau chaude et la TV. Restaurant de catégorie moyenne. Les bus et minibus pour Poptún peuvent vous y déposer.

Tropical Inn (☎ 7927-7533 ; Av 15 de Septiembre 5-54 ; s/d avec ventil 158/219 Q, avec clim 183/244 Q ; 🅿 🎯 🖥). Les chambres de cet hôtel situé sur l'artère principale sont heureusement éloignées de l'entrée, et font face à un patio tropical équipé d'une petite piscine.

Depuis/vers Poptún

La plupart des bus et minibus s'arrêtent près de la station-service de Las Flores, à l'extrémité nord de l'Avenida 15 de Septiembre, l'axe principal de la ville. Des cars Pullman partent du **bureau Línea Dorada** (☎ 7821-4890) au sud de cette même avenue.

Quelques dessertes au départ de Poptún :
Flores/Santa Elena. Service Línea Dorada 1re classe à 4h30, 5h et 17h pour les passagers en provenance de Guatemala Ciudad. Moins confortables et paraît-il moins sûrs, des bus Fuente del Norte (25 Q, 2 heures, 113 km) partent toutes les heures ou les 2 heures 24/24h ou

presque. La meilleure solution consiste à prendre le minibus (30 Q, toutes les 10 min environ de 6h à 18h).

Fray Bartolomé de Las Casas (65 Q, 5 heures, 100 km). Départ quotidien à 10h30 en face de l'agence Banrural, un pâté de maisons au sud de l'Av 15 de Septiembre. Le trajet peut prendre jusqu'à 7 heures à la saison pluvieuse. Pour pousser jusqu'à Lanquín le même jour, prenez un bus pour Guatemala Ciudad jusqu'à Modesto Méndez (également appelé Cadenas ; 20 Q, 45 min), à 60 km au sud sur la Hwy 13. Là, prenez un bus ou un minibus pour Fray (vers l'ouest), puis un autre pour Lanquín.

Guatemala City (7 heures, 387 km). Des bus Línea Dorada 1ʳᵉ classe (115-160 Q) partent à 11h30, 23h et 23h30. Des bus Fuente del Norte (80 Q) passent à peu près toutes les heures de 5h30 à minuit.

Río Dulce (50 Q, 2 heures, 99 km). Tous les bus pour Guatemala Ciudad s'arrêtent à Río Dulce.

ENVIRONS DE POPTÚN
Finca Ixobel

À 5 km seulement au sud de Poptún, la **Finca Ixobel** (☎ 5892-3188 ; www.fincaixobel.com ; empl par pers 25 Q, dort 35 Q, maison dans les arbres s/d 60/90 Q, s/d sans-avec sdb 75-125/110-250 Q, bungalow s/d 150/275 Q ; Ⓟ 🖳 🖳) est un refuge écolo et bohème au milieu des pins et de zones de jungle. On y rencontre des voyageurs du monde entier dans une atmosphère accueillante et détendue. Les activités et hébergements sont variés, tout comme les délicieux repas maison. L'établissement a été fondé dans les années 1970 par l'américaine Carole DeVine avec Michael, son mari, tragiquement assassiné en 1990 pendant la guerre civile, quand Poptún servait de camp d'entraînement aux Kaibiles, les troupes antiguérillas.

On peut se baigner dans un bassin naturel, monter à cheval (de 2 heures à 4 jours), randonner, visiter des grottes ou flotter sur des chambres à air sur le Río Machaquilá (à la saison pluvieuse). Une des promenades les plus prisées est la marche de 2 heures jusqu'à la Cueva del Río, rivière souterraine avec rapides et cascades (75 Q/pers). On peut aussi visiter les ruines d'Ixcún et les grottes de Naj Tunich, aux peintures rupestres mayas (voir ci-contre) ; le prix de 275 Q/pers (4 pers minimum) comprend l'entrée, le guide et le déjeuner.

Pour dormir, choisissez entre un hamac sous les *palapas* (huttes au toit couvert de feuilles de palmier), un bungalow ou une des maisons perchées dans les arbres – principalement des chalets sur pilotis. Le vaste camping vert et ombragé possède des sanitaires satisfaisants. Le complexe compte aussi des dortoirs et des chambres avec sdb communes ou privatives, le tout équipé de ventilateurs et de moustiquaires. Les repas, excellents, comprennent un buffet à volonté le soir pour 60 Q. Le pain est fait maison et les œufs et légumes sont produits sur place. On peut cuisiner dans le camping si l'on apporte ses provisions. Après le dîner, les hôtes s'offrent souvent un cocktail à prix raisonnable au bar du bord de la piscine. L'établissement fonctionne sur la confiance : les clients doivent déclarer eux-mêmes ce qu'ils ont consommé et les services qu'ils ont utilisés.

Les personnes parlant couramment espagnol ou anglais peuvent travailler bénévolement en échange du gîte et du couvert. Si vous aimez travailler à la *finca* (ferme) et êtes prêt à y séjourner 6 semaines minimum, proposez vos services.

L'embranchement pour la *finca* est indiqué sur la Hwy 13. La *finca* se trouvant à 15 minutes de marche, vous pouvez demander au chauffeur du minibus de vous déposer sur le bord de la route pendant la journée. S'il se fait tard ou si vous n'avez pas envie de marcher, descendez du bus à Poptún et prenez le taxi (30 Q) ou le *tuk-tuk* (20 Q). Pour repartir de la Finca Ixobel, la plupart des bus vous prennent au bord de la route, sauf après la tombée de la nuit. La *finca* propose aussi des navettes depuis/vers Flores (50 Q).

Naj Tunich

La découverte de ces grottes en 1979 a fait sensation dans le monde archéologique. Sur 3 km de long, elles sont couvertes de hiéroglyphes et de fresques mayas représentant des cérémonies religieuses, l'apprentissage artistique, des jeux de ballon et même des scènes à caractère sexuel – les anthropologues débattent de leur nature, homosexuelle ou non – soit en tout 94 dessins datant de la période classique maya. Des scribes et des artistes vinrent d'aussi loin que Calakmul, au Mexique, pour participer à ces œuvres.

Les grottes ont été fermées en 1984 en raison du vandalisme, rouvertes brièvement, puis de nouveau fermées en 2004 pour être préservées. Une splendide reproduction a été réalisée dans une grotte voisine par des artistes locaux sous la supervision des autorités archéologiques et culturelles.

Rejoindre le site en indépendant est difficile. Le mieux consiste à le visiter dans le cadre d'un circuit à prix très raisonnable organisé par la Finca Ixobel (voir p. 277), qui reverse les bénéfices à des projets de développement des communautés locales.

Dolores

Le **Museo Regional del Sureste de Petén** (entrée libre ; 🕑 8h-17h) présente quelques-unes des découvertes archéologiques les plus importantes du département. C'est le principal attrait de Dolores (17 800 habitants), à 25 km au nord de Poptún sur la CA-13. Les collections comprennent des céramiques, des pointes de flèches et des stèles. La ville compte aussi l'église la plus ancienne du Petén.

La deuxième plus grande stèle maya, vestige d'un royaume maya de la fin de la période classique, se trouve à **Ixcún** (30 Q), dans une zone protégée de la jungle, à 1 heure de marche de Dolores. Cette stèle, qui représente un chef coiffé de plumes de quetzal, se dresse à l'extrémité d'un site cérémoniel composé de trois places, d'un temple non restauré et d'une acropole. D'après les archéologues, les structures de la Plaza Principal pourraient avoir servi d'observatoire astronomique. La ville d'Ixtontón, qui fut un important centre commercial jusqu'au XIᵉ siècle, se trouve 6 km plus loin sur le Río Mopán.

Tous les minibus circulant entre Flores et Poptún s'arrêtent à Dolores. Des taxis partant du musée peuvent vous conduire à Ixcún pour 125 Q en vous laissant 2 heures pour visiter.

FLORES ET SANTA ELENA

Flores 30 600 habitants, Santa Elena 29 000 habitants / altitude 117 m

Avec ses maisons cubiques qui descendent de la place centrale jusqu'aux eaux émeraude du **Lago de Petén Itzá**, l'île de Flores a un petit côté méditerranéen. Une chaussée de 500 m la relie à Santa Elena, sur la rive du lac, qui se fond ensuite avec San Benito à l'ouest. Ces trois villes n'en forment qu'une seule, appelée simplement Flores.

Flores proprement dite est celle qui a le plus de charme. Ses rues sont bordées de petits hôtels et restaurants, souvent dotés de terrasses au dernier étage avec vue sur le lac. Les habitants de Flores sont fiers de la beauté de leur île, et une promenade vient d'être aménagée autour du lac. Flores a cependant un côté quelque peu artificiel et les voyageurs désargentés à destination de Tikal lui préfèrent la tranquillité et le cadre naturel d'El Remate (p. 290), un peu plus loin sur la route.

Banques, supermarchés et terminal des bus sont installés à Santa Elena, qui jouxte San Benito (46 250 habitants). Rien ne retient le voyageur dans ces localités, à moins de vouloir s'encanailler dans l'une des nombreuses *cantinas*.

Histoire

Tayasal, l'ancienne Flores, fut fondée sur une île (*petén*), peut-être au XIIIᵉ ou au XVᵉ siècle, par les Itzá, un peuple chassé de Chichén Itzá, dans la péninsule mexicaine du Yucatán. Hernán Cortés y fit halte en 1525, alors qu'il

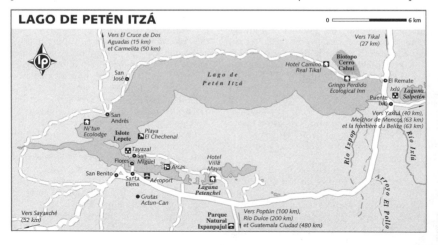

LAGO DE PETÉN ITZÁ

0 ⸺ 6 km

Vers El Cruce de Dos Aguadas (15 km) et Carmelita (50 km)

Vers Tikal (27 km)

San José

Lago de Petén Itzá

Hotel Camino Real Tikal

Biotopo Cerro Cahuí

Gringo Perdido Ecological Inn

El Remate

Ixlú *Laguna Salpetén*

Puente

Ixlú

Vers Yaxhá (40 km), Melchor de Mencos (63 km) et la frontière du Belize (63 km)

San Andrés

Ni'tun Ecolodge

Islote Lepete

Playa El Chechenal

Tayazal San Miguel

Flores

Arcas

Hotel Villa Maya

San Benito

Santa Elena

Aéroport

Laguna Petenchel

Grutas Actun-Can

Vers Sayaxché (52 km)

Parque Natural Ixpanpajul

Vers Poptún (100 km), Río Dulce (200 km) et Guatemala Ciudad (480 km)

Río Ixpop

Río Ixlú

Arroyo El Pollo

PETÉN

se rendait au Honduras et, étonnamment, sa rencontre avec le roi Canek fut pacifique. Il laissa derrière lui un cheval boiteux que les Itzá nourrirent de fleurs et de ragoût de dinde ; à sa mort, ils érigèrent une statue de l'animal qu'ils vénéraient comme une manifestation de Chac, le dieu de la Pluie, ainsi que le constatèrent des moines espagnols en 1618. Les Espagnols n'imposèrent leur férule aux Itzá de Tayasal, le dernier royaume maya survivant, qu'en 1697. Ils s'empressèrent de détruire les nombreux temples, pyramides et statues, dont il ne reste plus trace, mais la ville moderne est sans doute érigée sur les ruines et les fondations de la cité de Tayasal. Ne confondez pas cette ancienne cité maya avec les ruines couvertes de végétation de Tayazal, sur la péninsule au nord de l'île, qui datent principalement de la période classique, bien avant l'arrivée des Itzá.

Orientation

L'aéroport se situe à la périphérie est de Santa Elena, à 2 km de la chaussée reliant Santa Elena et Flores. Les bus longue distance déposent les passagers au terminal des bus de Santa Elena, à 1 km au sud de la chaussée, dans la 6a Avenida.

Renseignements

ACCÈS INTERNET

Petén Net (carte p. 282 ; Calle Centro América ; 10 Q/h ; 8h-22h lun-sam, 9h-21h dim)

Tayasal Net (carte p. 282 ; 8 Q/h ; 8h-22h lun-sam, 13h-22h dim). Dans l'Hotel Posada Tayasal.

AGENCES DE VOYAGES

Plusieurs agences de voyages de Flores et Santa Elena proposent des excursions vers des sites archéologiques, des navettes en minibus et autres services. La plupart des hôtels peuvent réserver visites, navettes, bus et billets d'avion. Les agences offrant le plus de services sont :

Aventuras Turísticas (carte p. 282 ; ☎ 4034-9550 ; www.aventurasturisticas.com ; Av Barrios). Navettes pour Cobán, circuits à Tikal, location de vélos.

Martsam Travel (carte p. 282 ; ☎ 7867-5093 ; www. martsam.com ; Calle 30 de Junio). À l'entrée du restaurant Capitán Tortuga, cette agence bien organisée offre une large palette de services.

Mayan Princess (carte p. 282 ; ☎ 7867-5045 ; bbbetoremate@hotmail.com ; Calle Centro América)

San Juan Travel (☎ 5461-6010 ; sanjuant@hotmail. com) Flores (carte p. 282 ; Playa Sur) ; Santa Elena (carte p. 280 ; 2a Calle). Navettes pour Tikal. Cette agence possède deux annexes sur la Playa Sur.

ARGENT

Banrural (carte p. 282 ; Avenida Flores), juste à côté du Parque Central de Flores, change les chèques de voyage, tout comme son agence de l'aéroport. Si vous cherchez un DAB et n'allez pas à Santa Elena, cherchez le Cajero 5B (réseaux Cirrus et Plus) en face de l'Hotel Petén sur la Calle 30 de Junio (carte p. 282).

Les autres banques se trouvent sur la 4a Calle à Santa Elena. Les suivantes changent au moins les chèques de voyage American Express en dollars américains et possèdent des DAB (réseaux Cirrus et Plus) :

Banco Agromercantil (carte p. 280 ; 9h-18h lun-ven, 9h-13h sam). Change aussi les euros.

Banco Continental (carte p. 280 ; 9h-17h lun-ven, 9h-13h sam)

Banrural (carte p. 280 ; 8h30-19h lun-ven, 8h30-13h sam). À l'extrémité ouest de la rue, direction San Benito. Change également les euros.

Le terminal des bus de Santa Elena comporte aussi un DAB Cajero 5B.

Nombre d'hôtels et d'agences de voyages changent les dollars US (espèces et parfois chèques de voyage) à des taux toutefois désavantageux. **San Juan Travel** (ci-dessus) change aussi les dollars du Belize, les pesos mexicains et délivre des avances sur les cartes Visa, MasterCard, Diner's Club et American Express.

LAVERIE

Lavandería San Miguel (carte p. 282 ; Calle Fraternidad ; 8h30-18h lun-sam). Lavage et séchage 35 Q quelle que soit la charge.

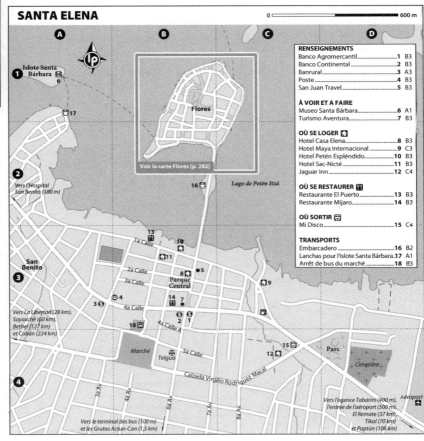

SANTA ELENA

0 ———————————— 600 m

RENSEIGNEMENTS
Banco Agromercantil.................................1 B3
Banco Continental.....................................2 B3
Banrural..3 A3
Poste...4 B3
San Juan Travel...5 B3

À VOIR ET A FAIRE
Museo Santa Bárbara...............................6 A1
Turismo Aventura......................................7 B3

OÙ SE LOGER
Hotel Casa Elena..8 B3
Hotel Maya Internacional.......................9 C3
Hotel Petén Espléndido........................10 B3
Hotel Sac-Nicté.......................................11 B3
Jaguar Inn...12 C4

OÙ SE RESTAURER
Restaurante El Puerto...........................13 B3
Restaurante Mijaro.................................14 B3

OÙ SORTIR
Mi Disco...15 C4

TRANSPORTS
Embarcadero...16 B2
Lanchas pour l'Islote Santa Bárbara..17 A1
Arrêt de bus du marché........................18 B3

Islote Santa Bárbara

Flores

Voir la carte Flores (p. 282)

Lago de Petén Itzá

Vers l'Hospital San Benito (100 m)

San Benito

Vers La Libertad (28 km), Sayaxché (60 km), Bethel (127 km) et Cobán (224 km)

1a Calle
2a Calle
3a Calle
Parque Central
4a Calle
4a Calle A
5a Calle

Marché
Telgua

Calzada Virgilio Rodríguez Macal

Parc
Cimetière

3a AV
4a AV
6a AV
7a AV
8a AV

Vers le terminal des bus (100 m) et les Grutas Actun-Can (1,5 km)

Vers l'agence Tabarini (400 m), l'entrée de l'aéroport (500 m), El Remate (37 km), Tikal (70 km) et Poptún (108 km)

Aéroport

OFFICES DU TOURISME

Inguat (carte p. 282 ; ☎ 7867-5334 ; ciudadfloresinfocenter@gmail.com ; Av Santa Ana ; ☸ 8h-16h lun-ven). Cet office du tourisme officiel propose des plans et des dépliants, mais les renseignements fiables sont parfois difficiles à obtenir.
Inguat Info Kiosk (carte p. 282 ; Playa Sur ; ☸ 7h-11h et14h-18h). Vous trouverez un kiosque similaire à l'Aeropuerto Internacional Mundo Maya.

POSTE

Poste Flores (carte p. 282 ; Av Barrios) ; Santa Elena (carte p. 280 ; dans le Centro Comercial Karossi, 4a Calle et 4a Av)

URGENCES

Asistur (Police touristique ; ☎ 5414-3594)
Hospital San Benito (Calzada de San Benito)

À voir

Sur une île à l'ouest de Flores, le **Museo Santa Bárbara** (carte p. 280 ; ☎ 7926-2813 ; 10 Q ; ☸ 9h-17h) expose des objets mayas issus de sites archéologiques des environs, des articles jaunis de *National Geographic* et du matériel de diffusion radiophonique, le tout tassé dans une petite salle. Le musée rassemble plus de 9 000 pièces, d'après le responsable, qui connaît une anecdocte sur chacune d'entre elles. Les radios et phonographes anciens sont un don de son père, animateur durant 40 ans à Radio Petén, laquelle diffuse toujours depuis un bâtiment adjacent. Après le musée, savourez une noix de coco glacée au café près du quai. L'embarcadère de San Benito est tout près :

appelez ou sifflez le batelier, qui vous fera traverser moyennant 10 Q.

Activités

BÉNÉVOLAT

La **Estación Biológica Las Guacamayas** (p. 314), dans le Parque Nacional Laguna del Tigre, et le centre de réhabilitation d'**Arcas** (p. 289) offrent l'occasion de travailler avec des animaux sauvages. À Las Guacamayas, des bénévoles sont chargés d'étudier certaines espèces à des fins scientifiques. Il faut s'engager pour deux semaines minimum et verser 170 Q pour l'hébergement, la nourriture et le transport. Ces frais sont un peu moindres pour les bénévoles qui restent plus longtemps. Contactez l'**Asociación Balám** (carte p. 282 ; ☎ 7867-5098 ; www.asociacionbalam.org), ONG guatémaltèque qui gère des projets de développement durable dans la réserve de biosphère Maya. À Arcas, un centre de protection d'espèces en danger, les bénévoles peuvent "adopter" et nourrir des animaux moyennant 1 000 Q/sem avec le gîte et le couvert. Les écoles de langue de San Andrés (p. 290) et de San José (p. 290) offrent l'opportunité de participer à des projets communautaires et environnementaux.

Circuits organisés

À Flores, de nombreuses agences de voyages (p 279) offrent des circuits guidés d'une journée à des sites archéologiques comme Tikal, Uaxactún, Yaxhá et Ceibal. Les tarifs guide et déjeuner compris vont de 110 Q pour un circuit simple à Tikal jusqu'à 1 120 Q pour une excursion à Ceibal.

Les organismes cités plus bas proposent des circuits plus sportifs de randonnée avec camping vers des sites archéologiques tels Nakum, El Perú, El Zotz, El Mirador, Nakbé et Wakná. Les trois comités d'écotourisme des villages d'El Cruce de Dos Aguadas (à 45 km au nord de Flores par une route de terre), de Carmelita (à 35 km après El Cruce de Dos Aguadas) et de Paso Caballos (à l'ouest d'El Cruce de Dos Aguadas) ont été créés avec l'aide de Conservation International et de ProPetén afin que le tourisme responsable bénéficie aux communautés de la jungle. Les guides des comités sont généralement des *xateros* (cueilleurs de *xate*, un palmier utilisé dans les bouquets de fleurs) ou des *chicleros* (collecteurs de chicle, utilisé pour fabriquer le chewing-gum) ; ils connaissent parfaitement la forêt, mais se révèlent moins savants sur la signification archéologique des sites. Ces expéditions n'ont rien de luxueux et les participants doivent être en parfaite forme physique et mentale pour affronter les longues marches dans une jungle épaisse, manger ce qu'on leur présente, supporter les piqûres de fourmis, moustiques et tiques qui peuplent la forêt, et dormir dans des hamacs.

Hostel Los Amigos (carte p. 282 ; ☎ 7867-5075 ; www. amigoshostel.com ; Calle Central). Propose des excursions parmi les moins chères vers El Mirador et El Zotz.

Martsam Travel (carte p. 282 ; ☎ 7867-5093 ; www. martsam.com ; Calle 30 de Junio). Travaille avec les Comités Comunitarios de Ecoturismo, qui emploient des guides originaires des villages forestiers d'El Cruce de Dos Aguadas et de Carmelita.

Mayan Adventure (carte p. 282 ; ☎ 5830-2060 ; www.the-mayan-adventure.com ; Av 15 de Septiembre). Coordonné par un spécialiste allemand des Mayas, cet

CIRCUITS AUX SITES ARCHÉOLOGIQUES

Les tarifs ci-dessous s'entendent par personne pour des groupes de 2/4/5 personnes et plus (nourriture, eau, équipement pour la nuit et guide hispanophone inclus).

Sites	Durée	Prix
El Zotz et Tikal	3 jours	2 285/1 620/1 579 Q
El Perú	3 jours 2 jours	2 495/1 540/1 290 Q 2 120/1 250/1 125 Q
El Mirador-Nakbé-Wakná	7 jours	4 865/4 200/3 745 Q
Yaxhá-Nakum-Tikal	3 jours	2 620/1 830/1 665 Q
Yaxhá et Nakum	2 jours	1 625/1 165/1 040 Q
Dos Pilas, Aguateca et Ceibal	3 jours	3 620/3 080/3 035 Q

PETÉN

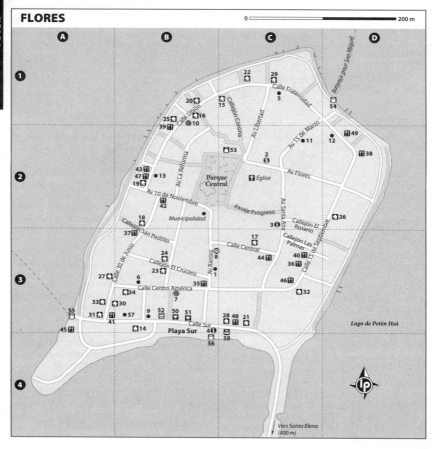

FLORES

0   200 m

Lago de Petén Itzá

Vers Santa Elena
(400 m)

organisme propose des circuits "scientifiques" sur des sites en cours de fouille, avec les commentaires des archéologues travaillant sur place.

Turismo Aventura (www.tours.guatemala.com) Flores (carte p. 282 ; ☎ 5510-2965 ; Calle Unión) ; Santa Elena (carte p. 280 ; ☎ 7926-0398 ; 6a Av 3-44). Agence 100% guatémaltèque proposant des excursions de qualité vers des destinations lointaines comme Piedras Negras ou El Mirador.

Maya Expeditions (voir p. 75), installé à Guatemala Ciudad, propose des sorties rafting de 1 à 3 jours sur le Río Chiquibul, avec possibilité de visiter des sites moins connus comme Yaxhá, Nakum et Topoxte, à des tarifs s'échelonnant de 700 à 3 750 $US par personne. De difficulté moyenne, ces excursions conviennent aux familles et aux débutants.

PROMENADES SUR LE LAC

Pour une promenade sur le lac, on peut louer les bateaux amarrés aux *embarcaderos* (embarcadères) situés face à l'Hotel Petenchel, près de l'Hotel Santana à Flores, ou au milieu de la chaussée reliant Flores à Santa Elena. Les prix sont négociables. Une balade de 1 heure coûte environ 150 Q. Pour une balade de 3 heures avec escale à la réserve animale d'Arcas (p. 289), au Zoo de Petencito, sur l'île de Santa Bárbara avec visite de son musée (p. 280), et aux ruines de Tayazal, comptez 400 Q pour 3 passagers, arrêts et temps d'attente compris.

Cours

Dos Mundos Spanish School (carte p. 282 ; ☎ 5830-2060 ; www.cafeyaxha.com ; Calle Fraternidad) propose des cours individuels/en groupe moyennant 835/665 Q par semaine pour 4 heures de cours quotidiens. Comptez 625 Q par semaine pour le gîte et le couvert chez l'habitant. On peut travailler comme bénévole dans un orphelinat local.

Où se loger

En dehors de quelques hôtels haut de gamme au bord du lac, à Santa Elena, il vaut mieux résider à Flores, à moins d'avoir un goût particulier pour les bruits de la circulation et la poussière.

FLORES
Petits budgets

Hostel los Amigos (carte p. 282 ; ☎ 7867-5075 ; www. amigoshostel.com ; Calle Central ; dort 30 Q, ch 80 Q/pers ; 💻). L'unique auberge de jeunesse de Flores, avec son dortoir pour 10, ses hamacs et même sa maison dans les arbres, a grandi tranquillement en 6 ans d'existence. Les voyageurs du monde entier y trouvent tout ce qu'ils aiment : feux de joie le soir, *happy hours*, nourriture bio en abondance, yoga et excursions peu chères dans la jungle.

Hospedaje Doña Goya (carte p. 282 ; ☎ 7867-5513 ; hospedajedonagoya@yahoo.com ; Calle Unión ; dort 30 Q, s/d avec-sans sdb 70-60/110-80 Q). Cette pension tenue en famille est un des hôtels les moins chers de la ville – c'est pourquoi elle est souvent complète. Les lits sont confortables, il y a de l'eau chaude

et une terrasse sur le toit avec un abri au toit de palmes et des hamacs d'où admirer le lac. Les dortoirs sont grands et impeccables, et l'on vous sert le petit-déjeuner avec le sourire au café du rez-de-chaussée.

Hotel Mirador del Lago (carte p. 282 ; Calle 15 de Septiembre ; s/d 50/80 Q, ch avec vue 100 Q ; 💻). Entretien minimaliste dans cet hôtel malgré tout bien situé au bout de la chaussée, avec une terrasse face au lac. Les chambres à l'étage bénéficient de la brise l'après-midi. Il n'y a pas de téléphone.

Hotel La Unión (carte p. 282 ; ☎ 5908-1037 ; Calle Unión ; s/d 50/90 Q, ch avec vue 110 Q ; 💻). Situé près de la promenade en bord du lac, arborant une décoration plutôt chic et des chambres avec ventilateur, cet hôtel bien tenu offre un très bon rapport qualité/prix. On peut consulter ses e-mails au café du rez-de-chaussée ou prendre un cocktail sur la terrasse au bord du lac.

Hotel Santa Rita (carte p. 282 ; Calle 30 de Junio ; s/d/tr 60/80/120 Q). Cet hôtel ne sera jamais esthétique, mais il est central et bon marché, et les petites chambres peintes en vert partagent de longs balcons. Celles de l'étage supérieur sont un peu plus jolies que celles du bas et possèdent un sol carrelé. Pas de téléphone.

Hotel Casa del Lacandón (carte p. 282 ; ☎ 7867-5594 ; Calle Unión ; s/d/tr 60/100/140 Q). Cet hôtel tire un parti maximum de sa situation au bord du lac grâce à sa terrasse et son café avec vue. Les chambres, quoique simples, ne sont pas dépourvues d'élégance, et celles situées à l'arrière jouissent d'une belle vue.

Hospedaje Doña Goya the 2nd (carte p. 282 ; ☎ 7867-5516 ; hospedajedonagoya@yahoo.com ; Calle Unión ; s/d 70/140 Q, ch avec balcon 140 Q ; 🅧 🖳). Le Doña Goya seconde mouture est encore plus épatant que le premier. Il décline le thème de la jungle et les rampes d'escalier imitent des plantes grimpantes. Les chambres sont ordinaires, spacieuses, impeccables, avec des moustiquaires aux fenêtres, et la plupart jouissent d'une vue. Comme l'ancienne version, cet hôtel possède une terrasse équipée de hamacs.

Hotel Casablanca (carte p. 282 ; ☎ 5699-1371 ; Playa Sur ; s/d 70/100 Q). C'est le premier hôtel en quittant la chaussée. Tenu en famille, il possède des chambres simples et spacieuses et une terrasse d'où admirer le lac. On est souvent réveillé de bonne heure par la circulation automobile en provenance de Santa Elena.

Hotel La Mesa de los Mayas (carte p. 282 ; ☎ /fax 7867-5268 ; mesamayas@hotmail.com ; Callejón El Crucero ; s/d 75/150 Q, avec clim 125/200 Q ; 🅧). Cet hôtel dans une petite rue étroite est un pilier de l'hôtellerie à Flores. Les chambres impeccables sont décorées de dessus-de-lit à carreaux et de lampes de lecture. Certaines possèdent des balcons fleuris.

Hotel Petenchel (carte p. 282 ; ☎ 7867-5450 ; Playa Sur ; s/d 100/120 Q, avec clim 150/170 Q ; 🅧). Les 8 chambres spacieuses du Petenchel, dotées de lits fermes et de plafonds voûtés, entourent un patio verdoyant, tout près de la chaussée. Les douches, très chaudes, vous réchaufferont par temps frais.

Hotel El Peregrino (carte p. 282 ; ☎ 7867-5115 ; peregrino@itelgua.com ; Calle La Reforma ; s/d 100/150 Q, avec clim 175/300 Q). Vieil hôtel tenu en famille, où l'on sert de la cuisine maison dans le *comedor* situé devant. Les chambres, spacieuses, possèdent un sol carrelé, de gros ventilateurs au plafond et des moustiquaires aux fenêtres.

Posada de la Jungla (carte p. 282 ; ☎ 7867-5185 ; Calle Centro América ; s/d 100/150 Q, avec clim 190/250 Q). Ne négligez pas cet hôtel de 3 étages à la façade étroite et ornée de balcons. Quoiqu'un peu exiguës, les chambres sont confortables et la literie de qualité.

Mayab Hotel (carte p. 282 ; ☎ 7867-5469 ; mayabhotel@gmail.com ; Calle 30 de Junio ; s/d 125/175 Q ; 🖳). Derrière sa façade verte se cachent un patio et une terrasse en hauteur donnant sur le lac. Les chambres sont de taille correcte, avec éclairage tamisé, coffres-forts et douches chaudes – la

n°8 étant de loin la plus jolie avec son balcon sur l'arrière.

Catégorie moyenne

🅞 **Hotel Casa Amelia** (carte p. 282 ; ☎ 7867-5430 ; www.hotelcasamelia.com ; Calle Unión ; s/d 180/280 Q avec petit-déj ; 🅧 🖳 🛜). Nouveau à Flores, cet hôtel de charme abrite de belles chambres claires et chics avec vue sur le lac. Installé dans l'un des bâtiments les plus hauts sur la rive du lac, il possède une terrasse sur le toit, d'où l'on voit San Miguel. Le petit-déjeuner est servi au restaurant-bar adjacent, tenu par la même famille.

Hotel Sabana (carte p. 282 ; ☎ /fax 7867-5270 ; www.hotelsabana.com ; Calle Fraternidad ; s/d 190/250 Q ; 🅧 🅡). Côté nord de l'île, cet établissement plus impersonnel de 28 chambres possède une piscine rhomboïdale en son centre (avec Jacuzzi familial) et une terrasse bien fraîche surplombant le lac.

Hotel Villa del Lago (carte p. 282 ; ☎ /fax 7867-5131 ; www.hotelvilladelago.com.gt ; Calle 15 de Septiembre ; s/d 250/290 Q ; 🅧 🖳 🛜). Derrière sa façade à l'ancienne se cache un intérieur frais et bien aéré, avec colonnes grecques et plantes en pots. Les chambres, confortables, sont bien meublées et équipées de ventilateurs au plafond. Celles avec vue sur le lac sont plus chères. On peut éventuellement demander le petit déjeuner. La terrasse en hauteur est un délice, et le personnel peut se charger de la blanchisserie, d'échanger des livres et de réserver vos billets d'avion.

Hotel Casazul (carte p. 282 ; ☎ 7867-5451 ; www.hotelesdepeten.com ; Calle Fraternidad ; s/d 315/385 Q ; 🅧 🖳). Comme son nom l'indique, la couleur bleue est omniprésente dans cet hôtel, des balcons de style planteur aux murs des 9 chambres, spacieuses, confortables et toutes décorées de manière différente. Quelques-unes ont un balcon et tout le monde peut profiter de la terrasse au troisième étage.

Hotel Santana (carte p. 282 ; ☎ /fax 7867-5123 ; www.santanapeten.com ; Calle 30 de Junio ; s/d 332/374 Q ; 🅧 🖳 🅡). Béton, bois, chaume et osier composent un mélange éclectique qui fonctionne plutôt bien. Les chambres aux proportions généreuses et aux murs turquoise ont des ventilateurs au plafond. Celles de l'arrière possèdent un petit balcon avec vue sur le lac en direction de la Isla Santa Bárbara.

Hotel Petén (carte p. 282 ; ☎ 7867-5203 ; www.hotelesdepeten.com ; Calle 30 de Junio ; s/d 375/435 ; 🅧 🖳 🅡). Chambres à la décoration gaie, agrémentée de chintz. Préférez celles avec balcon, pas plus chères que les autres. Le jardin comprend une belle piscine couverte et découverte et le restaurant-bar donne sur une terrasse au bord du lac.

Catégorie supérieure

Hotel La Casona de la Isla (carte p. 282 ; ☎ 7867-5200 ; www.hotelesdepeten.com ; Calle 30 de Junio ; s/d à partir de 410/475 Q ; 🛏 🖳 🍸). Prisé des groupes, cet hôtel a un parfum de Caraïbes renforcé par sa palette jaune et bleu. Décorées avec modération, les chambres plutôt petites bordent une longue véranda face à une piscine avec rocaille et terrasse donnant sur le lac. On peut admirer le lac et le coucher du soleil depuis les chambres nᵒˢ31, 303 et 304, les plus belles.

Gran Hotel de La Isla (carte p. 282 ; ☎ /fax 7867-5549 ; www.granhoteldeflorespeten.com ; Playa Sur ; s/d 542/620 Q ; 🅿 🛏 🖳 🛜 🍸). Cet hôtel d'affaires rutilant occupe une place de choix à l'extrémité ouest de la Playa Sur. Les 45 chambres meublées avec luxe sont desservies par des corridors voûtés, ornés de portraits de princes mayas, mais les balcons avec vue sur le lac sont un peu petits. On peut se détendre dans les piscines, couverte et découverte, ou en sirotant un daiquiri au Fisherman's Bar.

SANTA ELENA
Petits budgets

Hotel Sac-Nicté (carte p. 280 ; ☎ 7926-2356 ; 1a Calle ; s/d/tr à partir de 50/80/100 Q ; 🅿). Pratiquement le meilleur hôtel de sa catégorie de ce côté de la chaussée, à un pâté de maisons du front de mer, encore que l'hôtel Espléndido lui bloque la vue. Derrière sa haie géante, l'hôtel a un petit côté abandonné qui n'est pas pour déplaire. Les chambres sont équipées de ventilateurs au plafond et de douches froides. Celles du rez-de-chaussée sentent un peu le renfermé, tandis que les chambres triples côté sud disposent de balcons poussiéreux donnant sur le jardin intérieur.

Jaguar Inn (carte p. 280 ; ☎ 7926-0002 ; Calzada Rodríguez Macal 8-79 ; s/d 125/180 Q, avec clim 170/225 Q ; 🅿 🛏). Confortable sans être vraiment chic, cet hôtel abrité par une enceinte près de la rivière propose des chambres lambrissées et fanées le long d'un patio ombragé. Une bonne adresse, malgré sa situation un peu excentrée, à 150 m de la route principale, près de l'aéroport, plutôt conseillée aux voyageurs motorisés.

Catégorie moyenne

Hotel Casa Elena (carte p. 280 ; ☎ 7926-2223 ; www.hotelcasaelenadelasflores.com ; angle 6a Av et 2a Calle ; s/d 358/400 Q ; 🅿 🛏 🍸). Au sud de la chaussée, cet hôtel propose des chambres claires aux teintes pastel, décorées de photos. Certaines donnent sur la toute petite place de Santa Elena, où les *tuk-tuks* sont parfois énervants. Plus agréables, les chambres donnant sur l'intérieur font face à la piscine avec toboggan. Il y a aussi un bar, un restaurant, une terrasse sur le toit et un spa proposant des soins du visage et des pieds.

Catégorie supérieure

Hotel Maya Internacional (carte p. 280 ; ☎ 7926-2083 ; www.villasdeguatemala.com ; Av del Periférico, Calle 0, Zona 1 ; s/d 705/830 Q ; 🅿 🛏 🖳 🛜 🍸). Ce complexe tropical chic, situé dans une zone humide paysagère en bord de mer, donne une excellente raison de séjourner à Santa Elena. L'activité converge vers la salle à manger au vaste toit de chaume, et le ponton de bois donnant sur la piscine à débordement est idéal pour prendre un daiquiri au coucher du soleil. Un chemin en planches serpente dans les jardins tropicaux pour desservir les 26 chambres en teck et chaume qui conjuguent ambiance jungle et confort moderne. Les chambres nᵒˢ49 et 54 ont la meilleure vue sur le lac.

Hotel Petén Espléndido (carte p. 280 ; ☎ 7926-0880 ; www.petenesplendido.com ; 1a Calle 5-01 ; s/d 1 370/1 520 Q ; 🅿 🛏 🛜 🍸 ♿). Installé le long de la chaussée dans sa propre marina, l'hôtel le plus luxueux de la région offre une gamme complète de services : coffres-forts dans les chambres, téléphone dans la sdb, balcons avec vue et probablement le seul ascenseur de la région. Les chambres pourraient être plus grandes, mais leur confort est parfait. Les restaurants et le bar au bord de la piscine complètent l'offre. Une navette gratuite vous y conduira depuis l'aéroport.

Où se restaurer
FLORES

Antojitos Mamelina (carte p. 282 ; angle Calle Centro América et Av Barrios ; tostadas 3 Q ; 🕑 17h-21h jeu-dim). Mamelina ouvre sa cuisine aux passants les soirs de week-end. Les gens du coin viennent y déguster ses *tostadas* (au bœuf haché, à la betterave ou à l'avocat), ses sandwichs au poulet et son flan.

Cool Beans (carte p. WWW ; Calle 15 de Septiembre ; sandwichs 18-30 Q ; 🕑 petit-déj, déj et dîner mer-lun ; 🛜).

Également appelé Café Chilero, cet établissement un peu à l'écart est plutôt une sorte de club servant des en-cas, doté d'espaces où bavarder, regarder des vidéos ou consulter son ordinateur portable. On peut déguster son petit-déjeuner ou son hamburger végétarien dans le jardin luxuriant et tranquille d'où l'on aperçoit le lac. La cuisine ferme à 21h précises.

Restaurante Los Peches (carte p. 282 ; Playa Sur ; plats 25 Q ; 7h-22h). proche de la chaussée, ce restaurant tenu en famille prépare du poulet, des steaks et des plats végétariens peu chers, accompagnés de riz, tortillas et salade, dans un cadre modeste. Il ouvre de bonne heure pour le petit-déjeuner.

Restaurante Casa Amelia (carte p. 282 ; 7867-5430 ; Calle Unión ; plats 25-70 Q ; ; petit-déj, déj et dîner ;). Restaurant décontracté et accueillant, avec canapés confortables, billard et vue splendide sur le lac depuis la terrasse à l'arrière. Idéal pour se détendre devant un Cuba libre au coucher du soleil, en grignotant un *ceviche* de crevettes, des *fajitas* et des ailes de poulet.

Café Arqueológico Yax-ha (carte p. 282 ; 5830-2060 ; Calle 15 de Septiembre ; plats 30-60 Q ; petit-déj, déj et dîner mer-lun). Ce café-restaurant aux murs recouverts de photos de sites mayas et d'articles afférents est le quartier général d'un prestataire de circuits. En plus des habituels œufs aux haricots habituels au petit-déjeuner, on y sert des plats typiquement précolombiens ou itza : crêpes aux graines de *ramón* (noix-pain), manioc à la morelle noire, poulet en sauce au chaya.

La Galería del Zotz (carte p. 282 ; Calle 15 de Septiembre ; plats 40-60 Q ; petit-déj, déj et dîner). Après une enquête approfondie, cette galerie sans prétention s'avère l'endroit où l'on sert les meilleurs cappuccinos et *latte* de Flores, ainsi que des petits-déjeuners équilibrés, des pizzas, des pâtes et des curries.

Restaurante & Pizzería Picasso (carte p. 282 ; Calle 15 de Septiembre ; pizzas 35-120 Q ; 10h30-22h30 mer-dim). Ce restaurant installé de longue date et tenu par des Italiens propose des pizzas au feu de bois de premier ordre. Les œuvres d'art ornant les murs sont-elles vraiment du grand Pablo ? La petite cour est agréable.

Las Puertas (carte p. 282 ; 7867-5242 ; angle Calle Central et Av Santa Ana ; pâtes et salades 40-50 Q ; 8h-minuit lun-sam). Dans cette grande salle pittoresque, avec des ventilateurs fixés aux poutres du plafond, d'adorables femmes Q'eqchi' s'activent derrière le bar. La carte

éclectique se distingue par ses plats de pâtes et ses nombreuses salades. Des groupes de jazz ou de reggae s'y produisent presque tous les soirs.

Suica Café (carte p. 282 ; 5353-5357 ; Calle Fraternidad ; plats 40-60 Q ; déj et dîner lun-sam). Des sushis dans le Petén ! Les propriétaires japonais du Suica proposent de la soupe miso, des tempura, des sashimis et ne s'arrêtent que faute d'ingrédients. Une adresse qui vaut le détour.

Il Terrazo (carte p. 282 ; Calle Unión ; pâtes 48-72 Q ; petit-déj, déj et dîner lun-sam). créé par un couple guatémaltèque formé par un chef bolognais, ce restaurant gastronomique italien est installé sur le toit-terrasse couvert d'un dais de chaume. Fettuccines, tortellinis et taglioni sont faits maison, et l'on peut demander des paninis à emporter. Smoothies aux fruits sensationnels.

Restaurante El Peregrino (carte p. 282 ; 7867-5115 ; Av La Reforma ; plats 50 Q ; 7h-22h). Ce *comedor* non touristique propose de copieux plats maison comme le ragoût de ventrèche et la langue panée. Au déjeuner, demandez le plat du jour (20 Q).

Capitán Tortuga (carte p. 282 ; Calle 30 de Junio ; plats 55-105 Q ; petit-déj, déj et dîner). Ce restaurant évoquant une grange, avec 2 terrasses au bord du lac, est une réplique du Carlos & Charlie's. On y sert des plats copieux et roboratifs – surtout les pizzas – à des prix raisonnables. Les amateurs de bière qui se déplacent en groupe ont intérêt à demander un *cubetazo* – 5 bouteilles dans un seau pour 75 Q.

La Villa del Chef (carte p. 282 ; Calle Unión ; salades 34 Q, plats 59-95 Q ; déj et dîner). Restaurant décontracté privilégiant les ingrédients naturels, tenu par un Allemand et installé sur un ponton rustique sur l'eau. La carte propose des salades moyen-orientales et des spécialités guatémaltèques. Ne manquez pas l'*happy hour* de 17h à 20h.

La Luna (carte p. 282 ; angle Calles 30 de Junio et 10 de Noviembre ; plats 63-115 Q ; 12h-minuit lun-sam). Ce restaurant à part cultive une ambiance tropicale classique. Tous originaux, ses plats de poulet, de poisson et de bœuf surpassent tout ce qu'on peut trouver dans le pays. La carte affiche aussi des pâtes et des plats végétariens.

Raíces (carte p. 282 ; Playa Sur ; plats 80-100 Q ; 16h-22h dim-jeu, 16h-1h ven-sam). Son grand ponton et son grill sont les atouts majeurs de ce restaurant-bar branché sur la rive du lac. Les grillades de viande et de produits de la mer au charbon de bois sont les spécialités maison, et l'on peut commander à la livre ou à la demi-livre. Commencez le repas par un Muppet (tequila et 7-Up), l'un des nombreux cocktails chics proposés.

La Hacienda del Rey (carte p. 282 ; Calle 30 de Junio ; steaks 100 Q ; ☻ petit-déj, déj et dîner). Ce restaurant en plein air à l'extrémité ouest de la Playa Sur séduit par son allure tropicale. On peut s'y rafraîchir à la brise du soir et prendre une Gallo bien fraîche avant d'attaquer un steak juteux. Le "Pyrex", composé d'une livre et demie de viande argentine, est suffisant pour 2 ou 3 personnes (165 Q). Pour les petites faims, commandez des *tacos de arrachera* (tacos à la hampe de bœuf, 15 Q).

SANTA ELENA

Restaurante Mijaro (carte p. 280 ; 4a Calle ; plats 35-45 Q ; ☻ petit-déj, déj et dîner). Ce *comedor* accueillant et prisé des gens du coin possède 2 adresses, une dans la rue principale et l'autre à l'angle de la 6a Avenida. Les deux proposent une bonne cuisine maison et la seconde possède un jardin abrité sous un toit de chaume. On y sert aussi des *limonadas* glacées (boisson au citron vert).

Restaurante El Puerto (carte p. 280 ; 1a Calle 2-15 ; plats 100 Q ; ☻ 11h-23h). Les produits de la mer sont les plats phares de ce restaurant en plein air ventilé par la brise au bord du lac. Le bar est bien garni et le cadre idéal pour déguster un ragoût de fruits de mer, un *ceviche* ou le fameux *pescado blanco* (poisson blanc du lac).

Envie d'une petite folie ? Essayez le restaurant au bord du lac de l'Hotel Maya Internacional (p. 285).

Où prendre un verre

Si la vie nocturne n'est pas très animée, quelques endroits permettent de prolonger la soirée. À Flores, la petite Zona Viva est une enfilade de bars le long de la Playa Sur. À Santa Elena, presque tous les restaurants au bord du lac proposent des *happy hours* au coucher du soleil.

El Trópico (carte p. 282 ; Playa Sur ; ☻ 17h30-1h lun-sam). La terrasse éclairée aux chandelles est un bon endroit pour commencer la soirée en sirotant une *cerveza* tout en regardant les lumières de Santa Elena qui se reflètent dans le lac.

La Playita (carte p. 282 ; Playa Sur). Cette grange sur la rive du lac, à la clientèle majoritairement masculine (mais les dames ne sont pas interdites de séjour), est une institution locale. Don Rafael, qui a passé sa vie à construire

des moteurs Johnson, est toujours au bar. Le litre de Sol coûte 20 Q, la Gallo 10 Q.

Où sortir

Les habitants se retrouvent à la fraîche pour boire un verre, grignoter des en-cas et se détendre dans le Parque Central, qu'anime certains soirs un groupe de marimba.

Côté cinéma, le Cool Beans (p. 285) possède un salon vidéo et l'Hostel Los Amigos (p. 283) projette des documentaires sur le Guatemala.

Aadictos (carte p. 282 ; Playa Sur). Pour danser, joignez-vous à la foule bruyante de cette piste surélevée où les DJ mixent du mérengué, du rock et du *reggaetón* tous les week-ends.

Mi Disco (carte p. 280 ; angle 4a Calle et Calzada Rodríguez Macal ; ven-sam 25 Q). Première discothèque de Santa Elena, l'"El Mi" est un antre immense doté d'une grande scène où se produisent des groupes de salsa. Karaoké le lundi et le mercredi.

Achats

Le **Castillo de Arizmendi** (carte p. 282 ; Parque Central ; ☻ 8h-21h) regroupe plusieurs boutiques d'artisanat local, où vous trouverez notamment des sculptures sur acajou, cèdre et balata exécutées par des artistes d'El Remate.

Depuis/vers Flores et Santa Elena
AVION

L'aéroport international Mundo Maya, parfois appelé aéroport international du Petén, se trouve à l'est de Santa Elena. La compagnie **Taca** (☎ 2470-8222) assure 3 liaisons quotidiennes vers la capitale (1 177/1 989 Q aller simple/aller-retour) et dessert également Cancún (Mexique). La compagnie bélizienne **TropicAir** (☎ 7926-0348) assure 2 vols quotidiens depuis/vers Belize City (945 Q/aller simple, 1 heure).

BUS ET MICROBUS

Le Terminal Nuevo de Autobuses se trouve sur la 6a Avenida, à 1 km environ au sud de la chaussée de Flores. Les compagnies suivantes l'utilisent.

Autobuses del Norte (☎ 7924-8131 ; www.adnautobusesdelnorte.com)

Fuente del Norte (☎ 7926-2999)

Línea Dorada (☎ 7924-8535)

Transportes María Elena (☎ 5850-4190)

Des microbus desservant de nombreuses destinations s'arrêtent aussi à ce terminal.

Ceux de la coopérative **ACTEP** (☎ 7924-8215), qui a un bureau du côté gauche du terminal, desservent notamment Poptún, Melchor de Mencos, San Andrés, Bethel-La Técnica et Paso Caballos. D'autres compagnies rallient Sayaxché, El Remate et Tikal. Les microbus d'une autre coopérative, l'**AMSAP** (☎ 4250-9584), circulent jusqu'à San Andrés et San José, sur la rive nord du Lago de Petén Ixta ; ils partent à gauche de l'entrée du terminal. Les bus 2e classe ainsi que quelques microbus s'arrêtent aussi sur la 5a Calle, du côté du marché (ancienne gare routière) avant de quitter Santa Elena.

Voici quelques exemples de trajets (comme toujours, il est conseillé de vérifier préalablement les horaires) :

Belize City (4 -5 heures, 220 km). Départ du bus Línea Dorada (160 Q) à 7h, retour de Belize City à 9h30. Il permet de prendre la correspondance maritime pour Caye Caulker et Ambergris Caye. Moins chers mais plus lents, des microbus circulent jusqu'à la frontière, où l'on peut prendre une correspondance pour le Belize (voir Melchor de Mencos, p. 308).

Bethel/La Técnica, frontière mexicaine (35/40 Q, 4 heures 30, 127 km). Des microbus ACTEP pour Bethel partent à 11h, 11h45, 14h30, 15h45 et 16h, et continuent jusqu'à La Técnica. Pour les correspondances vers Palenque, voir p. 308.

Carmelita (25 Q, 5 heures, 82 km). Deux bus Pinitas partent à 5h30 et 12h. Retour de Carmelita à 17h et 21h.

Chetumal (Mexique) (8 heures, 350 km). Un bus Línea Dorada (225 Q) passant par Belize City part à 7h. Il repart de Chetumal à 18h. Avant votre départ, vérifiez la réglementation bélizienne concernant les visas.

Cobán (6 heures, 245 km). Les Transportes Luna assurent une navette à partir de 9h (125 Q) et prennent les passagers à leur hôtel. Billets en vente chez Aventuras Turísticas (p. 279). On peut aussi prendre un bus ou un minibus pour Sayaxché, d'où des microbus assurent la correspondance pour Cobán à 11h et 15h (voir aussi ci-contre).

El Ceibo/La Palma, frontière mexicaine (30 Q, 4 heures, 151 km). Onze minibus pour El Naranjo s'arrêtent entre 4h40 et 18h à l'embranchement pour El Ceibo, d'où l'on peut prendre une navette pour la frontière (10 Q, 15 min). À La Palma, côté mexicain, on trouve des bus pour Tenosique (État du Tabasco ; 1 heure).

El Remate (20 Q, 40 min, 29 km). Des microbus partent toutes les 30 min de 5h à 18h. Les bus et minibus depuis/vers Melchor de Mencos s'arrêtent à l'embranchement de Puente Ixlú, à 2 km au sud d'El Remate.

Esquipulas (110 Q, 8 heures, 440 km). Départ des Transportes María Elena à 6h, 10h et 14h via Río Dulce (60 Q) et Chiquimula (100 Q).

Guatemala Ciudad (8-9 heures, 500 km). Départ des bus Línea Dorada 1re classe à 10h et 22h (150 Q) ; un bus deluxe (190 Q) part aussi à 21h. Les Autobuses del Norte Ire classe (150 Q) et deluxe (200 Q) partent respectivement à 21h et 23h. Les bus Línea Dorada et Autobuses del Norte prennent des passagers devant le Gran Hotel de la Isla (p. 285) 1 heure avant le départ depuis le terminal routier de Santa Elena. Fuente del Norte assure des liaisons entre 3h30 et 22h30 (110 Q), des plus de bus deluxe à 10h, 14h, 21h et 22h (160 Q) – des problèmes de sécurité nous ont cependant été signalés sur cette ligne.

Melchor de Mencos, frontière bélizienne (2 heures, 100 km). Départ de microbus (25 Q) presque toutes les heures de 5h45 à 18h. Les Pullman Línea Dorada pour Belize City partent à 7h (35 Q). Voir l'encadré p. 309 pour plus de renseignements sur le passage de la frontière.

Poptún (1 heure 45 min, 113 km). Prendre un bus Línea Dorada pour Guatemala Ciudad (40 Q) ou un microbus (25 Q) via Dolores ; départ toutes les 10 min de 5h à 18h30.

Puerto Barrios. Prendre un bus Fuente del Norte pour Guatemala Ciudad et changer à l'embranchement de La Ruidosa, au sud de Río Dulce.

Río Dulce (4 heures, 212 km). Prendre un bus Fuente del Norte (60 Q) ou Línea Dorada (100/125 Q económico/deluxe) pour Guatemala Ciudad

San Andrés/San José (7/10 Q, 35/50 min, 22/25 km). Des microbus partent toutes les 15 min de 5h à 18h30 à gauche de l'entrée du terminal.

Sayaxché (20 Q, 1 heure 30, 60 km). Départ de microbus toutes les 15 min de 5h45 à 18h.

Tikal (50 Q, 1 heure 15, 62 km). Des microbus de l'Agencia Exploradores de la Cultura Maya partent à 5h, 7h, 9h et 13h. Retour à 12h, 13h30, 15h et 18h. On peut aussi prendre le bus pour Uaxactún (35 Q), un peu plus lent, qui part à 14h.

MINIBUS

Aventuras Turísticas (carte p. 282 ; ☎ 4034-9550 ; www.aventurasturisticas.com ; Av Barrios) propose des navettes quotidiennes pour Cobán (125 Q, 4 heures), Lanquín, Semuc Champey et Antigua. **San Juan Travel** (p. 274) affrète des minibus pour Tikal (60 Q, 1 heure 15 simple) toutes les heures de 5h à 10 h. La plupart des hôtels et des agences de voyages effectuent les réservations et le minibus viendra vous chercher à votre hôtel. De Tikal, les navettes partent à 12h30, 14h, 15h, 16h et 17h. Si vous connaissez l'heure de votre retour, demandez au chauffeur de vous garder une place dans son véhicule ou dans un autre. Si vous passez la nuit à Tikal et voulez revenir à Flores en minibus, réservez votre place auprès d'un des conducteurs au moment de son arrivée dans la matinée.

PETÉN

VOITURE ET MOTO
Plusieurs loueurs ont des agences à l'aéroport, notamment :
Hertz (☎ 7926-0415 ; peten@rentautos.com.gt)
Tabarini (☎ 7926-0253 ; www.tabarini.com)

Comment circuler
Un taxi pour Santa Elena ou Flores depuis l'aéroport coûte 20 Q. Des *tuk-tuks* vous emmènent n'importe où dans ou autour de Flores et Santa Elena pour 5 Q. Aventuras Turísticas (p. 273) loue des VTT moyennant 30 Q la journée.

ENVIRONS DE FLORES
San Miguel et Tayazal
Les vestiges de **Tayazal** (5 Q ; ☺ 6h-18h), l'une des dernières capitales mayas, se situent à la pointe occidentale de la péninsule de San Miguel, reliée à Flores par des ferry fréquents. Elle fut fondée par les Itzá ayant échappé à la destruction de Chichén Itzá, au Yucatán, qui résista aux Espagnols jusqu'en 1697. Les chercheurs pensent que le centre de Tayazal se trouvait sur l'île de Flores, mais des vestiges itzá parsèment la péninsule. Les monticules de la période classique sont envahis par la végétation et quelques stèles grêlées ont été retrouvées. On y vient surtout pour se balader dans la forêt de pins et profiter de la vue panoramique sur le lac.

Des colectivos (5 Q/pers) font les 5 minutes de traversée entre le nord-est de Flores et le village assoupi de San Miguel dès que le bateau est plein. Pour rejoindre les ruines, longez le rivage sur 250 m à votre gauche à la descente du bateau, puis prenez la rue revêtue à droite. Trois cents mètres plus loin, tournez à gauche au panneau "Playa", laissez le stade de foot à votre droite et poursuivez sur environ 600 m. Là, un sentier sur la droite mène à la **Playa El Chechenal**, plage équipée d'un ponton s'avançant sur l'eau turquoise et de tables de pique-nique. Continuez vers l'ouest sur 300 m pour gagner l'entrée principale du site. Il faut ensuite grimper une pente raide – cette colline est en fait une pyramide – pour atteindre **El Mirador del Rey Canek**, point d'observation avec vue à 360 degrés sur le Lago de Petén Itzá. Effectuez cette promenade le matin pour éviter la chaleur.

Arcas
Sur le continent, au nord-est de Flores, l'**Asociación de Rescate y Conservación de Vida Silvestre** (Arcas, Association de sauvegarde et de conservation de la nature ; ☎ 5476 6001 ; www.arcasguatemala.com ; ☺ 8h-16h), une ONG guatémaltèque, possède un centre de sauvetage et de réhabilitation d'animaux sauvages, comme des aras, des perroquets, des jaguars, des singes, des kinkajous et des coatis, sauvés des contrebandiers et du commerce illégal. On peut en apprendre davantage sur le travail de l'Arcas en visitant le centre d'éducation environnementale (50 Q), dont le sentier d'interprétation de 1,5 km présente des plantes médicinales, des empreintes d'animaux, un espace où l'on peut voir les animaux ne pouvant être rendus à la vie sauvage et un ponton d'observation des oiseaux. Téléphonez à l'avance pour une visite guidée. Les bateliers au départ de Flores prennent 100 Q et vous attendent 1 heure à l'Arcas pendant la visite du centre. On peut aussi parcourir à pied les 5 km (45 min environ) à l'est de San Miguel.

Grutas Actun-Can
On peut goûter à la spéléologie dans les **grottes calcaires d'Actun-Can** (20 Q ; ☺ 8h-17h), dont le nom q'eqchi' signifie "grotte du serpent". Le gardien allume la lumière le temps de la visite et fournit des explications sur les stalagmites et stalactites aux formes étranges, notamment "les chutes pétrifiées", "le marimba", et "le pied d'éléphant". Munissez-vous d'une lampe torche et de chaussures adaptées – le sol est parfois glissant. La visite dure de 30 à 45 minutes.

Un taxi depuis Flores coûte entre 30 et 40 Q, et entre 100 et 150 Q l'aller-retour si le chauffeur vous attend pendant la visite.

Laguna Petenchel
Au bord de la Laguna Petenchel, un petit lac à l'est de Santa Elena, l'**Hotel Villa Maya** (☎ 7931 8350 ; www.villasdeguatemala.com ; s/d 635/705 Q ; ℗ 🐕) compte parmi les meilleurs hébergements de la région. Il possède 36 chambres doubles dans des bungalows avec sdb, eau chaude, ventilateur au plafond, vue splendide sur le lac et quiétude absolue. Un restaurant dans le patio, un court de tennis, deux piscines, deux lagunes et un refuge animalier ajoutent à son charme. Le Villa Maya se situe à 4 km au nord du croisement de la route de Guatemala Ciudad et de celle de Tikal, à 8 km à l'est de Flores.

San Andrés

11 100 habitants/ altitude 112 m
Cette petite bourgade sur la rive nord-ouest
du lac abrite deux écoles d'espagnol.
Eco-Escuela de Español (☎ 5940-1235 ; www.
ecoescuelaespanol.org). École appartenant à la
communauté, axée sur l'écologie et la culture. Elle organise
des excursions sur le thème de l'environnement et
embauche des bénévoles. Le tarif est de 1 230 Q/sem, gîte
et couvert compris chez l'habitant.
Nueva Juventud Spanish School (☎ 5711-0040 ;
www.volunteerpeten.com ; Restaurant La Troja).
Également axée sur l'environnement, cette école est
associée à un projet de bénévoles s'occupant du parc
écologique dans lequel elle est installée. Les bénévoles
sont encouragés à développer des initiatives en faveur du
village. Les cours coûtent 25 Q/heure, le séjour 985 Q/sem.

À quelques kilomètres à l'ouest de San Andrés,
le **Ni'tun Ecolodge** (☎ 5201-0759 ; www.nitun.com ;
s 1 045-1 410 Q, d 1 690-2 010 Q ; P 🖥) est une belle
propriété sise sur 35 ha où nichent toute l'année
6 espèces de colibris. Aventuriers écologistes,
Bernie et Lore ont construit et gèrent ce lodge
qui comprend 4 grandes huttes rustiques. Le
prix des chambres inclut les transferts depuis/
vers l'aéroport et le petit-déjeuner. Le lodge
organise aussi des excursions en Land Cruiser
à Ceibal, Yaxhá et Tikal (1 000-1 200 Q par
pers et par jour).

Pour des informations sur les microbus et
les bus à destination de San Andrés, reportez-
vous p. 287.

San José

1 350 habitants/ altitude 202 m
San José, à quelques kilomètres à l'est de
San Andrés, le long du lac, est habité par
les Mayas Itzá, descendants de la population
préhispanique de Flores. Ce village incroyablement ordonné, accroché à flanc de colline,
est surmonté d'une église bleue. Un parc
aquatique s'étend à ses pieds au bord du lac.
On y trouve un DAB Cajero 5B.

Propriété du village, l'**Escuela Bio-Itzá**
(☎ 7928-8056 ; escuelabioitza@hotmail.com) fait partie
d'une association s'efforçant de préserver les
traditions et la langue itzá. L'école gère aussi
une réserve naturelle de 35 km² à la lisière sud
du Biotopo El Zotz, actuellement en cours
d'aménagement à des fins d'écotourisme.
Vingt heures de cours particuliers coûtent
1 250 Q/sem en séjour chez l'habitant, ou
1 670 Q en séjour dans la réserve. Les étudiants
peuvent participer à des activités communau-

taires comme la fabrication de cosmétiques et
de médicaments à partir des plantes du jardin
médicinal, ou encore aider les gardes forestiers
dans leur travail de surveillance.

L'**Hotel Bahía Taïtzá** (☎ 7928-8125 ; www.taitza.
com ; s/d 300/400 Q) s'étale à l'ouest du village,
invitant à la détente. Ses 8 chambres bien
conçues, dotées de hauts plafonds en bois,
de couleurs reposantes et de jolis porches,
sont réparties dans 2 bâtiments séparés du lac
par une pelouse parsemée de ficus. Pizza au
feu de bois, paella et autres plats d'influence
européenne sont servis sous une *palapa* en
bord de mer. Les propriétaires franco-guate-
maltèques organisent des excursions à Tikal,
Yaxhá et au-delà.

Durant la nuit du 31 octobre, une célé-
bration particulière se déroule à San José :
des crânes humains parfaitement préservés,
habituellement conservés dans l'église, sont
portés en procession dans la ville sur des
coussins de velours, suivis par des fidèles en
costumes traditionnels et portant des cierges.
Toute la nuit, le cortège se rend dans certaines
maisons, où des bénédictions et des offrandes
sont suivies d'un banquet.

Pour des informations sur les microbus
et les bus desservant San José, reportez-vous
p. 287. Aucun service de bateau régulier n'est
assuré.

Parque Natural Ixpanpajul

Au **Parque Natural Ixpanpajul** (☎ 4146-7557 ;
www.ixpanpajul.com ; tyrolienne ou Skyway adulte/enfant
205/124 Q ; 🕑 7h30-18h30), vous pourrez vous
promener à cheval, à VTT ou sur un trac-
teur, ou encore glisser le long d'une corde à
travers la canopée. La grande attraction est
le Skyway, un parcours de 3 km de sentiers
empierrés et de 6 ponts suspendus dans les
hauteurs de la forêt. Le début de la matinée
et la fin de l'après-midi sont les meilleurs
moments pour apercevoir des animaux. On
peut y planter sa tente ou louer un chalet
pour la nuit. Le parc se situe à 2 km au sud
du croisement de la route de Guatemala
Ciudad et de celle de Tikal, à 8 km à l'est
de Flores. À Santa Elena, prenez un bus à
destination de Guatemala Ciudad ou appelez
le **service de navette** (☎ 5897 6766 ; 75 Q) du parc
pour organiser votre transport.

EL REMATE

Dans cette bourgade enchanteresse sur les
rives du Lago de Petén Itzá, vous trouverez

les hébergements corrects les plus proches de Tikal. Ne comptant que deux rues, le village est plus décontracté et moins urbanisé que Flores, mais les activités ne manquent pas. Comme à Flores, le tourisme fait partie du quotidien, mais El Remate a gardé un petit côté délabré. La plupart des hôtels sont conçus en fonction de la baignade et du coucher du soleil.

El Remate commence à 1 km au nord de Puente Ixlú (également appelé El Cruce), où la route conduisant à la frontière bélizienne se sépare de la route de Tikal. Le village s'étale le long de cette dernière sur 1 km jusqu'à un autre embranchement où une route non asphaltée part vers l'ouest, longeant le rivage nord du Lago de Petén Itzá, vers le Biotopo Cerro Cahuí et au-delà, jusqu'aux villages de San José et San Andrés, près de l'extrémité ouest du lac.

El Remate est réputé pour ses sculptures sur bois. Plusieurs boutiques en bordure du lac, en face de La Mansión del Pájaro Serpiente vendent de l'artisanat local.

Vous pouvez changer des dollars américains, des chèques de voyage et des dollars de Belize à taux peu avantageux à La Casa de Don David (p. 293) ou au Sak Luk Hostel (p. 292). L'Hôtel Las Gardenias peut vous acheminer jusqu'aux DAB de Flores (200 Q pour des groupes jusqu'à 5 personnes) et possède un accès Internet (12 Q/heure).

À voir et à faire

BIOTOPO CERRO CAHUÍ

L'entrée du **Biotopo Cerro Cahuí** (40 Q ; ☻ 7h-16h), une réserve forestière subtropicale de 650 ha, se situe à 1,75 km à l'ouest d'El Remate, le long de la route côtière nord. Divers types de végétation s'y côtoient, du *guamil* (terre régénérée par le brûlis) à la forêt pluviale. L'acajou, le cèdre, le *ramón*, le genêt, le sapotillier (bois très dur utilisé pour les linteaux des temples mayas) et le palmier cohune y côtoient diverses variétés de broméliacées, de fougères et d'orchidées.

Plus de 20 espèces de mammifères peuplent la réserve, dont des atèles (singes-araignées), des singes hurleurs, des ocelots, des daims à queue blanche, des ratons laveurs et des tatous. L'avifaune est également riche et variée. Selon la saison et les migrations, vous apercevrez des martins-pêcheurs, des canards, des hérons, des faucons, des perroquets, des toucans, des pics et le fameux dindon ocellé (ou Petén), un grand volatile qui ressemble au paon.

Plusieurs sentiers partent de la route et grimpent la colline, d'où la vue s'étend sur tout le lac et la Laguna Salpetén à l'est. Le sentier Los Escobos (4 km, 2 heures 15 environ), qui traverse une forêt secondaire, permet d'apercevoir des singes. Les gardes à l'entrée vous renseigneront.

Le droit d'entrée permet de camper ou de suspendre son hamac sous de petits abris de chaume, à l'entrée. Des toilettes et des douches sont à disposition.

Le quai en face de l'entrée est l'un des meilleurs endroits pour se baigner sur les rives souvent boueuses du lac.

BÉNÉVOLAT

Project Ix-Canaan (www.ixcanaan.com) soutient des initiatives en faveur de la santé, de l'éducation et de l'emploi des habitants de la forêt pluviale. Installé ici en 1996, cet organisme gère un centre médical communautaire, un centre pour les femmes, une bibliothèque et un centre de recherche. Les bénévoles peuvent travailler au centre médical, à la construction et à l'entretien des infrastructures, animer des ateliers ou enseigner aux enfants.

AUTRES ACTIVITÉS

La plupart des hôtels d'El Remate peuvent réserver des **randonnées à cheval** de 5 heures jusqu'à la Laguna Salpetén et à un petit site archéologique (150 Q/pers), des circuits en bateau de 2 heures pour **observer les oiseaux** ou de nuit pour **apercevoir des crocodiles** (chacun 100 Q/pers). Adressez-vous à la Casa de Ernesto ou à l'Hôtel Mon Ami (p. 294), ce dernier proposant des circuits autour du lac au coucher du soleil avec remontée des rivières Ixlu et Ixpop (150 Q/pers).

Juste à côté du Sak-Luk Hostel, Ascunción loue des kayaks (35 Q/heure), des vélos (10/60 Q heure/journée) et des chevaux (150 Q/2 heures 30).

Circuits organisés

L'Hotel Mon Ami (p. 293) et le Sak-Luk Hostel (p. 292) proposent des randonnées dans la jungle à prix raisonnables jusqu'à El Mirador, Yaxhá et Nakum.

La Casa de Don David (p. 293) propose des excursions à Yaxhá (370/410/490 Q par personne par groupe de 4/3/2 pers), Uaxactún

2012 : L'APOCALYPSE

À peine débarrassés des peurs millénaristes, voici qu'on nous menace d'une autre apocalypse : le 20 décembre 2012 – ce pourrait être le 23 décembre, et pas forcément de ce siècle, selon les interprétations. D'après certains prophètes new age – qui semblent avoir convaincu Hollywood – cette date marquerait en effet la fin du monde tel que nous le connaissons. C'est ce qu'ont prédit les prophètes mayas, disent-ils, puisque le calendrier maya s'arrête tout net à cette date. Rien ne prouve pourtant que les anciens Mayas aient établi un lien entre cette date et la fin du monde, mais les prédictions apocalyptiques ont su trouver leur public et tous les regards se tournent vers les Mayas à l'approche du jour J.

Le solstice d'hiver de 2012 correspond à la date 13.0.0.0.0. dans le compte long maya. Ce nombre correspond à la fin du 13e *baktun* – chaque *baktun* représentant environ 394 années du calendrier grégorien. Treize étant un nombre magique dans la numérologie maya, le calendrier des cycles historiques mesurait 13 *baktuns* (5 125 ans environ) depuis le début du monde, après quoi il devait être remis à zéro pour que recommence un nouveau cycle long. Cependant, rien dans le *Popul Vuh* ni dans aucune annale maya ne suggère les carambolages monstres ni les chutes d'astéroïdes du film *2012* (sorti en 2009). Le seul glyphe maya qui pourrait suggérer une catastrophe se trouve sur un monument à Tortuguero, un petit site dans l'État du Tabasco, au Mexique. Et il est si ambigu que seuls quelques archéologues s'accordent sur son interprétation. Il est probable que cette date ne sera pas plus traumatisante qu'un passage à l'heure d'été.

Il est néanmoins certain que l'activité cérémonielle maya va aller croissant jusqu'à cette date. Les tenants du chamanisme auront fort à faire au Guatemala, surtout s'ils croient à l'interprétation optimiste du calendrier (ceux qui croient à la catastrophe ne devraient pas envisager de voyager). Le pays se prépare à accueillir des foules venues célébrer l'avènement d'un "nouvel âge de fraternité… [de] l'union de l'aigle et du condor", d'après Anne Lossing, directrice de Project Ix-Canaan. Ce groupe basé à El Remate organise l'**Unificación Maya** (www.unificationmaya.com), un événement qui attire depuis 2005 des visiteurs branchés sur leur propre compte long. Cette grande fête annuelle se déroule dans divers centres d'énergie de Petén une semaine avant le solstice, attirant chamans et guides spirituels de tout le Guatemala et au-delà. Tout cela dans l'attente de 13.0.0.0.0., la date fatidique, à laquelle une cérémonie grandiose aura lieu sur la grand-place de Tikal. Le spectacle sera gratuit, mais pas les hôtels, dont le chiffre d'affaires devrait exploser en 2012.

(535 Q/pers) et Tikal (200 Q/pers en groupe) ; départ à 5h30 tous les jours. Le tarif comprend le guide anglophone et le déjeuner, mais pas l'accès au site. L'**Hotel Gardenias** (p. 293) propose des excursions légèrement moins chères et une visite collective à Yaxhá à 7h30 et 13h30 (100 Q/pers, 4 personnes minimum).

Lou Simonich (☎ 5883-2905 ; lou_simonich@yahoo.com) organise un circuit de 4 jours à vélo avec camping jusqu'à Xultun et Uaxactún, avec visite des fresques mayas récemment découvertes à San Bartolo. Il propose aussi des excursions de 3-4 jours en canoë jusqu'à El Perú avec camping à la Estación Biológica Las Guacamayas (p. 314 ; 2 200-3 000 Q/pers), ainsi que des circuits d'observation des oiseaux le long des deux rivières qui se jettent dans le Lago Petén-Itzá (150 Q/pers). Il fournit le matériel de camping et confectionne des pâtisseries et du pain complet pour le groupe.

Où se loger
ARTÈRE PRINCIPALE

Sak-Luk Hostel (☎ 5494-5925 ; www.sakluk.com ; dort/hamac/bungalow par pers 33/35/60 Q). Géré par le sculpteur Erwin, ce petit paradis hippie abrite des bungalows très bien conçus dans des constructions en pisé éparpillées à flanc de colline. Les sanitaires auraient besoin d'être rénovés (voire nettoyés), mais vous apprécierez sans doute les ajouts artistiques laissés par vos prédécesseurs. Le dortoir, équipé de lits à moustiquaire, surplombe le lac. Le restaurant sert de savoureux plats italiens ou végétariens.

Hotel Sun Breeze (☎ 7928-8044 ; sunbrezzehotel@gmail.com ; s/d 75/100 Q, sans sdb 40/60 Q). Bonne pension accueillante au bout de l'avenue en allant vers le lac, juste avant le carrefour. Les chambres situées à l'arrière sont les meilleures : elles sont équipées de moustiquaires et ont vue sur le lac. L'hôtel n'est pas loin de la plage publique d'El Remate.

Hostal Hermano Pedro (☎ 2261-4419 ; www. hhpedro.com ; s/d 75/150 Q). Aménagées dans une maison en pierre et bois de 2 étages, à 20 m de l'artère principale, les chambres spacieuses, confortables et rafraîchissantes de simplicité, sont agrémentées de rideaux en dentelle, de grands ventilateurs et de vérandas. Les clients peuvent utiliser la cuisine ou profiter des hamacs de la salle commune.

Posada Ixchel (☎ 7928-8475 ; hotelixchel@yahoo. com ; s/d 80/120 Q, sans sdb 50/60 Q). Cette *posada* tenue en famille près du carrefour principal offre des prestations de qualité. Les chambres impeccables et spacieuses entourent une cour pavée et sont dotées à l'extérieur d'agréables espaces privatifs.

Hotel Las Gardenias (☎ 5992-3380 ; hotellasgardenias@yahoo.com ; s/d à partir de 85/125 Q ; 😿 💻). Juste au croisement avec la route qui longe la rive nord, un hôtel-restaurant-organisateur de navette à l'ambiance chaleureuse. Les chambres lambrissées situées à l'avant sont plus grandes, celles à l'arrière avantageusement isolées de la rue. Toutes possèdent des lits confortables avec dessus-de-lit tissés, des douches carrelées et des vérandas avec hamacs.

☺ Hotel La Mansión del Pájaro Serpiente (☎ 7928-8498 ; s/d 270/390 Q, avec clim 370/450 Q ; 😿 🏊). Répartis à flanc de colline, ces cottages tirent le meilleur parti de leur situation grâce à leurs baies vitrées panoramiques et à leur salon surplombant le lac. Des paons se pavanent dans la propriété, qui comprend aussi une piscine, des hamacs sous des *palapas* et un restaurant-bar aux tarifs raisonnables.

ROUTE CÔTIÈRE NORD

Casa de Doña Tonita (☎ 5767-4065 ; dort/s/d 25/40/60 Q). Tenu par une famille adorable, l'établissement possède 4 chambres simples avec lits jumeaux dans un *rancho* de 2 étages en bois et chaume, plus un dortoir au-dessus du restaurant, lequel sert des repas savoureux à prix doux. Il n'y a qu'une seule douche. De l'autre côté de la route, un promontoire permet d'admirer le coucher du soleil.

Casa de Ernesto (☎ 5750-8375 ; casadeernesto@ymail. com ; s/d 100/200 Q, sans sdb 40/70 Q ; 😿). Ernesto et son clan proposent des cabanes en pisé fraîches et confortables installées dans les bois, avec toit de chaume, sol carrelé et bons lits rustiques. Supplément de 50 Q pour la clim. Activités proposées : location de canoës, promenades à cheval jusqu'à la Laguna Salpetén et parties de pêche au grand poisson blanc.

Hotel Mon Ami (☎ 7928-8413 ; www.hotelmonami. com ; dort 57 Q, s/d 125/205 Q, sans sdb 85/165 Q ; 😿). À 15 minutes de marche de la route de Tikal et à un jet de pierre du Biotopo Cerro Cahui, cet établissement est un bon compromis entre la jungle et le confort à l'européenne. Les chambres au mobilier fantaisiste et les dortoirs équipés de hamacs sont répartis le long de sentiers éclairés à la bougie qui serpentent dans un jardin luxuriant à la végétation endémique. Les sanitaires, en revanche, demandent à être repensés. Le restaurant à ciel ouvert (voir p. 294) sert de la cuisine française.

La Casa de Don David (☎ 7928-8469 ; www.lacasadedondavid.com ; s/d avec petit-déj 225/425 Q ; 😿 💻). À l'ouest du carrefour, cet établissement offrant de multiples services loue des chambres impeccables et modernes décorées de tissages mayas. Toutes possèdent une véranda avec hamacs face à une pelouse au bord du lac parsemée de topiaires farfelues. David Kuhn, le propriétaire botaniste originaire de Floride, se fera une joie de vous faire visiter son jardin où pousse notamment un jeune kapokier et un *pitaya petenera* dont les fleurs s'ouvrent le soir.

Gringo Perdido Ecological Inn (☎ 5804-8639 ; www. hotelgringoperdido.com ; empl 40 Q/pers, ch 290 Q/pers, petit-déj et dîner inclus 370 Q ; 🅿). On s'y réveille le matin avec l'impression d'être au paradis. Aucun bruit, si ce n'est le clapotis du lac, à quelques pas de votre porte. Les 8 chambres comportent un lit double plus un lit simple ou une couchette, des moustiquaires et des stores en toile pour dormir comme en plein air. Les bungalows sont un peu plus intimes. Le camping herbeux comporte des abris en chaume pour les hamacs et un sauna maya. L'établissement accueillera des cérémonies mayas lors du changement de calendrier en 2012 (voir l'encadré ci-contre). Lorsque vous lirez ces lignes, l'Hotel Pirámide Paraíso, "éco-complexe de luxe", devrait avoir ouvert ses portes juste à côté. Le Gringo Perdido se trouve sur la route côtière nord, à 3 km de la route principale de Tikal.

Hotel Camino Real Tikal (☎ 7926-0204 ; www. caminorealtikal.com.gt ; ch 1 212 Q ; 🅿 😿 🏊). Installé 2 km plus loin sur la rive du lac, cet hôtel de luxe est le plus chic de Petén. Ses 72 chambres climatisées avec balcon et vue sur le lac offrent tout le confort. La clientèle a de quoi s'occuper : 2 restaurants, un bar, un café, des circuits à Tikal et Cerro Cahuí, une piscine, des kayaks, voiliers, planches à voile et sports

PETÉN

de plage. Consultez le site pour les formules proposées.

Où se restaurer

La plupart des hôtels possèdent leur propre restaurant et des *comedores* jalonnent la route principale.

Nakun's (pizza 35 Q ; ☺ petit-déj, déj et dîner). Cette baraque accueillante sur l'artère principale possède un balcon au bord du lac. Ses pizzas sont préparées avec de la véritable mozzarella.

La Casa de Don David (plats 45 Q ; ☺ petit-déj, déj et dîner). Un magnifique restaurant en plein air où de jolies serveuses servent un bon petit-déjeuner composé de *pancakes* à la banane (30 Q), de fruits et de muesli, à déguster en feuilletant des articles de *National Geographic* sur des sites mayas. La carte du soir affiche des plats végétariens.

Mon Ami (plats 50-80 Q ; ☺ petit-déj, déj et dîner). Un peu plus loin sur la route côtière nord, ce restaurant tranquille coiffé d'un toit de chaume est le bistrot français que vous rêviez de trouver dans la jungle. Goûtez le poisson blanc ou la grande *ensalada francesa* (salade française).

Las Orquideas (pâtes 55 Q, plats 65 Q ; ☺ déj et dîner lun-sam). Le chef et propriétaire italien de ce restaurant pratiquement voisin du Doña Tonita prépare une authentique cuisine méditerranéenne et des desserts appétissants.

Comment s'y rendre et circuler

Des microbus fréquents relient El Remate à Flores (voir p. 287).

Des navettes pour Tikal quittent El Remate à 5h30, 6h45, 7h45 et 8h45. Elles repartent de Tikal à 14h, 15h, 16h et 18h (50 Q l'aller-retour). Tous les hôtels d'El Remate assurent les réservations. On peut aussi prendre la navette qui part toutes les heures (30 Q) ou l'un des microbus (Q15) qui font régulièrement le trajet Santa Elena-Tikal.

Pour les taxis, adressez-vous à l'Hotel Sun Breeze. Un aller simple pour Flores coûte environ 200 Q, l'aller-retour pour Tikal, 350 Q.

Pour rejoindre Melchor de Mencos, à la frontière bélizienne, prenez un minibus ou un bus à Puente Ixlú, à 2 km au sud d'El Remate. Sinon, la Casa de Ernesto propose des départs quotidiens pour Belize City à 5h45 et 8h15 (160 Q), et pour Palenque (Mexique) à 16h30 (340 Q).

MACANCHÉ

Sur les rives de la lagune du même nom, ce village possède l'un des meilleurs hôtels de la région, **El Retiro** (☎ 5751-1876 ; www.retiro-guatemala. com ; empl 25 Q/pers, bungalow 200 Q/pers petit-déj et dîner incl). Les 3 (et bientôt 4) bungalows confortables au bord de l'eau sont desservis par des sentiers de gravier qui serpentent entre les cèdres, les piments de la Jamaïque et les oiseaux de paradis. On peut aussi camper, louer une tente (50 Q/pers) et nager à partir du ponton. Le restaurant propose chaque soir un buffet différent (50 Q).

El Retiro est installé dans une réserve naturelle privée. Des sentiers pédestres traversent la forêt pluviale jalonnée de ruines jusqu'à des lagunes peuplées de crocodiles. On peut se promener en bateau sur ces lagunes (100 Q/pers) et visiter le vivarium qui possède des spécimens du serpent venimeux fer-de-lance et du crocodile de Morelet.

Plusieurs *chultunes* – (réservoir creusé dans le sol rocheux et fermé par une pierre circulaire) sont visibles dans la propriété. Leur fonction reste un mystère, mais on suppose qu'ils servaient à conserver de la nourriture ou à des rites religieux.

N'importe quel bus en direction du Belize peut vous déposer au village de Macanché. De là, il vous reste à parcourir 2 km à pied jusqu'à l'hôtel ; vous pouvez aussi appeler pour qu'on vienne vous chercher.

TIKAL

Les immenses pyramides de Tikal se dressent vers le soleil au-dessus de la canopée de la jungle. Les singes hurleurs se balancent bruyamment dans les arbres vénérables, tandis que les perroquets et les toucans au plumage chatoyant volent de branche en branche dans une cacophonie de cris. Lorsque le chant mélodieux et complexe de quelque oiseau mystérieux s'achève, le coassement entêtant des grenouilles prend le relais.

Si les temples aux pentes raides, hauts de plus de 44 m, constituent l'élément le plus saisissant de **Tikal** (☎ 2367 2837 ; www.parque-tikal. com ; 150 Q ; ☺ 6h-18h), ce qui différencie le plus cette cité de Copán, de Chichen Itzá, d'Uxmal et des autres grands sites mayas est sa situation, au cœur de la jungle. Ses nombreuses places sont dégagées des arbres et des lianes, ses temples, restaurés, mais, en vous rendant d'un édifice à l'autre, vous marchez sous la

MAYAS ET MORMONS

Vous avez sans doute déjà rencontré ces jeunes gens cravatés, en chemise blanche, qui propagent par paire la bonne parole partout dans le monde. Les membres de l'Église de Jésus-Christ des Saints des Derniers Jours s'intéressent tout particulièrement au monde maya, et le tourisme mormon se porte bien dans le département du Petén. En effet, d'après les écritures mormones, les ancêtres de la secte seraient venus s'installer ici vers l'âge d'or de l'ère maya. Ils évoquent des cités ressemblant à Tikal et à Aguateca, et situent l'arrivée de cette tribu dans cette partie du monde à l'époque où El Mirador aurait connu sa prospérité. Simple coïncidence ? Pas pour les Mormons. Malgré des liens de parenté avec les Mayas apparemment ténus, les Mormons d'aujourd'hui, curieux de connaître les lieux où ont vécu leurs ancêtres, viennent en terre maya pour en savoir plus sur l'histoire des civilisations mésoaméricaines et y glaner des convergences avec *Le Livre de Mormon*. Leurs annales relatent l'histoire d'un groupe d'Israélites qui aurait traversé l'océan pour arriver en Amérique vers 600 av. J.-C. Le Christ lui-même aurait visité cet hémisphère après sa résurrection. Le récit concernant ces réfugiés aurait ensuite été inhumé jusqu'à ce que, 1500 ans plus tard, l'Américain Joseph Smith miraculeusement en sa possession et le traduise sous le titre de *Livre de Mormon, compte-rendu des relations de Dieu avec les anciens habitants des Amériques*. Même si leur église ne désigne aucun site maya spécifique, certains chercheurs mormons qui ont passé au peigne fin les annales archéologiques du Petén et du Yucatán voient dans les personnages blancs aux traits sémitiques apparaissant dans les fresques et les céramiques de Ceibal (p. 310) la preuve de la présence des Néphites – nom de la tribu chrétienne de leurs ancêtres – parmi les Mayas.

voûte épaisse de la forêt pluviale. Les effluves du sol et de la végétation, le calme ambiant et les bruits des animaux confèrent à ce lieu une atmosphère unique.

Vous pouvez visiter Tikal dans la journée depuis Flores ou El Remate, ou même de Guatemala Ciudad en faisant l'aller-retour en avion, mais vous profiterez bien mieux du site si vous passez la nuit sur place ; cela vous permettra d'explorer les ruines à deux reprises et d'y flâner en fin d'après-midi et au petit matin, quand les touristes sont plus rares et la faune, plus active.

Histoire

Tikal est bâtie sur une colline basse, ce que l'on remarque en montant de l'entrée à la Gran Plaza. La colline surplombe légèrement les alentours marécageux et c'est sans doute pour cette raison que les Mayas s'y installèrent vers 700 av. J.-C. L'abondance du silex, utilisé à cette époque pour les massues, les pointes de lances, les flèches et les couteaux, explique également ce choix. Outre la fabrication des outils, le précieux silex servait aussi de monnaie d'échange pour d'autres marchandises. Deux siècles plus tard, les Mayas de Tikal commençaient à bâtir des structures cérémonielles en pierre et, dès 200 av. J.-C., un ensemble d'édifices s'élevait sur le site de l'Acrópolis del Norte.

PÉRIODE CLASSIQUE

La Gran Plaza commença à prendre sa forme actuelle au début de l'ère chrétienne. À l'aube de la période classique, vers 250, Tikal était devenue une importante cité religieuse, culturelle et marchande, fortement peuplée. Le roi Yax Ehb' Xooc, qui régna aux alentours de 230, serait le fondateur de la dynastie qui gouverna Tikal par la suite.

Au milieu du IVe siècle, sous le règne de Chak Toh Ich'aak Ier (Grande Patte de Jaguar), Tikal adopta les méthodes guerrières brutales des souverains de Teotihuacán, au centre du Mexique. Au lieu d'affronter ses adversaires au corps à corps, l'armée de Tikal utilisa des unités auxiliaires pour encercler l'ennemi et le tuer à distance à l'aide de lances. Cette première utilisation du "pouvoir des airs" par les Mayas du Petén permit à Siyah K'ak' (Grenouille Qui Fume), un général de Tikal, de vaincre l'armée d'Uaxactún ; Tikal devint ainsi le royaume dominant du Petén.

Au milieu de la période classique, au VIe siècle, les prouesses militaires de Tikal et son alliance avec Teotihuacán lui permirent de se développer jusqu'à s'étendre sur plus de 30 km^2, avec une population estimée à 100 000 âmes. En 553, Yajaw Te' K'inich II (Seigneur Eau) accéda au trône de Caracol (dans le sud-ouest du Belize) et, utilisant les méthode guerrières de Tikal, il s'empara de la

PETÉN

TIKAL

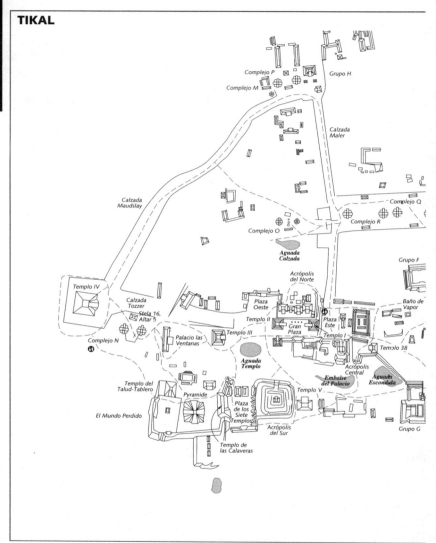

ville en 562 et sacrifia son roi. Tikal et d'autres royaumes du Petén subirent la domination de Caracol jusqu'à la fin du VIIᵉ siècle.

RENAISSANCE DE TIKAL

Roi puissant, Jasaw Chan K'awiil Iᵉʳ (682-734), également appelé Ah Cacao ou Souverain A, 26ᵉ successeur de Yax Moch Xoc, rétablit la grandeur militaire de Tikal et sa domination sur le monde maya. En 695, il conquit Calakmul (Mexique), le plus grand État maya rival, et ses successeurs firent construire la plupart des temples imposants de la Gran Plaza qui ont subsisté jusqu'à nos jours. Le roi Ah Cacao fut enterré sous l'immense Templo I.

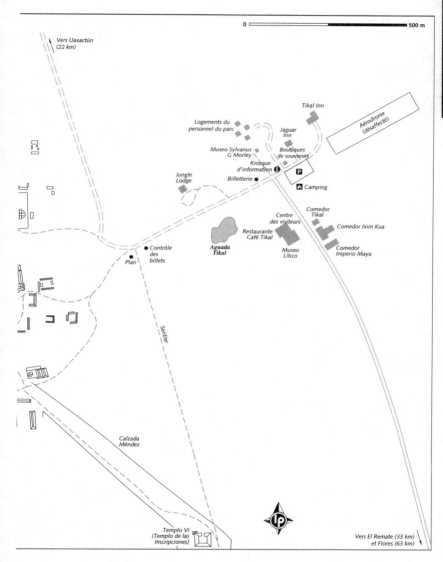

Le rayonnement de Tikal diminua vers 900, un déclin qui s'inscrivit dans le mystérieux effondrement de l'ensemble de la civilisation maya des basses terres.

REDÉCOUVERTE
Nul doute que les Itzá de Tayazal (l'actuelle Flores) connaissaient l'existence de Tikal à l'époque postclassique tardive (1200-1530). Peut-être même vinrent-ils y vénérer leurs anciens dieux. Les missionnaires espagnols qui voyagèrent dans le Petén après la Conquête firent de brèves allusions à ces structures érigées dans la jungle, mais leurs écrits moisirent dans des bibliothèques pendant des siècles.

Ce n'est qu'en 1848 que le gouvernement guatémaltèque envoya une expédition sur le site, dirigée par Modesto Méndez et Ambrosio Tut. Cette décision fut peut-être inspirée par les écrits de John Lloyd Stephens sur de fabuleuses ruines mayas, publiés en 1841 et 1843, bien que ce dernier n'ait jamais visité Tikal. À l'instar de Stephens, Méndez et Tut chargèrent un artiste, Eusebio Lara, de dessiner leurs découvertes archéologiques. Le récit de leurs trouvailles fut publié par l'académie des Sciences de Berlin.

En 1877, le docteur suisse Gustav Bernoulli se rendit à son tour dans l'ancienne cité. À la suite de ses explorations, les linteaux en bois sculpté des Templos I et IV furent expédiés à Bâle, où l'on peut toujours les admirer au Museum für Völkerkunde.

Les recherches scientifiques débutèrent avec l'arrivée de l'archéologue anglais Alfred P. Maudslay, en 1881. Ses travaux furent poursuivis, notamment, par Teobert Maler, Alfred M. Tozzer et R. E. Merwin. Tozzer travailla inlassablement sur le site, du début du XXᵉ siècle jusqu'à sa mort, en 1954. Les inscriptions de Tikal furent étudiées et déchiffrées par Sylvanus G. Morley.

Depuis 1956, les fouilles et les travaux de restauration ont été menés par le musée de l'université de Pennsylvanie (jusqu'en 1969) et l'Instituto de Antropología e Historia guatémaltèque. Depuis 1991, les Templos I et V font l'objet de travaux de conservation et de restauration dans le cadre d'une initiative hispanico-guatémaltèque.

Au milieu des années 1950, un aérodrome fut aménagé à Tikal. Au début des années 1980, la route de Tikal à Flores fut améliorée et goudronnée, et les vols directs pour Tikal, interrompus. En 1979, le Parque Nacional Tikal (parc national Tikal) a été classé au patrimoine mondial de l'Unesco.

Orientation et renseignements

Le Parque Nacional Tikal s'étend sur 550 km² et renferme des milliers de vestiges distincts. Le centre de la cité comptait plus de 4 000 édifices répartis sur quelque 16 km².

La route venant de Flores pénètre dans le parc national à 17 km au sud des ruines. Le parc ouvre ses portes à 6h. Le kiosque d'information se trouve à une courte marche du parking. Vous trouverez le guichet à gauche, sur le chemin menant à l'entrée du site. Le droit d'entrée est de 150 Q/pers et n'est valable

que la journée. Des guides polyglottes sont à votre disposition au kiosque d'information. Les guides officiels affichent leur accréditation où sont mentionnées les langues qu'ils parlent. Avant 7h, le tarif de la demi-journée est de 100 Q/pers. Après, il est de 450 Q pour un groupe allant jusqu'à 8 personnes ; demandez si vous pouvez vous joindre à un groupe.

Livres, plans, souvenirs, chapeaux, répulsif anti-insectes, crème solaire et autres objets de première nécessité sont en vente au centre d'accueil des visiteurs. Celui-ci abrite aussi un restaurant et un musée. Non loin se trouvent les trois hôtels de Tikal, un camping, quelques petits *comedores,* un autre musée et un aérodrome désaffecté. Le Jaguar Inn change les dollars américains et les chèques de voyage, à un taux peu intéressant. On peut également y consulter ses e-mails (p. 302) moyennant 50 Q l'heure – c'est cher, mais nous sommes en pleine jungle !

Le guichet se trouve à 5 minutes de marche de l'entrée, où l'on vérifie vos billets. Vous trouverez un plan grand format juste après l'entrée. De là, il faut parcourir 1,5 km (20-30 min) direction sud-ouest pour rejoindre la Gran Plaza. Le Templo de las Inscripciones (temple des Inscriptions) se situe à plus de 1 km au sud-est de la Gran Plaza, le Complejo P, à 800 m au nord, et le Templo IV, à 600 m à l'ouest. D'octobre à mars, on peut voir le lever du soleil du Templo IV, à l'extrémité ouest du site principal : bien que le site n'ouvre officiellement qu'à 6h, les clients des hôtels du Parque peuvent entrer dès 5h.

Pour voir les principaux édifices, vous devrez parcourir au moins 10 km, alors, prévoyez des chaussures confortables, avec une semelle antidérapante, car la pluie et les végétaux peuvent rendre les ruines très glissantes, surtout pendant la saison des pluies. Munissez-vous de suffisamment d'eau pour vous réhydrater au cours d'une journée de marche dans la chaleur. Ne nourrissez pas les coatis (*pisotes*) qui se promènent sur le site.

Pour des informations plus complètes sur les monuments de Tikal et si vous lisez l'anglais, procurez-vous un exemplaire de *Tikal – A Handbook of the Ancient Maya Ruins,* de William R. Coe, en vente à Flores et à Tikal (150 Q). Le plan "officiel" du site que l'on essaiera de vous vendre au guichet n'est pas d'une grande utilité. Vous en trouverez un meilleur, édité par Mapas de Guatemala

(20 Q), dans les boutiques du centre d'accueil des visiteurs.

À voir et à faire

GRAN PLAZA

Le chemin rejoint la Gran Plaza en passant le long du **Templo I**, ou Templo del Gran Jaguar (temple du Grand Jaguar), construit en l'honneur du roi Ah Cacao, qui y est enseveli. Le souverain conçut peut-être lui-même l'édifice, mais celui-ci fut érigé sur son tombeau par son fils, qui lui succéda en 734. Parmi les joyaux funéraires du roi figuraient 180 objets de jade, 90 pièces d'os gravées de hiéroglyphes, des perles et des épines de raie pastenague utilisées pour les saignées rituelles. Au sommet du temple, haut de 44 m, une voûte à encorbellement coiffe une petite enceinte de trois salles. Les linteaux en bois de sapotillier qui surmontent les portes étaient richement sculptés ; l'un d'entre eux se trouve dans un musée de Bâle. La haute crête qui couronnait le temple était à l'origine ornée de reliefs et de peintures vives. Lorsqu'elle reçoit le soleil de l'après-midi, on peut encore y distinguer la statue d'un dignitaire assis.

Il est interdit d'escalader le Templo I, mais la vue que l'on a depuis le **Templo II**, juste en face, est tout aussi saisissante. Le **Templo II**, ou temple des Masques, autrefois presque aussi haut que le Templo I, ne mesure plus que 38 m sans sa crête.

Non loin, l'**Acrópolis del Norte**, bien que moins imposante que les temples jumeaux, revêt une signification importante. Les archéologues ont découvert une centaine de structures différentes, dont la plus ancienne date d'avant l'ère chrétienne ; des éléments prouvent que le site était occupé dès 600 av. J.-C. Les Mayas construisaient et reconstruisaient de nouveaux édifices sur les bâtiments existants et ces nombreuses strates, contenant les tombeaux élaborés des premiers souverains de Tikal, renforçaient le caractère sacré des temples. Remarquez les deux immenses masques mis au jour sur les murs d'une structure plus ancienne et protégés par des toits. Dans sa version finale, achevée vers l'an 800, l'acropole comptait plus de 12 temples répartis sur une vaste plate-forme, dont beaucoup étaient l'œuvre du roi Ah Cacao. Des objets découverts dans les tombes de l'acropole nord sont exposés au Museo Sylvanus G. Morley (p. 301).

Deux rangées de stèles se dressent sur la place qui jouxte l'acropole Nord. Elles avaient pour fonction de raconter les hauts faits des souverains, de sanctifier leur mémoire et renforcer la puissance des temples et des places alentour.

ACRÓPOLIS CENTRAL

Beaucoup pensent que le labyrinthe de cours, de salles et de petits temples au sud et à l'est de la Gran Plaza constituait un palais où vivaient les nobles de Tikal. Pour d'autres, ces minuscules pièces servaient aux cérémonies et aux rites sacrés, comme le suggèrent des inscriptions découvertes à l'intérieur. Au fil des siècles, l'agencement des salles fut modifié à plusieurs reprises, ce qui conduit à supposer que ce "palais" était une demeure royale ou aristocratique, transformée pour accueillir différentes branches de la famille. Il y a un siècle, l'archéologue allemand Teobert Maler logea dans l'acropole lors des fouilles qu'il mena à Tikal.

PLAZA OESTE

La place Ouest se situe au nord du Templo II. Sur le côté nord (dissimulé par la végétation) s'élève un grand temple de la période classique tardive. Au sud-ouest, de l'autre côté de la Calzada (chaussée) Tozzer, le **Templo III** s'élève à 55 m. Seul son toit penché a été dégagé, ce qui permet de voir le temple tel que l'ont connu les derniers Mayas de Tikal et les premiers explorateurs blancs. Le personnage vêtu d'une peau de jaguar sculpté dans le linteau du sommet serait le roi Soleil Noir. Depuis ce temple, on peut descendre direction sud vers le Mundo Perdido ou ouest jusqu'au Templo IV en empruntant la chaussée Tozzer, une des allées sacrées construites au milieu des temples, probablement à des fins autant astronomiques qu'esthétiques.

ACRÓPOLIS DEL SUR ET TEMPLO V

Au sud de la Gran Plaza, les fouilles sont à peine entamées sur l'énorme structure de l'acropole Sud. Les palais qui se dressent au sommet datent de la période classique tardive (époque du roi Double Rayon de Lune), mais les constructions les plus anciennes remontent probablement à un millénaire.

Particulièrement escarpé, le Templo V, situé à l'est de l'acropole Sud, fut construit entre les VIIᵉ et VIIIᵉ siècles. Il mesure 58 m de haut et, contrairement aux autres grands temples, possède des angles légèrement arrondis et, à son sommet, une pièce minuscule de moins de 1 m de profondeur, avec des murs d'une épaisseur de 4,5 m. Des fouilles récentes y ont révélé des structures internes dont certaines sont ornées de motifs géométriques et de calendriers mayas. On y monte par un escalier en bois raide, sur la gauche. La vue splendide qui s'offre du sommet permet de voir les temples de la Gran Plaza "de profil".

PLAZA DE LOS SIETE TEMPLOS

La place des Sept Temples, desservie par une allée qui débouche sur son côté sud, se trouve à l'ouest de l'Acrópolis del Sur. Les petits temples aux toits ornés de grosses crêtes, alignés sur le côté est de la place, datent de la période classique tardive. Trois autres temples s'élèvent à l'extrémité sud. Sur le côté nord de la place, vous verrez un triple terrain de balle inhabituel, dont une version plus grande est visible un peu au sud du Templo I. Les sept temples font actuellement l'objet de fouilles qui devraient les rendre à leur splendeur d'antan. On peut voir une maquette du site au milieu des bâtiments de maintenance situés près de l'entrée nord de la place.

EL MUNDO PERDIDO

À 400 m au sud-ouest de la Gran Plaza, El Mundo Perdido (le Monde perdu) est un vaste complexe de 38 structures distribuées autour d'une immense pyramide. Contrairement aux autres édifices de Tikal, où des constructions classiques tardives recouvrent des bâtiments plus anciens, El Mundo Perdido rassemble des édifices datant de diverses périodes. La grande pyramide daterait essentiellement de l'époque préclassique (avec quelques restaurations ultérieures), le Templo del Talud-Tablero, du début de la période classique, et le Templo de las Cavaleras (temple des Crânes), du classique tardif.

La pyramide, haute de 32 m sur un soubassement de 80 m de longueur, est flanquée de chaque côté d'un escalier orné d'énormes masques. Le style architectural diffère légèrement d'un côté à l'autre. Des tunnels creusés dans l'édifice par les archéologues révèlent la présence de quatre autres pyramides similaires ; la plus ancienne (structure 5C-54 Sub 2B) date de 700 av. J.-C., ce qui en fait la plus vieille construction maya de Tikal.

TEMPLO IV ET COMPLEJO N

Le complexe N, près du temple IV, illustre le style des structures "à temples jumeaux" prisées des souverains de l'époque classique tardive ; il faut cependant faire preuve d'imagination pour les distinguer dans les monticules partiellement exhumés. On pense que ces dernières commémoraient la fin d'un *katun*, le cycle de 20 ans du calendrier maya. Le présent complexe fut construit en 711 par le roi Ah Cacao, pour marquer le 14e *katun* du *baktun* 9 (un *baktun* équivaut à 400 ans). Le roi lui-même est représenté sur la Stèle 16, l'une des plus belles de Tikal, dans une enceinte de l'autre côté de l'allée. Près de cette stèle se trouve l'Autel 5, pierre circulaire remarquablement conservée représentant ce roi accompagné d'un prêtre en train d'exhumer les restes d'une reine.

Avec ses 65 m de hauteur, le Templo IV est l'édifice maya le plus haut, après La Danta, à El Mirador. Il fut achevé vers 741, probablement sur l'ordre de Yax Kin, le fils d'Ah Cacao, représenté sur le linteau sculpté de la porte centrale (actuellement conservé dans un musée de Bâle), et constitue la limite ouest de cette enceinte cérémonielle. Vu de la terrasse inférieure, il ressemble à une petite colline escarpée. Un escalier de bois raide conduit au sommet, où s'offre, à l'est, une vue quasi aérienne sur l'étendue de la canopée, où pointent les temples de la Gran Plaza et le Templo V (à droite).

TEMPLO DE LAS INSCRIPCIONES (TEMPLO VI)

Comparés à Copán ou à Quiriguá, les édifices de Tikal portent relativement peu d'inscriptions, à l'exception du temple, à 1,2 km au sud-est de la Gran Plaza. Une longue inscription couvre l'arrière de la crête, haute de 12 m, qui comporte également des glyphes sur les côtés et sur la corniche. Ces inscriptions datent de 766. La stèle 21 et l'autel 9, érigés devant le temple, remontent à 736. Jadis très endommagée, la stèle (dont une partie servait de *metate* pour moudre le maïs !) a été réparée.

COMPLEXES DU NORD

À environ 1 km au nord de la Gran Plaza se trouve le **Complejo P**. Comme ceux du complexe N, ses temples jumeaux datent du classique tardif et commémoraient probablement la fin d'un *katun*. À côté, le **Complejo M**

OBSERVER LES OISEAUX À TIKAL

Outre les singes hurleurs et les atèles qui s'ébattent dans les arbres, la pléthore d'oiseaux voletant dans la canopée et au-dessus des places verdoyantes de Tikal offre un spectacle étonnant. Les temples en ruine sont des plates-formes d'observation idéales permettant souvent de surplomber la cime des arbres où quelque 300 espèces de volatiles (migratoires ou endémiques) ont été recensées. Munissez-vous de jumelles et, si vous lisez l'anglais, de l'ouvrage *The Birds of Tikal: An Annotated Checklist*, de Randell A. Beavers, ou de celui de Frank B. Smythe, *The Birds of Tikal*, tous deux en vente à la boutique du centre des visiteurs. Le début de la matinée est le meilleur moment pour les observer. Marchez sans faire de bruit et faites preuve de patience. Vous apercevrez probablement quelques-unes des espèces ci-dessous aux endroits indiqués :

- des motmots, 4 espèces de trogonidés et des gobe-mouches royaux près du Templo de las Inscripciones
- 2 espèces de loriots, des toucans à bec caréné et des aracaris à collerette au Mundo Perdido
- de grands hoccos, 3 espèces de pics, des pénélopes à crête, des ortalides et 3 variétés de tangaras aux alentours du Complejo P
- 3 espèces de martins-pêcheurs, des jacanas, des grands hérons bleus, 2 sortes de bécasseaux et des grands quiscales à l'Aguada Tikal (réservoir de Tikal), près de l'entrée ; des hérons-tigres nichent parfois dans l'immense fromager le long du chemin d'entrée
- des manakins à tête rouge et à col blanc près du Complejo Q, et des toucanets émeraude autour du Complejo R

Vous pourrez aussi voir plusieurs espèces de faucons près des réservoirs, des colibris et des dindons ocellés (volatile à mi-chemin entre le dindon et le paon) dans tout le parc, divers perroquets et des conures aztèques en explorant les ruines.

---

fut partiellement détruit par les Mayas de l'époque classique tardive, qui utilisèrent les pierres pour construire la chaussée qui porte aujourd'hui le nom d'Alfred Maudslay et mène au Templo IV, au sud-ouest. Au nord-est des complexes P et M, le **Grupo H** comprend un grand temple dégagé, et ses temples arborent des inscriptions intéressantes (nous ne parlons pas des horribles graffitis modernes qui les défigurent aujourd'hui).

Les **Complejos Q** et **R**, à 300 m au nord de la Gran Plaza, sont des pyramides jumelles de la fin du classique tardif ; des stèles et des autels se dressent devant les temples. Le complexe Q, en partie restauré, est peut-être le plus bel exemple de ce style architectural. La stèle 22 et l'autel 10, qui datent de 771, illustrent parfaitement la sculpture de reliefs de cette époque.

MUSÉES

Tikal compte 2 musées. Le plus grand, le **Museo Lítico** (musée de la Pierre ; 10 Q ; ☯ 8h-16h30 lun-ven, 8h-16h sam-dim), est installé dans le centre des visiteurs. Il renferme des stèles et des pierres sculptées découvertes sur le site. À l'extérieur, vous verrez une grande maquette

de Tikal telle qu'elle était vers 800. Les photos d'Alfred P. Maudslay et de Teobert Maler montrent les temples envahis par la jungle, à diverses étapes de leur découverte à la fin du XIXᵉ siècle.

Le **Museo Sylvanus G. Morley** (Museo Cerámico ; 10 Q, entrée libre avec billet d'accès au site de Tikal ; ☯ 9h-17h lun-ven, 9h-16h sam-dim), près du Jaguar Inn, contient de fascinantes collections, dont les objets trouvés dans le tombeau du roi Double Rayon de Lune, des jades sculptés, des os gravés, des coquillages, des stèles, des céramiques et d'autres pièces mises au jour lors des fouilles.

TIKAL CANOPY TOUR

À l'entrée du parc national, **Tikal Canopy Tour** (☎ 5819 7766 ; www.canopytikal.com ; 248 Q ; ☯ 7h-17h) propose un circuit d'une heure dans la canopée. Équipé d'un harnais, vous vous déplacez le long de câbles qui relient les arbres, parfois distants de 300 m.

Où se loger et se restaurer

L'époque à laquelle les visiteurs intrépides réussissaient à convaincre les gardes (moyen-

PETÉN

nant un "pourboire" de 50 Q) de les laisser dormir au sommet du Templo IV est bel et bien révolue. Si l'on vous trouve dans les ruines après la fermeture, vous serez reconduit à la sortie pour votre propre sécurité. Le meilleur moyen de profiter de la solitude du lieu et d'observer la faune dès l'aube consiste à loger sur place et à se présenter au guichet de contrôle des billets dès l'ouverture.

Hormis le camping, Tikal ne compte que trois hébergements, souvent réservés presque entièrement par les groupes organisés. Passer la nuit ici permet néanmoins de se détendre et de savourer l'aube et le crépuscule, des moments privilégiés pour voir et entendre les animaux de la jungle (notamment les singes hurleurs). Les chances d'obtenir une chambre dépendent fortement de la saison. En basse saison (de Pâques à fin juin, et de début septembre à Noël), vous pourrez probablement vous loger sans réservation. Le reste du temps, mieux vaut réserver. Essayez d'arriver en début d'après-midi pour avoir le temps de régler d'éventuels problèmes et, si nécessaire, retourner à El Remate. Une excellente façon de s'assurer une chambre est de constituer un groupe. La quasi-totalité des agences de voyages du pays proposent des circuits à Tikal, avec hébergement, 1 ou 2 repas, visite guidée et transport, à des prix souvent raisonnables.

Jaguar Inn (☎ 7926-0002 ; www.jaguartikal.com ; empl par pers 25 Q, avec tente 75 Q, s/d 346/504 Q ; Ⓟ Ⓧ 🖳). Les petits bungalows mitoyens sont un peu serrés et leurs murs peu épais, mais ils offrent un bon hébergement plutôt bon marché à l'intérieur du parc. On peut profiter des hamacs sous les vérandas, et le petit restaurant accueillant prépare des pâtes et des salades.

☉ Jungle Lodge (☎ 7861-0446, 2476-8775 ; www.junglelodgetikal.com ; s/d 562/710 Q, sans sdb 290/314 Q ; Ⓟ 🖳 🖳). Construit à l'origine pour loger les archéologues, l'hôtel le plus grand et le plus beau de Tikal se compose de bungalows indépendants bien espacés sur un domaine où se promènent dindons ocellés et agoutis. Le restaurant-bar est le plus chic du secteur. On y sert des plats de pâtes végétariens, des crêpes, du steak au poivre et d'autres plats internationaux dans une ambiance tropicale (plats 80-100 Q).

Tikal Inn (☎ 7861-2444 ; www.tikalinn.com ; s/d à partir de 530/620 Q, s/d bungalow 677/843 Q ; Ⓟ 🖳 🖳). Construit à la fin des années 1960, ce complexe comprend des chambres aménagées dans le bâtiment principal et, le long de la piscine et de la pelouse, des bungalows au toit de chaume dotés de petites vérandas, le tout simple, spacieux et plutôt confortable. Les chambres les plus tranquilles et les moins chères sont situées dans des bungalows dans la forêt, desservis par un sentier recouvert de sciure. Les tarifs baissent beaucoup hors saison. Comptez 150 Q de plus pour la demi-pension (petit-déjeuner et dîner).

Inutile de réserver pour le **camping** (empl tente 30 Q/pers), en face au centre des visiteurs. Ce grand terrain herbeux possède beaucoup d'espace pour les tentes, des *palapas* pour accrocher les hamacs et des sanitaires bien tenus.

En arrivant à Tikal, vous trouverez sur le côté droit de la route de petits *comedores* : Comedor Imperio Maya, Comedor Ixim Kua (le plus joli), et Comedor Tikal. On peut y manger dans un cadre rustique des plats sans originalité tels que du poulet grillé ou du steak grillé (40-50 Q). Certains proposent des plats végétariens à base de *güisquil* (courge) bouillie, carottes, haricots et bananes plantains. Ils sont ouverts de 5h à 21h tous les jours.

Le Restaurant Café Tikal, dans le centre d'accueil des visiteurs, est un établissement plus haut de gamme aux prix à peine supérieurs, proposant notamment des pâtes et des hamburgers. Le Jungle Lodge est le meilleur restaurant d'hôtel de Tikal.

Près de la Gran Plaza, vous trouverez des tables de pique-nique abritées et des vendeurs de boissons. Si vous souhaitez passer la journée dans les ruines sans retourner aux *comedores*, emportez des provisions.

Depuis/vers Tikal

Pour les renseignements sur les transports depuis/vers Flores et Santa Elena, reportez-vous p. 287. Si vous arrivez du Belize, la location d'un microbus rouge Asetur entre Melchor de Mencos et Tikal vous coûtera 575/660 Q l'aller simple/l'aller-retour jusqu'à 4 personnes, plus 60 Q par passager supplémentaire. Pour continuer jusqu'à Flores, le trajet coûte 905 Q au total, plus 85 Q par passager supplémentaire. Sinon, prenez un bus pour Puente Ixlú (parfois appelé El Cruce), puis un minibus ou un bus direction nord jusqu'à Tikal, à 36 km ; ces derniers se font rares après le déjeuner. Pour rejoindre le Belize à partir de Tikal, partez tôt le matin et changez à Puente Ixlú pour emprunter un bus ou un minibus vers l'est. À Tikal, les navettes à destination du Belize font souvent le détour par Flores pour prendre des passagers.

UAXACTÚN

700 habitants / altitude 175 m

Uaxactún, desservie par une piste à 23 km au nord de Tikal, fut la rivale politique et militaire de Tikal à la période préclassique tardive. Conquise par le roi Chak Tok Ich'ak I (Grande Patte de Jaguar) au IVe siècle, elle devint la vassale de Tikal pour plusieurs siècles, puis connut une apparente résurgence à la fin de la période classique, lors du déclin de Tikal.

Le village d'Uaxactún est installé de part et d'autre d'un aérodrome désaffecté, vestige d'une époque où l'avion était le seul moyen d'y accéder et où le vol depuis Santa Elena ne coûtait que 5 Q. L'aérodrome sert désormais de pâturage et de terrain de football. Les villageois vivent de la récolte du *chicle*, du piment de Jamaïque et des palmes de *xate* (exportées vers la Hollande pour des compositions florales) dans la forêt environnante. Une nouvelle coupe de bois supposée employer des méthodes d'exploitation durable suscite le scepticisme. La majeure partie du bois est exportée vers les États-Unis pour servir de matériau de construction, et une scierie fonctionne à l'extrémité est du village.

À mi-parcours de la piste d'atterrissage, des chemins partent à droite et à gauche vers les ruines. Des enfants du village proposeront de vous guider : vous pouvez facilement trouver les ruines, mais ne manquez pas l'occasion de les laisser gagner un petit pourboire.

Au moment de nos recherches, il n'existait qu'un seul téléphone public, dans un bureau au sud de l'aérodrome, ouvert jusqu'à 18h environ. Pour joindre quelqu'un à Uaxactún, appelez le ☎ 7783-3931, puis attendez qu'on aille vous chercher la personne. Il n'y avait pas de réseau pour les téléphones portables, mais les choses ont peut-être changé depuis.

À voir

Les recherches effectuées par le Carnegie Institute dans les années 1920 et 1930 ont ouvert la voie aux gros des travaux archéologiques réalisés ultérieurement dans la région, notamment les fouilles de Tikal. À l'époque, les fouilles consistaient à éventrer les flancs des temples pour découvrir des tombes. On

---

LES CITÉS CACHÉES DU PETÉN

Le Petén recèle d'innombrables sites archéologiques, plus ou moins importants et souvent non dégagés. Certains sont difficiles d'accès, d'autres jouxtent la nationale. Ceux-ci figurent parmi les plus énigmatiques :

El Chal À côté de la route Poptún-Flores et construit sur une crête, ce site comprend un terrain de balle, quelques sculptures, et jouit d'une belle vue.

Ixlú À 2 km au sud d'El Remate, au bord du Lago de Salpetén.

Machaquilá Quelque 55 km à l'ouest de Poptún, le long du Río Machaquilá, cette cité mystérieuse comporte plusieurs stèles remarquablement conservées.

San Bartolo Découvert en 2003, ce site abrite des fresques mayas parmi les mieux conservées représentant le mythe de la création selon le *Popul Vuh*. À environ 40 km au nord-est d'Uaxactún, près du Río Azul.

---

employait parfois de la dynamite, causant la destruction de temples. Les objets trouvés, au lieu de rester *in situ*, étaient envoyés dans des musées lointains. Les pyramides d'Uaxactún ont été dégagées et stabilisées afin d'éviter toute détérioration supplémentaire, mais n'ont pas été restaurées.

Les édifices sont groupés sur cinq petites collines. De l'aérodrome, dirigez-vous vers le sud pour atteindre le Grupo E, une marche de 10 à 15 minutes. Le temple le plus important du site, le **Templo E-VII-Sub**, compte parmi les plus anciens temples intacts mis au jour et ses fondations dateraient de 2000 av. J.-C. Il se trouvait au-dessous de structures bien plus grandes, qui ont disparu. Les trous découverts sur la plate-forme supérieure marqueraient l'emplacement de mâts qui devaient soutenir un temple en bois et en chaume. La pyramide fait partie d'un groupe doté d'une signification astronomique : de là, le soleil se lève derrière le **Templo E-I** lors du solstice d'été et derrière le **Templo E-III** lors du solstice d'hiver. Remarquez les masques de jaguar et de serpent érodés sur les flancs de la pyramide.

À une vingtaine de minutes de marche de l'aérodrome se tiennent les Grupos A et B, ce dernier comportant les édifices les plus imposants de la place principale. En 1916, l'archéologue américain Sylvanus Morley mit

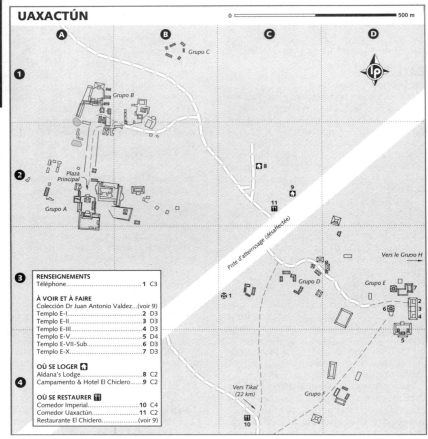

UAXACTÚN

0   500 m

Grupo C

Grupo B

Plaza
Principal

Grupo A

Piste d'atterrissage (désaffectée)

Vers le Grupo H

Grupo D   Grupo E

Grupo F

Vers Tikal
(22 km)

RENSEIGNEMENTS
Téléphone.....................................1 C3

À VOIR ET À FAIRE
Colección Dr Juan Antonio Valdez...(voir 9)
Templo E-I.......................................2 D3
Templo E-II......................................3 D3
Templo E-III....................................4 D3
Templo E-V.....................................5 D4
Templo E-VII-Sub...........................6 D3
Templo E-X.....................................7 D3

OÙ SE LOGER
Aldana's Lodge..............................8 C2
Campamento & Hotel El Chiclero......9 C2

OÙ SE RESTAURER
Comedor Imperial.........................10 C4
Comedor Uaxactún.......................11 C2
Restaurante El Chiclero................(voir 9)

au jour une stèle datant du VIIIe *baktun* dans le Grupo A, d'où le nom du site, Uaxactún, qui signifie "8 pierres". Dans le Grupo B, la stèle 5 porte le glyphe caractéristique de Tikal, ce qui donne à penser qu'Uaxactún était la vassale de cette ville en l'an 358, la date inscrite.

Bien que l'entrée du site soit officiellement payante, il y a rarement quelqu'un pour encaisser.

Le charme du lieu tient en grande partie à son calme absolu et à son isolement. Peu de visiteurs s'aventurent jusqu'ici. Des arbres gigantesques comme le cèdre, le *ramón* et l'*escobo* se dressent autour du site.

Bien que de nombreux objets découverts sur le site se soient retrouvés dans des musées du monde entier, la **Colección Dr Juan Antonio Valdez**, à l'Hotel El Chiclero (ci-contre), comprend de remarquables céramiques d'Uaxactún, de Yaxhá et d'Oaxaca (Mexique). Ces vases, tasses, assiettes, bols, brûleurs à encens, récipients hauts pour boire le chocolat sont presque tous intacts et beaucoup présentent des ornements encore bien visibles. Quelques objets ont été apportés par des villageois, et Neria, la conservatrice, peut vous en expliquer l'histoire, l'origine, la signification et l'usage. Les objets les plus précieux, bijoux d'oreille en pierre, pointes de flèches et trois assiettes décorées de la danse du dieu du Maïs sont exposés dans une vitrine. Ces assiettes sont les seuls objets de la collection à avoir été achetés – à des pillards.

Circuits organisés

Les agences de Flores et les hôtels de Tikal proposent des excursions à Uaxactún. Le Jungle Lodge (p. 302), à Tikal, organise tous les jours un circuit d'une demi-journée, avec départ à 8h et retour à 15h (625 Q/pers, guide et déjeuner compris).

Hector Aldana Nuñez, de l'Aldana's Lodge (ci-dessous), est un guide anglophone spécialisé dans les circuits sur le thème de la nature. Il organise des randonnées de 3 jours à El Zotz et à Tikal pour environ 1 500 Q par personne, et un entraînement à la survie (620 Q/jour) au cours duquel on apprend à trouver nourriture et abri dans la jungle ; les *machetes* sont fournis.

Neria, de l'hôtel El Chiclero, organise des excursions jusqu'à des sites éloignés comme El Mirador (p. 316), Río Azul (3 jours), Xultún, Nakbé et San Bartolo.

Où se loger et se restaurer

Reportez-vous p. 303 pour savoir comment téléphoner à Uaxactún.

Aldana's Lodge (posadaaldana@gmail.com ; empl 15 Q/pers, s/d 25/40 Q). Un peu à l'écart de la rue menant aux Grupos B et A, sur la droite, la famille Aldana propose des cabanes en planches équipées de matelas et de paillasses. Alfido et Hector, le père et le fils, organisent des circuits jusqu'aux sites dans la jungle, et Amparo prépare de bons repas. On peut louer le matériel nécessaire pour y camper (20 Q/pers).

Campamento, Hotel & Restaurante El Chiclero (campamentoelchiclero@gmail.com ; empl 25 Q/pers, ch 100 Q). Au nord de l'aérodrome, cet hôtel comprend 10 chambres spartiates peintes en vert sous un toit de chaume, pourvues de matelas corrects et de moustiquaires au plafond et aux fenêtres. Les douches et sanitaires situés dans un bâtiment adjacent sont propres. Extinction des feux à 22h. L'alerte Neria, la propriétaire, prépare la meilleure cuisine du village (50 Q pour une soupe et un plat de résistance avec riz). Les tarifs sont négociables.

On peut aussi se restaurer dans des *comedores* très simples comme le Comedor Uaxactún et le Comedor Imperial Okan Arin.

Depuis/vers Uaxactún

Un bus Pinita part de Santa Elena pour Uaxactún (35 Q) à 14h. Il passe à El Remate vers 15h, à Tikal vers 16h et repart d'Uaxactún entre 6h et 7h le lendemain. Vous devez donc passer 2 nuits à Uaxactún si vous prenez ce moyen de transport. Pendant la saison des pluies (de mai à octobre, parfois novembre), la route de Tikal à Uaxactún devient facilement boueuse, voire impraticable, sauf pour les 4x4.

Si vous êtes motorisé, la dernière pompe à essence en venant du sud se situe à Puente Ixlú, un peu au sud d'El Remate. La navette entre El Remate et Uaxactún au départ de La Casa de Don David (p. 293) coûte 580 Q.

D'Uaxactún, des routes de terre mènent aux ruines d'El Zotz (30 km au sud-ouest), de Xultún (35 km au nord-est) et de Río Azul (100 km au nord-est).

YAXHÁ

Les sites mayas classiques de Yaxhá, Nakum et El Naranjo forment un triangle autour duquel s'étend un parc national de 37 000 ha jouxtant le Parque Nacional Tikal à l'ouest. **Yaxhá** (☎ 5204-1851 ; 80 Q ; ⏱ 6h-17h), le plus visité des trois, se tient sur une colline entre deux grands lacs, le Lago Yaxhá et le Lago Sacnab. Ce site mérite largement le détour pour son cadre, son étendue, sa quantité d'édifices restaurés et sa faune et sa flore abondantes. Il est situé à 11 km au nord de la route Puente Ixlú–Melchor de Mencos, on y accède par une piste depuis un embranchement à 32 km de Puente Ixlú et 33 km de Melchor de Mencos.

Habitée dès 600 av. J.-C., Yaxhá ("eau bleu-vert") a atteint son apogée culturelle au VIIIe siècle. Elle comptait alors quelque 20 000 habitants et 500 édifices, dont des temples, palais et ensembles résidentiels.

Il faut environ 2 heures pour faire le tour les principaux groupes de ruines, largement fouillées et reconstituées. Effectuez la visite dans le sens des aiguilles d'une montre en empruntant le réseau de voierie originel. Le premier groupe de bâtiments sur cet itinéraire, Plaza C, est une paire d'observatoires astronomiques. Prenez la Calzada de las Canteras jusqu'à l'acropole Sud, ensemble de palais d'où l'aristocratie pouvait suivre les jeux de balle disputés en contrebas. Le Grand Complexe astronomique (Plaza F), parmi les édifices les plus anciens, se trouve au nord-ouest. Disposé comme le Grupo E d'Uaxactún, il comprend une tour d'observation (non fouillée) face à une plate-forme en trois parties permettant de suivre la trajectoire du soleil

PETÉN

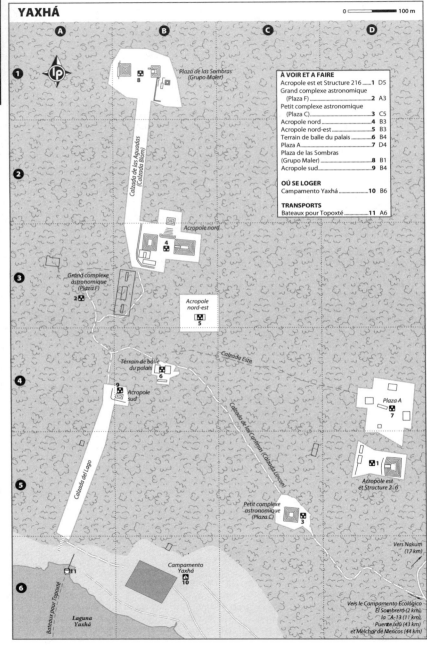

YAXHÁ

0 — 100 m

Plaza de las Sombras (Grupo Maler)

Calzada de las Aguadas (Calzada Blom)

Acropole nord

Grand complexe astronomique (Plaza F)

Acropole nord-est

Calzada Este

Terrain de balle du palais

Acropole sud

Calzada de los canteros (Calzada Lincon)

Calzada del Lago

Petit complexe astronomique (Plaza C)

Plaza A

Acropole est et Structure 216

Bateaux pour Topoxté

Campamento Yaxhá

Laguna Yaxhá

Vers Nakum (17 km)

Vers le Campamento Ecológico El Sombrero (2 km), la CA-13 (11 km), Puente Ixlú (43 km) et Melchor de Mencos (44 km)

À VOIR ET À FAIRE

Acropole est et Structure 216	**1**	D5
Grand complexe astronomique (Plaza F)	**2**	A3
Petit complexe astronomique (Plaza C)	**3**	C5
Acropole nord	**4**	B3
Acropole nord-est	**5**	B3
Terrain de balle du palais	**6**	B4
Plaza A	**7**	D4
Plaza de las Sombras (Grupo Maler)	**8**	B1
Acropole sud	**9**	B4

OÙ SE LOGER

Campamento Yaxhá	**10**	B6

TRANSPORTS

Bateaux pour Topoxté	**11**	A6

toute l'année. Du haut de la tour pyramidale (on y grimpe par un escalier en bois), on jouit d'une vue époustouflante sur l'acropole Nord, au nord-est, dont le temple s'élève majestueusement au-dessus de la canopée. De là, prenez la Calzada de las Aguadas au nord jusqu'à la Plaza de las Sombras (Grupo Maler) où, d'après les archéologues, les citoyens affluaient en masse lors des cérémonies religieuses. Repartez ensuite vers l'entrée du site par la Calzada Este jusqu'à la **Structure 216**, point culminant de la visite situé dans l'acropole Est. Également appelé temple des Mains rouges en raison des empreintes de mains découvertes à l'intérieur, l'édifice culmine à 30 m de haut, offrant une vue panoramique.

Sur une île proche de la rive sud de la Laguna Yaxhá, **Topoxté**, un site postclassique tardif, regroupe de nombreux temples et habitations en ruine et pourrait dater de la période itzá, le peuple qui occupait l'île de Flores à l'arrivée des Espagnols. Depuis le ponton situé en bas de la Calzada del Lago, un batelier peut vous emmener en barque jusqu'à Topoxté (environ 250 Q).

Où se loger et se restaurer

Au bord du lac, en contrebas des ruines, on peut camper gratuitement au Campamento Yaxhá, sur des plates-formes surélevées abritées de toits de chaume. Les douches et les toilettes se trouvent dans des bâtiments annexes. On peut acheter de l'eau potable sur place, mais il faut apporter sa nourriture.

Le **Campamento Ecológico El Sombrero** (☎ 4147-6830 ; www.ecosombrero.com ; s/d 420/560 Q, sans sdb 180/345 Q ; **P**), sur la rive sud de la Laguna Yaxhá, à 2 km des ruines et 250 m de la route d'accès, est un bon endroit pour dormir. Les chambres de taille correcte, claires et propres sont aménagées dans des bungalows éclairés à l'énergie solaire et équipés de moustiquaires, au milieu d'un jardin surplombant le lac. On peut aussi camper ou suspendre son hamac pour 40 Q. Le restaurant, dirigé par le propriétaire italien, est excellent, et une petite bibliothèque est consacrée à l'archéologie locale. On peut aller en *lancha* (barque) jusqu'à Topoxté (250 Q), observer nuitamment les crocodiles, se promener à cheval ou faire des excursions de 2 jours à Nakum, El Naranjo, Holmul et d'autres sites mayas moins connus des environs. Un sentier de 2 km traverse la propriété et permet d'apercevoir singes,

tatous ou pumas. Appelez à l'avance pour que les sympathiques propriétaires viennent vous chercher à l'arrêt de bus.

Depuis/vers Yaxhá

Les agences de voyages de Flores (p. 279) et d'El Remate (p. 290) proposent des circuits organisés à Yaxhá, parfois combinés avec la visite de Nakum et/ou Tikal. Pour vous y rendre par vos propres moyens, prenez le bus quotidien qui part à 13h du terminal des bus de Santa Elena (25 Q). Pour le retour, départ des bus à 7h et 15h. On peut louer un microbus rouge Asetur depuis Melchor de Mencos moyennant 550 Q aller-retour jusqu'à 4 passagers. Comptez 820 Q pour pousser jusqu'à Flores. Autre solution, les microbus Melchor–Flores qui s'arrêtent à l'embranchement pour Yaxhá (qu'on appelle aussi "La Maquina"), d'où part un bus à 6h pour Yaxhá. Après cette heure, préparez-vous à parcourir à pied les 11 km pour rejoindre le site.

NAKUM

Contemporaine de Tikal, Nakum fut durant la période classique tardive un port important sur la rivière Holmul qui reliait Tikal à la côte caribéenne. Ce site à 17 km au nord de Yaxhá est accessible par une route en mauvais état (1 heure 30) impraticable d'août à janvier (bien qu'elle ait été améliorée lors du tournage de *Survivor Guatemala*).

Les édifices sont d'autant plus fascinants qu'il s'agit d'un endroit isolé. Les fouilles, actuellement en cours (vous verrez sans doute les archéologues à l'œuvre), ne concernent qu'une petite partie du site mais s'avèrent déjà intéressantes. Les recherches sont axées sur la prédominance des édifices de type *talud-tablero* (édifices en escalier, avec alternance de parois obliques et de parois verticales) dans la partie sud du site, suggérant un lien avec Teotihuacán, au Mexique. Elles visent également à expliquer pourquoi Nakum prospérait à la fin de l'époque classique alors même que ses consœurs périclitaient.

Le site comprend deux grands groupes architecturaux reliés par une chaussée : les secteurs nord et sud, ce dernier étant le plus fouillé. Sur la **Plaza Central**, le bâtiment le plus intéressant est orné d'une crête remarquablement conservée où l'on distingue nettement un masque. Jumelé à la pyramide qui lui fait face (en cours de fouille), il devait constituer une sorte d'observatoire astronomique comme ceux découverts à Tikal, Uaxactún et Yaxhá.

Au sud de la Plaza Central, on pénètre dans l'**acropole Sud**, enceinte bâtie sur une plate-forme surélevée de 170 m sur 150 m, comprenant 12 cours entourées de 33 bâtiments abritant les résidences princières. Ce complexe date de l'an 900 environ, mais des preuves permettent de faire remonter l'occupation du site à 14 siècles avant cette date. Certaines cours comme le Patio 1 ont la particularité d'être totalement cernées de bâtiments, cas unique dans les sites mayas. Au sud, le Patio 6 abritait le Palacio Real, où résidait la classe dirigeante. Pour admirer des glyphes précolombiens, visitez l'**Edificio N**, curieux bâtiment oblong situé sous l'angle sud-ouest de la place. Au nord-est, le Patio 9 contient un bâtiment rectangulaire trapu dont l'entrée voûtée a peut-être servi de *temascal*, ou sauna cérémoniel. Les dates remontant au IXe siècle gravées sur les stèles situées en-dehors de l'acropole Sud, à l'est, sont parmi les plus anciennes découvertes dans les basses terres mayas.

Le Campamento Ecológico El Sombrero (p. 307) organise des excursions à cheval à Nakum avec une nuit en hamac (150 Q/pers). Pour s'y rendre par ses propres moyens, il faut nécessairement un 4x4 et prévoir d'y passer une nuit. Nakum compte quelques plates-formes pour tentes gratuites, mais il faut apporter son eau et ses vivres.

MELCHOR DE MENCOS

13 900 habitants /altitude 137 m

La plupart des voyageurs passant à Melchor, sur la frontière Belize–Guatemala, n'en voient que les employés des douanes et les agents de change. Il s'agit pourtant d'une vraie ville au bord du Río Mopán, avec des hôtels, des banques et des entreprises – sans grand charme, cela dit. Vous trouverez un DAB Cajero 5B à la station-service Texaco, à 500 m à l'ouest du pont.

Si vous devez y séjourner une nuit, Le **Río Mopan Lodge** (☎ 7926-5196 ; www.tikaltravel.com ; s/d à partir de 150/200 Q) est une très bonne adresse. Isolé de la route, au milieu d'un jardin luxuriant, on y oublie que le bureau de l'immigration n'est qu'à 50 m. Les chambres spacieuses, fraîches et bien décorées possèdent des balcons donnant sur le Río Mopan, et le restaurant sert de bonnes spécialités méditerranéennes. Le couple hispano-suisse qui dirige l'établis-

sement organise des excursions à Tikal et dans d'autres sites moins connus et met sa bibliothèque d'ouvrages sur l'archéologie à votre disposition. Le lodge se trouve entre le pont et le bureau de l'immigration guatémaltèque.

Plusieurs hôtels pour petits budgets sont installés à Melchor même, le meilleur étant l'**Hotel Zaculeu** (☎ 7926-5163 ; hzaculeu@gmail.com ; s/d 30/50 Q), tenu en famille, à deux rues au nord du Parque Central.

Après leur passage au bureau de l'immigration, les voyageurs à destination de Flores ou de Tikal doivent traverser le pont, au bout duquel s'arrête (côté droit) le microbus pour Santa Elena, toutes les 30 minutes jusqu'à 18h. Des microbus rouges Asetur desservent Yaxhá, Tikal et Flores, à des tarifs négociables. Pour plus de détails, reportez-vous aux sections concernant ces destinations.

FRONTIÈRE MEXICAINE (CHIAPAS ET TABASCO)

Via Bethel/La Técnica et Frontera Corozal

Des transports réguliers desservent la frontière mexicaine, à Bethel ou à La Técnica, sur la rive est du Río Usumacinta, d'où des ferries rallient Frontera Corozal, sur la rive mexicaine. Le bureau de l'immigration guatémaltèque se trouve à Bethel, mais la traversée est plus rapide et beaucoup moins chère au départ de La Técnica (10 Q/pers). Les chauffeurs de microbus acceptent généralement d'attendre à Bethel pendant que vous effectuez les formalités avant de vous conduire à La Técnica. Pour plus de détails sur les microbus depuis/vers Bethel et La Técnica, voir p. 287.

Les minibus Autotransporte Chamoán partent toutes les heures de l'*embarcadero* de Frontera Corozal pour Palenque (70 M$, 2 heures 30-3 heures) jusqu'à 17h.

Pour visiter les ruines mayas de Yaxchilán, côté mexicain, la traversée en bateau entre Frontera Corozal et Yaxchilán coûte entre 680 M$ et 1300 M$ par personne aller-retour pour un groupe de 2-10 personnes avec 2 heures 30 de halte pour la visite.

Via El Ceibo/La Palma

Un nouveau poste-frontière plus au nord existe entre El Ceibo, un village sur le Río San Pedro, et l'État mexicain du Tabasco. Reportez-vous p. 287 pour des détails sur les microbus au départ de Flores. Les bureaux de

REJOINDRE LA FRONTIÈRE DU BELIZE

Melchor de Mencos, la ville guatémaltèque frontalière du Belize, se trouve à 100 km de Flores. À partir de l'embranchement pour Tikal de Puente Ixlú, à 27 km de Flores, la route est asphaltée jusqu'à 13 km de la frontière. Pour des renseignements sur les bus desservant la frontière, Belize City et Chetumal, au Mexique, reportez-vous p. 287.

Officiellement, il n'y a rien à payer pour entrer ou sortir du Guatemala. Dans les faits, les employés de l'immigration côté guatémaltèque demandent 10 Q. Au sens strict, rien ne vous oblige à leur payer ce qui revient à un pourboire, mais la plupart des voyageurs s'en acquittent. Il n'y a pas de taxe d'entrée au Belize, mais vous devrez payer 30 B$ de taxe de départ et 7,50 B$ pour la préservation des zones protégées, en dollars de Belize ou américains.

À la frontière, des bureaux de change permettent de changer suffisamment d'espèces pour les besoins immédiats. Les taux sont plus avantageux côté guatémaltèque pour changer des quetzals en dollars de Belize. Des taxis partent de la frontière pour Benque Viejo del Carmen, la ville bélizienne la plus proche, à 3km (10 B$). Les tarifs officiels pour les autres destinations comme l'aéroport international du Belize (200 B$) sont affichés. Des bus partent de Benque pour Belize City (10 B$, 3 heures) toutes les 30 minutes environ de 3h30 à 18h.

l'immigration sont ouverts des deux côtés de la frontière de 9h à 17h. Côté mexicain, des minibus et des bus rallient Tenosique (35 M$, 1 heure, toutes les heures de 6h à 17h), d'où des minibus desservent Palenque jusqu'à 19h (50 M$, 2 heures).

Via Benemérito de las Américas

On peut aussi entrer au Mexique en bateau en descendant le Río de la Pasión de Sayaxché à Benemérito de las Américas, mais il n'existe pas de transport de passagers régulier. Voir p. 310 comment organiser un transport privé. De Benemérito, bus et minibus desservent Palenque et quelques hébergements sommaires. Attention, il n'y a pas de service d'immigration mexicain ni guatémaltèque sur cet itinéraire.

SAYAXCHÉ

13 700 habitants/ altitude 133 m

Sur la rive sud du Río de la Pasión, à 61 km au sud-ouest de Flores, Sayaxché est la ville la plus proche des 10 sites archéologiques mayas des environs, notamment Ceibal, Aguateca, Dos Pilas, Tamarindito et Altar de Sacrificios. Sinon, elle ne constitue pour les voyageurs guère plus qu'un arrêt sur leur trajet entre Flores et la région de Cobán. Une carte utile de la région est affichée à l'extérieur du Restaurante Yaxkín, sur la droite en remontant de la rivière.

Minibus et bus en provenance de Santa Elena s'arrêtent sur la rive nord du Río de la Pasión. Des ferries fréquents (piéton/voiture 2/25 Q) permettent de rejoindre la ville.

Banrural (🕑 7h30-16h30 lun-ven, 7h30-13h sam), deux rues au-dessus de l'Hotel Guayacán, puis une rue à gauche, est équipé d'un Cajero 5B et change les euros et les chèques de voyage American Express. Vous pouvez vous connecter à l'**Internet El Tecnológico** (10 Q/ heure), en face de l'église.

Où se loger

Hospedaje Yaxkín Chen (☎ 4053-3484 ; bungalow 50 Q/ pers). Un peu à l'est du centre, ces 10 bungalows accueillants sont plongés dans une végétation diverse et luxuriante. Un grand restaurant en plein air propose des tacos, du poisson d'eau douce et du poulet chasseur. L'établissement se trouve à 4 rues à l'est et à une rue au sud de l'église. Prévenus à l'avance, les propriétaires peuvent venir vous chercher au débarcadère.

Hotel Petexbatún (☎ 7928-6166 ; ch 100 Q, avec sdb 175 Q). Cet hôtel sans chichis qui donne sur le Río Petexbatún bénéficie d'un cadre tranquille. Les chambres, dépouillées et propres, sont équipées de lits simples, de rideaux de dentelle et de puissants ventilateurs. Du débarcadère, montez jusqu'au premier carrefour, puis longez 3 rues à droite ; le bâtiment bleu est sans enseigne.

Hotel Del Río (☎ 7928-6138 ; hoteldelriosayaxche@ hotmail.com ; ch avec ventil/clim 150/225 Q ; P ⚡). À quelques pas à droite de l'Hotel Guayacán (en tournant le dos à la rivière), cet hôtel plus récent et tranquille propose des chambres modernes et impeccables donnant sur un hall ventilé.

Hotel Guayacán (☎ 7928-6111 ; d avec ventil/clim 170/200 Q ; P ⚡). Situé en bordure du fleuve, à un carrefour chaotique, cet hôtel propose des chambres correctes au sol carrelé, équipées de solides lits en bois. Celles à l'étage donnent sur une terrasse avec vue sur la rivière.

Où se restaurer

Restaurante Yaxkín (plats 25-35 Q ; ☺ petit-déj, déj et dîner). La cuisine concoctée par Cecilia et sa famille est servie dans la salle à manger située à l'étage, d'où l'on contemple la rivière. On y prépare aussi un pique-nique en cas d'excursion. Depuis la rivière, c'est le quatrième bâtiment à droite, avec l'auvent en chaume.

Café del Río (plats 40 Q ; ☺ petit-déj, déj et dîner). Ce restaurant installé de l'autre côté de la rivière est le plus agréable de la ville. Attablé sur un ponton en bois, on y savoure une cuisine saine, la douceur de la brise ou une bière glacée. Le Café del Río assure la traversée des clients venant de la rive sud avec son propre bateau.

Depuis/vers Sayaxché

Les bus et microbus qui partent vers le sud démarrent à 5h, 11h et 15h à destination de Cobán (60 Q, 3 heures). De 5h30 à 16h, toutes les heures, des microbus circulent jusqu'à Raxrujá (25 Q, 2 heures), d'où les correspondances sont fréquentes pour Cobán. Pour Chisec, on peut changer à Raxrujá ou à San Antonio Las Cuevas. Les départs ont lieu d'un parking derrière l'Hotel Guayacán. Depuis la rive nord, des microbus partent pour Santa Elena toutes les 15 minutes de 5h45 à 18h (20 Q, 1 heure 30).

Pour voyager en bateau, renseignez-vous auprès de **Viajes Don Pedro** (☎ 4580-9389 ; servlanchasdonpedro@hotmail.com), à côté du Restaurante Yaxkín. La descente du Río de la Pasión jusqu'à Benemérito de las Américas, au Mexique, avec arrêt aux ruines d'Altar de Sacrificios, ne devrait pas coûter plus de 3 000 Q (arrêt de 3 heures 30 aux ruines, jusqu'à 4 passagers). On peut aussi embarquer à bord des ferries de marchandises qui passent plusieurs fois par semaine (150 Q). **Viajes Acuáticos Glendy** (☎ 5801-8791), sur la rive nord, à 500 m de la rivière, est également un prestataire fiable.

ENVIRONS DE SAYAXCHÉ

Ceibal et Aguateca sont les sites les plus intéressants des environs. Tous deux ont été remarquablement restaurés. On y accède par des canaux qui traversent la jungle, puis en marchant dans la forêt. La plupart des visiteurs s'y rendent dans le cadre de circuits organisées, mais il est possible d'y aller en indépendant.

Ceibal

Insignifiante durant la majeure partie de l'époque classique, Ceibal (ou Seibal) connut un essor rapide au IXe siècle sous la domination des Mayas putun, des marchands-guerriers venus de la région du Tabasco, au Mexique. Grâce à sa situation sur la rive ouest du Río de la Pasión, ce royaume indépendant acquit un immense pouvoir en contrôlant le commerce sur ce tronçon stratégique du fleuve. Elle atteignit une population d'environ 10 000 habitants en 900, puis fut abandonnée peu après. Ses temples bas disparurent rapidement sous un épais manteau de jungle.

Des fouilles sont actuellement en cours sous la direction de Takeshi Inomata, de l'University of Arizona. Les habitants de Cobán viennent encore à Ceibal se livrer à des rituels comportant des sacrifices d'animaux.

La quantité d'édifices est moins impressionnante que dans d'autres sites, mais le trajet sur le fleuve est inoubliable. Après une heure de bateau sur le Río de la Pasión à partir de Sayaxché, vous arrivez à un débarcadère de fortune. Une fois à terre, il faut grimper un sentier rocailleux encadré de fromagers géants et de lianes enchevêtrées pour atteindre la zone archéologique, 100 m au-dessus de la rivière. La forêt est peuplée d'atèles, de tapirs, de sangliers et de cervidés.

Vous trouverez une grande maquette du site près de l'entrée. Le centre cérémoniel de la ville s'étend sur trois collines, reliées par des chaussées d'époque enjambant les ravins escarpés.

De petits temples, pour la plupart encore (ou à nouveau) couverts de végétation, entourent deux groupes principaux, A et D. Devant quelques temples, le long des sentiers ombragés par la canopée, se dressent de superbes stèles solitaires, aux sculptures élaborées en parfait état. Comptez environ 2 heures pour explorer le site.

La plupart des stèles font partie du Grupo A. Les stèles 5 et 7 représentent des joueurs de balle, qui ont peut-être joué sur le terrain situé à l'ouest de la place centrale. Certains n'ont manifestement pas le type maya et portent des tuniques, ce qui donne à penser que des

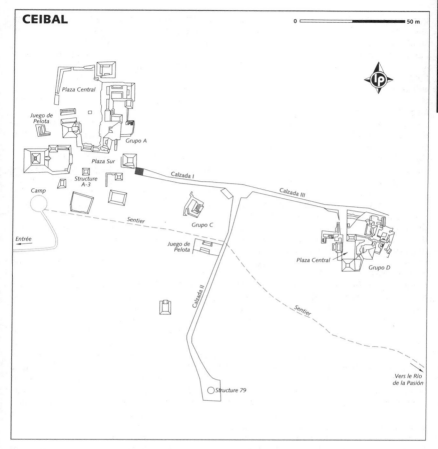

étrangers auraient peuplé la région. C'est notamment le cas du personnage de la stèle 10, située sur le côté nord de la Structure A-3, une plate-forme équipée de deux escaliers au centre de la Plaza Sur. Une autre stèle montre un roi élégamment vêtu, tenant sa massue de guerre à l'envers, dans un geste classique de soumission – ce pourrait être une référence à la reddition de la cité à sa voisine, Dos Pilas.

En suivant la Calzada I vers l'est, on rejoint le Grupo D, un ensemble plus compact de temples au bord d'une gorge abrupte. Un peu à l'écart, l'un des édifices les plus intéressants de Ceibal est la Structure 79, récemment restaurée, à laquelle on accède par la Calzada II en direction du sud. Cette structure inhabituelle

en forme d'anneau, entourée de trois marches en pierre, se trouve dans une clairière, près d'un petit autel en forme de tête de jaguar. Elle aurait servi d'observatoire pour étudier les mouvements des planètes.

Pour plus de renseignements sur les visites de Ceibal, voir p. 281. Le Café del Río (ci-contre), sur la rive nord de la rivière à Sayaxché, assure le transport en *lanchas* jusqu'au site (450 Q jusqu'à 3 pers) et Viajes Don Pedro (ci-contre) prend 500 Q pour un groupe jusqu'à 5 passagers. Ce prix inclut le guide, qui est parfois le batelier. En haute saison, demandez aux *lancheros* si vous pouvez vous joindre à une visite organisée.

Rejoindre Ceibal par voie terrestre revient moins cher : prenez n'importe quel bus, minibus ou pick-up partant de Sayaxché vers le sud par la Hwy 5 (en direction de Raxrujá et Chisec) et descendez 9 km plus loin, à Paraíso. De là, une piste mène à Ceibal, à 8 km à l'est ; vous devrez peut-être la parcourir à pied. À la saison des pluies, vérifiez si elle est praticable.

Laguna Petexbatún

Au sud-ouest de Sayaxché, ce lac long de 6 km est accessible en une heure de *lancha* sur le Río Petexbatún, un affluent du Río de la Pasión. Le lac, le fleuve et les forêts environnantes abritent de nombreux oiseaux, dont des martins-pêcheurs, des aigrettes, des vautours, des aigles, des cormorans et des hérons. Cinq sites archéologiques (Dos Pilas, Tamarindito, Arroyo de Piedra, Punta de Chiminos et Aguateca) et trois lodges de jungle, installés au bord de l'eau, sont desservis par les voies fluviales. Ce que nous savons aujourd'hui de l'histoire de ces sites provient essentiellement des découvertes des archéologues depuis la fin des années 1980. Selon des inscriptions trouvées à Dos Pilas, la cité fut fondée vers 640 par un prince qui avait quitté Tikal et la vainquit plus tard au cours de deux guerres, capturant son souverain Nuun Ujol Chaak (Crâne Bouclier) en 679. Les deuxième et troisième suzerains de Dos Pilas érigèrent des édifices monumentaux, menèrent des guerres de conquête et dominèrent la majeure partie du territoire entre le Río de la Pasión et le Río Chixoy. En 761, leur vassal Tamarindito se rebella et fit assassiner le quatrième souverain, provoquant la fuite des nobles de Dos Pilas vers le site naturellement fortifié d'Aguateca, qui servait déjà de capitale jumelle. Aguateca fut à son tour abandonnée au début du IXe siècle, vers l'époque où trois fossés défensifs furent creusés à la base de la péninsule de Chiminos, au bord de la Laguna Petexbatún. Les archéologues pensent que Punta de Chiminos fut le dernier refuge de la dynastie Petexbatún, fondée à Dos Pilas.

AGUATECA

Si vous manquez de temps et/ou d'argent, ce **site** (☾ 8h-16h30), à l'extrémité sud du lac, est le plus aisément accessible et le plus imposant. Le trajet direct en *lancha* depuis Sayaxché dure 1 heure 15 à travers la mangrove, le long de canaux peuplés d'aigrettes, de martins-pêcheurs, de tortues, et parfois de crocodiles. Le centre des visiteurs est à 5 minutes à pied

du débarcadère. Les gardes forestiers peuvent vous faire visiter le site en 1 heure 30 environ (petit pourboire recommandé). Les singes hurleurs se manifestent plutôt en début et en fin de journée.

Les ruines sont perchées sur une colline protégée par des falaises qui font face au lac et divisée par un ravin. Des stèles sculptées retracent les succès militaires de la cité (dont un contre Ceibal) jusqu'à 735 environ. Il est probable que les souverains de Dos Pilas abandonnèrent leur cité pour celle mieux fortifiée d'Aguateca vers 761, et que cette dernière fut prise par des assaillants inconnus vers 790 – on a trouvé une multitude de pointes de flèches et de squelettes de cette époque. La cité fut abandonnée peu après.

Soigneusement restaurées, les ruines se répartissent en deux groupes principaux : le Grupo del Palacio, où vivait le souverain, et la Plaza Mayor (grand-place), au sud. Sur la place, à côté des originaux effondrés, des copies de stèles en fibre de verre représentent des rois richement parés. Une chaussée relie les deux groupes.

Depuis le centre des visiteurs, il faut contourner la falaise au nord pour atteindre un *mirador* d'où contempler les rivières et marais à l'est. Le sentier tourne ensuite à gauche, descend dans le ravin, continue sur 100 m entre deux parois calcaires, puis remonte jusqu'au Grupo del Palacio. Traversez le complexe pour revenir vers l'entrée. En bas du site, tournez à droite pour emprunter la chaussée enjambant le ravin (70 m de profondeur) pour rejoindre la Plaza Principal.

Depuis 1996, l'Aguateca Archaeological Project dirigé par Takeshi Inomata, de l'Université d'Arizona, a permis de fouiller le site en profondeur et d'en établir une carte. Pour en savoir plus sur ces découvertes, visitez le site www.ic.arizona.edu/ic/anth453/web.

DOS PILAS

Bien que ce site fascinant soit à peine à 16 km de Sayaxché, le rejoindre est une expédition. Si vous avez du temps, Dos Pilas mérite amplement le détour pour ses sculptures raffinées, notamment l'escalier des hiéroglyphes. Celui-ci comprend cinq marches larges de 6 m, ornées chacune de deux rangées de glyphes superbement préservés, qui montent jusqu'à la base du palais royal, près de la grand-place.

La cité fut fondée lors d'une scission du groupe de Tikal, quand cette dernière fut prise par Calakmul. Dos Pilas semble avoir été gouvernée par des souverains agressifs, qui affrontèrent Tikal, Ceibal, Yaxchilán et Motul en l'espace de 150 ans, souvent sans respecter la trêve traditionnelle pendant les moissons.

Dos Pilas fut pratiquement abandonnée en 760, mais quelques agriculteurs y demeurèrent jusqu'au IXe siècle, époque à laquelle la cité fut envahie et évacuée.

Quelques grottes proches, qui contenaient des squelettes, des autels et des objets de saignée cérémoniels, furent sans doute utilisées pour des sacrifices humains.

Afin de les protéger des pillards, de nombreuses stèles ont été transportées dans des musées et remplacées par des copies.

Pour visiter Dos Pilas, le mieux consiste à choisir un circuit à partir de Sayaxché (p. 309) ou à séjourner à la Posada Caribe (voir plus loin) et à organiser sur place une excursion. Dans les deux cas, comptez environ 3 heures 30 de randonnée à pied ou à cheval dans la jungle depuis la Posada, en passant par les sites de Tamarandito (qui possède aussi un escalier des hiéroglyphes) et d'Arroyo de Piedra (qui comprend une place et quelques stèles bien conservées).

OÙ SE LOGER ET SE RESTAURER

Les trois hébergements du secteur, tous intéressants, se différencient par leur style et leur cadre. Le premier sur la route, à 40 minutes environ de Sayaxché, sur un tronçon paresseux de la rivière, est la **Posada Caribe** (☎ 5304-1745 ; ecologico.posadacaribe@hotmail. com ; s/d 410/490 Q), tenue par Julián Mariona et sa dynamique famille. C'est le plus simple des trois et il offre 7 bungalows accueillants avec toit de chaume sur une pelouse à l'écart de la rivière. Les trois repas y sont servis pour environ 85 Q chacun. De là, on peut rejoindre les ruines de Dos Pilas en 3 heures 30, et s'arrêter en chemin aux sites moins importants de Tamarindito et d'Arroyo de Piedra. Vous pouvez louer des chevaux à la Posada Caribe moyennant 100 Q par monture plus 100 Q pour le guide.

Sur la rive ouest du lac, le **Petexbatún Lodge** (☎ 7926-0501 ; dort 85 Q, bungalow 180 Q/pers) est une version économique de la villégiature dans la jungle. Les chalets spacieux sont équipés de plancher, de lits dotés de moustiquaires, de vastes sdb avec baignoire circulaire carrelée et jardin, et de vérandas avec hamacs donnant sur le lac. Les repas sont cuits à la braise et servis dans une salle au toit de chaume au bord du lac. Pour vous y rendre à moindre coût, prenez le bus Sayaxché-Tamarindo qui vous déposera sur l'autre rive du lac, où le batelier du lodge viendra vous chercher.

Deux minutes plus au sud en *lancha*, le **Chiminos Island Lodge** (☎ 5865-8183 ; www.chiminosisland.com ; s/d pension complète 1 030/1 855 Q), le plus raffiné des trois lodges, est voisin d'une citadelle maya très peu fouillée. Les 5 bungalows, simples mais élégamment meublés, possèdent sdb, ventilateur et véranda, et sont bien espacés le long de sentiers forestiers. Construits en bois dur et dotés de baies vitrées avec moustiquaires, ils donnent l'impression de dormir en pleine jungle, sans avoir à se soucier des insectes et autres chauves-souris. Les repas préparés de façon naturelle sont servis dans un restaurant-clubhouse en plein air, où l'on peut se détendre en consultant de la documentation archéologique sur les environs.

COMMENT CIRCULER

Pour rejoindre ces différents sites, il faut s'arranger avec les bateliers de Sayaxché ou opter pour un circuit organisé. Viajes Don Pedro (p. 310) propose un aller-retour Sayaxché-Aguateca pour 600 Q jusqu'à 5 personnes. On peut vous déposer ensuite à l'un des lodges et venir vous chercher le lendemain après-midi, après avoir exploré Dos Pilas. Turismo Aventura et d'autres agences de Flores (p. 281) proposent des excursions d'une journée à Aguateca, déjeuner et guide compris.

SITES MAYAS ISOLÉS

Plusieurs sites mayas enfouis dans la forêt du Petén intéresseront les passionnés d'archéologie et les amateurs d'aventure. Leur attrait ne réside pas uniquement dans les ruines, mais aussi dans la jungle et la faune que l'on découvre en chemin. En raison de leur éloignement, des difficultés du terrain et du manque d'eau (potable ou non), rares sont ceux qui peuvent être visités sans guide, mais certaines agences et hôtels de Flores et d'El Remate organisent des circuits. Attendez-vous à voyager à la dure et à affronter les insectes.

PETÉN

Des agences comme Martsam Travel et Turismo Aventura (p. 282) travaillent en partenariat avec les Comités Comunitarios de Ecoturismo des villages isolés qui servent de base à ces excursions. En optant pour ces tour-opérateurs, vous participerez à un programme de tourisme responsable et serez accompagné d'un guide connaissant parfaitement les environs.

El Perú et ses environs

Le trajet jusqu'à El Perú, à 62 km au nord-ouest de Flores dans le Parque Nacional Laguna del Tigre, s'appelle La Ruta Guacamaya (le chemin de l'Ara rouge), car il offre de fortes chances de voir ces oiseaux magnifiques, surtout pendant la période de nidification (de février à juin). En général, on rejoint Paso Caballos par la route (2 heures 30 depuis Flores), puis on descend en bateau le Río San Pedro et le Río San Juan, son affluent au nord, jusqu'à El Perú (1 heure). Depuis la rive, il faut marcher 20 minutes jusqu'à l'entrée du site, puis grimper 30 minutes à travers une forêt primaire avant d'atteindre les ruines. Si vous ne faites pas partie d'un groupe, les gardes forestiers vous trouveront un guide.

Plusieurs structures et stèles importantes de la période classique ont conduit les archéologues à penser qu'El Perú était peut-être alliée avec Calakmul, la grande rivale de Tikal au nord (dans l'État mexicain actuel de Campeche). Des stèles à des stades de conservation divers occupent quatre places. La stèle 16, sur la place 3 (l'original est installé sous un toit de chaume près de sa réplique en fibre de verre) représente Siyaj K'ak' (Grenouille qui Fume), guerrier originaire de Teotihuacán arrivé en 378, apparemment pour collaborer à une campagne militaire d'El Perú contre Tikal. Ne manquez pas la grimpette éprouvante au Mirador de los Monos, une tour de 16 m de haut surmontant une pyramide de 35 m. Ce mirador qui offre une vue extraordinaire sur la jungle est idéal pour observer le *zopilote* (urubu).

Si vous ne faites pas partie d'un circuit organisé, prenez le bus pour Paso Caballos qui part du terminal des bus de Santa Elena à 13h. De Paso Caballos, le trajet en *lancha* coûte 350-400 Q. On peut planter sa tente sur des emplacements situés à côté du poste des gardes forestiers.

Estación Biológica Las Guacamayas

À 20 minutes de bateau au sud d'El Perú sur le Río San Juan, la **Estación Biológica Las Guacamayas** (☎ 7882-4427 ; www.lasguacamayasbiologicalstation.com) est une station scientifique implantée dans la forêt pluviale où l'on étudie non seulement l'ara macao (*guacamaya*), mais aussi, entre autres créatures, le jaguar et la tortue de Tabasco (*tortuga blanca*).

La station propose des circuits de 1 à 3 jours avec visite d'El Perú, observation nocturne du crocodile de Morelet, une espèce endémique, et l'occasion d'aider les chercheurs dans leurs observations des aras et papillons. Consultez la rubrique Flores p. 278 pour plus de renseignements sur le bénévolat dans la station.

Perchée sur une colline surplombant la rivière, la station est un endroit magnifique et isolé où l'on peut passer quelques jours en louant une chambre confortable dans une des maisons à toit de chaume, avec véranda et baies panoramiques équipées de moustiquaires. Un bâtiment séparé abrite des toilettes propres et de bonnes douches, un autre, le *comedor*, où sont préparés des repas sains. Les tarifs pour 1/2/3 personnes avec base de 2 jours sont de 1 115/1 830/2 505 Q en pension complète sans le transport, et de 400 Q par personne pour chaque journée supplémentaire.

Piedras Negras

Sur les rives du Río Usumacinta, qui marque la frontière avec le Mexique, ces ruines peu visitées impressionnent par leur taille et la richesse de leurs sculptures. Yokib' ("l'entrée"), le nom original de la cité, ferait référence au grand *cenote* situé en son centre, considéré comme une porte du monde souterrain.

L'entrée du site en est sans doute l'élément le plus saisissant – des falaises noires (d'où son nom actuel) surplombent les berges de la rivière. Un gros rocher fait saillie, dans lequel a été sculpté un homme agenouillé offrant de l'encens à une figure féminine près de lui, peut-être inhumée. Un escalier, aujourd'hui en ruine, mène de la rive au complexe, 100 m plus haut.

Les édifices les mieux préservés sont les bains de vapeur et l'ensemble de l'acropole, qui comprend des salles, des cours et des passages. D'autres bâtiments dénotent un mélange de styles. Des structures classiques sont souvent construites au-dessus d'éléments préclassiques. Plusieurs des plus belles pièces,

LA RESERVA DE BIOSFERA MAYA

Couvrant une superficie de 18 449 km² au nord du Petén, la Reserva de Biosfera Maya fait partie du réseau mondial des réserves de biosphère de l'Unesco, qui reconnaît que les besoins humains croissants exigent la mise en place de stratégies innovantes pour préserver la nature. Dans cet esprit, la réserve maya est divisée en 3 parties. À la lisière sud, une zone tampon autorise des activités économiques, censément exercées dans le respect de l'environnement. La partie principale de la réserve consiste en une zone multi-usage – composée de forêt tropicale et dévolue à l'exploitation durable du *xate*, du chicle et du bois – et en 8 zones centrales (les parcs nationaux de la Sierra del Lacandón, de Tikal, de la Laguna del Tigre et de Mirador-Río Azul ainsi que les biotopes du Cerro Cahuí, de San Miguel La Palotada, de la Laguna del Tigre et de Dos Lagunas) consacrées à la recherche scientifique, à la préservation de l'environnement naturel et/ou des sites archéologiques et à un tourisme écologique et culturel strictement contrôlé.

Hélas, la réalité est fort éloignée de la théorie : la forêt continue d'être ravagée par l'exploitation massive et illégale du bois, par le pillage des tombes mayas et par le tourisme (aussi respectueux soit-il), qui exerce un impact négatif sur cet écosystème fragile. Le paysage forestier parsemé de poches agricoles de la zone tampon a basculé en un paysage agricole parsemé de poches de forêt. Les nouvelles routes aménagées pour permettre aux chercheurs et aux touristes d'accéder aux zones centrales servent de vecteur aux paysans en manque de terres venus du Sud.

D'après les défenseurs de l'environnement, c'est finalement la zone multi-usage qui a le mieux réussi de toutes. Il est en effet dans l'intérêt des exploitants forestiers de dissuader les activités illégales, leur mode d'exploitation supposé durable étant une source d'emploi pour leurs communautés. Ces groupes patrouillent sur leurs territoires afin d'en chasser les braconniers, qu'ils considèrent comme des concurrents. Les braconniers qui sévissent dans les zones centrales, en revanche, risquent peu de représailles de la part des instances gouvernementales chargées de la gestion. Quant aux firmes pétrolières installées à l'angle nord-ouest du Biotopo Laguna del Tigre, une des réserves de biosphère du secteur, les autorités ont tout à gagner de cette activité illicite, puisque les revenus du pétrole injectent du capital dans l'économie du pays. Malgré la pollution massive induite par le pompage – d'aucuns estiment la production journalière à plus de 300 000 barils – les producteurs de pétrole refusent de se soumettre à la réglementation de la réserve, faisant valoir que leur activité est antérieure au classement de la zone, un argument qui a été jugé recevable par le gouvernement guatémaltèque.

dont un trône sculpté, se trouvent aujourd'hui au musée national d'Archéologie, à Guatemala Ciudad (voir p. 73).

C'est ici que, dans les années 1930, l'archéologue Tatiana Proskouriakoff déchiffra le système hiéroglyphique maya, en identifiant des correspondances entre les glyphes et certains événements, personnages et dates. Sa théorie fut avérée lorsqu'elle la mit en application à Yaxchilán, un site voisin, mais la plupart des archéologues ne la reconnurent pas avant les années 1960.

On peut visiter Piedras Negras dans la journée au départ de Flores, mais l'entreprise est coûteuse. Il faut d'abord se rendre à Bethel (4 heures 30 de piste), puis prendre le bateau de la coopérative pour Piedras Negras (4-5 heures, 2 500-3 000 Q), ce qui n'est possible qu'à la saison pluvieuse, lorsque le niveau de la rivière autorise la navigation. Turismo Aventura (p. 282) est une des agences

proposant une excursion de 3 jours jusqu'à ce site.

El Zotz

Non restauré et à peine fouillé, le vaste site d'El Zotz ("chauve-souris" dans de nombreuses langues mayas) occupe son propre *biotopo* contigu au parc national de Tikal. Les trois principaux temples sont recouverts de terre et de mousse, mais on peut grimper au sommet du plus haut, la Pirámide del Diablo, pour la vue sur les temples de Tikal, à 24 km à l'ouest. Au crépuscule, des milliers de chauves-souris sortent des grottes avoisinantes.

Des tour-opérateurs de Flores (p. 281) et d'El Remate (p. 290) proposent des circuits en Jeep, à cheval ou à pied, incluant souvent Tikal – pour plus de détails, voir les rubriques correspondantes. En indépendant, prévoyez une randonnée de 30 km (5 heures) – avec la possibilité d'emprunter un camion de *xate* – à partir de Cruce Dos Aguadas, relié par bus à Santa Elena. Vous pouvez aussi suivre un itinéraire plus long en partant d'Uaxactún, où l'Aldana's Lodge fournit des guides (p. 305). Il est possible de camper près du site.

Río Azul

Ce site de taille moyenne (dont la population aurait atteint 5 000 âmes) se situe dans le Parque Nacional Mirador-Río Azul, près de l'endroit où se rejoignent les frontières du Belize, du Guatemala et du Mexique. Autrefois cité indépendante, elle tomba sous la férule de Tikal au début de la période classique et devint un comptoir commercial majeur pour le cacao apporté des Caraïbes à Tikal et au centre du Mexique. La cité fut envahie en 530 par Calakmul, puis reconquise par Tikal durant sa renaissance à la fin de la période classique et finalement détruite par les Mayas puuc du Yucatán.

Le site comprend plus de 350 structures, dont les plus remarquables sont les tombes peintes de glyphes rouge vif à l'intérieur et trois autels circulaires ornés de sculptures représentant des exécutions rituelles.

Le pillage atteignit son paroxysme au cours des années 1960 et 1970. Une équipe archéologique revenue sur le site après la saison des pluies découvrit que 150 tranchées avaient été creusées en son absence ! Le volume de poteries et d'autres objets volés à Río Azul contribua à accélérer la signature des traités internationaux interdisant la vente de vestiges mayas. On ne peut que supposer l'ampleur des trésors dérobés ; parmi les pertes répertoriées figurent des masques de jade, des peintures murales, des pendentifs et d'autres objets sculptés.

Le temple le plus élevé, AIII, ressemble, en plus petit, aux monuments de Tikal. Haut de 47 m, il offre une vue panoramique sur la canopée.

Aucun transport public ne dessert Río Azul.

L'Hotel El Chiclero (p. 305) organise une excursion recommandée au départ d'Uaxactún. Celle-ci comporte un trajet de 4 à 5 heures vers le nord quand la route est praticable, avec visite de La Honradez et de quelques autres petits sites au passage, une nuit de camping dans le site ravissant d'El Cedro et un bon dîner préparé par la chef Neria Herrera. Le deuxième jour est consacré à l'exploration du site et le troisième au retour.

On peut aussi partir de Flores ou de Melchor de Mencos.

El Mirador

Caché aux confins de la jungle de Petén, à 7 km de la frontière mexicaine, cette métropole de la période préclassique tardive est le site maya qui renferme la plus grande concentration d'édifices. On y trouve notamment la plus grande pyramide du monde maya, La Danta (le Tapir), composée de trois structures pyramidales juchées sur deux énormes plates-formes. Du sommet de ce mastodonte, à quelque 70 m au-dessus du sol, la canopée vierge s'étend à perte de vue sous vos yeux. Les monticules verts qui se découpent à l'horizon sont d'autres pyramides encore enfouies sous la jungle.

Un peu moins grande que La Danta, la pyramide El Tigre culmine à 55 m et sa base couvre 18 000 m², soit six fois la surface du Templo IV, la plus grande structure de Tikal. La Danta, El Tigre et les autres temples d'El Mirador sont disposés selon un plan inhabituel en "triade" : trois pyramides trônent sur une vaste plate-forme, celle du milieu dominant les deux plus petites, qui se font face. Leurs façades étaient autrefois ornées de masques sculptés.

El Mirador compte des centaines d'édifices dont beaucoup sont encore enfouis sous la végétation. Il faut faire preuve d'imagination pour visualiser cette ville d'altitude qui s'étendait sur 16 km² et où vivaient 10 000 personnes. Ce fut certainement la plus grande cité maya de la période préclassique, que rien n'égala par la suite dans le monde maya. À l'intérieur du complexe, des chaussées relient entre eux les principaux ensembles architecturaux.

Les chercheurs tentent toujours de comprendre comment El Mirador prospéra (les ressources naturelles sont rares et les sources d'eau, inexistantes, à l'exception des réservoirs construits par les brillants ingénieurs de l'époque) et ce qui provoqua son abandon en l'an 150. Il semblerait qu'El Mirador ait connu un regain quelque cinq siècles plus tard, comme le suggèrent les édifices classiques mêlés aux structures plus anciennes. Des céramiques de cette époque ont été exhumées, à la décoration particulièrement raffinée, comportant des lignes calligraphiques dessinées sur un fond crème et des motifs qui ressembleraient aux codex mayas.

PETÉN

LE BASSIN D'EL MIRADOR

Les 2 169 km² de forêt tropicale entourant El Mirador cachent de nombreuses autres cités importantes datant également du milieu et de la fin de la période préclassique. Six grandes chaussées au moins reliaient El Mirador à ces satellites. Grâce à cette prouesse en matière de génie civil, El Mirador devint probablement le premier État du Nouveau Monde. Les quatre plus grandes cités de son voisinage ne sont pas à plus d'un jour de marche.

El Tintal (23 km au sud-ouest d'El Mirador). L'une des cités préclassiques les plus vastes et les plus importantes, dont le centre municipal est entouré de grandes douves et qui compte l'un des plus grands terrains de balle du Petén.

Wakná (15 km au sud). Construite autour de ce qui est peut-être le plus grand observatoire astronomique du monde maya, elle possède des fresques préclassiques et plusieurs chaussées internes. Contrairement aux autres sites préclassiques du bassin, elle est orientée nord-sud.

Nakbé (13 km au sud-est). Fondée vers 1 200 av. J.-C., cette cité préclassique, qui compta parmi les plus éminentes, a probablement servi de modèle à El Mirador. Vers 600 av. J.-C., elle possédait déjà toutes les caractéristiques de la civilisation maya : architecture monumentale, palais, chaussées, terrains de balle.

Xulnal (7 km à l'ouest d'El Tintal). Découverte en 2001, elle a livré des céramiques attestant d'une occupation précoce du bassin d'El Mirador.

Grâce à l'aide de fondations internationales et guatémaltèques ou de fonds privés, Richard Hansen, professeur à l'Idaho State University, coordonne actuellement la cartographie du bassin d'El Mirador, vaste territoire au nord du Petén où des dizaines de cités étaient reliées entre elles. En mars 2009, le professeur Hansen et son équipe ont fait une découverte importante sur la base de La Danta : une frise datant de 300 av. J.-C., qui aurait décoré une piscine royale. Ses sculptures représentent les héros jumeaux Hunahpú et Ixbalnqué fuyant le domaine souterrain de Xibalbá à la nage, selon le mythe relaté dans le *Popul Vuh*. Cette découverte souligne l'importance d'El Mirador dans le système de croyances des civilisations classiques. Pour en savoir plus sur ces recherches, consultez le site www.miradorbasin.com.

REJOINDRE EL MIRADOR

Reconnaissant l'importance d'El Mirador, le président Álvaro Colóm a promis dans son discours d'intronisation de trouver des fonds et de créer des infrastructures pour rendre le site plus accessible aux visiteurs. En attendant, pour l'atteindre, il faut marcher au moins 5 jours (environ 60 km) et passer 4 nuits dans une jungle difficile, sans autre confort ni ressource que ce que l'on apporte avec soi ou trouve dans la forêt. Pendant la saison pluvieuse, surtout de septembre à décembre, la boue rend la marche particulièrement difficile. Il est préférable de se lancer dans ce trek entre février et juillet.

L'expédition démarre généralement d'un hameau du nom de Carmelita, à 82 km de Flores. Il est également possible de s'y rendre par l'est à partir d'Uaxactún. Certains prestataires de Flores et d'El Remate travaillent en partenariat avec la commission de tourisme de la communauté de Carmelita, que l'on peut aussi contacter directement. Cette **Comisión de Turismo Cooperativa Carmelita** (☎ 7861-2641 ; tono.centeno@gmail.com), qui regroupe 16 guides accrédités par l'Inguat, peut se charger de toute l'organisation d'un trek jusqu'à El Mirador, avec d'éventuelles visites des sites préclassiques de Nakbé, d'El Tintal, de Wakná et de Xulnal. Il est nécessaire d'être en bonne condition physique, de supporter des températures élevées (38°C en moyenne), une forte humidité (85 % en moyenne) et de pouvoir parcourir de longues distances chaque jour (jusqu'à 30 km).

Le premier jour de ce trek comptant généralement 6 jours, vous marcherez 6 heures durant dans la région principalement agricole d'El Tintal, où vous camperez pour la nuit. Le deuxième jour, après une petite visite à El Tintal, on s'enfonce dans une forêt plus dense pour camper le soir à El Mirador. Le troisième jour est consacré à la visite du site. Le quatrième jour, il faut marcher 4 heures jusqu'à Nakbé, au sud-est, où l'on campe. Le jour suivant, l'expédition prend le chemin du retour vers le sud en faisant un crochet par l'est afin de passer la nuit sur le site de La Florida. Le sixième jour, retour à Carmelita.

Pour une expédition de 5 jours, la coopérative demande 2 760/2 800/3 680 Q par

PETÉN

personne pour des groupes de 4/3/2 personnes. L'expédition de 6 jours coûte 3 280/3 376/4 520 Q, et celle de 7 jours 3 712/4 016/5 384 Q. Le prix comprend les tentes, les hamacs, les moustiquaires, les repas, l'eau potable, un guide hispanophone, les mules, leurs muletiers et du matériel de premier secours.

Deux bus quotidiens relient Flores à Carmelita (p. 287). Le seul hébergement à Carmelita est le **Comedor Pepe Toño** (☎ 7783-3812), qui propose 2 huttes sommaires dotées chacune de 5 lits mous avec moustiquaires et d'une manière de sdb. On peut aussi loger chez l'habitant – renseignez-vous sur place. Pepe Toño peut vous préparer des œufs, des haricots ou de la soupe de poulet pour le dîner.

On peut également partir d'Uaxactún, d'où l'expédition est plus longue mais moins éprouvante car elle traverse moins de *bajos*

(marais saisonniers) et des zones moins déboisées, donc plus ombragées. L'Hotel El Chiclero (p. 305) propose un circuit de 6 jours moyennant 1 000 Q par personne et par jour. Un énorme camion vous transporte dans un premier temps jusqu'à un camping situé sur l'ancien campement *chiclero* du Yucatán (5 heures de trajet). Le lendemain, accompagné de mules, le groupe rejoint le campement de La Leontina, à 3 heures 30 de marche dans la jungle. Le troisième jour comporte 2 heures 30 de marche jusqu'à Nakbé. Après la visite de ce site, l'expédition continue jusqu'à El Mirador. Le retour se fait en rebroussant chemin.

Si votre bourse vous le permet, choisissez l'hélicoptère, moins fatigant. **Tikal Park** (www. tikalpark.com) propose des circuits en hélicoptère de 1 ou 2 jours au départ de Flores, permettant de gagner El Mirador en 1 heure 30.

Carnet pratique

ACHATS
Articles en cuir
Le Guatemala excelle dans ce domaine : porte-documents, sacs et ceintures sont vendus sur la plupart des marchés d'artisanat. Les bottes et les chapeaux de cow-boy sont la spécialité de certaines régions. Les prix sont généralement très intéressants.

Café
Bien que les meilleurs cafés soient exportés, on en réserve une petite quantité pour le marché touristique. Pour obtenir les grains les plus frais et les plus subtils, visitez une *finca* (plantation) de café ou une brûlerie et faites vos achats sur place. Cobán, Quetzaltenango, Huehuetenango et Antigua produisent un café renommé et abritent des plantations et des ateliers de torréfaction. Voir également p. 222 et 223. Pour une liste de plantations proposant des visites sur le thème du café, voir p. 199.

Jade
Vénéré par les anciens Mayas, le jade est aujourd'hui extrait des mines guatémaltèques, puis utilisé pour la réalisation de bijoux et de sculptures miniatures. Pour en savoir plus, voir p. 112.

Masques en bois
Ces extraordinaires masques de cérémonie sont toujours utilisés. À Chichicastenango, vous pouvez rencontrer les artistes dans leurs *morerías* (ateliers).

Textiles
Les textiles aux vives couleurs du Guatemala sont très réputés. Le tissage fait partie des traditions mayas et continue de s'épanouir. Des vêtements – dont les superbes *huipiles* (tuniques) brodés, les *cortes* (jupes) et les *fajas* (ceintures) des femmes mayas –, des porte-monnaie, des nappes, des couvertures, des sacs et de nombreux autres articles sont en vente partout à des prix raisonnables.

Les plus grands marchés d'artisanat sont celui de Chichicastenango, le Mercado Central et le Mercado de Artesanías à Guatemala Ciudad et le Mercado de Artesanías d'Antigua. Dans les boutiques d'Antigua, vous découvrirez aussi une infinie variété de beaux textiles. Ailleurs, dans des bourgades comme Nebaj, Sololá, Santa Catarina Palopó, Santiago Atitlán et Todos Santos Cuchumatán, on trouve des textiles artisanaux lors des marchés hebdomadaires et dans quelques échoppes.

Marchandage
Le marchandage est essentiel dans certaines situations et proscrit dans d'autres. Si le marchandage ne se pratique jamais dans les supermarchés, les restaurants et les chaînes de grands magasins, c'est une pratique courante

PRATIQUE

- Les Guatémaltèques utilisent le système métrique pour les poids et les mesures. L'essence, en revanche, se compte en *galón* (gallon américain ; soit à peu près 3,785 litres). Le linge dans les laveries et parfois le café se pèsent en livres (0,450 g).

- Les cassettes vidéo et les DVD sont à la norme NTSC.

- L'électricité est en 115 V à 125 V, 60Hz ; les prises comportent deux fiches plates comme au Canada et aux États-Unis.

- *La Prensa Libre* (www.prensalibre.com), *Siglo Veintiuno* (www.sigloxxi.com), *La Hora* (www.lahora.com.gt) et *El Periódico (www/elperiodico.com.gt)* sont les plus prestigieux journaux guatémaltèques. Certains des meilleurs articles de journalisme d'investigation du pays se trouvent dans le magazine *Revista…Y Qué?* (www.revistayque.com).

- Les lecteurs anglophones peuvent prendre connaissance du *Guatemala Times (*www.quatemala-times.com*)* ou du magazine mensuel gratuit *The Revue* (www.revuemag.com) distribué un peu partout.

- La plupart des télévisions sont câblées, ce qui permet la réception de chaînes étrangères, comme TV5.

- Les émissions en français de RFI sont reprises par différentes radios dans les grandes villes.

lors de l'achat d'objets artisanaux : le premier prix demandé représente parfois le double ou le triple de ce qu'espère le vendeur. Souvenez-vous que marchander n'est pas une lutte à mort et que l'objectif est de parvenir à un prix qui convient aux deux parties, afin que chacun y trouve son compte.

Expédition

Mieux vaut utiliser un transporteur international si vous voulez que vos marchandises arrivent à destination en temps voulu et en bon état. Des informations sur les courriers internationaux sont disponibles dans les sections des villes, à la rubrique *Poste*. Vous trouverez des informations complémentaires sur le site www.ups.com.

ACTIVITÉS
Circuits sur le thème du café

Avec autant de belles terres cultivées dans un cadre luxuriant, ce n'était qu'une question de temps avant que les plantations de café guatémaltèques commencent à véritablement susciter l'attention des touristes. Les circuits du café constituent une excellente façon d'apprendre l'histoire et la réalité actuelle de la vie agricole du pays. Pour quelques visites de plantations, voir l'encadré p. 199, et consultez aussi les renseignements sur Finca los Nietos (p. 114), Nueva Alianza (p. 198), Cobán (p. 221), Finca San Lorenzo (p. 215) et Finca El Cisne (p. 256) au Honduras.

Cyclotourisme

Le vélo constitue sans doute le meilleur moyen de découvrir les Hautes Terres. À Panajachel (p. 121), à San Pedro La Laguna (p. 136), à Quetzaltenango (p. 161) et à Antigua (p. 88), excellents points de départ, des agences proposent des circuits à vélo et fournissent l'équipement.

Équitation

Les occasions de pousser un galop, un trot ou même de partir en randonnée à cheval sont de plus en plus nombreuses. Antigua (p. 99), Santiago Atitlán (p. 135), Quetzaltenango (p. 161), El Remate (p. 290), Laguna Brava (p. 189) et San Pedro La Laguna (p. 136) possèdent toutes des écuries. Unicornio Azul (p. 184), au nord de Huehuetenango, organise des randonnées de 9 jours dans les Cuchumatanes.

Escalade et randonnée

Les nombreux volcans représentent autant de défis irrésistibles, d'autant plus que la plupart peuvent être escaladés dans la journée à partir d'Antigua (p. 98) ou de Quetzaltenango (p. 166). Le Triangle ixil et la chaîne des Cuchumatanes, au nord de Huehuetenango et surtout aux alentours de Todos Santos Cuchumatán (p. 185) et Nebaj (p. 157), offrent aussi de superbes paysages montagneux. Des sentiers spectaculaires font le tour du Lago de Atitlán (p. 119), mais les risques d'agression interdisent certains itinéraires. Des tour-opérateurs d'Antigua, de Quetzaltenango et de Nebaj organisent des randonnées de plusieurs jours. Dans la jungle du Petén, les treks jusqu'aux sites archéologiques reculés (p. 313) comme El Mirador et El Perú séduiront les plus aventureux.

Observation de la faune

Les parcs et réserves nationaux offrent peu d'infrastructures touristiques, mais permettent de découvrir une faune abondante. Dans la jungle du Petén, Tikal (p. 294), El Mirador (p. 316), Cerro Cahuí (p. 291) et la Laguna Petexbatún (p. 312) comptent parmi les meilleurs lieux d'observation des oiseaux, ainsi que la station biologique de Las Guacamayas (p. 314) et le Macaw Mountain Bird Park (p. 252) pour les aras. Ailleurs, les marais des Bocas del Polochic, de Punta de Manabique (p. 266) et de Monterrico (p. 206), les parcs nationaux du Río Dulce (p. 258) et de la Laguna Lachuá (p. 229) et le Biotopo del Quetzal (p. 216) sont également riches en avifaune. Les mammifères sont plus craintifs, mais vous devriez en apercevoir plusieurs espèces à Tikal. La Reserva Natural Atitlán (p. 125), les Bocas del Polochic (p. 262) et Cerro Cahuí (p. 291) combleront les amis des singes.

Parapente

Le parapente est un sport relativement récent au Guatemala, mais il est sur le point de se répandre : les montagnes et les volcans constituent d'excellentes bases de lancement et le panorama est sublime. Des tour-opérateurs fiables et expérimentés sont installés à Panajachel (p. 125) et San Marcos La Laguna (p. 143).

Spéléologie

Des spéléologues du monde entier viennent au Guatemala. La région calcaire aux alentours de Cobán est truffée de réseaux de grottes dont on ignore l'étendue. Les grottes de Lanquín (p. 226), B'omb'il Pek (p. 229), Candelaria (p. 230) et Rey Marcos (p. 225) sont ouvertes au public. De la Finca Ixobel (p. 277), près de Poptún, et près de Flores, on peut aussi visiter de belles grottes.

Sports aquatiques

Vous pouvez plonger dans une caldeira au Lago de Atitlán (p. 119), faire du rafting dans les rapides du Río Cahabón, près de Lanquín (p. 226), naviguer depuis le port de plaisance de Río Dulce (p. 258), faire du canoë ou du kayak sur les voies navigables de Monterrico (p. 206), du Lago de Atitlán (p. 119), du Lago de Petén Itzá (p. 290), de Lívingston (p. 267), des Bocas del Polochic (p. 262) ou de Punta de Manabique (p. 266).

Tyroliennes

Les tyroliennes sont en plein essor au Guatemala, et presque partout où il y a de l'espace et deux arbres pour tendre un câble, on voit des personnes passer à toute vitesse. De nouvelles installations ouvrent en permanence. Voici l'offre qui était disponible lors de la rédaction de ce guide : Reserva Natural Atitlán près de Panajachel (p. 125), Vuelo Extremo (p. 197), la coopérative Chicoj (p. 221), Parque Natural Guayaja (p. 226), Parque Ecológico Hun Nal Ye (p. 228), Parque Ecoturístico Cascadas de Tatasirire (p. 237), Parque Chatún (p. 239), Parque Natural Ixpanpajul (p. 290), Parque Nacional Tikal (p. 301) et le Copán Canopy Tour (p. 252).

ALIMENTATION

Reportez-vous au chapitre *La cuisine guatémaltèque* (p. 50) pour des détails sur la nourriture, les restaurants et les prix. Lorsqu'une localité compte plusieurs catégories d'établissements, comptez moins de 40 Q pour un plat dans un restaurant pour petits budgets, entre 40 et 70 Q dans la catégorie moyenne et plus de 70 Q dans la catégorie supérieure.

AMBASSADES ET CONSULATS
Ambassades et consulats guatémaltèques à l'étranger

Il n'existe ni ambassade, ni consulat du Guatemala en Suisse. Vous trouverez la liste complète des ambassades et consulats guatemaltèques sur le site www.minex.gob. gt (en espagnol). Dans la liste suivante ne figurent, sauf mention spéciale, que les ambassades.

Belgique (☎ 2345-90 58 ; Avenue Winston Churchill 185, SB-1180 Bruxelles)

Belize (☎ 501-223 3150 ; embbelice1@minex.gob.gt ; Number 8 A Street Kings Park, PO Box 1771, Belize City)

Canada (☎ 613-233 7237 ; embassy1@embaguate-canada.com ; 130 Albert St, Suite 1010 Ottawa, Ontario K1P 5G4)

France (☎ 01 42 27 78 63 ;
www.ambassadeduguatemala.com ; 2 rue Villebois-
Mareuil, 75017 Paris)
Honduras (☎ 504-232 5018 ; embhonduras@minex.
gob.gt ; Calle Arturo López Rodezno 2421, Colonia Las
Minitas, Tegucigalpa, Honduras)
Mexique Mexico (☎ 55-5540 7520, 5520 9249, 5202
8028, embaguatemx@minex.gob.gt ; Av Explanada 1025,
Lomas de Chapultepec) ; consulat à Ciudad Hidalgo, Chiapas
(☎ 692698 0184 ; 9a Calle Oriente n°11, Colonia Ciudad
Hidalgo Chiapas, México San José) ; consulat à Comitán,
Chiapas (☎ 963 1006816 ; fax 963 632 26 69 ; 1a Calle Sur
Poniente n°35, Interior 3, Barrio de Guadalupe) ; consulat
à Tapachula, Chiapas (☎ 962 6261252 ; 5ª Av. Norte N°5,
3ᵉ Nivel). Autres consulats à Veracruz et Tijuana.

Ambassades et consulats au Guatemala

Toutes les ambassades ci-dessous sont
installées à Guatemala Ciudad :
Allemagne (☎ 2364 6700 ; www.guatemala.diplo.de ;
Edificio Plaza Maritima, 20a Calle 6-20, Zona 10)
Belgique (☎ 2385 52 34 ; consuladobelgica@bpalaw.
net ; 6a Avenida 16-24, Zona 10)
Belize (☎ 2367 3883 ; embelguate@yahoo.com ;
Europlaza 2, bureau 1502, 5a Av 5-55, Zona 14)
Canada (☎ 2363 4348 ; www.guatemala.gc.ca ; 8ᵉ ét.,
Edificio Edyma Plaza, 13a Calle 8-44, Zona 10)
France (☎ 2421 7370 ; www.ambafrance.org.gt ; 5a Av
8-59, Zona 14)
Honduras (☎ 2366 5640 ; embhond@intelnet.net.gt ;
19a Av A 20-19, Zona 10)
Mexique (☎ 2420 3400 ; embamexquat@itelgua.com ;
2a Av 7-57, Zona 10)
Salvador (☎ 2360 7660 ; emsalva@intel.net.gt ; Av Las
Américas 16-46, Zona 13)
Suisse (☎ 2367-5520 ; 16 Calle 0-55, Zona 10)

ARGENT

La monnaie guatémaltèque, le quetzal (Q),
est restée stable aux alentours de 7,5 Q pour
1 $US pendant des années, mais depuis des
manipulations monétaires par la banque
centrale guatémaltèque, le taux de change
est plus proche des 8 Q. Le quetzal se divise
en 100 centavos. Pour les taux de change,
voir au recto de la couverture et pour plus
d'informations sur les prix au Guatemala,
voir p. 12.

Vous trouverez des distributeurs automatiques de billets (*cajeros automáticos*)
acceptant les cartes Visa/Plus ou MasterCard/
Cirrus un peu partout, sauf dans les petites
bourgades. Le réseau 5B est assez répandu et
particulièrement utile, puisqu'il fonctionne à

la fois avec les cartes Visa et les MasterCard.
Pour une mise en garde sur l'utilisation des
distributeurs automatiques de billets, voir
Escroqueries fréquentes (p. 327).

De nombreuses banques délivrent des
avances sur les cartes Visa et quelques-unes
sur les MasterCard. Vous pouvez régler une
bonne partie de vos achats avec ces cartes
ou la carte American Express (Amex), mais
demandez toujours s'il y a un *recargo* (frais
de transaction).

À défaut de carte, prenez avec vous des
chèques de voyage Amex en dollars US, ainsi
que du liquide, en dollars également. Même
si vous possédez une carte, prévoyez un peu
de liquide. Dans tout le pays, les banques
changent les dollars US – espèces et souvent
chèques de voyage, American Express restant
le plus connu.

La plupart du temps, vous pourrez payer
en dollars US, et quelquefois en chèques de
voyage. Dans certaines régions, il est désormais
possible de changer des euros en espèces.

Les banques offrent généralement les
meilleurs taux de change. En dehors des heures
d'ouverture, on peut souvent changer des
espèces (voire des chèques) dans des agences
de voyages, des hôtels et des magasins.

Certaines villes manquent parfois de monnaie ; ayez toujours une réserve de petites
coupures.

Voir aussi p. 325 pour des conseils contre
le vol.

Pourboires

Un pourboire de 10% est attendu dans les restaurants. Dans certains endroits, notamment
à Antigua, il est automatiquement ajouté
à l'addition. Dans les *comedores* (petits
restaurants bon marché), le pourboire est
facultatif mais, à l'instar des habitants du
pays, laissez de la petite monnaie. Prévoyez
aussi 10% pour les guides, surtout pour les
longs circuits.

ASSURANCES

Il est recommandé de souscrire une assurance voyage qui couvre le vol, la perte et
les problèmes de santé. Certains contrats ne
prennent pas en compte les activités à risque,
comme la plongée sous-marine, la moto et
parfois la randonnée.

Choisissez un contrat qui prenne directement en charge le médecin et l'hôpital. Si
vous devez vous faire rembourser une fois

rentré, conservez précieusement tous les papiers et reçus.

Vérifiez également que le contrat couvre les trajets en ambulance et le rapatriement d'urgence en avion.

Pour plus d'informations, voir p. 337 et p. 342.

BÉNÉVOLAT

Si vous avez une nature altruiste, le bénévolat vous permettra de découvrir le pays en profondeur et d'approcher une culture locale riche et variée, généralement inaccessible aux touristes. Les opportunités ne manquent pas. Vous pourrez vous occuper d'enfants, soigner des animaux, ou bien rédiger une demande de subvention pour un agriculteur. Les voyageurs ayant des compétences spécifiques (infirmiers, médecins, professeurs, webmasters, etc.) sont les bienvenus.

La plupart des emplois impliquent des connaissances en espagnol et un engagement d'une certaine durée. Selon l'organisation, l'hébergement et les repas peuvent être à votre charge. Avant de vous engager, discutez avec d'anciens volontaires et renseignez-vous bien sur les conditions.

Proyecto Mosaico Guatemala et AmeriSpan Guatemala à Antigua (p. 99) et EntreMundos à Quetzaltenango (p. 162), sont d'excellentes sources d'information sur les opportunités de bénévolat. Consultez les sites Internet d'EntreMundos ou de Proyecto Mosaico pour explorer les multiples offres. De nombreuses écoles de langues soutiennent des projets de développement et pourront vous introduire dans le milieu du bénévolat. Le meilleur site mondial pour les postes de bénévoles (avec de nombreuses offres au Guatemala) est www.idealist.org.

En France, quelques organismes offrent des opportunités de travail bénévole sur des projets de développement ou d'environnement, parfois sur des périodes courtes, de une à quatre semaines. Certaines associations s'adressent plus spécifiquement aux jeunes. Les chantiers proposés vont de la réfection d'une école aux travaux liés à l'environnement. Il s'agit d'une bonne formule pour s'immerger dans le pays, connaître l'envers du décor touristique et bénéficier d'une ambiance internationale (les volontaires viennent de divers pays en général). En revanche, les conditions de vie sur un chantier sont spartiates, et prenez garde au décalage fréquent entre le programme et la réalité. La fouille archéologique peut rapidement se transformer, une fois sur place, en coup de peinture donné à la maison des jeunes locale. Le matériel est parfois rudimentaire, et la réalité du terrain souvent plus dure qu'on ne l'imaginait.

Comité de coordination pour le service volontaire international (CCVIS, ☎ 01 45 68 49 36, fax 01 42 73 05 21, ccivs@unesco.org, www.unesco.org/ccivs/accueil800600-fr-bis.htm).

Maison de l'Unesco, 1 rue Miollis, 75732 Paris Cedex 15.

Jeunesse et reconstruction (association créée après la Seconde Guerre mondiale pour la paix en Europe ; ☎ 01 47 70 15 88 ; www.volontariat.org ; 10 rue de Trévise, 75009 Paris).

CARTES ET PLANS

Guatemala d'International Travel Maps' (1/500 000) est la meilleure carte du pays

---

BÉNÉVOLAT : QUELQUES OPTIONS

De multiples organisations au Guatemala accueillent des bénévoles, en particulier dans les domaines de l'éducation et de l'environnement. Voici quelques adresses d'organismes sortant un peu de l'ordinaire :

Arcas (www.arcasguatemala.com) – Œuvre à la protection de la population des tortues de mer sur la côte Pacifique. A aussi mis en place des projets dans le Petén.

EntreMundos (www.entremundos.org) – Édite un journal bimestriel et met en contact bénévoles et ONG.

Estación Biológica Las Guacamayas (www.lasguacamayasbiologicalstation.com) – Un centre combiné recherche/protection dans le Petén.

La Calambacha (www.lacambalacha.org) – Basé à San Marcos La Laguna ; favorise la confiance en soi, l'intégration sociale et la création artistique grâce à des ateliers d'art pour les enfants.

Proyecto Payaso (www.proyectopayaso.org) – Compagnie de clowns itinérante s'occupant de la prévention du sida.

Safe Passage (www.safepassage.org) – Programmes éducatifs, de santé et d'aide aux enfants de Guatemala Ciudad qui travaillent dans les décharges d'ordures.

pour les voyageurs (11 € en France, 100 Q au Guatemala). Moins chère, la *Mapa Turístico Guatemala*, éditée localement par Intelimapas, semble plus à jour pour l'état des routes – car beaucoup ont été récemment asphaltées – et comprend de nombreux plans de villes. La *Mapa Vial Turístico* de l'Inguat est aussi très bien faite. Des librairies vendent ces cartes à Guatemala Ciudad (p. 66), Antigua (p. 94), Panajachel (p. 124) et Quetzaltenango (p. 162). Pour des extraits topographiques au 1/50 000 et au 1/250 000 des régions du pays, voir l'Instituto Geográfico Nacional (p. 65).

CLIMAT

Pour les aspects climatiques concernant le voyage, voir les tableaux ci-contre et la rubrique *Quand partir* (p. 12).

COURS
Danse

La danse représente tout pour les Guatémaltèques, et la plus belle fête ne peut être réussie si l'on n'y danse pas. Le mérengué vient en tête des suffrages, suivi peu ou prou par la salsa. Vous verrez la population locale et les gringos danser au son du *reggaetón* à peu près partout où il y a une piste de danse. Pour trouver le tempo à un prix bien inférieur aux tarifs pratiqués dans votre pays, précipitez-vous dans l'une des écoles de Quetzaltenango (p. 166), de Panajachel (p. 125) ou d'Antigua (p. 101).

Langues

Le Guatemala est réputé pour ses nombreuses écoles de langues. Suivre des cours n'est d'ailleurs pas seulement le moyen d'apprendre l'espagnol, c'est aussi celui de rencontrer des Guatémaltèques et de découvrir leur mode de vie. Beaucoup de voyageurs en route pour le sud, à travers l'Amérique centrale vers l'Amérique du Sud s'arrêtent au Guatemala pour acquérir les indispensables notions d'espagnol.

Les écoles guatémaltèques sont parmi les moins chères du monde, mais il arrive que des étudiants soient déçus. Visitez-en plusieurs avant de choisir parmi les multiples offres.

Antigua, avec ses quelque 100 écoles (voir p. 101), est la ville la plus courue pour étudier. Vient ensuite Quetzaltenango (p. 166), qui attire peut-être un public plus studieux. San Pedro La Laguna (p. 139) et Panajachel (p. 125)

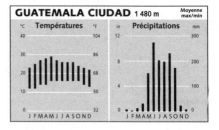

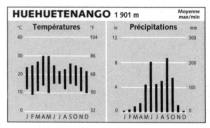

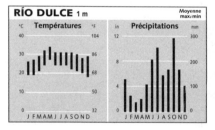

comptent une poignée d'écoles. Todos Santos Cuchumatán (p. 185) et Nebaj (p. 157) séduiront les étudiants qui préfèrent les bourgades de montagne reculées. En moyenne, comptez de 900 à 1200 Q pour 4 heures de cours particuliers 5 jours par semaine, avec l'hébergement dans une famille.

Il y a des avantages et des inconvénients à choisir une école dans une petite localité. D'un côté, vous pouvez très bien vous retrouver le seul étranger à plusieurs kilomètres à la ronde et ne risquez pas, ainsi, de parler français ou anglais. De l'autre, il est possible que l'espagnol ne soit pas la langue maternelle des habitants du village, y compris de votre professeur ; ce qui peut vous faire prendre toutes sortes de mauvaises habitudes de langage.

Dans beaucoup d'écoles, vous pouvez commencer les cours n'importe quel jour et pour aussi longtemps que vous le souhaitez. Si vous venez en haute saison et espérez vous

BIEN CHOISIR VOTRE ÉCOLE

Il peut se révéler ardu de faire son choix parmi les écoles d'espagnol d'Antigua ou d'ailleurs. La plupart des établissements ne forment pas spécifiquement leurs enseignants, aussi n'y a-t-il pas réellement de "bonnes écoles" en soi – moins en tout cas que de "bons professeurs". Mieux vaut vous engager pour la durée minimale (une semaine en général) afin de pouvoir changer si vous n'êtes vraiment pas satisfait. Faites part très clairement dès le début de vos objectifs (conversation, grammaire, vocabulaire, etc.) et de vos intérêts spécifiques (politique, médecine, droit, etc.), afin que l'école puisse établir un programme adapté et désigner un enseignant qui vous convienne. Si par hasard vous ne vous entendiez pas avec votre professeur, demandez à changer.

Voici quelques questions que vous devez vous poser au moment où vous cherchez une école. Une simple visite sur place, quelques questions posées au personnel, une conversation avec des personnes qui suivent ou ont suivi des cours dans l'organisme pressenti vous apporteront peut-être quelques réponses.

- Où se déroulent les cours ? Dans un patio calme et ombragé ou bien dans une salle étouffante donnant sur une rue où des bus passent sans arrêt ?

- Quelles compétences et quelle expérience les enseignants peuvent-ils faire valoir dans l'enseignement de l'espagnol langue étrangère ?

- L'espagnol est-il la langue maternelle de votre professeur ?

- Quelles activités extrascolaires l'école organise-t-elle ? De nombreux établissements proposent, parfois sans frais supplémentaires, des cours de salsa, des projections de films, des excursions et d'autres activités le matin et le soir.

- De nombreux établissements attirent le client avec des gadgets. Certains offrent par exemple une demi-heure gratuite de connexion Internet quotidienne, ce qui fait économiser à peu près 0,30 $US par jour. Ne vous laissez pas influencer par ces maigres avantages.

- Quelle est l'ambiance générale de l'école ? Les étudiants sérieux ne se sentiront sans doute pas très à l'aise dans une école qui ne cesse d'organiser des soirées dans les bars, de même que les fêtards ne se trouveront probablement pas à leur place dans des établissements portant des noms comme Christian Spanish Academy.

- L'école propose-t-elle du travail bénévole – par exemple, aide dans les écoles, visites d'hôpitaux, activités avec les enfants dans des orphelinats – à ceux qui le souhaitent ?

- L'école qui affirme être impliquée dans un projet local effectue-t-elle un travail sérieux ou agit-elle dans un objectif de simple marketing ?

Des commentaires sur certaines écoles d'espagnol guatémaltèques apparaissent sur le site www. guatemala365.com.

---

inscrire dans l'une des écoles les plus prisées, mieux vaut réserver bien à l'avance, bien que la plupart facturent les réservations en ligne ou par téléphone (environ 300 Q).

Les écoles offrent souvent des activités diverses, de la salsa au cinéma et aux randonnées sur les volcans. Beaucoup dispensent également des cours de langue maya.

Tissage

Réputés dans le monde entier, les tissus guatémaltèques sont fabriqués selon une méthode traditionnelle à laquelle vous pouvez vous initier à San Pedro La Laguna (p. 139), Panajachel (p. 125), Zunil (p. 174),

Todos Santos Cuchumatan (p. 186) et Quetzaltenango (p. 166).

Autres cours

Si vous êtes encore à la recherche de quelque chose à étudier, vous pouvez essayer les cours de cuisine à Antigua (p. 102), apprendre des techniques de peinture traditionnelle à San Pedro La Laguna (p. 139) ou plonger au cœur de la culture *garífuna*, avec des cours de percussions à Lívingston (p. 268).

DÉSAGRÉMENTS ET DANGERS

On ne peut pas dire que le Guatemala soit un pays sûr, comme en témoignent les nombreux cas de vols, d'agressions à main armée, voire de viols et de meurtres de touristes. Aujourd'hui, les incidents signalés concernent le plus souvent des vols sur les sentiers de randonnée. Consultez le site du ministère des Affaires étrangères (www.france.diplomatie. fr), qui fournit des conseils aux voyageurs. Sachez que les statistiques de criminalité impliquant des citoyens américains ne comprennent pas que les touristes mais aussi les Guatémaltèques partis vivre aux États-Unis, où ils ont obtenu la nationalité américaine avant de rentrer chez eux. Cela fait grimper les chiffres.

L'époque des voleurs visant les bus et navettes touristiques sur la route semble fort heureusement dépassée – les statistiques récentes indiquent que le plus grand danger qui guette les touristes sur la route concerne les voitures de location sur les portions de route isolées. Au moment de la rédaction de ce guide, la Carretera al Pacífico (Hwy 2) près de la frontière salvadorienne et autour de Santa Lucía Cotzumalguapa était une zone dangereuse, tout comme les routes secondaires de Cocales à San Lucas Tolimán et d'Antigua à Escuintla, et la route de San Pedro La Laguna à Santiago de Atitlán. Ces informations évoluent très rapidement ; si vous comptez vous déplacer en voiture, consultez **Asistur** (☎ 1500, en anglais) pour les renseignements les plus récents.

Les vols sur les chemins de randonnée se produisent dans des endroits isolés d'itinéraires connus, en particulier autour du Lago de Atitlán (p. 119) et sur les volcans à la sortie d'Antigua.

CONSEILS AUX VOYAGEURS

La plupart des gouvernements possèdent des sites Internet qui recensent les dangers possibles et les régions à éviter. Consultez notamment les sites suivants :

- Ministère des Affaires étrangères de Belgique (www.diplomatie.be)
- Ministère des Affaires étrangères du Canada (www.voyage.gc.ca)
- Ministère français des Affaires étrangères (www.diplomatie.gouv.fr)
- Département fédéral des Affaires étrangères suisse (www.eda.admin.ch)

Prenez garde aux pickpockets et aux autres voleurs de sacs dans les gares routières, les bus, les rues et les marchés bondés, mais aussi la nuit dans les quartiers déserts.

Il est préférable de voyager et d'arriver à destination lorsqu'il fait encore jour. Si ce n'est pas possible, voyagez de nuit dans des bus 1re classe et prenez un taxi pour rejoindre votre hôtel à l'arrivée. Voir p. 333 pour des conseils destinés aux femmes voyageant seules à bord des bus interurbains.

S'il est impossible d'écarter tout risque lors d'un voyage au Guatemala, on peut le limiter en restant vigilant (méfiez-vous de ceux qui vous approchent de trop près, quelle que soit la situation) et en prenant quelques précautions :

- Ne prenez sur vous que l'argent, les cartes, les chèques et les objets de valeur dont vous avez besoin. Laissez le reste dans une enveloppe cachetée et signée dans le coffre de votre hôtel et exigez un reçu. Si l'hôtel ne dispose pas de coffre, mieux vaut répartir votre argent et vos objets de valeur dans différentes caches à l'intérieur de vos bagages fermés laissés dans votre chambre que de les emporter avec vous.
- Un porte-monnaie ou un sac peuvent être arrachés ou ouverts au couteau. Aux guichets des gares routières, gardez votre sac entre vos jambes.
- Ne portez pas de bijoux voyants, de montre ou d'appareil photo luxueux. Conservez votre portefeuille ou votre porte-monnaie à l'abri des regards.
- Dans les bus, gardez vos objets de valeur avec vous et tenez-les fermement.
- Ne vous aventurez pas seul dans les rues ou les quartiers déserts, surtout la nuit.
- Faites preuve de vigilance lorsque vous utilisez un distributeur automatique de billets. Voir la rubrique *Escroqueries fréquentes* (plus loin) pour plus d'informations sur l'usage des DAB.
- Renseignez-vous auprès d'autres voyageurs, du personnel hôtelier, de votre ambassade à Guatemala Ciudad et de l'Inguat (voir p. 66) et en consultant les sites Internet gouvernementaux.
- La randonnée en groupe important et/ou escorté de policiers réduit le risque d'agression.
- Résister ou tenter de fuir face à des agresseurs ne fait en général qu'empirer la situation.

LE DÉPÔT DE PLAINTE

Au Guatemala, porter plainte n'est pas toujours dans votre intérêt. Si vous êtes victime d'une infraction grave, rendez-vous naturellement au poste de police, en disant : *"Yo quisiera denunciar un crimen"* (Je voudrais porter plainte). Par exemple, si on vous a volé, faites établir une déclaration dont vous pourrez remettre la copie à votre compagnie d'assurance.

En cas de problème mineur, cependant, cela ne vaut peut-être pas forcément la peine d'impliquer la police.

Des unités spécifiquement formées – et dont les fonctionnaires parlent généralement anglais – ont été mises en place dans les principaux endroits touristiques du pays. Vous pouvez joindre la police touristique par téléphone à **Antigua** (☎ 5978-3586) et à **Guatemala Ciudad** (☎ 2251-4897).

Ailleurs (ou en dehors des heures d'ouverture), le mieux est d'appeler le numéro gratuit d'**Asistur** (☎ 1500), qui vous répondra 24h/24 en espagnol ou en anglais et vous fournira renseignements, assistance et conseils. En cas de besoin, on vous trouvera même un avocat.

La randonnée sur les volcans actifs présente des risques. Renseignez-vous avant de vous mettre en route. Durant la saison humide, grimpez le matin afin d'éviter la pluie et les éventuels orages.

Lors de plusieurs incidents, des touristes étrangers ont été suspectés à tort de mauvaises intentions envers les enfants, principalement à cause de l'idée (largement répandue) selon laquelle les étrangers kidnappent les bébés guatémaltèques. Faites très attention, surtout dans les zones rurales, lorsque vous parlez à de jeunes enfants, demandez toujours la permission avant de prendre une photo et, en général, essayez de ne pas vous mettre dans une situation qui pourrait être mal interprétée.

Sous toutes les latitudes, une population peut devenir imprévisible sous l'emprise de l'alcool ou en période de tension politique.

Escroqueries fréquentes

Un scénario courant consiste à éclabousser une personne de ketchup ou de toute autre substance poisseuse ; un complice surgit alors pour aider la victime à nettoyer ses vêtements et la dépouille de ses objets de valeur. D'autres méthodes de diversion consistent à laisser tomber un porte-monnaie ou des pièces ou encore à feindre l'évanouissement, pendant qu'un compère vous fait les poches ou arrache votre sac.

Malheureusement, les cloneurs de cartes aux distributeurs automatiques de billets sont arrivés au Guatemala, visant autant les Guatémaltèques que les étrangers. Voici comment ils procèdent : ils placent un lecteur de carte sur le DAB (souvent dans la fente où vous insérez votre carte) et une fois qu'ils

disposent de vos coordonnées bancaires, ils peuvent vider votre compte. De telles escroqueries ont été signalées dans les principales destinations touristiques. La seule solution consiste à utiliser des distributeurs qui ne peuvent pas être facilement piratés (dans les supermarchés ou centres commerciaux) ou à aller dans une banque pour retirer du liquide. Les distributeurs automatiques les plus visés sont ceux situés devant une banque, dans une petite pièce non verrouillée.

Vous n'avez *jamais* besoin de taper votre code secret pour accéder à une pièce ayant un distributeur automatique de billets.

DOUANE

Les douaniers ne deviennent désagréables que si l'on essaie de passer la frontière avec des armes, de la drogue, de fortes sommes d'argent, une voiture et tout objet de valeur susceptible d'être vendu dans le pays. Il est illégal d'importer des fruits, des légumes ou des plantes aux aéroports internationaux de Guatemala Ciudad et de Flores.

Normalement, les douaniers n'examinent pas ou très peu vos bagages. À certains postes-frontières, les fouilles sont inversement proportionnelles au pourboire offert : gros pourboire, pas de fouille ; pas de pourboire, fouille minutieuse.

Quoi qu'il arrive, restez correct. L'agressivité pourra vous interdire l'accès au pays ou vous conduire en prison.

ENFANTS
Informations pratiques

Si les agences de location de voitures fournissent rarement des sièges enfants, les restaurants, en revanche, se débrouille-ront toujours pour vous trouver un siège qui fasse office de chaise haute. Si vous ne jurez que par une certaine marque de couches ou de crème, apportez ce que vous pouvez et faites le plein dans les supermarchés de Guatemala Ciudad, Antigua ou Quetzaltenango. Le lait frais est rare et peut ne pas être pasteurisé. Le lait UHT ou en poudre (à diluer avec de l'eau purifiée) se trouve plus facilement. Si votre enfant a besoin d'aliments particuliers, emportez des provisions. L'allaitement en public ne fait pas partie des coutumes et doit se pratiquer discrètement.

À voir et à faire

La richesse culturelle, historique et archéo-logique du Guatemala n'intéressera guère les petits. Les parents devront envisager des activités susceptibles de les distraire, comme le Museo de los Niños (p. 73) et le zoo de La Aurora (p. 73) à Guatemala Ciudad, l'Auto Safari Chapín (p. 204), au sud de la capitale, le parc aquatique Xocomil de Retalhuleu (p. 197) et le parc à thème Xetulul (p. 197). Les enfants aiment généralement les sorties à la plage, mais sachez que la côte Pacifique est réputée pour ses forts courants et que de nombreux adultes se noient chaque année.

La plupart des écoles d'espagnol acceptent les enfants. Les plus âgés apprécieront le kayak, la spéléologie et l'équitation.

Pour faire le plein de bonnes idées, consultez le guide *Voyager avec ses enfants* (2010), édité par Lonely Planet.

FÊTES ET FESTIVALS

Les manifestations suivantes revêtent une importance nationale au Guatemala :

Janvier

El Cristo de Esquipulas – Le 15 janvier, cette fête attire à Esquipulas des pèlerins de toute l'Amérique centrale venus contempler le Jésus noir de la Basilica.

Mars/Avril

Semana Santa – Durant la semaine qui précède Pâques, les statues de Jésus et de Marie sont portées en procession dans les rues de toutes les villes du pays, et suivies par une foule dévote. Les chaussées sont couvertes d'*alfombras*, des tapis très élaborés, faits de sciure de bois colorée et de pétales de fleurs. Les célébrations atteignent leur apogée le Vendredi saint.

Août

Fiesta de la Virgen de la Asunción – Le 15 août, la fête bat son plein. Danses folkloriques et défilés ont lieu à Tactic, Sololá, Guatemala Ciudad et Jocotenango.

Novembre

Día de Todos los Santos – Le 1er novembre, jour de la Toussaint, des cerfs-volants géants volent au-dessus de Santiago Sacatepéquez et de Sumpango, près d'Antigua. Todos Santos Cuchumatán est le théâtre de célèbres courses de chevaux.

Décembre

Quema del Diablo – Le 7 décembre, la crémation du Diable débute vers 18h dans tout le pays. Tout le monde sort dans la rue avec ses vieilleries et les jette dans un grand feu de joie. La fête se termine par de superbes feux d'artifice.

FORMALITÉS ET VISAS

Les ressortissants de la Communauté euro-péenne, de la Suisse et du Canada n'ont pas besoin de visa pour entrer au Guatemala. Il devront présenter un passeport valable au moins 6 mois après la date de retour, ainsi que le billet d'avion aller et retour, de continuation vers un autre pays ou de départ d'un pays voisin. À l'arrivée, on vous donnera une autorisation de séjour de 90 jours (le nombre 90 figure sur le tampon de votre passeport).

En août 2006, le Guatemala a adhéré à l'accord Centro América 4 (CA-4), conclu avec le Nicaragua, le Honduras et le Salvador afin de faciliter la circulation des personnes et des marchandises entre les 4 pays. Les étrangers qui pénètrent dans l'un de ces États se voient désormais délivrer une autorisation de séjour de 90 jours pour toute la région. Elle peut être prorogée une fois, pour 90 jours supplé-mentaires (120 Q). Les conditions requises varient selon les gouvernements mais pour la forme, voici comment cela fonctionnait à la rédaction de ce guide. Rendez-vous au **Departamento de Extranjería** (Service des étrangers ; carte p. 68 ; ☎ 2411-2411 ; 6a Av 3-11, Zona 4, Guatemala Ciudad ; ◷ 8h-14h30 lun-ven), avec *toutes* les pièces suivantes :

- une carte de crédit et sa photocopie recto-verso
- deux photocopies de la première page de votre passeport et une de la page où votre visa d'entrée a été tamponné
- une photo d'identité en couleurs récente

Si vous l'avez demandée avant midi, la prorogation vous sera normalement délivrée dans l'après-midi du jour ouvré suivant.

Si vous avez séjourné 2 fois 90 jours dans l'un des 4 pays du CA-4, vous devrez quitter la région pendant 72 heures (le plus simple est évidemment de vous rendre au Mexique ou au Belize) avant de revenir. Certains étrangers procèdent ainsi depuis des années.

Avant le départ, il est impératif de contacter les ambassades et les consulats pour s'assurer que les modalités d'entrée sur le territoire n'ont pas changé. Nous vous conseillons de photocopier tous vos documents importants (pages d'introduction de votre passeport, cartes de crédit, numéros de chèques de voyage, police d'assurance, billets de train/d'avion/de bus, permis de conduire, etc.). Emportez un jeu de ces copies, que vous conserverez à part des originaux. Vous remplacerez ainsi plus aisément ces documents en cas de perte ou de vol.

HANDICAPÉS

Le Guatemala n'est pas le pays le plus confortable pour les voyageurs handicapés.

Bien que de nombreux trottoirs d'Antigua soient dotés de rampes et de jolis carrelages incrustés représentant un fauteuil roulant, les rues sont pavées et les rampes ne valent guère mieux.

Beaucoup d'hôtels occupent d'anciennes maisons privées et les chambres disposées autour d'une cour sont accessibles aux fauteuils roulants. La plupart des hôtels de luxe possèdent des rampes, des ascenseurs, et des toilettes adaptées. Les transports posent plus de problèmes : les bus sont pratiquement inaccessibles aux fauteuils roulants, faute d'espace, et il faut alors louer une voiture avec chauffeur.

Transitions (transitionsguatemala@yahoo.com), basée à Antigua, est une organisation qui vise à faire prendre conscience de la situation des personnes handicapées au Guatemala et à faciliter leurs déplacements.

L'**APF** (Association des paralysés de France, 17 bd Auguste-Blanqui, 75013 Paris, ☎ 01 40 78 69 00, fax 01 45 89 40 57, www.apf.asso.fr) peut vous fournir d'utiles informations sur les voyages accessibles. Le site Internet de Yanous (www.yanous.com/pratique/tourisme/tourisme030613.html) dédié aux personnes handicapées comporte une rubrique consacrée au voyage et constitue une bonne source d'information.

HÉBERGEMENT

Le pays offre toute la gamme d'hébergements, des hôtels les plus luxueux aux plus simples et aux pensions très bon marché appelées *hospedajes, casas de huéspedes* ou *pensiones*.

Les hébergements sont classés ici par prix croissant. La catégorie petits budgets regroupe les établissements où une chambre double coûte au maximum 150 Q ; à moins de 80 Q, vous obtiendrez généralement une double petite, sombre et pas très propre. La sécurité peut aussi laisser à désirer. Une double à 150 Q sera bien tenue, spacieuse et aérée, avec salle de bains, télévision et, dans les régions chaudes, ventilateur.

Dans la catégorie moyenne, une double confortable revient de 150 à 400 Q et comporte une salle de bains avec eau chaude, une télévision, des lits corrects, un ventilateur et/ou la clim. Les bons hôtels possèdent d'agréables espaces communs, comme la salle à manger, le bar et la piscine. Dans les régions chaudes, les chambres sont parfois aménagées dans de jolis bungalows en bois couverts de chaume, avec terrasse et hamacs ; dans les régions plus fraîches, ce sont parfois de belles demeures coloniales, avec meubles anciens et charmants patios.

À plus de 400 Q, on entre dans la catégorie supérieure : hôtels de classe internationale à Guatemala Ciudad visant une clientèle d'affaires, hôtelleries raffinées d'Antigua et quelques hôtels-clubs.

Les prix des chambres grimpent dans les sites touristiques durant la Semana Santa (la semaine précédant Pâques), la période Noël-Nouvel An ainsi qu'en juillet et août. Pendant la Semana Santa, la période de congé la plus importante, les prix peuvent augmenter de 30 à 100%, sur le littoral comme à l'intérieur du pays ; mieux vaut alors réserver bien à l'avance.

Quel que soit votre budget, si vous comptez séjourner au même endroit pendant plus de quelques jours, cela vaut la peine de demander une réduction.

Deux lourdes taxes s'ajoutent au prix des chambres : 12% d'IVA (taxe sur la valeur ajoutée) et 10% pour financer l'Institut guatémaltèque du tourisme (Inguat), bien qu'un débat soit en cours au sujet de la suppression éventuelle de cette deuxième taxe. Tous les prix cités dans ce guide incluent les deux taxes, quelques hôtels de catégorie supérieure oublient cependant de les mentionner en communiquant leurs prix.

Camping

Le pays ne compte que quelques rares campings. Les emplacements coûtent de 20 à 50 Q par personne et la sécurité est rarement garantie.

Chez l'habitant

Les voyageurs inscrits à des cours d'espagnol ont la possibilité de loger dans une famille guatémaltèque. Il s'agit en général d'une assez bonne solution – comptez entre 250 Q et 500 Q par semaine, en plus des frais de scolarité, pour avoir votre propre chambre, avec salle de bains commune et 3 repas par jour, sauf le dimanche. Choisissez un séjour qui correspond à vos objectifs. Des familles, par exemple, hébergent plusieurs étudiants en même temps, offrant ainsi une ambiance d'auberge de jeunesse plutôt qu'une atmosphère familiale.

HEURE LOCALE

Le Guatemala est à l'heure GMT moins 6. Quand il est 12h à Guatemala Ciudad, il est 19h à Paris (heure d'été). Le système de l'heure d'été a fait l'objet d'un essai au Guatemala et a suscité une forte opposition, notamment dans les zones rurales, où l'on fonctionne sur un double système avec la *hora oficial* (heure officielle) et la *hora de Dios* (heure de Dieu). Lors de la rédaction de ce guide, le système de l'heure d'été semblait être temporairement abandonné.

HEURES D'OUVERTURE

Les commerces et les bureaux ouvrent habituellement du lundi au samedi, de 8h à 12h et de 14h à 18h, et les banques du lundi au vendredi, de 9h à 17h, et le samedi, de 9h à 13h. Ces horaires peuvent être sujets à changement. Les administrations, ouvertes du lundi au vendredi de 8h à 16h, sont plus efficaces le matin.

Les restaurants servent de 7h à 21h, avec une marge de 2 heures dans un sens ou dans l'autre. La plupart des bars ouvrent de 10h ou 11h à 22h ou 23h. La plupart des bars ouvrent de 11h à minuit. La *Ley Seca* ("loi sèche") oblige les bars et les discothèques à baisser leur rideau à 1h du matin au plus tard, sauf la veille des jours fériés. La législation est respectée scrupuleusement dans les grandes villes et joyeusement bafouée partout ailleurs. À Antigua, une loi municipale, qui n'a pas encore été appliquée, interdit de servir de l'alcool après 22h – on vous laisse imaginer la position de la majorité de l'industrie du tourisme sur ce thème.

Lorsque les restaurants et les bars observent un jour de fermeture, c'est souvent le dimanche.

Les commerces présentés dans ce guide respectent (approximativement) les heures d'ouverture ci-dessus, sauf mention contraire.

HOMOSEXUELS

Comme les autres pays d'Amérique latine, le Guatemala ne voit pas d'un bon œil l'homosexualité. Bien que légale pour les personnes âgées de plus de 18 ans, elle reste souvent synonyme de harcèlement et de violence à l'encontre des gays. Abstenez-vous de tout geste d'affection en public.

Antigua compte une communauté gay non négligeable, mais très discrète, à l'exception du club La Casbah (p. 111). À Guatemala Ciudad, le Genetic et le Black & White Lounge sont les bars gays branchés du moment (voir p. 81). En général, les voyageurs homosexuels se rendent rapidement compte qu'il vaut mieux ne pas se faire remarquer.

Gay.com (www.gay.com) possède une rubrique de petites annonces pour le Guatemala et **The Gully** (www.thegully.com) propose généralement quelques articles et renseignements sur le Guatemala. Le site le plus intéressant, **Gay Guatemala** (www.gayguatemala.com), est en espagnol.

INTERNET (ACCÈS)

La plupart des villes de taille moyenne possèdent des cybercafés correctement connectés qui facturent leurs services de 5 Q à 10 Q l'heure.

Le Wi-Fi est de plus en plus disponible à travers le pays, mais il n'est vraiment fiable que dans les grandes villes et les destinations touristiques. De nombreuses (mais pas toutes) auberges de jeunesse proposent le Wi-Fi, tout comme la plupart des hôtels de catégories moyenne et supérieure. Les restaurants Pollo Campero sont la source de Wi-Fi la plus fiable du pays – on les trouve dans presque toutes les villes, quelle que soit leur taille, et ils offrent tous un accès gratuit et non sécurisé.

Vous trouverez quelques sites Internet sur le Guatemala p. 15.

JOURS FÉRIÉS

Les principales périodes de vacances sont la Semana Santa, Noël-Nouvel An, juillet et août. Pendant la Semana Santa, les prix des chambres augmentent partout et il est indispensable de réserver hébergement et transport bien à l'avance.

Les jours fériés nationaux sont les suivants :

Jour de l'an (Año Nuevo) – 1ᵉʳ janvier
Pâques (Semana Santa ; du Jeudi saint au dimanche de Pâques inclus) – mars/avril
Fête du Travail (Día del Trabajo) – 1ᵉʳ mai
Fête de l'Armée (Día del Ejército) – 30 juin
Assomption (Día de la Asunción) – 15 août
Fête de l'Indépendance (Día de la Independencia) – 15 septembre
Anniversaire de la Révolution (Día de la Revolución) – 20 octobre
Toussaint (Día de Todos los Santos) – 1ᵉʳ novembre
Veille de Noël (Víspera Navidad) – 24 décembre
Noël (Navidad) – 25 décembre
Veille du Jour de l'an (Víspera del Año Nuevo) – 31 décembre.

OFFICES DU TOURISME
Offices du tourisme au Guatemala

L'Instituto Guatemalteco de Turismo, l'**Inguat** (www.visitguatemala.com), dispose de bureaux d'information à Guatemala Ciudad, à Antigua, à Panajachel, à Quetzaltenango, à Cobán et à l'aéroport de Santa Elena ; quelques autres villes possèdent des bureaux d'information touristique départementaux, municipaux ou privés. Pour plus de détails, reportez-vous aux sections des villes. L'organisme semi-public **Asistur** (www.asisturcard.com) a mis en place une ligne téléphonique (☎ 1500, 24h/24, appels gratuits) par laquelle on peut obtenir renseignements et assistance.

Offices du tourisme à l'étranger

Il n'y a pas à proprement parler d'office du tourisme du Guatemala dans les pays francophones. Toutefois, le personnel des ambassades du pays en France et en Belgique pourra répondre à vos questions (voir p. 321 pour leurs coordonnées).

PHOTO ET VIDÉO

Les innombrables magasins de photo et pharmacies vendent des pellicules, mais vous ne trouverez peut-être pas la marque recherchée. Une pellicule 100 ASA de 36 poses coûte environ 40 Q. Les grandes villes possèdent des laboratoires de développement rapide. De nombreux cafés Internet proposent des lecteurs de carte (*lectores de tarjeta*) qui vous permettront de transférer vos photos numériques ou de les graver sur CD.

Photographier les habitants

La photo est un sujet sensible au Guatemala. Demandez toujours l'autorisation avant de photographier quelqu'un, surtout les femmes et les enfants mayas et ne soyez pas surpris de vous heurter à un refus. Les enfants, lorsqu'ils acceptent de poser, le font souvent en échange d'une petite somme (habituellement 1 Q). Dans certains lieux, comme l'église de Santo Tomás à Chichicastenango, les photos sont interdites. Si vous avez la chance d'assister à une cérémonie maya, ne prenez pas de photos – à moins d'en avoir eu l'autorisation explicite. Si vous percevez le moindre signe de mécontentement, rangez votre appareil photo et excusez-vous sur-le-champ, par correction et pour votre sécurité. Ne prenez jamais en photo les sites militaires, des hommes en armes ou tout autre sujet litigieux.

POSTE

La poste guatémaltèque a été privatisée en 1999. En général, les lettres parviennent en 8 à 10 jours au Canada et en 10 à 12 jours en Europe. Pratiquement toutes les villes et bourgades (mais pas les villages) possèdent un bureau de poste où l'on peut acheter des timbres et envoyer son courrier. Le tarif pour une lettre se monte à 15 Q pour l'Amérique du Nord et à 20 Q pour partout ailleurs.

Le service de poste restante n'existe plus. Le mieux consiste à disposer d'une adresse privée. Les écoles d'espagnol, de même que certains hôtels, acceptent volontiers de prêter leur adresse. Si vous souhaitez vous faire expédier un colis, vérifiez que la société de transport dispose d'un bureau dans la ville où vous vous trouvez, faute de quoi vous devrez régler d'importants "frais de traitement".

PROBLÈMES JURIDIQUES

Les policiers guatémaltèques ne vous seront parfois pas d'une grande aide. En général, moins vous aurez affaire à la loi, mieux vous vous porterez.

Quelle que soit la situation, ne touchez pas aux drogues – même si les gens du pays semblent ne pas prendre de risques. En tant qu'étranger, vous êtes désavantagé et pouvez être victime d'un coup monté. Au Guatemala, la législation sur les drogues est très stricte et les sanctions sont très sévères. Si on vous surprend en train de commettre une infraction, la meilleure défense consiste avant tout à s'excuser et à rester calme.

TÉLÉPHONE

Pour appeler le Guatemala depuis un autre pays, composez le code d'accès international, suivi de l'indicatif du pays ☎ 502 et du numéro local à 8 chiffres. Il n'y a pas d'indicatif spécifique de ville ou de région. Si vous appelez depuis l'intérieur du pays, composez simplement le numéro à 8 chiffres.

Depuis le Guatemala, pour appeler l'étranger, composez le code d'accès international ☎ 00, suivi de l'indicatif du pays (33 pour la France, 32 pour la Belgique, 41 pour la Suisse et 1 pour le Canada).

De nombreuses villes et bourgades touristiques possèdent des bureaux téléphoniques privés, d'où vous pouvez passer des appels internationaux à des prix raisonnables. Si la connexion passe par Internet, les tarifs peuvent être très bas (par exemple 1 Q la minute vers l'Europe), mais la qualité de la ligne est imprévisible.

De nombreux voyageurs utilisent un service téléphonique VoIP, comme Skype (www. skype.com). Si Skype n'est pas installé sur les ordinateurs d'un cybercafé, le télécharger ne prend généralement que quelques minutes. La qualité des casques et des micros, lorsqu'il y en a, est variable. Si vous comptez utiliser les ordinateurs des cybercafés pour passer des appels, achetez des écouteurs avec micro intégré avant votre départ : il prennent très peu de place et vous pourrez les brancher sur la plupart des ordinateurs.

Il existe des téléphones publics à carte. Les plus courants sont les Telgua, dont les cartes (*tarjetas telefónicas de Telgua*) sont en vente dans les magasins, les kiosques, etc., parfois signalés par l'enseigne rouge "*Ladatel de Venta Aquí*". Elles coûtent 20, 30 ou 50 Q, selon le nombre d'unités. Glissez la carte dans l'appareil Telgua, composez votre numéro et l'écran indique le temps dont vous disposez.

À moins qu'il s'agisse d'une urgence, n'utilisez pas les téléphones noirs, stratégiquement placés dans les villes touristiques, qui affichent : "Pressez le 2 pour appeler les États-Unis gratuitement". C'est une escroquerie. Vous téléphonez avec votre carte de crédit et vous vous rendrez compte à votre retour que l'appel vous a coûté entre 8 et 20 $US la minute.

Les téléphones publics Telgua indiquent de composer le ☎ 147110 pour les appels intérieurs en PCV et le ☎ 147120 pour les appels internationaux en PCV.

Téléphones portables

Les téléphones portables sont largement utilisés au Guatemala. Vous pouvez essayer d'apporter le vôtre, le faire "déverrouiller" pour qu'il fonctionne au Guatemala (cela coûte environ 50 Q au Guatemala) et remplacer votre carte SIM par une carte achetée sur place : cela fonctionne avec certains téléphones et pas avec d'autres, sans aucune logique. Les opérateurs téléphoniques guatémaltèques utilisent des fréquences de 850, 900 ou 1 900 MHz ; si vous possédez un portable tribande ou quadribande, il devrait fonctionner. Les problèmes de compatibilité et le risque de vol (les téléphones portables font le bonheur des pickpockets) encouragent la plupart des voyageurs à acheter un téléphone prépayé bon marché à leur arrivée dans le pays.

Vous trouverez sans difficulté ces téléphones cellulaires à carte. Ils coûtent entre 100 et 150 Q environ et sont généralement livrés avec un crédit de 100 Q d'appels gratuit. Lorsque le crédit est épuisé, on peut recharger son téléphone avec une nouvelle carte (en vente dans toutes les boutiques). La communication téléphonique revient à 1,50 Q la minute pour les appels passés dans le pays, et jusqu'à 5 fois plus cher pour les appels dans le reste du monde.

Au moment de la rédaction de ce guide, c'est Movistar qui affichait les tarifs les plus bas, mais la couverture se limite aux grandes villes. Tigo et Claro offraient la couverture la plus large.

TOILETTES

Ne jetez *rien* dans les toilettes, y compris le papier hygiénique, mais utilisez les récipients prévus à cet effet (seau ou petite poubelle). Le papier toilette n'est pas toujours disponible et mieux vaut en avoir sur soi. Si ce n'est pas le cas, demandez au serveur du restaurant *un rollo de papel* (un rouleau de papier) en prenant l'air pressé et paniqué, vous obtiendrez généralement satisfaction.

Les toilettes publiques sont rares. Ayez recours à celles des cafés, des restaurants et des sites archéologiques. Dans les gares routières, vous devrez parfois payer 0,15 $US pour accéder à celles des compagnies des bus. Les bus sont rarement équipés de toilettes et, lorsque c'est le cas, elles ne fonctionnent généralement pas.

TRAVAILLER AU GUATEMALA

Des voyageurs trouvent du travail dans les bars, les restaurants et les hôtels d'Antigua, de Panajachel ou de Quetzaltenango, mais les salaires permettent à peine de survivre. Si vous voulez travailler à bord d'un bateau de croisière, vous devriez trouver des offres dans la région de Río Dulce, que ce soit pour de petites excursions, pour des traversées jusqu'aux États-Unis ou même des voyages plus longs. Consultez les panneaux d'annonces, notamment celui de Bruno's (p. 259).

VOYAGER EN SOLO

Voyager seul implique plus de vigilance au quotidien et plus de prudence dans le choix des destinations.

Au Guatemala, on lie facilement connaissance avec les habitants et d'autres voyageurs, notamment par le biais des écoles de langues, des circuits organisés, du bénévolat ou de l'hébergement en commun, où l'on partage dortoirs et repas.

Le voyageur solitaire paiera plus cher pour son hébergement, les chambres simples revenant plus cher par personne que les doubles ou les triples, à moins de choisir un lit en dortoir ou de partager une chambre avec un autre voyageur.

Femmes seules

Les femmes qui voyagent seules au Guatemala ne devraient pas rencontrer de problèmes particuliers. Elles seront même agréablement surprises par la gentillesse et la sollicitude de la plupart des habitants. Pour être traitée avec respect, habillez-vous correctement et décemment, une attitude très appréciée par les Guatémaltèques.

Réservez les shorts pour la plage et proscrivez-les dans les villes et surtout dans les Hautes Terres. Portez des jupes qui arrivent au moins au genou et mettez un soutien-gorge pour ne pas être jugée provocante. Beaucoup de femmes guatémaltèques se baignent avec un tee-shirt sur leur maillot de bain ; imitez-les pour ne pas attirer les regards.

Les hommes cherchent souvent à engager la conversation avec une femme qui voyage seule. Il s'agit le plus souvent de simple curiosité et non d'une manœuvre de séduction. Répondez si vous en avez envie, mais ne vous sentez pas menacée. Évaluez la situation, différente selon que vous soyez dans un bus ou dans un bar, et ne vous laissez pas troubler. Asseyez-vous près de femmes ou d'enfants dans les bus. Les femmes guatémaltèques engagent rarement la conversation, mais, une fois lancées, elles ont souvent bien des choses intéressantes à raconter.

Les rumeurs malsaines selon lesquelles des femmes étrangères enlèveraient des enfants guatémaltèques à des fins sordides n'ont pas disparu. Gardez vos distances en présence d'enfants (surtout mayas) pour éviter tout malentendu.

Sans sombrer dans la paranoïa, il faut savoir que les risques de viol ou d'agression existent. Prenez les précautions d'usage : évitez de vous retrouver seule dans des endroits déserts, de vous promener en ville tard dans la nuit et ne faites pas de stop. Si vous voyagez seule en bus et que vous avez besoin de quelques conseils, voyez p. 339.

Transports

SOMMAIRE

DEPUIS/VERS LE GUATEMALA

ENTRER AU GUATEMALA

Lorsque vous arrivez au Guatemala, que ce soit par voie terrestre, aérienne, maritime ou fluviale, vous devez simplement remplir les formulaires de douane et d'immigration. Vous n'avez normalement rien à payer.

Il arrive cependant que des agents de l'immigration exigent des taxes non officielles. Dans ce cas, demandez *un recibo* (un reçu) et il y a de fortes chances que cette taxe s'évanouisse. Dans le doute, observez ce que paient les autres voyageurs.

Pour entrer dans le pays, vous avez besoin d'un passeport en cours de validité. Pour tout renseignement sur les visas, voir p. 328.

VOIE AÉRIENNE

Aéroports

L'*aeropuerto* de La Aurora (GUA) de Guatemala Ciudad est le principal aéroport international du pays. Le seul autre aéroport qui dessert des vols internationaux (au départ de Cancún, Mexico et Belize City) est celui de Flores (FRS). La compagnie aérienne nationale, Aviateca, fait partie du Grupo Taca, comme Taca au Salvador et Lacsa au Costa Rica. L'administration de l'aviation fédérale américaine a récemment classé l'aviation civile guatémaltèque et salvadorienne en catégorie 1, ce qui signifie qu'elles remplissent les conditions de sécurité exigées par l'aviation internationale.

Les compagnies aériennes suivantes desservent le Guatemala :

American Airlines (AA ; ☎ 2422 0000 ; www.aa.com)
Aviateca voir Grupo Taca.
Continental Airlines (CO ; ☎ 2385 9610 ; www.continental.com)
Copa Airlines (CM ; ☎ 2353 6555 ; www.copaair.com)
Cubana (CU ; ☎ 2367 2288/89/90 ; www.cubana.cu)
Delta Air Lines (DL ; ☎ 2263 0600 ; www.delta.com)
Grupo Taca (TA ; ☎ 2470 8222 ; www.taca.com)
Iberia (IB ; ☎ 2332 0911 ; www.iberia.com)
Lacsa voir Grupo Taca.
Maya Island Air (MW ; ☎ 501-223-1140 ; www.mayaairways.com)
Mexicana (☎ 2333 6001 ; www.mexicana.com)
Spirit Airlines (NK ; www.spiritair.com). Pas de numéro de téléphone.
Taca voir Grupo Taca.

Depuis/vers la France

Aucune compagnie aérienne ne propose de vols directs pour le Guatemala au départ de Paris. La destination est principalement desservie par Delta Air Lines, Continental Airlines et Iberia. Les escales allongent considérablement la durée du trajet et il faut

AVERTISSEMENT

Les informations contenues dans ce chapitre sont particulièrement susceptibles de changements. Vérifiez directement auprès de la compagnie aérienne ou de l'agence de voyages les modalités d'utilisation de votre billet d'avion. N'hésitez pas à comparer les prestations. Les détails fournis ici doivent être considérés à titre indicatif et ne remplacent en rien une recherche personnelle attentive.

TAXE DE DÉPART

Tous les passagers qui quittent le Guatemala en avion doivent payer une taxe de départ de 30 $US, généralement (mais pas toujours) comprise dans le prix de votre billet. Si ce n'est pas le cas, vous devez vous en acquitter en espèces (dollars ou quetzals) au comptoir d'enregistrement. Une autre taxe de sécurité aéroportuaire de 3 $US/25 Q doit être réglée avant le départ.

généralement compter entre 16 et 20 heures de voyage. Les tarifs les plus intéressants se situent autour de 700 €.

Voici quelques adresses d'agences et de transporteurs :

Air France (☎ 36 54 ; 0,34 €/min ; www.airfrance.fr ; Agence Opéra, 49 av. de l'Opéra, 75002 Paris)

American Airlines (☎ 0826 460 950 ; 0,15 €/min ; www.americanairlines.fr)

Continental Airlines (☎ 01 42 99 09 01 ; www.continental.com)

Delta Air Lines (☎ 0 811 640 005 ; www.delta.com)

Iberia (☎ 0 825 800 965 ; www.iberia.com)

Nouvelles Frontières (☎ 0 825 000 747 ; www.nouvelles-frontieres.fr ; nombreuses agences en France)

Taca (☎ 01 44 50 58 60 ; www.taca.com ; 4 rue de Gramont, 75002 Paris)

Thomas Cook (☎ 0826 826 777 ; www.thomascook.fr ; nombreuses agences en France)

Voyageurs du Monde (☎ 01 42 86 17 01 ; www.vdm.com ; 55 rue Sainte-Anne, 75002 Paris, ainsi que dans d'autres villes de province)

Depuis/vers la Belgique

Pour se rendre au Guatemala depuis la Belgique, les compagnies aériennes proposent des vols avec une ou 2 escales. Comptez au moins 14 heures de vol sans les temps d'attente. Les compagnies américaines Delta Air Lines et American Airlines pratiquent les prix les plus avantageux, généralement à partir de 700 € le billet aller-retour.

Voici quelques adresses utiles :

Airstop (☎ 070 23 31 88 ; www.airstop.be ; Bd E. Jacquemain 76, 1000 Bruxelles)

American Airlines (☎ 02 711 99 69 ; www.americanairlines.be)

Connections (☎ 070 23 33 13 ; www.connections.be) ; Bruxelles (☎ 02 550 01 30 ; Rue du Midi 19-21, 1000 Bruxelles ; ☎ 02 287 70 70 ; Karel de Grotelaan 68, 1000 Bruxelles ; ☎ 02 647 06 05 ; Av. de l'Université 5, 1050 Ixelles) ; Gand (☎ 09 223 90 20 ; Hoogpoort 28,

CIRCULATION AÉRIENNE ET CHANGEMENTS CLIMATIQUES

Les changements climatiques représentent une menace sérieuse pour les écosystèmes dont dépend l'être humain et la circulation aérienne contribue pour une large part à l'aggravation de ce problème. Lonely Planet ne remet absolument pas en question l'intérêt du voyage, mais nous restons convaincus que nous avons tous, chacun à notre niveau, un rôle à jouer pour enrayer le réchauffement de la planète.

Le "poids" de l'avion

Pratiquement toute forme de circulation motorisée génère la production de CO_2, principale cause du changement climatique induit par l'homme. La circulation aérienne détient de loin la plus grosse responsabilité en la matière, non seulement en raison des distances que les avions parcourent, mais aussi parce qu'ils relâchent dans les couches supérieures de l'atmosphère quantité de gaz à effet de serre. Ainsi, deux personnes effectuant un vol aller-retour entre l'Europe et les États-Unis contribuent autant au changement climatique qu'un ménage moyen qui consomme du gaz et de l'électricité pendant un an !

Programmes de compensation

Des sites Internet comme www.actioncarbone.org ou www.co2solidaire.org utilisent des "compteurs de carbone" permettant aux voyageurs de compenser le niveau des gaz à effet de serre dont ils sont responsables par une contribution financière à des projets de développement durable menés dans le secteur touristique et visant à réduire le réchauffement de la planète. Des programmes sont en place notamment en Inde, au Honduras, au Kazakhstan et en Ouganda.

Lonely Planet "compense" d'ailleurs la totalité des voyages de son personnel et de ses auteurs. Pour plus d'information, consultez : www.lonelyplanet.fr

---

AGENCES EN LIGNE

Vous pouvez aussi réserver auprès d'une agence en ligne ou vous renseigner auprès d'un comparateur de vols :

www.anyway.com
www.ebookers.fr
www.karavel.com
www.lastminute.fr
www.nouvelles-frontieres.fr
www.opodo.fr
www.voyages-sncf.com
http://voyages.kelkoo.fr
www.govoyage.com

9000 Gand) ; Liège (☎ 04 223 03 75 ; 7 rue Sœurs-de-Hasque, Liège 4000) ; nombreuses agences en Belgique.
Continental Airlines (☎ 02 643 39 39 ; www.continental.com)
Delta Air Lines (www.delta.com)
Éole (☎ 070 22 44 32 ; Place Keym 3, 1170 Bruxelles ; Place Saint Job 14, 1180 Bruxelles) ; nombreuses agences en Belgique.
Iberia (☎ 070 70 00 50 ; www.iberia.com)

Depuis/vers la Suisse

Il faut compter au minimum 2 escales et 18 heures de vol pour rallier le Guatemala depuis la Suisse. Les prix débutent autour de 1 100 FS.

Voici quelques adresses utiles :
American Airlines (www.americanairlines.ch)
Continental Airlines (☎ 044 800 92 12 (allemand), ☎ 022 417 72 80 (anglais, français) ; www.continental.com)
Delta Air Lines (www.delta.com)
Iberia (☎ 0848 00 00 15 ; www.iberia.com)
STA Travel (☎ 0900 450 402 ; 0,69 FS/min ; www.statravel.ch) ; nombreuses agences en Suisse.

Depuis/vers le Canada

Aucun vol direct ne relie directement le Canada au Guatemala ; il faut en général faire étape aux États-Unis. Le prix d'un vol aller-retour Montréal-Guatemala Ciudad coûte environ 700 $C. Pour réserver sur Internet, essayez www.expedia.ca et www.travelocity.ca.
Air Canada (☎ 1 888 247 2262 ; www.aircanada.ca)
Continental Airlines (☎ www.continental.com)
Travel Cuts (☎ 1 866 246 9762 ; www.travelcuts.com)

Depuis/vers l'Amérique centrale et Cuba

Le Grupo Taca propose des vols au départ de San Salvador (tarif économique d'un aller-retour à partir de 330 $US) ; Tegucigalpa, au Honduras (384 $US) ; Managua, au Nicaragua (415 $US) ; et San José, au Costa Rica (à partir de 220 $US). Copa offre des vols directs à partir de Panama City (390 $US) et San José (300 $US).

Depuis/vers le Mexique

Le Grupo Taca et Mexicana assurent des liaisons directes Mexico-Guatemala Ciudad (à partir de 625 $US l'aller-retour). Le groupe Taca propose presque tous les jours des vols aller-retour de Cancún à Flores/Guatemala Ciudad pour 410/522 $US.

Depuis/vers l'Amérique du Sud

Lacsa (avec changement à San José, au Costa Rica) et Copa (avec changement à Panama City, au Panama) rallient Guatemala Ciudad depuis Bogotá (Colombie), Caracas (Venezuela), Quito (Équateur) et Lima (Pérou).

VOIE TERRESTRE

Le bus est le moyen de transport le plus utilisé pour entrer au Guatemala, bien que vous puissiez également arriver par la route, par voie fluviale ou maritime. Essayez de passer la frontière le plus tôt possible, car les transports se raréfient dans l'après-midi et les régions frontalières ne sont pas des plus sûres en fin de journée. Reportez-vous également aux sections des chapitres régionaux. Il n'y a pas de taxe de départ à payer lorsqu'on quitte le Guatemala par voie terrestre, même si de nombreux agents frontaliers réclament 10 Q. Si vous êtes prêt à argumenter et à attendre, on vous en dispensera peut-être, mais la plupart des voyageurs choisissent la voie de la résistance minimale et règlent tout simplement ce montant.

Voiture et moto

Le nombre de papiers et de certificats exigés pour conduire au Guatemala décourage la plupart des voyageurs. Pour entrer dans le pays avec une voiture, vous aurez besoin des documents suivants :

- carte grise du véhicule
- certificat de propriété (ou lettre notariée du propriétaire vous autorisant à l'utiliser)

■ permis de conduire en cours de validité ou permis de conduire international délivré par votre pays d'origine

■ permis d'importation temporaire, délivré gratuitement à la frontière et valable 30 jours

Les assurances souscrites dans les pays étrangers ne sont pas reconnues, ce qui vous oblige à en prendre une sur place. Des agents d'assurance sont installés dans la majorité des postes-frontières et dans les villes voisines. Afin d'empêcher les visiteurs de vendre leur véhicule au Guatemala, les autorités les obligent à sortir du pays avec celui utilisé pour entrer. Si le véhicule ne vous appartient pas, ne le conduisez pas pour passer la frontière, car vous ne pourrez pas quitter le pays sans lui.

Passage de frontières

BELIZE
La frontière se trouve à Benque Viejo del Carmen/Melchor Mencos. **Línea Dorada/Mundo Maya** (☎ 7924-8535 ; www.tikalmayanworld.com) propose chaque jour un bus direct de Belize City à Flores (160 Q, de 4 à 5 heures) et retour. Sinon, des bus circulent entre Belize City et Benque (10 Q, 3 heures) environ toutes les heures de 3h30 à 18h. Des microbus (25 Q, 2 heures) partent toutes les heures pour relier Benque et Flores, de 5h45 à 18h. Quelques bus circulent chaque jour entre Melchor Mencos et Guatemala Ciudad via Poptún et Río Dulce.

HONDURAS
Les principaux postes-frontières se situent à Agua Caliente (entre Nueva Ocotepeque, au Honduras, et Esquipulas, au Guatemala), El Florido (entre Copán Ruinas, au Honduras, et Chiquimula, au Guatemala) et Corinto (entre Omoa, au Honduras, et Puerto Barrios, au Guatemala). **Hedman Alas** (www.hedmanalas.com ; Copán Ruinas ☎ 504-651-4037 ; La Ceiba ☎ 504-441 5348 ; San Pedro Sula ☎ 504-516-2273 ; Tegucigalpa ☎ 504-237 7143) propose tous les jours des bus de 1ʳᵉ classe pour Guatemala Ciudad via El Florido à partir de Tegucigalpa (433 Q l'aller, 11 heures 30), La Ceiba (433 Q, 12 heures), San Pedro Sula (374 Q, 8 heures) et Copán Ruinas (291 Q, 4 heures 30). Les transports locaux, moins chers, desservent tous ces 3 postes-frontières. Des minibus font la navette entre Copán Ruinas, Guatemala Ciudad et Antigua.

MEXIQUE
Les principaux postes-frontières se trouvent à Ciudad Hidalgo/Ciudad Tecún Umán et Talismán/El Carmen, tous deux proches de Tapachula, au Mexique, ainsi qu'à Ciudad Cuauhtémoc/La Mesilla, sur l'Interamericana entre Comitán, au Mexique, et Huehuetenango, au Guatemala. Une multitude de bus circulent entre ces postes-frontières et les villes proches, au Guatemala et au Mexique ; quelques bus font tout le trajet de Tapachula à Guatemala Ciudad par la côte Pacifique, via Mazatenango et Escuintla. Des bus directs relient Guatemala Ciudad et ces 3 postes-frontières. **Línea Dorada/Mundo Maya** (☎ 7924-8535 ; www.tikalmayanworld.com) propose un départ de Chetumal à 6h pour Flores (225 Q, de 7 à 8 heures) via Belize City. Le bus retour part à 7h.

Voir p. 287 et p. 308 pour des informations sur les itinéraires entre le Mexique et le Petén au Guatemala.

SALVADOR
On peut passer la frontière à La Hachadura/Ciudad Pedro de Alvarado sur la Carretera al Pacífico (CA-2), Las Chinamas/Valle Nuevo (CA-8), San Cristóbal/San Cristóbal (CA-1, l'Interamericana) et Anguiatú/Anguiatú (CA-10). Plusieurs compagnies de bus relient San Salvador et Guatemala Ciudad (de 5 à 6 heures et de 80 à 290 Q selon le service). L'une d'elles, Tica Bus, offre des liaisons entre San Salvador et toutes les autres capitales d'Amérique centrale, sauf Belize City. Pour traverser la frontière en d'autres points, il faut généralement prendre un bus jusqu'à la frontière puis un autre ensuite.

BATEAU

VOIE FLUVIALE
Autotransporte Chamoán navigue toutes les heures jusqu'à 17h de Palenque, au Mexique, à Frontera Corozal (70 $M, 2 heures 30 à 3 heures) sur le Río Usumacinta, qui sépare le Mexique du Guatemala. Des bateaux traversent le fleuve à destination de La Técnica (10 Q/pers, 5 min) et Bethel (50 Q, 40 min), au Guatemala.

De La Técnica, des bus partent pour Flores de 4h à 11h (40 Q, de 5 à 6 heures), via Bethel (35 Q). Les agences de voyages de Palenque et de Flores proposent des forfaits bus-bateau-bus entre ces deux villes (380-450 Q). Cette formule, plus longue et plus chère, fait le détour par les spectaculaires ruines mayas de Yaxchilán, près de Frontera Corozal. Il existe aussi des forfaits comprenant cette visite.

Un autre itinéraire fluvial permet de se rendre du Mexique au Petén : le Río de la Pasión de Benemérito de las Américas, au sud de Frontera Corozal, jusqu'à Sayaxché, mais il n'y a pas de service de l'immigration ni de services aux voyageurs fiables.

VOIE MARITIME

Exotic Travel (carte p. 268 ; ☎ 7947-0133 ; www.bluecaribbeanbay.com), à Lívingston, assure des liaisons en bateau et des minibus vers La Ceiba, au Honduras (400 Q) pour 6 personnes minimum. Des bateaux publics relient Punta Gorda, au Belize, à Lívingston (200 Q) et Puerto Barrios (175-200 Q). À Punta Gorda, des bus assurent la correspondance depuis/vers Belize City.

Une taxe de départ de 80 Q s'applique lorsqu'on quitte le Guatemala par la mer.

VOYAGES ORGANISÉS

Vous trouverez ici une liste de voyagistes offrant des prestations intéressantes pour des circuits au Guatemala. N'hésitez pas à comparer leurs prix avant de faire votre choix. Examinez également les offres des voyagistes mentionnés dans la rubrique *Voie aérienne*, ainsi que celles des agences en ligne de l'encadré p. 326.

CIRCUITS

La plupart des voyagistes qui couvrent le Guatemala proposent des circuits culturels axés sur la découverte de la civilisation et de la culture mayas. La majorité des tour-opérateurs ont à leur catalogue des voyages couplant la visite du Guatemala à celle d'un ou plusieurs autres pays d'Amérique centrale, le plus souvent le Mexique et/ou le Honduras, parfois aussi le Belize et le Nicaragua.

Club aventure (☎ 0 826 882 080 ; www.clubaventure.fr ; 18 rue Séguier, 75006 Paris)

Clio (☎ 0 826 10 10 82, 0,15 €/min, de l'étranger ; ☎ 33 153 68 48 43 ; fax 01 53 68 82 60 ; www.clio.fr ; 27 rue du Hameau, 75015 Paris)

Comptoir des voyages (☎ 0 892 230 466, 0,34 €/min ; www.clubaventure.fr ; 2-18 rue Saint-Victor, 75005 Paris)

Explorator (☎ 01 53 45 85 85 ; fax 01 42 60 80 00 ; www.explo.com ; 1 rue Gabriel-Laumain, 75010 Paris)

Tamera (☎ 04 78 37 88 88 ; www.tamera.fr ; 26 rue du Bœuf, 69005 Lyon)

Voyageurs du Monde (☎ 01 42 86 17 01 ; www.vdm.com ; 55 rue Sainte-Anne, 75002 Paris, ainsi que dans d'autres villes de province)

RANDONNÉES ET VOYAGES THÉMATIQUES

Voici des voyagistes organisant des circuits comprenant au moins une partie de randonnée ou de trekking. L'un d'eux est spécialisé dans les volcans.

Aventure et volcans (☎ 04 78 60 51 11 ; www.aventurevolcans.com ; 73 cours de la liberté, 69406 Lyon Cedex 03)

Nomade Aventure (☎ 0825 701 702, 0,15 €/min ; www.nomade-aventure.com ; 40 rue de la Montagne-Sainte-Geneviève, 75005 Paris ; 43 rue Peyrolières, 31000 Toulouse ; 10 quai Tilsitt, 69002 Lyon)

Terres d'Aventure (☎ 0825 700 825, 0,15 €/min ; www.terdav.com ; 30 rue Saint-Augustin, 75002 Paris ; 5 quai Jules-Courmont, 69002 Lyon, ainsi que dans d'autres villes de province)

Zig Zag (☎ 01 42 85 13 93, fax 01 45 26 32 85 ; www.zig-zag.tm.fr ; 54 rue de Dunkerque, 75009 Paris)

COMMENT CIRCULER

AVION

Lors de notre passage, les seuls vols intérieurs programmés reliaient Guatemala Ciudad et Flores, un itinéraire desservi par Taca et TAG chaque jour pour 1150/1980 Q l'aller/aller-retour. Pour plus de détails, voir p. 82.

BATEAU

La bourgade caraïbe de Lívingston n'est accessible que par bateau, en traversant la Bahía de Amatique à partir de Puerto Barrios ou en descendant le Río Dulce depuis le bourg de Río Dulce – deux superbes traversées. Au Lago de Atitlán, des embarcations rapides sillonnent les eaux d'un village à l'autre.

BUS, MINIBUS ET PICK-UP

Des bus, pour la plupart d'anciens bus scolaires américains ou canadiens (voir l'encadré p. 340), desservent pratiquement toutes les localités du pays. Des familles de 5 personnes parviennent à s'entasser sur des bancs étroits destinés à l'origine à deux enfants. Nombre de voyageurs les surnomment *chicken bus* (bus à poulets) en raison des volatiles qui font souvent partie du voyage. Fréquents,

---

MISE EN GARDE

Même si voyager en bus de nuit au Guatemala n'est conseillé pour personne, nous recommandons fortement aux femmes voyageant seules de ne pas prendre de bus (Pullman ou *chicken*) la nuit, à l'exception des bus de nuit circulant entre Guatemala Ciudad et Flores, pour lesquels aucun incident n'a été signalé.

L'objectif est d'éviter d'être le dernier passager du bus lorsqu'il arrive à destination, lorsque son trajet se termine de nuit.

---

bondés et bon marché, ils coûtent rarement plus de 10 Q pour 1 heure de trajet.

Ces bus s'arrêtent partout et pour tout le monde. L'assistant du chauffeur criera "*hay lugares*" ("il y a de la place"), même si vous devez vous faufiler parmi les passagers debout dans le couloir. L'assistant annonce également les destinations desservies, d'une voix plus ou moins intelligible. Si vous êtes grand, ne rêvez pas d'un voyage confortable ! Pour arrêter un bus, tendez le bras au bord de la route.

Sur certains itinéraires, notamment entre les grandes villes, des bus plus confortables offrent le luxe d'un siège par personne. Les meilleurs sont estampillés "*Pullman*", "*especial*" ou "*primera clase*". Ils possèdent parfois des toilettes, une télévision et peuvent même servir un plateau-repas. Les bus sont plus nombreux le matin (parfois dès 3h) que l'après-midi. Ils se raréfient brusquement après 16h ; les bus de nuit sont rares et généralement déconseillés. Exception qui confirme la règle, les bus de nuit reliant Guatemala Ciudad à Flores n'ont déploré aucun incident (à notre connaissance) depuis plusieurs années (nous espérons ne pas tenter le destin).

Les distances n'étant pas très grandes, à l'exception du trajet Guatemala Ciudad-Flores, vous voyagerez rarement plus de 4 heures d'affilée, ce qui correspond à 175-200 km pour 40-50 Q.

Quelques-uns des meilleurs services vendent les billets à l'avance, ce qui vous assure une place.

Sur quelques trajets plus courts, des minibus, souvent appelés *microbuses*, remplacent les bus ordinaires ("à poulets"). Tout aussi bondés, ils sont encore moins confortables car bien moins spacieux. En l'absence de bus ou de minibus, les pick-up (*picop*) prennent la

relève ; il suffit de leur faire signe et de payer un tarif identique.

Les accidents de bus alimentent les gazettes au moins deux fois par mois et les détails sordides renforcent la défiance vis-à-vis des transports publics guatémaltèques.

EN STOP

Le stop, au sens strict du mot, ne se pratique généralement pas au Guatemala, pour des raisons de sécurité. Là où les services de bus sont sporadiques ou inexistants, il arrive que des pick-up et d'autres véhicules prennent le relais. Si vous faites signe sur le bord de la route, un véhicule s'arrêtera, mais le conducteur s'attendra à un paiement équivalent au tarif du bus. Ce système, sûr et fiable, est utilisé par les habitants et les voyageurs ; le seul inconvénient est le nombre de passagers.

TRANSPORTS URBAINS
Bus

Les transports publics dans les villes et vers les villages alentour sont principalement assurés par de vieux bus bondés, polluants et bruyants. Les voyageurs les utiliseront surtout dans les villes étendues comme Guatemala Ciudad, Quetzaltenango et Huehuetenango. Voir p. 67 pour une mise en garde sur l'utilisation des transports en commun dans la capitale.

Minibus

Les minibus gérés par les agences de voyages assurent un transport rapide et confortable sur les principaux itinéraires touristiques. Une large publicité leur est faite là où ils sont disponibles. À quelques exceptions près (Lanquín-Antigua pour 100 Q, ça intéresse quelqu'un ?), ils sont bien plus chers que les bus publics (de 5 à 15 fois plus), mais plus pratiques et offrent généralement un service de porte à porte. Parmi les itinéraires les plus demandés, citons l'aéroport de Guatemala Ciudad-Antigua, Antigua-Panajachel, Panajachel-Chichicastenango et Lanquín-Antigua.

Taxi

Les taxis sont nombreux dans la plupart des villes importantes. Une course de 10 minutes peut coûter environ 50 Q, ce qui revient plutôt cher – préparez-vous à entendre toutes sortes de lamentations de la part de votre conducteur

---

LA SECONDE VIE DES BUS SCOLAIRES AMÉRICAINS

Après 10 ans de bons et loyaux services, ou une fois que leur compteur indique 150 000 miles, les bus scolaires américains sont vendus aux enchères, remorqués jusqu'au Guatemala, puis entreposés dans un atelier pour une transformation complète : moteur plus puissant, boîte à six vitesses, porte-bagages sur le toit, panneau d'affichage des destinations, étagères pour les bagages, sièges plus longs, peinture fraîche, lecteur CD et chromes.

Les chauffeurs ajoutent ensuite leurs touches personnelles – objets religieux, peluches ou guirlandes électriques autour du tableau de bord.

Devenus des *camionetas* ou *parillas*, les anciens bus de ramassage scolaire – dont certains conservent des écriteaux en anglais d'origine – sont fin prêts pour avaler les kilomètres : ils roulent en moyenne 14 heures par jour, 7 jours sur 7, et couvrent davantage de distance en une journée qu'ils n'en parcouraient auparavant en une semaine.

Si vous avez le choix entre plusieurs bus, prêtez attention à l'aspect extérieur : une peinture fraîche et des chromes étincelants suggèrent que le propriétaire a les moyens de changer les freins et d'entretenir son véhicule. Tenez compte de ces éléments dans un pays qui recense en moyenne un accident de bus par semaine.

à propos du prix de l'essence. Seuls quelques véhicules de Guatemala Ciudad sont équipés d'un compteur : dans les autres, mettez-vous d'accord sur le prix avant de démarrer ou, mieux encore, avant de monter. Les chauffeurs proposent souvent la visite de sites archéologiques à l'extérieur de la ville ou de tout autre endroit dans les environs pour un tarif aller-retour raisonnable, temps d'attente compris.

VÉLO

Quelques établissements louent des vélos. Parmi les plus professionnels, citons Old Town Outfitters et Guatemala Ventures/ Mayan Bike Tours à Antigua (p. 99), ainsi que Vrisa Books à Quetzaltenango (p. 166). Pour plus de renseignements pour circuler à vélo, voir p. 320.

VOITURE ET MOTO

Vous pouvez conduire avec votre permis émis dans votre pays d'origine ou avec un permis de conduire international. L'essence et le diesel sont disponibles partout. Les pièces détachées peuvent être difficiles à trouver, en particulier pour les modèles récents dotés de systèmes électroniques sophistiqués. Les vieux pick-up Toyota étant omniprésents, on peut facilement les faire réparer.

La conduite guatémaltèque diffère probablement de celle à laquelle vous êtes habitué : dépassement dans les virages sans visibilité, refus de priorité aux véhicules montant dans les passages étroits et coups de Klaxon assour-

dissants sans raison apparente ne sont que les extravagances les plus flagrantes. Les panneaux de signalisation sont rares et les conducteurs rechignent à utiliser leurs clignotants. Les *túmulos* sont des ralentisseurs généreusement (et parfois bizarrement) disséminés dans le pays, souvent dans l'artère principale d'une ville. Le port de la ceinture de sécurité est obligatoire, en théorie.

Les attaques à main armée, les conducteurs éméchés et la visibilité déplorable contribuent à déconseiller la conduite de nuit.

Tout conducteur impliqué dans un accident ayant provoqué des blessures ou la mort est emprisonné jusqu'à ce qu'un juge détermine sa responsabilité.

Si un automobiliste tombe en panne sur la route (surtout sur une route de montagne en lacets), il prévient les autres conducteurs en plaçant des arbustes ou de petites branches quelques centaines de mètres avant. Malheureusement, on les ramasse rarement par la suite, mais si vous en croisez, il est préférable d'être prudent et de ralentir.

Location de voiture ou de moto

On peut louer une voiture à Guatemala Ciudad (p. 85), Antigua (p. 113), Quetzaltenango (p. 173), Cobán (p. 225) et Flores (p. 289). Pour une berline avec clim, comme une Chevrolet Optra, comptez environ 550 Q par jour, assurance comprise et kilométrage illimité. Des réductions s'appliquent à partir de 3 jours. Les petites voitures fiables les moins chères que nous avons trouvées coûtent seulement 145 Q par jour.

Pour louer une voiture ou une moto, vous devez être âgé de 25 ans ou plus, présenter votre passeport, votre permis de conduire et une carte de crédit. L'assurance comprise dans la location peut ne pas vous couvrir en cas de perte ou de vol, ce qui signifie que vous devrez alors payer des centaines, voire des milliers, de dollars. Choisissez avec soin l'endroit où vous vous garez, en particulier à Guatemala Ciudad et la nuit. Même si votre hôtel ne possède pas de parking, le personnel pourra vous recommander un garage sûr non loin.

Vous pourrez louer une moto à Antigua (p. 113). Pensez cependant à apportez un casque et une combinaison.

TRANSPORTS

Santé

Les voyageurs se rendant en Amérique centrale doivent se protéger contre les infections véhiculées par la nourriture et l'eau, ainsi que par les moustiques. La plupart d'entre elles ne sont pas mortelles, mais gâcheront certainement votre voyage. En plus des vaccinations nécessaires, veillez à vous munir de protection contre les insectes.

AVANT LE DÉPART

ASSURANCES ET SERVICES MÉDICAUX

Il est conseillé de souscrire à une police d'assurance qui vous couvrira en cas d'annulation de votre voyage, de vol, de perte de vos affaires, de maladie ou encore d'accident.

Vérifiez notamment que les "sports à risques", comme la plongée, la moto ou même la randonnée ne sont pas exclus de votre contrat, ou encore que le rapatriement médical d'urgence, en ambulance ou en avion, est couvert. De même, le fait d'acquérir un véhicule dans un autre pays ne signifie pas nécessairement que vous serez protégé par votre propre assurance.

Vous pouvez contracter une assurance qui réglera directement les hôpitaux et les médecins,

TROUSSE MÉDICALE DE VOYAGE

Veillez à emporter avec vous une petite trousse à pharmacie contenant quelques produits indispensables. Certains ne sont délivrés que sur ordonnance médicale. Attention, les liquides et les objets coupants sont interdits en cabine.

- des **antibiotiques**, à utiliser uniquement aux doses et périodes prescrites. Il n'est pas absurde de demander à votre médecin traitant de vous en prescrire pour le voyage.
- un **antidiarrhéique** et un **réhydratant**, en cas de forte diarrhée, surtout si vous voyagez avec des enfants
- un **antihistaminique** en cas de rhumes, allergies, piqûres d'insectes, mal des transports – évitez de boire de l'alcool
- un **antiseptique** ou un désinfectant pour les coupures, les égratignures superficielles et les brûlures, ainsi que des pansements gras pour les brûlures
- de l'**aspirine** ou du **paracétamol** (douleurs, fièvre)
- une **bande Velpeau** et des **pansements** pour les petites blessures
- une **paire de lunettes de secours** (si vous portez des lunettes ou des lentilles de contact) et la copie de votre ordonnance
- un **produit contre les moustiques**, un écran total, une pommade pour soigner les piqûres et les coupures et des comprimés pour stériliser l'eau
- une **paire de ciseaux** à bouts ronds, une **pince à épiler** et un **thermomètre à alcool**
- une petite trousse de **matériel stérile** comprenant une seringue, des aiguilles, du fil à suture, une lame de scalpel et des compresses
- des **préservatifs**

SANTÉ

vous évitant ainsi d'avancer des sommes qui ne vous seront remboursées qu'à votre retour.

Avant de souscrire une police d'assurance, vérifiez bien que vous ne bénéficiez pas déjà d'une assistance par votre carte de crédit, votre mutuelle ou votre assurance automobile.

N'oubliez pas de prendre avec vous les documents relatifs à l'assurance ainsi que les numéros à appeler en cas d'urgence.

Quelques conseils

Assurez-vous que vous êtes en bonne santé avant de partir. Si vous suivez un traitement de façon régulière, n'oubliez pas votre ordonnance (avec le nom du principe actif).

VACCINS

Plus vous vous éloignez des circuits classiques, plus il faut prendre vos précautions. Faites inscrire vos vaccinations dans un carnet international de vaccination que vous pourrez vous procurer auprès de votre médecin ou d'un centre.

Le ministère des Affaires étrangères effectue une veille sanitaire et met régulièrement en ligne (www.diplomatie.gouv.fr/voyageurs) des recommandations concernant les vaccinations.

Planifiez vos vaccinations à l'avance (au moins 6 semaines avant le départ), car certaines demandent des rappels ou sont incompatibles entre elles. Les vaccins ont des durées d'efficacité très variables ; certains sont contre-indiqués pour les femmes enceintes.

Voici les coordonnées de quelques centres de vaccination :

Institut Pasteur (☎ 0 890 71 08 11 ; 211 rue de Vaugirard, 75015 Paris)

Air France, centre de vaccination (☎ 01 43 17 22 00 ; 148 rue de l'Université, 75007 Paris)

Centre de vaccinations (☎ 04 72 76 88 66 ; 7 rue Jean-Marie-Chavant, 69007 Lyon)

Hôpital Félix-Houphouët-Boigny (☎ 04 91 96 89 11 ; Chemin des Bourrely, 13015 Marseille)

Vous pouvez obtenir la liste complète de ces centres en France en vous connectant sur le site Internet www.diplomatie.gouv.fr/voyageurs.

SANTÉ SUR INTERNET

Il existe de très bons sites Internet consacrés à la santé en voyage. Avant de partir, vous pouvez consulter les conseils en ligne du ministère des Affaires étrangères (www.diplomatie.gouv.fr/voyageurs) ou le site très complet du ministère de la Santé (www.sante.gouv.fr). Vous trouverez, d'autre part, plusieurs liens sur le site de Lonely Planet (www.lonelyplanet.fr), à la rubrique *Ressources*.

SANTÉ

VACCINS RECOMMANDÉS

Maladie	Durée du vaccin	Précautions
Diphtérie	10 ans	Recommandé
Fièvre jaune	10 ans	Obligatoire dans les régions où la maladie est endémique (Afrique et Amérique du Sud) et dans certains pays lorsque l'on vient d'une région infectée. À éviter en début de grossesse
Hépatite virale A	5 ans (environ)	Il existe un vaccin combiné hépatites A et B qui s'administre en 3 injections
Hépatite virale B	10 ans (environ)	Vaccination lors d'un long séjour et dans des conditions d'hygiène médiocres
Rage	sans	Vaccination préventive lors d'un long séjour ou dans les zones reculées
Rougeole	toute la vie	Indispensable chez l'enfant
Tétanos et poliomyélite	10 ans	Fortement recommandé
Typhoïde	3 ans	Recommandé si vous voyagez dans des conditions d'hygiène médiocres

PENDANT LE VOYAGE

VOLS LONG-COURRIERS

Les trajets en avion, principalement du fait d'une immobilité prolongée, peuvent favoriser la formation de caillots sanguins dans les jambes (par exemple une phlébite). Le risque est d'autant plus élevé que le vol est plus long.

Généralement, l'un des premiers symptômes est un gonflement ou une douleur du pied, de la cheville ou du mollet.

En prévention, buvez en abondance des boissons non alcoolisées, faites jouer les muscles de vos jambes lorsque vous êtes assis et levez-vous de temps à autre pour marcher dans la cabine.

DÉCALAGE HORAIRE ET MAL DES TRANSPORTS

Le décalage horaire est fréquent dans le cas de trajet traversant plus de trois fuseaux horaires. Il se manifeste par des insomnies, de la fatigue, des malaises ou des nausées. En prévention, buvez abondamment (des boissons non alcoolisées) et mangez léger. En arrivant, exposez-vous à la lumière naturelle et adoptez les horaires locaux aussi vite que possible (pour les repas, le coucher et le lever).

Les antihistaminiques préviennent efficacement le mal des transports, qui se caractérise principalement par une envie de vomir, mais ils peuvent provoquer une somnolence.

AU GUATEMALA

SERVICES MÉDICAUX

Guatemala Ciudad offre des services médicaux de bonne qualité, mais le choix est plus restreint dans le reste du pays. En règle générale, les hôpitaux privés sont plus fiables que les hôpitaux publics, qui souffrent parfois de pénurie d'équipement et mangez léger. De nombreux voyageurs s'adressent à l'**hôpital Herrera Llerandi** (☎ 2384 5959 ; www.herrerallerandi. com ; 6a Av 8-71, Zona 10 ; www.herrerallerandi.com), à Guatemala Ciudad. Pour connaîre d'autres établissements à Guatemala Ciudad, consultez le site www.diplomatie.gouv.fr/voyageurs, rubrique *Guatemala* puis *Santé*.

La plupart des médecins et des hôpitaux préfèrent un paiement en espèces, que vous ayez ou non une assurance. En cas d'affection grave, vous préférerez sûrement être évacué vers un pays doté de services médicaux de pointe. Ceci pouvant coûter des milliers de dollars, vérifiez avant le départ que votre assurance couvre ces frais.

La plupart des pharmacies guatémaltèques sont bien approvisionnées, mais des médicaments importants peuvent ne pas être disponibles. Emportez vos traitements indispensables.

PRÉCAUTIONS ÉLÉMENTAIRES

Faire attention à ce que l'on mange et à ce que l'on boit est la première des précautions. Les troubles gastriques et intestinaux sont fréquents, mais la plupart du temps ils restent sans gravité. Ne sombrez pas dans la paranoïa et ne vous privez pas de goûter la cuisine locale, cela fait partie du voyage. N'hésitez pas à vous laver les mains fréquemment.

Eau

L'eau du robinet n'est pas potable au Guatemala. Règle d'or : ne buvez jamais l'eau du robinet (même sous forme de glaçons). Préférez les eaux minérales et les boissons gazeuses, tout en vous assurant que les bouteilles sont décapsulées devant vous. Évitez les jus de fruits allongés d'eau et le lait, rarement pasteurisé. En revanche, le lait bouilli et les yaourts ne posent aucun problème, de même que le thé et le café préparés avec de l'eau bouillie.

Pour stériliser l'eau, la meilleure solution est de la faire bouillir durant 15 minutes. N'oubliez pas qu'à haute altitude elle bout à une température plus basse et que les germes ont plus de chances de survivre.

Un simple filtrage peut être très efficace mais n'éliminera pas tous les micro-organismes dangereux. À défaut de faire bouillir l'eau, traitez-la chimiquement. Le Micropur (vendu en pharmacie) tuera la plupart des germes pathogènes.

De l'eau purifiée (*agua pura*), bon marché, est disponible dans les hôtels, les magasins et les restaurants. La marque Salvavida jouit d'une bonne réputation.

AFFECTIONS LIÉES À L'ENVIRONNEMENT
Coup de soleil

Sous les tropiques, dans le désert ou en altitude, les coups de soleil sont plus fréquents, même par temps couvert. Utilisez un écran total et pensez à vous couvrir.

MALADIES INFECTIEUSES ET PARASITAIRES
Diarrhée

Le changement de nourriture, d'eau ou de climat suffit à la provoquer ; si elle est causée par des aliments ou de l'eau contaminés, le problème est plus grave. En dépit de toutes vos précautions, vous aurez peut-être la turista, mais quelques visites aux toilettes sans autre symptôme n'ont rien d'alarmant. Il est recommandé d'emmener avec soi un antidiarrhéique. La déshydratation est le danger principal lié à toute diarrhée. Ainsi, le premier traitement consiste à boire beaucoup. Quand vous irez mieux, continuez à manger légèrement. Lorsque la diarrhée persiste au-delà de 48 heures ou s'il y a présence de sang dans les selles, il est préférable de consulter un médecin.

Hépatites

L'hépatite est un terme général qui désigne une inflammation du foie. Elle est le plus souvent due à un virus. Les formes les plus habituelles se manifestent par une fièvre, une fatigue qui peut être intense, des douleurs abdominales, des nausées, des vomissements, associés à la présence d'urines très foncées et de selles décolorées presque blanches. La peau et le blanc des yeux prennent une teinte jaune (ictère). L'hépatite peut parfois se résumer à un simple épisode de fatigue sur quelques jours ou semaines.

Hépatite A. Elle sévit en Amérique centrale. C'est la plus répandue, mais il existe un vaccin, recommandé en cas de fort risque d'exposition. La contamination est alimentaire : l'hépatite A se transmet par l'eau, les coquillages et, d'une manière générale, tous les produits manipulés à mains nues. Il n'y a pas de traitement médical ; il faut simplement se reposer, boire beaucoup, manger légèrement et s'abstenir totalement de toute boisson alcoolisée pendant au moins six mois.

Hépatite B. Elle est très répandue, mais la vaccination est très efficace. Elle se transmet par voie sexuelle ou sanguine (piqûre, transfusion). Évitez de vous faire percer les oreilles, tatouer, raser ou de vous faire soigner par piqûres si vous avez des doutes quant à l'hygiène des lieux. Les symptômes de l'hépatite B sont les mêmes que ceux de l'hépatite A.

Typhoïde

Cette maladie se transmet par de l'eau ou de la nourriture contaminées par des matières fécales humaines. La fièvre et une éruption rose sur l'abdomen sont généralement les premiers symptômes, qui s'accompagnent parfois d'une septicémie (empoisonnement du sang). Le vaccin contre la typhoïde protège pendant 3 ans.

VIH/sida

L'infection est présente dans tous les pays d'Amérique centrale. La transmission de cette infection se fait : par rapport sexuel (hétérosexuel ou homosexuel – anal, vaginal ou oral), d'où l'impérieuse nécessité d'utiliser des préservatifs à titre préventif ; par le sang, les produits sanguins et les aiguilles contaminées. Il est impossible de détecter la présence du VIH chez un individu apparemment en parfaite santé sans procéder à un examen sanguin.

Évitez, s'ils ne sont pas stérilisés, tous les instruments de chirurgie, les aiguilles d'acupuncture et de tatouage, ainsi que les instruments utilisés pour percer les oreilles ou le nez.

Toute demande de certificat attestant la séronégativité pour le VIH est contraire au Règlement sanitaire international (article 81).

AFFECTIONS TRANSMISES PAR LES INSECTES

Voir également plus loin le paragraphe *Affections moins fréquentes*.

Fièvre jaune

Aucun cas de fièvre jaune n'est répertorié en Amérique centrale, mais la plupart des pays de cette région, incluant le Guatemala, exigent que les voyageurs en provenance d'Afrique et d'Amérique du Sud (où l'affection est présente) soient vaccinés. La fièvre jaune est une maladie infectieuse grave transmise par des moustiques vivant dans des régions boisées. La vaccination assure une protection durant une dizaine d'années. Elle doit être pratiquée au moins dix jours avant toute exposition potentielle et ne peut être effectuée que dans des centres spécialisés.

Les premiers symptômes ressemblent à ceux de la grippe. Généralement, ces symptômes régressent au bout de quelques jours. Cependant, environ une personne sur six entre dans une deuxième phase, caractérisée par une fièvre récurrente, des vomissements, de l'apathie, une jaunisse, une défaillance rénale et des hémorragies pouvant entraîner la mort dans la moitié des cas. Il n'existe aucun traitement sinon symptomatique.

Les mesures de protection contre les piqûres de moustiques jouent un rôle essentiel dans la prévention.

Paludisme

Le paludisme, ou malaria, sévit dans tous les pays d'Amérique centrale. Il est transmis par un moustique, l'anophèle, dont la femelle pique surtout la nuit, entre le coucher et le lever du soleil.

Le paludisme survient généralement dans le mois suivant le retour de la zone d'endémie. Symptômes : maux de tête, fièvre et troubles digestifs. Non traité, il peut avoir des suites graves, parfois mortelles. Il existe différentes espèces de paludisme et le traitement devient de plus en plus difficile à mesure que la résistance du parasite aux médicaments gagne en intensité.

Si vous voyagez dans des régions où la maladie est endémique, il faut absolument suivre un traitement préventif (uniquement sur ordonnance), qu'il faut en général poursuivre après le retour. Indispensable également : vous protéger des moustiques (voir l'encadré ci-dessous).

Tout voyageur atteint de fièvre ou montrant les symptômes de la grippe doit se faire examiner. Il suffit d'une analyse de sang pour établir le diagnostic. Contrairement à certaines croyances, une crise de paludisme ne signifie pas que l'on est touché à vie.

COUPURES, PIQÛRES ET MORSURES
Voir aussi la rubrique *Rage*.

Coupures et égratignures
Les blessures s'infectent très facilement dans les climats chauds et cicatrisent difficilement. Coupures et égratignures doivent être traitées avec un antiseptique et du désinfectant cutané. Évitez si possible bandages et pansements, qui empêchent la plaie de sécher.

Piqûres
Les piqûres de guêpes ou d'abeilles sont généralement plus douloureuses que dangereuses. Une lotion apaisante ou des glaçons soulageront la douleur et empêcheront la piqûre de trop gonfler. Certaines araignées sont dangereuses, mais il existe en général des antivenins.

Les piqûres de scorpions sont très douloureuses et parfois mortelles. Inspectez vos vêtements et vos chaussures avant de les enfiler.

Morsures de serpents
Les serpents peuvent représenter un danger dans certaines régions d'Amérique centrale. Au Guatemala, le serpent le plus dangereux est le fer de lance (*Bothrops asper*), localement appelé *barba amarilla* (barbe jaune) ou *terciopelo* (peau violette). Ce serpent, qui peut mesurer 2 m de long, se trouve fréquemment près des branches tombées aux abords des abris de petits animaux, particulièrement dans les provinces du Nord.

LA PRÉVENTION ANTIPALUDIQUE

Hormis les traitements préventifs, la protection contre les piqûres de moustique est le premier moyen d'éviter d'être contaminé par le paludisme. Le soir, dès le coucher du soleil, couvrez vos bras et surtout vos chevilles, mettez de la crème antimoustiques. Ils sont parfois attirés par le parfum ou l'après-rasage.

En dehors du port de vêtements longs, l'utilisation d'insecticides ou de répulsifs à base de DEET (de type Cinq sur Cinq) sur les parties découvertes du corps est à recommander (sauf pour les enfants de moins de 2 ans).

En vente en pharmacie, les moustiquaires constituent en outre une protection efficace, à condition qu'elles soient imprégnées d'insecticide. De plus, ces moustiquaires sont radicales contre les insectes à sang froid (puces, punaises, etc.) et permettent d'éloigner serpents et scorpions.

Notez enfin que, d'une manière générale, le risque de contamination est plus élevé en zone rurale et pendant la saison des pluies.

Portez toujours bottes, chaussettes et pantalons longs pour marcher dans la végétation à risque. Ne hasardez pas la main dans les trous et les anfractuosités, et faites attention lorsque vous ramassez du bois pour faire du feu. Les morsures de serpent ne provoquent pas instantanément la mort, et il existe généralement des antivenins. Il faut calmer la victime, lui interdire de bouger, bander étroitement le membre comme pour une foulure et l'immobiliser avec une attelle. Trouvez ensuite un médecin, et essayez de lui apporter le serpent mort. N'essayez en aucun cas d'attraper le serpent s'il y a le moindre risque qu'il pique à nouveau. Il ne faut absolument pas sucer le venin ou poser un garrot.

AFFECTIONS MOINS FRÉQUENTES
Choléra
Le choléra sévit périodiquement au Guatemala, mais affecte rarement les voyageurs. Les cas de choléra sont généralement signalés à grande échelle dans les médias, ce qui permet d'éviter les régions concernées. La protection conférée par le vaccin n'étant pas fiable, celui-ci n'est pas recommandé. Prenez donc toutes les précautions alimentaires nécessaires. Symptômes : diarrhée soudaine, selles très liquides et claires, vomissements, crampes musculaires et extrême faiblesse. Il faut consulter un médecin ou aller à l'hôpital au plus vite, mais on peut commencer à lutter immédiatement contre la déshydratation, qui peut être très forte. Une boisson à base de cola salée, dégazéifiée et diluée au 1/5 ou encore du bouillon bien salé seront utiles en cas d'urgence.

Dengue
Cette infection virale est répandue dans toute l'Amérique centrale et des milliers de cas sont répertoriés chaque année au Guatemala. Elle se transmet par les moustiques aèdes, qui piquent habituellement dans la journée et vivent souvent à proximité ou à l'intérieur des habitats humains. Ils se multiplient essentiellement dans des conteneurs d'eau, tels que jarres, bidons, citernes, tonneaux métalliques, récipients en plastique et pneus abandonnés. Les environnements urbains à forte densité sont particulièrement exposés.

Il n'existe pas de traitement prophylactique contre cette maladie. Poussée de fièvre, maux de tête, douleurs articulaires et musculaires précèdent une éruption cutanée sur le tronc qui s'étend ensuite aux membres puis au visage. Au bout de quelques jours, la fièvre régresse, et la convalescence commence. Les complications graves sont rares.

Histoplasmose
C'est une maladie infectueuse du poumon (mais pas toujours) causée par un champignon appelé *Histoplasma capsulatum*. L'infection se développe lorsque la personne respire les spores de ce champignon dans le sol (les fientes d'oiseaux, par exemple, entretiennent sa croissance). Les premiers symptômes peuvent être : fièvre, frissons, toux sèche, douleur à la poitrine et maux de tête. Peut conduire à une maladie proche de la tuberculose. L'histoplasmose a été recensée chez des voyageurs revenant de Mazatenango.

Leishmanioses
Il s'agit d'un groupe de maladies parasitaires qui existent sous trois formes : viscérale, cutanée et cutanéo-muqueuse.

La leishmaniose viscérale sévit à l'état endémique dans les montagnes et les jungles de toute l'Amérique centrale. L'incubation dure de 1 à 6 mois. La maladie se caractérise par des accès de fièvre irréguliers, une altération importante de l'état général, une augmentation de volume de la rate et du foie et une anémie. La maladie est mortelle sans traitement ; elle est particulièrement grave chez les personnes atteintes de déficiences du système immunitaire telles que le sida.

Les leishmanioses cutanées sévissent également au Guatemala et la plupart des cas sont repertoriés dans le Nord, à moins de 1 000 m d'altitude, avec des risques plus élevés dans les forêts du Petén. Cependant, on compte également des malades dans les vallées semi-arides et au pied des montagnes du Centre-Est. L'incubation s'étend d'une semaine à un an. La forme sèche de la maladie se caractérise par des rougeurs sur la peau qui s'ulcèrent et se recouvrent d'une croûte. Dans la forme humide, l'ulcère est généralement plus important et la surinfection, plus fréquente.

Les leishmanioses cutanéo-muqueuses se rencontrent dans de nombreuses régions d'Amérique, du Texas à l'Argentine. Les lésions cutanées sont ulcéreuses et très mutilantes.

Les leishmanioses sont transmises par des insectes. La meilleure précaution consiste à éviter de se faire piquer en se couvrant et en appliquant une lotion antimoustiques. Ces insectes sont surtout actifs à l'aube et au crépuscule. Les piqûres ne sont généralement pas douloureuses mais provoquent des démangeaisons. Si vous pensez souffrir de la leishmaniose, consultez un médecin.

Leptospirose

Cette maladie infectieuse, due à une bactérie (le leptospire) qui se développe dans les mares et les ruisseaux, se transmet par des animaux comme le rat et la mangouste.

On peut attraper cette maladie en se baignant dans des nappes d'eau douce, contaminées par de l'urine animale. La bactérie pénètre dans le corps humain par le nez, les yeux, la bouche ou les petites coupures cutanées. Les symptômes, similaires à ceux de la grippe, peuvent survenir 2 à 20 jours suivant la date d'exposition. Les symptômes durent habituellement quelques jours voire quelques semaines. La maladie est rarement mortelle.

Évitez donc de nager et de vous baigner dans tout plan d'eau douce, notamment si vous avez des plaies ouvertes ou des coupures. Si vous visitez une région où la maladie commence à se manifester, comme cela s'est produit au Guatemala après les inondations de 1998, vous pouvez demander à un médecin de vous prescrire un traitement préventif.

Maladie de Chagas (trypanosomose américaine)

Cette affection parasitaire se rencontre dans les zones rurales éloignées de l'Amérique du Sud et centrale. Elle est transmise par une punaise qui se cache dans les fissures, les feuilles de palmier et les toits de chaume, d'où elle redescend la nuit pour se nourrir. Un œdème dur et violet apparaît à l'endroit de la piqûre, au bout d'une semaine environ. En général, le corps surmonte la maladie sans aide extérieure mais elle peut persister. Il est préférable de dormir sous une moustiquaire imprégnée ; utilisez des insecticides et des crèmes contre les insectes.

Onchocercose (cécité des rivières)

L'onchocercose est causée par une filaire qui peut attaquer l'œil et provoquer une cécité. L'infection est transmise par les simulies, des insectes noirs qui se reproduisent sur les berges des cours d'eau rapides. Au Guatemala, la maladie se contracte surtout dans les zones

de forêts épaisses, entre 500 m et 1 500 m, principalement sur la côte Pacifique de la Sierra Madre et à Escuintla, le long de la Verde et de la Guachipilín.

Rage

Très répandue, cette maladie est transmise par un animal contaminé. Morsures, griffures ou même simples coups de langue d'un mammifère doivent être nettoyés immédiatement et à fond. Frottez avec du savon et de l'eau courante, puis nettoyez avec de l'alcool. S'il y a le moindre risque que l'animal soit contaminé, allez immédiatement voir un médecin. Même si l'animal n'est pas enragé, toutes les morsures doivent être surveillées de près pour éviter les risques d'infection et de tétanos.

Un vaccin antirabique est disponible. Il faut y songer si vous comptez séjourner longtemps dans des zones rurales, travailler avec des animaux ou pratiquer la spéléologie (les morsures de chauves-souris peuvent être dangereuses). La vaccination préventive ne dispense pas de la nécessité d'un traitement antirabique immédiatement après un contact avec un animal enragé.

La rage est présente dans tous les pays d'Amérique centrale. Au Guatemala, le risque est plus élevé dans les régions du Nord, le long de la frontière mexicaine. La plupart des cas sont dus à des morsures de chiens.

Typhus

Le typhus est transmis par les poux dans quelques régions du pays.

VOYAGER AVEC DES ENFANTS

Les personnes voyageant avec des enfants doivent pouvoir soigner des affections mineures, et savoir quand avoir recours aux services médicaux. Bien avant le départ, assurez-vous que les vaccinations des enfants sont à jour, et sachez que certains vaccins (listés p. 243) ne conviennent pas aux enfants de moins de 1 an. Soyez donc particulièrement vigilant en évitant de boire l'eau du robinet et en ne prenant aucun risque concernant la nourriture et les boissons.

Dans les zones chaudes et humides, la moindre égratignure peut s'infecter. Toute blessure doit être parfaitement nettoyée et tenue au sec. Attention à la nourriture et à l'eau présentant un risque de contamination. Pensez à emporter des poudres réhydratantes à utiliser avec de l'eau bouillie si votre enfant est sujet à des vomissements ou à des diarrhées. Demandez conseil à votre médecin. Afin d'éviter les risques de rage ou d'autres maladies, les enfants doivent être tenus à l'écart des chiens et des mammifères en général. Les morsures, griffures ou coups de langue d'un animal à sang chaud et à fourrure doivent être immédiatement et soigneusement nettoyés. S'il y a un risque, même infime, que l'animal soit contaminé, il convient de chercher immédiatement une assistance médicale.

Il faut également prévoir un traitement antipaludéen adapté.

SANTÉ AU FÉMININ
Grossesse

La plupart des fausses couches ont lieu pendant les 3 premiers mois de la grossesse. C'est donc la période la plus risquée pour voyager. Pendant les 3 derniers mois, il

---

MÉDECINE TRADITIONNELLE

Les remèdes traditionnels mentionnés ci-dessous aident à supporter quelques désagréments du voyage :

Problème	Traitement
décalage horaire	mélatonine
mal des transports	gingembre
antimoustiques	huile d'eucalyptus ou huile de soja

---

vaut mieux rester à distance raisonnable de bonnes infrastructures médicales. Les femmes enceintes doivent éviter de prendre inutilement des médicaments. Cependant, certains vaccins et traitements préventifs contre le paludisme restent nécessaires. Mieux vaut consulter un médecin avant de prendre quoi que ce soit.

SANTÉ

Langues

Une vingtaine de langues mayas sont toujours parlées au Guatemala (voir p. 41), mais l'espagnol reste la langue officielle et la plus communément usitée.

ESPAGNOL

L'espagnol d'Amérique latine – plus souvent appelé castillan – se décline sous diverses variétés. L'argot et le vocabulaire régional, dérivés en grande partie des langues indiennes, contribuent à la richesse linguistique. Malgré cette diversité, l'espagnol d'Amérique latine a conservé une unité remarquable au fil du temps et dans une région très étendue. Grâce aux termes et expressions espagnols de ce chapitre, vous vous ferez comprendre dans tout le Guatemala. Notez qu'ici, contrairement au castillan d'Espagne, le pluriel du pronom *tú* (tu) est *ustedes* plutôt que *vosotros* et que les lettres **c** et **z** ne sont jamais prononcées en zézayant. On acquiert facilement des rudiments d'espagnol ; ceux qui désirent approfondir la découverte de la langue

pourront suivre des cours dans l'une des nombreuses écoles du pays (voir p. 324).

PRONONCIATION

La prononciation de l'espagnol ne pose pas de difficultés, la plupart des sons ayant leur équivalent en français. Il n'y a guère que le son guttural "R" qui demande un peu de pratique. Si vous lisez les indications de prononciation ci-dessous comme si elles étaient en français, vous vous ferez comprendre.

Voyelles

a	"a" comme dans "lac"
ay	comme dans "paille"
ey	comme dans "payer"
e	"é" comme dans "dé"
i	"i" comme dans "vite"
o	"o" comme dans "dos"
ou	"ou" comme dans "fou"
ow	comme dans "cacao"
oy	comme dans "boycotter"

Consonnes

À quelques exceptions près, la prononciation des consonnes se rapproche de celle du français.

b/v	un "v" très doux (à mi-chemin entre le "b" et le "v")
h	toujours muet
R	sorte de "r" guttural et aspiré
ll	au Guatemala, prononcé comme la fin de "paille"
ny	comme dans "pagne"
r	toujours roulé ; plus fortement au début d'un mot et dans tous les mots avec "rr"
s	jamais en zézayant

Accentuation

En règle générale, les mots se terminant par une voyelle, un **n** ou un **s** sont accentués sur l'avant-dernière syllabe. Les autres sur la dernière syllabe. Ces règles ne s'appliquent pas aux mots s'écrivant avec un accent, qui indique où se place l'accent tonique. Dans nos indications, les syllabes accentuées sont en italique. Vous n'avez donc pas à vous soucier de ces règles.

LANGUES

GENRE ET PLURIEL

Les noms espagnols sont masculins ou féminins. Leur genre est indiqué dans le dictionnaire, mais il existe quelques règles utiles. Les noms féminins se terminent habituellement par **a**, **ción**, **sión** ou **dad**. Les autres terminaisons indiquent généralement un nom masculin. Les adjectifs s'accordent en genre (masculin/féminin **o/a**) et en nombre avec les noms. Dans ce chapitre, la forme masculine est présentée en premier, suivie le cas échéant de la terminaison féminine (*perdido/a*).

Lorsqu'un nom ou un adjectif se termine par une voyelle, on ajoute un **s** au pluriel. S'il se termine par une consonne, on ajoute **es**.

HÉBERGEMENT

Je cherche...	*Estoy buscando...*	é·stoy bous·kann·do...
Où y a-t-il ...?	*¿Dónde hay ...?*	don·dé ay ...
une cabane	*una cabaña*	ou·na ka·ba·nya
un camping	*un terreno de camping*	oun té·ré·no dé kam·pin
une maison d'hôtes	*una pensión/ una casa de huéspedes*	ou·na pén·syon/ ou·na ka·sa dé wé·spé·dés
un hôtel	*un hotel*	oun o·tél
une auberge de jeunesse	*un albergue juvenil*	oun al·bér·gé Rou·vé·nil
Je voudrais	*Quisiera una*	ki·syé·ra ou·na
une chambre...	*habitación...*	a·bi·ta·syonn...
double	*doble*	do·blé
simple	*individual*	in·di·bi·dwal
à deux lits	*con dos camas*	konn dos ka·mas
Combien cela coûte-t-il par... ?	*¿Cuánto cuesta por...?*	kwann·to kwés·ta por...
nuit	*noche*	no·tché
personne	*persona*	pér·so·na
semaine	*semana*	sé·ma·na

Le petit-déjeuner est-il compris ?
¿Incluye el desayuno? in·klou·yé él dé·sa·you·no

Puis-je voir la chambre ?
¿Puedo ver la habitación? pwé·do bér la a·bi·ta·syonn

Cela ne me plaît pas.
No me gusta. no mé gous·ta

C'est bien. Je la prends.
OK. La alquilo. o·kay la al·ki·lo

Je pars maintenant.
Me voy ahora. mé boy a·o·ra

moins cher	*más económico*	mas é·ko·no·mi·ko
réduction	*descuento*	dés·kwén·to

salle de bains individuelle/ commune	*baño privado/ compartido*	ba·nyo pri·ba·do/ kom·par·ti·do
trop cher	*demasiado caro*	dé·ma·sya·do ka·ro

CONVERSATION ET FORMULES DE POLITESSE

En Amérique centrale, on est généralement plus pointilleux au sujet de la politesse que dans bien des pays d'Amérique du Sud. La forme de politesse *usted* (vous) est utilisée dans tous les exemples de ce chapitre. Le cas échéant, la forme familière est indiquée par l'abréviation "fam" et la forme de politesse par "pol".

Saluez toujours un inconnu avant de lui demander un renseignement (*buenos días* ou *buenas tardes*) et vouvoyez-le. Soyez particulièrement poli avec les policiers et les fonctionnaires. Les trois formules de salutation espagnoles sont souvent abrégées en *buenos* et *buenas*.

Salut	*Hola*	o·la
Bonjour (matin)	*Buenos días*	bwé·nos di·as
Bonjour (après-midi)	*Buenas tardes*	bwé·nas tar·dés
Bonsoir/ Bonne nuit	*Buenas noches*	bwé·nas no·tchés
Au revoir	*Adiós*	a·dyos
À bientôt	*Hasta luego*	as·ta lwé·go
Oui	*Sí*	si
Non	*No*	no
S'il vous plaît	*Por favor*	por fa·bor
Merci	*Gracias*	gra·syas
Merci beaucoup	*Muchas gracias*	mou·tchas gra·syas
Je vous en prie.	*Con mucho gusto*	kon mou·cho gous·to
Pardon	*Perdón*	pér·donn
Excusez-moi (pour demander la permission)	*Permiso*	pér·mi·so
Pardonnez-moi (pour s'excuser)	*Disculpe*	dis·koul·pé

Comment allez-vous/vas-tu ?
¿Cómo está/estás? ko·mo és·ta/és·tas (pol/fam)

Bien, merci. Et vous/toi ?
Bien, gracias. byén gra·syas
¿Y usted/tú? i ous·té/tou (pol/fam)

Comment vous appelez-vous ?
¿Cómo se llama? ko·mo sé ya·ma

Comment t'appelles-tu ?
¿Cómo te llamas? ko·mo té ya·mas

Je m'appelle...
Me llamo... mé ya·mo...

Enchanté
Mucho gusto. mou·tcho gous·to

LANGUES

D'où venez-vous/viens-tu ?
¿De dónde es/eres?   dé donn·dé és/ér·és
Je viens de...
Soy de...   soy dé...
Puis-je prendre une photo ?
¿Puedo sacar una foto?   pwé·do sa·kar ou·na fo·to

ORIENTATION
Comment puis-je aller à... ?
¿Cómo puedo llegar a...?   ko·mo pwé·do yé·gar a...
Quelle est l'adresse ?
¿Cuál es la dirección?   kwal és la di·rék·syon
Pouvez-vous me l'indiquer (sur la carte) ?
¿Me lo podría indicar   mé lo po·dri·a in·di·kar
(en el mapa)?   (énn él ma·pa)
Est-ce loin ?
¿Está lejos?   es·ta le·khos

ici	*aquí*	a·ki
là	*allí*	a·yi
à l'angle	*en la esquina*	én la és·ki·na
à droite	*a la derecha*	a la dé·ré·cha
tout droit	*todo derecho*	to·do dé·ré·cho
nord	*norte*	nor·té
sud	*sur*	sour
est	*este*	és·té
ouest	*oeste*	o·és·te
avenue	*avenida*	a·bé·ni·da
pâté de maisons	*cuadra*	kwa·dra
route	*carretera*	ka·ré·té·ra
rue	*calle*	ka·yé

AU RESTAURANT
Pour un glossaire culinaire, voir p. 55.

Pouvez-vous me recommander un bar/restaurant ?
¿Puede recomendar un   pwé·dé ré·ko·mén·dar oun
bar/restaurante?   bar/rés·tow·ran·té
Avez-vous une carte en français ?
¿Hay un menú en francés ?   ay oun mé·nou én frann·cés
Que me recommandez-vous ?
¿Qué me recomienda?   ké mé ré·ko·myén·da
Quelle est la spécialité locale ?
¿Cuál es la especialidad   kwal és la és·pé·sya·li·dad
local?   lo·kal
Je vais prendre (cela).
Yo quiero (eso).   yo kyé·ro (é·so}
Je le voudrais avec/sans...
Lo quisiera con/sin...   lo ki·syé·ra kon/sin...
Je suis végétarien(ne).
Soy vegetariano/a.   soy vé·Ré·ta·rya·no/a
C'était délicieux.
Estaba buenísimo.   és·ta·ba bwé·ni·si·mo

URGENCES

Au secours !	*¡Socorro!*	so·ko·ro
Au feu !	*¡Fuego!*	fwé·go
Allez-vous-en !	*¡Váyase!*	va·ya·sé
Attention !	*¡Cuidado!*	kwi·da·do
J'ai été dévalisé.	*Me robaron.*	mé ro·ba·ron
Appelez... !	*¡Llame a...!*	ya·mé a
une	*una*	ou·na
ambulance	*ambulancia*	am·bou·lann·sya
un médecin	*un médico*	oun mé·di·ko
la police	*la policía*	la po·li·si·a

C'est une urgence.
Es una emergencia.   és ou·na é·mér·Rhénn·sya
Pouvez-vous m'aider, s'il vous plaît ?
¿Me puede ayudar,   mé pwé·dé a·you·dar
por favor?   por fa·bor
Je suis perdu/e.
Estoy perdido/a.   és·toy pér·di·do/a
Où sont les toilettes ?
¿Dónde están los baños?   donn·dé és·tann los ba·nyos

Je t'offre un verre.
Te invito a una copa.   té in·vi·to a ou·na ko·pa
Pourrions-nous avoir la carte des boissons, s'il vous plaît ?
Por favor nos trae la   por fa·vor nos tra·é la
lista de bebidas.   lis·ta dé bé·bi·das
Santé !
¡Salud!   sa·loud
L'addition, s'il vous plaît.
La cuenta, por favor.   la kwén·ta por fa·vor

SANTÉ
Je suis malade.
Estoy enfermo/a.   és·toy énn·fér·mo/a
J'ai besoin d'un médecin.
Necesito un médico.   né·sé·si·to oun mé·di·ko
Où est l'hôpital ?
¿Dónde está el hospital?   donn·dé és·ta él os·pi·tal
Je suis enceinte.
Estoy embarazada.   és·toy ém·ba·ra·sa·da
Je suis allergique à la pénicilline.
Soy alérgico/a   soy a·lér·Rhi·ko/a
a la penicilina.   a la pé·ni·si·li·na

toux	*tos*	tos
diarrhée	*diarrea*	dya·ré·a
fièvre	*fiebre*	fyé·bré
mal de tête	*dolor de cabeza*	do·lor dé ka·bé·sa
nausée	*náuseas*	now·sé·as
mal de gorge	*dolor de garganta*	do·lor dé gar·gan·ta

PROBLÈMES DE COMPRÉHENSION
Parlez-vous/parles-tu (français) ?
¿Habla/Hablas   a·bla/a·blas
(francés)?   (frann·cés)
Quelqu'un parle-t-il français ?
¿Hay alguien que hable   ay al·guyénn ké a·blé
francés?   frann·cés
Je (ne) comprends (pas).
Yo (no) .   yo (no)
entiendo   énn·tyénn·do
Comment dit-on... ?
¿Cómo se dice...?   ko·mo sé di·sé...
Que signifie... ?
¿Qué significa ...?   ké sig·ni·fi·ka...

Pouvez-vous...,	*¿Puede...,*	pwé·dé...
s'il vous plaît ?	*por favor?*	por fa·bor
répéter	*repetirlo*	ré·pé·tir·lo
parler plus	*hablar más*	a·blar mas
lentement	*despacio*	dés·pa·syo
l'écrire	*escribirlo*	és·kri·bir·lo

NOMBRES

0	*cero*	sé·ro
1	*uno*	ou·no
2	*dos*	dos
3	*tres*	trés
4	*cuatro*	kwa·tro
5	*cinco*	sin·ko
6	*seis*	séys
7	*siete*	syé·té
8	*ocho*	o·tcho
9	*nueve*	nwé·be
10	*diez*	dyés
11	*once*	onn·sé
12	*doce*	do·sé
13	*trece*	tré·sé
14	*catorce*	ka·tor·sé
15	*quince*	kinn·sé
16	*dieciséis*	dyé·si·séys
17	*diecisiete*	dyé·si·syé·té
18	*dieciocho*	dyé·si·o·tcho
19	*diecinueve*	dyé·si·nwé·bé
20	*veinte*	béyn·té
30	*treinta*	tréyn·ta
40	*cuarenta*	kwa·rénn·ta
50	*cincuenta*	sin·kwén·ta
60	*sesenta*	sé·sénn·ta
70	*setenta*	sé·ténn·ta
80	*ochenta*	o·tchénn·ta
90	*noventa*	no·bénn·ta
100	*cien*	syénn
1 000	*mil*	mil
10 000	*diez mil*	dyés mil
1 000 000	*un millón*	oun mi·yon

PANNEAUX

Abierto	Ouvert
Cerrado	Fermé
Comisaría de Policía	Poste de police
Entrada	Entrée
Información	Information
Prohibido	Interdit
Salida	Sortie
Servicios/Baños	Toilettes
Hombres/Varones	Hommes
Mujeres/Damas	Femmes

ACHATS ET SERVICES
Je voudrais acheter...
Quisiera comprar...   ki·syé·ra kom·prar...
Je regarde seulement.
Sólo estoy mirando.   so·lo és·toy mi·rann·do
Puis-je le/la voir ?
¿Puedo verlo/la?   pwé·do vér·lo/la
Combien ça coûte ?
¿Cuánto cuesta?   kwann·to kwés·ta
C'est trop cher.
Es demasiado caro.   és dé·ma·sya·do ka·ro
Pourriez-vous baisser un peu le prix ?
¿Podría bajar un poco   po·dri·a ba·Rhar oun po·ko
el precio?   él pré·syo

Prenez-vous... ?	*¿Aceptan...?*	a·sép·tann...
les dollars US	*dólares*	do·la·rés
	americanos	a·mé·ri·ka·nos
les cartes de	*tarjetas de*	tar·Rhé·tas dé
crédit	*crédito*	kré·di·to
les chèques	*cheques de*	tché·kés dé
de voyage	*viajero*	vya·Rhé·ro

Où est ... ?	*¿Dónde está ...?*	don·dé és·ta ...
le DAB	*el cajero*	él ka·Rhé·ro
	automático	aou·to·ma·ti·ko
la banque	*el banco*	él ban·ko
la pharmacie	*la farmacia*	la far·ma·sya
le bureau de	*la oficina de*	la o·fi·si·na dé
change	*cambio*	kam·byo
l'épicerie	*la tienda*	la tyénn·da
la laverie	*la lavandería*	la la·bann·dé·ri·a
le marché	*el mercado*	él mér·ka·do
la poste	*los correos*	los ko·ré·os
le supermarché	*el supermercado*	él sou·pér· mér·ka·do
l'office du	*la oficina de*	la o·fi·si·na dé
tourisme	*turismo*	tou·ris·mo

HEURE ET DATES
Quelle heure est-il ?   *¿Qué hora es?* ké o·ra és
À quelle heure ?   *¿A qué hora?* a ké o·ra

Il est 1h.	*Es la una.*	és la *ou*·na
Il est (10)h.	*Son las (diez).*	son las (dyés)
... et quart	*... y cuarto*	... i *kwar*·to
... et demi	*... y media*	... i *mé*·dya
... moins le quart	*... menos cuarto*	... *mé*·nos *kwar*·to

du soir	*por la noche*	por la *no*·ché
de l'après-midi	*de la tarde*	dé la *tar*·dé
du matin	*de la mañana*	dé la ma·*nya*·na
minuit	*medianoche*	mé·dya·*no*·tché
midi	*mediodía*	mé·dyo·*di*·a
maintenant	*ahora*	a·*o*·ra
aujourd'hui	*hoy*	oy
cette nuit	*esta noche*	és·ta *no*·tché
demain	*mañana*	ma·*nya*·na
hier	*ayer*	a·*yér*

lundi	*lunes*	*lou*·nés
mardi	*martes*	*mar*·tés
mercredi	*miércoles*	*myér*·ko·lés
jeudi	*jueves*	*Rhwé*·bés
vendredi	*viernes*	*vyér*·nés
samedi	*sábado*	*sa*·ba·do
dimanche	*domingo*	do·*min*·go

janvier	*enero*	é·*né*·ro
février	*febrero*	fé·*bré*·ro
mars	*marzo*	*mar*·so
avril	*abril*	a·*bril*
mai	*mayo*	*ma*·yo
juin	*junio*	*Rhou*·nyo
juillet	*julio*	*Rhou*·lyo
août	*agosto*	a·*gos*·to
septembre	*septiembre*	sé·*tyém*·bré
octobre	*octubre*	ok·*tou*·bré
novembre	*noviembre*	no·*byém*·bré
décembre	*diciembre*	di·*syém*·bré

TRANSPORTS
Transports publics

À quelle heure...	*¿A qué hora...*	a ké *o*·ra...
part/arrive ?	*sale/llega?*	*sa*·lé/*yé*·ga
le bus	*el autobús*	él aou·to·*bous*
l'avion	*el avión*	él a·*vyon*
le bateau	*el barco*	él *bar*·ko
le train	*el tren*	él *trén*

Je voudrais un billet pour...
Quisiera un boleto a ... ki·*syé*·ra oun bo·*lé*·to a ...
Quel est le tarif pour... ?
¿Cuánto cuesta a ...? *kwan*·to *kwés*·ta a ...

l'aéroport	*el aeropuerto*	él a·é·ro·*pwér*·to
la gare routière	*la estación de autobuses*	la és·ta·*syonn* dé aou·to·*bou*·sés

PANNEAUX DE SIGNALISATION

Acceso	Entrée
Aparcamiento	Parking
Ceda el Paso	Cédez le passage
Despacio	Roulez lentement
Dirección Única	Sens unique
Mantenga Su Derecha	Serrez à droite
No Adelantar/ No Rebase	Interdiction de doubler
No Estacionar	Interdiction de stationner
Pare	Stop
Peligro	Danger
Prohibido Aparcar	Interdiction de stationner

l'arrêt de bus	*la parada de autobuses*	la pa·*ra*·da dé aou·to·*bou*·sés
la consigne à bagages	*la consigna para equipaje*	la kon·*sig*·na *pa*·ra é·ki·*pa*·Ré
la billetterie	*la boletería*	la bo·lé·té·*ri*·a
l'horaire	*el horario*	él o·ra·ryo
la gare ferroviaire	*la estación de tren*	la és·ta·*syon* dé trén

1ʳᵉ classe	*primera clase*	pri·*mé*·ra *kla*·sé
2ᵉ classe	*segunda clase*	sé·*goun*·da *kla*·sé
enfant	*infantil*	in·fan·*til*
aller simple	*de ida*	dé *i*·da
aller-retour	*de ida y vuelta*	dé *i*·da i *vwél*·ta
étudiant	*de estudiante*	dé és·tou·*dyann* té

Transports privés

Je voudrais	*Quisiera*	ki·*syé*·ra
louer...	*alquilar ...*	al·ki·*lar* ...
un 4x4	*un todo terreno*	oun *to*·do té·*ré*·no
un vélo	*una bicicleta*	*ou*·na bi·si·*klé*·ta
une voiture	*un carro*	oun *ka*·ro
une moto	*una moto*	*ou*·na *mo*·to

accident	*accidente*	ak·si·*dén*·té
diesel	*diesel*	*di*·sél
pneu crevé	*pinchazo*	pin·*cha*·so
essence	*gasolina*	ga·so·*li*·na
station-service	*gasolinera*	ga·so·li·*né*·ra
faire du stop	*hacer dedo*	a·*sér* dé·do
avec/sans plomb	*con/sin plomo*	kon/sin *plo*·mo
une panne d'essence	*sin gasolina*	sin ga·so·*li*·na
camion	*camión*	ka·*myon*

Est-ce la route de (...) ?
¿Se va a (...) por esta carretera? sé ba a (...) por és·ta ka·ré·té·ra
Je veux (20) litres.
Quiero (veinte) litros. *kyé*·ro (*veyn*·té) *li*·tros

LANGUES

(Combien de temps) Puis-je stationner ici ?
¿(Por cuánto tiempo) (por kwan·to tyém·po)
puedo aparcar aquí? pwé·do a·par·kar a·ki
La voiture est tombée en panne.
El carro se ha averiado. él ka·ro sé a a·vé·rya·do

AVEC DES ENFANTS

J'ai besoin de/d'…	*Necesito …*	né·sé·si·to …
un siège auto	*un asiento*	oun a·syén·to
pour bébé	*para bebé*	pa·ra bé·bé
une baby-sitter	*una niñera (de*	ou·na ni·nyé·ra (dé
(francophone)	*habla francesa)*	a·bla frann·sé·sa)
un service de	*un servicio*	oun sér·vi·syo
garde	*de cuidado*	dé kwi·da·do
d'enfants	*de niños*	dé ni·nyos
un menu	*un menú*	oun mé·nou
enfant	*infantil*	in·fan·til
couches	*pañales (de*	pa·nya·lés (de
(jetables)	*usar y tirar)*	ou·sar i ti·rar)
lait en poudre	*leche en polvo*	lé·ché en pol·vo
un pot	*una bacinica*	ou·na ba·si·ni·ka
une poussette	*un cochecito*	oun ko·ché·si·to

MAYA MODERNE

Depuis la période précolombienne, les 2 langues mayas antiques, le yucatec et le chol, se sont subdivisées en une trentaine de langues distinctes, dont le chortí, le tzeltal, le tzotzil, le lacandón, le mam, le quiché et le cakchiquel. Rarement écrites, celles qui le sont utilisent l'alphabet latin. La plupart des Mayas scolarisés savent lire et écrire en espagnol – la langue du gouvernement, des écoles, de l'Église et des médias –, mais pas toujours dans leur langue.

Prononciation
La prononciation maya est plutôt simple. Il suffit de mémoriser quelques règles pour la prononciation des consonnes :

c	toujours "k", comme dans "cas"
j	comme un "h" aspiré
u	"w" au début ou à la fin d'un mot, sinon "ou"
x	"ch", comme dans "chaise"

Les consonnes suivies d'une apostrophe (**b'**, **ch'**, **k'**, **p'**, **t'**) sont explosives et prononcées avec plus de force. L'apostrophe qui suit une voyelle indique un arrêt glottal (comme dans "oh oh"). La dernière syllabe porte générale-ment l'accent tonique (souvent indiqué par un accent écrit).

Les noms de lieux suivants sont des exemples utiles en matière de prononciation :

Acanceh	a·kan·ké
Ahau	a·hau
Kaminaljuyú	ka·mi·nal·hou·you
Pop	pope
Takalik Abaj	ta·ka·lik a·bah
Tikal	ti·kal
Uaxactún	wa·chak·toun

QUICHÉ

Le quiché est largement pratiqué dans les Hautes Terres, de Santa Cruz del Quiché au Lago de Atitlán et à la région de Quetzaltenango. On estime que quelque 2 millions de Mayas quiché vivent au Guatemala.

Salutations et formules de politesse
Même si vous trébuchez un peu sur les mots, sourires et comportement amical récompenseront vos efforts.

Bonjour (matin)	*Saqarik*
Bonjour (après-midi)	*Xb'eqij*
Bonsoir	*Xokaq'ab'*
Au revoir	*Chab'ej*
À bientôt	*Kimpetik ri*
Merci	*Uts awech*
Excusez-moi	*Kyunala*
Comment vous	*Su ra'b'i?*
appelez-vous ?	
Je m'appelle…	*Nu b'i…*
D'où venez-vous ?	*Ja kat pewi?*
Je viens de…	*Ch'qap ja'kin pewi…*

Mots et phrases utiles

Où se trouve(nt)…?	*Ja k'uichi' ri…?*
les toilettes	*b'anb'al chulu*
l'arrêt de bus	*tek'lib'al*
le médecin	*ajkun*
l'hôtel	*jun worib'al*
Avez-vous…?	*K'olik…?*
de l'eau bouillie	*saq'li*
du café	*kab'e*
du copal	*kach'*
des chambres	*k'plib'al*
bon/mauvais	*utz/itzel*
ouvert/fermé	*teb'am/tzapilik*

LANGUES

dur/mou	*ko/ch'uch'uj*
chaud/froid	*miq'in/joron*
malade	*yiwab'*
couverture	*k'ul*
légumes	*ichaj*
nord (blanc)	*saq*
sud (jaune)	*k'an*
est (rouge)	*kaq*
ouest (noir)	*k'eq*

Nombres

1	*jun*
2	*keb'*
3	*oxib'*
4	*kijeb'*
5	*job'*
6	*waq'ib'*
7	*wuqub'*
8	*wajxakib'*
9	*b'elejeb'*
10	*lajuj*

MAM

Le mam est parlé dans le département de Huehuetenango. Vous l'entendrez à Todos Santos Cuchumatán.

Salutations et formules de politesse

En mam, il n'existe que 2 salutations, quel que soit le moment de la journée.

De nombreux mots mam sont tombés en désuétude, détrônés par leurs équivalents espagnols.

Bonjour/Bon après-midi/	*Chin q'olb'el teya* (sing fam)
Bonsoir	*Chin q'olb'el kyeyea* (pl fam)
Au revoir	*Chi nej*
À bientôt	*Ak qli qib'*
Merci	*Chonte teya*
Excusez-moi	*Naq samy*
Comment allez-vous ?	*Tzen ta'ya?*

Comment vous appelez-vous ?	*Tit biya?*
Je m'appelle…	*Luan bi…*
D'où venez-vous ?	*Jaa'tzajnia?*
Je viens de…	*Ac tzajni…*

Mots et phrases utiles

Où se trouve(nt)… ?	*Ja at…?*
les toilettes	*bano*
le médecin	*médico/doctor*
l'hôtel	*hospedaje*
Où se trouve l'arrêt de bus ?	*Ja nue camioneta?*
Combien coûtent les fruits et légumes ?	*Je te ti lobj?*
Y a-t-il un endroit où nous pouvons dormir ?	*Ja tun kqta'n?*
Avez-vous… ?	*At…?*
de l'eau bouillie	*kqa'*
du café	*café*
des chambres	*cuartos*
J'ai froid	*At xb'a'j/choj*
Je suis malade	*At yab'*
bon	*banex/g'lan*
mauvais	*k'ab'ex/nia g'lan*
ouvert	*jqo'n*
fermé	*jpu'n*
dur	*kuj*
mou	*xb'une*
chaud	*kyaq*
nord (blanc)	*okan*
sud (jaune)	*eln*
est (rouge)	*jawl*
ouest (noir)	*kub'el*

Nombres

Les nombres de 1 à 10 sont les mêmes qu'en quiché (voir ci-dessus). Pour les autres, les Mam utilisent les équivalents espagnols (voir p. 353).

Également disponible aux éditions Lonely Planet :
Guide de conversation Espagnol latino-américain

LANGUES

Glossaire

alux, aluxes – nom maya des farfadets, lutins et autres petites créatures bienveillantes
Ayuntamiento – conseil municipal ; sur les façades des hôtels de ville figure souvent *H Ayuntamiento* (*Honorable Ayuntamiento*)

balneario – spa, centre de remise en forme
barrio – quartier
billete – billet de banque
boleto – ticket (de bus, train, musée, etc.)

cabaña – cabane, bungalow
cacique – chef maya ; désigne également un potentat provincial ou un homme influent
cafetería – désigne tout restaurant employant des serveurs
cajero automático – distributeur automatique de billets (DAB)
callejón – ruelle
camión – camion ou bus
camioneta – bus ou pick-up (camionnette à plateau)
casa de cambio – bureau de change ; pratique des taux comparables à ceux des banques mais offre un service plus rapide
cenote – grande grotte calcaire naturelle servant de citerne à eau (ou à des pratiques cérémonielles)
cerveza – bière
Chac – dieu maya de la Pluie
chapín – citoyen du Guatemala en langage familier
charro – cavalier, vacher
chicle – sève du sapotillier, utilisée pour fabriquer du chewing-gum ; désigne par extension le chewing-gum lui-même
chiclero – celui qui collecte le *chicle*
Chinka' – petit groupe indien non maya qui vit sur le versant pacifique
chuchkajau – grand prêtre maya
chuj – sauna maya traditionnel ; voir aussi *tuj*
chultún – citerne maya artificielle
cigarro – cigarette
cocina – cuisine ; désigne la pièce et les préparations, ainsi que les petites gargotes, généralement tenues par des femmes et installées dans les marchés ou à proximité
cofradía – confrérie religieuse, généralement rencontrée dans les Hautes Terres
colectivo – taxi ou minibus collectif qui prend et dépose des passagers le long d'un itinéraire fixe
comal – plaque en tôle ou autre métal sur laquelle on cuit les tortillas
comedor – restaurant simple et bon marché, offrant généralement une carte limitée

completo – complet ; un mot que vous verrez peut-être affiché à la réception des hôtels dans les villes touristiques
conquistador – explorateur-conquérant espagnol
copal – résine d'arbre utilisée comme encens dans les cérémonies mayas
correos – poste
corte – jupe portefeuille maya
costumbre – rites mayas traditionnels
criollo – créole ; descendant des Espagnols né au Guatemala
cruce – carrefour ; habituellement l'endroit où l'on prend une correspondance ; également appelé *entronque*
cuadra – pâté de maisons
curandero – guérisseur maya traditionnel

damas – femmes ; l'indication habituelle sur la porte des toilettes
dzul, dzules – terme maya désignant les étrangers ou les citadins

faja – large ceinture maya
ferrocarril – chemin de fer
finca – plantation, ferme

galón, galones – mesure américaine ; 1 gallon équivaut à 3,79 litres
gringo/a – terme péjoratif pour désigner un Nord-Américain et, parfois, un Européen
gruta – grotte
guayabera – chemise d'homme légère, avec des poches et des motifs sur le devant, les épaules et le dos ; remplace la veste et la cravate

hacienda – domaine ; signifie également "finances", comme dans Departamento de Hacienda, ou ministère des Finances
hay – prononcé "aïe", signifie "il y a" ; *no hay* signifie "il n'y a pas"
hombre(s) – homme(s)
huipil – tunique tissée des femmes mayas, souvent très colorée et superbement brodée

IVA – impuesto al valor agregado, ou taxe sur la valeur ajoutée (TVA) ; elle se monte à 12% pour les chambres d'hôtel

juego de pelota – jeu de balle

kaperraj – tissu utilisé par les femmes mayas en toutes circonstances : pour se couvrir la tête, transporter un bébé ou des achats, comme châle, etc.

Kukulcán – nom maya de Quetzalcóatl, le dieu-serpent à plumes aztèque et toltèque

ladino – métissage entre un Indien et un Européen ; terme plus courant au Guatemala que *mestizo*

lancha – bateau à moteur utilisé pour transporter des passagers ; piloté par un *lanchero*

larga distancia – appel téléphonique longue distance

lavandería – laverie ; une *lavandería automática* est une laverie à pièces

leng – terme maya familier désignant les pièces de monnaie (dans les Hautes Terres)

libra – livre ; unité de mesure qui équivaut à 450 g

lleno – plein (d'essence)

malecón – boulevard en front de mer

manglar – mangrove

manzana – pomme

mariachi – musiciens ambulants qui jouent en groupe (instruments à cordes, trompettes et souvent accordéon), parfois dans les restaurants

marimba – instrument national du Guatemala qui ressemble à un xylophone

mestizo – métis ; le terme *ladino* est plus employé au Guatemala

metate – pierre plate sur laquelle on moud le maïs avec un cylindre de pierre

milla – mile ; unité de mesure qui équivaut à 1,6 km

milpa – champ de maïs

mirador – point de vue

mochilero – voyageur à petit budget (*mochila* signifie sac à dos)

mordida – "bouchée" ; petit pot-de-vin qui facilite les démarches administratives

mudéjar – style architectural mauresque

mujer(es) – femme(s)

municipalidad – hôtel de ville

na – hutte maya coiffée de chaume

onza – once ; unité de mesure qui équivaut à 28 g

pachete – *luffa* ; cucurbitacée utilisée dans la cuisine ou pour la fabrication d'éponges végétales

palacio de gobierno – bâtiment abritant les bureaux du gouvernement national ou régional

palacio municipal – hôtel de ville ; siège des autorités municipales

palapa – abri couvert d'un toit en feuilles de palmier

parada – arrêt de bus ; habituellement des bus urbains

picop – pick-up

pie – pied ; unité de mesure qui équivaut à 0,30 m

pisto – terme maya familier pour les quetzals (la monnaie nationale)

posada – auberge

propino, propina – pourboire ; à ne pas confondre avec la *mordida*

punta – danse suggestive appréciée des Garífunas, sur la côte des Caraïbes

puro – cigare

Quetzalcóatl – le serpent à plumes, dieu des Aztèques et des Toltèques ; voir aussi *Kukulcán*

rebozo – longue écharpe de laine ou de lin qui couvre la tête ou les épaules

refago – jupe portefeuille maya

retablo – retable (panneau de bois travaillé, souvent doré, qui surmonte l'autel)

retorno – "retour" ; utilisé sur les panneaux routiers pour indiquer qu'il faut faire demi-tour

rutelero – taxi collectif ; voir aussi *colectivo*

sacbé, sacbeob – voie cérémonielle empierrée entre de grandes cités mayas

sacerdote – prêtre

secadora – séchoir à linge

stela, stelæ – stèle de pierre, habituellement gravée

supermercado – supermarché, de la supérette de quartier à la grande surface

taller – boutique ou atelier

taller mecánico – atelier de mécanique, généralement un garage

teléfono comunitario – téléphone de la communauté ; habituellement dans les petites villes

tepezcuintle – paca, rongeur comestible de la jungle de la taille d'un lapin

tequila – jus d'agave fermenté, comme le pulque et le mezcal

tienda – petite épicerie qui vend toutes sortes de choses

típico – typique ou caractéristique d'une région ; souvent utilisé pour qualifier une spécialité culinaire

tocoyal – coiffure maya

traje – costume traditionnel maya

tuj – sauna maya traditionnel ; voir aussi *chuj*

túmulos – ralentisseurs installés dans de nombreuses villes ; parfois signalés par un panneau routier illustré d'une rangée de petites bosses

tzut – équivalent du *kaperraj* pour les hommes

viajero – voyageur

xate – fougère à pousse lente du Petén, exportée pour agrémenter les bouquets de fleurs, en particulier aux États-Unis

xatero – cueilleur de *xate*

zona – zone, quartier

zotz – chauve-souris dans plusieurs langues mayas

Les auteurs

LUCAS VIDGEN
Auteur-coordinateur, Guatemala Ciudad, Côte Pacifique, Centre et Est

Cela fait 15 ans que Lucas voyage et travaille en Amérique centrale. Il vit actuellement à Quetzaltenango, au Guatemala, où il siège au conseil d'administration de l'ONG Entre Mundos et publie *XelaWho*, magazine incontournable sur l'actualité culturelle et la vie nocturne de la ville. Il ne sort évidemment pas assez – même après 7 ans passés ici, la beauté de ce pays et la grâce silencieuse de ce peuple ne cessent de le fasciner. Après avoir contribué à plusieurs guides Lonely Planet, dont *Nicaragua, Argentine, South America on a Shoestring* et *Central America on a Shoestring* de façon régulière, Lucas partage maintenant son temps entre l'Amérique centrale et l'Amérique du Sud. Il se débrouille bien en espagnol, mais les *potato cakes* lui manquent, tout comme sa maman.

DANIEL S. SCHECTER
Antigua, Hautes Terres, Petén

Daniel sillonne l'Amérique latine depuis si longtemps qu'il s'y sent parfois plus chez lui que dans son pays natal, les États-Unis. Depuis sa première incursion à Bogotá en 1984 (avec *South America on a Shoestring*), il a vécu et travaillé en Colombie, à Puerto Rico et au Mexique, et a couvert 6 pays latino-américains pour les guides Lonely Planet, notamment *Central America on a Shoestring, Mexico City* et *Yucatán*. Au Mexique, où il a vécu pendant 10 ans, il a travaillé comme rédacteur pour *The News*, le quotidien anglophone de Mexico, et *Business Mexico*, le magazine de la chambre de commerce américaine. Il a aussi traduit des textes pour de nombreuses publications mexicaines, ainsi que pour une exposition dans un grand musée. Daniel a été hypnotisé par le Guatemala pour la première fois en 2005, en arrivant au Petén au terme d'un voyage par la route depuis Mexico.

LES AUTEURS LONELY PLANET

Lonely Planet réalise ses guides en toute indépendance et n'accepte aucune publicité. Tous les établissements et prestataires mentionnés dans l'ouvrage le sont sur la foi du seul jugement des auteurs, qui ne bénéficient d'aucune rétribution ou de réduction de prix en échange de leurs commentaires.

Sillonnant le pays en profondeur, les auteurs de Lonely Planet savent sortir des sentiers battus sans omettre les lieux incontournables. Ils visitent en personne des milliers d'hôtels, de restaurants, bars, cafés, monuments et musées, dont ils s'appliquent à faire un compte-rendu précis.

En coulisses

À PROPOS DE CET OUVRAGE

Cette 6ᵉ édition du guide *Guatemala* en français est tirée de la 4ᵉ édition du guide *Guatemala* en anglais. Les auteurs Lucas Vidgen (auteur coordinateur) et Daniel C Schechter ont mené à bien ce projet. Lucas Vidgen s'est chargé des chapitres *Guatemala Ciudad*, *Côte Pacifique* et *Centre et Est*. Daniel C Schechter a actualisé, quant à lui, *Antigua*, *Hautes Terres* et *Petén*.

Traduction Julie Chevalier, Mélanie Gourd, Florence Guillemat-Szarvas et Bérengère Viennot

CRÉDITS

Responsable éditorial : Didier Férat
Coordination éditoriale : Cécile Bertolissio
Coordination graphique : Jean-Noël Doan
Maquette : Gudrun Fricke
Cartographie : cartes originales de Mark Griffiths, Valentina Kremenchutskaya, Alison Lyall, Herman So et Andras Bogdanovits, adaptées en français par Nicolas Chauveau
Couverture : couverture originale de Naomi Parker, adaptée en français par Alexandre Marchand et Jean-Noël Doan

Remerciements à Claude Albert, Michel Mac Leod et Dolorès Mora pour leur précieuse contribution au texte. Merci également à Ludivine Bréhier et à Élisabeth Éon pour leur travail de référencement, ainsi qu'à Dorothée Pasqualin pour le courrier des lecteurs. Enfin, merci à Dominique Spaety du bureau de Paris, à Clare Mercer, Tracey Kislingbury et Mark Walsh du bureau de Londres et à Glenn van der Knijff, Chris Love et Craig Kilburn du bureau australien.

UN MOT DES AUTEURS

LUCAS VIDGEN

Je voudrais avant tout remercier tous les Guatémaltèques qui font de ce pays un endroit où il fait bon vivre, voyager et travailler. Évidemment, nous avons tous nos problèmes, mais nous les réglons *poco a poco*. Sur la route, merci à Virgilio Molina, Encarnación Morán, Daniel Vásquez et Daantje d'être restés immobiles assez longtemps pour que je puisse les citer. À celui qui a foncé dans ma voiture à Esquipulas et qui est parti sans laisser de mot : merci beaucoup. Geert à Copán, Glenn à Guatemala Ciudad et Dennis à Mariscos : super boulot les gars. À la prochaine. Merci à mon coauteur, Danny, d'être allé là-bas et d'avoir rapporté de bonnes choses à indiquer ici. À la maison : merci James et Alma de vous être occupés de tout, et bien sûr merci à Sofía et América – les meilleurs compagnons de voyage dont on puisse rêver.

DANIEL C SCHECHTER

Tout d'abord un grand merci à Glenn A Germaine et José Fernández Ramos, mes compagnons de voyage à temps partiel. L'Inguat m'a soutenu à chaque étape du chemin : je voudrais surtout remercier Eduardo Orozco, Ángel Quiñonez, Jorge Mendoza, Eddy Cano, Francisco Cano et Ángel Gabriel Rodas. Mario Martínez m'a accompagné dans les coins les plus reculés de Huehue, tandis que Julián Mariona, Billy Cruz et

LES GUIDES LONELY PLANET

Tout commence par un long voyage : en 1972, Tony et Maureen Wheeler rallient l'Australie après avoir traversé l'Europe et l'Asie. À l'époque, on ne disposait d'aucune information pratique pour mener à bien ce type d'aventure. Pour répondre à une demande croissante, ils rédigent leur premier guide Lonely Planet, écrit sur un coin de table.

Depuis, Lonely Planet est devenu le plus grand éditeur indépendant de guides de voyage dans le monde et dispose de bureaux à Melbourne (Australie), Oakland (États-Unis) et Londres (Royaume-Uni).

La collection couvre désormais le monde entier et ne cesse de s'étoffer. L'information est aujourd'hui présentée sur différents supports, mais notre objectif reste constant : donner des clés au voyageur pour qu'il comprenne mieux le pays qu'il découvre.

L'équipe de Lonely Planet est convaincue que les voyageurs peuvent avoir un impact positif sur les pays qu'ils visitent, pour peu qu'ils fassent preuve d'une attitude responsable. Depuis 1986, nous reversons un pourcentage de nos bénéfices à des actions humanitaires, à des campagnes en faveur des droits de l'homme et, plus récemment, à la défense de l'environnement.

VOS RÉACTIONS ?

Vos commentaires nous sont très précieux et nous permettent d'améliorer constamment nos guides. Notre équipe lit toutes vos lettres avec la plus grande attention. Nous ne pouvons pas répondre individuellement à tous ceux qui nous écrivent, mais vos commentaires sont transmis aux auteurs concernés. Tous les lecteurs qui prennent la peine de nous communiquer des informations sont remerciés dans l'édition suivante, et ceux qui nous fournissent les renseignements les plus utiles se voient offrir un guide.

Pour nous faire part de vos réactions, prendre connaissance de notre catalogue et vous abonner à Comète, notre lettre d'information, consultez notre site web : **www.lonelyplanet.fr**

Nous reprenons parfois des extraits de notre courrier pour les publier dans nos produits, guides ou sites web. Si vous ne souhaitez pas que vos commentaires soient repris ou que votre nom apparaisse, merci de nous le préciser. Pour connaître notre politique en matière de confidentialité, connectez-vous à : www.lonelyplanet.fr/confidentialite/index.cfm

Giovanny Tut Rodríguez ont dirigé mes pas dans le Petén. Merci aux autres personnes qui m'ont aidé : Christian Behrenz et Stefanie Zecha, Dr Richard Hansen, Richard Morgan, Louise Rothwell, Ana Dresen, Allison Hawks, Elena Rodríguez et Estuardo Lira. Lucas, mon coauteur, m'a fourni une foule de pistes avant mon départ et Myra Ingmanson nous a encore une fois fait bénéficier de son bon sens éditorial. *¡Gracias a todos!*

À NOS LECTEURS

Nous remercions vivement les lecteurs qui ont utilisé la précédente édition de ce guide et qui ont pris la peine de nous écrire pour nous communiquer informations, commentaires et anecdotes :

A Arnaud **B** Mariane Baldacci, Virginie Baude **C** Magali Cadet, Fabrice Cairaschi, Isabelle Charette, Mr Chassat **D** Laure Dantec, Laurent Desaleux **F** Vincent Fiocco, Catherine Franchimont, Denis Fressard **G** Véronique Gohier, Céline Grenier, Armand et Michéle Guerin **L** Francis Lacharité, Jeanne Lagrange, Yves Lambert, Johane Leblanc **M** Marie-Christine Mercier, Rachel Merigot, Marie Morin **N** Yves Nantel **V** Alain Vaigot

REMERCIEMENTS

Merci à ©Mountain High Maps 1993 Digital Wisdom Inc. pour nous avoir autorisés à utiliser l'image de la mappemonde en page de titre.

Index

Les références des cartes sont indiquées en **gras**.

INDEX

Les références des cartes sont indiquées en **gras**.

INDEX

INDEX

Les références des cartes sont
indiquées en **gras**.

INDEX

INDEX

INDEX DES ENCADRÉS

Index écotouristique

Tout le monde semble se mettre au "vert" aujourd'hui, mais comment reconnaître les entreprises vraiment écologiques de celles qui ne font que profiter de la vogue du tourisme vert/responsable ?

Les organismes et les établissements cités ci-dessous ont été sélectionnés par les auteurs Lonely Planet parce qu'ils remplissaient des critères rigoureux en matière de tourisme responsable. Certains sont actifs dans la protection de l'environnement ou de la vie sauvage, d'autres contribuent à préserver les identités régionales et culturelles, et la plupart privilégient l'emploi de travailleurs locaux.

Nous souhaitons continuer à étoffer notre liste d'adresses écologiques. Si vous pensez que nous avons omis un établissement qui devrait figurer ici, ou si vous désapprouvez nos choix, n'hésitez pas à nous en faire part sur le site Internet : **www.lonelyplanet.fr**

Pour voyager en V.O.

**Et la collection
"Petite conversation en"**
Allemand
Anglais
Espagnol
Italien

guide de conversation

Néerlandais

Dictionnaire bilingue inclus

guide de conversation

Thaï

Dictionnaire bilingue inclus

guide de conversation

Arabe marocain

Dictionnaire bilingue inclus

guide de conversation

Hindi, ourdou et bengali

Pour ne pas garder sa langue dans sa poche !

guide de conversation

Japonais

Dictionnaire bilingue inclus

guide de conversation

Polonais

Pour ne pas garder sa langue dans sa poche !

guide de conversation

Vietnamien

Pour ne pas garder sa langue dans sa poche !

guide de conversation

Portugais et brésilien

Pour ne pas garder sa langue dans sa poche !

guide de conversation

Mandarin

Pour ne pas garder sa langue dans sa poche !

guide de conversation

Turc

Pour ne pas garder sa langue dans sa poche !

LÉGENDE DES CARTES

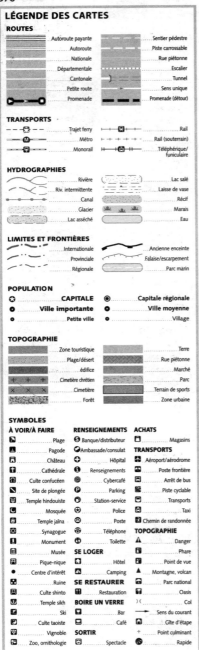

ROUTES

Autoroute payante	Sentier pédestre
Autoroute	Piste carrossable
Nationale	Rue piétonne
Départementale	Escalier
Cantonale	Tunnel
Petite route	Sens unique
Promenade	Promenade (détour)

TRANSPORTS

Trajet ferry	Rail
Métro	Rail (souterrain)
Monorail	Téléphérique/funiculaire

HYDROGRAPHIES

Rivière	Lac salé
Riv. intermittente	Laisse de vase
Canal	Récif
Glacier	Marais
Lac asséché	Eau

LIMITES ET FRONTIÈRES

Internationale	Ancienne enceinte
Provinciale	Falaise/escarpement
Régionale	Parc marin

POPULATION

CAPITALE	Capitale régionale
Ville importante	Ville moyenne
Petite ville	Village

TOPOGRAPHIE

Zone touristique	Terre
Plage/désert	Rue piétonne
édifice	Marché
Cimetière chrétien	Parc
Cimetière	Terrain de sports
Forêt	Zone urbaine

SYMBOLES

À VOIR/À FAIRE
- Plage
- Pagode
- Château
- Cathédrale
- Culte confucéen
- Site de plongée
- Temple hindouiste
- Mosquée
- Temple jaïna
- Synagogue
- Monument
- Musée
- Pique-nique
- Centre d'intérêt
- Ruine
- Culte shinto
- Temple sikh
- Ski
- Culte taoiste
- Vignoble
- Zoo, ornithologie

RENSEIGNEMENTS
- Banque/distributeur
- Ambassade/consulat
- Hôpital
- Renseignements
- Cybercafé
- Parking
- Station-service
- Police
- Poste
- Téléphone
- Toilette

SE LOGER
- Hôtel
- Camping

SE RESTAURER
- Restauration

BOIRE UN VERRE
- Bar
- Café

SORTIR
- Spectacle

ACHATS
- Magasins

TRANSPORTS
- Aéroport/aérodrome
- Poste frontière
- Arrêt de bus
- Piste cyclable
- Transports
- Taxi
- Chemin de randonnée

TOPOGRAPHIE
- Danger
- Phare
- Point de vue
- Montagne, volcan
- Parc national
- Oasis
- Col
- Sens du courant
- Gîte d'étape
- Point culminant
- Rapide

Note : tous les symboles ne sont pas utilisés dans cet ouvrage

Guatemala
6e édition
Traduit et adapté de l'ouvrage *Guatemala* (4th edition), *October 2010*
© **Lonely Planet Publications Pty Ltd 2010**

Traduction française :
place des éditeurs

© **Lonely Planet 2011,**
12 avenue d'Italie, 75627 Paris cedex 13
☎ 01 44 16 05 00
lonelyplanet@placedesediteurs.com
www.lonelyplanet.fr

Dépôt légal
Janvier 2011
ISBN 978-2-81610-710-4

© photographes comme indiqués 2011

Photographie de couverture : L'extraordinaire église de San Andrés Xecul, près de Totonicapán, Guatemala, Jeffrey Becom/Lonely Planet Images. La plupart des photos publiées dans ce guide sont disponibles auprès de notre agence photographique Lonely Planet Images : www.lonelyplanetimages.com

Imprimé par Hérissey, Évreux, France

Sources Mixtes
Groupe de produits issu de forêts bien gérées et d'autres sources contrôlées
www.fsc.org Cert no. BV-COC-070810
© 1996 Forest Stewardship Council

Bien que les auteurs et Lonely Planet aient préparé ce guide avec tout le soin nécessaire, nous ne pouvons garantir l'exhaustivité ni l'exactitude du contenu. Lonely Planet ne pourra être tenu responsable des dommages que pourraient subir les personnes utilisant cet ouvrage.